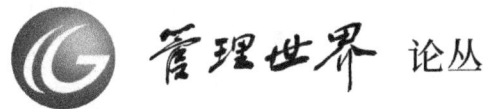
管理世界 论丛

公共政策评估
前沿问题研究

（第三卷）

RESEARCH ON FRONTIER ISSUES
OF PUBLIC POLICY EVALUATION

李志军　尚增健　主编

中国商业出版社

图书在版编目（CIP）数据

公共政策评估前沿问题研究．第三卷 / 李志军，尚增健主编．-- 北京：中国商业出版社，2022.12
ISBN 978-7-5208-2372-2

Ⅰ．①公… Ⅱ．①李… ②尚… Ⅲ．①公共政策－评估－中国 Ⅳ．① D63-31

中国版本图书馆 CIP 数据核字（2022）第 224440 号

责任编辑：吴 倩

中国商业出版社出版发行
（www.zgsycb.com 100053 北京广安门内报国寺 1 号）
总编室：010-63180647 编辑室：010-83128926
发行部：010-83120835/8286
新华书店经销
北京虎彩文化传播有限公司印刷
*
710 毫米 ×1000 毫米 　 16 开 　 29 印张 　 568 千字
2022 年 12 月第 1 版 　 2022 年 12 月第 1 次印刷
定价：99.00 元
* * * *
（如有印装质量问题可更换）

前　言

党的十八大以来，以习近平同志为核心的党中央高度重视科学决策、民主决策，积极推进国家治理体系和治理能力现代化，在制定重大改革方案和重大政策落实督查过程中，重视发挥公共政策评估的作用。

2015年1月，中共中央办公厅、国务院办公厅印发的《关于加强中国特色新型智库建设的意见》明确提出，要建立健全政策评估制度。党的十九届五中全会审议通过的《关于制定国民经济和社会发展第十四个五年规划和二〇三五年远景目标的建议》提出，健全重大政策事前评估和事后评价制度。在中央层面，一些重大改革方案、重大举措在出台前委托第三方进行评估；对有关重大决策部署和重大政策措施落实情况进行督查时引入评估机制。一些地方和部门也开展了政策评估工作，有的还出台了针对特定领域（或类型）政策评估的指导性文件。实践证明，政策评估是提高国家治理体系和治理能力的重要内容，是政府管理创新的重要举措，对完善有关改革方案和重大政策，提高改革决策和政策的科学性、准确性，发挥了重要作用，具有十分重要的意义。

当前，我国公共政策评估学术研究和实际评估工作，都还处于起步阶段。为了帮助青年学者更好地开展公共政策评估方面的教学科研工作，我们从近年来《管理世界》刊发的公共政策评估方面文章中，精选了部分优秀论文，汇集成册，公开出版。这些论文，无论是研究内容、研究方法，还是学术水平，都具有典型性及代表性，可供青年学者在教学科研中参考借鉴。

需要说明的是，由于这些文章刊出的时间跨度较大，站在今天的时间点来看，个别论文的内容或数据可能有些不合时宜。但在当时的背景下，这些论文均处于研究前沿。为了尊重作者的原创成果，除非是明显错误，本书尽量保留了论文发表时的原貌，没有做数据更新或内容修订。

《公共政策评估前沿问题研究》（第三卷）收录了《管理世界》2021年第1期至2022年第7期刊发的公共政策评估方面的部分优秀论文。

目录
Contents

税收优惠能否激励风险投资
——基于准自然实验的证据
彭 涛　黄福广　孙凌霞 ………………………………………………… 1

省级开发区升格改善了城市经济效率吗？
——来自异质性开发区的准实验证据
孔令丞　柴泽阳 ………………………………………………………… 30

政府会计监督如何影响盈余管理
——基于财政部会计信息质量随机检查的准自然实验
柳光强　王 迪 …………………………………………………………… 73

降费综合方案下城镇职工养老保险的精算平衡和再分配研究
王亚柯　李 鹏 …………………………………………………………… 102

监管型小股东行权的有效性研究
——基于投服中心的经验证据
陈运森　袁 薇　李 哲 …………………………………………………… 131

绿色信贷政策增进绿色创新研究
王 馨　王 营 …………………………………………………………… 172

中国高新区"以升促建"政策对企业创新的激励效应
张 杰　毕 钰　金 岳 …………………………………………………… 205

税收征管、企业避税与劳动收入份额
——来自所得税征管范围改革的证据
杜鹏程　王姝勋　徐 舒 ……………………………………… 237

增值税的税收中性、企业投资和企业价值
——基于"留抵退税"改革的研究
吴怡俐　吕长江　倪晨凯 ……………………………………… 264

精准帮扶政策的多维评估
——基于 G 省 B 市扶贫实践的经验分析
黄 薇　祝 伟 …………………………………………………… 293

农村人居环境整治效果评估
——基于全国 7 省农户面板数据的实证研究
李冬青　侯玲玲　闵 师　黄季焜 …………………………… 323

税收征管数字化升级与企业关联交易治理
刘慧龙　张玲玲　谢 婧 ………………………………………… 351

两保合一对医疗费用的影响
——基于单一支付者制度的视角
赖 毅　李 玲　陈秋霖 ………………………………………… 392

社会监督与企业社保缴费
——来自社会保险监督试点的证据
赵仁杰　唐 珏　张家凯　冯 晨 ……………………………… 429

税收优惠能否激励风险投资*
——基于准自然实验的证据

彭 涛[1]　黄福广[2]　孙凌霞[1]

（1 中山大学国际金融学院；2 南开大学商学院）

摘要： 风险投资支持初创科技型企业的过程中容易出现市场失灵，如何进行政策引导成为关键问题。以投资抵扣税收优惠政策（财税〔2017〕38 号文）的实施为准自然实验，采用双重差分方法评估政策效果。结果显示，投资抵扣税收优惠增加风险投资基金对初创科技型企业的投资，且对有限合伙制基金、投资本地基金、经验丰富基金以及非国有基金的正向作用更大。排除投资价格竞争、新基金设立、新企业创建以及税收套利等替代性解释后，证实投资抵扣税收优惠的影响渠道是提高基金的风险承担。风险投资基金策略更多转向初创科技型企业，说明结构性减税政策具有显著的定向引导效果。以西部大开发税收优惠（财税〔2011〕58 号文）为对照，检验不同形式税收优惠的影响，发现整体性直接降低风险投资基金企业所得税率造成基金的初创科技型投资和风险承担下降。研究表明，相对于降低企业所得税率，投资抵扣税收优惠更有利于激励风险投资支持创新创业。

关键词： 税收优惠　投资抵扣　风险投资　风险承担

一、引　言

　　风险投资是推进"大众创业、万众创新"的重要资本力量，是落实新发展理念、推进供给侧结构性改革的新动能。利用风险投资支持初创科技型企业发展，对促进产业结构升级以及缓解中小企业融资难、融资贵问题意义重大，也是加快实施创新驱动发展战略和建设创新型国家的必然要求。然而，现阶段我国风险投

---

* 原载《管理世界》2021年第1期。

资的积极作用尚未充分发挥，主要表现为风险投资的风险承担水平较低，只有较小比例资金投向初创科技型企业（胡志坚等，2018）。在此背景下，我国政府出台税收优惠政策加强对风险投资的支持和引导。

我国风险投资税收激励政策主要包括全国推广的投资抵扣税收优惠以及西部地区的企业所得税率优惠。此外，部分地方政府还出台了配套性地方税收优惠。同时满足条件的风险投资可叠加享受上述税收优惠。其中，投资抵扣属于鼓励风险承担的结构性减税政策，也是我国实施时间最长、适用范围最广以及受惠群体最多的风险投资税收优惠。企业所得税率优惠属于整体性直接减税政策。总体而言，政府出台风险投资税收优惠的目标是克服高投资风险产生的市场失灵问题，以税收形式补偿投资收益，引导风险投资投向符合国家发展政策的高新技术领域，更好满足初创科技型企业的融资需求。

国内文献关于风险投资税收优惠效果的研究相对不足，且多数认为税收优惠没有发挥激励作用。基于政策内容的研究表明，以投资中小高新技术企业为抵扣标准且只对公司制基金减税，造成大部分风险投资无法享受税收优惠，较高的抵扣门槛和较窄的减税对象使结构性税收优惠未产生明显作用（邵桂根等，2016；刘健钧等，2014；周煊等，2012）。地方性财税政策对风险投资无显著影响（高正平、张兴巍，2014；王江琦、肖国华，2012）。关于西部大开发税收优惠降低风险投资基金企业所得税率的研究几乎没有。因此，我国风险投资税收优惠的效果，尤其是投资抵扣与降低企业所得税率的差异性尚不明晰，需要相关实证检验。

西方国家主要通过降低资本利得税率激励风险投资[①]，但国外文献对降低资本利得税率的评价存在分歧。支持观点认为，美国降低资本利得税率形成的增量基金通过价格竞争优质创业企业，企业估值上涨造成风险投资金额增加（Gompers and Lerner，2000）。欧洲国家降低资本利得税率促进风险投资募集新基金并扩大投资规模（Da Rin et al.，2006）。资本利得税率降低后创业者转让企业股权的税率低于工资所得税率，创业者新办企业提升了风险投资活跃度（Cullen and Gordon，2007）。质疑观点认为，资本利得税率降低带来的风险投资增加是税收套利的体现，风险投资将多数资金投向资金充裕企业、关联企业以及非高科技企业（Howell and Mezzanotti，2019）。加拿大降低国有基金出资人的资本利得税率，效率较低的国有基金募集更多资本并挤出私营基金，导致风险投资规模下降

[①] 资本利得税是指对资本性商品，如股票、债券、房产或土地等，在出售或交易时取得的增值收益所征的税。资本利得作为一种所得，属于所得税的征税范畴。我国没有单独开征资本利得税，相关课税体现在个人所得税和企业所得税中。

（Cumming and MacIntosh，2006）。综合来看，国外风险投资税收优惠政策效果没有一致性结论，而且关于结构性税收优惠的研究比较少见。

现行结构性风险投资税收优惠以基金投资高风险的初创科技型企业为前提。初创科技型企业的不确定性大且投资失败率高，风险投资能否获得高收益存在不确定性。同时，结构性税收优惠明确规定了初创科技型企业资质认定、基金投资期限和基金合规备案等抵扣条件，抵扣条件的易实现性也影响风险投资的预期收益。以财税〔2017〕38号文的实施为准自然实验，评估现行结构性税收优惠的政策效果。双重差分结果表明，以投资初创科技型企业为抵扣标准的税收优惠能显著增加风险投资金额。异质性检验发现，投资抵扣税收优惠的激励作用对有限合伙制基金、投资本地基金、经验丰富基金和非国有基金更显著。关于影响渠道的研究显示，投资抵扣税收优惠通过提高基金的风险承担增加初创科技型投资，投资价格竞争、新基金设立、新企业创建以及税收套利等均不能解释初创科技型投资增加。进一步对比考察西部大开发税收优惠（财税〔2011〕58号文），发现整体性直接降低基金所得税率导致基金的初创科技型投资和风险承担下降，与投资抵扣的效果相反。三重差分、倾向得分匹配和安慰剂检验均表明结论具有稳健性。

本文研究贡献如下：第一，识别了投资抵扣税收优惠对风险投资的影响机理。现有文献认为投资抵扣税收优惠政策效果不明显（丁元欣，2018；刘健钧等，2014；周煊等，2012）。本文发现放宽抵扣标准和拓展税收优惠群体能增强抵扣政策的易实现性，因此提高基金预期收益和风险承担，显著增加初创科技型投资规模。区别于降低资本利得税率通过价格竞争（Gompers and Lerner，2000）、新设基金（Da Rin et al.，2006）、创业热潮（Cullen and Gordon，2007）、税收套利（Howell and Mezzanotti，2019）等渠道提升投资金额的结论，本文发现投资抵扣税收优惠通过风险承担渠道激励风险投资。

第二，对比考察了西部大开发降低所得税率优惠与投资抵扣税收优惠。整体性直接降低风险投资基金企业所得税率优惠下，基金投资不同风险企业的所得税率下降幅度相同，导致风险规避的基金管理机构增加对低风险企业的投资，风险承担下降。区别于此，结构性税收优惠定向降低基金投资高风险企业的实际税率，具有精准提升风险承担的政策效果。针对文献关于西部大开发税收优惠作用存在的争议（鲁元平等，2020；罗鸣令等，2019），本文首次提供了风险投资行业的相关证据，表明西部大开发税收优惠应考虑行业间的差异性。

第三，丰富了税收优惠影响微观主体投资行为的研究。已有研究考察了固定资产折旧（刘啟仁等，2019；刘行等，2018）、营改增（范子英、彭飞，2017）、增值税转型（申广军等，2016；聂辉华等，2009）等税收优惠对实体企业投资的促进作用。基于金融供给侧结构性改革的研究视角,本文发现投资抵扣税收优惠改变风险投资基金策略并引导基金投资初创科技型企业。

二、制度背景

(一)风险投资基金所得税率

我国没有单独开征资本利得税,基金出资人从风险投资获得的资本增值收益(股权转让所得)缴纳所得税。基金出资人所得税率由风险投资基金组织形式和出资人法律地位共同决定。首先,有限合伙制是风险投资基金主流组织形式。有限合伙制基金作为非法人组织,不缴纳企业所得税。基金合伙人获得收益后,纳税义务分两种情况。其一,当合伙人为法人或其他组织时,缴纳企业所得税。企业法人对股权转让所得以及股息红利所得依照25%税率缴纳企业所得税。其二,当合伙人为个人时,缴纳个人所得税。个人合伙人适用税率为5%～35%或者20%。

其次,风险投资基金还可以采取公司制。公司制基金是独立纳税主体,根据企业所得税法,股息红利收益和股权转让收益按25%税率缴纳企业所得税。根据财政部《关于深入实施西部大开发战略有关税收政策问题的通知》,符合条件的西部地区公司制基金减按15%税率缴纳企业所得税。法人出资人从公司制基金取得的股息红利或股权转让所得属于居民企业之间的权益性投资收益,不用再次纳税。当公司制基金向个人出资人分配利润时,自然人还需要缴纳个人所得税。个人出资人适用税率为20%,无西部大开发税收优惠时双重税率达到40%(25%+(1-25%)×20%)。

最后,契约制也是风险投资基金的组织形式。契约制基金在法律主体上具有资管产品属性,不作为实体缴纳所得税,投资收益依据出资人自身纳税主体缴纳所得税。

(二)风险投资基金的投资抵扣税收优惠

图1是我国投资抵扣税收优惠政策的历史演变。国税〔2009〕87号文和国税〔2015〕81号文是比较早期的投资抵扣税收优惠政策,以投资中小高新技术企业为抵扣标准。与早期政策相比,财税〔2017〕38号文和财税〔2018〕55号文放宽抵扣标准且拓展优惠群体,减税力度更大。

国税〔2009〕87号	国税〔2015〕81号	财税〔2017〕38号	财税〔2018〕55号
公司制风险投资基金投资中小高新技术企业2年以上投资额70%抵扣 全国	有限合伙制风险投资基金法人合伙人投资中小高新技术企业2年以上投资额70%抵扣 全国	公司制风险投资基金、有限合伙制风险投资基金法人合伙人和个人合伙人投资种子期、初创期科技型企业2年以上投资额70%抵扣 京津冀等11个试点地区	公司制风险投资基金、有限合伙制风险投资基金法人合伙人和个人合伙人投资种子期、初创期科技型企业2年以上投资额70%抵扣 全国
2009年4月30日	2015年11月16日	2017年4月28日	2018年5月14日

图1 我国风险投资基金投资抵扣税收优惠

财税〔2017〕38号文是财政部和国家税务总局在2017年4月28日出台的《关于创业投资企业和天使投资个人有关税收试点政策的通知》。文件规定，风险投资基金注册地位于京津冀、上海、广东、安徽、四川、武汉、西安、沈阳和苏州工业园区且满足合规备案等条件，投资于种子期、初创期科技型企业（初创科技型企业）金额的70%可以在股权持有满2年的当年抵扣应纳税所得额。

三、文献回顾与假设提出

（一）文献回顾

初创科技型企业的高风险性容易产生市场失灵问题，造成风险投资对初创科技型企业资金供给不足（Del-Palacio et al.，2012）。由于发展历史短、退出渠道不畅以及缺乏长期出资人等原因，我国风险投资行为短期化现象相对突出，对初创科技型企业的投资积极性普遍不高（张明喜，2012；胡志坚等，2018）。考虑到创新创业活动的正外部性，世界各国政府都通过财税优惠政策对风险投资行为进行干预和引导，弥补单纯市场调节的局限性。

投资抵扣是我国主要用以激励早期投资和科技投资的税收政策，且抵扣标准和惠及群体不断变革调整，但尚未有文献利用经验数据评估激励效果。熊维勤（2011）在理论上得出投资抵扣优惠不影响风险投资规模但可以吸引外部资本进入，然而风险中性假设忽略了风险补偿，所有投资都享受抵扣的假设与我国长期以来只抵扣面向高风险企业投资的政策内容不符。刘健钧等（2014）和周煊等（2012）认为，以投资中小高新技术企业为抵扣标准门槛过高，只有公司制基金享受税收优惠范围过窄，但缺少经验数据分析。丁元欣（2018）调研了合肥、芜湖和蚌埠三市投资抵扣政策的执行效果，调研对象数量较少且以公司制基金为主。

西方国家普遍采用直接面向出资人的资本利得税率优惠激励风险投资。国外理论文献聚焦于降低资本利得税率能否激励风险投资提高努力程度。例如，Keuschnigg 和 Nielsen（2003，2004）认为降低资本利得税率激励风险投资为企业提供更多增值服务。相反，Hagen 和 Sannarnes（2007）认为，如果风险投资能够与企业家签订排他性投资契约，政府降低资本利得税率相当于为风险投资基金的收益提供了保险，导致风险投资的努力程度下降。

国外较多实证文献评估降低资本利得税率对风险投资规模的影响效果。Poterba（1989）和 Da Rin 等（2006）都认为，资本利得税率降低后基金出资人增加资本投入，更多新基金设立提高了风险投资金额。然而，Gompers 和 Lerner（2000）认为，新基金设立带来风险投资金额增加并不代表降低资本利得税率完全有效，风险投资竞争加剧提高企业估值，但没有提高企业成功率。Cullen 和 Gordon（2007）从资金需求角度提供了风险投资活跃的原因，资本利得税率降低后创业者转让企业股权缴纳的税率低于工资所得税率，因此更多个人新办企业增加对风险投资的资金需求。Howell 和 Mezzanotti（2019）认为，资本利得税率降低后风险投资规模增加是税收套利的表现，因为风险投资将主要资金投入到利益关联企业、非高科技企业以及已有风险投资支持的企业。Cumming 和 MacIntosh（2006）发现，加拿大国有基金享受税收优惠但投资业绩更差且代理问题更严重，降低资本利得税率导致资金流入效率更低的国有基金，因而风险投资规模下降。

综上，西方国家的资本利得税率优惠直接面向基金出资人和创业者个人，因此国外文献将资本利得税率降低后风险投资增加主要归因于出资人增加资本（Da Rin et al.，2006；Gompers and Lerner，2000），或者创业者新办企业（Cullen and Gordon，2007）。我国投资抵扣税收优惠对投资高风险企业的基金实施税收减免，在不改变基金规模和创业企业数量的前提下，可能通过激励基金的风险承担提升风险投资金额。

（二）假设提出

1. 投资抵扣税收优惠与初创科技型投资

相对于扩张期、成熟期企业和传统行业企业，初创科技型企业具有信息披露少、不确定性大和失败率高的特点，投资的风险更高。根据投资组合理论，风险投资会将部分比例资金投入到高风险的初创科技型企业，平衡风险与预期收益（Buchner et al.，2017）。风险投资是规避风险的（Ewens et al.，2013；丁川、陈璐，

2016），只有在初创科技型企业的预期收益能够补偿投资风险时，才会增加对初创科技型企业的投资金额。

本轮投资抵扣税收优惠（财税〔2017〕38号文）规定，基金对初创科技型企业的投资额可以抵扣应纳税所得额。风险投资的预期收益在三个方面得到提高。第一，税收优惠有利于风险投资获得抵扣收益。为增强利益一致性，基金出资人普遍要求风险投资共同参与基金出资（Jia and Wang，2017）。税收优惠实施后，风险投资以共同出资人身份享受抵扣政策。若初创科技型投资金额增多，风险投资税前可抵扣金额增加。第二，税收优惠提高风险投资的业绩奖励。基金出资人通常设定门槛收益率，且以超额收益为基础对风险投资实施业绩奖励（Jegadeesh et al.，2015）。税收优惠实施后，初创科技型投资金额增加则投资组合的风险上升，基金收益率超过门槛收益率的可能性提高。第三，税收优惠提升风险投资的管理费。若初创科技型投资金额增多，基金出资人税前可抵扣金额增加，风险投资可继续获得出资人的资金支持和缴纳的管理费收入。

本质上，投资抵扣税收优惠在不增加初创科技型投资风险的基础上，提高了初创科技型投资的预期收益，也就增加了风险投资的预期收益。政府通过减免税收成为风险投资的隐匿合伙人，分担了初创科技型投资的高风险，激励风险投资提高投资金额。因此，提出假设1。

假设1：投资抵扣税收优惠实施后，风险投资基金对初创科技型企业的投资金额增多。

2. 基金组织形式的调节作用

相对于公司制基金，投资抵扣税收优惠对有限合伙制基金的激励作用更大。第一，有限合伙制基金的管理制度有助于风险承担。有限合伙制基金的投资经理不仅参与基金出资，还享受超额利润分配，具有更强的风险承担动机（Buchner and Wagner，2017）。有限合伙制基金的投资决策灵活简单，不受基金出资人的干预，有助于进行风险性较大的投资。公司制基金投资经理的收入主要依靠固定工资，且投资决策受制于股东大会和董事会。本轮税收优惠激励基金投资高风险企业，更有利于有限合伙制基金。第二，有限合伙制基金具有避税优势。本轮投资抵扣税收优惠首次将有限合伙基金的个人合伙人纳入减税范围，大幅增加了个人合伙人的投资收益。公司制基金的个人出资人需要承担双重税负，受到减税的激励作用小。为提高个人出资人收益，有限合伙制基金更有动机提高初创科技型投资。因此，提出假设2。

假设2：投资抵扣税收优惠后，有限合伙制基金对初创科技型企业的投资金额增加更多。

3. 基金投资地域的调节作用

若初创科技型企业与基金注册地相同，风险投资预期投资抵扣税收优惠带来的收益更高。第一，投资本地企业提升投资成功率。初创科技型企业信息披露少且发展不确定性大，缩短投资距离有助于风险投资获得真实信息、控制管理风险、节约交易成本以及加强监督管理服务（黄福广等，2014），提高初创科技型企业存活率和投资成功率。第二，投资本地企业提升税收优惠申请成功概率。尽管本轮投资抵扣方案没有规定初创科技型企业的地理位置，但风险投资需要向基金注册地税务机关申请税收优惠。本地初创科技型企业的资产、销售收入以及研发费用的确认标准更符合当地税务机关要求，通过审核概率高。地方税务机关掌握更多本辖区企业真实可靠信息，支持本地投资有利于减少税收优惠申请舞弊，同时促进本辖区企业获得风险投资的资金支持。因此，提出假设3。

假设3：投资抵扣税收优惠后，风险投资基金对本地初创科技型企业投资金额增加更多。

4. 基金投资经验的调节作用

投资抵扣税收优惠对经验丰富风险投资的激励效果更好。第一，经验丰富的风险投资风险承担意愿更强。风险投资依靠投资经验筛选不确定性较大、成长潜力高的初创科技型企业。投资经验有助于风险投资利用复杂投资契约和投资工具处理风险，提供多方面行业资源和管理服务，降低初创科技型企业的失败率（Nanda and Rhodes-Kropf，2013）。第二，经验丰富的风险投资申请税收优惠成功概率高。风险投资负责向税务机关提交税收优惠申请材料。投资经验增强税收优惠申报材料尤其是初创科技型企业资质认定材料的可信性，有利于风险投资获得税务机关的减税支持。因此，提出假设4。

假设4：投资抵扣税收优惠后，经验丰富基金对初创科技型企业的投资金额增加更多。

5. 基金产权性质的调节作用

投资抵扣税收优惠对更加偏好风险的非国有基金激励作用更大。第一，非国有基金在考核机制上更加注重经济收益，更愿意承担高风险。非国有基金根据投资收益选聘和考核投资经理，鼓励投资经理的风险承担（Bertoni and Tykvova，2015）。国有基金投资经理的风险性决策需要严格审批，并且承担投资亏损产生的审计后果和行政责任。在国有资产保值增值的管理制度下，国有基金通常采取更稳健的投资策略，以防止国有资产流失。第二，非国有基金投资经理的行业经验更丰富，处理风险的能力更强。非国有基金的投资经理具备创业背景和专业技术知识，善于构建多元化的投资组合分散风险。相对而言，国有基金的投资经理承担行政职务，缺少投资技能和行业经验（余琰等，2014）。因此，提出假设5。

假设5：投资抵扣税收优惠后，非国有基金对初创科技型企业的投资金额增加更多。

四、实证研究设计

（一）样本和数据

研究样本是2015年1月1日至2018年9月30日期间中国境内（不包括港、澳、台地区）风险投资基金对企业的投资交易。观测单位是风险投资基金—季度。对于相同风险投资基金同一季度发生的多个交易，依据基金名称进行汇总统计。其中，基金名称、基金注册地区、基金规模、投资时间、投资金额等数据来自清科数据库。由于清科数据库中企业行业、投资金额和持股比例等数据存在缺失，利用天眼查和百度等外部网站手工补齐部分缺失数据。GDP和税收征管数据来自国家统计局。

对于初创科技型投资，依据投资阶段和行业进行识别。关于种子期、初创期企业，清科数据库将每个投资交易划分为种子期、初创期、扩张期和成熟期，划分标准与财税〔2017〕38号文大致相同，本文将投资阶段是种子期、初创期的认定为面向种子期、初创期企业的投资。关于科技型企业，财税〔2017〕38号文的认定标准是研发费用占总成本费用不低于20%，但清科数据库没有收录企业研发费用和成本数据。参考Bertoni和Tykvova（2015）以及Del-Palacio等（2012），高科技行业企业研发费用占比更高，依据企业行业认定是否属科技型企业。根据2016年科技部等印发的《高新技术企业认定管理办法》和《国家重点支持的高新技术领域》，将清洁技术、半导体及电子设备、信息技术（IT）、生物技术与医疗健康、机械制造、电信及增值服务、化工原料及加工、互联网等列为科技型企业。如果标的企业同时属于种子期或初创期以及高科技行业，此交易被认定为初创科技型投资。

数据处理过程包含以下步骤：（1）从清科数据库下载样本期间已备案境内公司制基金和有限合伙制基金发起的风险投资交易；（2）剔除投资地点位于境外的交易；（3）利用清科数据库的投资详情功能、数据库检索功能、超链接功能，以及天眼查和百度等网站补齐部分缺失数据后，剔除投资金额等仍存在缺失数据的交易；（4）汇总每个风险投资基金相同季度的投资交易；（5）剔除税收优惠实施后变更注册地基金①；（6）剔除税收优惠实施后新设基金，最终剩余9920个风险投资基金—季度观测数据。

（二）变量和模型

1. 因变量

初创科技型投资金额（$Amount_{i,j,t+1}$），等于当季风险投资基金对初创科技型企业的投资总额（Da Rin et al.，2006）。

2. 自变量

注册地区（$Treat_{i,j}$），等于风险投资基金注册地是否位于京津冀、上海、广东、安徽、四川、武汉、西安、沈阳和苏州工业园区税收优惠试点地区的虚拟变量，是取1，否取0。投资时间（$After_{i,t}$），等于风险投资基金对企业投资时间是否属于2017年第2季度至2018年第2季度税收优惠试点期间的虚拟变量，是取1，否取0。相应地，关键性自变量是风险投资基金注册地区和投资时间的交互项（$Treat_{i,j} \times After_{i,t}$）。

3. 控制变量

借鉴 Nanda 和 Rhodes-Kropf（2013）以及 Chaplinsky 和 Gupta-Mukherjee（2016），分别考虑风险投资基金特征、股权市场特征以及地区环境特征的可能影响。其中，风险投资基金特征包括：组织形式（$Partner1_{i,t+1}$），等于基金是否采取有限合伙制而非公司制的虚拟变量，是取1，否取0。包含契约制基金的稳健性检验中，组织形式（$Partner2_{i,t+1}$），等于基金是否采取有限合伙制或公司制而非契约制的虚拟变量，是取1，否取0；基金规模（$Size_{i,t+1}$），等于基金募集资金总额；投资经验（$Expert_{i,t+1}$），等于基金管理机构过去五年累积投资事件数量；产权性质（$GVC_{i,t+1}$），等于基金管理机构是否国有背景的虚拟变量，是取1，否取0。股权市场特征包括：市场热度（$Market_{i,t}$），等于当季初创科技型投资交易事件数量；新股发行（$IPO_{i,t}$），等于当季国内A股新上市企业数目。地区环境特征包括：经济发展水平（$GDP_{j,t}$），等于风险投资基金注册地省份人均GDP；税收征管（$TE_{j,t}$），等于风险投资基金注册地省份实际税收收入与预期可获取税收收入比值。预期可获取税收收入根据地区GDP、第一产业比重和第二产业比重等进行估

---

① 根据基金名称在天眼查网站查询基金的工商登记状态，将显示为"迁出"的基金认定为变更注册地基金。

计（叶康涛、刘行，2011）。

4. 回归模型

为检验投资抵扣税收优惠影响初创科技型投资金额的假设1至假设5，以财税〔2017〕38号文为准自然实验，提出双重差分模型（1）。回归方程如下所示：

$$\mathrm{Ln}(Amount_{i,j,t+1}) = \theta_0 + \theta_1 Treat_{i,j} \times After_{i,t} + \theta_2 Treat_{i,j} + \theta_3 After_{i,t} + \theta_4 Controls_{i,j,t} + \delta_i + \phi_t + \varphi_j + \mu_{i,t} \quad (1)$$

因变量是初创科技型投资金额 $\mathrm{Ln}(Amount_{i,j,t+1})$，关键自变量是风险投资基金注册地区与投资时间的交互项（$Treat_{i,j} \times After_{i,t}$）。$Controls_{i,j,t}$ 包括风险投资基金特征、股权市场特征和地区环境特征控制变量。此外，模型还包括管理机构固定效应（δ_i）、投资季度固定效应（ϕ_t）和基金注册省份固定效应（φ_j）。i 代表风险投资基金，t 代表投资所属季度，j 代表风险投资基金注册省份，θ 代表方程回归系数，$\mu_{i,t}$ 代表方程残差。具体变量定义见表1。

利用普通最小二乘方法（OLS）估计回归模型（1）。为缓解逆向因果，因变量相对于自变量滞后1期。为减小异方差，在回归中对初创科技型投资金额（$Amount_{i,j,t+1}$）、基金规模（$Size_{i,t+1}$）、投资经验（$Expert_{i,t+1}$）、市场热度（$Market_{i,t}$）和新股发行（$IPO_{i,t}$）取自然对数①。为得到准确的t统计量，采取季度层面的聚类—稳健标准误。对连续变量按照上下1%的取值进行缩尾处理，以消除异常值。

对于假设1，预期交互项系数 θ_1 显著大于0。对于假设2~假设5，预期采用分组回归时，交互项系数 θ_1 在有限合伙制基金、投资本地基金、经验丰富基金和非国有基金中显著更大。

（三）描述性统计

表1报告变量描述性统计。初创科技型投资金额均值是4.794（百万）。55.5%的风险投资基金注册地位于税收优惠试点地区，42.8%的基金投资时间发生在税收优惠试点期间。94.3%的风险投资基金采取有限合伙制而非公司制，说明有限合伙制是行业主流。相对于契约制基金，有限合伙制基金和公司制基金占比是97.9%。风险投资基金募集规模均值约13亿元。管理机构经验均值约38个。29.6%的风险投资基金是国有背景，说明国有性质的风险投资基金比例较小，与陈思等（2017）和吴超鹏等（2012）的研究结果相符。74.9%的风险投资基金管理机构总部位于试点地区。每季度初创科技型投资交易均值约151个，IPO个数均值约65个，人均季度GDP是2.423万元，税收征管强度均值是1.069。基金的风险承担均值为0.108，基金的投资价格均值接近3.6亿元。

---

① $Amount_{i,j,t+1}$、$Size_{i,t+1}$ 和 $Expert_{i,t+1}$ 加1后取自然对数，$Market_{i,t}$ 和 $IPO_{i,t}$ 直接取自然对数。

表1 变量定义和描述性统计

名称	符号	计算方法	均值	标准差	观测
初创科技型投资金额	Amount	当季风险投资基金对初创科技型企业的投资总额	4.794	21.400	9920
注册地区	Treat	风险投资基金注册地是否位于京津冀等税收优惠试点地区的虚拟变量，是取1，否取0	0.555	0.497	9920
投资时间	After	风险投资基金投资时间是否属于税收优惠试点期间2017年第2季度至2018年第2季度的虚拟变量，是取1，否取0	0.428	0.495	9920
组织形式	Partner1	风险投资基金是否采取有限合伙制而非公司制的虚拟变量，是取1，否取0	0.943	0.231	9920
	Partner2	风险投资基金是否采取有限合伙制或公司制而非契约制的虚拟变量，是取1，否取0	0.979	0.144	10134
基金规模	Size	风险投资基金的募集资金总额	12.981	46.270	9920
投资经验	Expert	基金管理机构过去五年累积投资事件数量	38.088	37.736	9920
产权性质	GVC	基金管理机构是否国有背景的虚拟变量，是取1，否取0	0.296	0.456	9920
机构总部	Base	基金管理机构总部是否在试点地区的虚拟变量，是取1，否取0	0.749	0.434	9920
市场热度	Market	当季初创科技型投资交易事件数量	151.063	54.704	9920
新股发行	IPO	当季国内A股新上市企业数目	65.043	41.354	9920
经济水平	GDP	风险投资基金注册地省份人均GDP	2.423	0.740	9920
税收征管	TE	风险投资基金注册地省份实际税收收入与预期税收收入比值，预期税收收入根据GDP、第一产业比重和第二产业比重等估计	1.069	0.233	9920
风险承担	Risktaking	当季风险投资基金对初创科技型企业投资总额/基金总投资金额	0.108	0.277	9920
投资价格	Price	当季风险投资基金对单个初创科技型企业投资金额/持股比例	3.634	5.427	2182

平行趋势是双重差分方法的重要前提。图2是全样本投资金额平行趋势。全样本实验组是试点地区有限合伙制和公司制基金，控制组是非试点地区有限合伙制和公司制基金。政策试点前，实验组与控制组变化趋势大致相同。同时，政策试点期间，组间差距显著增大，初步表明税收政策具有处理效应。税收政策实施后，实验组和控制组投资金额都出现下滑，原因可能与新股发行数量减少以及资管新规等宏观经济因素相关。

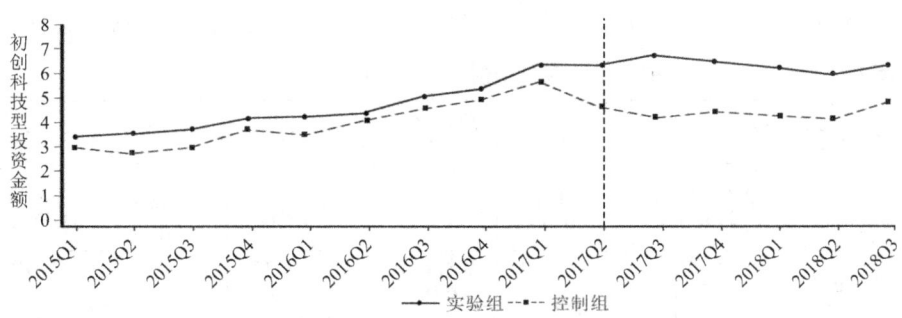

图 2 全样本投资金额平行趋势

图 3 是全样本组间均值检验。政策实施前，置信区间在 0 上下均匀分布，说明实验组和控制组初创科技型投资金额不存在显著差异。政策实施后，置信区间分布于 0 上方，说明投资抵扣政策实施后组间均值差异显著为正。图 3 进一步说明，实验组与控制组具有平行趋势。

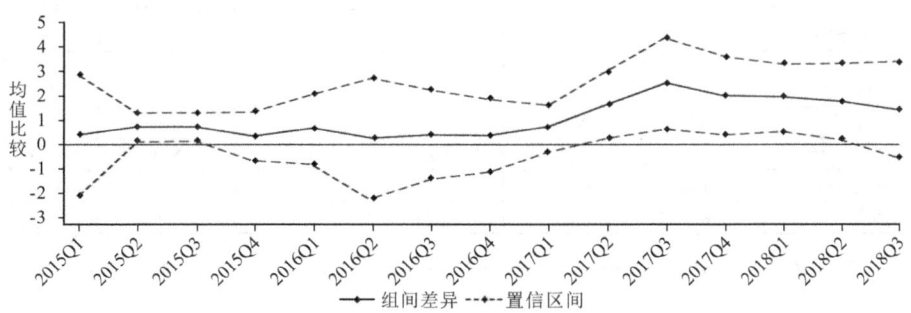

图 3 全样本组间均值检验

五、实证结果与分析

（一）假设1的检验

表 2 报告假设 1 的检验结果，通过估计方程（1）检验投资抵扣税收优惠对初创科技型投资金额的影响。第（1）列 OLS 回归没有引入控制变量和固定效应，交互项（Treat × After）系数为 0.302，在 0.01 的水平下显著为正。第（2）列 OLS 回归引入控制变量，交互项系数为 0.315，在 0.01 的水平下显著。第（3）列 OLS 回归进一步控制机构、时间和地区固定效应，交互项系数为 0.320，在

0.01 的水平下显著。双重差分系数的经济含义是，投资抵扣政策实施后，实验组相对于控制组基金的初创科技型投资金额增长 32%。因此，假设 1 得到验证。

表 2　　投资抵扣对基金初创科技型投资金额的影响

	因变量：Ln（Amount）					
	（1）	（2）	（3）	（4）	（5）	（6）
	全样本 OLS	全样本 OLS	全样本 OLS	全样本 Tobit	试点地区子样本 OLS	拓展样本 DDD
Treat×After	0.302*** (5.554)	0.315*** (5.817)	0.320*** (6.037)	0.389*** (4.964)		0.212** (2.290)
Treat	−0.039 (−1.064)	−0.007 (−0.579)	0.004 (0.125)	0.005 (0.146)		0.010 (0.173)
After	0.270*** (8.811)	0.118*** (3.727)	0.048 (0.612)	0.040 (0.503)	0.111 (1.264)	0.099 (0.965)
Partner1		0.070*** (3.268)	0.022 (1.013)	0.018 (0.813)		
Partner2					0.030 (1.150)	0.023 (0.525)
Treat× Partner2						−0.006 (−0.131)
After× Partner2					0.285*** (3.357)	−0.056 (−0.707)
Treat×After× Partner2						0.230*** (3.064)
Controls	No	Yes	Yes	Yes	Yes	Yes
Fixed Effects	No	No	Yes	Yes	Yes	Yes
R-squared	0.056	0.097	0.129	0.057	0.084	0.172
观测	9621	9621	9621	9621	5481	9825

注：括号内数字为 t 统计量值，*、**、*** 分别表示在 10%、5%、1% 的水平显著。

第（4）列使用 Tobit 方法估计系数。较多基金季度内只投资扩张期、成熟期企业或传统行业企业而没有投资初创科技型企业，造成部分样本基金的因变量取值为 0。采用左归并为 0 的 Tobit 估计命令，得到交互项系数为 0.389，也在 0.01 的水平下显著为正。Tobit 估计结果与 OLS 较为接近，因此更换回归方法不影响结论。

为检验结果的稳健性，构建一个包含契约制基金的拓展样本，应用另一种形式的双重差分模型和三重差分模型重新估计。契约制基金不属于财税〔2017〕38 号文的税收优惠对象，且在试点与非试点地区都存在，可以作为新的控制组。因此，改变样本以及组织形式变量的定义后重新回归。

第（5）列将契约制基金加入试点地区样本进行双重差分检验①。交互项（After×Partner2）系数为 0.285，在 0.01 的水平下显著为正。结果说明，税收优

---

① 契约制基金不需要工商登记，以基金管理机构的注册地作为契约制基金的注册地。

惠政策实施后，试点地区有限合伙制与公司制基金相对于契约制基金的初创科技型投资金额显著增加，证实结果的稳健性。

第（6）列将契约制基金引入原样本并形成拓展样本进行三重差分回归。交互项（Treat×After×Partner2）系数为0.230，在0.01的水平下显著为正。结果也表明，试点地区有限合伙制基金和公司制基金的初创科技型投资金额在投资抵扣政策实施后显著增加。

（二）假设2至假设5的检验

表3报告假设2至假设5的检验结果，通过对方程（1）分组回归检验风险投资基金特征的调节作用。第（1）列和第（2）列按照基金组织形式分组回归，交互项系数在有限合伙制基金比公司制基金更大。第（3）列和第（4）列按照风险投资基金与初创科技型企业是否注册于相同的省份，将初创科技型投资划分为本地投资和异地投资，交互项系数在本地投资样本比异地投资样本更大。第（5）列和第（6）列按照基金投资经验分组回归，将投资经验超过或者等于中位数的列为经验丰富基金，否则为经验欠缺基金，交互项系数在经验丰富基金比经验欠缺基金更大。第（7）列和第（8）列根据基金产权性质分组回组，交互项系数在非国有基金比国有基金更大。

表3 风险投资基金特征的调节作用

	因变量：Ln(Amount)							
	(1)	(2)	(3)	(4)	(5)	(6)	(7)	(8)
	合伙制	公司制	本地投资	异地投资	经验丰富	经验欠缺	国有	非国有
Treat×After	0.405*** (5.020)	0.181* (1.933)	0.389*** (5.113)	0.119** (2.076)	0.434*** (7.540)	0.015 (1.203)	0.152** (2.096)	0.419*** (4.591)
Treat	0.009 (0.192)	−0.011 (−0.456)	−0.305 (−1.247)	0.061 (0.458)	0.040 (1.213)	−0.049 (−1.113)	−0.036 (−0.624)	0.008 (0.279)
After	0.167* (1.745)	0.047 (0.273)	0.023 (0.614)	0.030 (1.341)	0.118 (1.127)	0.054 (0.851)	−0.004 (−0.034)	0.035 (0.654)
Controls	Yes	Yes	Yes	Yes	Yes	Yes	Yes	Yes
Fixed Effects	Yes	Yes	Yes	Yes	Yes	Yes	Yes	Yes
R-squared	0.144	0.076	0.131	0.103	0.180	0.070	0.137	0.129
Chow test	0.003*** (8.555)		0.041** (4.156)		0.000*** (16.622)		0.000*** (11.788)	
观测	9101	520	9621	9621	5426	4195	2813	6808

注：括号内为t或者chi2统计量值。*、**、***分别表示在10%、5%、1%的水平显著。

利用Chow test检验表3的组间系数差异，P值显示系数差异值均显著异于0。

因此，投资抵扣税收优惠实施后，有限合伙制基金、投资本地基金、经验丰富基金和非国有基金的初创科技型投资金额增长更多，假设 2 至假设 5 得到验证。

六、影响渠道和稳健性检验

（一）影响渠道检验

1. 风险承担提高

投资抵扣税收优惠影响初创科技型投资的一个可能渠道是提高基金的风险承担。均衡状态下，风险投资基金将部分资金配置于高风险的初创科技型企业，剩余资金配置于低风险的非初创科技型企业。初创科技型投资金额由基金的最优风险承担水平决定，而最优风险承担水平与两类企业的预期收益差有关。在投资风险和投资非初创科技型企业收益不变的情况下，税收优惠增加了基金投资初创科技型企业的收益，预期收益差相应提高。因此，风险投资基金提升最优风险承担水平。

为检验风险承担渠道，考察投资抵扣税收优惠实施后基金的初创科技型投资比例是否显著提高。基金投资组合中初创科技型投资比例越高，投资组合的收益波动性越大，代表风险承担水平越高。参考 Chaplinsky 和 Gupta-Mukherjee（2016），基金风险承担水平（Risktaking）定义为当季风险投资基金对初创科技型企业的投资总额除以基金总投资额。

图 4 表明全样本风险承担存在平行趋势。表 4 第（1）～（3）列检验投资抵扣税收优惠对基金风险承担的影响。结果显示，交互项系数在方程中显著为正，说明投资抵扣税收优惠激励基金提高风险承担水平，增加初创科技型投资金额。结果表明，政府通过结构性税收优惠补偿了风险投资收益，改变了基金投资策略，引导了资本配置方向，定向增加了风险投资基金对初创科技型企业的资金供给。

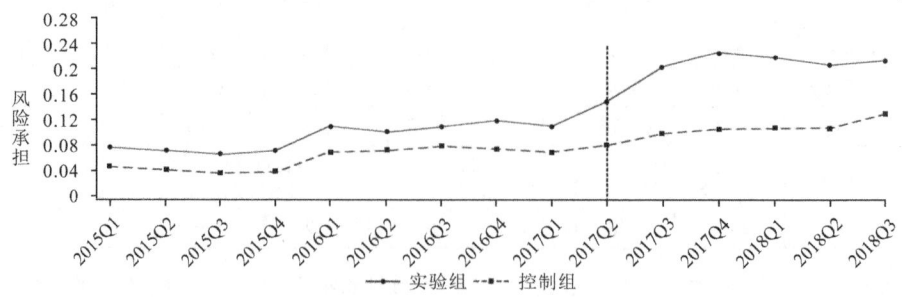

图 4　全样本风险承担平行趋势

表 4　　投资抵扣对基金风险承担和投资价格的影响

	因变量：Risktaking			因变量：Ln(Price)		
	(1)	(2)	(3)	(4)	(5)	(6)
Treat×After	0.131** (2.325)	0.115** (2.172)	0.139** (2.407)	−0.041 (−0.672)	−0.063 (−1.073)	−0.037 (−0.634)
Treat	−0.002 (−0.305)	−0.008 (−1.106)	0.147 (1.089)	0.015 (0.352)	0.019 (0.468)	0.093 (1.219)
After	0.067* (1.871)	0.152*** (5.484)	0.045 (0.903)	0.807*** (16.052)	0.287*** (5.116)	0.347*** (3.268)
Controls	No	Yes	Yes	No	Yes	Yes
Fixed Effects	No	No	Yes	No	No	Yes
R-squared	0.020	0.062	0.279	0.099	0.184	0.240
观测	9621	9621	9621	2136	2136	2136

注：括号内为 t 统计量值。*、**、***分别表示在10%、5%、1%的水平显著。

2. 投资价格竞争

Gompers 和 Lerner（2000）发现美国降低资本利得税率后新设基金数量增长，较多基金通过投资价格竞争少数优质企业，企业估值提高引起风险投资金额相应增加。因此，投资价格竞争提高企业估值也是一个可能的影响渠道。我国投资抵扣税收优惠也有可能引发风险投资基金竞争初创科技型企业，造成企业估值和基金投资价格提高。如果投资价格竞争是风险投资金额增加的原因，预期税收优惠实施后基金对初创科技型企业的估值显著提高。借鉴 Gompers 和 Lerner（2000），基金投资价格（Price）定义为当季风险投资基金对单个初创科技型企业的投资金额除以基金持股比例，回归中取对数。

图 5 表明实验组和控制组投资价格在政策实施前后均不存在显著差异。表 4 第（4）～（6）列检验投资抵扣税收优惠对基金投资价格的影响。观测单位是初创科技型投资交易—季度。结果显示，交互项系数不显著，说明投资抵扣税收优惠对企业估值和基金投资价格无显著影响。结果表明，初创科技型企业外部融资可能存在供不应求，投资抵扣税收优惠没有造成投资价格上涨，因此投资价格竞争不能解释初创科技型投资金额增加。

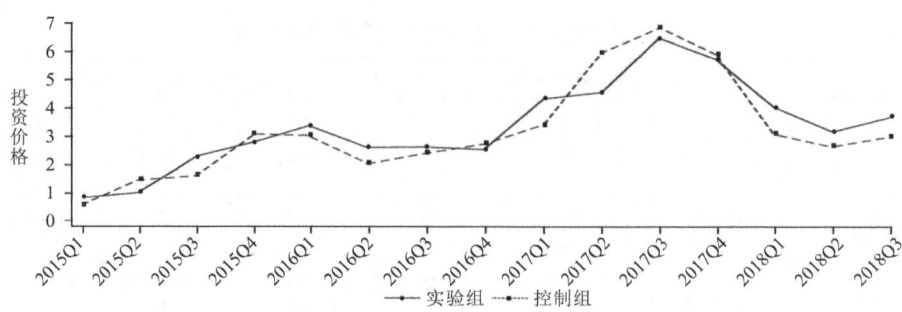

图 5 全样本投资价格平行趋势

3. 新基金设立

Poterba（1989）和 Da Rin 等（2006）发现降低资本利得税率吸引出资人设立新基金，基金规模扩张成为影响风险投资金额的一个可能渠道。我国投资抵扣税收优惠提高基金投资初创科技型企业的收益率，也增加风险投资基金的整体收益率。更高的收益率吸引出资人增加投资并扩大风险投资基金募集规模。因此，新基金设立也可能是税收优惠后初创科技型投资增加的原因。

为检验新基金设立的影响，将新设基金引入全样本进行回归。表 5 第（2）列报告引入新基金样本的回归结果，交互项系数为 0.324。Chow test 显示，第（1）列与第（2）列交互项系数组间差异不显著。由于新基金设立初期投资规模小，因此新基金设立不是初创科技型投资增加的主要原因。

4. 新企业创建

Cullen 和 Gordon（2007）发现美国降低资本利得税率后创业者转让企业股权的税率低于工资所得税率，更多创业活动增加了对风险投资的资金需求。我国投资抵扣税收优惠激励基金投资初创科技型企业，初创科技型企业的外部融资能力和资金可获得性增强，能够吸引创业者新办企业。因此，新企业创建也是税收优惠提高初创科技型投资的一个可能渠道。

为考察新企业创建对初创科技型投资的影响，排除全样本投资对象是税收优惠实施后新成立企业的投资金额。如果新企业创建是初创科技型投资提高的原因，预期排除标的对象是新创企业的投资金额后交互项系数显著减小。表 5 第（3）列是排除新企业的回归结果，交互项系数是 0.292。Chow test 检验显示，第（3）列与第（1）列交互项系数组间无显著差异。因此，新企业创建不能解释初创科技型投资增加。

表 5　其他可能的替代性解释

	(1) 全样本	(2) 引入新基金	(3) 排除新企业	(4) 邻近省份为控制组	(5) 非邻近省份为控制组	(6) 跨区域管理机构	(7) 非跨区域管理机构	(8) 首轮投资	(9) 非首轮投资
	因变量：Ln(Amount)								
Treat×After	0.320*** (6.037)	0.324*** (5.672)	0.292*** (5.185)	0.335*** (4.545)	0.308*** (3.680)	0.285*** (3.054)	0.359*** (4.052)	0.458*** (5.113)	0.034 (0.692)
Treat	0.004 (0.125)	−0.019 (−0.540)	0.005 (0.134)	−0.021 (−0.446)	0.079 (1.083)	−0.069 (−0.732)	0.031 (1.254)	0.003 (0.092)	0.001 (0.032)
After	0.048 (0.612)	0.056 (1.503)	0.045 (0.573)	0.063 (0.794)	0.255** (2.524)	0.125 (1.235)	−0.141*** (−2.798)	0.039 (0.612)	0.008 (0.539)
Controls	Yes	Yes	Yes	Yes	Yes	Yes	Yes	Yes	Yes
Fixed Effects	Yes	Yes	Yes	Yes	Yes	Yes	Yes	Yes	Yes
R-squared	0.129	0.212	0.116	0.093	0.124	0.095	0.159	0.120	0.073
Chow test		0.857 (0.032)	0.692 (0.156)	0.446 (0.582)		0.348 (0.881)		0.002*** (9.764)	
观测	9621	10670	9621	9427	5500	2008	7613	9621	9621

注：括号内为t或者chi2统计量值。*、**、***分别表示在10%、5%、1%的水平显著。

5. 地区间转移

本文结论的另一个竞争性解释是，税收优惠实施后非试点地区投资下降并转移至试点地区，导致试点地区初创科技型投资增加。首先，如果非试点地区投资下降的原因是试点地区的税收优惠政策，那么与试点地区距离较近的控制组基金投资下降更多。本文依照是否与试点地区有共同边界将非试点地区划分为邻近和非邻近省份。如果非试点地区投资下降并转移至试点地区，预期以邻近省份基金为控制组交互项系数显著更大，非邻近省份基金为控制组交互项系数显著更小。表 5 第（4）和第（5）列依照地理距离重新定义控制组，结果显示交互项系数都显著为正。组间无显著差异，说明税收优惠没有产生风险投资的地区间转移。

其次，部分管理机构同时运营试点地区和非试点地区的风险投资基金，可能将投资转移至试点地区基金以利用税收优惠提高收益。该现象在同一个管理机构运营的不同区域基金中更明显。本文将同时运营试点地区和非试点地区基金的管理机构划分为跨区域管理机构，否则为非跨区域管理机构。如果试点地区投资增加是非试点地区投资下降或转移导致的，预期交互项系数在跨区域管理机构中更大。表 5 第（6）和第（7）列按照管理机构的特征分组回归，结果显示交互项系数都显著为正。组间无显著差异，因此地区间投资转移不能解释税收优惠的激励效应。

6. 税收套利

Howell 和 Mezzanotti（2019）发现美国降低资本利得税率产生税收套利行为，风险投资增加投资金额实现收益最大化，但资金主要流向利益关联企业、已获得风险投资企业以及非高科技企业。我国投资抵扣税收优惠实施后初创科技型投资能够带来抵扣收益，风险投资提高投资金额也可能是税收套利的一种表现。

首先，通过税收优惠实施后风险投资的资金流向判断是否存在税收套利。风险投资将资金主要投向已有风险投资支持企业，以搭便车方式降低风险、减少增值服务的非首轮投资有可能是税收套利的表现（Howell and Mezzanotti，2019）。风险投资将资金主要投向风险更大、不确定性程度更高的首轮融资企业，更可能是风险承担的表现。表 5 第（8）和第（9）列是首轮金额与非首轮投资金额的组间回归，交互项系数在首轮投资中显著为正，在非首轮投资中不显著。结果说明，税收优惠后风险投资将主要资金投向高风险的首轮融资企业。因此，税收套利不能解释初创科技型投资金额增加。

其次，也通过投资期限考察是否存在税收套利。为最大化税收抵扣收益，风险投资基金可能在持有期限达到税收优惠要求的最低 2 年条件后迅速退出，然后将这笔资金再次投资于初创科技型企业重复申请税收优惠。本文统计了税收优惠实施后试点地区的初创科技型投资交易，截至 2020 年 3 月 31 日投资期限满 2 年的投资交易中，以 IPO 或并购方式成功退出的相当稀少。因此，基于投资期限的证据不支持税收套利假说。

7. 挤出效应

Cumming 和 MacIntosh（2006）提出关于风险投资税收优惠的挤出效应假说。他们发现，加拿大降低国有基金出资人的资本利得税率，低效率的国有基金募集更多资本并挤出私营基金，最终风险投资规模下降。如果挤出效应存在，预期税收优惠申请成功概率更高的国有基金初创科技型投资增加更多。表 3 第（7）和第（8）列按照基金产权性质分组回归。结果显示，投资抵扣实施后非国有基金投资金额增加更多，因而不支持挤出效应假说。税收优惠对更加偏好风险的非国有基金激励作用更显著，进一步证实风险承担渠道。

（二）稳健性检验

1. 倾向得分匹配

尽管财税〔2017〕38 号文的试点地区由中央政府统一划定，但基金对注册地区的选择可能并不完全随机。为克服样本选择偏差影响,利用倾向得分匹配后的样本再次估计处理效应(PSM-DID 估计结果参见附录附表 1)。为确保匹配过程的外生性,协变量新引入基金管理机构总部是否在试点地区的虚拟变量(Base),是取 1,否取 0。选择方程显示,协变量对处理变量具有良好的解释力。数据平衡性检验显示,依据第一阶段计算的倾向得分进行核匹配后(默认为二次核),所有协变量在匹配样本的实验组与控制组之间不存在显著性差异,说明倾向得分匹配后各变量在实验组和控制组分布更加平衡。PSM-DID 采用 diff 命令一次性估计,双重差分结果与匹配前差异不大。因此,倾向得分匹配后基本结论不变。

2. 安慰剂检验

采用三个安慰剂检验测试基准回归结论的稳健性。第一个安慰剂检验是将公司制基金和有限合伙制基金替换为不享受税收优惠政策的契约制基金。第二个安慰剂检验是将试点地区契约制基金作为实验组,非试点地区有限合伙制和公司制基金作为控制组。第三个安慰剂检验是设定 2016 年第二季度为虚假政策实施时间,并将观测时间提前至税收优惠政策实施前(安慰剂检验结果参见附录附表 2)。安慰剂检验结果显示,交互项系数均不显著,证实结论具有稳健性。

3. 区域性风险投资税收优惠

清科研究发布的报告指出[①],北京、重庆、浙江等 11 个地区出台了地方配套性风险投资税收政策。为排除地方性税收优惠的可能影响,剔除相关地区的样本观测后重新回归(估计结果参见《管理世界》网络发行版附录附表 3)。回归结果显示,交互项系数无显著变化。另外,根据西部大开发税收优惠,西部地区风险投资基金减按 15% 税率缴纳企业所得税。为排除西部大开发税收优惠的可能影响,剔除西部地区样本后重新回归(估计结果参见《管理世界》网络发行版附录附表 3)。估计结果表明,西部大开发税收优惠不改变结论。

七、比较企业所得税率优惠与投资抵扣税收优惠

(一)企业所得税率优惠

除投资抵扣税收优惠外,我国还在西部地区实施风险投资基金企业所得税率优惠政策。《关于深入实施西部大开发战略有关税收政策问题的通知》(财

---

① 具体地方性风险投资税收优惠政策,可详见 2017 年 5 月 29 日"清科研究"微信公众号发布的文章《私募股权投资基金税收政策大比拼——附 11 个地区优惠政策一览表》。

税〔2011〕58号文）规定，自 2011 年 1 月 1 日至 2020 年 12 月 31 日，对设在西部地区的鼓励类产业企业减按 15% 的税率征收企业所得税。鼓励类产业企业是指以《西部地区鼓励类产业目录》中规定的产业项目为主营业务，且其主营业务收入占企业收入总额 70% 以上的企业。并且，《产业结构调整指导目录（2011 年本）》（第 9 号令）发布，"金融服务业—创业投资"首次被列为鼓励类产业，这标志着风险投资基金（企业）开始成为《西部地区鼓励类产业目录》中的鼓励类产业企业。

对西部地区风险投资基金实施企业所得税率优惠，政策出发点是激励西部基金支持初创科技型企业，引导西部基金服务地方经济发展，同时吸引社会资本出资设立西部基金，缩小东西部风险投资规模差距。然而，企业所得税率优惠将风险投资基金等同于实体产业企业，政策内容可能存在三个方面不足：（1）未区分基金投资阶段和行业；（2）未限定基金投资地域；（3）未考虑有限合伙制基金的纳税特点。作为主流组织形式的有限合伙制基金不缴纳企业所得税，无法直接享受企业所得税率优惠。除少数西部法人合伙人外，个人合伙人和非西部地区法人合伙人都不属减税范围。

（二）企业所得税率优惠政策评估

为比较两种不同形式税收优惠政策的效果差异，借助西部大开发税收优惠的准自然实验，检验降低企业所得税率对风险投资基金初创科技型投资和风险承担的影响。实验组是西部地区有限合伙制和公司制基金，控制组是东中部有限合伙制和公司制基金。为避免政策混淆，样本观测期是 2006—2014 年，外生冲击时间是 2011—2014 年。为满足平行趋势，样本剔除 2011 年后新设立基金和变更注册地基金。观测单位是风险投资基金—年。变量计算方法和样本处理步骤同前文。

平行趋势检验显示[①]，2011 年前，实验组和控制组初创科技型投资金额和风险承担变化趋势接近，组间差异较小。2011 年后，实验组相对于控制组出现下降态势，组间差异增大。其中，初创科技型投资金额和风险承担在 2008 年、2013 年和 2014 年明显下滑，可能分别与全球金融危机和国内 IPO 暂停有关。

表 6 报告降低企业所得税率对基金初创科技型投资和风险承担的影响。第（1）~（3）列显示，企业所得税率降低，基金的初创科技型投资金额下降。第（6）~（8）列显示，企业所得税率降低，基金减少风险承担。结果表明，整体性降低企业所得税率后，基金投资在高风险企业和低风险企业的所得税率下降幅

---

① 限于篇幅，未报告检验过程，感兴趣的读者可来信索取。

度相同。风险规避的基金管理机构投资低风险企业更有利,导致风险承担水平下降。风险投资管理机构的风险规避程度越高,企业所得税率降低后基金的风险承担水平下降越多。不同于此,结构性税收优惠定向降低基金投资高风险企业的实际税率,基金投资高风险企业更有利,因此提高风险承担和初创科技型投资。

表6 降低企业所得税率对初创科技型投资和风险承担的影响

	因变量:Ln(Amount)					因变量:Risktaking				
	(1)	(2)	(3)	(4)	(5)	(6)	(7)	(8)	(9)	(10)
	全样本	全样本	全样本	合伙制	公司制	全样本	全样本	全样本	合伙制	公司制
Treat×After	-0.143** (-2.070)	-0.113* (-1.793)	-0.106* (-1.874)	-0.005 (-0.472)	-0.128** (-2.371)	-0.059*** (-3.657)	-0.042*** (-2.821)	-0.047*** (-3.125)	-0.027 (-1.574)	-0.065*** (-2.964)
Treat	0.047 (1.025)	0.011 (1.356)	-0.125 (-1.450)	0.045 (0.265)	-0.205** (-2.224)	0.036 (0.331)	-0.020 (-0.158)	-0.037** (-2.198)	-0.025 (-1.153)	-0.095** (-2.363)
After	0.331*** (13.724)	0.466*** (15.164)	0.454*** (15.309)	0.816*** (5.427)	0.273*** (2.691)	0.040*** (7.185)	0.046*** (4.103)	0.236*** (12.509)	0.216*** (9.502)	0.286*** (9.916)
Controls	No	Yes	Yes	Yes	Yes	No	Yes	Yes	Yes	Yes
Fixed Effects	No	No	Yes	Yes	Yes	No	No	Yes	Yes	Yes
R-squared	0.026	0.099	0.187	0.156	0.284	0.007	0.032	0.261	0.358	0.208
Chow test				0.032** (4.613)					0.018** (5.564)	
观测	1395	1395	1395	876	519	1395	1395	1395	876	519

注:括号内为t或者chi2统计量值。*、**、***分别表示在10%、5%、1%的水平显著。

表6第(4)列和第(5)列,以及第(9)列和第(10)列是关于基金组织形式的分组回归。结果显示,交互项系数在有限合伙制基金不显著,在公司制基金显著为负。由于公司制基金缴纳企业所得税,降低企业所得税率的负向影响主要体现在公司制基金。

考虑新基金设立后,降低企业所得税率进一步加剧初创科技型投资的减少。原因有两个方面:(1)西部地区企业所得税率优惠不利于西部设立新基金。企业所得税率降低后,有限合伙制基金出资人实际税率高于公司制基金出资人。公司制基金享受企业所得税率优惠,但薪酬分配和激励约束机制并不能充分保护出资人利益。有限合伙制基金是出资人首选和行业主流组织形式,丧失避税优势不利于吸引社会资本出资设立西部基金。(2)西部地区企业所得税率优惠有利于东中部风险投资合理避税,助推东中部新基金的设立。利用主板上市和新三板挂牌交易的风险投资机构披露的年报信息,发现东中部地区的鲁信创投、硅谷天堂、九鼎集团、联创永宣以及信中利等在西部成立子公司或孙公司享受西部大开发企业所得税率优惠,然后以子公司或孙公司为出资方在东中部注册并设立新基金。基于上述原因,西部地区降低风险投资基金企业所得税率扩大东西部新基金设立方面的差距，无法发挥类似国外降低资本利得税率的政策效果。

以上结果表明，整体性直接降低风险投资基金企业所得税率未区分基金投资阶段和行业，没有补偿风险承担，政策效果与结构性税收优惠相反。为激励风险承担，应差异性给予投资初创科技型企业的基金更大幅度的企业所得税率优惠。借鉴国外降低资本利得税率的经验，可以考虑降低出资人所得税率而非企业所得税率，以适应有限合伙制基金的纳税特点。比较可得，降低出资人所得税率可以促进新基金设立、扩大风险投资行业规模，而结构性税收优惠提升基金风险承担、引导风险投资支持初创科技型企业，两种减税方式相互补充。

八、研究结论与启示

本文比较分析了我国两种不同形式的风险投资税收优惠政策。结果显示，投资抵扣税收优惠通过提升风险投资基金的风险承担，显著增加初创科技型投资金额，说明结构性减税有利于实现国家鼓励早期投资、长期投资和科技投资的政策目标。投资抵扣税收优惠对有限合伙制基金、投资本地基金、经验丰富基金和非国有基金的激励作用更大。相反，西部大开发税收优惠整体性直接降低风险投资基金企业所得税率，造成基金的风险承担和初创科技型投资下降，未能实现激励风险投资支持创新创业的政策目标。

研究结论具有以下政策启示。首先，投资抵扣税收优惠方案存在继续优化空间。公司制基金的双重税负问题降低了投资抵扣政策的激励效果。建议借鉴相关国际经验，参照有限合伙制风险投资基金相关规定，认定符合"投资管道"条件的公司制风险投资基金不作为纳税主体，从而加快解决公司制基金的双重税负问题。现阶段实施方案采取满2年统一抵扣投资金额的70%。未来条件成熟时，可以依据投资持有期限或者投资结果采取差别比例抵扣政策，继续提升税收优惠对风险投资的激励作用。

其次，降低企业所得税率形式的风险投资税收优惠需要及时调整。整体性直接降低风险投资基金企业所得税率不利于基金提升风险承担，建议所得税率降低幅度与基金的投资阶段和投资行业挂钩。有限合伙制是风险投资基金的主流组织形式，参照国际上关于降低资本利得税率的经验，可以考虑降低风险投资基金出资人所得税率的减税方案。

最后，探索风险投资的增值税减税方案。我国出台的风险投资减税政策几乎都集中于所得税，鲜有涉及增值税。作为基金管理机构，风险投资的主要收入是基金管理费，而管理费需缴纳增值税。考虑到深化增值税改革已经全面开展，如能逐步探索面向风险投资的增值税减税方案，将进一步激发风险投资对初创科技型企业的投资热情。

参考文献

[1] 陈思, 何文龙, 张然. 风险投资与企业创新：影响和潜在机制[J]. 管理世界, 2017（1）.

[2] 丁川, 陈璐. 考虑风险企业家有公平偏好的风险投资激励机制——基于显性努力和隐性努力的视角[J]. 管理科学学报, 2016（4）.

[3] 丁元欣. 国家创业风险投资和天使投资税收政策落实情况及对策建议——基于合芜蚌国家自主创新示范区调查研究[J]. 安徽科技, 2018（9）.

[4] 范子英, 彭飞. "营改增"的减税效应和分工效应：基于产业互联的视角[J]. 经济研究, 2017（2）.

[5] 高正平, 张兴巍. 财税政策与风险投资发展关系研究——基于中国各地区的经验证据[J]. 证券市场导报, 2014（2）.

[6] 胡志坚, 张晓原, 张志宏. 中国创业风险投资发展报告（2018）[M]. 北京：经济管理出版社, 2018.

[7] 黄福广, 彭涛, 邵艳. 地理距离如何影响风险资本对新企业的投资[J]. 南开管理评论, 2014（6）.

[8] 刘行, 叶康涛, 陆正飞. 加速折旧政策与企业投资——基于"准自然实验"的经验证据[J]. 经济学（季刊）, 2018（1）.

[9] 刘健钧, 刘国艳, 王元. 创业投资的税收优惠：英国经验及借鉴[J]. 国际税收, 2014（9）.

[10] 刘啟仁, 赵灿, 黄建忠. 税收优惠、供给侧改革与企业投资[J]. 管理世界, 2019（1）.

[11] 罗鸣令, 范子英, 陈晨. 区域性税收优惠政策的再分配效应——来自西部大开发的证据[J]. 中国工业经济, 2019（2）.

[12] 鲁元平, 杨芳, 张静堃. 区域性税收优惠政策的工资与就业效应分析——基于西部大开发的准自然实验[J]. 税务研究, 2020（2）.

[13] 聂辉华, 方明月, 李涛. 增值税转型对企业行为和绩效的影响——以东北地区为例[J]. 管理世界, 2009（5）.

[14] 邵桂根, 李艳艳, 朱庆锋. 风险投资税收政策国际经验与启示[J]. 国际税收, 2016（1）.

[15] 申广军, 陈斌开, 杨汝岱. 减税能否提振中国经济？——基于中国增值税改革的实证研究[J]. 经济研究, 2016（11）.

[16] 王江琦, 肖国华. 我国科技风险投资政策效果评估——基于典型相关分析的中国数据实证研究[J]. 情报杂志, 2012（6）.

[17] 吴超鹏, 吴世农, 程静雅, 王璐. 风险投资对上市公司投融资行为影响的实证研究[J]. 经济研究, 2012（1）.

[18] 熊维勤. 创业投资企业所得税抵扣政策对创业投资活动的影响[J]. 科技进步与对策, 2011（9）.

[19] 叶康涛, 刘行. 税收征管、所得税成本与盈余管理[J]. 管理世界, 2011（5）.

[20] 余琰, 罗炜, 李怡宗, 朱琪. 国有风险投资的投资行为和投资成效[J]. 经济研究,

2014（2）.

[21] 张明喜.关于完善我国风险投资税收政策体系的研究[J].证券市场导报，2012（9）.

[22] 周煊，刘燕红，刘然.中国创业投资企业税收政策现状、问题及政策建议[J].财政研究，2012（7）.

[23] Bertoni, F. and Tykvova, T., 2015, "Does Governmental Venture Capital Spur Invention and Innovation? Evidence from Young European Biotech Companies", *Research Policy*, Vol.44（4）, pp.925~935.

[24] Buchner, A., Mohamed, A. and Schwienbacher, A., 2017, "Diversification, Risk and Returns in Venture Capital", *Journal of Business Venturing*, Vol.32（5）, pp.519~535.

[25] Buchner, A. and Wagner, N. F., 2017, "Rewarding Risk-taking or Skill? The Case of Private Equity Fund Managers", *Journal of Banking & Finance*, Vol.80, pp.14~32.

[26] Chaplinsky, S. and Gupta-Mukherjee, S., 2016, "Investment Risk Allocation and the Venture Capital Exit Market: Evidence from Early Stage Investing", *Journal of Banking & Finance*, Vol.73, pp.38~54.

[27] Cullen, J. B. and Gordon, R. H., 2007, "Taxes and Entrepreneurial Risk-taking: Theory and Evidence for the US", *Journal of Public Economics*, Vol.91（7~8）, pp.1479~1505.

[28] Cumming, D. J. and MacIntosh, J. G., 2006, "Crowding Out Private Equity: Canadian Evidence", *Journal of Business Venturing*, Vol.21（5）, pp.569~609.

[29] Da Rin, M., Nicodano, G. and Sembenelli, A., 2006, "Public Policy and the Creation of Active Venture Capital Markets", *Journal of Public Economics*, Vol.90（8~9）, pp.1699~1723.

[30] Del-Palacio, I., Zhang, X. T. and Sole, F., 2012, "The Capital Gap for Small Technology Companies: Public Venture Capital to the Rescue?", *Small Business Economics*, Vol.38（3）, pp.283~301.

[31] Ewens, M., Jones, C. M. and Rhodes-Kropf, M., 2013, "The Price of Diversifiable Risk in Venture Capital and Private Equity", *Review of Financial Studies*, Vol.26（8）, pp.1854~1889.

[32] Gompers, P. and Lerner, J., 2000, "Money Chasing Deals? The Impact of Fund Inflows on Private Equity Valuation", *Journal of Financial Economics*, Vol.55（2）, pp.281~325.

[33] Hagen, K. P. and Sannarnes, J. G., 2007, "Taxation of Uncertain Business Profits, Private Risk Markets and Optimal Allocation of Risk", *Journal of Public Economics*, Vol.91（7~8）, pp.1507~1517.

[34] Howell, S. T. and Mezzanotti, F., 2019, "Financing Entrepreneurship Through the Tax Code: Angel Investor Tax Credits", NBER Working Paper No.w26486.

[35] Jegadeesh, N., Krussl, R. and Pollet, J. M., 2015, "Risk and Expected Returns of Private Equity Investments: Evidence Based on Market Prices", *Review of Financial Studies*, Vol.28（12）, pp.3269~3302.

[36] Jia, N. and Wang, D., 2017, "Skin in the Game: General Partner Capital Commitment, Investment Behavior and Venture Capital Fund Performance", *Journal of Corporate Finance*, Vol.47, pp.110~130.

[37] Keuschnigg, C. and Nielsen, S. B., 2003, "Taxes and Venture Capital Support", *Review of Finance*, Vol.7（3）, pp.515～539.

[38] Keuschnigg, C. and Nielsen, S. B., 2004, "Start-ups, Venture Capitalists and the Capital Gains Tax", *Journal of Public Economics*, Vol.88（5）, pp.1011～1042.

[39] Nanda, R. and Rhodes-Kropf, M., 2013, "Investment Cycles and Startup Innovation", *Journal of Financial Economics*, Vol.110（2）, pp.403～418.

[40] Poterba, J. M., 1989, "Capital Gains Tax Policy Toward Entrepreneurship", *National Tax Journal*, Vol.42（3）, pp.375～389.

附　录

附表 1　　PSM-DID 估计

	第一阶段：PSM				第二阶段：DID			
	因变量：Treat	平衡性检验（观测 =4262）				因变量：Ln（Amount）		因变量：Risktaking
	(1)	(2)	(3)	(4)	(5)	(6)	(7)	(8)
Base	0.887*** (3.331)	实验组 控制组	0.659 0.614	0.045 (0.562)	政策试点前	实验组 控制组	0.522 0.427	0.078 0.058
Partner1	0.405 (1.542)	实验组 控制组	0.884 0.777	0.107 (0.139)		观测	1845	1845
Ln（Size）	0.163** (2.579)	实验组 控制组	1.742 1.832	-0.090 (-1.359)		差分	0.095 (1.474)	0.020 (0.633)
Ln（Expert）	-0.060 (-0.147)	实验组 控制组	2.881 2.758	0.123 (0.565)	政策试点后	实验组 控制组	0.857 0.430	0.218 0.092
GVC	0.504* (1.893)	实验组 控制组	0.337 0.315	0.022 (0.953)		观测	660	660
						观测	414	414
GDP	0.349*** (4.914)	实验组 控制组	2.467 1.849	0.618 (1.446)		差分	0.427*** (3.097)	0.126*** (2.953)
TE	-4.442*** (-10.204)	实验组 控制组	1.032 1.041	-0.009 (-0.217)	双重差分		0.331*** (3.887)	0.106** (2.560)

注：括号内为 t 或 z 统计量值。*、**、***分别表示在10%、5%、1%的水平显著。

附表 2　　安慰剂检验

	因变量：Ln（Amount）			因变量：Risktaking		
	(1)	(2)	(3)	(4)	(5)	(6)
	以更换契约制基金为样本	以更换契约制基金为实验组	观测时间提前	以更换契约制基金为样本	以更换契约制基金为实验组	观测时间提前
Treat× After	0.015 (0.161)	0.045 (1.078)	-0.004 (-0.853)	-0.020 (-0.257)	0.035 (1.040)	-0.103 (-1.459)
Treat	-0.034 (-1.097)	-0.304** (-2.093)	0.020 (0.064)	0.063 (0.557)	-0.058 (-0.732)	0.057 (0.903)
After	0.103 (0.441)	-0.147 (-1.130)	-0.355** (-2.082)	0.105*** (3.341)	-0.157** (-2.561)	-0.145* (-1.753)
Controls	Yes	Yes	Yes	Yes	Yes	Yes

续表

	因变量：Ln（Amount）			因变量：Risktaking		
	（1）	（2）	（3）	（4）	（5）	（6）
	以更换契约制基金为样本	以更换契约制基金为实验组	观测时间提前	以更换契约制基金为样本	以更换契约制基金为实验组	观测时间提前
Fixed Effects	Yes	Yes	Yes	Yes	Yes	Yes
R-squared	0.052	0.068	0.113	0.140	0.152	0.043
观测	204	4490	5372	204	4490	5372

注：括号内为t统计量值。*、**、***分别表示在10%、5%、1%的水平显著。

附表3 区域性风险投资税收优惠的影响

	因变量：Ln（Amount）			因变量：Risktaking		
	（1）	（2）	（3）	（4）	（5）	（6）
	全样本	排除地方性税收优惠	排除西部大开发税收优惠	全样本	排除地方性税收优惠	排除西部大开发税收优惠
Treat×After	0.320*** (6.037)	0.224*** (5.466)	0.378*** (7.389)	0.139** (2.407)	0.108** (2.071)	0.161** (2.551)
Treat	0.004 (0.125)	0.044 (0.893)	0.010 (0.228)	0.147 (1.089)	0.042 (1.045)	0.047 (1.114)
After	0.048 (0.612)	0.228** (2.075)	0.070 (0.880)	0.045 (0.903)	-0.189*** (-5.814)	0.152* (1.831)
Controls	Yes	Yes	Yes	Yes	Yes	Yes
Fixed Effects	Yes	Yes	Yes	Yes	Yes	Yes
R-squared	0.129	0.126	0.130	0.279	0.287	0.281
Chow test		0.257 (1.286)	0.305 (1.051)		0.826 (0.048)	0.519 (0.416)
观测	9621	4227	8992	9621	4227	8992

注：括号内为t或者chi2统计量值。*、**、***分别表示在10%、5%、1%的水平显著。

省级开发区升格改善了城市经济效率吗？*
——来自异质性开发区的准实验证据

孔令丞　柴泽阳

（华东理工大学商学院）

摘要：2009年重启的开发区升格标志着我国开发区的建设由数量扩增转为质量提升的新阶段。文章基于2009年省级开发区升格政策的准自然实验，利用2004—2016年126个城市的数据，研究了开发区升格对城市经济效率的影响。研究发现：（1）开发区升格政策有效推动了城市经济效率的提升，该结果通过了一系列稳健性检验。（2）机制分析表明，开发区升格通过企业进入机制显著推动了城市经济效率提升，但优惠政策机制和企业成长机制并不显著。（3）异质性分析表明，无论从升格数量还是从升格规模来看，政策强度与城市经济效率均呈倒U形关系；从交通便利性差异来看，开发区交通越便利越有利于升格政策发挥经济效应；从政府效率差异来看，低效率政府不利于升格政策效应的发挥；从发展水平看，低水平开发区和高水平开发区的升格政策效应相差无几。

关键词：开发区升格　经济效率　倍差法　开发区异质性

一、引　言

自1984年中国在沿海城市批准设立国家级经济技术开发区（简称"经开区"）以来，开发区始终肩负着中国经济发展的重任。据商务部统计，2016年，全国219家国家级经开区实现地区生产总值约8.3万亿元人民币，占全国生产总值的11.2%[①]。可见，开发区对中国经济增长的贡献已不容小觑。但随着中国近年

---

* 原载《管理世界》2021年第1期。
① 详见http://ezone.mofcom.gov.cn/article/n/201706/20170602594167.shtml。

来经济增速的放缓以及贸易保护主义的抬头,经济体量的扩张不再是经济发展的主要目的,追求效率的提升和质量的改善才是未来经济发展的主旋律。因此,党的十九大报告指出"中国经济已由高速增长阶段转向高质量发展阶段",追求高质量的发展正成为国家以及各地方政府主要的经济发展规划。高质量发展应是高效率的发展。只有坚持质量第一、效益优先,不断提升经济效率,才能将中国经济由粗放型要素驱动转向集约型全要素驱动,最终实现经济质量的变革。然而,大量研究表明中国整体的经济效率水平仍然较低(Young,2003;李言等,2018;袁礼、欧阳峣,2018),改革开放以来的经济增长主要依靠投资驱动(梁俊、李菁,2016),经济效率的提升动力依旧不足。因此,作为地方经济增长的"领头羊",开发区在这一关键时期如何充分利用其与生俱来的政策优势和开放优势提高经济效率,推动经济高质量发展,是现阶段刻不容缓的工作与责任。

随着中国的开发区政策由沿海向内陆蔓延,有关开发区对地方经济发展的研究引起了国内外学者的关注。已有文献对中国开发区政策的效果评估主要集中于两方面,一是地区层面的经济发展,二是企业层面的绩效提升。

就地区层面而言,早期的大量研究对设立开发区的地区与未设立开发区的地区进行了对比,发现设立开发区的地区在经济规模和吸引外资方面均存在明显的优势(Démurger et al.,2002;Jones et al.,2003;Cheng and Kwan,2000)。近年来,倍差法开始被广泛应用于开发区设立的政策效果评估。一些文献肯定了开发区设立对城市经济的促进作用。Alder 等(2016)和 Wang(2013)最早使用倍差法来研究开发区设立的政策效果,前者主要以城市经济增长为研究对象,发现开发区设立显著提升了城市 GDP 水平,后者主要以 FDI 和出口规模为研究对象,发现开发区设立增强了城市的引资能力和出口规模,且这一政策效果存在逐年扩大的态势。此后,国内学者也对开发区设立进行了丰富的研究。与 Alder 等(2016)的研究结论相似,刘瑞明和赵仁杰(2015)也发现,中国城市的 GDP 随着开发区设立政策的执行而显著提升;周茂等(2018)研究指出,开发区设立通过促进内部产业结构优化有效推动了地区制造业升级。然而,也有一些文献从城市异质性的角度发现了开发区政策的差异性。如:城市行政级别可以影响开发区获取资源的能力,从而影响了开发区设立政策的有效性(王志锋等,2017),高行政级别城市拥有较多的开发区资源,因而政策效果可能更明显;城市区位异质性对开发区设立政策效果也有影响(Zheng et al.,2016;Mendoza,2016),鉴于中国东、中、西部地区的经济发展水平差异,政策效果在发展水平下可能存在"边际递减";地区市场化程度的差异也会导致开发区设立政策效果出现差异性(谭静、张建华,2018),产业政策可以弥补市场机制的缺失,因而市场化程度较低的城市,其经济发展可能更依赖于开发区政策。

从企业层面来看，有关开发区对企业绩效的影响主要有两条研究路线：一是由 Combes 等（2012）提出的"无条件分布特征—参数对应"分析法，该方法通过分析指标分布的平移与截断特征，从而识别集聚效应与选择效应的贡献。国内学者将这种方法应用到开发区生产率优势的研究中，发现位于开发区内的企业拥有较高的生产率，且这一优势来源于集聚效应和选择效应（王永进、张国峰，2016；盛丹、张国峰，2018）。二是借助倍差法来评估开发区设立对企业绩效的影响。一些研究认为开发区设立对企业绩效有正向影响。如 Schminke 和 Van Biesebroeck（2013）以及沈鸿等（2017）研究认为，随着开发区的设立，区内企业的出口规模明显扩大；张国峰等（2016）研究认为，开发区设立政策显著提高了企业的就业增长和销售增长，为企业成长提供了优质的环境要素；Luo 等（2015）、Zheng 等（2017）以及林毅夫等（2018）研究发现，开发区的设立不仅对区内企业存在积极影响，而且对区外企业也存在正向溢出效应。然而，也有学者认为，开发区的优惠政策对周边地区的企业绩效产生了挤出效应（Givord et al.，2013；包群、唐诗，2016），同时也抑制了企业的创新能力（吴一平、李鲁，2017）。此外，现有的研究也指出企业异质性（如企业性质、企业年龄、企业区位、行业差异等）会对开发区的政策效果产生影响（刘重力等，2010；袁其刚等，2015；李贲、吴利华，2018）。

虽然多数研究肯定了开发区设立的经济效应。但是，不同级别的开发区对地方经济或企业的影响效果是不同的。Alder 等（2016）的研究区分了省级开发区和国家级开发区，发现国家级开发区的设立对城市经济增长有显著的正向作用，而省级开发区设立对城市经济增长的影响并不显著。吴敏和黄玖立（2017）也区分了开发区级别，同样没有发现省级开发区设立对地区经济发展存在正向激励作用。李贲和吴利华（2018）评估了开发区设立对企业规模的影响，在区分了开发区级别后，发现国家级开发区设立对企业规模的影响明显高于省级开发区设立。为何省级开发区设立政策与国家级开发区设立政策存在如此差别？这是因为，两者表面上是级别的不同，但实际上包含诸如政策力度、建设规范以及发展战略等内涵特征上的差异。具体而言，首先，省级开发区由各省级政府管理，因此省级开发区所享有的政策也是因省而异；其次，省级开发区的优惠政策力度远小于国家级开发区，如外商投资政策、财政贴息政策、土地政策等[①]；最后，省级开发区的设立往往是出于地方政府的竞争目的（邓慧慧、赵家羚，2018），而国家级开发区的设立则更注重国家发展战略。综上所述，省级开发区和国家级开发区两

---

① 详见《商务部关于省级商务主管部门和国家级经济技术开发区审核管理部分服务业外商投资企业相关事项的通知》（商资函〔2009〕6号）、《国务院关于中西部地区承接产业转移的指导意见》（国发〔2010〕28号）、《国务院关于深化改革严格土地管理的决定》（国发〔2004〕28号）。

者之间最重要的区别可能是政策力度的差异。鉴于产业政策对地方经济的刺激作用，我们有理由相信，开发区由省级升格为国家级，不仅会进一步加大开发区的政策力度，而且能够为开发区及其所在城市带来积极影响。

然而，从现有国内外文献来看，多数学者集中关注于国家级开发区设立的政策效果，或者将开发区设立与升格混为一谈。事实上，开发区的"设立"与"升格"是两个截然不同的过程。"设立"是一个从无到有的过程；"升格"则是原有开发区级别上的提升。早期的国家级开发区通常设立在经济发展基础较好的地区，如沿海城市、省会城市等，这些城市的经济发展水平可能本身就高于其他地区，因此，可能使得模型设立存在一定的样本选择性偏误问题。开发区升格政策则是面向所有城市的，在2006年国家完成开发区清理整顿之后，新的国家级开发区基本上是由省级开发区升格而来。而在诸多可能升格的省级开发区中，只有那些发展情况较好的开发区才会实现升格。鉴于此，我们在实证研究中仅使用有省级开发区升格的城市为观测样本，利用各城市开发区升格的时间点不同来检验升格前后的经济效率变动①。这样的处理方式保证了样本城市的开发区升格共性，在一定程度上起到缓解选择性偏误的作用。

此外，值得注意的是，现有文献多从城市异质性和企业异质性的角度研究，发现了开发区政策效果的差异。当然，部分研究也注意到了开发区的异质性。如：Alder等（2016）、吴敏和黄玖立（2017）区分了开发区级别；Alder等（2016）还区分了开发区类型，发现经开区和高新技术产业开发区（简称"高新区"）对地方经济增长有显著的促进作用，而其他类型开发区的政策效果相对较弱；陈钊和熊瑞祥（2015）则发现出口加工区设立显著提高了企业的出口额；Wang（2013）、袁航和朱承亮（2018）区分了开发区年龄后，均发现成熟型开发区的政策效果更加明显。事实上，除了现有研究考虑到的开发区异质性外，开发区仍存在诸多其他方面的异质性，如开发区的政策强度、周边交通基础设施、政府效率以及自身发展水平等异质性。但现有研究并未对这些异质性进行深入的讨论。鉴于此，本文在讨论开发区升格的政策效果时，重点关注了上述开发区异质性对政策效果的影响。

本文的贡献在于：（1）与现有研究关注国家级开发区设立不同，本文基于省级开发区升格这一过程，研究开发区升格政策对城市经济效率的影响，为产业政策的有效性提供实证解释；（2）本文从升格政策实施后的税收优惠、企业进入和成长三个角度提供了开发区升格促进城市经济效率的影响机制，对已有文献进行

---

① Chen等（2017）在对出口加工区的研究中采用了类似的做法，特别感谢匿名审稿人在此问题上的建议。

了补充;(3)与现有研究主要通过城市和企业异质性来讨论开发区政策的效果差异不同,本文着重讨论开发区异质性对政策效果的影响,丰富了相关文献的研究内容。

本文其他部分的结构安排如下:第二部分是制度背景与理论分析;第三部分介绍实证分析中的样本选择、模型设定与变量选取;第四部分是实证结果及其机制分析;第五部分是基于开发区异质性的进一步分析;最后是研究结论与政策含义。

二、制度背景与理论分析

(一)省级开发区升格历程及意义

开发区作为一项重要的区域性产业政策,在中国改革开放进程中发挥了重要作用。自1984年首次在沿海对外开放城市中设立国家级经济技术开发区以来,截至2018年,中国总共设立了552家国家级开发区和1991家省级开发区。经过30多年的发展,开发区类型逐渐多样化,就国家级开发区而言,有经济技术开发区、高新技术产业开发区、出口加工区、综合保税区、边境合作区等;就省级开发区而言,有经济开发区、高新技术产业开发区、工业园区、产业园区等。在国家级开发区中,经开区和高新区在数量和经济贡献上占有较大的优势,因此是本文重点关注的开发区。30多年间,开发区主要经历了四个阶段:第一阶段(1984—1992年),继沿海城市首次设立国家级经开区后,国务院陆续批准了其他沿海城市和内陆开放城市设立国家级经开区。第二阶段(1993—2002年),全国每个省会城市陆续设立了国家级经开区,同时,各级政府也纷纷设立不同等级的开发区,一股"开发区热"在全国各地蔓延。第三阶段(2003—2008年),圈占耕地、违法出让土地以及过度优惠等现象随着开发区数量激增而泛滥,国家开始对开发区进行清理整顿,2006年开发区的清理整顿工作基本完成,并公布了《中国开发区审核公告目录(2006年版)》(简称"2006目录"),此后两年内除宁波高新区升格为国家级高新区之外,国家级开发区的数量基本维持不变。表1的Panel A 显示2008年之前(含2008年)国家级经开区和高新区共108家,且经开区和高新区均为54家;从地理分布来看,东部60家、占55.6%,中部22家、占20.4%,西部26家、占24%。第四阶段(2009年至今),国务院于2009年重新启动了省级开发区的升格工作,开发区又迎来了一股"升格热",并于2018年公布了《中国开发区审核公告目录(2018年版)》(简称"2018目录")。此次的开发区升格工作,均从各地区已经设立的省级开发区中遴选,且设置了囊括经济发展、科技创新、集约节约、生态保护和社会责任等 5 个方面的审核标准[①],标志着我国开发区建设由数量扩充进入了提质增效的新阶段。表 1 的 Panel B 列出了 2009—2017 年省级开发区的升格分布情况,显示有 267 家省级开发区升格为国家级开发区,从地理分布来看,东部升格 122 家、占升格总量 45.69%,中部升格 86 家、占升格总量 32.21%,西部升格 59 家、占升格总量 22.10%;从年份分布来看,2010 年升级数量最多为 87 家,其次为 2012 年的 57 家和 2013 年的 48 家。整体来看,开发区的升格主要集中于东中部地区。

表 1　　　　　　　　　国家级开发区分布情况

年份	全国	区域			类型	
		东部	中部	西部	经开区	高新区
Panel A:国家级开发区分布						
2008 年之前	108	60	22	26	54	54
Panel B:2009—2017 年省级开发区升格情况						
2009 年	4	3	1	0	2	2
2010 年	87	38	32	17	60	27
2011 年	20	9	7	4	15	5
2012 年	57	25	17	15	40	17
2013 年	48	23	13	12	39	9
2014 年	9	5	3	1	8	1
2015 年	32	16	9	7	1	31
2016 年	0	0	0	0	0	0
2017 年	10	3	4	3	0	10
升格总和	267	122	86	59	165	102
升格占比	100%	45.69%	32.21%	22.10%	61.80%	38.20%

注:这里的国家级开发区仅指经开区和高新区;资料根据《中国开发区审核公告目录(2018年版)》整理。

开发区由省级向国家级的跃升,为其自身带来了显著的发展优势。第一,开发区升格后的优惠政策将进一步规范并扩大。一方面,省级开发区内外的优惠政策实际上并无明显差别(林毅夫等,2018);另一方面,由于省级开发区不直接受中央政府管理,因此,各开发区的政策也参差不齐。比如在税收政策方面,河北省沧州经济开发区对生产型外资企业的所得税税率减按 24% 计,而同省的邢台经济开发区并没有相应的税收优惠政策,只对不同规模的新入企业施行不同程度

---

① 详见《省级开发区升级为国家级经济技术开发区的审核原则和标准》。

的财政奖励①。与此不同，国家级开发区统一受中央政府管理，开发区内的外资企业所得税率统一减按 15% 计，并对特定产业以及新入企业施行一定的税收优惠政策。在金融扶持方面，国家级高新区可以通过银行发行一定额度的长期债券，以支持高新技术产业的开发，还可以设立风险投资基金，用于风险较大的高新技术产品开发；条件较为成熟的国家级高新区，可创办风险投资公司②。而省级开发区并不享有这样的政策，在金融扶持方面多以协调辅助为主。如邢台经济开发区规定银行、金融机构与企业在办理融资手续时，相关部门要积极配合，不得指定评估机构设限干扰③。另外，开发区升格后，在外商投资项目上将有更大的审批权限，在土地使用和重大项目上也更容易得到国家支持。第二，升格后开发区的基础设施建设将进一步完善。由于受地方政府管理，省级开发区的建设更多取决于地方政府的财政支持情况，同时由于省级开发区数量较多，各开发区的建设、发展水平都存在较大差别。而当开发区升格后，开发区建设的支持力度将进一步扩大。例如：财政部于 2012 年和 2013 年先后发布《中西部等地区国家级经开区基础设施项目贷款财政贴息资金管理办法》和《国家级经济技术开发区、国家级边境经济合作区等基础设施项目贷款中央财政贴息资金管理办法》指出，符合条件的国家级开发区在道路、桥涵等交通基础设施；污水、生活垃圾处理等环保基础设施；供电、供热等生活生产基础设施；创新创业场所、孵化器、公共技术支撑平台等公共基础设施；标准厂房项目；节能工程项目；教育、文化、卫生等社会事业发展项目等七个方面基础设施项目上享有贷款贴息政策，以完善国家级开发区区内基础设施水平和公共事业项目。第三，开发区升格后集聚优势会显著提高。由于省级开发区内外政策并无明显差别，因此，区内企业数量并不多，相应的集聚优势也不明显。升格后的开发区，政策优势扩大、配套设施趋向完善以及发展平台的升级都对企业区位选择有重要影响。一方面，丰厚的政策力度以及完备的基础设施直接吸引企业进入开发区；另一方面，发展平台的升级也使得开发区致力于体制机制的创新，优化营商环境，有利于降低企业交易成本，方便企业发展。更多更优质的企业进入开发区后，集聚优势将逐渐体现。开发区集聚经济将通过丰富的劳动力市场、知识溢出以及投入产出关联（Marshall，1920），进一步降低企业生产成本，形成外部规模经济。

---

① 详见《沧州市投资优惠政策》《邢台经济开发区招商引资优惠政策》。
② 详见商务部公共商务信息服务网站http://ezone.mofcom.gov.cn。
③ 详见《沧州市投资优惠政策》《邢台经济开发区招商引资优惠政策》。

(二)开发区升格的经济发展机制分析

开发区升格之所以能够促进城市经济发展和效率提升,本文认为主要存在三个重要机制。

第一,开发区升格强化了优惠政策力度。作为一项区域性产业政策,开发区所享受的诸多优惠政策(如税收政策、信贷政策等)是促进地方经济转型、提升地方经济效率的重要因素。以开发区升格的税收优惠政策为例,一般而言,税负是企业经营活动中的刚性成本,税收优惠政策无疑缓解了企业的融资约束(Moll,2012)。一方面,税收优惠政策降低了企业生产成本,使得企业有更多的能力进行研发创新,从而有利于提升其创新绩效,促进生产效率提高(宋凌云、王贤斌,2013;Xu,2013;陈红等,2019),对地区经济发展起到积极作用;另一方面,税收优惠政策降低了创业活动的风险,激发了企业家的创业动机,新创企业的增加无疑为地方经济发展注入了新活力,为技术升级、产业集聚提供基础(Kline and Moretti,2014),推动地方经济发展。此外,开发区升格的各种优惠政策还会通过影响企业的其他生产行为来影响生产效率,如新设备购入、人才引进等。在对开发区的优惠政策机制检验方面,林毅夫等(2018)研究发现,开发区设立可以通过降低企业税收负担从而提升企业生产率。然而,其研究并未考虑开发区的升格背景。由于开发区升格前后的级别不同,批准设立开发区的政府级别和管理单位就不同,从而使得发挥政策效应的政府资源也不同(李贲、吴利华,2018)。开发区升格后,其政策优势逐渐扩大并逐步与国家层面保持一致,有理由相信,这种升格优势能够为其所在城市的经济效率带来积极影响。

第二,开发区升格吸引企业进入。开发区升格后,为更多企业提供了理想的空间区位。一方面,开发区升格后的优惠政策降低了企业的成本负担,区内基础设施的进一步完善也有利于要素自由流动,直接吸引企业入驻。另一方面,升格后的"国字号"头衔提高了开发区的发展平台,也为其自身带来了品牌优势和招商引资优势,吸引着更多优质企业进入开发区。大量企业进入某一地区,意味着该地区的经济发展速度较快,资本要素倾向于流向该地区,对区域生产率的增长有较大贡献(谢千里等,2008;Brandt et al.,2012),对进一步推动地区经济发展以及扩大市场规模也有促进作用。在针对开发区的研究中,Wang(2013)、王永进和张国峰(2016)指出,开发区通过优惠政策吸引大量企业进入,加强了区内的集聚经济优势,从而提高了开发区经济效率;张国峰等(2016)进一步指出,开发区不仅提升了企业进入率,吸引着更高效率的企业进入,而且对新进入企业的生产率有显著促进作用,使得区内集聚效应不断增强,对地区经济发展有积极作用。事实上，开发区升格吸引企业进入不仅是微观主体集聚的表现，而且是资源配置方式市场化转型的基本动力（李平等，2012）。大量企业进入开发区，是其所在地区市场逐渐开放的过程，对于形成市场竞争机制和优化资源配置方式有促进作用。在资源要素投入一定的条件下，有效市场竞争机制可以实现更高效的资源要素配置，进而推动企业生产率增长（Chang and Peter，2009；苏锦红等，2015），同时也对区域经济效率产生积极影响。由此可见，由升格引致的新企业入驻，一方面，弥补了开发区升格前集聚效应不足的劣势，促进了地区生产效率的提升，尤其是优质企业的进入改善了开发区的企业质量，有利于提升开发区整体发展水平；另一方面，企业进入推动着本地市场竞争机制的形成，对于优化资源配置方式具有重要作用，从微观和宏观层面助推生产率提升。

第三，开发区升格有益于企业成长。除了企业进入会对整体生产率产生积极影响之外，企业持续生存和成长对行业生产率和地区生产率增长也有重要作用（Griliches and Regev，1995；吴利学等，2016；李贲、吴利华，2018）。一方面，升格后开发区的企业聚集特征将进一步深化，开发区企业将会面临更为激烈的市场竞争，因此，在经过市场"优胜劣汰"的选择后，能够持续生存的企业具有较强的竞争力，对地区经济发展的促进作用更大（吴利学等，2016）；另一方面，工业化进程中，工业企业成长是地区经济发展的微观体现（赵绍阳、周博，2019）。然而，对处于发展方式转变阶段的中国经济而言，各种体制性因素对企业成长的影响至关重要（杜传忠、郭树龙，2012）。就开发区而言，省级开发区一般受本省政府领导，可能出现地方保护主义倾向（李力行、申广军，2015），不仅容易形成市场分割，而且不利于构建有序的契约环境（黄玖立、周旋，2018），致使企业在国内市场上面临较大的市场规模扩张阻力，企业发展受到限制（叶宁华、张伯伟，2017）；而国家级开发区受中央政府领导，各种规划、政策等均较为公正透明[①]，开发区发展甚至地区发展都逐渐向国家战略层面靠拢（余淼杰等，2017），地方保护主义倾向较弱，政府行政效率较高，营商环境优越，有利于企业发展。可见，升格政策实际上为原有的省级开发区突破固有的体制机制提供了可能，有利于打破区域保护，拓宽企业市场规模，促进企业成长。综上，开发区升格后的制度优化和改进为企业成长提供了良好的"软环境"，同时在选择效应的作用下，保留了竞争力较强的企业，带动了地区经济发展。

基于上述分析，本文提出以下假说。

假说1a：开发区升格促进了优惠政策力度的放大，并对城市经济发展产生积

[①] 通过检索各开发区的网站，可以发现，所有的国家级开发区的网站信息都较为全面，而大部分的省级开发区都没有建立门户网站，信息搜寻成本很高，透明度较低。

极影响。

假说 1b：开发区升格吸引了更多企业进入其中，有利于城市经济发展。

假说 1c：开发区升格有利于企业绩效提升，进而推动城市经济绩效提升。

（三）升格政策效果的开发区异质性分析

1. 政策强度差异

尽管开发区升格政策是面向所有城市的，但我们在统计每个城市升格的开发区数量时发现，有许多城市存在两个甚至更多的开发区升格。从政策的辐射面来看，升格的开发区数量越多，由此带来的优惠政策力度在地理范围上就越大。此外，政策辐射范围不仅体现在升格的开发区数量上，也体现在升格的开发区规模上。开发区的规模越大，其享受的优惠政策范围也更大。企业从优惠政策中获取的"政策租金"成为企业的额外经济利益，直接增加了企业当期的资源存量，同时也提升了企业未来的资源获取能力（李贲、吴利华，2018），这对企业提高生产效率，改善地方经济绩效都是有益的。尽管国家级开发区的政策趋向统一，但是这种政策力度的差异可以通过开发区数量和规模来体现。因此，不同的开发区升格政策强度会产生有差异的政策效果。由此，我们提出以下假说。

假说 2：开发区政策强度越大，升格政策效应越大。

2. 交通基础设施差异

开发区升格政策的实施效果依赖于开发区周边的交通基础设施情况。完善的交通基础设施一方面带来了交通便利性，有利于各种生产要素在空间的流动，对于优化资源配置和降低成本有重要的意义；另一方面也改善了区域投资环境，吸引更多企业和资本进入，有利于强化开发区集聚优势。近年来，国内外学者对交通基础设施的研究集中于修建交通干道的经济效应，研究均发现高速公路开通、铁路（或高铁）建设有利于降低贸易成本，增加区域间贸易，促进地区经济发展，提升区域经济效率（Banerjee et al.，2012；Donaldson，2018；张天华等，2018；董晓芳、刘逸凡，2018）。此外，完善的交通基础设施便于本地企业"走出去"，扩大了企业所在地区的市场规模边界，不仅能够吸引新企业入驻，还能够刺激已有企业的经济绩效（张睿等，2018）。由此可见，若开发区升格政策作用于交通基础设施较为完善的地区，应当更有利于城市经济效率的提升。基于上述分析，我们提出以下假说。

假说 3：开发区周边的交通越便利，升格政策效应越大。

3. 政府效率差异

政府政策的实施效果和地方经济发展依赖于政府能力（周茂等，2018），就开发区升级政策而言，升级政策对地方经济发展的积极作用取决于开发区所在城市的政府效率。政府干预经济的主要目的是解决市场失灵问题。一个"有为的"政府，一方面，能够致力于本地体制机制的创新与突破，打破企业运行的制度壁垒，搭建一个高效、便捷的营商环境，更好地服务于企业，促进企业成长；另一方面，能够充分结合政府"看得见的手"和市场"看不见的手"，发挥总量信息优势对产业发展进行引导，提高整体经济效率（谭静、张建华，2018）。因此，开发区升级后，政府效率的改变是影响企业持续成长和地区经济效率提高的关键因素。若政府效率高，升级后的相关制度与政策就能够有效提升本地经济效率；反之，升级后的本地经济效率提升将不会明显。基于上述分析，我们提出以下假说。

假说4：开发区所在地区的政府效率越高，升级政策效应越大。

4. 开发区发展水平差异

外部环境固然会影响开发区的发展从而影响区域经济发展，但开发区的发展归根结底与其自身发展水平有很大关系。在各级政府致力于转变经济发展方式的背景下，开发区不但是各地区对外开放和经济发展的主要载体，也是促进产业升级转型，提高经济发展质量的"主战场"。开发区在级别上的提档，对其在土地集约高效利用、节能降耗减排以及产业发展质量等方面都提出了更高的要求。地方政府在面临"增量"和"转型"双重政策目标时，经济发展越好越有利于地方政府对产业政策既定目标的落实（孙早、席建成，2015）。此外，在诸多关于开发区政策的地区异质性研究中，均发现开发区政策在行政等级较高的地区或经济发展水平较好的地区有更好的经济效应（周茂等，2018；谭静、张建华，2018）。由此，我们认为，发展水平较好的开发区本身具备了一种"先天优势"，这种优势可能通过升级政策被进一步放大，从而更有可能在短期内提升经济效率。基于上述分析，我们提出如下假说。

假说5：开发区自身的发展水平越好，升级政策效应越大。

三、研究设计

（一）样本选取

本文的研究在地级市层面进行，考察省级开发区升格政策对城市经济效率的影响。鉴于部分统计数据的缺失，我们将研究窗口期设为2004—2016年。实证研究需要识别出哪些城市受到了这一政策的冲击。首先，我们利用2006目录整理出2006年之前的国家级开发区，并通过关键字识别出开发区所在城市（组1），再利用2018目录整理出在2009—2016年间升格的国家级开发区，并识别出开发区所在城市（组2）。然后，我们将两组城市进行匹配①，匹配结果有三类：一类是既出现在组1中，也出现在组2中的城市，这些城市在2006年之前就设立了国家级开发区，在2009年之后又有省级开发区升格为国家级；二类是出现在组1中，但未出现在组2中的城市，这些城市在2006年之前设立了国家级开发区，但在2009—2016年间没有省级开发区升格为国家级；三类是未出现在组1中，但出现在组2中的城市，这些城市在2006年之前未设立国家级开发区，而在2009—2016年间有省级开发区升格为国家级。其中，第三类城市即为我们的观测样本。最终我们得到126个有省级开发区升格的城市。

（二）模型设计

借鉴现有开发区政策研究方案，本文采用倍差法进行实证研究，构造的基准模型如下：

$$Lnpgdp_{it}=\alpha+\beta_1\times upgrade_{it}+\theta\times X_{it}+\lambda_i+\tau_t+\varphi_{jt}+\varepsilon_{it} \quad (1)$$

其中，下标 i、t 和 j 分别表示城市、年份和省份；$Lnpgdp$ 为因变量城市经济效率，用人均实际GDP的对数值衡量；$upgrade$ 为省级开发区升格的政策变量；X 为一组控制变量，用于控制各城市的经济特征；λ 为城市固定效应，τ 为年份固定效应；φ 为省份与年份的交叉固定效应；ε 为随机误差项；α 为常数项；β_1 和 θ 均为模型估计参数。其中，β_1 是本文关心的参数，若 $\beta_1>0$，说明开发区升格对城市

---

① 由于经开区和高新区数量较多且对地方经济发展贡献较大，因此本文只考虑了这两类开发区。识别匹配过程中，经过比对，2006目录中的国家级开发区仍旧出现在2018目录中，说明国家级开发区此前并未出现撤销情况，可以使用这种方法来识别出新升格的国家级开发区。此外，本文还直接使用2006目录与2018目录来识别国家级开发区所在城市，再将识别出的两组城市进行匹配并整理，从而得到仅在2009年之后有开发区升格的城市。两种匹配结果一致，说明匹配过程合理。

经济效率有正向影响；若 $\beta_1 < 0$，说明开发区升级对城市经济效率有不利影响；若 $\beta_1=0$，说明政策效果不明显。

（三）变量选取

城市经济效率（Ln*pgdp*）。本文采用人均实际 GDP 来衡量城市经济效率。采用该指标的原因有两方面，一是鉴于城市经济效率是一个相对综合性的概念，无法直接度量，诸多经济指标中，人均实际 GDP 则能够比较准确地反映城市经济效率；二是为了使本文关注的"升级"与现有文献关注的"设立"形成对比关系，我们遵从了现有研究共同关注的人均实际 GDP 指标。

开发区升级政策（*upgrade*）。倍差法的政策变量一般用虚拟变量来表示，若城市 *i* 在 *t* 年份拥有国家级开发区，则取值为 1；否则取值为 0。传统的倍差法模型设定中，政策冲击年份是唯一的，但本文中开发区的升级政策则介于 2009—2016 年之间，这种政策冲击时间不一致的倍差法称为"渐进式"倍差法。这种"渐进式"倍差法更不容易被混杂因素干扰，因为未观测因素与政策冲击在不同年份恰好具有相同分布的概率很小（陈钊、熊瑞祥，2015）。

其他控制变量。在本文的准自然实验中，样本城市在各年的省级开发区数量是变动的，虽然省级开发区与国家级开发区存在诸多差异，但我们仍然不能忽略省级开发区对城市经济效率的作用。因此，我们控制了各年份省级开发区数量（*num_pdz*）这一变量，以观察省级开发区对城市经济效率的影响。此外，我们还控制了如下五个控制变量：产业结构（*secon*），产业结构的变动影响着城市的资源配置状况，进而可能对经济效率产生影响；财政分权（Ln*fiscal*），分税制改革调动了地方政府发展经济的积极性，因此城市经济发展一定程度上受地方政府扶持的影响；金融发展水平（Ln*fina*），金融市场的发展，有利于引导资本要素流向发展前景较好的项目，从而实现经济效率提升；教育水平（Ln*stu*），城市的教育系统是本地人力资本的重要来源，应当对本地的经济发展有明显影响；人口密度（Ln*pop*），人口密度反映了城市的集聚能力，为城市发展提供了资源优势和劳动优势，对经济发展有促进作用。

本文搜集整理了中国 282 个城市 2004—2016 年的面板数据，并根据开发区升级政策的实施情况，选取了 126 个有省级开发区升级的城市作为观测样本。相关数据来源于《中国城市统计年鉴》《中国统计年鉴》、2006 目录、2018 目录和中国开发区网。各变量的统计分析如表 2 所示。

表 2　　变量描述性统计

变量	变量符号	计算方式	样本数	均值	标准差	最小值	最大值
因变量	Lnpgdp	人均实际GDP	1638	10.141	0.701	4.595	12.588
政策变量	upgrade	虚拟变量	1638	0.422	0.494	0.000	1.000
控制变量	num_pdz	各城市省级开发区数量	1638	4.847	3.495	0.000	17.000
	secon	第二产业比重	1638	0.516	0.095	0.019	0.844
	Lnfiscal	地方财政支出/总人口	1638	8.070	0.809	6.055	10.552
	Lnfina	金融机构贷款余额/总人口	1638	9.619	0.858	7.596	12.671
	Lnstu	普通高等学校学生数/总人口	1638	4.265	0.776	-0.232	6.376
	Lnpop	总人口/行政区面积	1638	-3.443	0.879	-7.663	-1.324

四、实证结果

（一）基准模型

在估计式（1）时，为了避免潜在的异方差和序列相关问题，本文将部分变量对数处理，所有模型均采用基于城市的聚类稳健标准误估计，如表3所示，列（1）（2）在控制各种固定效应的基础上只加入升格政策变量 upgrade，估计结果显示开发区升格政策系数显著为正；列（3）（4）添加了各城市的经济特征，估计结果显示 upgrade 系数仍显著为正；列（5）（6）进一步控制了各城市省级开发区数量（num_pdz），估计结果显示 upgrade 系数仍显著为正。值得注意的是，num_pdz 系数几乎为零且未通过显著性水平检验，说明省级开发区对城市经济效率的影响不明显，与现有研究结果基本一致。总体而言，基准回归结果表明，开发区升格政策实施后，城市经济效率显著提升，可以认为开发区升格政策促进了城市经济效率的提升。

表 3　　　　　　　　　开发区升格政策效果的基准回归

变量	(1)	(2)	(3)	(4)	(5)	(6)
upgrade	0.039*** (0.015)	0.048*** (0.012)	0.050*** (0.012)	0.056*** (0.013)	0.048*** (0.012)	0.056*** (0.013)
num_pdz					−0.003 (0.003)	−0.000 (0.005)
secon			1.641*** (0.281)	1.505*** (0.396)	1.649*** (0.280)	1.506*** (0.386)
Lnfiscal			0.057 (0.150)	−0.098 (0.184)	0.054 (0.149)	−0.098 (0.184)
Lnfina			0.204** (0.078)	0.255*** (0.089)	0.205*** (0.078)	0.255*** (0.089)
Lnstu			−0.024 (0.021)	−0.006 (0.018)	−0.024 (0.021)	−0.006 (0.016)
Lnpop			0.244 (0.156)	0.204 (0.211)	0.254 (0.159)	0.203 (0.211)
常数项	10.125*** (0.006)	10.123*** (0.005)	7.787*** (0.682)	8.404*** (0.748)	7.852*** (0.672)	8.405*** (0.743)
样本量	1638	1612	1638	1612	1638	1612
R^2	0.944	0.961	0.957	0.967	0.957	0.967
城市固定	Y	Y	Y	Y	Y	Y
时间固定	Y	N	Y	N	Y	N
省份×时间	N	Y	N	Y	N	Y

注：括号内为标准误，*、**、***分别表示通过10%、5%、1%的显著性水平检验。

（二）稳健性检验

为了保证基准结果的稳定性和可靠性，本文从同趋势检验、安慰剂检验以及其他方案对模型进行了稳健性检验。

1. 同趋势检验

同趋势假设是应用倍差法的重要前提，即要求在没有政策冲击的情况下，观测样本的结果变量存在相同的变化趋势。我们借鉴 Beck 等（2010）和 Chen 等（2017）的估计策略，设置如下估计方程：

$$Lnpgdp_{it}=\alpha+\sum_{n=-11}^{7}\rho_n D_{it}^{n=t-k}+\theta\times X_{it}+\lambda_i+\tau_t+\varepsilon_{it} \tag{2}$$

其中，D 为虚拟变量，其上标中的 k 为各城市的开发区升格年份，n 则是标准化的升格政策前后时期，$n<0$，表示政策前 $-n$ 期，$n=0$，表示政策当期，$n>0$，表示政策后 n 期，样本中的开发区升格年份最早为 2009 年，最晚为 2015 年，故在研究窗口期内可以取到开发区升格前 11 年到升格后 7 年。D 的取值方式为，对于某城市而言，若 $t-k$ 与 n 相等，则取值为 1，否则为 0。例如：若某城市开发区升格年份为 2010 年，对于 D^{-3} 而言，在 2007 年时 D^{-3} 取值为 1，代表该城市开发区升格前 3 年，D^{-3} 的其他取值为 0；对于 D^0 而言，在 2010 年时 D^0 取值为 1，代表该城市开发区升格当年，D^0 的其他取值为 0；对于 D^3 而言，在 2013 年时 D^3 取值为 1，代表该城市开发区升格后 3 年，D^3 的其他取值为 0。其他变量与基准模型一致。为避免考察样本过少，我们仅考虑升格前 6 年到升格后 7 年。图 1 显示了式（2）各虚拟变量的估计结果。结果显示，在开发区升格前的时期内，各虚拟变量的系数均不显著；而从开发区升格当年开始，虚拟变量的系数有明显提高且显著性增强。这意味着在未受到升格政策冲击前，各城市的人均 GDP 趋势是一致的，同趋势假设成立；在受到升格政策冲击后，城市人均 GDP 趋势开始表现为显著上升，进一步表明升格政策对城市人均 GDP 有促进作用。

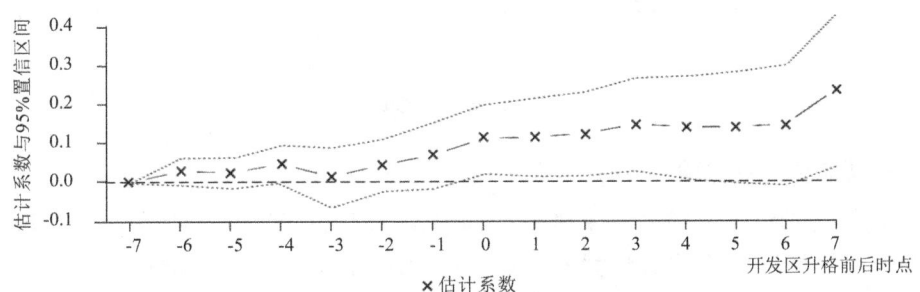

图 1　同趋势检验

2. 安慰剂检验

一些与省级开发区升格无关的其他政策、事件或随机因素也可能导致城市经济效率产生差异，从而导致估计偏误。对此，本文借鉴 Alder 等（2016）的方法来排除这类因素的影响①。其方法为：按照各年份升格数量，随机分配开发区升格城市，将该过程重复 1000 次，进行估计并对 upgrade 系数进行统计分析。若随机处理后的 upgrade 系数均值显著为正，则说明城市经济效率的增长可能并不是由开发区升格引起的，也就是说，我们可能遗漏了某些因素，而这些遗漏的因素会对城市经济效率产生影响；若 upgrade 系数均值接近于零，则说明随机因素对城市经济效率不存在显著影响，反证出开发区升格对城市经济效率有显著的促进作用。图 2 显示了由该方法所得的 upgrade 系数核密度图，随机处理后的 upgrade 系数均值为 0.0003，与基准结果相比非常接近于 0，且 1000 次估计结果中有 89.2% 未通过 5% 的显著性水平检验，表明未观测到的因素几乎不会对城市经济效率产生影响，说明了开发区升格政策的施行地点以及执行时

---

① 之所以借鉴 Alder 等（2016）的方法，一方面是因为其方法从空间和时间两个维度进行了安慰剂检验，而国内多数安慰剂检验只考虑了时间维度；另一方面是因为常用的提前政策冲击时间的检验方法容易受到预期效应的影响。

间对估计结果很重要，验证了城市经济效率的提升确实来自开发区升格。

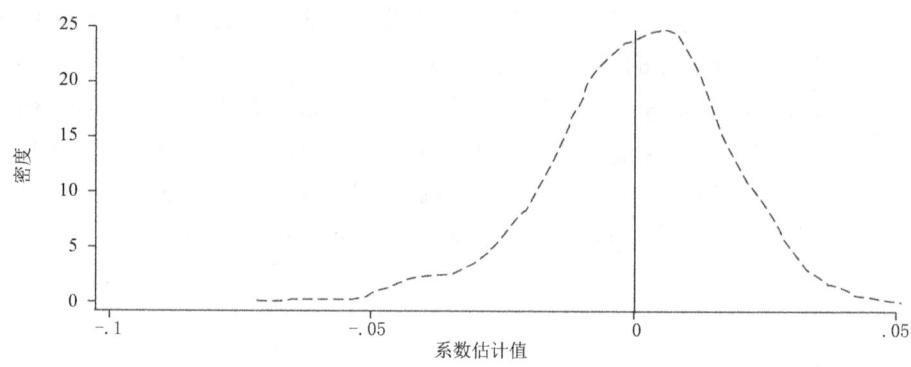

图 2 安慰剂检验

3. 其他稳健性检验

本文试图采用三种方法来进一步对基准模型进行稳健性检验。一是删除有多个省级开发区升格的城市样本。观测样本城市中有 33 个城市存在多个开发区升格，鉴于开发区是否升格取决于开发区自身的发展情况，那么有多个开发区升格的城市与仅有一个开发区升格的城市之间一定程度上可能存在系统性差异。对此，我们删除了有多个开发区升格的城市样本。二是利用内陆城市子样本数据进行回归。与东部城市相比，中西部城市的经济发展水平相对较低，保留中西部城市样本能够尽可能地减小样本城市间的经济差距。三是基于倾向得分匹配（PSM）的方法，同时借鉴刘晔等（2016）、李贲和吴利华（2018）的逐年匹配方法，寻找经济特征更为相似的城市作为估计样本。

如表 4 所示，Panel A 剔除了有多个开发区升格的样本，估计结果显示，*upgrade* 系数显著为正，表明在保证开发区升格数量一致的情况下，开发区升格后的城市经济效率确实有显著提升。Panel B，内陆城市样本回归结果显示，核心变量 *upgrade* 系数显著为正，而且估计系数明显高于全样本，说明开发区升格政策确实促进了城市经济效率的提升，且对内陆城市的影响似乎更大。Panel C，PSM-DID 回归结果显示，核心变量 *upgrade* 的系数显著为正，说明经过样本匹配后的政策效应依旧较为稳健。因此，整体来看，本文的基准结果是稳健的，即省级开发区升格政策有利于城市经济效率的提升。

表 4　　其他稳健性检验

变量	（1）	（2）	（3）
Panel A：剔除有多个开发区升级的城市			
upgrade	0.062*** (0.017)	0.068*** (0.014)	0.067*** (0.014)
num_pdz			−0.002 (0.004)
R^2	0.933	0.948	0.948
Panel B：内陆城市样本			
upgrade	0.060** (0.016)	0.071*** (0.015)	0.070*** (0.015)
num_pdz			−0.001 (0.004)
R^2	0.935	0.947	0.947
Panel C：PSM-DID			
upgrade	0.061*** (0.014)	0.061*** (0.011)	0.056*** (0.011)
num_pdz			−0.006* (0.003)
R^2	0.971	0.984	0.984

注：括号内为标准误，*、**、***分别表示通过10%、5%、1%的显著性水平检验；列（1）只加入了upgrade变量，列（2）加入了控制变量，列（3）又加入num_pdz变量；各模型均控制城市和时间固定效应；Panel A、Panel B、Panel C的样本量分别为1209、1066、1456；限于篇幅，PSM匹配过程未在文中列出，感兴趣的读者可来函索取。

（三）机制分析

根据本文第二部分的机制分析，开发区升级政策对城市经济效率的影响可能存在优惠政策、企业进入和企业成长三种机制。接下来，本文将利用中介效应模型来对这三种机制的有效性进行实证检验。中介效应模型设定如下：

$$Lnpgdp_{it}=\alpha+\beta_1\times upgrade_{it}+\theta\times X_{it}+\lambda_i+\tau_t+\varphi_{jt}+\varepsilon_{it} \quad (3)$$

$$mediation_{it}=\alpha+\beta_2\times upgrade_{it}+\theta\times X_{it}+\lambda_i+\tau_t+\varphi_{jt}+\varepsilon_{it} \quad (4)$$

$$Lnpgdp_{it}=\alpha+\beta_3\times upgrade_{it}+\mu\times mediation_{it}+\theta\times X_{it}+\lambda_i+\tau_t+\varphi_{jt}+\varepsilon_{it} \quad (5)$$

其中，式（3）用于估计升级政策对城市经济效率的影响，与前文式（1）一致，不再赘述。式（4）用于估计升级政策对中介变量 mediation 的影响，该式重点关注 β_2，若 β_2 通过显著性水平检验，则说明升级政策对中介变量存在影响。本文考虑的中介变量有三个，即优惠政策（Lnpol）、企业进入（enter）和企业成长（Lngrow）。式（5）在式（3）的基础上增加了中介变量，以考察中介机制是否成立。该式重点关注 β_3 和 μ，在满足式（4）的前提下，若 μ 显著且 β_3 不显著，则说明升格政策通过中介变量对城市经济效率产生了影响，即中介机制成立；反之，中介机制不成立。

本文考察的三种中介变量设定如下。优惠政策变量，鉴于开发区升格后的政策优惠变动主要体现于税收方面，因此，我们用城市层面的规模以上工业企业税收占其总产值的比重来衡量优惠政策效应。企业进入用各城市规模以上工业企业数和开发区规模以上工业企业数来衡量。企业成长用开发区规模以上工业企业人均主营业务收入来衡量。城市层面数据来源于《中国城市统计年鉴》，企业层面数据来源于中国工业企业数据库。企业层面的数据涉及开发区企业识别，我们参考现有研究的识别方案[①]。首先，利用 2004—2013 年的中国工业企业数据库，删除了从业人数小于 8、不符合会计准则以及企业成立时间无效（如开业年份过早、开业月份大于 12）的企业；然后，我们根据企业法人代码筛选出连续存在 3 年及以上年份的企业；最后，根据数据库中的企业地址信息（如企业详细地址、街道等），其中若含有诸如"开发区""高新区""园区"等能够反映企业具有开发区特征的词语，我们就将该企业归类为开发区企业。最终，我们得到 84391 家开发区企业以及 2004—2013 年间共 519889 条开发区企业数据信息。

中介效应模型的估计结果如表 5 所示。列（1）（2）（5）组合为优惠政策机制；列（1）（3）（6）组合为企业进入机制；列（1）（4）（7）组合为企业成长机制。其中，列（1）为式（3）的估计结果，与前文结果一致，upgrade 系数显著为正，即开发区升格有利于城市经济效率的提升。列（2）（3）（4）为式（4）的估计结果，这三列的因变量分别为优惠政策变量 Lnpol、企业进入变量 enter、企业成长变量 Lngrow。列（5）（6）（7）为式（5）的估计结果，这三列的解释变量在列（1）的基础上分别增加了三种中介变量，用于判断中介机制的成立与否。列（8）是在列（1）的基础上同时加入了三个中介变量。从估计结果看，就优惠政策机制而言，列（2）的估计结果显示，upgrade 系数显著为负，说明开发区升格政策的实施降低了企业税收负担，这种优惠政策确实存在于有开发区升格的城市中。然而，列（5）的估计结果显示，Lnpol 系数虽然为负，但并未通过显著性检验，同时 upgrade 系数依旧显著为正且与列（1）相差不大。因此，可以判断优惠政策机制不成立，与假说 1a 不相符，即开发区升格虽减轻了企业的

[①] 识别方法实际上有待改进，因为出现类似字段的企业并非都属于升格开发区的企业，也可能包含未升格开发区的企业。考虑到大多数省级开发区的企业数量较少，同时其规模以上企业的数量就更少，因此这种识别方法的偏差也较小，具有一定的合理性。但要真正识别出升格开发区企业，仍需要更多更精细的开发区地理信息，工作难度较为复杂。

税收负担，但这种优势并未使得城市经济效率有所提升。可能的解释是，多数企业在税收负担降低后，虽然获得了"政策租"，但并未将多余的能力投入到技术创新环节，以致优惠政策与效率提升之间的技术进步环节缺失，从而未对经济效率产生实质性的提升作用。就企业进入机制而言，列（3）的估计结果显示，upgrade 系数显著为正，说明开发区升格吸引了企业进入，这与张国峰等（2016）、李贲和吴利华（2018）的研究结果一致。同时，列（6）的估计结果显示，enter 系数显著为正，且 upgrade 系数变得不再显著。就此，可以判断企业进入机制成立，与假说 1b 一致，即与升格所伴随的成本优势、环境优势等吸引着许多企业进入开发区，有利于形成丰富的劳动力市场、浓厚的创新氛围、紧密的中间品投入产出关联等集聚优势，从而促进整个城市经济效率的提升。由此可见，企业进入明显改善了城市经济效率，一方面，开发区企业数量的增加为开发区注入了新的经济活力，有利于形成集聚效应，促进效率提升；另一方面，特别是优质企业的进入，较大程度地提高了开发区整体实力，对开发区经济能够起到明显的示范作用。此外，企业进入这一市场化的过程，优化了资源配置效率，也有益于经济效率提升。就企业成长机制而言，列（4）的估计结果显示，upgrade 系数显著为正，说明开发区升格对企业的成长也有显著的积极作用，有利于企业绩效的提升。同时，列（7）的估计结果显示，Lngrow 系数虽显著为正，但 upgrade 系数也显著为正。表明企业成长机制不成立，与假说 1c 不相符，即开发区升格虽促进了企业绩效的提升，但这种企业成长并未带动本地经济效率的整体提升。本文认为，凭借开发区升格的优惠政策，企业的成本负担随之下降，将更多的能力用于扩大生产规模，而这种单纯的规模绩效提升对整体经济效率的改进作用并不大。只有将多余的能力用于提升企业生产技术水平，才能更有效地提升整体经济效率。列（8）将三个中介变量同时加入方程，显示 upgrade 和 Lnpol 系数不显著，enter 系数显著高于 Lngrow 系数，表明在中介机制方面，企业进入机制更为明显，支持上述结论。

表 5 中介效应模型估计

变量	式（3）	式（4）：因变量为中介变量			式（5）：因变量为城市经济效率			加总
	(1)	(2)	(3)	(4)	(5)	(6)	(7)	(8)
upgrade	0.048*** (0.014)	-0.058** (0.029)	0.397*** (0.026)	0.217** (0.099)	0.047*** (0.012)	0.011 (0.018)	0.038** (0.018)	-0.002 (0.025)
num_pdz	-0.003 (0.003)	-0.009* (0.005)	0.025*** (0.005)	0.009 (0.012)	-0.003 (0.003)	-0.006* (0.003)	-0.003 (0.003)	-0.006* (0.003)
Lnpol					-0.008 (0.018)			0.004 (0.022)
enter						0.091*** (0.033)		0.096** (0.044)

续表

变量	式（3）	式（4）：因变量为中介变量			式（5）：因变量为城市经济效率			加总
	(1)	(2)	(3)	(4)	(5)	(6)	(7)	(8)
Lngrow							0.015** (0.006)	0.011** (0.005)
样本量	1638	1638	1638	1233	1638	1638	1233	1233
R^2	0.957	0.609	0.955	0.891	0.957	0.957	0.948	0.948

注：括号内为标准误，*、**、*** 分别表示通过10%、5%、1%的显著性水平检验；各模型均控制了城市和时间固定效应，并控制了其他控制变量；企业进入变量 enter，这里采用的是各城市规模以上工业企业数指标，我们还采用开发区规模以上工业企业数来表征这一指标，限于篇幅，并未报告该估计结果，欢迎读者来函索取。

五、异质性分析

作为一项依地制定的产业政策，开发区自身的特征对城市经济效率是否存在差异性呢？对此，根据本文第二部分的异质性分析，本部分将主要从开发区的政策强度、交通基础设施、政府效率和发展水平等四个方面来考察开发区异质性对升格政策效果的影响。

（一）政策强度异质性

当省级开发区升格为国家级后，开发区的政策内容实质上是趋向于统一的。因此，从政策本身的差异来考虑政策强度异质性不太合适。事实上，除了政策本身外，我们还可以从政策的实施范围来考察政策强度异质性。从地理范围的角度看，政策实施的范围越大，政策强度越大；反之则反之。因此，本文从开发区升格数量差异和开发区规模差异来表征政策强度异质性。经统计发现，研究窗口期内93个城市仅有1个开发区升格；28个城市有2个开发区升格；5个城市有3个或3个以上开发区升格。开发区升格数量用两种方法表示，一是带有累积性质的指标 upgrade_accu 及其二次项 upgrade_accu2，以判断政策强度与经济效率之间的非线性关系。该指标具体设定为，若当年无开发区升格则取值0，若当年累计有1个开发区升格，则取值1，若当年累计有2个开发区升格，则取值2，依此类推，upgrade_accu 的最大值为4。二是开发区升格次数的虚拟变量，upgrade_1 表示在第一次开发区升格至第二次开发区升格前取值1，反之为0；upgrade_2 表示在第二次开发区升格至第三次开发区升格前取值1，反之为0；upgrade_3 表示在第三或以上次开发区升格当年及以后取值1，反之为0。开发区规模用2018目录中的"核准面积（公顷）"来衡量。本文仅考虑首次升格的开发区面积，并根据20%、40%、60%、80%分位点将开发区分为五类，分别对子样本进行倍差法估计。

开发区政策强度差异的回归结果如表6所示。从开发区升格数量的角度看，列（1）中政策累积 upgrade_accu 的估计系数显著为0.087，且其二次项 upgrade_accu2 的系数显著为-0.034，说明开发区升格数量与经济效率呈倒U形关系，即随着开发区升格数量的增加，城市经济效率呈现先上升后下降的趋势。列（2）对比了仅有1次和有2次开发区升格的政策效果差异，upgrade_1的系数为0.064，upgrade_2的系数为0.050，且两系数并未通过F检验，说明两系数在统计上是无差别的，即若一个城市经历了两次开发区升格，那么两次升格所带来的经济效率提升效果是相近的；进一步地，我们在列（3）中加入了有3次或3次以上开发区升格的虚拟变量 upgrade_3，该列的估计结果显示，第一次升格与第二次升格的政策效果是无显著差别的，但 upgrade_3 的系数显著为-0.081且与前两次升格存在显著差别，表明当一个城市开始经历第三次或更多次开发区升格时，升格的政策效果与之前相比会明显减弱。该结果支撑了开发区升格数量与经济效率呈倒U形关系的判断。表6的列（4）～（8）显示了升格政策效果在不同规模开发区中的差异，结果显示，当开发区的规模处于40%分位点以下（即小于7.53平方公里）时，升格政策对城市经济效率有显著的促进作用；当开发区的规模处于40%分位点以上（即大于或等于7.53平方公里）时，升格政策对多数城市的经济效率影响不明显。该结果表明，开发区升格的政策效果在中小规模的开发区中最为显著，而当开发区规模过大时，政策效果反而会减弱，亦即开发区规模与升格政策效果呈倒U形关系。综上，假说2不完全成立。无论从开发区升格数量还是开发区规模来看，政策强度与政策效应之间并非正向的线性关系，而呈倒U形关系。说明开发区升格政策并不能盲目地扩大，适当的政策强度才能实现政策边际效应的最优化。当初开发区升格政策推行时，规定"同一城市原则上只允许申报一家"[①]，这也是为了防止国家级开发区数量盲目扩大，从而抵消升格政策的初衷，与本文结论不谋而合。

---

① 详见《省级开发区升级为国家级经济技术开发区的审核原则和标准》。

表 6　　开发区政策强度异质性

变量	开发区数量差异			开发区规模差异				
	(1)	(2)	(3)	(4) 0~20%	(5) 20%~40%	(6) 40%~60%	(7) 60%~80%	(8) 80%~100%
upgrade				0.062*** (0.013)	0.055** (0.025)	0.007 (0.049)	0.061** (0.022)	0.045 (0.029)
upgrade_accu	0.087*** (0.017)							
upgrade_accu2	-0.034*** (0.005)							
num_pdz	-0.001 (0.005)	-0.000 (0.005)	-0.001 (0.005)	-0.015*** (0.003)	-0.001 (0.004)	0.003 (0.009)	0.013* (0.007)	-0.005 (0.007)
upgrade_1		0.064*** (0.013)	0.055*** (0.013)					
upgrade_2		0.050** (0.021)	0.033 (0.025)					
upgrade_3			-0.081* (0.044)					
F检验1		0.50	1.03					
F检验2			8.98***					
样本量	1612	1612	1612	325	325	325	325	338
R^2	0.967	0.967	0.967	0.990	0.981	0.896	0.975	0.984

注：括号内为标准误，*、**、***分别表示通过10%、5%、1%的显著性水平检验；各模型均控制了城市、省份和时间固定效应，并控制了其他控制变量；F检验1是检验upgrade_1和upgrade_2的差异，F检验2是检验upgrade_2和upgrade_3的差异；开发区规模的四个分位点为：4.50、7.53、9.71、12.78平方公里。

（二）交通基础设施异质性

开发区硬件环境，特别是健全的交通基础设施有利于降低企业交易成本，吸引企业进入。但受限于地理环境以及开发区建设情况，并非所有的开发区都具备完善的交通基础设施。鉴于此，我们在本部分考察了开发区交通基础设施差异对升格政策效果的影响，用以验证假说3。

高速公路和铁路（简称"两路"）是交通基础设施的重要组成部分。"两路"的建设在一定程度上反映了周边地区交通基础设施的完备程度。距离"两路"越近的地区，交通相对较为便利，更有利于要素流动。因此，我们选择开发区到铁路和高速公路的距离来反映开发区周边的交通便利性，我们在高德地图上搜索升格开发区的管委会到火车站的最短行车距离以及到高速公路的直线距离，根据

20%、40%、60%、80%分位点将开发区分为五个样本，并对城市子样本进行估计，结果如表7所示。无论是从开发区到火车站的距离还是从开发区到高速公路的距离来看，在低分位区间（即开发区与"两路"距离较近），upgrade 估计系数均显著为正，而在较高分位区间（即开发区与"两路"距离较远），upgrade 估计系数显著性水平较弱或不显著。这说明，就开发区周边交通便利性而言，距火车站或高速公路越近，则越有利于要素流动和开发区经济发展，从而更有可能强化升格的政策效应，与假说3相符。具体来看，当开发区与火车站的距离小于8.2公里或与高速公路的垂直距离小于4.5公里时，升格政策更有利于提升城市经济效率。

表7 开发区交通基础设施异质性

变量	(1) 0～20%	(2) 20%～40%	(3) 40%～60%	(4) 60%～80%	(5) 80%～100%
Panel A：开发区与火车站的距离分类					
upgrade	0.081*** (0.020)	0.180** (0.090)	0.121** (0.047)	0.037* (0.019)	0.068 (0.048)
样本量	234	221	221	195	234
R^2	0.996	0.900	0.958	0.995	0.980
Panel B：开发区与高速公路的距离分类					
upgrade	0.043** (0.018)	0.049** (0.021)	0.161** (0.073)	0.047* (0.026)	0.040* (0.022)
样本量	273	312	312	182	338
R^2	0.985	0.984	0.868	0.995	0.996

注：括号内为标准误，*、**、***分别表示通过10%、5%、1%的显著性水平检验；各模型均控制了城市和时间固定效应，并控制了其他控制变量；与火车站距离的4个分位点分别为：4.2、5.7、8.2、12.6 km；与高速公路垂直距离的4个分位点分别为：1.8、3.3、4.5、7.0 km。

（三）政府效率异质性

为检验假说4，本部分对开发区所在城市的政府效率进行分类，考察不同政府效率水平下升格的政策效果。由于开发区层面的政府效率指标无法获取，本文用其所在城市层面的政府效率来代替，采用《管理观察》与北京师范大学政府管理研究院联合发布的《2016年中国地方政府管理效能排行榜》来对各城市的政府效率高低进行分类。低分位的样本为政府效率排名靠前的城市，即政府效率高；高分位的样本为政府效率排名靠后的城市，即政府效率低，分类估计结果如表8所示。可见，当政府效率排名位于60%分位点之前时，开发区升格促进了其所在城市经济效率的提升；当政府效率排名位于60%分位点之后时，开发区升格对城市经济效率的影响不明显。实证结果验证了本文的假说4。

表8　　　　　　　　　开发区政府效率异质性

变量	(1)	(2)	(3)	(4)	(5)
	0～20%	20%～40%	40%～60%	60%～80%	80%～100%
upgrade	0.070***	0.095**	0.087***	0.041	0.029
	(0.024)	(0.034)	(0.031)	(0.024)	(0.024)
num_pdz	−0.003	0.006	−0.004	−0.009**	−0.000
	(0.004)	(0.009)	(0.008)	(0.003)	(0.004)
样本量	325	338	325	325	325
变量	(1)	(2)	(3)	(4)	(5)
	0-20%	20%-40%	40%-60%	60%-80%	80%-100%
R^2	0.985	0.895	0.982	0.988	0.975

注：括号内为标准误，*、**、***分别表示通过10%、5%、1%的显著性水平检验；各模型均控制了城市和时间固定效应，并控制了其他控制变量。

（四）发展水平异质性

为验证假说5，本文进一步考虑了开发区自身发展水平差异对政策效果的影响。由于经开区和高新区的统计数据并不一致，因此，本文首先利用年均工业增加值密度和年均地区生产总值密度来划分经开区的发展水平；再利用年均工业总产值密度来划分高新区的发展水平；最后将低（高）水平的经开区和高新区统一为低（高）水平开发区。相关数据来源于《中国开发区年鉴》《中国商务年鉴》《中国火炬统计年鉴》。估计结果如表9所示。列（1）（2）（5）（6）是低水平开发区的估计结果，列（3）（4）（7）（8）是高水平开发区的估计结果。整体来看，无论开发区发展水平的高低，upgrade 系数并没有较大的差异。该结果不符合假说5的推论，说明无论是低水平开发区，还是高水平开发区，升格政策对城市经济效率的影响作用相差无几。前文所述的"先天优势"可能不明显。究其原因，本文认为，升格政策将低水平开发区和高水平开发区置于同一个平台，使得开发区之间的经济政策逐渐统一。高水平开发区已具备较好的经济发展基础，升格后仍然会延续这种优势，因此政策效应显著为正；低水平开发区升格后，政策优势和品牌优势为开发区吸引了更多优质企业进驻，有利于城市经济效率的提升，因此政策效应也显著为正。

表 9　　　　　　　　　　　开发区发展水平异质性

变量	工业增加值密度				地区生产总值密度			
	低密度		高密度		低密度		高密度	
	(1)	(2)	(3)	(4)	(5)	(6)	(7)	(8)
upgrade	0.044***	0.043***	0.062***	0.060***	0.049***	0.048***	0.058***	0.056***
	(0.013)	(0.014)	(0.019)	(0.020)	(0.014)	(0.014)	(0.019)	(0.020)
num_pdz		−0.002		−0.003		−0.002		−0.002
		(0.004)		(0.005)		(0.004)		(0.005)
常数项	5.782***	5.836***	7.881***	7.926***	5.825***	5.904***	7.981***	8.013***
	(1.549)	(1.480)	(0.375)	(0.352)	(1.384)	(1.316)	(0.368)	(0.343)
样本量	806	806	832	832	806	806	832	832
变量	工业增加值密度				地区生产总值密度			
	低密度		高密度		低密度		高密度	
	(1)	(2)	(3)	(4)	(5)	(6)	(7)	(8)
R^2	0.986	0.986	0.934	0.934	0.987	0.987	0.930	0.930

注：括号内为标准误，*、**、***分别表示通过10%、5%、1%的显著性水平检验；各模型均控制了城市和时间固定效应，并控制了其他控制变量；高新区利用工业总产值密度来区分发展水平。

六、结论与政策含义

开发区建设初期的主要任务是对外开放和出口创汇，因而承载了扩大地方经济规模的重任，为地方经济增长做出了不可磨灭的贡献。随着中国的经济发展转向效率提升和质量改善的新阶段，开发区的建设也逐渐成熟，成为地方经济转型的主战场。在此背景下，本文以2009年以来的省级开发区升格为角度，采用倍差法探讨了开发区升格对城市经济效率的影响。研究发现：第一，开发区升格政策有效推动了城市经济效率的提升，这一结果在经过一系列的稳健性检验后仍然成立。第二，机制分析发现，升格政策虽降低了企业税收负担、吸引了企业进入、促进了企业成长，但只有企业进入机制才是升格政策提升城市经济效率的主要渠道，其他机制对城市经济效率的提升作用并不明显。第三，异质性分析发现，无论是从升格数量还是从升格规模来看，政策强度与政策效应均表现为倒U形关系；升格政策的效果受开发区周边交通便利性的影响，开发区周边的交通越便利，越有利于升格政策提升城市经济效率；升格政策的效果也受开发区所在地的政府效率影响，较低的政府效率使得升格政策效果不明显；无论升格开发区的经济发展水平高还是低，升格政策对城市经济效率的影响作用不存在明显的差异。

基于上述研究结论，本文的政策含义是：第一，善用国家级开发区的政策优势，谨防政策效应"边际递减"。本文实证结果显示，升格的优惠政策虽降低了企业的税收负担，但这种政策优势并未对城市经济效率起到促进作用；而且，政策强度与政策效果的倒 U 形关系也揭示了升格的政策效应存在"边际递减"的现象。对此，在开发区升格方面，应当严控同一城市的国家级开发区数量，进一步提升开发区升格的质量要求，同时建立国家级开发区动态管理制度，科学评价国家级开发区发展质量，施行末位淘汰制；在开发区未来的发展规划中，应构建合理的土地供给制度，降低增量，盘活存量，逐步有序扩大产业规模，保证政策效应在建设规模上的"边际"最大化，推动集约型经济发展。

第二，招商引资"增量"向"增质"转变，推动园区存量企业转型升级。开发区升格吸引了更多企业进入，推动了城市经济效率的提升，显示了开发区发展在"增量"方面的优势。但开发区企业成长形势仍不乐观，企业成长在总量上虽有提升，但整体效率仍显不足，未能实现质量优化。对此，政府一方面要注重优化招商增量，提升新入园区的企业质量；另一方面，也要注重存量企业的转型升级，通过制订帮扶方案，利用开发区集聚优势，激发存量企业新活力，提高生产效率，促进企业持续增长。

第三，完善交通基础设施，实现互联互通。开发区周边交通越便利，越有利于升格政策发挥作用。便利的交通使得各种资源和要素的流动更为顺畅，是资源高效配置的有力支撑。因此，地方政府一方面应当进一步完善开发区内部的交通基础建设，提高开发区内部的运输效率；另一方面，应当以铁路、高速公路等交通要道为节点，打通开发区与外部的交通联系，加强区域之间的合作交流，进一步拓宽市场规模，刺激区域经济发展新活力。

第四，提高政府效率，建设服务型政府。本文研究表明，升格政策效果的好坏与政府效率息息相关。开发区升格为突破固有体制、推动制度创新提供了试验平台。对此，地方政府应当借鉴这一平台优势，积极创新管理制度，简化行政机构，降低制度成本，推动管理型政府向服务型政府转变，为企业搭建一个高效、便捷的营商环境，从而提升资源配置效率和促进企业绩效增长，充分发挥升格红利。

参考文献

[1] 包群，唐诗．开发区建设与周边地区的企业成长：窗口辐射还是挤出效应 [J]．产业经济研究，2016（5）．

[2] 陈红，张玉，刘东霞．政府补助、税收优惠与企业创新绩效——不同生命周期阶段的实证研究 [J]．南开管理评论，2019（3）．

[3] 陈钊，熊瑞祥．比较优势与产业政策效果——来自出口加工区准实验的证据 [J]．管理世界，2015（8）．

[4] 邓慧慧，赵家羚．地方政府经济决策中的"同群效应" [J]．中国工业经济，2018（4）．

[5] 董晓芳，刘逸凡．交通基础设施建设能带动县域经济发展吗？——基于2004—2013年国家级高速公路建设和县级经济面板数据的分析 [J]．南开经济研究，2018（4）．

[6] 杜传忠，郭树龙．经济转轨期中国企业成长的影响因素及其机理分析 [J]．中国工业经济，2012（11）．

[7] 黄玖立，周旋．定制化与地方保护主义：经验证据及对自贸区建设的启示 [J]．管理世界，2018（12）．

[8] 李贲，吴利华．开发区设立与企业成长：异质性与机制研究 [J]．中国工业经济，2018（4）．

[9] 李平，简泽，江飞涛．进入退出、竞争与中国工业部门的生产率——开放竞争作为一个效率增进过程 [J]．数量经济技术经济研究，2012（9）．

[10] 李力行，申广军．经济开发区、地区比较优势与产业结构调整 [J]．经济学（季刊），2015（3）．

[11] 李言，高波，雷红．中国地区要素生产率的变迁：1978—2016[J]．数量经济技术经济研究，2018（10）．

[12] 梁俊，李菁．中国经济的结构性减速与对策 [J]．上海经济研究，2016（5）．

[13] 林毅夫，向为，余淼杰．区域型产业政策与企业生产率 [J]．经济学（季刊），2018（2）．

[14] 刘瑞明，赵仁杰．国家高新区推动了地区经济发展吗——基于双重差分方法的验证 [J]．管理世界，2015（8）．

[15] 刘晔，张训常，蓝晓燕．国有企业混合所有制改革对全要素生产率的影响——基于PSM-DID方法的实证研究 [J]．财政研究，2016（10）．

[16] 刘重力，刘安军，邵敏．开发区对区外母城经济增长溢出效应研究 [J]．南开经济研究，2010（3）．

[17] 沈鸿，顾乃华，陈丽娴．开发区设立、产业政策与企业出口——基于二元边际与地区差异视角的实证研究 [J]．财贸研究，2017（12）．

[18] 盛丹，张国峰．开发区与企业成本加成率分布 [J]．经济学（季刊），2018（1）．

[19] 宋凌云，王贤斌．重点产业政策、资源重置与产业生产率 [J]．管理世界，2013（12）．

[20] 苏锦红，兰宜生，夏怡然．异质性企业全要素生产率与要素配置效率——基于1999—2007年中国制造业企业微观数据的实证分析 [J]．世界经济研究，2015（11）．

[21] 孙早，席建成．中国式产业政策的实施效果：产业升级还是短期经济增长 [J]．中国工业经济，2015（7）．

[22] 谭静，张建华. 国家高新区推动城市全要素生产率增长了吗？——基于277个城市的"准自然实验"分析 [J]. 经济与管理研究，2018（9）.

[23] 王永进，张国峰. 开发区生产率优势的来源：集聚效应还是选择效应 [J]. 经济研究，2016（7）.

[24] 王志锋，王优容，王云亭，陈俊华. 城市行政等级与经济增长——基于开发区的视角 [J]. 宏观经济研究，2017（11）.

[25] 吴利学，叶素云，傅晓霞. 中国制造业生产率提升的来源：企业成长还是市场更替？[J]. 管理世界，2016（6）.

[26] 吴敏，黄玖立. 省级开发区、主导产业与县域工业发展 [J]. 经济学动态，2017（1）.

[27] 吴一平，李鲁. 中国开发区政策绩效评估：基于企业创新能力的视角 [J]. 金融研究，2017（6）.

[28] 谢千里，罗斯基，张轶凡. 中国工业生产率的增长与收敛 [J]. 经济学（季刊），2008（3）.

[29] 叶宁华，张伯伟. 地方保护、所有制差异与企业市场扩张选择 [J]. 世界经济，2017（6）.

[30] 余淼杰，户德月，向为. 国家级开发区对企业生产率的影响：来自中国企业层面的经验实证 [J]. 区域与全球发展，2017（1）.

[31] 袁航，朱承亮. 国家高新区推动了中国产业结构转型升级吗？[J]. 中国工业经济，2018（8）.

[32] 袁礼，欧阳峣. 发展中大国提升全要素生产率的关键 [J]. 中国工业经济，2018（6）.

[33] 袁其刚，刘斌，朱学昌. 经济功能区的"生产率效应"研究 [J]. 世界经济，2015（5）.

[34] 张国峰，王永进，李坤望. 开发区与企业动态成长机制——基于企业进入、退出和增长的研究 [J]. 财经研究，2016（12）.

[35] 张睿，张勋，戴若尘. 基础设施与企业生产率：市场扩张与外资竞争视角 [J]. 管理世界，2018（1）.

[36] 张天华，陈力，董志强. 高速公路建设、企业演化与区域经济效率 [J]. 中国工业经济，2018（1）.

[37] 赵绍阳，周博. "扩权强县"改革的经济效应评估——以四川为例 [J]. 财经科学，2019（7）.

[38] 周茂，陆毅，杜艳，姚星. 开发区设立与地区制造业升级 [J]. 中国工业经济，2018（3）.

[39] Alder, S., Shao, L. and Zilibotti, F., 2016, "Economic Reforms and Industrial Policy in a Panel of Chinese Cities", *Journal of Economic Growth*, Vol.21（4），pp.305～349.

[40] Banerjee, A., Duflo, E. and Qian, N., 2012, "On the Road: Access to Transportation Infrastructure and Economic Growth in China", NBER Working paper.

[41] Beck, T., Levine, R. and Levkov, A., 2010, "Big Bad Banks？ The Winners and Losers from Bank Deregulation in the United States", *The Journal of Finance*, Vol.65（5），pp.1637～1667.

[42] Brandt, L., Biesebroeck, J. V. and Zhang, Y., 2012, "Creative Accounting or Creative Destruction？ Firm-level Productivity Growth in Chinese Manufacturing", *Journal of Development Economics*, Vol.97（2），pp.339～351.

[43] Chang, T. H. and Peter, J. K., 2009, "Misallocation and Manufacturing TFP in China and India", *Quarterly Journal of Economics*, Vol.124（4），pp.1403～1448.

[44] Chen, Z., Sandra, P. and Xiong, R. X., 2017, "Inter-industry Relatedness and Industrial-policy Efficiency: Evidence from China's Export Processing Zones", *Journal of Comparative*

Economics, Vol.45（4）, pp.809～826.

[45] Cheng, L. and Kwan, Y., 2000, "What Are the Determinants of the Location of Foreign Direct Investment? The Chinese Experience", *Journal of International Economics*, Vol.51(2), pp.379～400.

[46] Combes, P., Duranton, G., Gobillon, L., Puga, D. and Roux, S., 2012, "The Productivity Advantages of Large Cities: Distinguishing Agglomeration from Firm Selection", *Econometrica*, Vol.80（6）, pp.2543～2594.

[47] Démurger, S., Sachs, J., Woo, W. T., Bao, S. and Chang, G., 2002, "The Relative Contributions of Location and Preferential Policies in China's Regional Development: Being in the Right Place and Having the Right Incentives", *China Economic Review*, Vol.13（4）, pp.444～465.

[48] Donaldson, D., 2018, "Railroads of the Raj: Estimating the Impact of Transportation Infrastructure", *American Economic Review*, Vol.108（4）, pp.899～934.

[49] Givord, P., Rathelot, R. and Sillard, P., 2013, "Place-based Tax Exemptions and Displacement Effects: An Evaluation of the Zones Franches Urbaines Program", *Regional Science and Urban Economics*, Vol.43（1）, pp.151～163.

[50] Griliches, Z. and Regev, H., 1995, "Firm Productivity in Israeli Industry 1979～1988", *Journal of Econometrics*, Vol.65（1）, pp.175～203.

[51] Jones, D., Li, C. and Owen, A., 2003, "Growth and Regional Inequality in China During the Reform Era", *China Economic Review*, Vol.14（2）, pp.186～200.

[52] Kline, P. and Moretti, E., 2014, "Local Economic Development, Agglomeration Economies and the Big Push: 100 Years of Evidence from the Tennessee Valley Authority", *Quarterly Journal of Economics*, Vol.129（1）, pp.275～331.

[53] Luo, D., Liu, Y., Wu, Y., Zhu, X. and Jin, X., 2015, "Does Development Zone Have Spillover Effect in China?", *Journal of the Asia Pacific Economy*, Vol.20（3）, pp.1～28.

[54] Marshall, A., 1920, *Principle of Economics*, London: Macmillan.

[55] Mendoza, O., 2016, "Preferential Policies and Income Inequality: Evidence from Special Economic Zones and Open Cities in China", *China Economic Review*, Vol.40, pp.228～240.

[56] Moll, B., 2012, "Productivity Losses from Financial Frictions: Can Self-Financing Undo Capital Misallocation?", *American Economic Review*, Vol.104（10）, pp.3186～3221.

[57] Schminke, A. and Van Biesebroeck, J., 2013, "Using Export Market Performance to Evaluate Regional Preferential Policies in China", *Review of World Economics*, Vol.149（2）, pp.343～367.

[58] Wang, J., 2013, "The Economic Impact of Special Economic Zones: Evidence from Chinese Municipalities", *Journal of Development Economics*, Vol.101, pp.133～147.

[59] Xu, E. and Xu, K., 2013, "A Multilevel Analysis of the Effect of Taxation Incentives on Innovation Performance", *IEEE Transactions on Engineering Management*, Vol.60（1）, pp.137～147.

[60] Young, A., 2003, "Gold into Base Metals: Productivity Growth in the People's Republic of China During the Reform Period", *Journal of Political Economy*, Vol.111（6）,

pp.1220～1261.

[61] Zheng, G., Barbieri, E., Tommaso, M. and Zhang, L., 2016, "Development Zones and Local Economic Growth: Zooming in on the Chinese Case", *China Economic Review*, Vol.38, pp.238～249.

[62] Zheng, S. Q., Sun, W. Z., Wu, J. F. and Kahn, M. E., 2017, "The Birth of Edge Cities in China: Measuring the Effects of Industrial Parks Policy", *Journal of Urban Economics*, Vol.100, pp.80～103.

附录1：其他稳健性检验完整估计结果

稳健性检验完整估计结果如表1所示。

附表1　　　　　　　　　　其他稳健性检验

变量	Panel A		Panel B		Panel C	
	(1)	(2)	(3)	(4)	(5)	(6)
upgrade	0.068*** (0.014)	0.067*** (0.014)	0.071*** (0.015)	0.070*** (0.015)	0.061*** (0.011)	0.056*** (0.011)
num_pdz		−0.002 (0.004)		−0.001 (0.004)		−0.006* (0.003)
secon	1.927*** (0.322)	1.929*** (0.321)	1.531*** (0.373)	1.533*** (0.371)	1.273*** (0.158)	1.274*** (0.157)
L*nfiscal*	−0.046 (0.181)	−0.046 (0.180)	−0.036 (0.201)	−0.037 (0.199)	0.188*** (0.055)	0.183*** (0.054)
L*nfina*	0.185** (0.083)	0.185** (0.083)	0.256*** (0.095)	0.255*** (0.094)	0.139** (0.056)	0.137** (0.055)
L*nstu*	−0.032 (0.023)	−0.032 (0.023)	−0.020 (0.023)	−0.020 (0.023)	−0.015 (0.018)	−0.016 (0.018)
L*npop*	0.006 (0.142)	0.012 (0.145)	0.577** (0.229)	0.581** (0.229)	0.453** (0.199)	0.493*** (0.179)
常数项	7.811*** (0.397)	7.838*** (0.387)	9.217*** (1.265)	9.258*** (1.210)	8.184*** (1.041)	8.404*** (0.994)
N	1209	1209	1066	1066	1456	1456
R^2	0.948	0.948	0.947	0.947	0.984	0.984
城市固定	Y	Y	Y	Y	Y	Y
时间固定	Y	Y	Y	Y	Y	Y

注：与文章表4相对应。

附录2：逐年PSM过程

匹配结果如附表2至附表6，附图1至附图5所示。

匹配变量。本文选择的匹配变量主要包括：（1）经济发展水平（L*ngdp*），用各城市实际GDP的对数值表示；（2）产业结构（*secon*），用第二产业比重表示；（3）教育水平（L*nstu*），用每万人普通高等学校学生数的对数值表示；（4）人口密度（L*npop*），用每平方公里人口数的对数值表示；（5）金融发展水平（L*nfina*），用人均金融机构贷款额对数值表示；（6）技术创新水平（L*npat*），用各城市人均专利授权数对数值表示；（7）外商直接投资（L*nfdi*），用每平方公里外商直接投资额的对数值表示。借鉴刘晔等（2016）的方法，以最大化 R^2 和匹配后的标准偏差为原则确定各年的匹配变量。因此，各年选择的匹配变量可能存在差异，但均来源于上述 7 个变量。

附表 2 显示了 2010 年的匹配结果，附图 1 显示了各变量匹配前后的标准偏差。综合来看：匹配前，处理组和对照组的匹配变量存在较大的差别，标准偏差均大于 50%；经过匹配后，匹配变量的差别明显减小，标准偏差的绝对值大多低于 10%，说明我们选取的匹配变量和方法是合理的。同时，匹配后的 t 统计量均不显著，这说明了匹配后的匹配变量在处理组和对照组之间并不存在显著的差异，确保了估计结果的可靠性。其他年份的匹配结果同样较为理想，我们不再赘述。

附表 2　　2010 年倾向得分匹配平衡性检验结果

变量		均值		标准偏差(%)	标准偏差幅度减少(%)	t 统计量	p 值
		处理组	对照组				
Lngdp	匹配前	6.8458	6.06	118.8	95.4	6.93	0.000
	匹配后	6.4786	6.4421	5.5		0.23	0.819
secon	匹配前	0.5407	0.4762	59.4	99.1	3.33	0.001
	匹配后	0.5160	0.5166	−0.5		−0.02	0.984
Lnstu	匹配前	4.5346	3.7862	107	99.6	6.16	0.000
	匹配后	4.2204	4.2234	−0.4		−0.02	0.987
Lnpop	匹配前	−3.2451	−3.9239	84.8	88.3	4.74	0.000
	匹配后	−3.5525	−3.4732	−9.9		−0.35	0.729
Lnfina	匹配前	9.8029	9.2488	71.8	79.7	4.25	0.000
	匹配后	9.4956	9.6082	−14.6		−0.49	0.627
Lnpat	匹配前	5.7993	4.9656	91.4	97.5	5.32	0.000
	匹配后	5.4531	5.4739	−2.3		−0.09	0.927
Lnfdi	匹配前	7.3909	5.4423	109.4	97	6.36	0.000
	匹配后	6.5057	6.4466	3.3		0.13	0.897

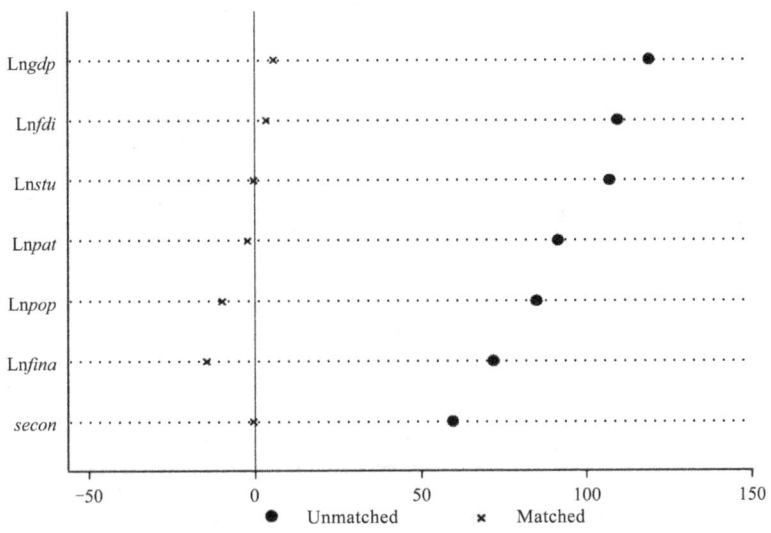

附图 1　2010 年各变量标准化偏差

附表 3　　　　　　　　2011 年倾向得分匹配平衡性检验结果

变量		均值		标准偏差 (%)	标准偏差幅度减少 (%)	t 统计量	p 值
		处理组	对照组				
Lngdp	匹配前	6.293	6.202	16.9	87.7	0.40	0.693
	匹配后	6.249	6.260	-2.1		-0.03	0.976
secon	匹配前	0.551	0.491	51.9	95.3	1.33	0.188
	匹配后	0.512	0.509	2.4		0.05	0.965
Lnstu	匹配前	4.665	3.878	116.1	87.2	2.90	0.005
	匹配后	4.530	4.430	14.8		0.22	0.832
Lnpop	匹配前	-3.323	-3.918	78.5	98.4	1.78	0.079
	匹配后	-3.577	-3.586	1.3		0.02	0.985
Lnpat	匹配前	6.535	5.354	160.4	87.5	3.74	0.000
	匹配后	6.373	6.225	20.1		0.37	0.721
Lnfdi	匹配前	6.533	5.725	51.7	89.9	1.42	0.160
	匹配后	5.910	5.828	5.2		0.09	0.928

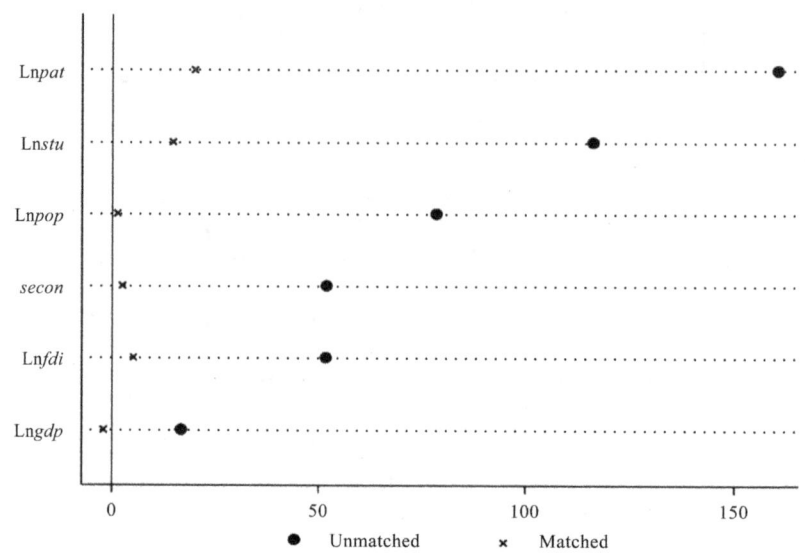

附图 2　2011 年各变量标准化偏差

附表 4　2012 年倾向得分匹配平衡性检验结果

变量		均值		标准偏差 (%)	标准偏差幅度减少 (%)	t 统计量	p 值
		处理组	对照组				
Lngdp	匹配前	6.760	6.298	81.8	93.4	3.15	0.002
	匹配后	6.660	6.630	5.4		0.19	0.850
$secon$	匹配前	0.552	0.490	61.3	82.6	2.19	0.031
	匹配后	0.557	0.546	10.7		0.32	0.752
Lnstu	匹配前	4.318	3.837	62.7	95.9	2.42	0.017
	匹配后	4.167	4.147	2.6		0.09	0.929
Lnpop	匹配前	3.499	-3.916	49.6	70.2	1.92	0.058
	匹配后	3.628	-3.504	-14.6		-0.43	0.668
Lnpat	匹配前	5.920	5.796	16.1	68.4	0.60	0.552
	匹配后	5.821	5.861	-5.1		-0.15	0.878
Lnfdi	匹配前	6.662	5.886	52.5	89.5	2.10	0.038
	匹配后	6.465	6.547	-5.5		-0.16	0.870

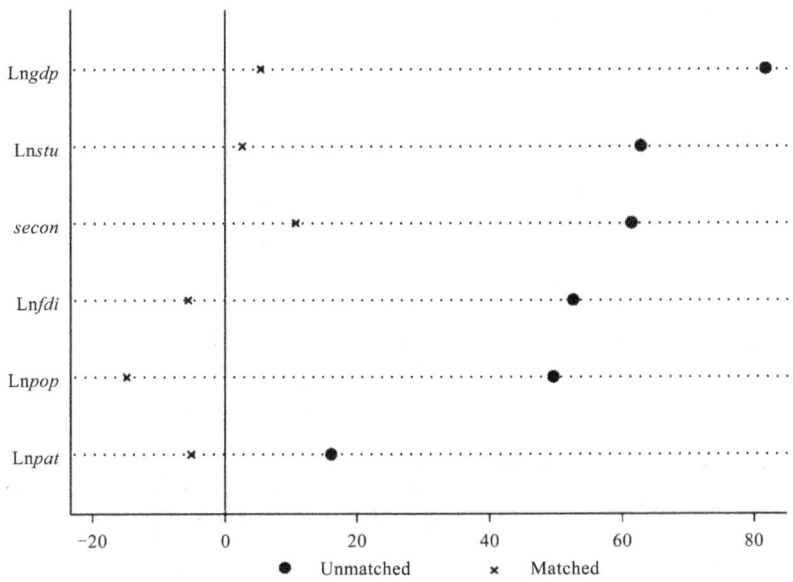

附图 3　2012 年各变量标准化偏差

附表 5　2013 年倾向得分匹配平衡性检验结果

变量		均值		标准偏差(%)	标准偏差幅度减少(%)	t 统计量	p 值
		处理组	对照组				
Lngdp	匹配前	6.750	6.359	69.1	83.9	2.59	0.011
	匹配后	6.739	6.676	11.2		0.40	0.692
secon	匹配前	0.538	0.483	56.8	87.6	2.06	0.042
	匹配后	0.531	0.538	-7.0		-0.22	0.826
Lnstu	匹配前	4.113	3.789	38.9	71.7	1.43	0.157
	匹配后	4.111	4.203	-11.0		-0.41	0.686
Lnpop	匹配前	-3.808	-3.909	8.4	-18.0	0.39	0.696
	匹配后	-3.827	-3.708	-9.9		-0.29	0.771
Lnpat	匹配前	5.810	5.866	-6.8	55.3	-0.27	0.790
	匹配后	5.838	5.813	3.0		0.09	0.928
Lnfdi	匹配前	6.872	5.880	51.1	99.5	2.22	0.029
	匹配后	6.706	6.711	-0.3		-0.01	0.993

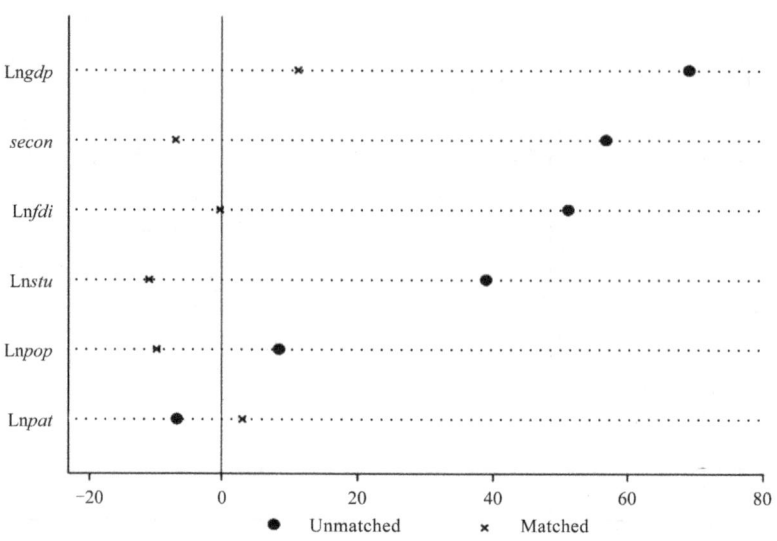

附图 4　2013 年各变量标准化偏差

附表 6　2015 年倾向得分匹配平衡性检验结果

变量		均值		标准偏差 (%)	标准偏差幅度减少 (%)	t 统计量	p 值
		处理组	对照组				
Lngdp	匹配前	6.781	6.414	68.5	99.1	2.11	0.037
	匹配后	6.767	6.763	0.6		0.02	0.987
secon	匹配前	0.527	0.435	100.6	97.6	3.22	0.002
	匹配后	0.508	0.510	-2.4		-0.08	0.939
Lnpop	匹配前	-3.454	-3.912	56.2	81.7	1.81	0.074
	匹配后	-3.478	-3.562	10.3		0.24	0.811
Lnpat	匹配前	6.588	6.216	53.9	74.0	1.70	0.092
	匹配后	6.594	6.497	14.0		0.37	0.714
Lnfdi	匹配前	6.865	5.658	66.2	87.6	2.46	0.016
	匹配后	6.680	6.530	8.2		0.23	0.822

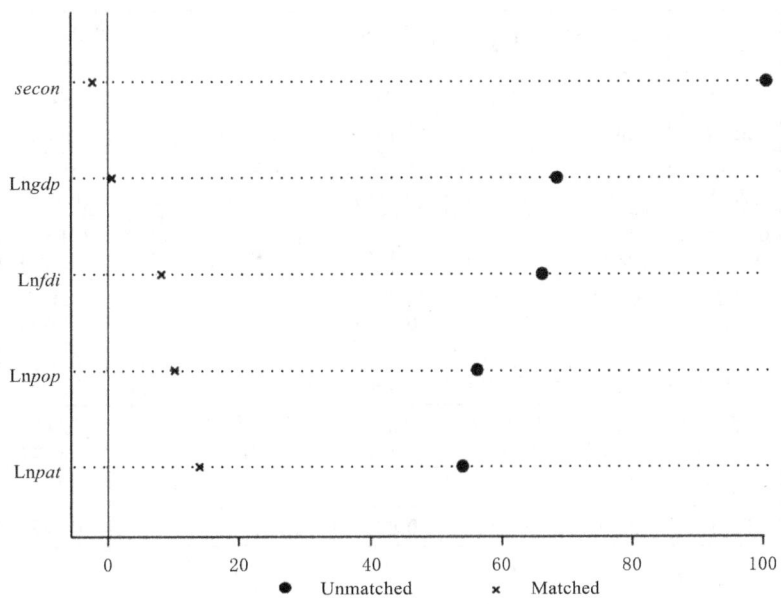

附图 5 2015 年各变量标准化偏差

附录3：机制分析完整估计结果

估计结果如附表 7 所示。

附表 7　　　　　　　　　　中介效应模型

变量	式（3）	式（4）：因变量为中介变量			式（5）：因变量为城市经济效率			加总
	(1)	(2)	(3)	(4)	(5)	(6)	(7)	(8)
	Lnpgdp	Lnpol	enter	Lngrow	Lnpgdp	Lnpgdp	Lnpgdp	Lnpgdp
upgrade	0.048*** (0.012)	-0.058** (0.029)	0.397*** (0.026)	0.217** (0.099)	0.047*** (0.012)	0.011 (0.018)	0.038** (0.018)	-0.002 (0.025)
num_pdz	-0.003 (0.003)	-0.009* (0.005)	0.025*** (0.005)	0.009 (0.012)	-0.003 (0.003)	-0.006* (0.003)	-0.003 (0.003)	-0.006* (0.003)
Lnpol						-0.008 (0.018)		0.004 (0.022)
enter							0.091*** (0.033)	0.096** (0.044)
Lngrow							0.015** (0.006)	0.011** (0.005)
secon	1.649*** (0.280)	0.145 (0.305)	1.453*** (0.336)	3.142*** (0.856)	1.653*** (0.281)	1.520*** (0.263)	1.309*** (0.326)	1.202*** (0.298)

续表

变量	式（3）	式（4）：因变量为中介变量			式（5）：因变量为城市经济效率			加总
	(1)	(2)	(3)	(4)	(5)	(6)	(7)	(8)
	Ln*pgdp*	Ln*pol*	enter	Ln*grow*	Ln*pgdp*	Ln*pgdp*	Ln*pgdp*	Ln*pgdp*
Ln*fiscal*	0.054 (0.149)	0.086 (0.072)	0.198*** (0.069)	0.512*** (0.186)	0.055 (0.150)	0.036 (0.152)	−0.038 (0.207)	−0.052 (0.211)
Ln*fina*	0.205*** (0.078)	0.102 (0.085)	−0.023 (0.076)	−0.152 (0.197)	0.205*** (0.078)	0.206*** (0.078)	0.195* (0.104)	0.198* (0.103)
Ln*stu*	−0.024 (0.021)	0.025 (0.030)	−0.021 (0.028)	−0.326** (0.164)	−0.023 (0.021)	−0.021 (0.021)	−0.023 (0.022)	−0.022 (0.022)
Ln*pop*	0.254 (0.159)	0.138 (0.247)	−0.041 (0.329)	−0.524 (0.490)	0.257 (0.161)	0.259 (0.181)	0.093 (0.179)	0.089 (0.195)
常数项	7.852*** (0.672)	−4.588*** (1.120)	4.244*** (1.107)	−1.871 (1.743)	7.827*** (0.682)	7.477*** (0.689)	8.124*** (0.626)	7.663*** (0.601)
N	1638	1638	1638	1233	1638	1638	1233	1233
R^2	0.957	0.609	0.955	0.891	0.957	0.957	0.948	0.948

注：与文章表5对应。

附录4：开发区异质性分析完整估计结果

（一）开发区政策强度异质性

附表8　　　　　　　　开发区政策强度差异

变量	开发区数量差异			开发区规模差异				
	(1)	(2)	(3)	(4) 0~20%	(5) 20%~40%	(6) 40%~60%	(7) 60%~80%	(8) 80%~100%
upgrade				0.062*** (0.013)	0.055** (0.025)	0.007 (0.049)	0.061** (0.022)	0.045 (0.029)
upgrade_accu	0.087*** (0.017)							
upgrade_accu2	−0.034*** (0.005)							
upgrade_1		0.064*** (0.013)	0.055*** (0.013)					
upgrade_2		0.050** (0.021)	0.033 (0.025)					
upgrade_3			−0.081* (0.044)					
num_pdz	−0.001 (0.005)	−0.000 (0.005)	−0.001 (0.005)	−0.015*** (0.003)	−0.001 (0.004)	0.003 (0.009)	0.013* (0.007)	−0.005 (0.007)

续表

变量	开发区数量差异			开发区规模差异				
	(1)	(2)	(3)	(4) 0～20%	(5) 20%～40%	(6) 40%～60%	(7) 60%～80%	(8) 80%～100%
secon	1.518*** (0.377)	1.507*** (0.381)	1.506*** (0.377)	1.736*** (0.186)	1.367*** (0.420)	2.548*** (0.894)	1.109*** (0.294)	1.013*** (0.253)
Ln$fiscal$	−0.106 (0.184)	−0.102 (0.184)	−0.106 (0.184)	0.080* (0.043)	0.143 (0.089)	−0.371 (0.466)	0.428*** (0.080)	0.428*** (0.127)
Ln$fina$	0.263*** (0.090)	0.259*** (0.090)	0.261*** (0.090)	0.151** (0.068)	0.068 (0.071)	0.351 (0.242)	0.198** (0.086)	0.251 (0.160)
Lnstu	−0.005 (0.019)	−0.006 (0.018)	−0.005 (0.018)	−0.022 (0.023)	−0.008 (0.022)	−0.012 (0.036)	−0.068 (0.072)	−0.011 (0.035)
Lnpop	0.194 (0.206)	0.200 (0.208)	0.194 (0.205)	0.124 (0.191)	0.503 (0.413)	−0.350 (0.880)	0.442*** (0.107)	0.335 (0.459)
常数项	8.359*** (0.714)	8.389*** (0.726)	8.380*** (0.712)	7.684*** (0.917)	9.455*** (1.595)	7.291*** (2.607)	5.796*** (0.752)	4.991* (2.497)
N	1612	1612	1612	325	325	325	325	338
R^2	0.967	0.967	0.967	0.990	0.981	0.896	0.975	0.984

（二）开发区基础设施异质性稳健性检验

附表9　开发区基础设施差异 – 火车站

变量	(1) 0～20%	(2) 20%～40%	(3) 40%～60%	(4) 60%～80%	(5) 80%～100%
upgrade	0.081*** (0.020)	0.180** (0.090)	0.121** (0.047)	0.037* (0.019)	0.068 (0.048)
num_pdz	0.012** (0.005)	−0.034*** (0.013)	0.001 (0.006)	−0.005 (0.005)	−0.023 (0.023)
secon	1.245*** (0.234)	3.912*** (1.226)	2.723*** (0.519)	2.096*** (0.567)	2.599*** (0.820)
Ln$fiscal$	0.141*** (0.047)	−1.140 (0.737)	0.304 (0.265)	−0.016 (0.047)	0.115 (0.145)
Ln$fina$	0.099** (0.042)	0.476*** (0.119)	0.156** (0.062)	0.376*** (0.045)	0.238** (0.105)
Lnstu	−0.004 (0.021)	−0.030 (0.024)	−0.012 (0.027)	0.008 (0.030)	−0.179 (0.114)
Lnpop	0.412* (0.217)	−0.367** (0.174)	0.016 (0.083)	0.608*** (0.171)	−0.071 (0.310)
常数项	8.611*** (0.901)	11.454*** (3.832)	4.858*** (1.458)	7.396*** (0.932)	6.144*** (1.037)
N	234	221	221	195	234
R^2	0.996	0.900	0.958	0.995	0.980

注：与文章表7 Panel A对应。

附表 10　　　　　　　开发区基础设施差异——高速公路

变量	(1) 0～20%	(2) 20%～40%	(3) 40%～60%	(4) 60%～80%	(5) 80%～100%
upgrade	0.043* (0.025)	0.049** (0.021)	0.161** (0.073)	0.047* (0.026)	0.040* (0.022)
num_pdz	−0.002 (0.010)	−0.006 (0.006)	0.024* (0.012)	−0.014 (0.008)	−0.007** (0.003)
secon	1.000** (0.413)	1.328*** (0.265)	1.722 (1.046)	0.543 (0.481)	1.486*** (0.233)
Lnfiscal	0.309*** (0.081)	0.180** (0.075)	0.140 (0.417)	0.225* (0.120)	0.221*** (0.039)
Lnfina	0.096 (0.092)	−0.046 (0.070)	0.507 (0.373)	0.026 (0.107)	0.166*** (0.040)
Lnstu	−0.007 (0.041)	−0.049 (0.036)	0.034 (0.061)	0.008 (0.037)	−0.012 (0.018)
Lnpop	0.191** (0.090)	0.917*** (0.259)	0.866 (0.869)	0.277 (0.698)	0.552* (0.273)
常数项	6.971*** (0.661)	11.657*** (1.120)	5.937** (2.467)	8.731** (3.266)	7.963*** (1.299)
N	273	312	312	182	338
R^2	0.985	0.984	0.868	0.995	0.996

注：与文章表7 Panel B对应。

（三）开发区政府效率异质性稳健性检验

附表 11　　　　　　　开发区政府效率异质性

变量	(1) 0～20%	(2) 20%～40%	(3) 40%～60%	(4) 60%～80%	(5) 80%～100%
upgrade	0.070*** (0.024)	0.095** (0.034)	0.087*** (0.031)	0.041 (0.024)	0.029 (0.024)
num_pdz	−0.003 (0.004)	0.006 (0.009)	−0.004 (0.008)	−0.009** (0.003)	−0.000 (0.004)
secon	1.495*** (0.352)	2.869*** (1.008)	1.080*** (0.264)	1.500*** (0.204)	0.890* (0.458)
Lnfiscal	0.158** (0.073)	−0.594 (0.508)	0.200** (0.095)	0.175 (0.120)	0.500*** (0.135)
Lnfina	0.002 (0.069)	0.149 (0.169)	0.388*** (0.138)	0.171** (0.063)	0.186** (0.079)
Lnstu	0.001 (0.022)	−0.013 (0.022)	−0.101** (0.047)	−0.015 (0.022)	−0.061 (0.061)

续表

变量	(1) 0～20%	(2) 20%～40%	(3) 40%～60%	(4) 60%～80%	(5) 80%～100%
Ln*pop*	0.923* (0.484)	0.070 (0.607)	1.020** (0.440)	−0.253 (0.214)	0.471*** (0.085)
常数项	11.249*** (1.662)	12.037*** (3.857)	8.351*** (1.583)	5.562*** (1.021)	5.877*** (0.674)
N	325	338	325	325	325
R^2	0.985	0.895	0.982	0.988	0.975

注：与文章表8对应。

（四）开发区发展水平异质性稳健性检验

附表12　开发区发展水平异质性

变量	工业增加值密度				地区生产总值密度			
	低密度		高密度		低密度		高密度	
	(1)	(2)	(3)	(4)	(5)	(6)	(7)	(8)
upgrade	0.044*** (0.013)	0.043*** (0.014)	0.062*** (0.019)	0.060*** (0.020)	0.049*** (0.014)	0.048*** (0.014)	0.058*** (0.019)	0.056*** (0.020)
secon	1.259*** (0.179)	1.267*** (0.174)	1.786*** (0.414)	1.788*** (0.414)	1.267*** (0.169)	1.279*** (0.166)	1.800*** (0.415)	1.802*** (0.414)
Ln*fiscal*	0.379*** (0.082)	0.376*** (0.077)	−0.116 (0.219)	−0.117 (0.219)	0.354*** (0.073)	0.349*** (0.069)	−0.110 (0.225)	−0.111 (0.224)
Ln*fina*	0.198** (0.084)	0.197** (0.084)	0.236** (0.116)	0.237** (0.116)	0.219*** (0.081)	0.219*** (0.080)	0.217* (0.118)	0.218* (0.117)
Ln*stu*	−0.010 (0.024)	−0.011 (0.025)	−0.035 (0.030)	−0.035 (0.030)	−0.018 (0.027)	−0.019 (0.027)	−0.027 (0.028)	−0.027 (0.028)
Ln*pop*	0.355** (0.163)	0.361** (0.157)	−0.042 (0.159)	−0.033 (0.166)	0.365** (0.162)	0.373** (0.156)	−0.049 (0.161)	−0.042 (0.168)
num_pdz		−0.002 (0.004)		−0.003 (0.005)		−0.002 (0.004)		−0.002 (0.005)
常数项	5.782*** (1.549)	5.836*** (1.480)	7.881*** (0.375)	7.926*** (0.352)	5.825*** (1.384)	5.904*** (1.316)	7.981*** (0.368)	8.013*** (0.343)
N	806	806	832	832	806	806	832	832
R^2	0.986	0.986	0.934	0.934	0.987	0.987	0.930	0.930

注：与文章表9对应。

附录5：其他回归结果

附表13　　　　　　　　　　企业进入机制

变量	仅保留处理组样本		
	(4)	(5)	(6)
	Lnpgdp	enter_edz	Lnpgdp
upgrade	0.056*** (0.013)	0.430*** (0.029)	−0.023 (0.022)
enter_edz			0.153*** (0.045)
num_pdz	−0.000 (0.005)	0.009 (0.007)	−0.001 (0.004)
secon	1.506*** (0.386)	0.578* (0.327)	1.443*** (0.503)
Lnfiscal	−0.098 (0.184)	0.081 (0.054)	−0.242 (0.272)
Lnfina	0.255*** (0.089)	−0.017 (0.067)	0.280** (0.127)
Lnstu	−0.006 (0.019)	−0.001 (0.025)	−0.001 (0.018)
Lnpop	0.203 (0.211)	0.266* (0.157)	−0.045 (0.241)
常数项	8.405*** (0.743)	6.102*** (0.739)	7.395*** (0.534)
N	1612	1211	1211
R^2	0.967	0.980	0.960

注：对应表5的注释，本估计结果的中介变量企业进入enter_edz为开发区规模以上工业企业数。

政府会计监督如何影响盈余管理*
——基于财政部会计信息质量随机检查的准自然实验

柳光强 王迪

（中南财经政法大学会计学院/会计信息研究中心）

摘要：会计造假是经济社会发展中的顽疾，如何进行有效的政府监督一直是学界和实务界共同关注的焦点问题。科学严谨评估监督效果意义重大。本文手工提取1999—2017年财政部会计信息质量随机检查公告披露出的问题企业数据，基于财政部会计信息质量随机检查制度"双随机、一公开"的准自然实验，实证分析了政府会计监督对上市公司盈余管理的影响。研究发现：（1）财政部会计信息质量随机检查对上市公司应计盈余管理与真实盈余管理均有显著缓解作用；（2）对于检查公告中披露具体数据的公司和整改态度积极的公司，其盈余管理程度改善更多；（3）监管效果在产权性质不同的公司、处于市场化程度不同地区的公司、股权集中度不同的公司具有差异。本文的结论为完善政府会计监督制度提供了经验证据。

关键词：政府监督 会计监督 财政部会计信息质量随机检查 盈余管理

一、引言

会计信息作为企业管理和市场经济健康发展的基础，服务于内部决策者、外部投资者等利益相关者，是控制和监督经济运行的必要依据和手段。高质量的会计信息能够降低企业融资成本（Francis et al.，2005；McInnis，2010）、提高投资效率（Biddle et al.，2009）、提高资源配置效率（逯东等，2012），等等。但会计造假行为在不同发展阶段、不同国家中都一直存在，如2019年以来，我国资本市场相继曝光的康得新和康美药业等一系列会计造假案件造成了极其恶劣的影响。会计造假行为是经济社会发展中的顽疾，如何进行有效的政府监督一直是学

---

* 原载《管理世界》2021年第5期。

界和实务界共同关注的焦点问题。

我国政府会计监督采用了监督主体多元化的制度模式。现行会计法第七条规定:"国务院财政部门主管全国的会计工作。"第三十三条规定:"财政、审计、税务、人民银行、证券监管、保险监管等部门应当依照有关法律、行政法规规定的职责,对有关单位的会计资料实施监督检查。"各个监管部门之间通过文件会签、信息互通、设立议事协调机构等方式相互协调,但多部门从不同角度参与政府会计监督的制度安排,形成"谁都可以履行政府会计监督职能,谁都不能完全承担政府会计监督职责"的局面,既可能重复监管也会出现监管空白。因此,科学严谨评估监督效果意义重大。

在多元监督主体中,作为会计主管部门的财政部门,其履行政府会计监督职能的主要方式之一就是会计信息质量随机检查,但这一制度并未得到学术界的充分关注。现有关于政府会计监督的文献研究视角大多集中在审计监督(陈宋生等,2013;褚剑、方军雄,2016;褚剑、方军雄,2017;王兵等,2017)、证券监管(Chen et al.,2005;陈工孟、高宁,2005;朱锦余、高善生,2007;Firth et al.,2009;宋云玲等,2011;王兵等,2011;吴溪、张俊生,2014;刘星、陈西婵,2018)等,关于财政部门会计监督的文献都是规范研究且更加侧重于实务性探讨,鲜有学者研究财政部门会计监督的效果。财政部会计信息质量随机检查遵循"双随机、一公开"的制度,天然的外生性极大地缓解了内生性问题,这一独特的制度背景为我们评估监督效果提供了研究机会。本文基于财政部会计信息质量随机检查的证据,从盈余管理视角来检验政府会计监督效果,具有重要的理论意义和现实意义。

本文可能存在的创新点主要包括:第一,财政部会计信息质量随机检查遵循"双随机、一公开"的制度实施,天然的外生性极大地缓解了内生性问题,为研究会计监督提供了中国制度背景的独特证据。第二,丰富了政府会计监督效果和盈余管理影响因素的研究。现有关于政府会计监督的研究主要集中在审计部门、证券部门监管效果的检验,本文深入探讨了财政部门会计监督的效果和作用机制。虽然盈余管理影响因素的文献比较丰富,区别于已有研究(Lo et al.,2010;Chen et al.,2011;Chen and Zhang,2014;Irani and Oesch,2016),本文以财政部会计信息质量随机检查为切入点,从新的研究视角探讨了降低公司盈余管理程度的有效途径。第三,本文通过科学方法评估制度效果,研究结论为优化我国政府会计监督、更好地实现党的十九大报告中提出的"创新监管方式"和"防范重大风险"的要求提供经验证据。

本文的后续安排如下:第二部分为制度背景、文献回顾与假设提出;第三部分为研究设计;第四部分为实证结果分析;第五部分为结论与政策建议。

二、制度背景、文献回顾与假设提出

（一）制度背景

财政部会计信息质量随机检查由财政部统一组织安排，财政部驻各省、自治区、直辖市、计划单列市的财政监察专员办事处（现为监管局）以及地方各级财政部门，依据有关法律法规、以企业年度财务报告为载体、对企业会计信息质量进行全方位监督检查的一项制度。1999年至2017年，我国财政部门共进行了19次全国范围内的会计信息质量随机检查。财政部会计信息质量随机检查严格落实国务院"双随机、一公开"工作要求，建立市场主体名录库，制定、下发随机抽查事项清单和随机抽查工作细则，并向全社会公布，检查过程中统一归口管理、统一组织实施、统一规范程序、统一处理处罚。如中华人民共和国财政部会计信息质量检查公告（第三十九号）中提出"……按照'双随机、一公开'的要求，财政部组织专员办和部分地方财政厅（局）……"根据第三十九号会计信息质量检查公告披露的信息，2017年财政部组织专员办和地方财政厅（局）共检查了28968户企业及行政事业单位。

在预防和监督上市公司财务造假行为的众多监督机制中，财政部会计信息质量随机检查有其优势（邰进兴等，2009），具体体现在：第一，极强的预防性。证券机构监管一般是基于某些线索的事后检查、事后问责。基于"双随机、一公开"的制度安排，财政部会计信息质量随机检查能够在会计造假萌芽阶段发现问题，并对造假行为形成威慑力，有利于及时发现问题，防患于未然。第二，检查对象和检查内容的全面性。财政部会计信息质量随机检查的检查对象包括国有企业、民营企业、外资企业、行政事业单位等，并对会计师事务所进行延伸检查，全面提升会计信息质量。检查内容包含企业的会计核算和财务管理、内部控制、财税政策执行、薪酬管理等方面以及对会计师事务所执业质量等。专员办和地方财政部门合理分工，能够做到监管全覆盖，杜绝监管盲区和真空。第三，检查样本的随机性。该项工作由财政部统一组织，由财政部驻各地专员办以及地方各级财政部门具体组织实施，在抽查过程中严格遵循"双随机、一公开"制度，检查对象与执法人员全部随机确定，这为我们开展研究提供了一个天然的外生事件，极大地缓解了内生性问题。

（二）文献回顾

我国上市公司存在着较为严重的盈余管理现象（Chen and Yuan，2004；Yu et al.，2006），这些学者证明了中国上市公司为了获得 IPO 资格、发行新股或避免被摘牌而大幅提高盈利。关于盈余管理影响因素的研究已有许多，公司治理（Lo et al.，2010；Chen and Zhang，2014）、高管背景与个人特征（蔡春等，2015；Liu et al.，2016）、外部监管（Chen et al.，2011；Irani and Oesch，2016）、管理层激励（Jiang et al.，2010）等是目前研究的主要视角。高质量内部控制能够有效抑制公司应计盈余管理行为（范经华等，2013），存在内部控制缺陷的公司其盈余管理程度更高，缺陷得到修正之后，盈余管理程度会下降（叶建芳等，2012）。Chen 等（2011）研究发现我国国有企业和非国有企业的不同特征使得审计质量对盈余管理的影响存在差异。与国有企业相比，较高的审计质量将导致非国有企业盈余管理程度降低；当国有和非国有企业都聘用了高质量的审计师时，非国有企业的盈余管理水平下降幅度更大。于忠泊等（2011）从媒体关注角度发现大量的媒体关注给管理者带来了强大的市场压力，迫使其为了满足市场预期而进行基于应计项目的盈余管理，但是真实盈余管理行为却会减少。作为外部约束机制，税收征管对于抑制上市公司盈余管理具有较高的作用，这是因为高强度的税收征管提高了上市公司向上盈余管理的所得税成本（叶康涛、刘行，2011）。陈运森等（2019）以上市公司收到交易所财务报告问询函为研究对象，研究发现财务报告问询函能够抑制上市公司的盈余管理行为，公司收函次数越多，盈余管理降低程度越高。还有不少学者从监管制度因素角度出发，探讨了新会计准则（Ho et al.，2015）、融资融券制度（陈晖丽、刘峰，2014）、退市制度（许文静等，2018）、业绩考核制度（何威风等，2019）对盈余管理的影响。

我国早期的政府会计监督文献基本是定性分析。政府介入会计信息的监管既有优势也有缺陷，一方面能够弥补会计市场的缺陷，控制会计信息的经济后果（黄世忠等，2002）；另一方面可能导致政府行为的低效率、政府角色的冲突以及会计监督效率下降（吴水澎、毕秀玲，2002）。王海民（2001）认为，严格的监管是保证会计信息质量的关键因素之一，尤其是政府部门会计监督，因为政府在独立性和权威性方面具有其他会计监督者无法相比的优势。吴联生和王亚平（2003）构建了两阶段动态博弈模型，求解发现政府监督程度越高，惩罚力度越大，会计规则执行者的违规程度越低。随着我国资本市场的完善，监管是维护资本市场健康发展的重要手段之一，学者们开始利用一些公告和数据进行定量研究,很多学者关注审计部门监管、证券机构监管等制度。关于审计部门监管的研究,很多学者基于审计署公布的审计结果公告开展研究。陈宋生等(2013)以审计结果公告制度为切入点,利用审计署对央企审计的结果,实证检验了政府审计对公司盈余管理行为的影响。研究发现政府审计一方面能够有效降低央企盈余管理程度,另一方面也引起了资本市场的关注。此外,国家审计可以有效抑制国企高管在职消费(褚剑、方军雄,2016)、遏制腐败提升国企经营业绩(蔡利、马可哪呐,2014)、降低过度投资水平(王兵等,2017)以及缓解股价崩盘风险(褚剑、方军雄,2017)。在证券监管领域,我国学者早期大多关注的是"行政处罚性监管",有些学者研究发现证监会处罚公告和立案公告前后市场反应都为负(Chen et al.,2005;吴溪、张俊生,2014),证监会、省高级法院等监管机构的处罚具有一定的监管效力(Firth et al.,2009)。陈工孟和高宁(2005)研究发现公开谴责、警告和罚款会带来负的市场反应,而公开批评几乎对市场没有影响。然而,也有学者持相反观点,比如,宋云玲等(2011)基于强制性业绩预告制度,研究发现无论是与业绩预告相关的处罚还是其他违规相关的处罚对降低后续业绩预告违规都没有明显效果。王兵等(2011)研究发现被证监会行政处罚后,受罚事务所或CPA所审计的上市公司的操控性应计利润没有显著降低,会计盈余稳健性也没有显著提高。近几年我国交易所问询函逐渐增多,引起了学者的密切关注。比较具有代表性的是陈运森团队关于财务问询函的一系列研究,他们分别研究了问询函的市场反应(陈运森等,2018a)、对审计质量的影响(陈运森等,2018b)以及对企业盈余管理行为的影响(陈运森等,2019)。

学者们对我国财政部门开展的会计监督关注较少,财政部门会计监督的实证研究更为缺乏。从1951年以来,财政部一直是我国会计事务的最高权威管理部门,作为会计主管部门,其开展会计监管具有比较明显的优势,检查手段十分丰富,既可以对企事业单位直接监督,又可以对银行、税收及所有依法建账的单位进行监督(郐进兴等,2009)。郐进兴等(2009)对1999—2008年10年间的会计信息质量随机检查工作进行回顾与总结,通过数据分析表明会计信息质量随机检查有利于会计准则和制度的执行、会计信息质量的提升。近年来,随着检查的不断深入和经济体制的改革,会计信息质量随机检查的关注点也逐渐涵盖了被检查单位的内控制度、信息披露、内部管理等方面,由以惩处为目的变为帮助企业发现问题并进行改善。

综上所述,尚未有文献直接研究财政部门会计监督对盈余管理的影响,但部分研究在某种程度上反映了二者之间的关系。财政部会计信息质量随机检查是我国政府会计监督体系中的重要组成部分(郐进兴等,2009),对提升会计信息质量、促进会计准则和制度的执行发挥了积极作用,取得了一定的成果;对保持经济稳定、金融稳定和资本市场稳定具有重要的现实意义。本文基于财政部会计信息质量随机检查的证据,首次运用实证方法深入分析了财政部门会计监督如何影响企业盈余管理行为,这也是本文的主要贡献之一。

(三)假设提出

为提高会计信息质量,我国实施强制性会计制度。根据会计法规定,财政部主管全国的会计工作,各级人民政府财政部门管理本行政区域内的会计工作。具体来说,由财政部制定并发布面向全国所有企业的强制会计准则,并对企业执行会计准则的情况进行监督检查。

一方面,强制会计准则是对企业进行会计监督的强有力的工具。我国1992年首次发布《企业会计准则——基本准则》,此后不断修订并逐步建立了完善的会计准则制度。多数研究通常认为不完善的会计准则是导致会计信息质量下降的主要因素。谢德仁(2000)提出导致我国会计信息质量不高的根本点在于我国会计规则制定权合约安排结构不均衡。吴联生(2003)建议,会计准则制定者准确把握会计域秩序,使会计规则执行人的违规行为带来的成本超过收益。会计准则作为法规体系,属于国家强制准则,企业必须执行。如果会计准则不具有强制性,将加大企业操纵报表以获取私利的动机。强制会计准则的实行、修订,强制会计准则制度的完善性、合理性对企业和公众而言是一个明显的信号,完善的会计准则将减少企业进行盈余操纵和违规的空间,给予企业以威慑。如果政府发布的会计准则制度较为完善,且在不断地根据新形势进行修订,表明政府对企业会计信息质量的重视程度高,那么考虑到相应的成本与风险,企业进行盈余管理的可能性会降低。同时,这也对社会公众释放信号,完善的强制会计准则制度将提高公众对市场上会计信息的信赖度,增加了对上市公司的关注度,换言之,增加了公众这一外部群体的监督作用。因此,企业的盈余管理行为会得到抑制。

另一方面,作为强制会计准则的补充,会计信息质量随机检查制度同样对企业起到了监督作用。学者普遍认为会计信息监管能够有效地解决会计信息失真问题,提高会计信息质量(王海民,2001;吴联生、王亚平,2003)。财政部会计信息质量随机检查是我国政府会计监督体系中的重要组成部分(邹进兴等,2009),对保持经济稳定、金融稳定和资本市场稳定具有重要的现实意义。首先,根据法律不完备理论,在法律不完善的情况下,引入监管机构的监管能够对微观市场违规行为进行有力的约束。其次,企业在日常经营活动中,出于自身利益考虑会出现不良会计行为(Hou et al.,2015),可能公司管理当局为谋求私利进行盈余管理(Schipper,1989)。如果被抽查到,不仅必须纠正不良行为,企业及其负责人更要受到处罚，由此会改变企业的决策和行为。因而，对于被抽查到的企业来说，意味着抽查之前的不良行为不仅会被纠正还会受到处罚，那么这些企业在经过处罚之后便会变得十分谨慎、小心，积极主动去纠正被查出的甚至未被查出的不良行为，以应对可能的"回头看"，以提高会计信息质量。此外，监管机构的监管往往具有溢出效应（Brown et al.，2018），财政部会计信息质量随机检查结果的发布还可能引发或强化媒体、证券分析师、公众等市场参与者的治理作用（Bozanic et al.，2017），那么备受关注的被检查企业其盈余管理行为必然会减少。基于以上分析，本文提出以下假设。

假设：财政部会计信息质量随机检查能够有效抑制企业盈余管理行为。

三、研究设计

（一）样本选择与数据来源

基于数据的可得性，本文以1999年至2017年财政部会计信息质量随机检查中公布的A股非金融类问题上市公司为研究样本。我们逐份阅读财政部会计信息质量随机检查公告1~39号文件，并手工整理出被检查的上市公司。剔除金融类公司、检查年度早于上市年度的公司、同一家公司多次被检查则保留第一次检查的结果，最后得到了240家公司。在此基础上，剔除总资产小于0、资产负债率大于1、数据缺失的样本。为避免异常值的影响，本文对所有连续变量进行了1%分位和99%分位的Winsorize处理。本文财务数据均来自CSMAR数据库和WIND数据库，会计信息质量随机检查公告来自财政部网站。

（二）模型设计与变量定义

为了获得财政部会计信息质量随机检查对上市公司盈余管理的净效应，采用双重差分模型来检验财政部门会计监督的成效，具体模型设定如下：

$$EM_{it}=\beta_0+\beta_1 Treat_i \times Audit_{it}+\gamma \times Controls_{it}+\mu_i+\tau_t+\varepsilon_{it} \qquad (1)$$

EM用两个指标衡量，应计盈余管理AbsDA和真实盈余管理AbsREM。其中，AbsDA是可操纵性应计利润的绝对值，AbsREM是真实盈余管理的绝对值。同时，DA和REM分别表示可操纵性应计利润和真实盈余管理的原值。检查虚拟变量（Audit），上市公司被财政部门检查当年以及随后的年份取1，之前取0；实验组虚拟变量（Treat），上市公司为检查发现问题的企业取1，未被检查的上市公司为控制组则取0。Treat×Audit为检查虚拟变量（Audit）与实验组虚拟变量（Treat）

的交互项，其系数用于度量财政部会计信息质量随机检查对盈余管理的净效应。除此之外，我们还借鉴叶青等（2012）、罗勇根等（2018）的研究，加入以下控制变量（Controls）：公司规模（Size），以总资产的自然对数衡量；上市年限（Age），用"当年年份-上市年份+1"来计算；偿债能力（Lev），即年末总负债与总资产的比值；成长性（Growth），以主营业务收入增长率表示；股权集中度（Top10），前十大股东持股比例之和；营运能力（Tato），以总资产周转率表示；产权性质（SOE），若企业为国有企业取1，否则取0；盈亏情况（Loss），若当年净利润小于0，Loss取1，否则取0。同时，为了缓解遗漏变量等造成的内生性问题，在回归中控制公司固定效应（μ）与年度固定效应（τ），回归在公司层面进行聚类。变量定义表如表1所示。

表1　　　　　　　　　变量定义表

变量类型	变量名	变量符号	定义
被解释变量	应计盈余管理	DA	利用修正的琼斯模型（Dechow et al., 1995）计算出的可操纵性应计利润
	真实盈余管理	REM	AbPROD-AbCFO-AbDISEXP
解释变量	检查虚拟变量	Audit	上市公司被财政部门检查当年以及随后的年份取1，之前取0
	实验组虚拟变量	Treat	上市公司为检查发现问题的企业取1，上市公司为控制组则取0
控制变量	公司规模	Size	年末总资产的自然对数
	上市年限	Age	当年年份-上市年份+1
	偿债能力	Lev	年末总负债与总资产的比值
	成长性	Growth	主营业务收入增长率
	股权集中度	Top10	前十大股东持股比例之和
	营运能力	Tato	总资产周转率
	产权性质	SOE	企业为国有企业取1，否则取0
	盈亏情况	Loss	若当年净利润小于0，Loss取1，否则取0

借鉴王福胜等（2014）的研究，我们采用应计盈余管理和真实盈余管理两个指标度量公司的盈余管理程度。首先进行应计盈余管理水平的计算，我们采用修正的琼斯模型（Dechow et al., 1995）衡量，估计模型如下列所示：

$$\frac{TA_{it}}{A_{it-1}} = \beta_0 \frac{1}{A_{it-1}} + \beta_1 \frac{\Delta REV_{it}}{A_{it-1}} + \beta_2 \frac{PPE_{it}}{A_{it-1}} + \varepsilon_{it} \qquad (2)$$

$$\frac{TA_{it}}{A_{it-1}} = \beta_0 \frac{1}{A_{it-1}} + \beta_1 \frac{\Delta REV_{it} - \Delta REC_{it}}{A_{it-1}} + \beta_2 \frac{PPE_{it}}{A_{it-1}} + \varepsilon_{it} \qquad (3)$$

其中，TA_{it}是公司第t年的总应计利润，A_{it-1}是公司第$t-1$年的总资产，ΔREV_{it}是公司第t年的营业收入增加额，ΔREC_{it}是公司第t年的应收账款增加额，

PPE_{it} 是公司第 t 年的固定资产总额。对模型（2）分行业分年度回归，将估计出来的回归系数代入模型（3），公司所属行业，是按照中国证监会所制定的行业分类标准，将按照非制造业一级行业代码、制造业二级行业代码分类。模型（3）ε_{it} 表示可操纵性应计利润 DA_{it}，来度量公司的应计盈余管理水平。

真实盈余管理包括销售操控（如提供异常的价格折扣或放宽信用条件）、生产操控（过度生产）和费用操控（削减当期合理的费用支出）。借鉴 Roychowdhury（2006）的方法，首先通过对真实盈余管理的度量模型分年度分行业估计公司的正常经营现金净流量、正常生产成本、正常酌量性费用；然后分别用公司当年实际经营现金净流量、实际生产成本和实际酌量性费用减去估计出的正常值，由此得到异常经营现金净流量（$AbCFO$）、异常生产成本（$AbPROD$）和异常酌量性费用（$AbDISEXP$）。正常值估计模型如下：

$$CFO_{it}/A_{it-1}=\alpha_0+\alpha_1(1/A_{it-1})+\beta_1(S_{it}/A_{it-1})+\beta_2(\Delta S_{it}/A_{it-1})+\varepsilon_{it} \quad (4)$$

$$PROD_{it}/A_{it-1}=\alpha_0+\alpha_1(1/A_{it-1})+\beta_1(S_{it}/A_{it-1})+\beta_2(\Delta S_{it}/A_{it-1})+\beta_3(\Delta S_{it-1}/A_{it-1})+\varepsilon_{it} \quad (5)$$

$$DISEXP_{it}/A_{it-1}=\alpha_0+\alpha_1(1/A_{it-1})+\beta_1(S_{it-1}/A_{it-1})+\varepsilon_{it} \quad (6)$$

其中，S_{it-1} 是公司 i 第 $t-1$ 年的营业收入变化，它等于第 $t-1$ 年营业收入 S_{it-1} 与第 $t-2$ 年营业收入 S_{it-2} 的差额。分年度分行业对模型（4）、模型（5）和模型（6）进行估计，其残差分别为当年的异常经营现金净流量（$AbCFO$）、异常生产成本（$AbPROD$）和异常酌量性费用（$AbDISEXP$）。真实盈余管理会导致当年异常低的经营现金净流量、异常低的酌量性费用和异常高的生产成本。考虑到公司可能同时使用这三种手段，因而设定度量真实盈余管理的总量指标如下所示，REM 的正负代表盈余操控的方向。

$$REM_{it}=AbPROD_{it}+(-1)\times AbCFO_{it}+(-1)\times AbDISEXP_{it} \quad (7)$$

四、实证结果分析

（一）描述性统计

表 2 为本文各变量的描述性统计结果。由表 2 可知，$Treat$ 的均值是 0.049，表示被检查组样本点占观测值的 4.9%。应计盈余管理（DA）以及真实盈余管理（REM）均在 0 附近波动，标准差分别为 0.084 和 0.184，虽然最小值均小于 0，但两者均值均大于 0，说明在样本期间，上市公司既存在向上也存在向下的盈余管理的情况，而向上的盈余管理程度更高。其他变量取值与学者们的研究大体一致。

表 2　　各变量的描述性统计

变量名称	观测数量	均值	标准差	最小值	下四分位数	中位数	上四分位数	最大值
$Treat$	28488	0.049	0.216	0	0	0	0	1
$Audit$	28488	0.030	0.171	0	0	0	0	1
$Treat\_Audit$	28488	0.030	0.171	0	0	0	0	1
DA	28488	0.007	0.084	−0.245	−0.037	0.006	0.048	0.282
REM	28488	0.001	0.184	−0.608	−0.090	0.009	0.103	0.524
$Size$	28488	21.978	1.298	14.937	21.088	21.828	22.696	28.509
$Listage$	28488	11.073	6.110	2	6	10	16	30
Lev	28488	0.464	0.204	0.051	0.309	0.467	0.618	0.912
$Growth$	28488	0.203	0.521	−0.631	−0.022	0.116	0.289	3.541
$Tato$	28488	0.633	0.449	0.055	0.336	0.528	0.790	2.568
$Top10$	28488	0.569	0.150	0.223	0.465	0.577	0.678	0.926
SOE	28488	0.495	0.500	0	0	0	1	1
$Loss$	28488	0.113	0.317	0	0	0	0	1

（二）基本分析

1. 财政部会计信息质量随机检查与盈余管理

表3报告了财政部会计信息质量随机检查与盈余管理的回归结果。第（1）～（6）列的被解释变量是应计盈余管理，第（7）～（12）列的被解释变量是真实盈余管理。其中，奇数列只控制了年度固定效应和公司固定效应，偶数列还控制了公司规模、财务杠杆、产权性质等影响因素。从（2）（4）（6）列可以看出，$Treat\_Audit$ 与 $AbsDA$、正 DA 在 1% 或 5% 水平下显著负相关，与负 DA 在 5% 水平下显著正相关，意味着相对于非检查组，检查组的应计盈余管理程度、向上操纵性应计盈余、向下操纵性应计盈余都明显下降。从（8）（12）列可以看出，$Treat\_Audit$ 与 $AbsREM$ 在 1% 水平下显著负相关，与负 REM 在 5% 水平下显著正相关，意味着相对于非检查组，检查组的真实盈余管理程度和向下真实盈余管理都明显下降。由此可知，财政部会计信息质量随机检查对企业的应计盈余管理和真实盈余管理都有所遏制，真实盈余管理遏制程度更高，这也在一定程度上说明随着会计准则的日趋完善和资本市场监管的加强，应计盈余管理的空间受到了限制，越来越多的公司转向真实盈余管理，假设得以验证。

2. 财政部会计信息质量随机检查的细分特征与盈余管理

为了进一步研究财政部会计信息质量随机检查细分特征对盈余管理的影响，

表3 财政部会计信息质量随机检查与盈余管理

变量名称	应计盈余管理						真实盈余管理					
	(1)	(2)	(3)	(4)	(5)	(6)	(7)	(8)	(9)	(10)	(11)	(12)
	AbsDA	AbsDA	正DA	正DA	负DA	负DA	AbsREM	AbsREM	正REM	正REM	负REM	负REM
Treat_Audit	-0.015*** (-3.787)	-0.013*** (-3.349)	-0.017*** (-2.781)	-0.015** (-2.540)	0.012** (2.186)	0.010** (1.990)	-0.027*** (-3.564)	-0.023*** (-3.157)	-0.013 (-1.327)	-0.012 (-1.209)	0.034*** (2.850)	0.028** (2.531)
Controls	No	YES	No	YES	No	YES	No	YES	No	YES	No	YES
Constant	0.055*** (23.573)	0.138*** (6.044)	0.055*** (15.702)	0.069** (1.978)	-0.055*** (-15.150)	-0.204*** (-6.864)	0.103*** (21.928)	0.074 (1.615)	0.097*** (15.130)	0.087 (1.564)	-0.120*** (-17.505)	-0.180** (-2.464)
Year FE	YES	YES	YES	YES	YES	YES	YES	YES	YES	YES	YES	YES
Firm FE	YES	YES	YES	YES	YES	YES	YES	YES	YES	YES	YES	YES
Observations	28488	28488	15334	15334	13154	13154	28488	28488	14971	14971	13517	13517
Adj_R²	0.147	0.177	0.179	0.195	0.142	0.231	0.356	0.388	0.302	0.317	0.455	0.516

注：括号内显示t统计量的值；*、**和***分别表示在10%、5%和1%的水平下显著；回归分析时采用异方差修正且聚类在公司层面的稳健标准误。

表 4 财政部会计信息质量随机检查的细分特征与盈余管理：是否披露数据

变量名称	披露数据						未披露数据					
	AbsDA	正 DA	负 DA	AbsREM	正 REM	负 REM	AbsDA	正 DA	负 DA	AbsREM	正 REM	负 REM
Treat_Audit	-0.014***	-0.015**	0.011**	-0.021***	-0.010	0.026**	-0.004	-0.014	-0.000	-0.053	-0.059	0.046
	(-3.324)	(-2.450)	(2.042)	(-2.815)	(-1.006)	(2.230)	(-0.417)	(-0.690)	(-0.028)	(-1.626)	(-0.781)	(1.320)
Controls	YES	YES	YES	YES	YES	YES	YES	YES	YES	YES	YES	YES
Constant	0.138***	0.069**	-0.204***	0.074	0.088	-0.180**	0.141***	0.072**	-0.207***	0.079*	0.101*	-0.167**
	(6.030)	(1.979)	(-6.865)	(1.616)	(1.569)	(-2.460)	(6.134)	(2.048)	(-6.928)	(1.704)	(1.795)	(-2.265)
Year FE	YES	YES	YES	YES	YES	YES	YES	YES	YES	YES	YES	YES
Firm FE	YES	YES	YES	YES	YES	YES	YES	YES	YES	YES	YES	YES
Observations	28397	15288	13109	28397	14941	13456	27180	14618	12562	27180	14320	12860
Adj_R^2	0.177	0.195	0.231	0.388	0.317	0.516	0.174	0.190	0.231	0.378	0.308	0.508

注：括号内显示 t 统计量的值；*、** 和 *** 分别表示在 10%、5% 和 1% 的水平下显著；回归分析时采用异方差修正且聚类在公司层面的稳健标准误。

表 5　财政部会计信息质量随机检查的细分特征与盈余管理：有无纳税问题

变量名称	有纳税问题						无纳税问题					
	AbsDA	正 DA	负 DA	AbsREM	正 REM	负 REM	AbsDA	正 DA	负 DA	AbsREM	正 REM	负 REM
Treat_Audit	-0.012**	-0.014	0.012*	-0.021**	-0.025	0.017	-0.014***	-0.016**	0.008	-0.025**	0.003	0.042**
	(-2.175)	(-1.629)	(1.806)	(-2.264)	(-1.618)	(1.431)	(-2.673)	(-2.092)	(0.994)	(-2.236)	(0.237)	(2.199)
Controls	YES	YES	YES	YES	YES	YES	YES	YES	YES	YES	YES	YES
Constant	0.138***	0.068*	-0.202***	0.072	0.092	-0.168**	0.142***	0.072**	-0.209***	0.081*	0.096*	-0.179**
	(5.978)	(1.955)	(-6.769)	(1.567)	(1.635)	(-2.280)	(6.191)	(2.072)	(-7.021)	(1.747)	(1.712)	(-2.442)
Year FE	YES	YES	YES	YES	YES	YES	YES	YES	YES	YES	YES	YES
Firm FE	YES	YES	YES	YES	YES	YES	YES	YES	YES	YES	YES	YES
Observations	27897	15001	12896	27897	14664	13233	27680	14905	12775	27680	14597	13083
Adj_R^2	0.175	0.192	0.230	0.383	0.307	0.515	0.176	0.194	0.231	0.382	0.317	0.509

注：括号内显示 t 统计量的值；*、**和***分别表示在10%、5%和1%的水平下显著；回归分析时采用异方差修正且聚类在公司层面的稳健标准误。

表 6 财政部会计信息质量随机检查的细分特征与盈余管理：整改积极性

变量名称	已经整改						正在整改					
	AbsDA	正 DA	负 DA	AbsREM	正 REM	负 REM	AbsDA	正 DA	负 DA	AbsREM	正 REM	负 REM
Treat_Audit	-0.013***	-0.016**	0.012**	-0.024***	-0.010	0.031***	-0.010	-0.009	-0.001	-0.020	-0.025	0.000
	(-3.326)	(-2.479)	(2.131)	(-3.046)	(-0.969)	(2.607)	(-0.836)	(-0.593)	(-0.115)	(-0.936)	(-0.780)	(0.011)
Controls	YES	YES	YES	YES	YES	YES	YES	YES	YES	YES	YES	YES
Constant	0.139***	0.069**	-0.206***	0.076*	0.088	-0.181**	0.140***	0.071**	-0.205***	0.077*	0.100*	-0.165**
	(6.084)	(1.986)	(-6.906)	(1.659)	(1.582)	(-2.474)	(6.081)	(2.039)	(-6.876)	(1.652)	(1.778)	(-2.242)
Year FE	YES	YES	YES	YES	YES	YES	YES	YES	YES	YES	YES	YES
Firm FE	YES	YES	YES	YES	YES	YES	YES	YES	YES	YES	YES	YES
Observations	28307	15246	13061	28307	14869	13438	27270	14660	12610	27270	14392	12878
Adj_R^2	0.176	0.194	0.230	0.388	0.317	0.516	0.174	0.192	0.232	0.377	0.308	0.508

注：括号内显示 t 统计量的值；*、**和***分别表示在10%、5%和1%的水平下显著；回归分析时采用异方差修正且聚类在公司层面的稳健标准误。

我们按照公司的检查结果公告时是否披露具体的违规数据来分组，如果没有披露违规数据在一定程度上说明该公司的违规问题可能不严重，那么其会计信息质量提升情况没有披露具体数据的公司明显。其次，我们按照被检查公司是否有纳税问题进行分组，若有，则会影响公司在投资者与公众前的形象与声誉，为了弥补这一缺陷，其盈余管理程度可能会降低。另外，我们按照被检查公司应对态度与积极性来分组，公司已经整改完毕的为一组，公司正在整改中的为一组。

(1) 按照是否披露具体违规数据分组。表4报告了按照是否披露具体违规数据分组的回归结果。对于披露数据组，Treat_Audit 与 AbsDA、正 DA、AbsREM 在1%或5%水平下显著负相关，与负 DA、负 REM 在5%水平下显著正相关，意味着相对于非检查组，检查组的应计盈余管理程度和真实盈余管理程度都有显著下降。对于未披露数据组，Treat_Audit 与应计盈余管理和真实盈余管理在统计上均不显著。由此可知，财政部会计信息质量随机检查在披露数据组的公司发挥着重要作用，这些公司接受检查之后盈余管理程度改善更大，会计信息质量提高得更多。一方面，检查公告中披露出具体数据的公司存在的问题更严重，因而这些问题公司盈余管理改善空间更大；另一方面，对于未被披露数据的公司来说，他们的问题严重程度可能较弱，再加上未被财政部门披露具体问题，使得会计信息质量随机检查对这些公司的震慑力更小，因此盈余管理程度改善很少。

(2) 按照有无纳税问题分组。表5报告了按照有无纳税问题分组的回归结果。无论是有纳税问题组还是无纳税问题组，财政部会计信息质量随机检查对改善应计盈余管理和真实盈余管理都有效果。具体而言，对于存在纳税问题组，Treat_Audit 与 AbsDA、AbsREM 在5%水平下显著负相关，与负 DA 在10%水平下显著正相关，意味着相对于非检查组，检查组的应计盈余管理程度、真实盈余管理程度、向下操纵性应计盈余都得到了显著缓解。对于无纳税问题组，Treat_Audit 与 AbsDA、正 DA、AbsREM 在1%或5%水平下显著负相关，与负 REM 在10%水平下显著正相关，意味着相对于非检查组，检查组的应计盈余管理程度、向上操纵性应计盈余、真实盈余管理程度和向下真实盈余管理均有不同程度的改善。由此可以看出，存在纳税问题的公司其在被检查之后向下操纵性应计盈余更少，没有纳税问题的公司其在被检查之后向上操纵性应计盈余和向下真实盈余管理改善较多。

(3) 按照整改积极性分组。表6报告了按照整改积极性分组的回归结果。对于已经整改组，Treat_Audit 与 AbsDA、正 DA、AbsREM 在1%或5%水平下显著负相关，与负 DA、负 REM 在1%或5%水平下显著正相关，意味着相对于非检组，检查组的应计盈余管理程度和真实盈余管理程度都有显著下降。对于正在整改组，Treat_Audit 与应计盈余管理和真实盈余管理在统计上均不显著。由此可知，财政部会计信息质量随机检查在已经整改组的公司发挥着重要作用，这些公司接受检查之后整改态度更加积极，更加配合检查工作，盈余管理程度改善更多，会计信息质量提高得更多。显然，整改积极性高的企业更加重视会计信息质量随机检查。

（三）稳健性检验

1. 平行趋势检验

采用 DID 方法的前提就是平行趋势假定，即检查组和控制组在检查前各年度盈余管理程度趋势应该一致。为了验证平行趋势是否满足，参考已有研究（Beck et al., 2010），对于政策发生在不同时期的多期 DID 平行趋势检验方法，构建如下模型：

$$EM = \beta_0 + \beta_1 treat\_year\_before3 + \beta_2 treat\_year\_before2 + \beta_3 treat\_year\_before1$$
$$+ \beta_4 treat\_year\_current + \beta_5 treat\_year\_after1 + \beta_6 treat\_year\_after2$$
$$+ \beta_7 treat\_year\_after3 + \sum_j \beta_j Controls + Fixed\ Effects + \varepsilon$$

其中，$treat\_year\_before3$、$treat\_year\_before2$、$treat\_year\_before1$ 分别表示检查前三年、两年、一年；$treat\_year\_current$ 表示检查当年；$treat\_year\_after1$、$treat\_year\_after2$、$treat\_year\_after3$ 分别表示检查后一年、二年、三年。

表 7 和图 1、图 2 报告了平行趋势检验结果。从表 7 可以看出，公司检查前 3 年的回归系数是不显著的，而在公司检查后 3 年中系数变成显著并且显著性逐渐增强。从图 1、图 2 可以看出，在检查前两年的时间都集中在 0 附近，95% 的置信区间也包含 0，因此说明这个系数是不显著的，也就是平行趋势检验通过。而从检查后 3 年的结果可以看出会计信息质量随机检查是有效果的，能够遏制企业盈余管理行为。

表 7　　　　　　　　　　　　平行趋势检验

变量名称	应计盈余管理			真实盈余管理		
	AbsDA	正 *DA*	负 *DA*	*AbsREM*	正 *REM*	负 *REM*
*treat_year_before*3	0.002 (0.361)	−0.004 (−0.469)	−0.009 (−1.215)	0.010 (0.926)	0.004 (0.246)	−0.015 (−1.047)
*treat_year_before*2	0.004 (0.740)	0.001 (0.068)	−0.009 (−1.233)	0.012 (0.995)	0.020 (1.223)	0.008 (0.533)
*treat_year_before*1	0.006 (1.059)	0.014* (1.816)	0.002 (0.214)	0.009 (0.843)	0.007 (0.423)	−0.011 (−0.851)
treat_year_current	−0.005 (−1.174)	−0.007 (−1.161)	0.006 (0.991)	0.004 (0.418)	0.001 (0.082)	−0.004 (−0.322)
*treat_year_after*1	−0.008* (−1.916)	−0.012* (−1.820)	0.004 (0.679)	−0.013 (−1.427)	−0.001 (−0.115)	0.020 (1.581)
*treat_year_after*2	−0.007* (−1.807)	−0.010* (−1.708)	0.004 (0.721)	−0.005 (−0.572)	0.002 (0.178)	0.006 (0.468)

续表

变量名称	应计盈余管理			真实盈余管理		
	AbsDA	正 *DA*	负 *DA*	*AbsREM*	正 *REM*	负 *REM*
*treat_year_after*3	−0.013*** (−3.627)	−0.014*** (−2.659)	0.011** (2.217)	−0.021** (−2.561)	−0.017* (−1.778)	0.027* (1.957)
Controls	YES	YES	YES	YES	YES	YES
Constant	0.143*** (6.430)	0.070** (2.102)	−0.205*** (−7.480)	0.090** (2.039)	0.074 (1.405)	−0.215*** (−3.129)
Year FE	YES	YES	YES	YES	YES	YES
Firm FE	YES	YES	YES	YES	YES	YES
Observations	30277	16224	14053	30277	15845	14432
Adj_R^2	0.176	0.193	0.232	0.380	0.314	0.507

注：括号内显示 t 统计量的值；*、**和***分别表示在10%、5%和1%的水平下显著；回归分析时采用异方差修正且聚类在公司层面的稳健标准误。

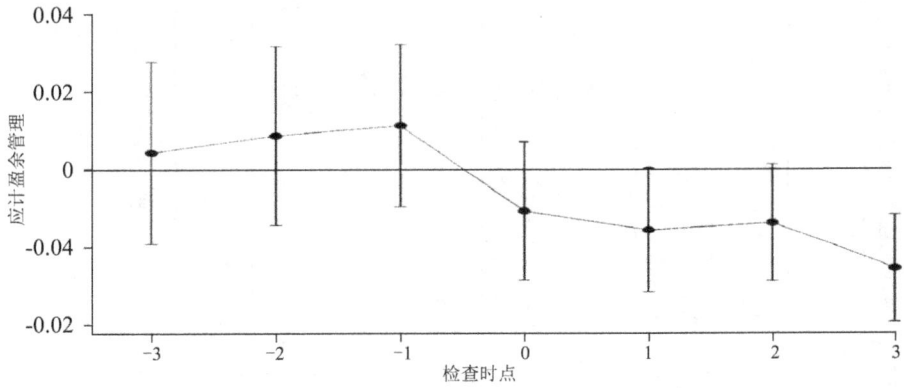

图 1 平行趋势检验：应计盈余管理

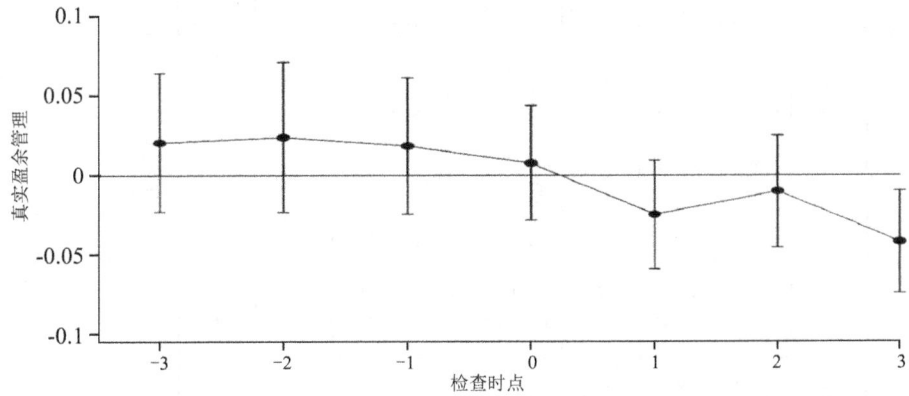

图 2 平行趋势检验：真实盈余管理

表 8　财政部会计信息质量随机检查与盈余管理：反事实检验

变量名称	检查年份提前 3 年						检查年份提前 4 年					
	AbsDA	正 DA	负 DA	AbsREM	正 REM	负 REM	AbsDA	正 DA	负 DA	AbsREM	正 REM	负 REM
Treat_Audit	0.001 (0.141)	0.002 (0.218)	0.004 (0.761)	-0.004 (-0.343)	0.001 (0.080)	0.010 (0.804)	0.002 (0.334)	0.011 (1.244)	0.007 (1.264)	-0.008 (-0.795)	0.006 (0.403)	0.018 (1.337)
Controls	YES	YES	YES	YES	YES	YES	YES	YES	YES	YES	YES	YES
Constant	0.137*** (5.955)	0.061* (1.742)	-0.208*** (-6.991)	0.077* (1.667)	0.081 (1.443)	-0.191*** (-2.619)	0.134*** (5.816)	0.061* (1.747)	-0.205*** (-6.868)	0.077* (1.663)	0.082 (1.450)	-0.189*** (-2.581)
Year FE	YES	YES	YES	YES	YES	YES	YES	YES	YES	YES	YES	YES
Firm FE	YES	YES	YES	YES	YES	YES	YES	YES	YES	YES	YES	YES
Observations	28260	15178	13082	28260	14831	13429	28176	15123	13053	28176	14784	13392
Adj_R^2	0.176	0.193	0.232	0.384	0.310	0.515	0.175	0.192	0.231	0.382	0.308	0.514

注：括号内显示 t 统计量的值；*、**和***分别表示在10%、5%和1%的水平下显著；回归分析时采用异方差修正且聚类在公司层面的稳健标准误。

2. 安慰剂检验

为了排除其他政策或随机性因素对企业盈余管理的影响，我们参考已有研究（范子英、田彬彬，2013；刘瑞明、赵仁杰，2015），通过改变政策执行时间进行反事实检验。我们将被检查公司被检查的年份统一提前3年或4年重新回归，如果回归结果中 $Treat\_Audit$ 的系数不再显著，则说明企业盈余管理程度的减少是因为会计信息质量随机检查。表8报告了检查年份提前3年或4年的回归结果。各项检验表明，假想的检查时间并不显著，这从另一方面表明盈余管理减少不是由其他因素导致的，而是来自会计信息质量随机检查。

3. 替换被解释变量

为了增强前述回归结果的稳健性，本文用陆建桥模型（陆建桥，1999）代替修正的琼斯模型（Dechow et al.，1995）来计算应计盈余管理。回归结果如表9所示。可以看出，财政部会计信息质量随机检查与 $AbsDA$、$AbsREM$ 仍呈显著负相关，即财政部会计信息质量随机检查在降低公司盈余管理程度方面具有显著效果，仍能验证假设，表明前述研究结论是稳健的。

表9 财政部会计信息质量随机检查与盈余管理：替换被解释变量

变量名称	应计盈余管理			真实盈余管理		
	AbsDA	正 *DA*	负 *DA*	*AbsREM*	正 *REM*	负 *REM*
Treat_Audit	−0.010*** (−2.817)	−0.016*** (−2.815)	0.011** (2.393)	−0.021*** (−2.882)	−0.010 (−0.987)	0.026** (2.356)
Controls	YES	YES	YES	YES	YES	YES
Constant	0.114*** (5.051)	0.024 (0.716)	−0.206*** (−6.996)	0.079 (1.526)	0.060 (0.944)	−0.189** (−2.313)
Year FE	YES	YES	YES	YES	YES	YES
Firm FE	YES	YES	YES	YES	YES	YES
Observations	26917	13972	12945	26917	14065	12852
Adj_R^2	0.177	0.196	0.234	0.401	0.324	0.532

注：括号内显示 t 统计量的值；*、**和***分别表示在10%、5%和1%的水平下显著；回归分析时采用异方差修正且聚类在公司层面的稳健标准误。

（四）进一步分析

为了进一步了解财政部会计信息质量随机检查的具体效果，我们从产权性质、市场化程度、股权集中度三个角度进行分析，以深入探讨其对不同企业的异质性影响，为今后确定检查重点与方向提供数据支持。

1. 财政部会计信息质量随机检查、产权性质与盈余管理

部分学者已经证实了企业性质会影响企业的盈余管理，同时考虑到国有企业具有不同的行政级别（陈德球等，2011），中央国有企业和地方国有企业的决策与行为会因其经营目标、所受约束的不同而存在差异。因此，我们将样本按照产权性质划分为中央国有企业、地方国有企业与非国有企业三类，以探究产权性质在财政部门会计监督与盈余管理的关系中起到哪种影响。从表10的回归结果可以看出，财政部会计信息质量随机检查在地方国企和非国企中显示了较强的监督力度，其中，对于地方国企，$Treat\_Audit$ 与 $AbsDA$、正 DA、$AbsREM$ 在 1% 或 5% 水平下显著负相关，与负 DA、负 REM 在 10% 或 5% 水平下显著正相关，意味着相对于非检查组，检查组的应计盈余管理程度和真实盈余管理程度都有显著下降。对于非国企，$Treat\_Audit$ 与 $AbsDA$、正 DA 在 5% 或 10% 水平下显著负相关，意味着相对于非检查组，检查组的应计盈余管理程度有所缓解；$Treat\_Audit$ 与真实盈余管理指标在统计上不具有显著的相关关系。也就是说，财政部会计信息质量随机检查对地方国企和非国企均有震慑力，但是对中央国有企业的监督效果不明显，而且非国企中财政部会计信息质量随机检查主要降低应计盈余管理程度，对真实盈余管理的遏制作用不明显。这可能是因为中央国有企业体量巨大，在公司治理机制、管理体系、人才队伍建设等方面优势较为明显，政府作为国有资产出资人代表，有权利基于股东身份对国有企业的内部控制和风险管理进行监督，这种基于产权性质的所有权监督在中央国有企业体现得尤为明显（池国华等，2019）。

2. 财政部会计信息质量随机检查、市场化程度与盈余管理

我国各地的市场化进程不平衡，法律环境、治理环境以及政府监管都存在较大的差异（王小鲁等，2017）。对于市场化程度较高的地区，市场在社会资源的配置（包括会计信息）中发挥着主导作用，识别企业盈余管理行为并非难事，而且这些地区的法治制度更加完善，会计信息失真的企业将会面临较高的诉讼风险和成本。而在市场化程度较低的地区，依靠市场识别会计信息真伪相对困难，同时法治制度的不完备导致会计信息诉讼风险和成本也随之减少（刘永泽等，2013）。同时以往许多研究认为上市公司所处地区的市场化程度越高，盈余管理程度越低（李延喜等，2012；王亮亮等，2013）。因此，相对于高市场化程度的地区，低市场化程度地区上市公司进行盈余管理等行为的倾向和机会更大，同时经营决策活动受政府干预的可能性也更大，因此本文认为，相对于高市场化程度地区，财政部会计信息质量随机检查对盈余管理的遏制作用在市场化程度较低的地区更加明显。

表 10　财政部会计信息质量随机检查、产权性质与盈余管理

变量名称	中央国企						地方国企						非国企					
	AbsDA	正DA	负DA	AbsREM	正REM	负REM	AbsDA	正DA	负DA	AbsREM	正REM	负REM	AbsDA	正DA	负DA	AbsREM	正REM	负REM
Treat_Audit	0.003 (0.378)	0.004 (0.364)	-0.009 (-0.794)	-0.015 (-0.891)	-0.000 (-0.010)	0.020 (0.598)	-0.018*** (-3.047)	-0.019** (-2.215)	0.014* (1.839)	-0.039*** (-3.830)	-0.021 (-1.527)	0.040** (2.536)	-0.014** (-1.992)	-0.022* (-1.950)	0.013 (1.415)	-0.006 (-0.416)	-0.006 (-0.271)	0.013 (0.732)
Controls	YES	YES	YES	YES	YES	YES	YES	YES	YES	YES	YES	YES	YES	YES	YES	YES	YES	YES
Constant	0.165** (2.080)	0.108 (0.901)	0.091 (0.497)	0.030 (0.235)	0.032 (0.236)	-0.071 (-0.442)	0.026 (0.603)	-0.081 (-1.216)	-0.448*** (-3.170)	0.004 (0.040)	-0.048 (-0.400)	-0.689*** (-2.895)	0.124*** (3.807)	0.027 (0.536)	-0.215*** (-4.966)	0.055 (0.793)	0.065 (0.765)	-0.138 (-1.222)
Year FE	YES	YES	YES	YES	YES	YES	YES	YES	YES	YES	YES	YES	YES	YES	YES	YES	YES	YES
Firm FE	YES	YES	YES	YES	YES	YES	YES	YES	YES	YES	YES	YES	YES	YES	YES	YES	YES	YES
Observations	4181	2266	1915	4181	2359	1822	8976	4745	4231	8976	4820	4156	15331	8323	7008	15331	7792	7539
Adj_R²	0.220	0.237	0.250	0.353	0.390	0.405	0.187	0.205	0.232	0.331	0.342	0.432	0.162	0.178	0.246	0.424	0.292	0.568

注：括号内显示 t 统计量的值；*、**和***分别表示在10%、5%和1%的水平下显著；回归分析时采用异方差修正且聚类在公司层面的稳健标准误。

借鉴孙铮等（2005）的研究，市场化程度以樊纲等（2010）、王小鲁等（2017，2019）编制的《中国分省份市场化指数报告》系列丛书中的市场化总指数衡量。市场化总指数越大，代表市场化程度越高。本文将上市公司按照注册地的市场化程度高低进行分组，该地区市场化总指数高于中位数，则为高市场化程度地区，若低于中位数，则为低市场化程度地区。

表 11 报告了不同市场化程度下，财政部会计信息质量随机检查与盈余管理的回归结果。从中可知，对于市场化程度较低组，Treat_Audit 与 AbsDA、正 DA、AbsREM、正 REM 在 1% 或 5% 水平下显著负相关，与负 DA、负 REM 在 10% 或 1% 水平下显著正相关，意味着相对于非检查组，检查组的应计盈余管理程度和真实盈余管理程度都有明显下降。而对于市场化程度较高组，Treat_Audit 只与 AbsDA 在 10% 的水平下具有显著负相关关系。也就是说，相对于市场化程度较高地区，市场化程度较低地区的公司，无论是应计盈余管理还是真实盈余管理，无论是调增利润的盈余管理还是调减利润的盈余管理，财政部会计信息质量随机检查的影响都比较显著。

众多学者已经研究了股权集中度对会计信息质量的影响，La Porta 等（1999）发现股权集中度与财务报告质量负相关。而刘立国和杜莹（2003）、杜兴强和温日光（2007）研究得出股权集中度与公司盈余管理之间存在显著负相关关系，即股权集中度能提高会计信息质量。由于我国特殊的国情，"一股独大"现象广泛存在于我国资本市场，相对于国外成熟股票市场，我国上市公司的股权集中度更高（杜兴强、温日光，2007）。股权的适度集中能够提高公司决策效率和公司治理效率；然而，股权的过度集中则会导致大股东权利无法被牵制，中小股东丧失发表意见的机会，甚至大股东以牺牲其他股东的利益为代价来追求私利，从而影响公司会计信息质量。

为考察不同股权集中度下财政部会计信息质量随机检查对公司盈余管理程度是否存在异质性影响，本文用前十大股东持股比例来代表股权集中度，我们将上市公司按照股权集中度高低进行分组，若公司股权集中度高于中位数，则为高股权集中度组，若低于中位数，则为低股权集中度组。

表 12 报告了不同股权集中度下，财政部会计信息质量随机检查与盈余管理的回归结果。从中可知，对于高股权集中度组，Treat_Audit 与 AbsDA、正 DA 分别在 1% 或 10% 水平下显著负相关，与负 DA 在 5% 水平下显著正相关，意味着相对于非检查组，检查组的应计盈余管理明显改善。而对于低股权集中度组，Treat_Audit 与 AbsREM、正 REM 分别在 1% 或 10% 水平下显著负相关，与负 REM 在 5% 水平下显著正相关，意味着相对于非检查组，检查组的真实盈余管理明显改善。

表 11　财政部会计信息质量随机检查、市场化程度与盈余管理

变量名称	高市场化程度						低市场化程度					
	AbsDA	正 DA	负 DA	AbsREM	正 REM	负 REM	AbsDA	正 DA	负 DA	AbsREM	正 REM	负 REM
Treat_Audit	-0.010*	-0.009	0.006	-0.011	0.007	0.008	-0.016***	-0.021***	0.012*	-0.031***	-0.026**	0.040***
	(-1.698)	(-0.847)	(0.738)	(-1.025)	(0.418)	(0.592)	(-3.050)	(-2.805)	(1.848)	(-3.155)	(-2.107)	(2.587)
Controls	YES	YES	YES	YES	YES	YES	YES	YES	YES	YES	YES	YES
Constant	0.168***	0.124**	-0.186***	0.036	0.059	-0.155	0.110***	-0.002	-0.228***	0.105*	0.123*	-0.159
	(4.583)	(2.252)	(-3.918)	(0.483)	(0.640)	(-1.440)	(3.522)	(-0.040)	(-5.692)	(1.792)	(1.717)	(-1.574)
Year FE	YES	YES	YES	YES	YES	YES	YES	YES	YES	YES	YES	YES
Firm FE	YES	YES	YES	YES	YES	YES	YES	YES	YES	YES	YES	YES
Observations	15437	8504	6933	15437	7925	7512	13051	6830	6221	13051	7046	6005
Adj_R^2	0.182	0.195	0.247	0.417	0.324	0.556	0.172	0.201	0.216	0.351	0.310	0.464

注：括号内显示 t 统计量的值；*、**和***分别表示在10%、5%和1%的水平下显著；回归分析时采用异方差修正且聚类在公司层面的稳健标准误。

表 12　财政部会计信息质量随机检查、股权集中度与盈余管理

变量名称	高股权集中度						低股权集中度					
	AbsDA	正 DA	负 DA	AbsREM	正 REM	负 REM	AbsDA	正 DA	负 DA	AbsREM	正 REM	负 REM
Treat_Audit	-0.019***	-0.019*	0.019**	-0.016	-0.007	0.024	-0.007	-0.010	0.004	-0.035***	-0.024*	0.031**
	(-3.001)	(-1.814)	(2.052)	(-1.203)	(-0.333)	(1.121)	(-1.466)	(-1.285)	(0.455)	(-3.323)	(-1.688)	(2.105)
Controls	YES	YES	YES	YES	YES	YES	YES	YES	YES	YES	YES	YES
Constant	0.096**	0.013	-0.204***	0.029	0.078	-0.081	0.189***	0.118**	-0.247***	0.031	0.039	-0.151
	(2.044)	(0.193)	(-3.022)	(0.329)	(0.657)	(-0.594)	(5.329)	(2.248)	(-5.332)	(0.476)	(0.464)	(-1.395)
Observations	13107	7425	5682	13107	6328	6779	15381	7909	7472	15381	8643	6738
Year FE	YES	YES	YES	YES	YES	YES	YES	YES	YES	YES	YES	YES
Firm FE	YES	YES	YES	YES	YES	YES	YES	YES	YES	YES	YES	YES
Adj_R²	0.220	0.242	0.262	0.438	0.324	0.559	0.174	0.181	0.238	0.366	0.346	0.475

注：括号内显示 t 统计量的值；*、**和***分别表示在10%、5%和1%的水平下显著；回归分析时采用异方差修正且聚类在公司层面的稳健标准误。

五、结论与政策建议

我国的会计信息质量随机检查工作开展已经有近20年，常态化的检查工作旨在提高企业会计信息质量、维护我国经济秩序。为了探究其成效，本文手工搜集了1999—2017年中每年会计信息质量随机检查公告中披露的被检查上市公司，使用双重差分法实证检验了财政部会计信息质量随机检查对上市公司盈余管理的影响。研究发现，财政部会计信息质量随机检查对上市公司应计盈余管理与真实盈余管理均有显著缓解作用，能有效提高企业会计信息质量；而且对于检查公告中披露具体数据的公司和整改态度积极的公司，其盈余管理程度改善更多。进一步地，我们发现检查的监管作用依赖于产权性质和市场化程度，其监管效果在地方国企和非国企、处于市场化程度较低地区的企业更为明显；我们还从公司治理角度检验了不同股权集中度下财政部会计信息质量随机检查的效果，发现股权集中度高的公司其应计盈余管理程度下降明显，而股权集中度低的公司其真实盈余管理程度下降明显。本文的结论表明财政部会计信息质量随机检查能有效抑制企业盈余管理行为，提高会计信息质量。

基于以上结论，本文提出以下政策建议：第一，按照"区分不同企业、明确监督重点"的原则优化财政部会计信息质量随机检查。对于不同产权性质、不同股权集中度、不同区域的企业监督重点不同，有些需要偏重于检查应计盈余管理，有些需要偏重于真实盈余管理，检查需要有的放矢、直至"要害"。第二，按照"有机贯通、相互协调"的原则优化政府会计监督。习近平总书记在中国共产党第十九届中央纪律检查委员会第四次全体会议上发表重要讲话时强调，"以党内监督为主导，推动人大监督、民主监督、行政监督、司法监督、审计监督、财会监督、统计监督、群众监督、舆论监督有机贯通、相互协调"。监督主体多元化的政府会计监督模式下，如何实现各个监督主体有机贯通、相互协调是重要任务。本文经过科学严谨的实证方法验证了财政部会计信息质量随机检查的监督成效，结合财政部是全国会计主管部门的制度安排，建议财政部门会计监督在政府会计监督体系中居于主导和基础作用，促进各个监督主体有机贯通、相互协调，形成监督合力，完善政府会计监督制度。

参考文献

[1] 蔡春,谢柳芳,马可哪呐.高管审计背景、盈余管理与异常审计收费[J].会计研究,2015(3).

[2] 蔡利,马可哪呐.政府审计与国企治理效率——基于央企控股上市公司的经验证据[J].审计研究,2014(6).

[3] 陈德球,李思飞,王丛.政府质量、终极产权与公司现金持有[J].管理世界,2011(11).

[4] 陈工孟,高宁.我国证券监管有效性的实证研究[J].管理世界,2005(7).

[5] 陈晖丽,刘峰.融资融券的治理效应研究——基于公司盈余管理的视角[J].会计研究,2014(9).

[6] 陈宋生,董旌瑞,潘爽.审计监管抑制盈余管理了吗?[J].审计与经济研究,2013(3).

[7] 陈运森,邓祎璐,李哲.非处罚性监管具有信息含量吗?——基于问询函的证据[J].金融研究,2018(4).

[8] 陈运森,邓祎璐,李哲.非行政处罚性监管能改进审计质量吗?——基于财务报告问询函的证据[J].审计研究,2018(5).

[9] 陈运森,邓祎璐,李哲.证券交易所一线监管的有效性研究:基于财务报告问询函的证据[J].管理世界,2019(3).

[10] 池国华,郭芮佳,王会金.政府审计能促进内部控制制度的完善吗?——基于中央企业控股上市公司的实证分析[J].南开管理评论,2019(1).

[11] 杜兴强,温日光.公司治理与会计信息质量:一项经验研究[J].财经研究,2007(1).

[12] 褚剑,方军雄.政府审计能够抑制国有企业高管超额在职消费吗?[J].会计研究,2016(9).

[13] 褚剑,方军雄.政府审计的外部治理效应:基于股价崩盘风险的研究[J].财经研究,2017(4).

[14] 樊纲,王小鲁,朱恒鹏.中国市场化指数:各地区市场化相对进程2009年报告[M].北京:经济科学出版社,2010.

[15] 范经华,张雅曼,刘启亮.内部控制、审计师行业专长、应计与真实盈余管理[J].会计研究,2013(4).

[16] 范子英,田彬彬.税收竞争、税收执法与企业避税[J].经济研究,2013(9).

[17] 邳进兴,林启云,吴溪.会计信息质量随机检查:十年回顾[J].会计研究,2009(1).

[18] 何威风,陈莉萍,刘巍.业绩考核制度会影响企业盈余管理行为吗?[J].南开管理评论,2019(1).

[19] 黄世忠,杜兴强,张胜芳.市场、政府与会计监管[J].会计研究,2002(12).

[20] 李延喜,陈克兢,姚宏,刘伶.基于地区差异视角的外部治理环境与盈余管理关系研究——兼论公司治理的替代保护作用[J].南开管理评论,2012(4).

[21] 逯东,孙岩,杨丹.会计信息与资源配置效率研究述评[J].会计研究,2012(6).

[22] 刘立国,杜莹.公司治理与会计信息质量关系的实证研究[J].会计研究,2003(2).

[23] 刘瑞明,赵仁杰.国家高新区推动了地区经济发展吗?——基于双重差分方法的验证[J].管理世界,2015(8).

[24] 刘星，陈西婵．证监会处罚、分析师跟踪与公司银行债务融资 [J]．会计研究，2018（1）．

[25] 刘永泽，张多蕾，唐大鹏．市场化程度、政治关联与盈余管理——基于深圳中小板民营上市公司的实证研究 [J]．审计与经济研究，2013（2）．

[26] 陆建桥．中国亏损上市公司盈余管理实证研究 [J]．会计研究，1999（9）．

[27] 罗勇根，饶品贵，岳衡．"通货膨胀幻觉"的微观解释：盈余质量的视角 [J]．世界经济，2018（4）．

[28] 宋云玲，李志文，纪新伟．从业绩预告违规看中国证券监管的处罚效果 [J]．金融研究，2011（6）．

[29] 孙铮，刘凤委，李增泉．市场化程度、政府干预与企业债务期限结构 [J]．经济研究，2005（5）．

[30] 王兵，鲍圣婴，阚京华．国家审计能抑制国有企业过度投资吗？[J]．会计研究，2017（9）．

[31] 王兵，李晶，苏文兵，唐逸凡．行政处罚能改进审计质量吗？——基于中国证监会处罚的证据 [J]．会计研究，2011（12）．

[32] 王福胜，吉姗姗，程富．盈余管理对上市公司未来经营业绩的影响研究——基于应计盈余管理与真实盈余管理比较视角 [J]．南开管理评论，2014（2）．

[33] 王海民．对政府会计监管问题的几点看法 [J]．会计研究，2001（12）．

[34] 王亮亮，王跃堂，王娜．市场化进程、真实活动盈余管理与公司未来业绩 [J]．经济管理，2013（9）．

[35] 王小鲁，樊纲，余静文．中国分省份市场化指数报告（2016）[M]．北京：社会科学文献出版社，2017．

[36] 王小鲁，樊纲，胡李鹏．中国分省份市场化指数报告（2018）[M]．北京：社会科学文献出版社，2019．

[37] 吴联生．会计信息失真的"三分法"：理论框架与证据 [J]．会计研究，2003（1）．

[38] 吴联生，王亚平．有效会计监管的均衡模型 [J]．经济研究，2003（6）．

[39] 吴水澎，毕秀玲．论政府对会计监管的必要性、缺陷和效果 [J]．厦门大学学报（哲学社会科学版），2002（4）．

[40] 吴溪，张俊生．上市公司立案公告的市场反应及其含义 [J]．会计研究，2014（4）．

[41] 谢德仁．会计信息的真实性与会计规则制定权合约安排 [J]．经济研究，2000（5）．

[42] 许文静，苏立，吕鹏，郝洪．退市制度变革对上市公司盈余管理行为影响 [J]．会计研究，2018（6）．

[43] 叶建芳，李丹蒙，张斌颖．内部控制缺陷及其修正对盈余管理的影响 [J]．审计研究，2012（6）．

[44] 叶康涛，刘行．税收征管、所得税成本与盈余管理 [J]．管理世界，2011（5）．

[45] 叶青，李增泉，李光青．富豪榜会影响企业会计信息质量吗？——基于政治成本视角的考察 [J]．管理世界，2012（1）．

[46] 于忠泊，田高良，齐堡垒，张皓．媒体关注的公司治理机制——基于盈余管理视角的考察 [J]．管理世界，2011（9）．

[47] 朱锦余，高善生．上市公司舞弊性财务报告及其防范与监管——基于中国证券监督委员会处罚公告的分析 [J]．会计研究，2007（11）．

[48] Beck, T., Levine, R. and Levkov, A., 2010, "Big Bad Banks? The Winners and Losers

from Bank Deregulation in the United States", *Journal of Finance*, Vol. 65, No. 5, pp.1637～1667.

[49] Biddle, G., Hilary, G., Verdi, R., 2009, "How does Financial Reporting Quality Relate to Investment Efficiency?", *Journal of Accounting and Economics*, Vol. 48, No. 2～3, pp.112～131.

[50] Bozanic, Z., Dietrich, R. and Johnson, B., 2017, "SEC Comment Letters and Firm Disclosure", *Journal of Accounting and Public Policy*, Vol. 36, No. 5, pp.337～357.

[51] Brown, S. V., Tian, X. and Tucker, J. W., 2018, "The Spillover Effect of SEC Comment Letters on Qualitative Corporate Disclosure: Evidence from the Risk Factor Disclosure", *Contemporary Accounting Research*, Vol. 35, No. 2, pp.622～656.

[52] Chen, H., Chen, J. Z., Lobo, G. J. and Wang, Y., 2011, "Effects of Audit Quality on Earnings Management and Cost of Equity Capital: Evidence from China", *Contemporary Accounting Research*, Vol. 28, No. 3, pp.892～925.

[53] Chen, J. J. and Zhang, H., 2014, "The Impact of the Corporate Governance Code on Earnings Management-Evidence from Chinese Listed Companies", *European Financial Management*, Vol. 20, No. 3, pp.596～632.

[54] Chen, K. C. W. and Yuan, H. Q., 2004, "Earnings Management and Capital Resource Allocation: Evidence from China's Accounting-based Regulation of Rights Issues", *The Accounting Review*, Vol. 79, No. 3, pp.645～666.

[55] Chen, G., Firth, M., Gao, N. and Rui, O. M., 2005, "Is China's Securities Regulatory Agency a Toothless Tiger? Evidence from Enforcement Actions", *Journal of Accounting and Public Policy*, Vol. 24, No. 6, pp.451～488.

[56] Dechow, P. M., Richard, G. S. and Amy, P. S., 1995, "Detecting Earnings Management", *The Accounting Review*, Vol. 70, No. 2, pp.193～225.

[57] Firth, M., Rui, O. M. and Wu, X., 2009, "The Timeliness and Consequences of Disseminating Public Information by Regulators", *Journal of Accounting and Public Policy*, Vol. 28, No. 2, pp.118～132.

[58] Francis, J., LaFond, R., Olsson, P., Schipper, K., 2005, "The Market Pricing of Accruals Quality", *Journal of Accounting and Economics*, Vol. 39, No. 2, pp.295～327.

[59] Ho, L. J., Liao, Q. and Taylor, M., 2015, "Real and Accrual-Based Earnings Management in the Pre- and Post-IFRS Periods: Evidence from China", *Journal of International Financial Management & Accounting*, Vol. 26, No. 3, pp.294～335.

[60] Hou, Q., Jin, Q., Yang, R., Yuan, H. and Zhang, G., 2015, "Performance Commitments of Controlling Shareholders and Earnings Management", *Contemporary Accounting Research*, Vol. 32, No. 3, pp.1099～1127.

[61] Irani, R. M. and Oesch, D., 2016, "Analyst Coverage and Real Earnings Management: Quasi-Experimental Evidence", *Journal of Financial and Quantitative Analysis*, Vol. 51, No. 2, pp.1～39.

[62] Jiang, J., Petroni, K. R. and Wang, I. Y., 2010, "CFOs and CEOs: Who Have the Most Influence on Earnings Management?", *Journal of Financial Economics*, Vol. 96, No. 3,

pp.513～526.

[63] La Porta, R., Lopez-de-Silanes, F. and Shleifer, A., 1999, "Corporate Ownership around the World", *Journal of Finance*, Vol. LIV, No. 2, pp.471～517.

[64] Liu, Y., Wei, Z. and Xie, F., 2016, "CFO Gender and Earnings Management: Evidence from China", *Review of Quantitative Finance and Accounting*, Vol. 46, No. 4, pp.881～905.

[65] Lo, A. W. Y., Wong, R. M. K. and Firth, M., 2010, "Can Corporate Governance Deter Management from Manipulating Earnings? Evidence from Related-party Sales Transactions in China", *Journal of Corporate Finance*, Vol. 16, No. 2, pp.225～235.

[66] McInnis, J., 2010, "Earnings Smoothness, Average Returns, and Implied Cost of Equity Capital", *The Accounting Review*, Vol. 85, No. 1, pp.315～341.

[67] Roychowdhury, S., 2006, "Earnings Management through Real Activities Manipulation", *Journal of Accounting and Economics*, Vol. 42, No. 3, pp.335～370.

[68] Schipper, K., 1989, "Commentary on Earnings Management", *Accounting Horizons*, Vol. 3, No. 4, pp.91～102.

[69] Yu, Q., Du, B. and Sun, Q., 2006, "Earnings Management at Rights Issues Thresholds: Evidence from China", *Journal of Bank & Finance*, Vol. 30, No. 12, pp.3453～3468.

降费综合方案下城镇职工养老保险的精算平衡和再分配研究[*]

王亚柯[1] 李 鹏[2,3]

（1 对外经济贸易大学金融学院；2 中国银保监会博士后科研工作站；3 清华大学五道口金融学院博士后流动站）

摘要：2019年《降低社会保险费率综合方案》将单位缴费率降至16%，且调整平均工资计算口径，这些措施会对养老保险的精算平衡和再分配功能产生重要影响。本文利用2018年中国居民收入分配课题组（CHIP）数据，对方案前后养老保险的精算平衡和再分配规模进行定量分析，研究发现，降费综合方案增强了我国城镇职工养老保险的精算平衡功能，改善了代际不平衡。总体来看，城镇职工的养老金收益明显增长，其中，企业职工的养老金收益增长了近2倍，机关事业单位增长近1倍。进一步的研究发现，综合方案更多为中高工资、年轻和男性职工带来了政策利好，养老金收益有所增大，更多职工的养老金收益实现了精算平衡；低工资、年老和女性职工的养老金收益略有下降，但仍实现了精算平衡。这主要是由于基础养老金账户的精算平衡功能显著增强，代际不平衡大大改善。为此，各省要根据养老保险基金状况，制定养老金计发的过渡措施，确保退休人员养老金待遇平稳衔接。

关键词：2019年降费综合方案　城镇职工养老保险　养老金账户　精算平衡　收入再分配

---

[*] 原载《管理世界》2021年第6期。

一、引言

自 20 世纪 90 年代中后期以来，我国城镇企业职工养老保险进行深化改革，建立了社会统筹与个人账户相结合的部分积累制，由企业和个人共同缴费。90 年代末期全国很多地区出现了个人账户空账运行的现象，养老基金的收支出现较大缺口。基于此，中央政府致力于扩大覆盖面，将城镇非国有企业职工和外来劳动力纳入覆盖范围，以缓解养老金的收支危机。2005 年 12 月国务院发布《关于完善企业职工基本养老保险制度的决定》，对养老金计发办法进行调整，建立多缴多得、长缴多得的激励机制。但这一问题并未得到妥善解决。国家统计局数据显示，城镇职工养老保险的参保率逐渐增长，2001 年参保率为城镇就业人数的 44.8%，2017 年增长为 68.9%；但同时，城镇职工养老保险的实际缴费率却在逐年下降，2001 年为 17.8%，2003 年达到最高点 18.6%，之后便逐年下降，2016 年实际缴费率仅为 13.9%，2017 年略上升为 15.0%[①]。

基于此，党的十八届三中全会提出，健全多缴多得激励机制，确保参保人权益，坚持精算平衡原则。这是党的文件首次提出养老保险要坚持精算平衡原则。在政策设计上，养老保险制度需要对公平和效率两方面进行权衡（Feldstein and Liebman, 2002）。养老保险制度的公平主要体现在再分配功能，效率则体现为精算平衡原则。那么，我国基本养老保险制度应凸显再分配功能，还是更多坚持精算平衡？长期以来，国内学界对此存在较大的争议，部分学者认为我国养老保险制度应该提高公平性、共济性，更多发挥再分配功能以保障低收入群体（郑功成，2010；宋晓梧，2016）；另一些学者则提出，目前形势下，养老保险较大程度的再分配会导致企业、员工参保的积极性下降，从而带来养老保险制度的支付问题，因此我国养老保险应减弱再分配功能，强调精算平衡（赵耀辉、徐建国，2001；郑秉文，2019a）。这些争议都是从定性角度展开讨论，尚未涉及针对微观参保个体的定量研究。基于此，从微观个体视角分析我国城镇职工养老保险制度能否实现精算平衡，及其再分配规模进行定量研究显得尤为重要。

2019 年 4 月 1 日，国务院发布《降低社会保险费率综合方案》，规定城镇职工基本养老保险的单位缴费比例下调至 16%，配套调整平均工资计算口径。在政

[①] 实际缴费率＝养老保险基金征缴收入/（在职参保人数×在岗职工平均工资），参保率＝参保在职职工人数/城镇就业人数。养老保险基金征缴收入、在职参保人数来自历年人力资源和社会保障事业发展统计公报，城镇就业人数和在岗职工平均工资数据来自历年国家统计年鉴。

策方面，这一方案会如何影响我国城镇职工养老保险制度的精算平衡和再分配功能？养老保险是否会实现精算平衡，以及再分配功能增强，还是减弱？从参保人员来看，降费综合方案会对个人的终身养老金净收益产生什么样的作用？不同人员的养老金纯收益是增加了，还是减少了？这些已经成为学术界、政府决策者和社会公众所关心的重要问题，本文试图回答并尝试解决。

本文利用 2018 年中国居民收入分配课题组 CHIP（China Household Income Project）住户调查数据，估算降费综合方案前后参保个体终身养老金收益的变化，以评估其对我国城镇职工养老保险精算平衡与再分配功能的影响。与已有研究相比，本文的贡献主要体现在以下三个方面：一是基于微观个体的视角，对我国城镇职工养老保险的精算平衡和再分配进行定量研究；二是评估了降费综合方案对城镇职工养老保险的精算平衡和再分配功能的影响和作用；三是分析了降费综合方案对养老保险精算平衡和再分配功能的影响在不同单位、不同年龄、不同账户和不同性别个体之间的差异。

本文的结构安排如下：第二部分介绍了我国城镇职工养老保险发展的制度背景；第三部分是理论基础与相关的文献综述；第四部分是终身养老金收益和缴费的精算模型，以及数据的统计性描述；第五部分是估计结果的分析；第六部分是敏感性分析，最后是主要结论和政策启示。

二、制度背景

1997 年《关于建立统一的企业职工基本养老保险制度的决定》（国发〔1997〕26 号文，以下简称"26 号文"）的颁布，正式建立社会统筹与个人账户相结合的部分积累制，由企业和个人共同缴费，缴费比例分别为 20% 和 8%。26 号文规定，针对"老人""新人""中人"等不同群体采用不同的养老金计发办法。"老人"为改革前退休的人员，按照老办法计发养老金。"新人"为改革后参加工作的人员，若缴费年限累计满 15 年，发给基础养老金和个人账户养老金。其中，基础养老金是当地社会平均工资的 20%，个人账户养老金月标准是个人账户储蓄额除以计发月数 120。"中人"为改革前参加工作、改革后退休的人员，视同缴费年限和实际缴费年限累计满 15 年，获得基础养老金、个人账户养老金和过渡性养老金。

但是，20 世纪 90 年代末期全国很多地区出现了个人账户空账运行的现象，养老基金的收支出现较大缺口。基于此，中央政府致力于扩大覆盖面，将城镇非国有企业职工和外来劳动力纳入覆盖范围，以缓解养老金的支付危机。2005

年12月，国务院发布了《关于完善企业职工基本养老保险制度的决定》（国发〔2005〕38号文，以下简称"38号文"），对养老金计发办法进行调整，旨在建立多缴多得、长缴多得的激励机制，以提高员工的参保积极性。38号文调整的养老金计发办法具体包括：一是将基础养老金调整为以当地上年度在岗职工平均工资与本人指数化平均缴费工资的均值为基数，按缴费年限每满一年发给1%。二是改变个人账户养老金的计发系数，计发系数根据退休年龄进行调整，退休年龄越早，计发系数越大，反之则越小。同时，38号文明确规定，参保的缴费基数为当地上年度在岗职工平均工资。要指出的是，缴费基数与基础养老金计发平均工资的计算口径是一致的，都是在岗职工平均工资。

2013年11月，党的十八届三中全会提出了社会保险改革的一系列重大措施，其中非常重要的一项是提出坚持精算平衡原则，并健全多缴多得激励机制，确保参保人权益。这一原则不仅是对宏观上我国养老保险财务收支可持续性的要求，也是对微观层面参保个体的缴费和养老金收入之间收支平衡的要求。另外，为了解决养老金双轨制问题，2015年1月，国务院发布《关于机关事业单位工作人员养老保险制度改革的决定》（国发〔2015〕2号文），实施机关事业单位养老保险与企业职工正式并轨，自2014年10月开始，制度模式、缴费比例和计发办法都与企业职工养老保险相同。同年3月，人力资源和社会保障部与财政部发布贯彻落实这一决定的实施细则（人社部发〔2015〕28号文）。

2019年4月1日，国务院发布《降低社会保险费率综合方案》，规定城镇职工养老保险的单位缴费比例由20%下调至16%，并调低社保缴费基数，即调整平均工资计算口径，由原政策规定的城镇非私营单位在岗职工平均工资，改为城镇非私营单位和私营单位加权计算的全口径城镇单位就业人员平均工资。根据国家统计局数据，2019年我国城镇非私营单位在岗职工平均工资为93383元，非私营和私营单位就业人员平均工资分别为90501元和53604元，则加权计算的全口径就业人员平均工资为73561元。可以看出，全口径就业人员平均工资低于原有的非私营在岗职工平均工资。那么，降费综合方案的调整会对我国城镇职工养老保险的缴费和待遇产生什么影响，表1对比了方案前后的缴费和养老金计发细则。可以看出，降费综合方案降低养老保险的缴费是较为明显的，一是单位缴费率降低4个百分点，二是下调缴费基数会降低其上限和下限，处于上下限边缘的单位和个人缴费会降低。但要注意的是，方案对养老金计发也产生了影响[①]。一是基础养老金的计发：一方面，调整计算口径会降低基础养老金计发中的平均工资

---

① 《降低社会保险费率综合方案》也强调，各省要制定基本养老金计发办法的过渡措施，确保退休人员待遇水平平稳衔接。

基数，从而降低基础养老金水平；另一方面，调整计算口径会降低缴费基数，使得个人指数化平均缴费工资的指数变大，从而提高基础养老金水平。二是个人账户养老金的计发，降低缴费基数，处于缴费下限和上限边缘的少数个人缴费会有所减少，随之个人账户的储蓄额也会下降。

表 1　降费综合方案前后城镇职工养老保险的缴费和计发细则

		降费综合方案前	降费综合方案后
缴费	单位	20%	16%
	个人	8%	8%
缴费基数		在岗职工平均工资	全口径就业人员平均工资
计发	基础养老金	（上年度在岗职工平均工资 + 个人指数化平均缴费工资）/2×（缴费年限 %）	（上年度全口径就业人员平均工资 + 个人指数化平均缴费工资）/2×（缴费年限 %）
	个账养老金	储蓄额除以计发系数	储蓄额除以计发系数

三、理论基础和文献综述

在政策设计上，养老保险制度需要对公平和效率两方面进行权衡（Feldstein and Liebman，2002）。养老保险制度的公平主要体现在再分配功能，效率则体现为精算平衡原则。福利经济学认为，再分配通常是一个国家建立养老保险制度的重要目标。以终身收入为基础，养老保险制度会产生代内的再分配和代际的再分配，代内再分配是同一代人在不同生命周期内的收入再分配，代际再分配是不同年龄群体之间的收入再分配（Diamond，1977）。20 世纪 80 年代以后，许多国家的养老保险制度改革在政策设计中开始强调精算平衡（Disney et al.，2004）。精算平衡在养老保险制度中有两层含义，一是宏观层面，即一个国家的养老保险制度在长期内的财务稳定和收支平衡；另一个是微观层面上，微观个体在生命周期内的养老保险缴费和养老金收益之间的收支平衡，即个人的养老保险缴费现值和收益现值相等（Lindbeck and Persson，2003）。不同养老制度模式的精算平衡和收入再分配功能有所不同（Queisser and Whitehouse，2006）。现收现付（PAYG，Pay-As-You-Go）的模式下，养老保险的缴费和收益由一个国家的人口增长率和工资增长率来决定，因此，个体在一生中的养老金收益现值和养老保险缴费现值不一定相等，两者间的差额即是养老保险制度对个人生命周期内进行的收入再分配。基金积累（FF，Fully Funded）模式下，个人在生命周期内的养老保险缴费现值和养老金收益现值相等，即养老保险制度是精算平衡的，不存在收入再分配。目前，我国城镇职工养老保险是社会统筹和个人账户相结合的部分积累制，其中社会统筹是现收现付制，个人账户是基金积累制。基于以上理论分析，本文提出研究假设：我国城镇职工养老保险可能会对不同收入、不同年龄群体产生代内和代际间的再分配，不一定能实现精算平衡。

国际上，一些发达国家历来很重视养老保险等社会保障政策的再分配效应，宏观层面的相关研究较为丰富。以英国为例，国家统计局每年都发布再分配政策对居民收入差距调节作用的评估报告。报告认为，1991—2015 年间英国居民初次收入分布的基尼系数较高，经养老保险等社会保障的再分配调节后，基尼系数下降幅度超过 30%（Office for National Statistics UK，2018）。与此同时，学界也对各国养老保险等社会保障制度的再分配作用进行了分析，研究大多发现，养老保险制度作为重要的再分配机制，在多数国家都产生了显著缩小居民收入差距的作用（Mahler and Jesuit，2006；Lustig，2016）。在微观层面，一些学者基于个体的终身收入来分析养老保险制度的再分配效应。Hurd 和 Shove（1985）利用 1969—1979 年间 RHS 数据研究发现，美国养老保险的终身养老金纯收益会随着个人收入的提高而增加，代内再分配效应较弱，且当前退休人员的养老金纯收益高于年轻人，代际再分配效应较强。但后续的研究发现，基于终身养老金纯收益的视角，美国养老保险制度产生了一定的代内再分配效应，高收入群体向低收入群体进行了收入转移（Gustman and Steinmeier，2001；Coronado et al.，2011）。Nelissen（1987）分析了荷兰养老保险制度的终身收入再分配，发现养老保险制度具有明显的正向代内收入再分配效应，高收入群体向低收入群体进行了收入转移。Oshio（2005）利用住户调查数据分析了日本养老保险制度的再分配作用，发现其养老制度具有代内和代际再分配效应，终身养老金纯收益由高收入人群向低收入人群、从年轻人群向老年人群进行转移。Borella（2004）分析了 1992—1995 年间意大利公共养老保险制度的改革，发现旧的养老保险制度改革具有逆向的再分配作用，收入从低收入人群向高收入人群进行了转移，改革后的新制度则有所改善，具有正向的收入再分配效应。

长期以来，发达国家针对养老保险制度精算平衡进行了较多的研究。宏观层面，有学者针对不同养老模式的精算平衡进行分析，认为 DC（Defined Contribution）养老金计划是精算平衡的，但名义账户制（NDC，Notional Defined Contribution）和现收现付制（或 DB 计划）较为复杂，是否能实现精算平衡取决于多种因素（Queisser and Whitehouse，2006）。与传统的现收现付制相比，名义账户制更接近于精算平衡，因此这种模式在法国、德国等欧洲各国的养老制度改革中更受推崇（Legros，2006）。此外，英、美等国建立长期精算制度对养老基金进行评估。如美国的基金受托机构负责每年对联邦社保基金（OASDI）未来 75 年的财务状况进行评估，并向国会提交精算报告（Board of Trustees，2018）。在微观层面，Myers 和 Schobel（1983）较早利用 SSA 微观数据分析美国现收现付制公共养老金计划的精算平衡，研究认为，已退休人员大多获得了大于零的养老金纯收益，随着未来养老保险费率的提高，未来退休的大多数年轻人会获得更少的养老金纯收益。Leimer（2007）的后续研究也发现了类似的结论，较早退休一代会获得大于精算平衡的养老金纯收益，未来退休的年轻人会获得小于精算平衡的养老金纯收益。Belloni 和 Maccheroni（2013）对意大利公共养老金制度由 DB（Defined Benefit）计划转向名义账户制的精算平衡功能进行了分析，发现 DB 计划下大多数职工会获得大于精算平衡的养老金收益，但名义账户制下大多数职工获得了小于精算平衡的养老金收益。

在国内，随着养老保险制度的深入改革和全面推广，学者对养老保险的收入再分配进行了较多的研究。相关文献主要是基于当期收入视角进行宏观层面的分析。王延中等（2016）采用 2012 年城乡入户调查数据分析了社会保险的再分配作用，研究发现社会保险中养老保险制度的收入再分配效应最大。王亚柯和李鹏（2019）利用 CHIP 调查数据对养老保险的再分配效应进行了实证分析，发现养老保险制度在全国范围内产生了降低居民收入差距的作用，使得基尼系数下降 5.05%，但与发达国家相比，这一作用还非常有限。但同时，较少文献基于微观个体的终身收入视角进行分析。何立新（2007）利用 2002 年 CHIP 数据比较了 1997 年和 2005 年养老保险改革方案的收入再分配效应，研究发现，与 1997 年相比，2005 年改革方案下城镇企业职工养老保险制度对代内的收入逆向再分配得到改善，各代人的养老金纯收益都有所提高，缩小了低年龄组和高年龄组之间的代际不平衡，降低了逆向收入转移的程度。

与此同时，较多学者从宏观层面对养老保险基金的精算平衡进行分析。相关文献大多构建精算模型，测算人口、经济等因素变动对养老保险基金收支的影响，认为我国养老保险制度的财务可持续性面临挑战，但基于不同的假设条件，这些研究对养老金收支缺口的规模估算存在较大差异（王晓军、米海杰，2013；刘学良，2014；Wang et al.，2014）。郑秉文（2019b）进一步分析了降费综合方案的影响，通过构建精算模型估算了 2019—2050 年间城镇企业职工养老保险的基金收支状况，发现费率降为 16% 时，养老保险当期结余短暂增长后会下降，2028 年首次出现赤字，之后缺口越来越大，2050 年高达 -11.28 万亿元。曾益等（2019）也利用精算模型预测降费方案下城镇职工养老保险基金的收支结余，认为养老保险基金的累计结余会在 2024 年耗尽，并开始出现赤字。综上所述，从宏观层面分析我国城镇职工养老保险精算平衡和再分配的文献较为丰富，但基于微观个体视角的相关研究还非常缺乏。尤其是，针对不同单位、不同收入、不同年龄和性别等群体，降费综合方案对其养老金终身收益的影响也可能存在差异。

本文对此进行尝试，利用 2018 年 CHIP 住户调查数据，估算 2019 年降费综合方案前后城镇职工的终身养老金收益，以评估养老保险制度的精算平衡和再分配功能。

四、模型构建与数据

衡量养老保险制度是否实现精算平衡，通常是考察参保人在退休期的养老金总收益减去工作期的总缴费后的净值，即终身养老金纯收益。如果养老金总收益与总缴费相同，即终身养老金纯收益等于零，说明养老保险实现了精算平衡；反之，如果终身养老金纯收益大于或小于零，则养老保险制度对个人产生了正向或负向的再分配（Belloni and Maccheroni, 2013）。

要估算参保个体的终身养老金总收益和总缴费，本文采用既有文献的通常做法，首先，假设一国养老保险政策是保持不变的，参保人员按照规定进行缴费，并达到法定退休年龄后领取养老金。其次，需要利用微观数据估计个人的工资收入函数，根据回归结果得到个人工资年收入的预测值，之后在工资增长率和贴现率的假设条件下，估算出个人在工作期的工资收入分布（Dicks-Mireaux and King, 1984；Gale, 1998）[①]。并在此基础上，估算降费综合方案前后城镇职工的养老金总收益和总缴费。

（一）模型构建和参数设定

根据经典 Mincer 工资收入函数[②]，本文将工资收入方程模型设定如下：

$$Lnwage_i = \alpha + \beta_1 age_i + \beta_2 age_i^2 + \gamma Z_i + \mu_i \quad (1)$$

式中，$Lnwage_i$ 表示个体 i 工资收入的对数值，age_i 为年龄，Z_i 是指包括受教育程度、性别、工作单位类型、行业和地区等代表个体特征的控制变量，μ_i 为残差项。本文利用 2018 年 CHIP 数据进行回归分析，根据式（1）工资收入函数的

[①] 目前我国部分积累的养老保险制度建立时间较短，还不存在个人终身的缴费和养老金收入的微观数据。虽然一些发达国家的官方机构有这样的数据，但很少用于学术研究。因此，国外相关文献通常是利用一年或几年的收入调查数据，基于现有政策规定，在一定的假设条件下估算个体终身的养老保险缴费和收益（Dicks-Mireaux and King, 1984；Gale, 1998）。本文也采用了这一做法。

[②] 自 Mincer（1974）提出经典的工资方程后，国内外学者便广泛使用 Mincer 方程来分析受教育程度等因素对个体工资性收入的影响。与国外文献相比，国内学者对 Mincer 方程的估计中，除了年龄或工作年限、受教育程度变量外，会加入较多符合中国情况的控制变量，如性别、单位类型、所处行业、地区等变量。

估计结果，得到个体在一个时点上的工资年收入的预测值，再加入考虑各个时点的社会平均工资增长率，获得参保个体一生的工资收入分布。

降费综合方案前，企业职工养老保险的缴费和养老金计发依据的是2005年国发38号文，机关事业单位依据2015年国发2号文和人社部发28号文。降费综合方案后，城镇职工的缴费和养老金计发根据方案规定进行相应的调整。本文选用样本是2018年的就业人员，即20～59岁间的男性和20～54岁间的女性，故企业职工样本中，41岁及以上为"中人"，41岁以下为"新人"；机关事业单位人员则大部分为24～59岁间的"中人"，少部分为24岁以下的"新人"。假设a岁职工从a_0岁开始工作并缴费，在r岁退休，则该职工的基础养老金总收益、个人账户养老金总收益和过渡性养老金总收益可由以下公式来计算。

1. 基础养老金总收益

假定$\overline{W}_{t-1}$为该职工所在地区的上年度社会平均工资，降费综合方案前是城镇非私营单位在岗职工平均工资，降费综合方案后为全口径城镇单位就业人员平均工资，g为社会平均工资的实际增长率[①]，g'为养老金的待遇增长率[②]，d为实际贴现率，假设贴现率与社会平均工资的增长率相同。N为缴费年限，Z是个人缴费指数，为个人缴费工资基数除以上年度当地社会平均工资的比值。T为预期寿命[③]，则a岁职工在t年的基础养老金精算现值$BP_{a,t}$为：

$$BP_{a,t} = \sum_{n=r}^{T} \left[\frac{1}{2}(1+Z) \times N\% \times \overline{W}_{t-1} \times (1+g)^{r-a} \times \left(\frac{1+g'}{1+d}\right)^{n-r} \right] \times \left(\frac{1}{1+d}\right)^{r-a} \quad (2)$$

2. 个人账户养老金总收益

假定w_t为职工t年的工资，个人工资的实际增长率等同于社会平均工资的增长率，为g，个人账户的记账利率为i[④]，个账储存额的计发系数为M，是指计发月数除以12的年数。则a岁职工在t年的个人账户养老金精算现值为：

$$AP_{a,t} = \sum_{n=r}^{T} \left\{ \sum_{m=a_0}^{r-1} \left[\frac{0.08}{M} \times w_t \times (1+g)^{m-a}(1+i)^{r-m} \right] \times \left(\frac{1+g'}{1+d}\right)^{n-r} \right\} \times \left(\frac{1}{1+d}\right)^{r-a} \quad (3)$$

3. 过渡性养老金总收益

---

① 假定社会平均工资的实际增长率设定为近15年社平工资增长率的平均值12.9%。
② 假定待遇增长率为近15年城镇企业退休人员养老金待遇增长的平均值8.8%。
③ 根据2010年人口普查，本文将男性预期寿命设为72.38岁，女性预期寿命设为77.37岁。
④ 假定个账收益率为近15年城镇企业职工养老保险的个人账户记账收益率的均值4.1%。

R 为计发系数，其值在 1% ～ 1.4% 之间，本文取值为 1.3%。N 为视同缴费年限。a 岁职工在 t 年的过渡性养老金精算现值为：

$$TP_{a,t} = \sum_{n=r}^{T} \left[R \times N \times Z \times \overline{W}_{t-1} \times (1+g)^{r-a} \times \left(\frac{1+g}{1+d}\right)^{n-r} \right] \times \left(\frac{1}{1+d}\right)^{r-a} \quad (4)$$

同时，我们还需要估算个人参保的总缴费。单位缴费是否作为个人的缴费成本，涉及单位雇主能否将其缴费转嫁到员工工资的问题，但经济学相关研究对此并无明确的答案。理论上，社会保险缴费与税收归宿相似，其转嫁程度取决于劳动力需求和供给的相对弹性（Summers，1989）。一些发达国家的实证研究显示，雇主会将社会保险缴费的一半或更高，甚至 100% 以降低工资的形式转移给员工（Woodbury，1983；Gruber，1994；Ooghe et al.，2003；Hamaaki and Iwamoto，2010）。部分学者采用中国企业数据的分析发现，企业转嫁缴费的能力有限或约三分之一转移给职工（Nielsen and Smyth，2008；Li and Wu，2013）。另一些学者采用个人数据进行了实证分析，封进（2014）发现企业缴费转嫁的能力不显著，仅能将其缴费的 10% ～ 50% 转移给人力资本较低员工的工资。而马双等（2014）的研究则认为，企业缴费可以在较大程度上转嫁给员工，高工资企业会将缴费的 100% 转嫁给员工工资，但低工资企业的转嫁较弱。可以看出，针对我国的实证研究并没有形成较为一致的结论。现有文献基于参保个人的微观视角在估算养老金纯收益时，通常将个人和单位的缴费之和看作个人的总缴费（Gustman and Steinmeier，2001；Coronado et al.，2011；何立新，2007）。为此，本文也采用这一做法。假设 t 年个人的缴费工资基数为 w_t，个人缴费率为 8%，单位缴费率为 c，在工资增长率 g 和折现利率 d 的基础上，我们估算 a 岁职工的终身养老保险总缴费现值为：

$$GC_{a,t} = \sum_{m=a_0}^{r-1} \left[(0.08 + c) \times w_t \times \left(\frac{1+g}{1+d}\right)^{m-a} \right] \quad (5)$$

缴费的测算涉及两个方面：缴费比例和缴费基数。降费综合方案前后，个人缴费率 8% 保持不变，单位费率由 20% 下降为 16%。缴费基数需要核定上限和下限，即为各省社会平均工资的 300% 和 60%，我们依据国家统计局各省份不同口径下的社会平均工资进行调整。降费综合方案前后，缴费基数由各省城镇非私营单位在岗职工平均工资，调整为全口径城镇单位就业人员平均工资。

（二）数据和统计描述

本文数据源于 2018 年中国居民收入分配课题组 CHIPs（China Household Income Project Survey）住户调查数据。该调查由北京师范大学中国收入分配研究院联合国内外专家共同完成。该调查的样本户来自国家统计局常规住户调查的大样本框，因此，CHIP 调查具有很强的代表性。该调查覆盖了北京、重庆、辽宁、江苏、山东、广东、山西、安徽、河南、湖北、湖南、四川、云南、甘肃和内蒙古等 15 个省市，共计 20745 个住户和 71266 个样本。CHIP 调查数据包括详细的个人及家庭层面的工资收入、养老保险缴费和养老金等信息，为本研究提供了很好的数据支持。根据研究需要，本文删除农村家庭、退休人员、未参保人员等，以及缺省值和异常观察值之后，仅考虑参加城镇职工养老保险的就业人员，最终获得 8771 个样本。

表 2 对 CHIP 相关数据指标进行了描述性统计，并与 2018 年国家统计局数据进行对比。国家统计局宏观数据显示，2018 年城镇非私营单位就业人员的平均工资为 82461 元，城镇私营单位就业人员年平均工资为 49575 元，本文根据非私营和私营单位就业人口进行加权平均，得出全口径就业人员平均工资为 68558 元。为了便于比较，CHIP 工资数据涵盖了参保和未参保人员，非私营单位就业人员工资均值为 82669 元，私营单位工资均值为 50688 元，全口径就业人员的工资均值为 67006 元。其中，企业职工的平均工资为 66111 元，机关事业单位人员的平均工资为 83104 元。由于国家统计局未公布 2018 年养老保险征缴收入，故无法获得缴费数据[①]。从 CHIP 数据的参保样本看，城镇职工的年缴费均值为 4413 元，企业职工的缴费均值为 4199 元，机关事业单位人员的缴费均值为 4909 元。根据国家统计局数据，城镇职工养老保险基金支出 44644.9 亿元，离退休人数 11797.7 万人，获得退休人员的养老金均值为 37842 元。从 CHIP 数据的退休样本看，退休人员的年养老金均值为 37083 元，其中，企业职工的养老金为 36930 元，机关事业单位为 37472 元。就业人员工资和养老金指标显示，CHIP 数据和国家统计局宏观数据相差不大，CHIP 数据的质量较高，代表性很强。

---

① 本文利用 2013 年人力资源和社会保障部统计公报中城镇职工养老保险基金的征缴收入和参保职工人数，计算得出年缴费均值 7707 元，与 2013 年 CHIP 数据的个人和单位总缴费均值 8218 元比较，两者相差不大。

表2		数据的描述性统计			
变量	均值	标准差	最小值	最大值	样本量
就业人员工资 （国家统计局非私营）	82461	—	—	—	—
就业人员工资 （国家统计局私营）	49575	—	—	—	—
就业人员工资 （国家统计局非私营＋私营）	68558	—	—	—	—
就业人员工资（CHIP 非私营）	82669	61143	900	620000	4803
就业人员工资（CHIP 私营）	50688	35951	200	660000	4610
就业人员工资 （CHIP 非私营＋私营）	67006	52876	200	660000	9413
企业（CHIP）	66111	58831	144	615600	6132
机关事业（CHIP）	83104	58159	626	505400	2639
养老保险缴费（CHIP）	4413	3768	120	65500	8771
企业（CHIP）	4199	3709	150	65500	6132
机关事业（CHIP）	4909	3857	120	50000	2639
养老金（国家统计局）	37842	—	—	—	—
养老金（CHIP）	37083	23233	103	202093	2690
企业（CHIP）	36930	18453	103	193310	1932
机关事业（CHIP）	37472	32381	150	202093	758

五、研究结果与分析

（一）城镇职工的终身养老金总收益、总缴费和纯收益

利用构建的模型和数据，本文对工资收入函数进行了估计（《管理世界》网络发行版附表1），并在此基础上估算终身养老金总收益的现值和终身养老保险总缴费的现值，从而得到个体的终身养老金纯收益。表3首先列出了降费综合方案前后全体城镇职工的终身养老金总收益、总缴费和纯收益的均值。降费综合方案前，相比较而言，企业职工的终身养老金总收益均值较低，为368348元，机关事业单位人员的总收益较高，达490980元。企业职工的终身总缴费均值为412784元，由于机关事业单位养老保险的并轨改革较晚，其总缴费较低，为328538元。因此，企业职工的终身养老金纯收益均值为-44436元，机关事业单位人员的纯收益为162443元。降费综合方案后，企业职工和机关事业单位人员的终身养老金总收益都略有下降，均值分别为315617和448395元。相比而言，企业职工和机关事业单位的总缴费均值下降幅度更大，分别为280919和148465

元。企业职工和机关事业单位人员的养老金纯收益都有所增长，分别为 34698 和 300620 元。可以看出，2019 年降费综合方案使得企业职工的获益更大，养老金纯收益增长接近 2 倍；机关事业单位养老金纯收益增长近 1 倍。

由于参保人员缴费工资基数的高低会对养老保险缴费和养老金收益均产生影响，表 3 还根据缴费工资基数从低到高进行了十等分组，以评估降费综合方案对不同收入群体养老金纯收益的影响。从企业职工来看，降费综合方案前，随着工资基数的提高，企业职工的终身养老金总收益和总缴费逐渐上升，终身养老金纯收益则逐渐下降。养老金纯收益在工资较高的第 6～10 组出现了负值，分别为 -21827 元、-49750 元、-143584 元、-259474 元和 -704482 元。这说明企业职工养老保险在不同收入群体之间具有较强的代内再分配，工资较高的职工获得了小于精算平衡的养老金纯收益，中低工资的职工获得了大于精算平衡的养老金收益，且工资越低，收益越高。降费综合方案后，各工资分组企业职工的养老金总收益和总缴费都有下降，大部分企业职工的养老金纯收益都有所提高，仅工资最低 2 组略有下降。而且，更多工资分组企业职工的养老金纯收益实现了大于精算平衡，仅有最高工资第 8、9 和 10 组的养老金纯收益为负值，分别为 -35823 元、-122272 元和 -417047 元。可以看出，中高工资的企业职工从降费综合方案中都有获益，且工资越高，获益程度越大，而低工资的企业职工则略有损失。这意味着降费综合方案使得企业职工养老保险制度的精算平衡功能增强，多缴多得机制得到改善，而代内的再分配功能有所削弱。

从机关事业单位人员来看，降费综合方案前，养老金总收益和总缴费也都随着缴费工资基数的增高而增大，养老金纯收益也随之而逐渐下降。养老金纯收益在第 1～9 工资分组均为正值，仅在最高工资第 10 组出现了负值，为 -257892 元。这显示由于并轨改革较晚，机关事业单位人员绝大部分为制度的"中人"，大都获得了大于精算平衡的养老金收益，仅有少量人员未能实现精算平衡，代内再分配功能较弱。降费综合方案后，机关事业单位人员的总收益和总缴费也都下降，除了最低工资组略有下降外，其他工资分组的养老金纯收益都有所增大，各工资分组的养老金纯收益都为正值。这意味着，各工资组机关事业单位人员都获得了大于精算平衡的养老金纯收益，代内再分配更加弱化。

（二）不同年龄职工的终身养老金纯收益

基于不同年龄群体参保的时间不同，缴费和收益也会有较大差异，表 4 进行年龄分组，分析降费综合方案前后不同代际职工终身养老金纯收益的变化。降费综合方案前，从各年龄组的养老金均值来看，20～29 岁、30～39 岁和 40～49

表3　城镇职工的终身养老金总收益、总缴费和纯收益

个人缴费工资基数	企业（降费前）			企业（降费后）			机关事业（降费前）			机关事业（降费后）		
	总收益	总缴费	纯收益	总收益	总缴费	纯收益	总收益	总缴费	纯收益	总收益	总缴费	纯收益
全体均值	368348	412784	-44436	315617	280919	34698	490980	328538	162443	448395	148465	300620
第1分组	338320	45832	292488	290983	27920	263062	446458	29753	416705	415575	12237	410124
第2分组	356260	140904	215356	303200	91168	212032	444871	92523	352347	405325	40631	364840
第3分组	358663	230398	128264	304487	151124	153363	456616	171706	284910	411445	74089	337357
第4分组	366885	293918	72967	312690	194814	117876	472924	226826	246098	423088	97919	325169
第5分组	388449	342540	45909	326174	220684	105490	462402	293041	169360	422255	124838	297417
第6分组	359000	380826	-21827	305891	245269	60621	491743	324851	166891	451152	144233	306919
第7分组	370314	420064	-49750	316713	294098	22615	491689	380548	111141	454802	170810	283992
第8分组	362302	505886	-143584	311983	347806	-35823	533003	387092	145911	488585	187195	301390
第9分组	382680	642154	-259474	332469	454741	-122272	515941	509723	6218	473025	240451	232574
第10分组	404786	1109268	-704482	354344	771391	-417047	589411	847304	-257892	534741	382921	151821

岁企业职工的养老金纯收益都是负值，分别为-127033元，-80784元和-4235元，养老金收益都小于精算平衡。50～59岁组养老金纯收益均值为53795元，大于精算平衡。与年轻群体相比，年长群体获得的养老金收入转移更大，而且年龄越大，终身养老金纯收益越大。从缴费工资基数的十等分组来看，20～29岁组企业职工都为制度"新人"，仅有少量低工资组获得大于精算平衡的养老金收益，中高工资组都未实现精算平衡，终身养老金纯收益从第4组开始为负值，即为-48177元、-93090元、-170604元、-205406元、-315803元、-500471元和-1059588元。30～39岁组也都是制度"新人"，中低工资组的养老金收益大于精算平衡，较高工资组未实现精算平衡，养老金纯收益从第6组出现负值，为-19554元、-67694元、-142765元、-246790元和-687431元。40岁以上企业职工都为制度"中人"，中低工资组的终身养老金纯收益都大于精算平衡，仅最高工资第8、9和10组未实现精算平衡。40～49岁企业职工的三组养老金收益负值分别为-92165元、-207335元和-607500元，50～59岁企业职工分别为-72580元、-209986元和-708599元。可以看出，40岁以下年轻人中仅有少量低工资者获得大于精算平衡的养老金收益，大部分中高工资群体都未能实现精算平衡；而大部分40岁及以上年长群体的养老金收益都大于精算平衡。这意味着企业职工养老保险在代际间存在较大的不平衡，精算平衡功能较弱。

降费综合方案后，从各年龄组的均值来看，20～29岁、30～39岁和40～49岁企业职工的养老金纯收益均值都有较大幅度的增大，分别增至21490元、23372元和47792元。年龄越低，增长幅度越大，都实现了大于精算平衡。50～59岁组养老金纯收益均值略有所下降，为49507元。从各工资基数分组来看，40岁以下企业职工均为制度"新人"，只有最低工资组的终身养老金纯收益略有下降，其他工资分组的养老金纯收益都有所提高，且工资越高，提高的幅度越大。而且，养老金纯收益的负值组也大幅减少，20～29岁仅第6～10组为负值，30～39岁最高工资的第8、9和10分组为负值。40～49岁企业职工最低工资第1～3分组的养老金纯收益有所下降，其他工资分组都增大，且工资组越高，增长幅度越大。与之相反的是，50～59岁企业职工在最高工资的第8、9和10组的养老金纯收益有所增大，其他工资组的养老金纯收益都下降，且工资组越低，降幅越大。40岁以上企业职工的养老金纯收益都在最高工资的第8、9和10分组为负值。可以看出，降费综合方案后，50岁以下企业职工除了较低工资组外，其他工资分组的养老金纯收益都有不同程度的增长；50岁及以上企业职工则出现相反的趋势，除了较高工资组外，其他工资组的养老金纯收益都有不同程度的下降。这些变化显示，年轻企业职工更多获得了降费综合方案带来的政策利好，其中较高工资组的获益更大，而50岁及以上大部分企业职工的养老金收益略有下降,但仍实现了精算平衡。结果显示,企业职工养老保险代际间的不平衡大大改善,精算平衡功能增强。

表4　企业职工的终身养老金纯收益(降费前后)

工资基数十等分组	降费前				降费后			
	20~29岁	30~39岁	40~49岁	50~59岁	20~29岁	30~39岁	40~49岁	50~59岁
1	267682	273224	305695	336174	250611	253539	268864	285877
2	145103	180015	244146	304043	191754	197743	216213	250236
3	32976	104812	161882	227750	132704	152277	151180	185549
4	-48177	43510	125508	188987	72132	118145	129619	151729
5	-93090	5353	129666	140419	51139	101648	140245	114903
6	-170604	-19554	45988	56575	-226	78081	88192	55406
7	-205406	-67694	16718	35430	-49764	24229	56756	31840
8	-315803	-142765	-92165	-72580	-104115	-17324	-14760	-58658
9	-500471	-246790	-207335	-209986	-212389	-106801	-90979	-161887
10	-1059588	-687431	-607500	-708599	-529832	-393779	-354490	-555101
总体	-127033	-80784	-4235	53795	21490	23372	47792	49507

表5　机关事业单位人员的终身养老金纯收益(降费前后)

工资基数十等分组	降费前				降费后			
	20~29岁	30~39岁	40~49岁	50~59岁	20~29岁	30~39岁	40~49岁	50~59岁
1	282140	401307	482010	509658	310856	398186	462772	472399
2	236995	292620	418527	446424	290517	317043	413607	420149
3	151264	214034	347417	435571	252042	297875	374228	404063
4	102784	181104	338610	440849	247271	291270	383131	408708
5	23889	112828	269972	400163	212655	270687	353319	387203
6	-806	87191	223509	376876	218559	275556	338519	360914
7	-57599	32517	197162	360103	197714	257759	328682	358551
8	-133146	-31765	179441	369165	179138	240532	333975	357908
9	-326253	-254233	90023	293405	90259	159240	280343	294452
10	-896114	-700403	-50055	281951	-92398	29828	247861	271560
总体	-63600	31026	248682	383010	190060	253293	351420	366329

降费综合方案后,从各年龄组的养老金来看,20~29岁、30~39岁和40~49岁机关事业单位人员的养老金纯收益均值都有所增大,分别为190060元、253293元和351420元。年龄越低,增长幅度越大,且都大于精算平衡。50~59岁机关事业单位人员的终身养老金纯收益均值略有所下降,为366329

元。从工资基数分组看，40岁以下机关事业单位人员仅有最低工资基数组的终身养老金纯收益略有下降，其他工资分组都有所增大，且工资越高，增幅越大。同时，养老金纯收益的负值组也大幅减少，仅有20～29岁的最高工资组为负值，即 -92398 元，其他分组均为正值。40～49岁人员养老金纯收益在最低工资两组下降，其他组都增大。但50～59岁人员在各工资水平的养老金纯收益都下降。这就意味着，年轻机关事业单位人员更多获得了2019年降费方案带来的政策利好，中高工资组的获益更大，50岁及以上各工资水平人员都有所损失。机关事业单位养老保险的精算平衡功能进一步增强，代际不平衡有所改善。

（三）城镇职工不同账户的终身养老金纯收益

我国城镇职工基本养老金计发主要包括两大部分：一是统筹账户的基础养老金，二是来自个人账户的养老金。两个账户的精算平衡功能和再分配规模有很大差异，且降费综合方案对其影响也不同。基于此，本文将城镇职工的终身养老金纯收益分为基础养老金和个人账户养老金进行分析，具体见图1和图2。

图1为降费综合方案前后城镇职工基础养老金纯收益的变化。从企业职工来看，降费综合方案前，一方面，各年龄组的基础养老金纯收益均值都随着工资基数的提高而快速下降，且工资分组越高，养老金下降幅度越大。而且，与年轻人群相比，年老人群基础养老金纯收益均值在各缴费工资基数组都更大，且年龄越大，养老金纯收益越大，负值越少。另一方面，各个年龄群体高工资组的基础养老金纯收益都出现了负值，尤其是20～29岁基础养老金纯收益均值从第5组开始为负值，其他年龄分组都从第8组开始为负值。可以看出，基础养老金代内和代际间的再分配较强，精算平衡功能较弱。降费综合方案后，一方面，各年龄组基础养老金纯收益随工资基数提高而下降的趋势更为平缓。同时，基础养老金代际间的不平衡发生了逆转。与年老群体相比，年轻群体的基础养老金纯收益变得更大，且年龄越低，基础养老金纯收益越大。另一方面，各个年龄群体基础养老金纯收益的负值都有所减少，尤其是40岁以下职工的基础养老金纯收益仅在第10工资组为负值，40～49岁职工从第9组开始为负值，50～59岁职工从第8组开始为负值。这意味着，40岁以下年轻人群从降费中获益更大，除了最高工资组，都获得了大于精算平衡的基础养老金收益；40岁及以上人群的高工资组获得了小于精算平衡的养老金，中低工资组都获得了大于精算平衡的基础养老金。结果显示，企业职工基础养老金代内再分配削弱，代际不平衡明显改善，精算平衡功能显著增强。

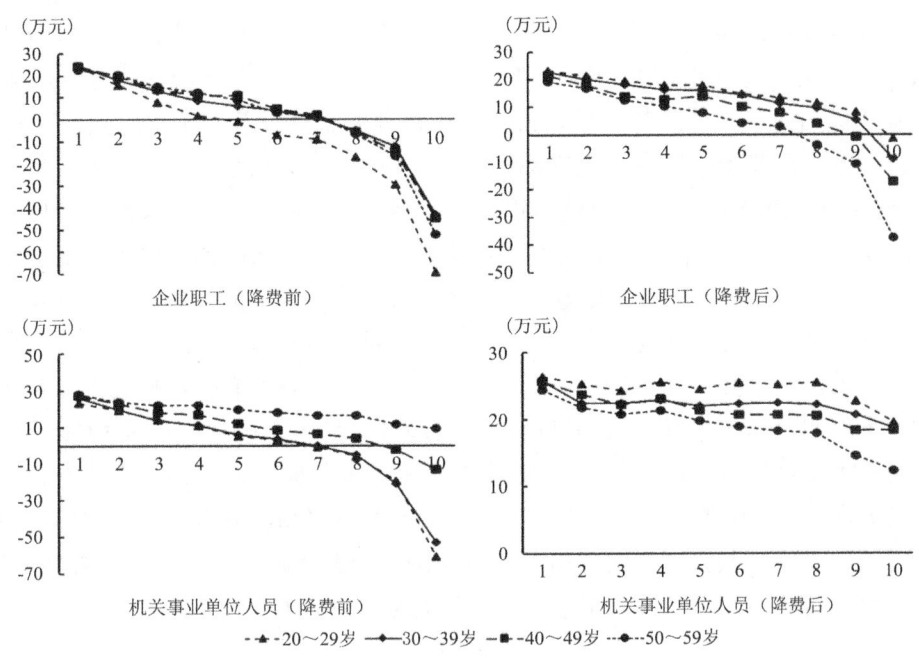

图 1 城镇职工的基础养老金纯收益

从机关事业单位来看，降费综合方案前，一方面，50岁及以上机关事业单位人员的基础养老金随着工资基数升高而下降的趋势较为平缓，50岁以下人员下降的趋势更为陡峭。机关事业单位年老人群的基础养老金纯收益在各工资基数都大于年轻人群，且年龄越大，养老金纯收益越大，负值越少。另一方面，40岁以下人员的养老金纯收益均值从第7组开始为负值，40～49岁仅最高两组为负值，50～59岁人员都获得大于精算平衡的基础养老金。可以看出，50岁及以上人员基础养老金的代内再分配较弱，精算平衡功能较强；50岁以下人员的代内再分配作用较强，高工资组的精算平衡较弱。而且，机关事业单位人员基础养老金具有代际间的不平衡，代际再分配较强。降费综合方案后，一方面，各年龄组基础养老金纯收益随工资基数提高而下降的趋势变得平缓。同时，机关事业单位人员基础养老金代际间的不平衡也发生变化。与年老群体相比，年轻群体的基础养老金纯收益变得更大，且年龄越低，养老金纯收益的增幅越大。另一方面，不同年龄各工资分组机关事业单位人员的基础养老金都实现了精算平衡。这些结果表明，机关事业单位基础养老金代内再分配弱化，代际不平衡大大改善，精算平衡功能大幅增强。

图 2 为降费综合方案前后城镇职工个人账户养老金纯收益的变化。由于过渡性养老金的计发主要依据个人的工资水平，且是为了补偿个人账户的损失，我们将

"中人"的过渡性养老金归入个人账户养老金。从图2可以看出,无论是企业,还是机关事业单位,各年龄群体的个人账户养老金纯收益在降费综合方案前后都没有明显的变化。从企业职工来看,降费综合方案前,个账养老金纯收益出现随着工资基数提高而下降的趋势,年长人群的个账养老金纯收益高于年轻人群。40岁以下群体的个账养老金纯收益几乎都为负值,40~49岁从第6组开始为负值,而50~59岁仅从第8组开始为负值。这主要是因为个人账户的记账收益率较低,年轻人群积累时间更长,高工资人群积累额度更高,损失更大,而年老人群更多获得过渡性养老金的补偿。降费综合方案后,各年龄组企业职工的个账养老金纯收益都略有下降,但随工资基数提高而下降的趋势基本不变。从机关事业单位来看,降费综合方案前,由于并轨改革较晚,只有40岁以下机关事业单位人员的个账养老金纯收益出现明显随着工资基数提高而下降的趋势。20~29岁和30~39岁分别从第4组和第9组开始出现负值。而40岁以上机关事业单位人员的个账养老金随着工资基数增高而下降的趋势并不明显,且都大于精算平衡。降费综合方案后,各年龄组城镇职工的个账养老金纯收益都略有下降,但变化趋势基本不变。总体来看,2019年降费综合方案对城镇职工个人账户养老金收益的影响都不大。

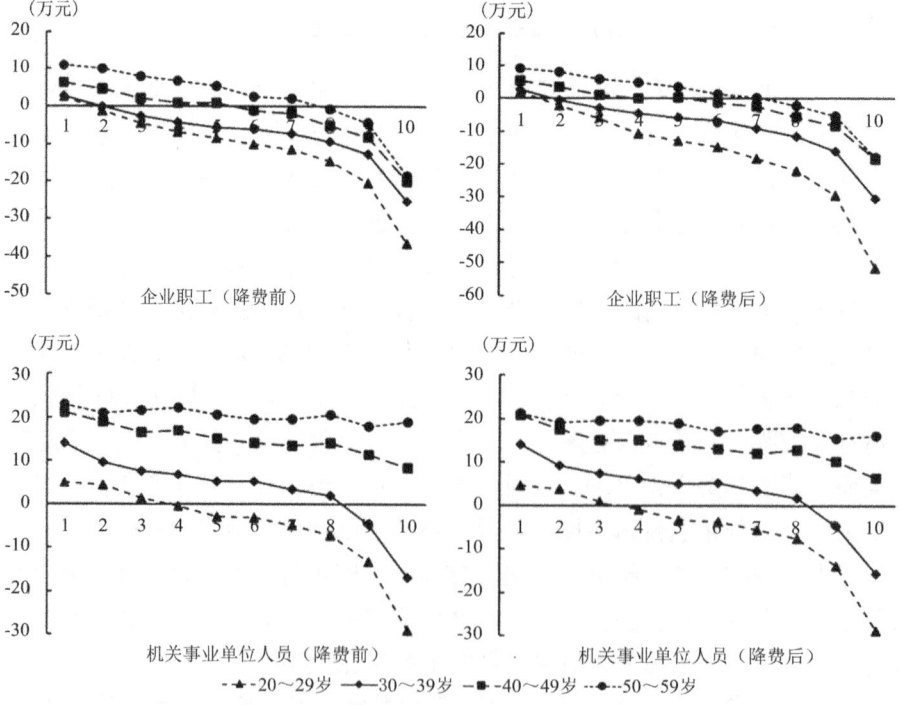

图 2 城镇职工的个人账户养老金纯收益

（四）不同性别职工的终身养老金纯收益

由于我国男性和女性的退休年龄不同等因素，不同性别职工的养老金收益也会有差异，图3显示了降费综合方案前后不同性城镇职工的终身养老金纯收益的变动。降费综合方案前，男性和女性职工的养老金都具有代内和代际间的再分配，精算平衡的功能较弱。各年龄组职工的终身养老金纯收益均值都随着缴费工资基数提高而下降，且基数越高，下降幅度越大。而且，各年龄组男性和女性的养老金都具有代际间的收入转移，年龄越小，终身养老金纯收益越低。同时，由于预期寿命高、工资水平低等因素，女性职工的终身养老金纯收益都高于男性。与男性相比，更多女性获得大于精算平衡的养老金收益。其中，20~29岁男性终身养老金纯收益的均值从第3组开始为负值，30~39岁男性从第4组开始为负值，40~49岁男性从第7组开始为负值，50~59岁仅最高组为负值。20~29岁女性的终身养老金纯收益从第6组开始为负值，30~39岁从第9组开始为负值，40岁及以上仅第10组为负值。

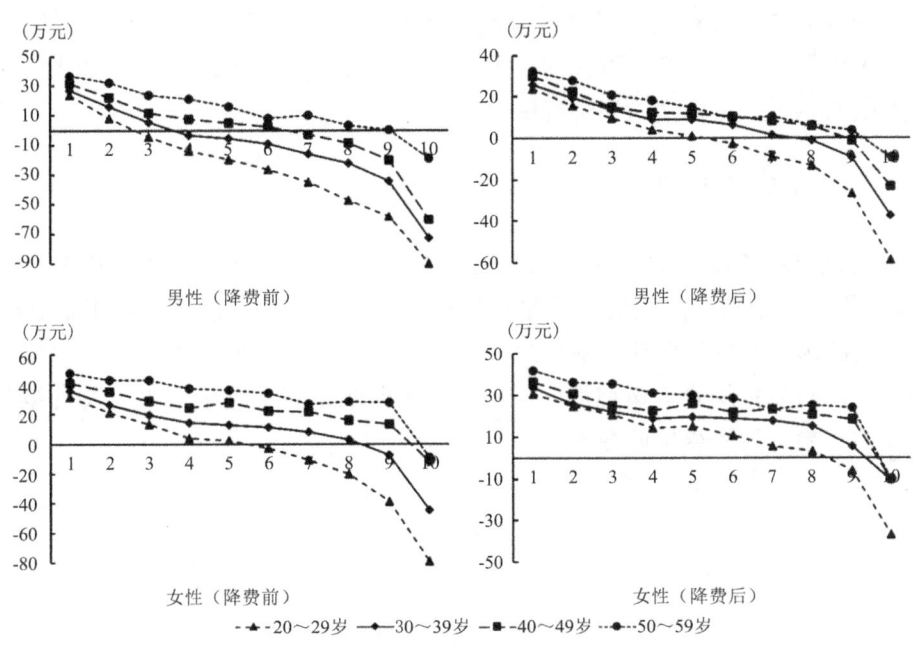

图3 不同性别城镇职工的终身养老金纯收益

降费综合方案后，男性和女性养老金在代内和代际间的再分配都有减弱，精算平衡功能增强。男女职工终身养老金纯收益均值随着工资提高而下降的趋势变得更加平缓，各年龄组养老金纯收益之间的差距也变得更小。除了50岁以下最低工资组，以及50岁及以上第1～7组，其他男性职工的终身养老金纯收益都有所提高。因此，男性终身养老金纯收益的负值大幅度减少，更多男性的养老金实现了精算平衡。20～29岁从第6组开始为负值，30～39岁从第8组开始为负值，40～49岁第9、10组为负值，50～59岁最高组为负值。除了30岁以下最低工资组、40～49岁第1～6组、50岁及以上全部分组，女性职工的终身养老金纯收益都有所上升。故女性终身养老金纯收益的负值也有所减少，20～29岁组从第9、10组开始为负值，30岁及以上仅最高组的女性终身养老金纯收益为负值。可以看出，与女性相比，男性城镇职工从降费综合方案中获得的收益更大。

六、敏感性分析

养老金收益的估算模型中，工资增长率、个人账户收益率和待遇增长率的设定是非常重要的，其变动会对终身养老金纯收益产生正向或负向的影响。由于年轻人群的终身养老金纯收益对这些参数最为敏感，故本文以20～29岁城镇职工为例，采用保险精算研究中较为常用的方法（Belloni and Maccheroni，2013），在不同参数条件下，对本文结果进行敏感性分析。

（一）工资增长率

本文设定城镇职工的实际工资增长率为我国近15年社平工资增长率的均值12.9%。但从长期来看，我国社会平均工资的增长会受到经济增长和工资制度改革等因素的影响而发生变动，基于此，本文分析实际工资增长率为15%、9%、5%的情况下，对降费综合方案前后20～29岁企业职工和机关事业单位人员养老金纯收益的影响，具体结果见图4。

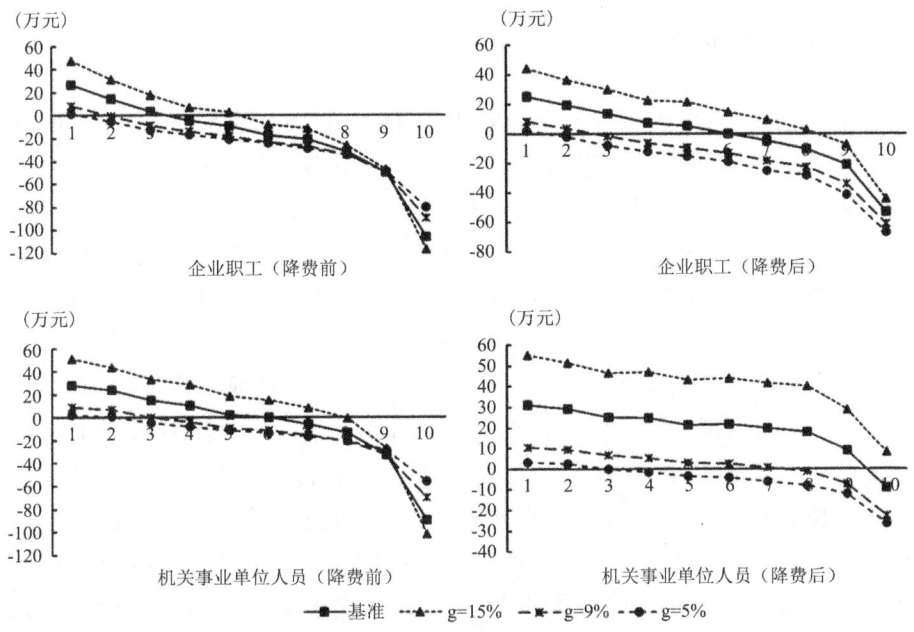

图 4 不同工资增长率的终身养老金纯收益（20～29 岁）

从图中可以看出，降费综合方案前后，工资增长率对城镇职工终身养老金纯收益的影响有所差异。降费综合方案前，与基准组 12.9% 相比，工资增长率提高，无论是企业职工，还是机关事业单位人员，绝大部分工资组的终身养老金纯收益会增大，仅最高工资组减少。相反，若工资增长率下降，绝大部分工资组的终身养老金纯收益会下降，仅最高工资组提高。而且，图中显示 5% 和 9% 增长率的两条线几乎重合，说明工资增长率越低，对养老金纯收益的影响越弱。降费综合方案后，工资增长率变动对不同工资组的影响的差异减弱，但对养老金收益的影响增强。与基准组相比，工资增长率变高，企业职工和机关事业单位人员的各工资组终身养老金纯收益都更高，负值也都减少。如增长率为 15% 情况下，企业职工仅有最高工资两组的纯收益为负值，机关事业单位人员全部工资组的纯收益为正值。而且，不同增长率下养老金纯收益折线间的距离变大。工资增长率越低，则养老金纯收益越低。如增长率为 5% 时，企业职工仅最低工资组为正值，机关事业单位人员仅最低工资两组为正值，其他分组均为负值。与企业职工相比，工资增长率对机关事业单位人员养老金收益的影响更大，不同工资增长率之间机关事业单位人员的养老金收益差别更大。

(二)个账收益率

本文设定个人账户的记账收益率为近15年的收益率均值4.1%。但从长期来看,经济增长水平、养老基金市场化投资收益率等因素都会对个人账户的记账收益率产生影响。为此,本文分析了不同个账收益率对降费综合方案前后20~29岁城镇职工养老金纯收益的作用和影响。考虑到政府政策和经济环境的不确定性,本文假定城镇职工的个人账户记账收益率为12%、8%和2%。图5显示了20~29岁企业职工和机关事业单位人员养老金纯收益在降费综合方案前后对个人账户记账收益率的敏感性。从图中可以发现,降费综合方案前后,个账收益率与城镇职工养老金收益呈现正相关关系,但其影响较微弱。降费综合方案前,与基准组4.1%相比,随着个账收益率的上升或下降,企业职工和机关事业单位人员的养老金纯收益都变化不大,四条折线几乎重合在一起。降费综合方案后,个账收益率对企业职工、机关事业单位人员养老金纯收益的影响没有太大的变动。仅在个账收益率为12%时,企业职工、机关事业单位人员的养老金纯收益略有增大,与其他三条折线之间略有距离。与企业职工相比,不同个账收益率对机关事业单位人员养老金的影响更大,不同个账收益率间的养老金收益差别更大。

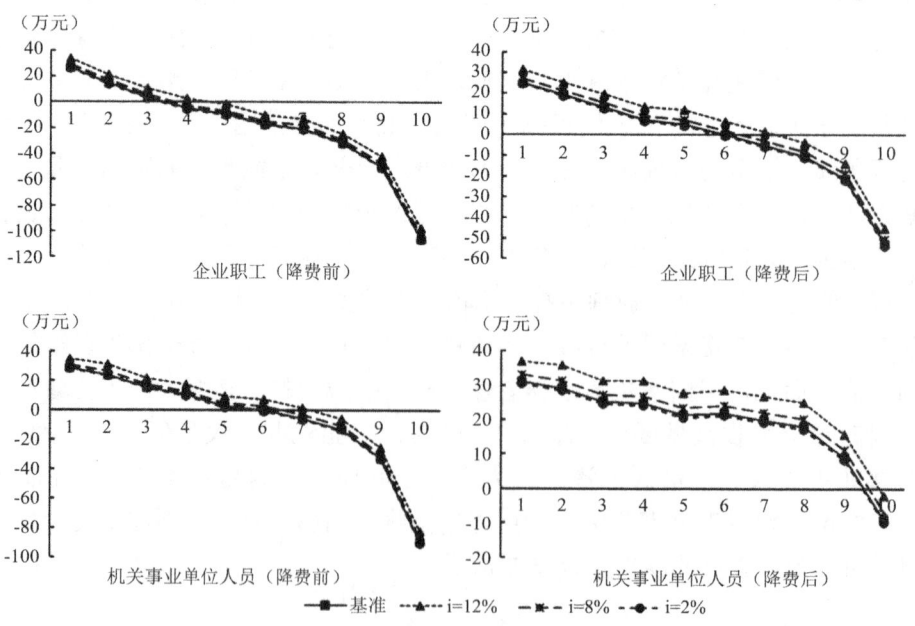

图5 不同个账收益率的终身养老金纯收益(20~29岁)

(三) 待遇增长率

本文设定养老金的待遇增长率为近15年养老金待遇增长的均值8.8%。从长期看，待遇增长率会受经济增长和养老金待遇调整政策变化等因素的影响而变化，因此，本文分析待遇增长率为12%、5%和2%时，对降费综合方案前后20～29岁城镇职工养老金纯收益的影响和作用，具体见图6。从图中可以看到，降费综合方案前后，待遇增长率与城镇职工养老金收益都呈现正向关系，待遇增长率越高，城镇职工养老金收益也越高，且增幅更大，反之则越低，影响也越小。降费综合方案前，与基准组8.8%相比，随着待遇增长率的上升或下降，企业职工、机关事业单位人员的养老金纯收益略有增多或减少，四条折线间的距离不大。降费综合方案后，待遇增长率对城镇职工养老金纯收益的影响都有所增大，且增长率越高，影响越大。当待遇增长率为12%时，企业职工和机关事业单位人员养老金纯收益的增幅或降幅更大，与其他三条折线之间的距离也更为明显。同时，与企业职工相比，待遇增长率变动对机关事业单位人员养老金的影响更大，不同待遇增长率的养老金收益差别也更大。

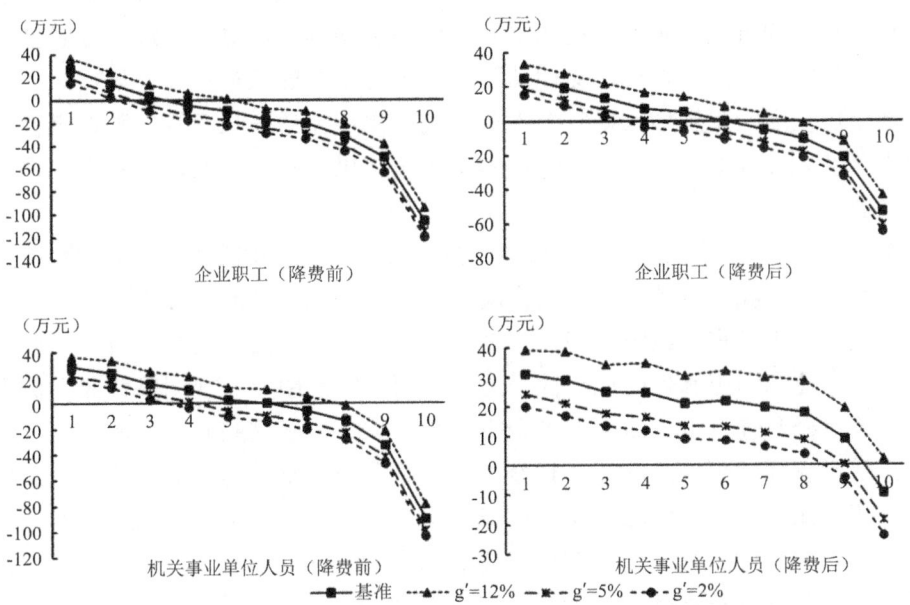

图6 不同待遇增长率的终身养老金纯收益（20～29岁）

七、结论与政策启示

本文利用2018年中国居民收入分配课题组CHIP调查数据,对降费综合方案下养老保险制度的精算平衡和再分配功能进行了定量分析。研究发现,降费综合方案前,我国城镇职工养老保险精算平衡的功能较弱,代内和代际间的再分配规模较大,降费综合方案后,城镇职工养老保险的精算平衡功能明显增强,代际不平衡显著改善,代内再分配有所削弱。具体体现在以下方面:第一,降费综合方案后,总体来看,我国城镇职工的养老金收益都明显增长。其中,企业职工的终身养老金纯收益增长了近2倍,机关事业单位人员的养老金纯收益增长了近1倍。第二,降费综合方案后,中高工资职工的终身养老金收益都有所增大,且工资越高,增幅越大,更多的高工资职工获得了大于精算平衡的养老金收益。低工资职工的养老金收益虽有所下降,但仍大于精算平衡。第三,降费综合方案后,年轻职工的养老金纯收益都有不同程度的增长,且年龄越低,增幅越大,更多高工资的年轻职工获得了大于精算平衡的养老金收益。50岁及以上年老职工的养老金收益略有下降,但仍实现了精算平衡。第四,降费综合方案使得基础养老金在代内和代际间的再分配削弱,精算平衡功能显著增强,但对个人账户养老金的影响不大。第五,与女性相比,男性从降费综合方案中的获益更高。最后,本文的敏感性分析发现,工资增长率、个人账户收益率和待遇增长率等参数设定会对城镇职工养老金纯收益有一定的影响,本文研究结果在较大参数区间范围内都是较为稳健的。

本文研究具有较强的政策含义:一方面,2019年《降低社会保险费率综合方案》显著增强了我国城镇职工养老保险制度的精算平衡功能。方案更多为中高工资和年轻的职工带来了政策利好,在很大程度上增加了其养老金收益,长期内有利于提高企业和职工参保的积极性。另一方面,实践中要重视调整就业人员平均工资计算口径对临近退休职工养老金收益的影响。由于这些职工临近退休,无法长期享受费率降低带来的好处,其养老金收益会因调整平均工资计算口径而略有下降。基于此,各地社保部门在执行降费综合方案的过程中,可以依据本地养老保险基金状况和财政能力,针对临近退休人员制定养老金计发办法的过渡措施,确保其养老金待遇平稳衔接。

参考文献

[1] 封进. 社会保险对工资的影响——基于人力资本差异的视角 [J]. 金融研究, 2014（7）.

[2] 何立新. 中国城镇养老保险制度改革的收入分配效应 [J]. 经济研究, 2007（3）.

[3] 刘学良. 中国养老保险的收支缺口和可持续性研究 [J]. 中国工业经济, 2014（9）.

[4] 马双, 孟宪芮, 甘犁. 养老保险企业缴费对员工工资、就业的影响分析 [J]. 经济学（季刊）, 2014（3）.

[5] 宋晓梧. 新常态下完善社会保障体系的六大问题 [N]. 社会科学报, 2016-8-25.

[6] 王晓军, 米海杰. 养老金支付缺口：口径、方法与测算分析 [J]. 数量经济技术经济研究, 2013（10）.

[7] 王晓军, 康博威. 我国社会养老保险制度的收入再分配效应分析 [J]. 统计研究, 2009（11）.

[8] 王亚柯, 李鹏. 我国养老保险的收入再分配作用研究 [J]. 学术界, 2019（1）.

[9] 王延中, 龙玉其, 江翠萍, 徐强. 中国社会保障收入再分配效应研究——以社会保险为例 [J]. 经济研究, 2016（2）.

[10] 赵耀辉, 徐建国. 我国城镇养老保险体制改革中的激励机制问题 [J]. 经济学（季刊）, 2001（1）.

[11] 郑秉文. 多点试错与顶层设计：中国社保改革的基本取向和原则 [J]. 中国经济报告, 2019（2）.

[12] 郑秉文. 中国养老金精算报告 2019—2050[M]. 北京：中国劳动社会保障出版社, 2019.

[13] 曾益, 李晓琳, 史晨曦. 降低养老保险缴费率政策能走多远？[J]. 财政研究, 2019（6）.

[14] 郑功成. 中国社会保障改革与未来发展 [J]. 中国人民大学学报, 2010（5）.

[15] Belloni, M. & Maccheroni, C., 2013, "Actuarial Fairness When Longevity Increases: An Evaluation of the Italian Pension System", *The Geneva Papers on Risk and Insurance-Issues and Practice*, Vol.38, No.4, pp.638～674.

[16] Board of Trustees, 2018, "The 2018 Annual Report of the Board of Trustees of the Federal Old-Age and Survivors Insurance and Disability Insurance Trust Funds", https://www.ssa.gov/OACT/TR/2018/tr2018.pdf.

[17] Borella, M., 2004, "The Distributional Impact of Pension System Reforms: An Application to the Italian Case", *Fiscal Studies*, Vol.25, No.4, pp.415～437.

[18] Coronado, J. L., Fullerton, D. & Glass, T., 2011, "The Progressivity of Social Security", *The B.E. Journal of Economic Analysis & Policy*, Vol.11, Iss.1, Article 70.

[19] Diamond, P. A., 1977, "A Framework for Social Security Analysis", *Journal of Public Economics*, Vol.8, No.3, pp.275～298.

[20] Dicks-Mireaux, L. & King, M., 1984, "Pension Wealth and Household Savings: Tests of Robustness", *Journal of Public Economics*, Vol.23（1～2）, pp.115～139.

[21] Disney, R., Boeri, T. & Jappelli, 2004, "Are Contributions to Public Pension Programmes a Tax on Employment？", *Economic Policy*, Vol.19, No.39, pp.267～311.

[22] Feldstein, M. & Liebman, J. B., 2002, "Social Security", *Handbook of Public Economics*,

Vol.4, pp.2245～2324.

[23] Gale, W. G., 1998, "The Effects of Pensions on Household Wealth: A Reevaluation of Theory and Evidence", *Journal of Political Economy*, Vol.106 (4), pp.706～723.

[24] Gustman, A. L. & Steinmeier, T. L., 2001, "How Effective is Redistribution under the Social Security Benefit Formula ? ", *Journal of Public Economics*, Vol.82, No.1, pp.1～28.

[25] Gruber, J., 1994, "The Incidence of Mandated Maternity Benefits", *The American Economic Review*, Vol.84, No.3, pp.622～641.

[26] Hamaaki, J. & Iwamoto, Y., 2010, "A Reappraisal of the Incidence of Employer Contributions to Social Security in Japan", *The Japanese Economic Review*, Vol.61, No.3, pp.427～441.

[27] Hurd, M. D. & Shoven, J. B., 1985, "The Distributional Impact of Social Security", In *Pensions, Labor and Individual Choice*, University of Chicago Press, pp.193～222.

[28] Legros, F., 2006, "NDCs: A Comparison of the French and German Point Systems", In Pension Reform: Issues and Prospects for Non-Financial Defined Contribution (NDC) Schemes, The World Bank, pp.203～222.

[29] Leimer, D. R., 2007, "Cohort-specific Measures of Lifetime Social Security Taxes and Benefits", ORES Working Paper, No.110.

[30] Li, Z. & Wu, M., 2013, "Estimating the Incidences of the Recent Pension Reform in China: Evidence from 100000 Manufacturers", *Contemporary Economic Policy*, Vol.31, No.2, pp.332～344.

[31] Lindbeck, A. & Persson, M., 2003, "The Gains from Pension Reform", *Journal of Economic Literature*, Vol.41, No.1, pp.74～112.

[32] Lustig, N., 2016, "Fiscal Policy, Inequality and the Poor in the Developing World", WIDER Working Paper, No.164.

[33] Mahler, V. A., Jesuit, D. K., 2006, "Fiscal Redistribution in the Developed Countries: New Insights from the Luxembourg Income Study", *Socio-Economic Review*, Vol.4, No.3, pp.483～511.

[34] Mincer, J., 1974, *Schooling, Experience, and Earnings*, New York: National Bureau of Economic Research, Columbia University Press.

[35] Myers, R. J. & Schobel, B. D., 1983, "A Money's-Worth Analysis of Social Security Retirement Benefits", *Society of Actuaries Transactions*, Vol.35, pp.533～561.

[36] Nelissen, J., 1987, "The Redistributive Impact of the General Old Age Pensions Act on Lifetime Income in the Netherlands", *European Economic Review*, Vol.31, No.7, pp.1419～1441.

[37] Nielsen, I. & Smyth, R., 2008, "Who Bears the Burden of Employer Compliance with Social Security Contributions: Evidence from Chinese Firm Level Data", *China Economic Review*, Vol.19, No.2, pp.230～244.

[38] Ooghe, E., Schokkaert, E. & Flechet, J., 2003, "The Incidence of Social Security Contributions: An Empirical Analysis", *Empirica*, Vol.30, No.2, pp.81～106.

[39] Oshio, T., 2005, "Social Security and the Intragenerational Redistribution of Lifetime Income

in Japan", *Japanese Economic Review*, Vol.56, No.1, pp.85～106.

[40] Queisser, M. & Whitehouse, E. R., 2006, "Neutral or Fair? Actuarial Concepts and Pension-System Design", OECD Social Employment & Migration Working Papers, No.40.

[41] Summers, L. H., 1989, "Some Simple Economics of Mandated Benefits", *The American Economic Review*, Vol.79, No.2, pp.177～183.

[42] Office for National Statistics UK, 2018, "The Effects of Taxes and Benefits on Household Income", https://www.ons.gov.uk.

[43] Wang, L, Béland, D. & Zhang, S., 2014, "Pension Financing in China: Is There a Looming Crisis?", *China Economic Review*, No.30, pp.143～154.

[44] Woodbury, S. A., 1983, "Substitution between Wage and Nonwage Benefits", *The American Economic Review*, Vol.73, No.1, pp.166～182.

附 录

附表 1　　工资函数估计结果

变量	全体	企业职工	机关事业单位人员
年龄	0.1190*** (0.0108)	0.1347*** (0.0130)	0.0862*** (0.0196)
年龄平方	-0.1402*** (0.0136)	-0.1677*** (0.0163)	-0.0835*** (0.0243)
女性	-0.0770*** (0.0244)	-0.1101*** (0.0297)	0.0111 (0.0426)
初中	0.0685 (0.0901)	0.0734 (0.0960)	-0.1535 (0.2914)
高中/中专	0.2429*** (0.0893)	0.2114** (0.0956)	0.1629 (0.2807)
大专	0.4706*** (0.0907)	0.4042*** (0.0981)	0.4337 (0.2803)
本科及以上	0.7574*** (0.0914)	0.6907*** (0.0997)	0.7237*** (0.2794)
工作单位类型	控制	控制	—
所在行业类型	控制	控制	控制
所在地区	控制	控制	控制
常数项	8.0211*** (0.2544)	7.8015*** (0.3039)	8.7281*** (0.5066)
样本量	8771	6132	2639
调整的 R^2	0.0947	0.0921	0.1084
F 统计量	27.22	19.30	11.69

注：（1）***、**、*分别表示在1%、5%和10%水平上显著；（2）省略变量分别为男性、小学等。

监管型小股东行权的有效性研究*
——基于投服中心的经验证据

陈运森　袁薇　李哲

（中央财经大学会计学院、中国管理会计研究与发展中心）

摘要：上市公司监管和投资者保护一直是困扰中国资本市场的难题，而成立具有监管性质的中证中小投资者服务中心（以下简称"投服中心"）则是具有创新性的监管尝试。通过持有上市公司100股股票，投服中心采用市场化手段为小股东发声，是独特的半公共—半私人实施机制。本文手工搜集投服中心参加股东大会的行权数据，对监管型小股东行权的影响因素、市场反应和监管效果进行了分析。结果发现：首先，投服中心选择行权标的时，倾向于选择曾受到监管机构处罚和问询、收到非标准审计意见、较少发放股利及大股东掏空动机较强的企业；其次，投服中心的行权事件具有信息含量，即被行权企业的市场反应更差，这一负向市场反应在中小股东行权积极的企业中更为明显，且会受到具体的行权提问特征及被行权公司特征的影响；投服中心行权还具有实际监管效果：上市公司在被行权后有更加负面的新闻报道，也更可能引发监管机构的处罚跟进；此外还发现投服中心行权的监管效果具有行业溢出效应。结论显示，作为中国特色的半公共—半私人实施机制创新，监管型小股东具有较好的监管效果，对近年来持续推进的"创新监管方式改革"及新证券法实施都具有重要启示。

关键词：投服中心　监管型小股东　证券监管　投资者保护　溢出效应

---

* 原载《管理世界》2021年第6期。

一、引 言

证券监管和中小投资者保护是全世界资本市场都面临的重要问题。成熟资本市场以股东发起诉讼和股东参与投票等依靠市场力量的私人实施机制（Private Enforcement）为主，而新兴资本市场更多地以通过政府代理人揭露并惩罚违反法律参与者的公共实施机制（Public Enforcement）为主。在我国资本市场中小投资者占比高的背景下，保护广大中小投资者的合法权益更是资本市场监管工作的出发点和归宿。长期以来，我国证券市场的主要监管方式是公共实施机制——以证监会行政监管为主，以及2013年开始逐渐兴起的交易所一线监管，同时辅助以尚处发展中的私人实施机制。从实践的角度来看，目前公共实施机制的处罚力度太低且监管覆盖面太小，比如原证券法对于重大财务造假的顶格处罚仅有60万元人民币[①]；同时，由于缺乏成熟的市场参与者以及有效的个人诉讼系统，私人实施机制的实施效果亦不容乐观[②]。根据深交所《2018年个人投资者状况调查报告》，中国证券市场账户资产50万元以下的中小投资者占比80%，非理性投资者平均占比43.9%。而从学术角度来看，我国私人实施机制和公共实施机制的效率均需进一步提升（Chen et al.，2005；孔东民、刘莎莎，2017；陈运森等，2019；Duan et al.，2019；陈运森等，2020）。

党的十九大强调要"深化简政放权，创新监管方式"。2014年12月5日成立的投服中心便是探索投资者保护的重要机制创新[③]。投服中心是证监会批准设立和直接管理，其目的在于"通过持股行权的方式，弥补行政监管、交易所一线监管及行业协会自律监管等外部监管手段的不足，从内部督促公司规范运作，从而成为现行监管体系的有益补充"。投服中心成立以来坚持立足股东身份，坚持市场角度，通过事前持股行权机制、事中证券期货纠纷调解机制和事后证券支持诉讼

[①] 例如2019年引起资本市场强烈关注的康得新（002450）涉嫌在2015—2018年虚增利润119亿元，但证监会2019年7月5日下达的行政处罚书即是60万元，远低于违规的收益。

[②] 据我们统计，在2018年的股东大会中，A股公司有69.36%的参加股东人数少于等于20人，股东大会参加的人数中位数是13人，甚至有55个公司出现了"一人参会"的奇特股东大会。而且，在股东大会上存在议案被否决的情况小于1%。从实践来看，庞大的非理性中小投资者占比结构约束了私人实施机制的效能发挥，因此，我国当前阶段很难依托私人实施来实现中小投资者的自我权益保护功能。

[③] 投服中心的总经理徐明表示，投资者保护方面，无论政府保护还是自律保护，都是"父爱主义"的做法；如果投服中心可以带动中小投资者发挥"自为"作用，这不仅可以完善投资者保护的"三驾马车"，还可以对监管部门的"他为"予以解放。

机制对中小投资者进行保护①。截至2019年8月底，投服中心共持有3700家上市公司股票，共计行权2471场，累计行使包括建议权、质询权、表决权、诉讼权、临时股东大会召集权在内的股东权利3210次，提起支持诉讼案件19件，股东诉讼1件，诉求总金额近1.13亿元②。

投服中心作为投资者保护公益组织向中小股东提供公益服务，同时又具备政府弹性监管的色彩（辛宇等，2020）。目前，投服中心的行权很大程度上依靠行政的力量发挥作用（中国社科院法学所与华英证券有限责任公司课题组，2018）。相对于监管机构的事后监管，投服中心最大的特点之一是可以凭借股东身份，通过参加股东大会、参加媒体说明会、发送股东建议函、对公司资料进行现场检查、网上行权等方式，采用"事前监管"和"事中监管"，从而能填补监管弱项，弥补执法水平、频度和强度等不足（邓峰，2018），这种弹性监管是证监会对公司监管的延伸（陈洁，2018）。投服中心的成立受到了资本市场和媒体公众的广泛关注③，且地位在2020年开始实施的新证券法中得到了进一步提高。我们认为，这一创新性监管是中国特色的"半公共—半私人"实施机制（Public-plus-Private Enforcement），即具有公共实施机制的实质，但采用私人实施机制的形式。投服中心有公共实施机制实质的原因在于，其是证监会的下属机构，并以上海证券交易所、深圳证券交易所等作为主要股东，具有公共实施的威慑力，是典型的具有官方背景的监管方式。同时其行权标的选取和行权效果反馈也都是带有监管性质的，其之所以引起公司和其他投资者注意也主要是因为它的监管背景④。但与此同时，"做普通股东"是投服中心试点行权的一项原则⑤，专注于发现上市公司存在

---

① 在投服中心的业务模式中，调解也是较为重要的一种保护中小投资者的方式，但该数据并未对外公开。也许未来在该数据可获得时可以对调解业务的效果进行研究。

② 典型的行权案例是"投服中心持股行权ST慧球（600556）"：2016年8月，投服中心公开发声，质询ST慧球侵犯了投资者的知情权；2016年12月，投服中心参加ST慧球的股东大会，质询其公司治理混乱，鼓励投资者参与股东投票；2017年1月，投服中心再次参加ST慧球的股东大会，质询其信息披露违规和董事会的勤勉问题。在投服中心"四次公开发声，两度参加股东大会"之后，ST慧球原来的董监事被替换，投服中心得到了中小投资者代表的感谢。

③ 如：2019年3月13日，新华网发布新闻题为《中证投服中心：为广大中小投资者"代言"》。2017年5月10日，《金融时报》发布新闻题为《探索投资者保护机制创新 投服中心完成全面持股》。2017年3月30日，《中国证券报》发布新闻题为《投服中心密集参加股东大会展开集中行权》。

④ 根据《中证中小投资者服务中心持股行权工作规则（试行）》（以下简称《行权规则》），投服中心的行权线索渠道部分来自投资者互动平台以及与监管机构、自律组织建立的信息共享机制，且会重点关注监管机构和自律组织建议的事项。

⑤ 详情参阅：https://www.investor.gov.cn/rights_interests_protection/exercise_service/exercise_information/policies/201706/t20170615_189999.shtml。

的问题,且舆情来源广泛——其通过梳理公司章程等资料、梳理中小投资者反映的事项,以及梳理由监管机构和交易所移交的线索,积极关注公司存在的问题,并依据投资者保护相关的法律法规,向公司提出质询和建议,这又兼具私人实施性质。综合公共实施和私人实施的特点,我们认为投服中心作为"公益性的普通股东",是一种证券监管创新,是典型中国特色的资本市场中小投资者保护机制和实现路径。尽管投服中心的监管性质受到政府的重视,但市场投资者是如何看待投服中心的行权的呢?从理论上看,一方面可能是"强监管效应"占主导,投服中心行权上市公司意味着该公司有侵害投资者利益的行为,从而降低投资者对公司价值的期望,甚至引发监管机构和交易所的处罚跟进,使得公司未来面临更高的不确定性。因此投资者会做出负向市场反应。而另一方面则可能是"弱监管效应"起主要作用,其行权的治理效果可能令人质疑,市场也可能认为其是"纸老虎"而不做出任何反应。因此,投资者是否看重以及如何评价投服中心的持股行权行为是一个具有研究张力(Tension)的实证问题。

本文手工搜集了投服中心参加股东大会的相关数据,对投服中心的行权标的选择、行权市场反应及其影响因素、初步监管效果及其监管的行业溢出效应进行了全面系统的分析,结果显示:(1)投服中心在选择行权标的时,倾向于选择曾受到监管机构处罚或交易所问询、收到非标审计意见、较少发放股利以及大股东掏空动机较强的企业。(2)投服中心的股东大会行权是具有信息含量的。具体来说,被投服中心行权的企业短期市场反应更差,而且中小股东行权积极的企业组别市场反应更差。通过对投服中心的提问特征分析发现,当投服中心的提问涉及涉嫌违规、风险和资金问题时,市场的反应更加负向。而通过对被行权公司特征分析发现,股价崩盘风险较高、盈余管理程度较高和有被监管机构处罚经历的企业短期市场反应更低。(3)监管效果方面,被投服中心行权的公司在事件后有更多的新闻报道,报道语调也更加负面,且更可能引发监管机构的处罚跟进;对投服中心建议修改公司章程的子样本分析还发现,76%的公司接纳了投服中心的建议。(4)监管也存在溢出效应,在投服中心行权后,同行业的其他公司(未被投服中心行权)亦有负面市场反应,且新闻报道也更加负面、更可能收到问询函。总体而言,论文发现投服中心作为独特的监管型小股东,发挥了较好的监管效果,是具有中国创新的半公共—半私人实施机制。

本文的潜在贡献如下:(1)为政府发起但主要依靠市场力量运作的创新监管方式提供了初步的证据。以往文献主要研究了证监会行政监管和交易所一线监管等政府直接监管的作用(Chen et al., 2005;吴溪、张俊生,2014;陈运森等,2018),而坚持股东定位、通过股东"内部人"身份、依靠市场力量实施监管的投服中心是现有行政监管体系的完善,是重要的"事前监管"和"事中监管"载体。本文提出了"监管型小股东"概念，并对这一被文献忽视但正在发挥重要作用的监管现象进行了检验。辛宇等（2020）以案例研究形式对投服中心诉讼行为的事后监管进行了分析，而本文利用投服中心参加股东大会的行权场景，采用实证研究对投服中心的事前、事中监管作用进行分析，对这一创新性监管方式进行了理论研究并得出了新的经验证据。(2) 关于投资者保护及证券监管的既有研究主要在争论公共实施机制和私人实施机制的效力高低问题（La Porta et al., 2006; Jackson and Roe, 2009），或是单独研究公共实施机制和私人实施机制的效果（Huang and Ke, 2018; Duan et al., 2019），本文则验证了中国资本市场中独特的由证券监管机构发起但是通过股东身份行权的半公共—半私人实施机制的事前和事中监管的效果，对其他转轨经济体的资本市场监管及投资者保护也提供了很好的启示。(3) 结论具有重要的政策启示。党的十九大报告提出要"转变政府职能，深化简政放权，创新监管方式"，投服中心则很好地结合了"政府有效监管"和"市场充分参与"，是市场与政府职能有机结合的制度优势体现：通过第三方代理人来施加监管策略，延伸了政府看得见的手，到达政府应该规范但不应该管制的经济活动层面，体现政府监管的有效性；又依靠市场的力量，通过持股行权唤醒中小投资者的维权意识。本文结论发现投服中心的持股行权是证监会有效的放权方式，而且有助于唤醒股东意识，真正做到长效性地通过示范和引领中小投资者权益维护来督促企业达到持续高质量发展的目标。此外，2020年《中华人民共和国证券法》从法律意义上进一步明确和提升了投服中心在履职中的权利和地位，本文为新证券法实施效果检验也提供了启示。

本文后续安排如下：第二节是文献综述、制度背景与理论分析，第三节是研究设计，第四节是实证检验的系列结果，最后是本文的结论。

二、文献综述、制度背景与理论分析

（一）文献综述

对于证券监管者而言，采用公共实施机制还是私人实施机制来保护中小投资者利益的效能评价一直是有争议的话题。前者是指政府代理人揭露并惩罚违反法律者（Shavell, 2000），而后者是指依靠市场机制执行证券法，比如股东发起诉讼、股东参与投票和资本交易行为（Jackson and Roe, 2009）。La porta 等（2006）的跨国数据并没有表明公共实施机制有益于资本市场的发展，但提供了强有力的证据表明加强私人实施机制对资本市场的发展有促进作用。Jackson 和 Roe（2009）

也采用跨国数据进行研究，但发现公共实施机制比私人实施机制更加有效地推动了资本市场的发展。

基于中国独特的制度背景，部分学者研究了证监会监管的市场反应。Chen等（2005）以中国证监会处罚公告作为事件日发现市场会有负向的反应。吴溪和张俊生（2014）基于证监会对上市公司立案公告研究，发现市场在立案公告附近会有负向的市场反应。以上两篇文献通过事件研究证明我国监管机构不是"纸老虎"。此外，部分学者研究了证监会监管的治理作用。早期文献关于证监会是否能有效治理尚未取得一致的结论（Anderson，2000；Chen et al.，2005；宋云玲等，2011；陆瑶等，2012）。而近期尤其是党的十八大提出"完善金融监管"之后，我国监管体系逐渐完善，强监管背景下，学术界基本认为证监会整体而言是具有威慑力的，且能够相对有效地约束资本市场主体的违规行为（Hung et al.，2015；许年行等，2013；陈运森、宋顺林，2018；刘星、陈西婵，2018）。在证监会监管之外，既有文献还针对2013年开始并逐渐突出的交易所一线监管进行了考察，学术界尚未对其治理效果取得一致的结论。Huang和Ke（2018）采用中国信息披露直通车作为研究背景，认为在私人实施机制取代公共实施机制后，公司信息披露的及时性降低且错报率提升。陈运森等（2018，2019）研究了问询函治理作用，发现证券市场会对公司收到问询函作出负向的市场反应，对于公司回函则会有正向的市场反应，且公司收到问询函后会抑制盈余管理程度。李晓溪等（2019）进一步发现公司收到年报问询函后业绩预告积极性提高，预测精确度增加，且预告文本信息质量改善。以上发现意味着交易所一线监管的问询函方式具有治理作用。而Duan等（2019）将问询函作为公共实施机制的代表，研究在私人实施机制严重缺失的资本市场，公共实施机制是否发挥了有效的作用。结果发现，市场对公司收到问询函有负向的市场反应，但问询函这种公共实施机制并没有提升公司的财务报告质量，也没有发现资本市场对被发函的公司有更高的资本回报要求。投服中心行权属于另一种证券监管的延伸模式，契合私人实施机制的某些属性，但目前尚未得到学界的充分考察。

私人实施机制方面，国外部分学者对一些中小投资者保护机构的作用进行了研究。美国的中小投资者保护机构主要是投资者保护协会（United Shareholders Association，简称USA）。Strickland等（1996）发现当被USA行权的公司接受USA的建议时，市场会有正向的反应。Bizjak和Marquette（1998）发现当公司收到USA的股东建议函时，其更容易改变有损股东利益的毒丸计划。也有学者利用马来西亚的中小投资者保护机构MSWG（Minority Shareholder Watchdog Group，简称MSWG）进行研究，Ameer和Rahman（2009）发现MSWG行权的公司相对于非行权公司短期回报并无显著差异。Choi和Cho（2003）采用韩国

PSPD（People's Solidarity for Participatory Democracy，简称 PSPD）的行权数据，发现 PSPD 并不将企业过去的业绩和股价作为选择目标的标准；其认为被行权公司没有表现出比非被行权公司更差的业绩和公司价值。由于国内私人实施机制的缺乏以及限于数据可得性，少有国内学者研究私人实施机制。黎文靖等（2012）、孔东民等（2013）、孔东民和刘莎莎（2017）从中小股东网络投票的角度研究了中小股东参与对公司治理的影响。

借助于中国台湾地区于 2003 年成立的半公共性质的投资者保护机构——"证券投资人及期货交易人保护中心"（Securities and Futures Investors Protection Center，IPC），部分学者研究了其帮助中心股东进行诉讼的实际效果，发现 IPC 的诉讼胜率较低、帮助投资者实际获得的赔偿金相对于投资者的损失而言过少，且诉讼周期较长（Wang and Su，2015；Lin，2016）。借助中国大陆投服中心的背景，辛宇等（2020）采用多案例研究，探究了投服中心提起诉讼的效果。本文与辛宇等（2020）的主要差别在于，该研究采用案例分析的方法，且以投服中心的事后"维权行为"作为研究对象；本文则是采用实证研究，深入探究投服中心作为监管型小股东在股东大会召开之际的"事前"和"事中"持股行权效果。

综上可知，国外文献大多为单独研究公共实施机制抑或私人实施机制，除我国台湾地区的 IPC，世界上其他资本市场并无投服中心这种监管型小股东类型的机构，无法检验"半公共—半私人"实施机制的效果。即使有 IPC 的经验证据，研究投服中心的行权也同样十分必要，这是因为：IPC 的工作重心是进行团体诉讼（事后监管），因此学术界尚未对 IPC 事前、事中行权进行研究，而投服中心则倾向于日常化的事前、事中监管，二者具有明显的监管阶段性差异。

（二）制度背景

1. 投资者保护模式创新与投服中心设立

近年来监管机构对中小投资者的保护愈加重视，2013 年 12 月，国务院办公厅颁布了《关于进一步加强资本市场中小投资者合法权益保护工作的意见》；2014 年 5 月，国务院发布《国务院关于进一步促进资本市场健康发展的若干意见》，该意见在总体思想中提出要"维护投资者特别是中小投资者合法权益"。在上述两份指导意见的引领下，证监会成立了中证中小投资者投服中心。2016 年 2 月，投服中心发布了《持股行权试点工作方案》，对持股行权进行了总体规划。至此，证监会投资者保护局（证监会内部职能部门，简称"投资者保护局"）联合中证中小投资者服务中心（即"投服中心"）与中国证券投资者保护基金公

(简称"投保基金公司"),构成我国中小投资者保护的"一体两翼"①。我国初步形成了投资者保护局牵头抓总,投保基金和投服中心等专门投保机构具体落实,交易所、行业协会、派出机构等系统内各单位共同参与,市场经营主体履行主体责任的投资者保护组织体系。2020年3月1日,新增"投资者保护"章节的修订后的证券法开始实施,从法律上赋予了投服中心一系列职责,且不受证券法对于持股比例和期限的限制,使其在资本市场中的地位得到了更大的提升(陈运森等,2020)。

投服中心的业务模式主要包括持股行权、纠纷调解和诉讼维权。行权方式包括参加股东大会、参加重大资产重组媒体说明会、网上行权、发送股东建议函等。行权过程中重点针对不当反收购限制条款、投票机制及分红制度、公司治理规范性等事项。投服中心是由上海证券交易所、深圳证券交易所、上海期货交易所、中国金融期货交易所和中国证券登记结算有限公司5个主体注资30亿元成立。投服中心在2014年12月5日成立后,在2016年2月19日决定在上海、广州(不含深圳)和湖南三省成立行权试点,直到2016年5月11日才首次以股东身份参与上市公司的股东大会②。2017年4月14日,经证监会批准,投服中心的行权工作扩展到全国。2017年5月9日,投服中心完成对我国上市公司的全面持股。投服中心通过行使质询、建议、表决和诉讼等股东权利,强化中小投资者保护,规范中小投资者治理,引导投资者主动行权。鉴于数据的可得性和可行性,本文主要研究投服中心参加股东大会的市场反应。投服中心选择行权公司的途径主要包括:第一是投服中心日常关注的尚未解决的行权线索,第二是监管机构、交易所等单位移交的线索,第三是中小投资者反映的事项。对于行权的现场情况和发现的问题,投服中心会向证监会派出机构通报③。截至2018年12月31日,投服中心已经参与股东大会123次。其开展行权的重大事件如表1所示。

---

① 其中,投资者保护局主要负责投资者保护工作的统筹规划、组织指导、监督检查、考核评估。投保基金公司成立的目的是应对被处置证券公司及公募基金管理人破产风险给投资者造成的损失。

② 2016年5月11日投服中心以股东身份参加拓中股份的股东大会,并行使了质询权、建议权和投票权,相关建议获得了股东大会的采纳,这是投服中心成立以来首次正式参加上市公司股东大会。

③ 详情参阅:投服中心在"中国投资者网"披露的行权状况。https://www.investor.gov.cn/information_release/market_news/201807/t20180723_309990.shtml。

表1　　　　　　　　　投服中心组织沿革和行权重大事件表

时间	事件
2014年12月5日	投服中心成立
2016年2月19日	在上海、广东（不含深圳）、湖南开展持股行权试点
2016年5月11日	首次以股东身份参与上市公司的股东大会
2016年6月9日	首次向3个试点辖区上市公司发出股东建议函
2016年7月14日	首次参加上市公司重大资产重组媒体说明会
2016年7月25日	接受因上市公司匹凸匹（600696）虚假陈述行为受损的投资者委托，将原实际控制人和相关高管告上法庭，这是全国首例证券支持诉讼
2017年4月14日	持股行权试点扩展至全国
2017年5月9日	完成对沪深两市上市公司股票的全面持股
2017年6月26日	首次以股东身份提起诉讼，因海利生物（603718）公司章程相关条款限制股东董事提名权而向法院提起诉讼并获受理
2017年11月3日	投服中心持股行权专家委员会成立 [a]

注：a持股行权专家委员会由证券行业机构、高校、研究机构、律师事务所、会计师事务所等单位中政治素质好、业务能力强、经验丰富的专业人士构成，在投服中心的行权工作中给予专业性的意见。

2. 部分国家和地区中小投资者保护组织的对比

由于各国和地区的制度背景和资本市场发展的差异，根植于不同制度背景上的中小投资者保护组织有所不同。投服中心是在中国特定的资本市场发展阶段产生的，对当下资本市场面临的投资者保护工作中的问题极具针对性。监管机构的主导和事前、事中监管方式使得投服中心和其他资本市场的中小投资者保护机构相比具有明显的独特性。其中，马来西亚所设置的投资者保护机构MSWG和我国台湾地区设置的投资者保护机构IPC运行模式和我国大陆地区投服中心最为接近，在此重点对比这两者与投服中心的差异[①]。

马来西亚的中小投资者利益保护机构由该国的几个重要经济团体于2000年注资成立，而非政府主导成立。该组织拥有众多的小股东成员（包括个人投资者、企业投资者和机构投资者），这些成员通过提交会费的形式加入该组织。MSWG在2009年之前不持有公司股票，2009年后购买了部分公司的股票。投服中心与MSWG的最大差别是，投服中心具有监管色彩，其行权线索和行权效果都和证监会有密切沟通。而MSWG由于其注资对象是大经济团体，其行权的公

---

① 同样也是为保护中小股东权益，韩国一些学者、律师在1997年设立People's Solidarity for Participatory Democracy（简称PSPD）。该组织的行权方式主要是代替中小股东发起诉讼，其中有一半的诉讼失败，行权对象主要是韩国的财阀（Chaebols，韩国主要的大型家族企业）。该组织的发起人和行权方式与投服中心都有较大差异，因此，在此不进行详细讨论。

允性难以证实（Ameer and Rahman，2009）。我国台湾地区的"证券投资人及期货交易人保护中心"（Securities and Futures Investors Protection Center，IPC）与投服中心的性质较为接近。但 IPC 与投服中心最大的差异是：IPC 的工作重心是在民事诉讼，而投服中心更多的是采用参与公司日常活动（如参加股东大会、媒体说明会、投资者说明会等）、公开发声、发送股东意见函、现场查阅公司资料等方式行权。在其他资本市场，很多都设有投资者协会（Shareholders Association）。世界投资者联盟（World Federation of Investors）是一个世界性的投资者保护机构的联盟，全球大多主要资本市场的投资者协会都是该联盟的成员[①]。比较有代表性的是瑞典投资者协会（The Swedish Shareholders' Association）和美国投资者协会（United Shareholders Association，简称 USA）。这些投资者协会的特点是作为独立组织，通常拥有众多的会员但不直接持有企业股票。这些协会的主要任务是投资者教育，并代替协会中的会员投资者行使股东权利。

结合以上分析得知，我国中证中小投资服务中心的运作制度与其他主要国家和地区的投资者保护组织相比，还存在较大差异，其主动行权是否具有信息含量还有待商榷。

（三）理论分析

投服中心是"政府有效监管"和"市场充分参与"相结合的创新机制，投服中心作为有效的监管者体现在：通过第三方代理人来施加监管策略，延伸了政府看得见的手，到达政府应该规范但不应该管制的经济活动层面。丰富了政府介入的形式，而不再仅仅局限于现有的诸如处罚性监管和非处罚式问询等监管方式，而是培育了参与式监管的有效执行人。这种执行人有着中小股东的身份，同时也肩负政府监管职能，更能够形成角色转化，设身处地考量法律要求和中小股东诉求。投服中心促进市场充分参与还体现在：培养有责任有担当的中小投资者和大股东、管理层形成良性的博弈均衡，使得公司信息披露兼顾大股东和中小股东的信息需求和利益诉求。基于此，我们认为投服中心是典型的监管型小股东。同时，在此理论基础之上，本文从标的选择和市场反应两个方面进行理论论述。

1. 标的选择

（1）公司财务特征和公司治理情况。公司的财务特征（盈利指标、公司规模、财务杠杆率等）可以反映公司的经营状况，也是市场中最为关注的因素。异常的盈余数据预示着公司可能存在财务违规行为（Dechow et al.，2011），所以异常财务特征也通常会吸引监管者的关注。此外，已有文献发现公司的财务操纵行

[①] World Federation of Investors 的成员列表：http://www.wfic.org/wfic_organizations.asp。

为与其面临借贷约束有一定的关系（Healy and Wahlen，1999），且规模较大的公司更可能涉及证券诉讼（Dechow et al.，2011）。参考 Wang（2013）构建的企业违规预测模型，我们认为盈利指标、公司规模和财务杠杆率可能是投服中心考虑的因素。

除了财务特征，公司治理特征也可能影响投服中心的行权。投服中心成立的目的是保护中小股东，因此在行权时可能会考虑大股东掏空动机较强的公司。在"金字塔"股权结构之下，公司最终控制人的现金流权与控制权分离程度较大时，其更可能对上市公司进行"掏空"（La Porta et al.，1999），从而危害到中小股东的利益。因此，本文认为两权分离度较大的公司更可能被投服中心行权。此外，盈余质量较差的公司、收到非标准审计意见的公司更可能存在着财务舞弊行为，因此本文认为盈余管理较为严重和收到非标准审计意见的公司同样可能更容易被投服中心行权。

（2）资本市场特征。我们从股价异常波动和股权质押两个视角来分析资本市场特征对于投服中心行权的影响。一方面，股价的异常波动会使得投资者蒙受损失，从而对中小投资者利益造成较大损失。因此投服中心可能也会关注公司在资本市场的异常表现。尤其对于股价波动较大的公司，可能给予更多的关注。另一方面，股权质押会强化大股东对公司的利益侵占，且会提升股票的股价崩盘风险（谢德仁等，2016），使得投资者承受更大的风险。因此投服中心也可能会对股权质押比例较高的公司给予更多关注。

（3）投服中心公告。据投服中心的公开官方公告可知，在标的选择时也会高度关注公司的利润分配机制，因此我们推测利润分配较少的公司更可能受到投服中心的行权。此外，上市公司的违规担保行为更有可能引发投服中心关注，违规担保是上市公司违反公司法或公司章程等规定对外提供担保的行为。由于违规担保的隐蔽性，近几年违规担保频繁出现且数额较大，也成为投服中心行权关注的重点。因此，对外担保较多的公司更可能被投服中心行权。

根据投服中心的行权规则，其行权线索来源部分依托了证监会和交易所等机构。因此，本文认为投服中心关注的公司可能与被证监会等监管机构关注的公司有一定的重合。当证监会和交易所发现公司存在损害股东利益，但性质较轻不构成违法违规的行为时，可能会交予投服中心处理。此外，证监会（交易所）对上市公司进行处罚（问询）后，并不能对上市公司提起民事诉讼对小股东进行赔偿，其职责也不包括处理股东损失等事项。因此，投服中心可能从股东的角度介入，质询上市公司的股东赔偿问题和未来的股东保护机制等有关事项。因此，我们认为，被监管机构和交易所问询或者被监管机构处罚的公司，同样可能成为投服中心从股东角度介入的标的公司①。

2. 市场反应

按照 Huang 和 Ke（2018）、Duan 等（2019）的观点，目前我国公共实施机制和私人实施机制的作用都较为有限。具有监管背景的投服中心意欲通过持股行权的方式来引导、帮助和教育中小股东行使股东权利，是兼具公共实施实质及私人实施方式的创新性监管模式，也正是"政府有效监管"和"市场充分参与"优势相结合的实践。但实证中需要验证的一个重要问题便是，新成立的投服中心能否成为提升证券监管的有效方式？投资者尤其是中小股东会对投服中心参加股东大会的行权作何反应呢？

一方面，从"强监管效应"的角度分析，如果市场认为投服中心可以起到监管效果，则会做出负向的反应。总的来说，投服中心发挥"强监管效应"依赖于公权力支持的威慑力和灵活的市场化手段两方面。其威慑力体现在：第一，政府高度重视投资者保护工作，并为投服中心持股行权做"后盾"。国务院在2013年发布了《关于进一步加强资本市场中小投资者合法权益保护工作的意见》，促成了投服中心的最终成立。可以说，投服中心从开始就具备政府弹性监管的色彩（辛宇等，2020），证监会主导成立投服中心，并对投服中心给予领导和专业人才的支持。同时，投服中心的主要领导源自证券监管体系等体制内岗位，离开投服中心后也很可能继续在该体系内发展，其在投服中心的工作容易得到被证监会等监管机构的高度重视，所以有政治动机去积极地发挥投服中心的作用。第二，根据行权规则，对于行权过程中出现市场关注、舆情异常等重要或敏感问题，或者发现行权对象存在拒绝改正违法违规行为或改正不及时的，投服中心将及时报告相关监管机构、自律组织。因此，投服中心行权还可能引发交易所的问询和证监会行政监管，使得公司面临更高的不确定性。虽然投服中心行权方式弱化了行政监管色彩，但是由于监管方和被监管方之间的信息不对称，投资者和公司仍然会惧怕投服中心本质上的官方背景，这一"标签效应"将会引起市场的负向反应。

投服中心运用市场化手段产生影响力体现在：第一，投服中心行权具有监管的正外部性，其持股行权从公司日常治理阶段介入，发挥的示范作用可能引导中小股东对公司持续监督和联合行权，进而对公司日常治理产生影响；第二，投服中心会将持股情况、行权进度、行权结果等信息及时公开，且其持股行权事项常常会被新华网、中证网等主流媒体报道，进而受到资本市场的广泛关注和持续监督。此外，在运用市场化手段的基础上，投服中心持股行权具有一定的专业性。

---

① 从监管分工的角度来说，投服中心的制度优势体现在弥补证监会和交易所难以延伸到的股东诉讼，从而和审稿人的意见和建议达到高度默契。

在行权前，投服中心会针对给广大中小投资者合法权益造成（或可能造成）损害的事项进行多维度分析，拟订行权方案，对于较为复杂的事项，他们会深度咨询专家委员会[①]。在具体的行权实践中，市场主体的反馈也体现了投服中心的重要影响力，如：投服中心行权山东金泰被轻视后，该行权事项随即被上海证券报和中国证券报报道，随后这两个主流媒体的报道又被新华网等媒体转载，引发了广泛的舆论监督。山东金泰随后公开发布道歉函，承认了公司轻视投服中心行权的错误行为，并表示欢迎投服中心继续参加股东大会和提出建议[②]。

结合以上两点分析，投服中心对公司行权会给市场释放出两种信号：第一，公司在过去可能存在着一些损害投资者利益的行为；第二，投资者的利益在未来受到损害的风险较高。因此，在投服中心行权事件后，会给相关企业造成负面的声誉影响，进一步降低外部投资者对企业大股东和高管的信任。监管机构介入公司通常意味着公司存在违法、违规行为，或者未来面临着诉讼等风险（Nourayi，1994）。因此市场通常会在监管机构介入时做出负向的反应。投服中心是政府和市场从管制转化为合作与服务的产物，是通过私法手段实现公法目的尝试，是证监会对公司监管的延伸（陈洁，2018）。如果投服中心的行权线索是较为有效的，同时中小股东自身无法进行监管或者没有其他的信息渠道，那么市场则会对被投服中心行权的公司做出负向的反应（Jackson and Roe，2009；Duan et al.，2019）。

另一方面，从"弱监管效应"的角度出发，投资者也可能认为投服中心只是"纸老虎"。第一，投服中心的定位是"普通股东"，并不拥有直接的管理、强制、检查等法定权力。在目前的行政监管体制下，证监会享有法定的行政强制权，交易所能依托行业自律的法定规则来开展自律性监管。相比较而言，投服中心与普通小股东具有同样地位，并不在国家的行政架构中占据一席之地。此外，也不同于国外一些公益组织，投服中心无法享有在某些特殊的股东权利上不受持股数量与时间限制的权利。投服中心总经理徐明曾表示："投服中心与证监会、交易所共同构成中国资本市场上保护中小投资者的三驾马车，但相比于证监会有行政权，交易所能开展自律监管，投服中心还'很小很弱'。"因此，投资者可能认为投服中心缺乏威慑力，因而不做出市场反应。第二，投服中心面临着资源约束问题。投服中心行权部的监管对象是我国所有的上市公司，其职责包括事前、事中干预公司决策（如现场参加公司日常活动、梳理公司章程、从年报中梳理公司的分红、利润分配等问题），监管对象和监管职责众多共同导致了其在行权中的监

---

① 详情参见：《中证中小投资者服务中心持股行权专家委员会管理办法（试行）》。

② 资料来自：https://www.sohu.com/a/153445793_115433。

管资源不足（中国社科院法学所与华英证券有限责任公司课题组，2018）。因此，市场可能对投服中心行权的深度和效果持怀疑态度。在"普通股东定位"的要求下和"资源约束"的禀赋下，投服中心可能无法对企业的各项行为决策产生实质性影响。从估值的角度来看，如果投资者认为投服中心不能对被行权公司的未来现金流或者风险产生实质性影响，就较难影响到公司的潜在定价，从而市场不会对投服中心的行权做出明显的反应。综上所述，投服中心行权的市场反应是一个具有研究张力（Tension）的实证问题。由此，本文提出零假说。

H1a：投服中心行权股东大会没有明显的市场反应。

H1b：投服中心行权股东大会造成负面的市场反应。

进一步地，如果投服中心在股东大会行权具有信息含量，那么其作用会受到其提问类型的影响。反之，如果投服中心行权无信息含量，则不同的提问特征不会导致不同的市场反应。因此，我们也将在研究设计中对其提问的内容进行分类，分为涉嫌违规、风险、公司战略、资金问题、绩效、重组、公司章程、高管问题和其他治理问题9个类别。同时，市场反应程度也受到公司特征的显著影响，我们选择了股价崩盘风险、盈余管理、是否受到处罚、审计师、分析师跟踪人数、是否被问询和营业利润增长率作为度量公司特征的因素；此外，如果强监管逻辑是正确的，我们也应该会观察到投服中心行权有具体的监管效果，所以本文还将从媒体和监管机构后续跟进、公司是否依照投服中心的意见修改章程3个方面对投服中心行权的初步监管效果进行分析。

三、研究设计

（一）样本选择

由于投服中心从2016年开始行权，本文所选取的样本区间是2016—2018年。投服中心行权的数据及中小股东参与股东大会投票的数据由手工搜集得到。本文使用的其他数据来自国泰安（CSMAR）数据库和Wind数据库。正如前文提到，投服中心行权的主要方式有四种：股东大会、重大资产重组媒体说明会、网上行权、发送股东建议函。本文之所以选择投服中心参加股东大会这种行权方式，是因为：（1）投服中心参加重大资产重组媒体说明会时，绝大多数被行权的公司处于停牌中。等到开盘时，股价反映的是停牌期间所有重大信息，而且停牌周期一般都较长，难以将投服中心参与的作用识别出来，因此未采用投服中心参加重大资产重组媒体说明会的观测。（2）网上行权这种方式开始时间较短（2018

年 8 月开始），观测过少，因此不予采用此部分数据。(3) 发送股东建议函的数据投服中心未对外公开，因此无法采用。综上，本文选取投服中心行权股东大会进行研究。

表 2 是本文的样本选择过程。由于临时股东大会的召开通常是有特殊事宜，会影响企业的股价，且和年度股东大会体现的特征不同，因此，本文剔除了临时股东大会的观测。停牌企业复牌后的股价通常会有较大的起伏，会影响本文的度量，因此予以删除。还对金融行业的观测进行删除，最终获得观测 101 个。Brickley（1986）认为，在一个可预测的事件中（比如股东大会），风险和期望收益可能会提升；其还采用随机样本发现股东大会附近会有正向收益。所以为了控制股东大会本身的风险因素，我们首先对被行权的公司进行了 PSM 匹配寻找对照组，从而期望在控制股东大会的特征后，看到市场对投服中心行权的反应差异。一般来说，股东大会通知日前后的短窗口市场反应会部分包含跟公司此次股东大会相关的诸多不可表征的影响因素，即可更加有效地观察投服中心带来的市场反应。且根据公司法第一百零二条规定，召开年度股东大会应当于会议前 20 日通知各股东（待审议事项也一并公布），该项规定使得我们可以分离出与公司此次股东大会相关但较难直接表征的公司特征等因素引发的市场反应。因此，我们对被行权的公司进行了 PSM 匹配寻找对照组，从而期望在控制股东大会的议案带来的影响后，看到市场对投服中心行权的反应差异。匹配标准是按照股东大会议案披露日附近 [-3, +3] 窗口的市场反应、公司基本特征（规模，资产负债率，资产收益率，账面市值比）和股东大会涉及的议案类型，包括涉及公司规章制度（*CompanyArticle*）、高管工作报告（*ManagerReport*）、内部控制（*InternalCtrl*）、高管变更（*ManagerChange*）、高管薪酬（*ManagerPay*）、资金使用（*Cash*）、融资（*Bond*）、股东回报（*Div*）、资产减值（*AssetsImpairment*）、资产重组（*MAissue*）、担保事项（*Warrant*）、年报（*AnnualReport*）、关联交易（*ConnectedTransaction*）、外部审计（*Audit*）、未通过事项（*FailedIssue*），按照 1∶1 最邻近距离无放回匹配。在进行 PSM 后，我们对实验组和对照组的配对变量进行了差异性检验，结果显示两组之间的配对变量不存在显著差异。差异性检验的详细内容参见文后附录附表 1。

表2 样本筛选过程

	实验组	对照组	总数
初始观测	123	—	—
减：临时股东大会的观测	9	—	—
被行权时处于停牌的观测	12	—	—
金融行业的观测	1	—	—
最终观测数	101	—	—
PSM 配对	101	101	202

（二）市场反应

本文构建累计超额回报采用 [-1,+1] 的窗口期。借鉴以往文献（Chen et al., 2005；吴溪和张俊生，2014；陈运森等，2018），计算累计超额回报采用市场模型（CAPM 模型）和市场调整模型。(1) 采用市场模型时，估计窗口选取 [-230,-31] 共计 200 个交易日作为正常投资收益率的估计窗口；模型为 $R_{it}=\beta_i+\gamma_i R_{mt}+\varepsilon_{it}$，其中 R_{mt} 为市场指数的收益率，R_{it} 为个股实际的收益率，β_i 和 γ_i 为待估参数，残差 ε_{it} 则为超额回报（AR）。累计超额回报 CAR 等于超额回报的累加。(2) 采用市场调整模型时，以市场回报率作为股票正常投资收益率，超额回报即为个股实际收益率减去市场回报率。累计超额回报 CAR 等于超额回报的累加。

（三）回归模型

本文首先构建了如下的 Logit 模型来研究投服中心选案的模型：

$$\text{Logit}(Treat_{t=1})=\beta_0+\beta_1 Unclean_{t-1}+\beta_2 Dividend_{t-1}+\beta_3 Separation_{t-1}+\beta_4 Sanction_{t-1}+\beta_5 Inquiry_{t-1}$$
$$+\beta_6 Guarantee_{t-1}+\beta_7 DUVOL_{t-1}+\beta_8 AbsDa_{t-1}+\beta_9 Pledge_{t-1}+\beta_{10} SOE_{t-1}+\beta_{11} Size_{t-1}+$$
$$\beta_{12} Lev_{t-1}+\beta_{13} Growth_{t-1}+Ind+Year+\varepsilon \qquad (1)$$

其中，被解释变量 $Treat$ 为是否被投服中心行权。解释变量的定义如表3所示。

本文采用事件研究法估计投服中心行权公司的股东大会附近的短期市场反应。针对投服中心提问的特征，我们构建了如下的研究模型：

$$CAR=\beta_0+\beta_1 Wrongdoing+\beta_2 Risk+\beta_3 Financial+\beta_4 Manager+\beta_5 Strategy+\beta_6 Article$$
$$+\beta_7 Performance+\beta_8 M\&A+\beta_9 Others+Ctrls+Ind+Year+\varepsilon \qquad (2)$$

其中，被解释变量为 CAR，具体包括：$Car[-1,+1]$，由市场模型计算的 [-1,+1] 窗口的累计超额回报；$AdCar[-1,+1]$，由市场调整模型计算的 [-1,+1] 窗口的累计超额回报。解释变量是9个关于投服中心提问的特征。当提问涉嫌违规行为时，*Wrongdoing* 为1，否则取0；当提问涉及风险时，*Risk* 取1，否则为0；当涉及资金问题时，*Financial* 取1，否则为0；当提问涉及高管更换、是否勤勉等问题时，*Manager* 取1，否则为0；当提问涉及公司战略时，*Strategy* 取1，否则为0；当提问涉及公司的章程问题时，*Article* 取1，否则为0；当提问涉及公司绩效时，*Performance* 取1，否则为0；当提问涉及重组的问题时，*M&A* 为1，否则为0；当提问涉及内部控制、关联交易、利润分配等其他公司治理问题时，*Others* 取1，否则为0。此外，*Ctrls* 代表公司基本特征：公司规模（*Size*）、资产负债率（*Lev*）、过去一年的持有收益（*Momentum*）和是否曾被投服中心以其他方式行权哑变量（*OtherMean*）。本模型还控制了行业和年度固定效应。

针对被行权的公司特征，我们构建了如下的研究模型：

$$CAR=\beta_0+\beta_1 DUVOL_{t-1}+\beta_2 AbsDa_{t-1}+\beta_3 Sanction_{t-1}+\beta_4 Big4_{t-1}+\beta_5 Ln\_analysts_{t-1}+\beta_6 Inquiry_{t-1}+\beta_7 Momentum_{t-1}+\beta_8 Growth_{t-1}+Ctrls+Ind+Year+\varepsilon \quad (3)$$

其中，被解释变量的定义与模型（2）相同。解释变量包括股价崩盘风险（*DUVOL*）、盈余管理（*AbsDa*）、是否被监管机构处罚（*Sanction*）、会计师事务所是否是国际四大（*Big4*）、分析师跟踪人数（*Ln_analysts*）、是否收到监管机构问询函（*Inquiry*）、营业收入增长率（*Growth*）。此外，还控制了基本的公司特征变量（*Ctrls*），包括：公司规模（*Size*）、资产负债率（*Lev*）、过去一年的持有收益（*Momentum*）和是否曾被投服中心以其他方式行权哑变量（*OtherMean*），以及行业和年度固定效应，变量的详细定义见表3。

表3 变量定义

变量名称	变量定义
Car[-1,+1]	[-1,+1]窗口的*CAR*（市场模型）
AdCar[1,+1]	[-1,+1]窗口的*CAR*（市场调整模型）
Treat	若公司当年被投服中心行权，则为1，否则为0
Inquiry	公司在被投服中心行权前一年（若为对照组，则为对应实验组的前一年，以下相同）是否被监管机构问询，是为1，否则为0
Sanction	公司在被投服中心行权前一年是否被监管机构处罚，是为1，否则为0
Dividend	公司在被投服中心行权前一年的每股税后现金红利
Guarantee	公司对外担保，等于公司在被投服中心行权前一年的累积对外担保余额除以净资产
Unclean	公司在被投服中心行权前一年收到审计意见类型，非标准审计意见为1，否则为0
Separation	公司被投服中心行权前一年的现金流权与控制权的分离度，度量大股东掏空动机
DUVOL	公司在被投服中心行权前一个季度的股价崩盘风险
AbsDa	公司在被投服中心行权前一年的盈余管理程度的绝对值（Dechow et al., 1995）

续表

变量名称	变量定义
Pledge	公司在被行权前一个季度末的股权质押存量占公司总股份比例
SOE	公司的产权性质，国有企业为1，否则为0
Big4	公司在被行权前一年的会计师事务所是否为国际四大，是为1，否则为0
Ln_analysts	公司在被行权前一年的分析师跟踪人数的自然对数
Momentum	公司在被行权前一年的持有回报
Size	公司在被投服中心行权前一年年末的公司规模
Lev	公司在被投服中心行权前一年年末的资产负债率
Growth	公司在被投服中心行权前一年的营业收入增长率
OtherMean	投服中心在参加i公司的股东大会之前，若还采用网上行权、参加重大资产重组媒体说明会、公开发声等方式对i公司行权，则赋值为1，否则为0
Wrongding	当投服中心提问涉嫌违规行为时，赋值为1，否则取0
Risk	当投服中心提问涉及风险时，赋值为1，否则为0
Financial	当投服中心涉及资金问题时，赋值为1，否则为0
Manager	当投服中心提问涉及高管更换、是否勤勉等问题时，赋值为1，否则为0
Strategy	当投服中心提问涉及公司战略时，赋值为1，否则为0
Article	当投服中心提问涉及公司的章程问题时，赋值为1，否则为0
Performance	当投服中心提问涉及公司绩效时，赋值为1，否则为0
MA	当投服中心提问涉及重组的问题时，赋值为1，否则为0
Others	当投服中心提问涉及内部控制、关联交易、利润分配等其他公司治理问题时，赋值为1，否则为0
Minor_D	当参与股东大会投票的中小股东持股比例之和大于5%时，赋值为1，否则为0
NewsNum_i	等于公司被投服中心行权后i天内的所有新闻报道数量加总的对数
Senti_i	等于公司被投服中心行权后i天内的所有新闻报道语调的均值
Inquiry_F1	若公司在被投服中心行权后半年收到上交所、深交所的问询函则赋值为1，否则为0
Sanction_F1	若公司在被投服中心行权后一年受到监管机构的行政处罚则赋值为1，否则为0
MeetingNum	等于i公司召开年度股东大会当天召开年度股东大会的公司数除以100，并乘以-1

四、实证检验

（一）描述性统计

本文实验组和对照组的描述性统计和差异性检验见表4 Panel A。可见，实验组的 Car[-1,+1] 的均值为0.001，对照组的 Car[-1,+1] 的均值为0.009，但二者之间没有显著差异。实验组的 Car[-1,+1] 的中位数为0.001，对照组的 Car[-

1,+1] 的中位数为 0.007，二者亦无显著差异。对于变量 *AdCar*[1,+1]，实验组与对照组的均值和中位数均无显著差异。根据表格中其他变量的差异性检验，还可以发现，在投服中心行权前一年，实验组比对照组更多地被监管机构处罚（*Sanction*）、更少地发放了股利（*Dividend*）、更多进行担保（*Guarantee*）、更可能收到非标审计意见（*Unclean*）、有更高的两权分离度（*Seperation*）和更低的业绩增长（*Growth*）。其他的变量在实验组和对照组的均值和中位数之间则无显著差异。

表 4　　　　　　　　　　　　描述性统计

Panel A：主要变量描述性统计与差异性检验							
	N		Mean			Median		
Variables	Treat	Ctrl	Treat	Ctrl	均值差异 T 检验	Treat	Ctrl	中位数差异 Wilcoxon 检验
Car[−1,+1]	101	101	0.001	0.009	−0.007	0.001	0.007	1.604
AdCar[1,+1]	101	101	−0.001	0.005	−0.006	−0.004	0.002	0.97
Inquiry	101	101	0.584	0.475	0.109	1.000	0.000	—
Sanction	101	101	0.267	0.158	0.109*	0.000	0.000	3.575*
Dividend	101	101	0.057	0.082	−0.024	0.000	0.030	4.455**
Guarantee	101	101	0.232	0.168	0.064	0.057	0.006	5.723**
Unclean	101	101	0.198	0.099	0.099**	0.000	0.000	3.915**
Seperation	101	101	6.511	4.782	1.729*	2.931	0.332	2.396
DUVOL	101	101	0.060	0.009	0.051	0.068	−0.009	1.604
Absda	101	101	0.068	0.066	0.002	0.049	0.043	0.97
Pledge	101	101	0.181	0.158	0.022	0.160	0.108	1.604
SOE	101	101	0.277	0.267	0.01	0.000	0.000	0.025
Size	101	101	22.080	21.93	0.151	22.180	21.820	0.970
Lev	101	101	0.470	0.44	0.030	0.473	0.422	0.495
Growth	101	101	0.195	0.309	−0.114	0.079	0.189	7.149***
OtherMean	101	101	0.040	0.05	−0.010	0.000	0.000	0.116
BM	101	101	0.336	0.325	0.010	0.296	0.300	0.020
Big4	101	101	0.050	0.05	0.000	0.000	0.000	0.000
Ln_analysts	101	101	2.460	2.375	0.085	2.773	2.773	0.020
Momentum	101	101	−0.454	−0.415	−0.039	−0.495	−0.494	0.020
Panel B：提问类型频次							
类型							N	
绩效							38	
涉嫌违规							31	
公司章程							25	
重组							24	
高管问题							20	

续表

Panel B：提问类型频次	
资金问题	20
公司战略	14
风险	11
其他内部治理问题	19

注：均值差异为 t 检验，中位数差异为 Wilcoxon 秩和检验。***、**、*分别表示在1%、5%、10%水平下显著。

投服中心提问类型的频次统计见表 4 的 Panel B。涉及最高频次的类型是绩效问题 38 次，可见投服中心对公司的绩效情况最为关注；其次是公司涉嫌违规的情况共 31 次；然后是涉及公司章程的情况 25 次，因为投服中心致力于整理出企业的章程中侵犯中小投资者利益的条款并且向企业提出修改建议。其他事项提到的频次详见表 4 的 Panel B。

（二）主回归分析

首先，投服中心更可能选择怎样的公司行权呢？根据前文的理论推导，首先，本文纳入财务指标和公司治理指标：营业利润增长率（Growth）、财务杠杆（Lev）、盈余管理（AbsDa）、两权分离度（Separation）和是否收到非标准审计意见哑变量（Unclean）；其次，纳入公司前一年的现金红利分配率（Dividend）和公司对外担保的余额（Guarantee）；再次，纳入是否被监管机构和交易所问询哑变量（Inquiry）、是否被监管机构处罚哑变量（Sanction）以及是否曾被投服中心以其他方式行权哑变量（OtherMean）；最后，本文纳入市场最为关注的股价波动风险 DUVOL 和股权质押比率 Pledge。表 5 列示了投服中心标的选择标准的结果。首先，我们在全样本中采用 Logit 模型回归，结果见表 5 第 1 列。可以看出，当企业在前一年曾收到非标准的审计意见（Unclean）、发放股利较少（Dividend）、企业的两权分离度较高（Separation）、被问询（Inquiry）、被监管机构处罚（Sanction）时，企业更容易被选为行权案例。可以看到，Guarantee 的系数也为正，但不显著。而股价崩盘风险、盈余管理程度、股权质押比例和企业性质对于投服中心行权标的选择没有显著影响。投服中心是否曾以其他方式行权哑变量 OtherMean 不显著，说明投服中心持股行权处于初始阶段，较少可能对同一企业多次行权。总的来说，该结果基本符合理论预期。

表 5　投服中心的标的选择标准

	Logit	Rare Event Logit
	(1)	(2)
	Treat	Treat
Unclean	1.370*** (4.00)	1.357*** (4.06)
Dividend	−3.561*** (−2.69)	−3.263** (−2.50)
Separation	0.028** (2.09)	0.028** (2.11)
Sanction	0.471* (1.84)	0.475* (1.88)
Inquiry	0.388* (1.71)	0.392* (1.75)
Guarantee	0.417 (1.24)	0.434 (1.32)
DUVOL	0.182 (0.82)	0.185 (0.84)
Absda	1.585 (0.94)	1.660 (1.01)
Pledge	−0.349 (−0.47)	−0.307 (−0.42)
SOE	−0.104 (−0.35)	−0.077 (−0.27)
Size	0.023 (0.22)	0.019 (0.18)
Lev	0.298 (0.46)	0.296 (0.46)
Growth	−0.285 (−1.37)	−0.244 (−1.22)
OtherMean	0.316 (0.56)	0.404 (0.76)
Constant	−7.545*** (−3.08)	−9.099*** (−3.39)
Year/Ind	Yes	Yes
Observations	7527	7527
Pseudo R^2/LogLikelihood	0.201	−389.13

注：括号内为 z 值，***、**、*分别表示在1%、5%、10%水平下显著。

由于被投服中心行权的观测在全样本中占比较少，而 Rare Event Logit 模型（稀有事件 Logit）在估计发生概率较小的事件时优于 Logit 模型。我们使用 Rare Event Logit 模型对模型（1）再次进行估计。回归结果见表 5 第 2 列。该结果与采用 Logit 相比并无显著变化，说明此结果较为稳健。

为了对比实验组和对照组在事件日附近的市场反应，本文采用回归对 PSM 配对后的样本进行分析。回归结果见表 6，可见，公司股东大会是否被行权变量 *Treat* 的系数为 -0.011，表明在控制了股东大会议案特征、股东大会公告日附近短窗口市场反应、公司特征后，实验组相对于对照组市场反应更加负面。该结果初步支持了"强监管效应"，即投服中心行权反映出公司具有侵害外部股东利益的问题，且未来面临更高的监管不确定性，因而投资者做出负向的市场反应。

表 6　投服中心行权与市场反应

	(1)
	Car[-1,+1]
Treat	-0.011* (-1.78)
Size	-0.004 (-1.47)
Lev	0.010 (0.61)
Momentum	0.021* (1.89)
ROA	-0.088** (-2.11)
OtherMean	0.004 (0.29)
Year/Ind	Yes
Observations	202
R^2	0.180

注：括号内为 t 值，***、**、* 分别表示在1%、5%、10%水平下显著。

表 7 是模型（2）的回归结果。从回归可以看出，*Wrongdoing* 与 *Car*[-1, +1] 之间的系数为 -0.033，且在 1% 的水平下显著；*Wrongdoing* 与 *AdCar*[1, +1] 之间的系数为 -0.036，且在 1% 的水平下显著，意味着当投服中心提问涉嫌违规时，市场可能认为该问题较为严重，会使得企业的累计超额回报更差。*Risk* 与 *Car*[-1, +1] 之间的系数为 -0.023，与 *AdCar*[1, +1] 之间的系数为 -0.026，意味着当投服中心提到企业的相关风险时，市场可能认为不确定性增加，导致会有更加负向的反应。*Financial* 与 *Car*[-1, +1] 之间的系数为 -0.022，与 *AdCar*[1, +1] 之间的系数为 -0.026，且在 5% 或者 10% 的水平下显著，意味着当投服中心问及公司的资金占用等资金问题时，市场可能对于公司未来发展的信心进一步降低，由此会有更加负向的市场反应。当投服中心提到绩效、公司章程、重组和高管问题和其他内部治理问题时，市场没有表现出更加负向的反应。

表 7　　　　　　　　　投服中心提问特征对 CAR 的影响

	(1)	(2)
	$Car[-1,+1]$	$AdCar[1,+1]$
$Wrongdoing$	−0.033*** (−2.69)	−0.036*** (−2.81)
$Risk$	−0.023 (−1.65)	−0.026* (−1.81)
$Financial$	−0.022* (−1.85)	−0.026** (−2.07)
$Manager$	−0.012 (−0.98)	−0.013 (−1.01)
$Strategy$	−0.009 (−0.62)	−0.003 (−0.20)
$Article$	−0.005 (−0.36)	−0.007 (−0.52)
$Performance$	−0.011 (−1.07)	−0.011 (−1.05)
MA	0.004 (0.38)	0.002 (0.16)
$Others$	0.009 (0.71)	0.008 (0.59)
$Ctrls$	Yes	Yes
Year/Ind	Yes	Yes
Observations	101	101
R^2	0.402	0.392

注：括号内为t值，***、**、*分别表示在1%、5%、10%水平下显著。

表 8 是公司层面的因素对 CAR 回归的结果。可以看出，股价崩盘风险（DUVOL）与 $Car[-1,+1]$ 之间的系数为 -0.020，与 $AdCar[1,+1]$ 之间的系数为 -0.022，即当企业的股价崩盘风险较高时，市场可能对企业面临的投服中心行权更加敏感，从而市场会有更负向的反应。盈余管理（AbsDa）与 $Car[-1, +1]$ 之间的系数为 -0.179，与 $AdCar[1, +1]$ 之间的系数为 -0.184，且在 5% 的水平下显著，表明盈余管理较高时，投服中心行权会进一步加重资本市场对上市公司的不信任，从而市场会有更负向的反应。此外，当企业前一年被处罚，市场会有更负面的反应。可能是因为受到过监管机构处罚的公司，其外部投资者更加"警觉"，在受到投服中心行权时就会表现出更加负向的反应。总的来说，当企业被投服中心行权时，企业存在的一些潜在的问题会进一步扩大投服中心行权对回报的负向影响。

为了进一步说明投服中心的行权对中小股东的决策产生了影响，本文也手工搜集了中小股东参与股东大会投票的数据。前面的研究发现，投服中心行权公司会使得公司有较为负向的市场反应，说明投服中心具有"强监管效应"，即外部投资者认为公司有损害外部投资者利益的行为被揭露了。如果该理论成立，那么投服中心参与造成公司股价负向反应的结果在中小股东参与股东大会较为积极时应当更加显著。首先，我们设置虚拟变量 Minor_D，当参与股东大会投票的中小股东持股比例之和大于 5% 时，赋值为 1，否则为 0。然后，将 Minor_D 代入模型与投服中心的提问特征和公司自身特征进行交乘。表 9 是回归结果。可见，前文发现的结果在中小股东参加股东大会较积极时更加显著，与理论相符合。

表 8　　　　　　　　公司层面的因素对 CAR 的影响

	(1)	(2)
	$Car[-1,+1]$	$AdCar[1,+1]$
DUVOL	−0.020* (−1.69)	−0.022* (−1.73)
Absda	−0.179** (−2.03)	−0.184** (−2.02)
Sanction	−0.024** (−2.05)	−0.026** (−2.20)
Big4	0.013 (0.52)	0.017 (0.68)
Ln_analysts	0.001 (0.23)	0.001 (0.14)
Inquiry	0.018 (1.65)	0.016 (1.41)
Growth	−0.000 (−0.06)	0.002 (0.25)
Ctrls	Yes	Yes
Year/Ind	Yes	Yes
Observations	101	101
R^2	0.316	0.302

注：括号内为 t 值，***、**、*分别表示在1%、5%、10%水平下显著。

表 9　　　　　　　　区分中小股东参加股东大会积极性

Panel A：投服中心提问特征对 CAR 的影响

	(1)	(2)	(3)
	Car[-1,+1]	Car[-1,+1]	Car[-1,+1]
Risk	0.002 (0.09)		
Minor_D×Risk	-0.070** (-2.24)		
Manager		0.022 (1.30)	
Minor_D×Manager		-0.052** (-2.11)	
Financial			-0.017 (-1.20)
Minor_D×Financial			-0.042* (-1.78)
Minor_D	-0.007 (-0.61)	-0.004 (-0.38)	-0.006 (-0.55)
Ctrls	yes	yes	yes
Year/Ind	Yes	Yes	Yes
Observations	101	101	101
R^2	0.290	0.264	0.322

Panel B：公司特征对 CAR 的影响

	(1)	(2)
	Car[-1,+1]	Car[-1,+1]
DUVOL	-0.001 (-0.09)	
Minor_D×DUVOL	-0.052* (-1.83)	
Sanction		0.002 (0.12)
Minor_D×Sanction		-0.064*** (-2.65)
Minor_D	0.139 (0.60)	-0.047 (-0.22)
Ctrls	yes	yes
Year/Ind	yes	yes
Observations	101	101
R^2	0.287	0.336

注：括号内为t值，***、**、*分别表示在1%、5%、10%水平下显著。

(三) 进一步分析

1. 实际监管效果

在前文的基础上，我们发现市场会对投服中心行权做出负面的反应，但投服中心行权后是否真正能起到监管效果呢？我们认为，结论是肯定的，原因如下：第一，从监管的视角来看，引入监管对市场会有约束的作用（许成钢，2001），这也是政府进行监管的理论基础。投服中心作为官方正式监管的延伸，作为一种创新的监管机制，其对公司行权可能起到威慑作用。第二，投服中心行权后通常会受到诸多主流财经媒体的积极报道，使得被行权公司受到市场的更多关注。且由于投服中心行权多是针对公司目前存在的问题进行质询和揭露，因此媒体对被行权公司的报道语调还可能更加负面。第三，投服中心的行权可能引发监管机构的持续跟进。根据投服中心的《行权规则》和行权实践，投服中心会持续关注行权对象并将有关问题向监管部门反映。综上所述，我们对投服中心行权的监管效果进行检验。考虑到数据的可行性，本文分别从媒体跟进、后续监管跟进、修改公司章程的子样本直接证据3个方面对投服中心监管的初步效果进行分析。为了对媒体的态度进行检验，我们设置变量 $DNews\_Num\_i$，采用被行权后 i 天是否有新闻报道进行度量，是则赋值为1，否则为0；$Senti\_i$，采用被行权后 i 天的新闻报道语调度量。结果如表10 Panel A 所示，与对照组相比，被行权组的新闻数量显著更多，且报道语调显著更低。为了检验监管机构的跟进，我们设置了 $Inquiry\_F1$（被行权后半年是否收到问询函），$Sanction\_F1$（被行权后一年是否受到监管机构处罚）[①]。回归结果见表10 Panel B：被行权公司相对于对照组，在被行权后的未来半年更可能收到问询函，且在未来一年更可能受到监管机构的处罚。表10 Panel B 第2列和第4列显示，在控制了前一年问询函或者前一年处罚之后，结果依然存在。第3列和第6列显示，同时控制前一期的问询函和处罚之后，结果仍然不变。

[①] 问询函和行政处罚时间选择不一样是因为，问询函是非监管性处罚，反应较为灵敏，因此设置半年。而行政处罚则相对严重，需要足够的时间观察公司是否改进并进行立案分析，因此设置一年。

表 10　投服中心行权后的初步监管效果

Panel A: 投服中心行权后的媒体报道数量和媒体语调				
	(1)	(2)	(3)	(4)
	DNewsNum_50	DNewsNum_100	Senti_50	Senti_100
Treat	0.333 (0.99)	1.169** (2.51)	−0.174** (−2.54)	−0.142* (−1.77)
Controls	yes	yes	yes	yes
Observations	202	202	202	202
Pseudo R²/R²	0.093	0.166	0.201	0.176

Panel B：投服中心行权后的监管机构处罚与跟进						
	(1)	(2)	(3)	(4)	(5)	(6)
	Inquiry_F1	Inquiry_F1	Inquiry_F1	Sanction_F1	Sanction_F1	Sanction_F1
Treat	3.899*** (5.72)	3.912*** (5.85)	4.037*** (5.79)	4.633*** (3.26)	4.691*** (3.02)	4.704*** (2.94)
Inquiry			1.543** (2.37)		0.537 (0.80)	0.540 (0.80)
Sanction		1.119** (2.34)	1.119** (2.16)			0.288 (0.47)
Controls	yes	yes	yes	yes	yes	yes
Observations	202	202	202	202	202	202
Pseudo R²	0.388	0.412	0.442	0.379	0.383	0.385

注：（1）括号内为 t 值或 z 值，***、**、*分别表示在1%、5%、10%水平下显著。（2）Controls包括两权分离度（Separation），是否四大审计（Big4），是否为国企（SOE），规模（Size），资产负债率（Lev），营业收入增长率（Growth），账面市值比（BM），是否曾被投服中心以其他方式行权（OtherMean），还控制了行业和年份固定效应。

为了更加直接地观察投服中心的监管效应，我们对公司是否接受投服中心的建议进行章程修改进行分析。选择章程修改进行分析的好处在于：（1）可以更为干净地观察投服中心的作用。公开资料显示，投服中心是主要推动公司修改限制中小股东权益的章程的机构。因为在公司章程可以有一定自治空间的前提下，公司设置的某些有损中小投资者利益的条款并不违反法律法规，因此监管机构和行业自律组织不会介入。以贝肯能源（002828）为例，投服中心向该公司提出明确累积投票实施细则、分红政策、取消限制股东权利条款 3 项股东建议，深圳交易所也针对该公司的反收购相关条款发送了关注函。但贝肯能源依据律师意见，回复深交所表示其做法是合法的；然而投服中心表示"投服中心股东自治和交易所自律监管是规范上市公司治理的两种不同途径，投服中心从股东角度出发，更侧重公司治理、规范经营和中小股东合法权益保护，与交易所的自律监管存在部分错位",因此仍然建议公司修改章程[①]。(2)可以观察到公司是否对投服中心提出的建议进行修改。公司修改章程需要对外公开,且公开说明中可以看到修改的条款是否为投服中心建议的条款,能够更为直接地观察投服中心的作用。(3)可以观察到具体的修改时间,并观察到对应时间的市场反应。公司章程修改的公告是及时公布的,因此,我们可以观察到市场对于公司章程修改的市场反应。

本文对123个观测中提到公司章程的33个观测进行分析。公司章程修改的公告来自巨潮资讯网,并采用人工阅读的方式一一识别,当公司修改章程的条款与投服中心提出的修改意见对应时,我们才认定被行权的上市公司接纳投服中心的意见。我们发现有25个(76%)公司接纳了投服中心的建议,且在公司接纳投服中心建议修改章程时,修改说明发布日的[-3,+3]有1.36%的累积超额回报。

2. 监管溢出效应

投服中心持股行权还体现在其示范性和监管的正外部性作用,通过现场行权活动,可能会对其他公司也产生影响,即溢出效应。如果这种溢出效应存在,则可以进一步确认是投服中心的"监管效应"在起作用,这是因为:如果投服中心不具备监管效应,则较不可能观察到同行业的其他公司受到投服中心的威慑。因此,本文进一步研究了投服中心行权是否对同行业其他公司具有溢出效应。我们设置了变量 $SameInd$:当公司按照证监会2001行业分类最小类别与被行权公司在同一行业,则当年赋值为1,否则为0。$SameInd$ 为1的组别为新实验组,我们采用PSM配对为新实验组在 $SameInd$ 为0的观测中找到新对照组,二者对比可以观察到投服中心行权对同行业其他公司的溢出效应。首先,我们分析了被投服中心行权公司同行业的其他公司的市场反应。参考 Gande 和 Lewis(2009),采用被行权公司同行业的其他所有公司的平均值(不包括被行权公司),从市场反应的角度度量投服中心行权的溢出效应,结果参见表11 Panel A。从表中可以看出,与投服中心同行业的其他公司在[-1,+1]的窗口中有显著的负向市场反应,尤其在行权当天和行权后一天,分别表现出 -0.207% 和 -0.541% 的超额回报。在[-1,+1]窗口期中,累积超额回报达到 -0.884%。其次,我们研究了事后新闻媒体是否会对投服中心同行业的其他公司采取更加负面的态度。参考 Brown 等(2018)的研究设计,构造了与表10 Panel A 类似的研究模型,只是将表10 Panel A 的解释变量 $Treat$ 替换成新变量 $SameInd$,回归结果见表11 Panel B。结果显示,媒体对被投服中心行权的同行业公司进行了更多负面新闻报道,且影响系数明显小于主回归,持续时间也较主回归短。这也是符合我们的理论预期,因为溢

[①] 详情参见中国投资者网:https://www.investor.org.cn/rights_interests_protection/exercise_service/exercise_news/news_from_investor_service_center/201806/t20180622_303029.shtml。

出效应理应弱于主效应。然后，我们研究了监管机构是否会对同行业的公司更加关注，结果见表 11 Panel C。我们发现被投服中心行权的公司同行业的其他公司更可能受到证券交易所的非处罚性问询，但行政处罚性的监管并没有显著提升，可能的原因在于溢出效应一般还达不到证监会对同行业公司增加行政处罚概率的程度。

表 11　　投服中心行权对同行业企业的溢出效应

Panel A: 同行业其他公司的市场反应		
Day	AR	T 值
-1	-0.136%	-2.430
0	-0.207%	-3.461
1	-0.541%	-9.355

Panel B：媒体报道的溢出效应				
	(1)	(2)	(3)	(4)
	NewsNum_50	NewsNum_100	Senti_50	Senti_100
SameInd	0.041** (2.38)	0.029 (1.40)	-0.025** (-2.32)	0.005 (0.45)
Controls	Yes	Yes	Yes	Yes
Observations	10428	10428	10428	10428
R^2	0.207	0.226	0.057	0.053

Panel C：监管的溢出效应		
	(1)	(2)
	Inquiry_F1	Sanction_F1
SameInd	0.397*** (6.78)	0.125 (1.64)
Controls	Yes	Yes
Observations	10401	10401
Pseudo R^2	0.157	0.114

注：（1）括号内为 t 值或 z 值，***、**、*分别表示在1%、5%、10%水平下显著。（2）由于 Panel C 的回归样本是2017—2019年年初的财务数据，而 Panel B 是采用2016—2018年年初的财务数据，因此二者样本量稍有差异。

（四）稳健性检验

首先，如果投服中心选择行权标的并不是随机选取，那么观察到的投服中心行权导致的负面超额收益可能来自不可观测的遗漏变量。为此，我们选取合适的工具变量对此问题进行缓解。选取的工具变量是"公司召开股东大会当天同时召开股东大会的上市公司数量"。理论上，工具变量需要满足相关性和外生性两个条件：相关性方面，据本文统计，样本区间内年度股东大会最集中时有 284 家上市公司在同一天召开；而根据中国社科院法学所与华英证券有限责任公司课题组（2018）和作者的一手访谈资料（详细内容参见文后附录），投服中心面临着人员配置约束。由于投服中心行权部的人手有限，当同一天召开年度股东大会的公司较多时，投服中心即使有多个想行权的公司，也只能选取有限的公司数去现场行权。因此，当天召开股东大会的公司数越多，公司越不可能被行权，相关性在理论上成立。外生性方面，当天召开股东大会的公司数，理论上和公司的基本特征无关，因为公司无法控制其他公司召开股东大会的时间，即该工具变量与公司的基本特征不直接相关，满足外生性。具体地，我们设置变量 MeetingNum，定义为当天召开股东大会的公司数除以 100，并乘以 -1。工具变量的实证结果见表 12，从第一阶段可以看出，工具变量 MeetingNum 与公司是否被行权 Treat 呈现显著正相关关系，与理论预期一致，且 Cragg-Donald Wald F 值达到 14.16，排除了弱工具变量的假设。第二阶段显示，由第一阶段预测的 Treat 与 Car[-1, +1] 之间为显著负相关的关系，表明在排除了内生性问题后，本文的结果仍然稳健。

表 12 工具变量两阶段回归

	(1)	(2)
	第一阶段	第二阶段
	Treat	Car[-1,+1]
MeetingNum	0.008*** (3.76)	
Treat		-0.266** (-2.17)
Size	-0.003** (-2.23)	0.001 (0.90)
Lev	0.033*** (4.45)	0.008 (1.44)
Growth	-0.003 (-1.28)	-0.001 (-1.41)
Momentum	-0.009** (-2.28)	-0.001 (-0.25)
OtherMean	0.025** (1.98)	0.013** (2.01)
Constant	0.037 (1.36)	-0.035*** (-2.70)
Year/Ind	Yes	Yes
Observations	8088	8088
R^2	0.021	

续表

	(1)	(2)
	第一阶段	第二阶段
	Treat	Car[-1,+1]
Weak IV F-stat	14.16	

注：括号内为 t 值或 z 值，***、**、*分别表示在1%、5%、10%水平下显著。

其次，考虑到投服中心参加股东大会的时间在2018年第二季度较为集中，可能会受到某些重大监管事件的影响。我们首先搜索2018年第二季度的重大财经新闻，并未发现重大的监管政策变更或者出台。但为了保证结果的稳健性，本文删除了行权较为集中的两天进行重新测试，结果保持不变（详细内容参见文后附录附表2）。

最后，本文将计算CAR时采用的沪深300指数回报改为综合市场回报，结果仍然稳健（详细内容参见文后附录附表3）。

五、结　论

证券监管和投资者保护是全球资本市场关注的话题，以往研究主要集中在争论公共实施机制和私人实施机制的效力高低问题，或是单独研究公共实施机制和私人实施机制的效力。我们认为，在争论公共实施机制还是私人实施机制效力更强之时，还有一种可能的证券监管创新思路是采用半公共—半私人实施机制。投服中心作为典型的监管型小股东，其行权就提供了这一思路的中国特色研究场景。经过了一系列行权活动，投服中心在资本市场中已经具备一定的影响力。本文首次对投服中心参加股东大会的影响因素、信息含量、监管效果及其监管的行业溢出效应进行系统研究，发现投服中心选择行权标的时，倾向于选择在过去一年受到监管机构问询和处罚、收到非标准审计意见、较少发放股利或者大股东掏空动机较强的企业；投服中心参加股东大会使得市场做出负向的反应，且在中小股东行权积极的企业中更加负向。这说明投服中心的官方背景"标签效应"依然会彰显证监会关注的公共实施色彩，继而给投资者传递出看空被行权公司的信号，引发股价下跌。同时，当投服中心的提问涉及公司风险、涉嫌违规、资金问题时，市场的反应更加负向。在被投服中心行权的企业中，股价崩盘风险较高、盈余管理程度较高和有被监管机构处罚经历的企业短期市场反应更差。被投服中心行权的公司在事件后有更多负面新闻报道，更可能引发监管机构的处罚跟进；投服中心的行权对同行业的其他公司也有溢出作用。

本文的研究具有重要的启示意义：（1）本文的结论支持了投服中心持股行权这一由政府发起、主要依靠市场力量运作的创新性机制，也对监管机构持续深化放管服改革的效果提供了证据。2020年3月1日，对资本市场监管有基石作用的新证券法开始实施，其中的一个关键变化就是从法律上赋予了投服中心一系列职责，包括代为征集股东投票权、主持证券纠纷调解的权力、支持投资者诉讼以及以股东身份向给公司造成损害的董监高和实际控制人提起诉讼等，且行权不受证券法对于持股比例和期限的限制，所以本文对投服中心有效性的检验也为新证券法的实施提供了支持。（2）对于投服中心而言：一方面，投服中心选取行权公司时倾向于已经暴露出问题的公司。在公司暴露出问题后再行权只能达到"止损"的目的，建议投服中心的行权可以更加常态化、制度化，建立和优化分类、分批、分层PPS抽样（Probability Proportionate to Size Sampling）选案的工作机制，选择高风险的上市公司进行行权，进而为中小股东积极行权起到示范作用，从源头提升企业的公司治理、保护中小投资者，更多地体现"事前监管"的作用；另一方面，从本文的研究也可以看出，投服中心系统虽然可以借助公共实施机制和市场化手段的力量来强化自身的监督功能，但仍然面临监管资源不足的问题。建议投服中心可以更加灵活有效地调集人手，比如从证监会系统、交易所借调干部，或从专家委员会中选取专家一同行权，进而扩大持股行权的铺开范围。此外，本文结果发现投资者对投服中心行权时提问战略、章程等问题时，未做出明显的市场反应，可能是投资者未意识到公司制度建设的重要性。建议投服中心可以在投资者教育中进一步普及公司制度规范和公司价值之间的理论教育。（3）对于公司而言，外部投资者是公司重要的相关利益方。本文发现外部投资者会对揭露公司损害投资者利益的行为做出负向反应。证监会主席易会满在"中国上市公司协会2019年年会"上对上市公司提出了"四个敬畏"，其中之一就是敬畏投资者。因此，建议公司管理层要敬畏和尊重投资者，回报投资者，积极建设提升公司治理，才能真正提升公司价值。（4）对于投资者而言，我国普遍存在投资者理性投资比例不高、行权维权意识淡薄的现象，外部投资者还是应该积极参与公司治理，比如积极行使网络投票、积极利用交易所提供的上市公司交流平台向公司质询，维护自身权益。

参考文献

[1] 陈洁. 投服中心公益股东权的配置及制度建构——以"持股行权"为研究框架 [J]. 投资者, 2018（1）.

[2] 陈运森, 邓祎璐, 李哲. 非处罚性监管具有信息含量吗？——基于问询函的证据 [J]. 金融研究, 2018（4）.

[3] 陈运森, 邓祎璐, 李哲. 证券交易所一线监管的有效性研究：基于财务报告问询函的证据 [J]. 管理世界, 2019（3）.

[4] 陈运森, 宋顺林. 美名胜过大财：承销商声誉受损冲击的经济后果 [J]. 经济学（季刊）, 2018（1）.

[5] 陈运森, 袁薇, 兰天琪. 法律基础建设与资本市场高质量发展——基于新《证券法》的事件研究 [J]. 财经研究, 2020（10）.

[6] 邓峰. 论投服中心的定位、职能与前景 [J]. 投资者, 2018（2）.

[7] 孔东民, 刘莎莎, 黎文靖, 邢精平. 冷漠是理性的吗？中小股东参与、公司治理与投资者保护 [J]. 经济学（季刊）, 2013（12）.

[8] 孔东民, 刘莎莎. 中小股东投票权、公司决策与公司治理——来自一项自然试验的证据 [J]. 管理世界, 2017（9）.

[9] 黎文靖, 孔东民, 刘莎莎, 邢精平. 中小股东仅能"搭便车"么？——来自深交所社会公众股东网络投票的经验证据 [J]. 金融研究, 2012（3）.

[10] 李晓溪, 饶品贵, 岳衡. 年报问询函与管理层业绩预告 [J]. 管理世界, 2019（8）.

[11] 刘星, 陈西婵. 证监会处罚、分析师跟踪与公司银行债务融资——来自信息披露违规的经验证据 [J]. 会计研究, 2018（1）.

[12] 陆瑶, 朱玉杰, 胡晓元. 机构投资者持股与上市公司违规行为的实证研究 [J]. 南开管理评论, 2012（1）.

[13] 宋云玲, 李志文, 纪新伟. 从业绩预告违规看中国证券监管的处罚效果 [J]. 金融研究, 2011（6）.

[14] 吴溪, 张俊生. 上市公司立案公告的市场反应及其含义 [J]. 会计研究, 2014（4）.

[15] 谢德仁, 郑登津, 崔宸瑜. 控股股东股权质押是潜在的"地雷"吗？——基于股价崩盘风险视角的研究 [J]. 管理世界, 2016（5）.

[16] 辛宇, 黄欣怡, 纪蓓蓓. 投资者保护公益组织与股东诉讼在中国的实践——基于中证投服证券支持诉讼的多案例研究 [J]. 管理世界, 2020（1）.

[17] 许成钢. 法律、执法与金融监管——介绍"法律的不完备性"理论 [J]. 经济社会体制比较, 2001（5）.

[18] 许年行, 江轩宇, 伊志宏, 袁清波. 政治关联影响投资者法律保护的执法效率吗？[J]. 经济学（季刊）, 2013（2）.

[19] 中国社科院法学所与华英证券有限责任公司课题组. 持股行权理论与中国实践研究. 投服研究（第2辑）. 北京：法律出版社, 2018.

[20] Ameer, R. and Rahman, R., 2009, "The Impact of Minority Shareholder Watchdog Group

Activism on the Performance of Targeted Firms in Malaysia", *Asian Academy of Management Journal of Accounting and Finance*, Vol. 5, pp.67 ~ 92.

[21] Anderson, D. M., 2000, "Taking Stock in China: Company Disclosure and Information in China's Stock Markets", *Georgetown Law Journal*, Vol. 88, pp.1919 ~ 1952.

[22] Bizjak, J. M. and Marquette, C. J., 1998, "Are Shareholders All Bark and No Bite? Evidence from Shareholder Resolutions to Rescind Poison Pills", *Journal of Financial and Quantitative Analysis*, Vol. 33, pp.499 ~ 521.

[23] Brickley, J., 1986, "Interpreting Common Stock Returns around Proxy Statement Disclosures and Annual Shareholder Meetings", *Journal of Financial and Qualitative Analysis*, Vol. 21, pp.343 ~ 349.

[24] Brown, S. V., Tian, X. and Tucker, J. W., 2018, "The Spillover Effect of SEC Comment Letters on Qualitative Corporate Disclosure: Evidence from the Risk Factor Disclosure", *Contemporary Accounting Research*, Vol.35, pp.622 ~ 656.

[25] Chen, G., Firth, M., Gao, N. and Rui, O. M., 2005, "Is China's Securities Regulatory Agency a Toothless Tiger? Evidence from Enforcement Actions", *Journal of Accounting and Public Policy*, Vol. 24, pp.451 ~ 488.

[26] Choi, W. and Cho, S. H., 2003, "Shareholder Activism in Korea: An Analysis of PSPD's Activities", *Pacific-Basin Finance Journal*, Vol. 11, pp.349 ~ 363.

[27] Dechow, P. M., Ge, W., Larson, C. R. and Sloan, R. G., 2011, "Predicting Material Accounting Misstatements", *Contemporary Accounting Research*, Vol. 28, pp.17 ~ 82.

[28] Duan, T., Li, K., Rogo, R. and Zhang, R., 2019, "The Myth about Public versus Private Enforcement of Securities Laws-Evidence from Chinese Comment Letters", Working Paper.

[29] Gande, A. and Lewis, C. M., 2009, "Shareholder-Initiated Class Action Lawsuits: Shareholder Wealth Effects and Industry Spillovers", *Journal of Financial and Quantitative Analysis*, Vol. 44, pp.823 ~ 850.

[30] Healy, P. M. and Wahlen, J. M., 1999, "A Review of the Earnings Management Literature and Its Implications for Standard Setting", *Accounting Horizons*, Vol. 13, pp.365 ~ 383.

[31] Huang, J. and Ke, B., 2018, "The Consequences of Shifting Corporate Disclosure Enforcement from Public to Private in Weak Institutional Environments: Are Market Institutions Ready?", Working Paper.

[32] Hung, M., Wong, T. J. and Zhang, F., 2015, "The Value of Political Ties Versus Market Credibility: Evidence from Corporate Scandals in China", *Contemporary Accounting Research*, Vol. 32, pp.1641 ~ 1675.

[33] Jackson, H. and Roe, M., 2009, "Public and Private Enforcement of Securities Laws: Resource-based Evidence", *Journal of Financial Economics*, Vol. 93, pp.207 ~ 238.

[34] La Porta, R., Lopez-De-Silanes, F. and Shleifer, A., 1999, "Corporate Ownership Around the World", *Journal of Finance*, Vol. 54, pp.471 ~ 517.

[35] La Porta, R., Lopez-De-Silanes, F. and Shleifer, A., 2006, "What Works in Securities Laws?", *Journal of Finance*, Vol. 61, pp.1 ~ 32.

[36] Lin, A. J. G., 2016, "The Challenges and Contemporary Issues of Taiwan's Investor Protection

System: A Model to Learn or to Avoid", *National Taiwan University Law Review*, Vol. 11, pp.129～217.

[37] Nourayi, M., 1994, "Stock Price Responses to the SEC's Enforcement Actions", *Journal of Accounting and Public Policy*, Vol. 13, pp.333～347.

[38] Shavell, S. and Polinsky, A. M., 2000, "The Economic Theory of Public Enforcement of Law", *Journal of Economic Literature*, Vol. 38, pp.45～76.

[39] Strickland, D., Wiles, K. and Zenner, M., 1996, "A Requiem for the USA: Is Small Shareholder Monitoring Effective?", *Journal of Financial Economics*, Vol. 40, pp.319～338.

[40] Wang, T. Y., 2013, "Corporate Securities Fraud: Insights from a New Empirical Framework", Journal of Law, *Economics, and Organization*, Vol. 29, pp.535～568.

[41] Wang, W. and Su, J., 2015, "The Best of Both Worlds? On Taiwan's Quasi-Public Enforcer of Corporate and Securities Law", *The Chinese Journal of Comparative Law*, Vol. 3, pp.1～27.

附 录

在进行 PSM 后，我们对实验组和对照组的配对变量进行了差异性检验，结果显示两组之间的配对变量不存在显著差异。差异性检验的详细内容参见附表 1。

附表 1　　　　　　　PSM 配对后的差异性检验

Variables	Treat=1		Treat=0		MeanDiff
	N	Mean	N	Mean	
Size	101	22.070	101	21.980	0.091
ROA	101	−0.027	101	0.011	−0.038
Lev	101	0.470	101	0.492	−0.023
BM	101	0.336	101	0.308	0.027
CompanyArticle	101	0.347	101	0.267	0.079
ManagerReport	101	1.000	101	1.000	0.000
InternalCtrl	101	0.188	101	0.188	0.000
ManagerChange	101	0.287	101	0.267	0.020
ManagerPay	101	0.327	101	0.317	0.010
Cash	101	0.168	101	0.188	−0.020
Bond	101	0.188	101	0.218	−0.030
Div	101	1.000	101	1.000	0.000
AssetsImpairment	101	0.158	101	0.139	0.020
MAissue	101	0.040	101	0.010	0.030
Warrant	101	0.287	101	0.307	−0.020
AnnualReport	101	0.990	101	1.000	−0.010
ConnectedTransaction	101	0.406	101	0.485	−0.079
Audit	101	0.772	101	0.752	0.020
FailedIssue	101	0.030	101	0.040	−0.010

注：均值差异为 t 检验，MeanDiff 为系数差异，***、**、*分别代表在1%、5%和10%的水平下显著。

考虑到投服中心参加股东大会的时间在 2018 年第二季度较为集中，可能会受到某些重大监管事件的影响。为了保证结果的稳健性，本文删除了行权较为集中的两天进行重新测试，结果参见下方附表 2，可见，结果基本稳健。

附表 2　　稳健性检验：删除行权较为集中的两天

Panel A: 稳健性检验：投服中心提问特征对 CAR 的影响

	(1) Car[-1,+1]	(2) AdCar[1,+1]
Wrongdoing	-0.034** (-2.54)	-0.037*** (-2.67)
Risk	-0.026* (-1.70)	-0.030* (-1.89)
Financial	-0.022 (-1.64)	-0.026* (-1.86)
Manager	-0.013 (-0.89)	-0.014 (-0.93)
Strategy	-0.013 (-0.78)	-0.007 (-0.40)
Article	-0.006 (-0.44)	-0.009 (-0.62)
Performance	-0.017 (-1.49)	-0.017 (-1.42)
MA	0.005 (0.41)	0.003 (0.25)
Others	0.007 (0.52)	0.007 (0.47)
Ctrls	Yes	Yes
Year/Ind	yes	yes
Observations	91	91
R^2	0.420	0.414

Panel B: 稳健性检验：公司特征对 CAR 的影响

	(1) Car[-1,+1]	(2) AdCar[1,+1]
DUVOL	-0.027* (-1.95)	-0.027* (-1.93)
Absda	-0.196** (-2.01)	-0.197* (-1.95)
Sanction	-0.026** (-2.02)	-0.029** (-2.19)
Big4	0.012 (0.45)	0.017 (0.64)
Ln_analysts	0.000 (0.12)	0.000 (0.08)
Inquiry	0.019 (1.61)	0.017 (1.39)
Ctrls	yes	yes

续表

	Panel B: 稳健性检验：公司特征对 CAR 的影响	
	(1)	(2)
	$Car[-1,+1]$	$AdCar[1,+1]$
Year/Ind	yes	yes
Observations	91	91
R^2	0.339	0.324

注：括号内为 t 值，***、**、*分别表示在1%、5%、10%水平下显著。

为了测试计算 CAR 的模型的稳健性，本文将计算 CAR 时采用的沪深300指数回报改为综合市场回报，回归结果仍然稳健。具体参见下方附表3。

附表3　稳健性检验：将计算 CAR 的沪深300指数回报替换为综合市场回报

	Panel A: 稳健性检验：投服中心提问特征对 CAR 的影响	
	(1)	(2)
	$Car[-1,+1]$	$AdCar[1,+1]$
$Wrongdoing$	−0.026** (−2.16)	−0.029** (−2.40)
$Risk$	−0.030** (−2.06)	−0.029** (−2.06)
$Financial$	−0.025** (−2.03)	−0.026** (−2.15)
$Manager$	−0.009 (−0.72)	−0.011 (−0.88)
$Strategy$	−0.011 (−0.74)	−0.009 (−0.59)
$Article$	0.001 (0.09)	−0.005 (−0.43)
$Performance$	−0.010 (−0.97)	−0.011 (−1.06)
MA	0.009 (0.81)	0.005 (0.47)
$Others$	−0.006 (−0.55)	−0.005 (−0.47)
Ctrls	Yes	Yes
Year/Ind	Yes	Yes
Observations	101	101
R-squared	0.368	0.384
$DUVOL$	−0.022* (−1.79)	−0.021* (−1.75)
$AbsDa$	−0.185** (−2.11)	−0.186** (−2.14)

续表

	Panel B: 稳健性检验：公司特征对 CAR 的影响	
	(1)	(2)
	$Car[-1,+1]$	$AdCar[1,+1]$
$Sanction$	−0.024** (−2.07)	−0.026** (−2.24)
$Big4$	0.013 (0.51)	0.015 (0.60)
$Ln\_analysts$	0.001 (0.33)	0.000 (0.13)
$Inquiry$	0.017 (1.55)	0.014 (1.32)
$Growth$	−0.003 (−0.33)	0.001 (0.12)
Ctrls	Yes	Yes
Year/Ind	Yes	Yes
Observations	101	101
R-squared	0.297	0.305

为了增加本文理论的可信度和立足于实践，我们对证监会监管人员、上市公司董事会秘书和独立董事进行了访谈，以支持我们的主要逻辑。访谈具体内容如下。

访谈附录

（1）访谈投服中心工作人员（访谈时间2019年9月5日）

提问：投服中心有多少员工？各部门（尤其是行权部门）有多少？

（投服中心工作人员）答：投服中心目前共138人，行权部21人。

提问：投服中心内部如何评价目前的参加股东大会的行权效果？

（投服中心工作人员）答：去年投服中心集中参加了百场股东大会，主要目的是对中小股东起示范引领的作用。

提问：投服中心在参加股东大会行权及准备问题之前，是否会查阅公司接收交易所问询函等监管问题以及媒体和投资者关注了的问题？

（投服中心工作人员）答：会查阅，但这只是我们准备问题的其中一个参考角度。

（2）访谈A上市公司董事会秘书（股票代码000×××；访谈时间：2019年6月15日）

提问：投服中心参加贵公司的股东大会时提出了什么问题，公司后续有什么调整吗？

（董秘）答：会议过程中，他们提出了环境报告和业绩变脸的问题。对于小股东提问，董事会一般不太担心，因为一般中小投资者都是关注业绩、产品，从不关注程序。所以一般其他分管领导来回答普通中小股东的问题，但是我作为董秘，主要回答规范化、流程化的相关问题。他们还对会议组织和程序反馈过一个书面总结，只是现场提了两个问题，并没让我们进行书面回复。为此，我们还是很认真地做了流程的规范，尽量避免被他们再次当场发问。

(3) 访谈 B 上市公司董事会秘书（股票代码 000×××；访谈时间：2018 年 12 月 27 日）

提问：请问你们知道"中证中小投资者服务中心有限公司"，简称投服中心，这个机构吗？

（董秘）答：这个机构早在成立之时就通知了我们其成立的消息。后来有次收到投服中心给我们公司的发函，函件提出我们公司的章程未实行"上市公司不得对征集投票权提出最低持股比例限制"这个规定。其实我们公司实践中并未对征集投票权进行限制，只是未在章程中明确指出。接到投服中心的发函后，我们后来就对章程进行了修改。

提问：那公司有被投服中心现场行权吗？

（董秘）答：我们公司目前没有被现场行权。但前几天（作者加：2018 年 12 月 18 日）公司开临时股东大会，参会名单上看到有个持股 100 股的股东，以为是投服中心，紧张了半天。

(4) 访谈中国证监会稽查总队工作人员（访谈时间：2019 年 8 月 29 日）

提问：请问"中证中小投资者服务中心有限公司"和证监会是否具有信息互享、联合执法的机制？

（稽查总队工作人员）答：投服中心跟证监会下属的投资者保护局有着工作上的对接关系。在工作机制设计上，对于投资者保护、中小股东诉讼等问题，投服中心和投资者保护局进行着充分的信息共享。在实际操作过程中，对于重要的侵权案件，举报信息会同时寄送到稽查总队、投资者保护局、投服中心，此时中国证监会根据案件的性质和严重程度，系统规划下属机构的参与安排。当然，在涉及侵犯中小投资者权益且有必要介入其股东大会进行现场听证时，投服中心会担负更多的责任。

提问：投服中心是否具有行政监管职能？如果没有，为何会引发资本市场参与者的行为变化？

（稽查总队工作人员）答：投服中心投资者保护职能的发挥依托于两条主线：其一是其作为股东参与股东大会的天然合理性，符合公司法精神；其二是作为中国证监会支持的民间机构来引导中小投资者行权，符合引导式监管的精神。因此，投服重心的行权活动具有明显的标签效应，会引导投资者做出更为谨慎的判断。

（5）访谈 C 上市公司的独立董事（股票代码 600×××；访谈时间：2019 年 8 月 22 日）

提问：请问您在参与股东大会时，是否关注到了投服中心在中小股东名单中？

（独立董事）答：我当时并没有注意到投服中心的参与。实际上，公司董事会成员在预先的沟通中，集中于向大股东解释利润构成和变化的细节，因为这涉及大股东的切身利益以及对于高管团队履职效能的判断。相比之下，大家好像并没有太关注投服中心在股东大会上的质询问题。

提问：虽然您没有关注到投服中心到场，公司董秘等其他董事会成员是否关注？

（独立董事）答：他们肯定是知道投服中心到场。因为在开会前就已经搜集和整理了参会股东的名单。绝大多数的中小投资者都是小机构或者散户，中证投服中心在其中应当显得非常显眼。然后，直到股东大会结束，董秘等人都没有提及投服中心的相关话题，好像把这个来参会的保护机构给遗忘了。我想这主要是因为股东大会的时间有限，导致董秘的精力分配也只能倾向于大股东。即便从成本收益的角度来看，100 股的持股份额也不会对公司重要决策和信息披露产生什么实质性影响，我想这是大家选择性忽略投服中心的关键原因。

（6）访谈 D 上市公司的独立董事（股票代码 000×××；访谈时间：2019 年 8 月 27 日）

提问：投服中心在参加贵公司股东大会时提出了什么问题，公司后续有什么调整吗？

（独立董事）答：会议过程中，他们主要提出了股东大会的流程规范性。比如，他们质疑为何我们仅仅指派一个独董代表进行述职报告，其实这是很多公司常见的做法，至少我履职的其他几家上市公司都只是派代表述职。此外，他们还现场考察股东大会是谁参与、谁主持，旨在检查会议流程的合规性。在他们这次现场参会以后，公司的监票人和计票人制度都做了相应整改。在今年的股东大会上，几名独立董事还采用了轮流上台述职的做法，比去年多花了不少时间。听班子成员说，大家现在看到有 100 股的小股东来参会就感觉到非常的担心。

绿色信贷政策增进绿色创新研究*

王馨 王营

（山东财经大学金融学院）

摘要： 绿色金融是促进绿色创新实现绿色发展的重要推动力。在构建绿色金融体系和市场导向的绿色技术创新体系的双重背景下，本文采用双重差分（DID）方法检验了《绿色信贷指引》实施前后、绿色信贷限制行业相对于非绿色信贷限制行业的绿色创新表现，以此分析绿色信贷政策对绿色创新的影响。研究发现，《绿色信贷指引》实施后，相对于非绿色信贷限制行业，绿色信贷限制行业的绿色创新表现更加活跃，但绿色创新质量提升不明显。这得益于绿色信贷政策的代理成本降低作用和投资效率提升作用。进一步研究发现，随着地区环境执法力度和知识产权保护力度的加强，绿色信贷政策增进绿色创新的作用增强。最后，绿色创新既能够显著提升环境和社会绩效，也能够显著提升财务绩效，但对后者的改善具有迟滞性。如何更好地实现绿色金融与绿色创新的有效结合推进生态文明建设是本文最直接的政策含义。

关键词： 绿色金融 信贷政策 《绿色信贷指引》 绿色创新

一、问题提出

党的十九大明确提出，构建市场导向的绿色技术创新体系，发展绿色金融，壮大节能环保产业、清洁生产产业、清洁能源产业。这意味着绿色金融不仅担负着创造新的经济增长点、提升经济增长潜力的任务，同时发挥着加速经济结构绿色转型、促进绿色发展的驱动作用。"既要金山银山，也要绿水青山"意味着必须兼顾"稳增长"与"优环境"的双重目标。但是，我国已采取的行政、税费以及技术等手段并未很好地达到"优环境"的目标。为何环境治理实践与目标之间存在巨大缺口呢？这是因为我国目前所采取的以脱硫脱硝、改善油品质量为主的

---

* 原载《管理世界》2021年第6期。

技术手段和排污费为主的经济手段等"强度减排"政策并没有直接约束碳排放总量，而是试图通过经济结构调整和治污技术进步的方式降低碳排放强度（陆旸，2011）。要实质性地改善生态环境，不仅要依靠更强有力的末端治理措施，还须采用金融手段改变资源配置的激励机制。因此，要从根本上消除环境污染并实现生态环境治理目标，金融手段不可或缺。首先，在金融资源有限的条件下，环境治理投资短期内必定对生产性投资产生"挤出效应"；其次，改造升级、技术创新等意味着产品的资本密集型特点越发明显，企业融资约束更加严重；最后，金融具有的资金、市场、信用等禀赋优势可以解决微观主体缺乏行为激励、政策环境不利等问题（马骏，2016）。因此，发展绿色金融是支持经济增长质量提升的重要手段，也是我国金融机构未来发展的重要方向（刘锡良、文书洋，2019）。

尽管相关部门已经出台了一系列关于绿色金融和绿色创新的政策文件，但是对于解决二者如何有效结合的问题还处于摸索阶段。同时，该领域的理论研究也较为缺乏。根据我们对相关领域文献的查阅，仅有个别文献考察了绿色金融与绿色创新的关系。例如，Li 等（2018）从理论上证实了绿色信贷能够促进清洁生产，de Haas 和 Popov（2019）、Flammer（2020）基于全球证据分别提供了绿色债券发行、股票市场发达程度促进企业绿色创新的证据，王遥等（2019）借助 DSGE 模型证实了绿色信贷激励政策促进经济结构绿色转型。与现有金融发展与企业创新关系的理论文献不同，绿色金融与企业绿色创新的关系具有非常大的特殊性。从金融发展的角度看，在宏观层面上，绿色金融不仅有助于引导金融体系内部资金从污染领域流向绿色领域，而且有助于吸引大量社会资金流向绿色领域；在微观层面上，绿色金融既强化了金融机构对资金使用方的监督功能，又提升了金融机构自身的环境责任效率。从企业创新的角度看，在宏观层面上，绿色创新已逐渐成为绿色发展的重要动力，有助于打好污染防治攻坚战、推动经济高质量发展；在微观层面上，绿色创新日益成为企业提高自身竞争优势的重要动力，有助于加快节能减排、推动绿色化转型。与本文相关理论研究包括绿色金融的微观经济效应和绿色创新的影响因素两部文献。针对绿色金融的微观经济效应，现有公司金融领域的文献主要包括绿色信贷和绿色债券两个方面，前者涉及绿色信贷对投融资决策、节能减排以及清洁技术创新（Li et al.，2018；苏冬蔚、连莉莉，2018），后者涉及绿色债券定价及其对企业价值的影响（Flammer，2020；Tang and Zhang，2020；Zerbib，2019）。针对绿色创新的影响因素，del Río González（2009）、Hojnik 和 Ruzzier（2016）以及 Triguero 等（2013）进行了系统性回顾，总结来看，主要包括命令型规制政策、市场型规制政策以及企业组织结构。其中，命令型规制政策方面涉及自愿减排计划、能源管制、政府补贴以及环保执法等（Carrión-Flores et al.，2013；郭进，2019；王班班、齐绍洲，2016）；

市场型规制政策涉及碳排放权交易、环境权益交易等（Weber and Neuhoff，2010；Xie et al.，2017；齐绍洲等，2018）；企业组织结构涉及公司治理机制、环境质量管理体系以及利益相关者压力（Amore and Bennedsen，2015；Kock et al.，2012；Krueger et al.，2020；Liu，2018；Shive and Forster，2020；张兆国等，2019）。

尽管《关于构建绿色金融体系的指导意见》明确了绿色金融包括绿色信贷、绿色债券、绿色股票指数和相关产品、绿色发展基金、绿色保险、碳金融等，但是受于数据可得性的限制，我们难以综合上述所有领域分析绿色金融的作用。而原银监会2012年制定的《绿色信贷指引》（下文简称指引）为我们从绿色信贷角度分析绿色金融的作用提供了良好视角。我们认为，基于绿色信贷的研究结论能够在很大程度上代表绿色金融的作用，原因在于金融体系的银行主导型特点决定了绿色信贷是绿色金融领域最大的组成部分。根据兴业研究的估算，绿色信贷余额占全体绿色融资余额的比例超过90%。以我国近年发展最为迅速的绿色债券市场为例，截至2019年上半年，我国21家主要银行绿色信贷余额达10.6万亿元，而同期我国境内绿色债券余额仅为7087.8亿元，考虑到银行发行绿色金融债券融得的资金主要用来发放绿色信贷，剔除绿色金融债券后，非金融企业绿色债券余额则仅为2939.6亿元，不及绿色信贷规模的3%，其他绿色融资方式规模更小[①]。于是，我们以原银监会印发的指引为切入点，采用DID方法评估绿色信贷政策的实施效果。具体地，考虑到指引旨在鼓励银行业金融机构加大对绿色经济、低碳经济、循环经济的支持，防范环境和社会风险，同时结合《关于构建市场导向的绿色技术创新体系的指导意见》，本文尝试从绿色创新角度分析绿色信贷政策的微观影响。本文可能的贡献主要体现在以下方面：首先，根据我们有限的研究视域，本文创新性地分析了绿色信贷政策与绿色创新关系，很好地弥补了国内绿色金融理论研究的不足；其次，我们从存在何种关系、作用机理、潜在调节机制以及经济后果角度展开系统性分析，尝试性解构绿色金融与绿色创新的内在逻辑；再次，本文提供了银行信贷影响企业创新的新证据，与Amore等（2013）的放松监管促进企业创新结论不同的是，我们发现强化监管能够显著促进绿色创新；最后，通过评估指引的实施效果，本文研究结论有助于同时为"构建绿色金融体系"和"构建市场导向的绿色技术创新体系"提供理论参考。

余文结构安排如下：第二部分进行了相关文献的综述并提出研究假设；第三部分为研究设计与统计性分析；第四部分实证分析了指引与绿色创新的关系，并且进行了一系列的稳健性检验；第五部分对指引增进绿色创新作用机理进行了分

---

① 资料来源：钱立华、方琦、鲁政委，《中国绿色金融：从银行到资管——2020年中国绿色金融发展趋势展望》，http://greenfinance.xinhua08.com/a/20191227/1905011.shtml。

析；第六部分和第七部分是对指引增进绿色创新的调节机制和经济效应进行分析；最后是研究结论与政策建议。

二、研究假设的提出

（一）绿色信贷与绿色创新

与现阶段命令型规制政策、市场型规制政策不同，绿色信贷通过引导资金配置发挥生态环境治理作用。具体地，绿色信贷将企业污染排放产生的负外部性内部化，通过信贷渠道动态调整环境污染的机会成本，做到既增加清洁性投资又减少污染性投资，实现利用资金配置引导产业清洁转型和绿色发展的目标。绿色信贷对清洁性投资的激励效应体现在企业获取信贷融资时具有可得性和便利性的比较优势，而绿色信贷对污染性投资的约束效应体现在企业获取信贷融资时会面临更高的门槛限制和交易成本。绿色信贷的资金配置功能意味着从生产过程的初始阶段就能够发挥环境治理的作用，并且贯穿整个生产阶段，即绿色信贷的激励约束效应具有始端治理和全周期治理的特点。

绿色信贷的激励约束效应主要通过两个渠道实现环境污染的始端治理和全周期治理。第一个渠道是资金要素的再分配。当企业在环境风险管理、环境信息披露以及环境绩效等方面表现较好时，企业将获得规模更大、期限更长以及成本更低的外部融资（Sharfman and Fernando，2008；黎文靖、路晓燕，2015；沈洪涛、马正彪，2014；吴红军等，2017）；当企业污染排放较多时，尤其发生雾霾"爆表"等极端事件时，企业尤其重污染企业都会面临更高融资门槛和更高融资成本（蔡海静等，2019；李培功、沈艺峰，2011；刘星河，2016；盛明泉等，2017；苏冬蔚、连莉莉，2018）。第二个渠道是污染企业的绿色转型。面对高昂的环境污染成本，污染企业唯有依托绿色技术创新才能有效缓释环境风险、降低环境污染成本，Goetz（2019）和He等（2019）分别基于美国和中国的企业数据证实绿色信贷显著促进了企业绿色技术研发。

从政策实践看，绿色信贷和绿色创新的相关政策文件也明确指出要加强绿色信贷对绿色创新的支持。例如，指引指出，银行业金融机构应"对环境和社会表现不合规的客户，应当不予授信"，同时应"加大对绿色经济、低碳经济、循环经济的支持"；《关于构建绿色金融体系的指导意见》指出，构建绿色金融体系促进环保、新能源、节能等领域的技术进步；《关于构建市场导向的绿色技术创新体系的指导意见》明确提出通过绿色金融促进绿色技术创新。于是，本文提出研究假设 H1。

假设 H1：对于指引规定的绿色信贷限制行业，企业绿色创新表现越好。

（二）指引增进绿色创新的作用机理

从企业创新风险来看，与一般性创新相比，绿色技术研发成功的概率较小、绿色创新所要求的资金投入更大，因而只要环境规制成本低于粗放式发展的收益，遵循理性人假设的经理人就不会主动寻求绿色转型，而是采用易模仿、低成本的末端治理技术而非绿色技术规避环境规制（李斌等，2013；潘爱玲等，2019）。从环境规制风险来看，指引不仅显著提高了企业的环境规制成本，而且使其大于甚至远超粗放式发展的收益。在波特假说的"倒逼"效应理论框架下，作为委托人的股东会更加积极地激励管理者开展绿色创新活动（李青原、肖泽华，2020）。面对高成本的环境规制，股东有强烈的动机督促企业开展绿色技术研发以降低环境违规的潜在风险；作为代理人的经理人必然既有坚决的绿色创新投资态度，又会主动寻求绿色转型。

相应地，高成本的环境规制会强化绿色信贷的监督功能，降低经理人的代理成本。从债务契约看，绿色信贷具有一般情境下的信贷监督功能。由于在获取和处理借款人私有信息上具有更低的成本，因而银行能够有效监督企业经理人，并通过差异化的贷款利率、约束企业自由现金流的代理成本等发挥"大贷款人监督"的作用（Diamond，1984；胡奕明等，2008；沈红波等，2013）。与一般意义的银行信贷相比，绿色信贷的监督功能更强。首先，绿色信贷的监督功能具有明确的指向性。绿色信贷资源配置突破了传统意义上的安全性和效益性原则，将环境和社会风险领域的安全性和效益性作为关键标准。指引明确指出，银行业金融机构将客户的环境和社会风险作为其评级、信贷准入、管理和退出的重要依据。其次，绿色信贷的监督功能具有长持续性。这种长持续性源于耗能、污染、生态保护以及气候变化等环境和社会问题的不可消除性。最后，绿色信贷的监督功能具有趋严的刚性。根据 The Lancet 公开的研究报告，全球每年最少有 900 万人因空气、水源、土壤等环境污染问题死亡。上述问题无疑会使得当局对环境和社会风险的防控更加严格。面对绿色信贷的强监督功能，经理人将会更加努力地开展绿色创新投资、寻求绿色发展机会。

从代理成本的异质性来看，我们可将代理成本区分为传统代理成本和绿色代理成本。绿色代理成本是源于作为股东的委托人和作为经理人的代理人之间的环境规制利益冲突，可以理解为最小化环境惩罚方面的代理问题所发生的成本。可以看出，传统代理成本和绿色代理成本的委托人和代理人并无实质性差异。两者最关键的区别在于，与传统代理成本是伴随着企业的出现而产生的不同，绿色代理成本具有阶段性特点，绿色代理成本是伴随着环境规制的出现而产生的。在整个经济社会的环境污染程度较轻时，一方面环保当局对环境污染的监管力度较为宽松，对企业的环境污染惩处力度较弱；另一方面，股东自身对环境治理的关注不足，进而对管理层施加较少的环境治理决策监督，企业主动开展环境治理的动机不足，这导致企业对环境治理相关费用的支出较少甚至无支出。当整个经济社会的环境污染程度较重时，来自环保当局、企业职工以及社会公众等各方面的环保压力促使企业加大环境治理支出。严格的环境规制显著提高了股东对企业生产方式向节能减排、绿色低碳转型的关注，进而对管理层施加较高的环境治理决策监督，这导致企业加大环境治理相关费用的支出。另外，不同企业的环境治理费用存在很大不同，同一企业的不同发展阶段也存在差异化的环境治理支出。绿色代理成本的阶段性特点决定了经理人在环境治理支出方面存在更大的自主性和操作空间，加大环境治理费用在任何经济社会发展阶段和企业发展阶段都具有积极的正面含义。例如，2011年第一季度，张裕A管理费用较上一年同期增幅高达80.88%，公司给出的解释是，由于葡萄酒生产在各方面都很讲究，人文、环境等方面要求也很高，为保证产品质量，公司增加了绿化费用支出，管理费用大幅增加主要是绿化费用增加所致。

对于绿色信贷限制行业，在已经承担高昂的环保费用却未有很好的环保表现时，极易产生源于大股东、中小投资者以及社会公众的"愤怒成本"，而指引的实施让这种"愤怒成本"内部化，这可能会显著提高经理人通过环卫费、绿化费等费用科目获取私利的成本，面对该问题，经理人的绿色代理成本必然下降；同时，指引的实施还会影响传统代理成本，这与既有信贷监督功能产生的影响类似。因此，本文提出研究假设H2a。

假设H2a：指引实施后，绿色信贷限制行业的代理成本显著降低，特别是绿色代理成本显著降低。

同时，高成本的环境规制会强化绿色信贷的投资效率提升功能。与一般意义的银行信贷相比，绿色信贷的投资效率提升功能更强。指引实现了与环境和社会风险有关的信贷规模、信贷期限以及信贷成本从事前、事中直至事后的全覆盖，从而为银行保护债权资产提供了更加便利的相机决策机制。如果企业在短期内难以降低环境和社会风险，那么将面临银行不予授信、中止授信甚至终止授信的融资困境风险。环境和社会风险高的企业将会减少污染性投资，提高绿色创新投资效率。

从投资效率的异质性来看，与非绿色投资效率不同，绿色投资效率以环境收益而非经济收益作为评价标准，体现的是企业清洁性投资产生的节能减排效益。

对于绿色信贷限制行业，指引实施前，企业可以通过低成本、低效率的洗绿、漂绿等行为掩盖环保外部性问题；由于低成本的洗绿、漂绿等行为并不会显著降低企业的环境和社会风险，当指引实施后，绿色信贷限制企业的环境外部性问题必然被"内部化"，将面临严重的信贷约束，此时唯有提高绿色投资效率实现环境治理目标才能够有效缓解信贷约束问题。从长远来看，通过提高绿色投资效率缓解信贷约束能够帮助企业未来实现绿色转型。因此，本文提出研究假设 H2b。

假设 H2b：指引实施后，绿色信贷限制行业的投资效率显著提升，特别是绿色投资效率显著提升。

（三）指引增进绿色创新的调节机制

从绿色金融来看，绿色信贷政策效力的发挥需要环保政策及相关法律法规的配套支持。换句话说，环境规制的加强能够有效提高绿色信贷的资源配置效率。例如，"把资源消耗、环境损害、生态效益纳入经济社会发展评价体系"能够显著提高地方政府对绿色经济的支持力度，提高环保执法力度、加强环保约谈等能够促使当地企业减少污染排放、增加绿色创新（包群等，2013；沈洪涛、周艳坤，2017；于连超等，2019）。从污染防治的实际效果看，严格的环境规制已经呈现出良好的成效。例如，2018 年中国碳强度下降 4.0%，比 2005 年累计下降 45.8%；截至 2018 年 9 月底，全国 2411 家涉及废水排放的经济技术开发区、高新技术产业开发区、出口加工区等工业集聚区中，污水集中处理设施建成率达 97%，比《水十条》实施前提高 40 多个百分点①。因此，本文提出研究假设 H3a。

假设 H3a：环境规制力度越强，指引的绿色创新促进作用越显著。

从绿色创新来看，《关于构建市场导向的绿色技术创新体系的指导意见》已经明确提出，要健全绿色技术知识产权保护制度，强化绿色技术研发、示范、推广、应用、产业化各环节知识产权保护。作为企业开展技术创新的重要制度安排，知识产权保护的激励作用已被现有文献证实。当地方知识产权保护力度越强时，当地企业的创新积极性越高，表现为更多的研发投入和更高的创新产出，反之，知识产权侵权程度越大，企业创新表现越消极（龙小宁等，2018；史宇鹏、顾全林，2013；王海成、吕铁，2016；吴超鹏、唐荑，2016；尹志锋等，2013）。因此，本文提出研究假设 H3b。

假设 H3b：地方知识产权保护力度越大，指引的绿色创新促进作用越显著。

---

① 资料来源：《中国应对气候变化的政策与行动 2019 年度报告》，《生态环境部通报我国工业集聚区水污染防治工作阶段性进展》。

(四) 指引增进绿色创新的经济效应

从环境和社会绩效来看,指引通过信贷资源配置激励清洁性投资、约束污染性投资的直接目的就是降低企业环境和社会风险,提高环境和社会绩效。无论是为了满足环境治理要求还是减低信贷资源约束要求,企业都要开展以减少环境污染、降低能耗以及提高能效为目的的绿色创新。可以看出,绿色创新能够很好地改善企业的环境和社会绩效。Chen 等(2006)发现以绿色产品和绿色工艺为代表的绿色创新不仅显著降低了环境负外部性,而且提升了企业竞争优势,这也得到了 Huang 和 Li(2017)的支持。

从财务绩效来看,尽管部分文献证实了绿色创新可以提升企业价值(Chen et al., 2006; Huang and Li, 2017),但是我们也怀疑该结论在国内可能并不成立。一方面,受环境法律体系、环境产权执行效率等因素影响,国内投资者对企业污染排放的态度与发达国家可能存在较大差异。例如,黎文靖和路晓燕(2015)发现企业环境绩效好坏并不会影响短期机构投资者的持股行为;薛爽等(2017)发现企业排污程度越严重,企业生产情况却越好。另一方面,国内绿色创新体量偏小,价值创造优势可能暂未显现。根据《中国绿色专利统计报告(2014—2017年)》,2014—2017 年,绿色发明专利申请量仅占发明专利申请量的比重为 6.2%。因此,本文提出假设 H4。

假设 H4:指引实施后,绿色创新能够改善环境和社会绩效,却难以改善财务绩效。

基于上述研究假设,本文后续将开展以下研究工作:第一,考察以指引为代表的绿色信贷政策对绿色创新表现的影响;第二,分析指引增进绿色创新的作用机制,具体从代理问题和投资效率展开;第三,分析调节指引与绿色创新关系的潜在机制,具体从环境规制和知识产权保护两方面展开;第四,从环境和社会绩效与财务绩效分析其经济后果。

三、研究设计与统计性分析

(一) 样本选取和数据来源

本文以 2007—2017 年间所有 A 股上市公司为研究对象,并按照以下标准对样本进行剔除:剔除了金融保险业上市公司,剔除了资产负债率小于 0 和大于 1

的上市公司，剔除了非正常交易上市公司（包括 ST、ST* 以及 PT），剔除了相关数据缺失的上市公司。本文数据来源主要包括两个部分：一是企业创新数据，我们从中国研究数据服务平台（CNRDS）获取了所有 A 股上市公司发明专利和实用新型专利的专利分类号信息，将其与 2010 年世界知识产权组织（WIPO）发布的"国际专利分类绿色清单"进行匹配；根据匹配结果，我们将上市公司专利分为绿色专利（绿色发明专利和绿色实用新型专利）和非绿色专利（非绿色发明专利和非绿色实用新型专利）。二是其他公司特征数据，主要财务数据来源于国泰安数据库，股东数据来源于锐思数据库，实际控制人类型来源于 CCER 数据库。将上述数据匹配后，最终获得 13818 个年度观测值。我们对主要连续变量进行 1% 的 winsorize 处理。

（二）模型构建与指标选取

基于双重差分模型，我们构建了如下模型检验绿色信贷对绿色创新的作用：

$$Patent_{it}=\alpha_t+\alpha_i+\beta_1 Policy_t+\beta_2 Gcres_i \times Policy_t+\beta_3 Gcres_i+\gamma' x_{it-1}+\varepsilon_{i,t} \quad (1)$$

模型（1）中的被解释变量 $Patent$，表示绿色创新表现。参考黎文婧和郑曼妮（2016）的做法，本文以绿色专利申请数量衡量企业绿色创新。具体地，本文将绿色发明专利申请数量和绿色实用新型专利申请数量加总得到绿色创新总量 $Total$，绿色发明专利申请数量 $Inva$ 衡量绿色创新质量，同时将绿色实用新型专利申请数量 Uma 作为对比性指标衡量绿色创新数量。为消除绿色专利申请数据的右偏分布问题，本文将绿色专利申请数量加 1 后取自然对数，得到 $LnTotal$、$LnInva$ 以及 $LnUma$。

模型（1）中的关键解释变量是绿色信贷政策、行业属性以及二者交乘项。其中，$Policy$ 为指引实施前后的虚拟变量，实施后的期间（2012 年及以后）取值为 1，实施前的期间（2012 年以前）取 0。$Gcres$ 表征了指引确定的绿色信贷政策实施行业。根据指引，原银监会在《绿色信贷实施情况关键评价指标》中明确了环境和社会风险类型，本文将环境和社会风险为 A 类的企业所属行业认定上市公司是否为绿色信贷限制行业。具体地，A 类企业所属行业包括核力发电、水力发电、水利和内河港口工程建筑、煤炭开采和洗选业、石油和天然气开采业、黑色金属矿采选业、有色金属矿采选业、非金属矿采选业、其他采矿业等九个行业①。如果上市公司属于上述九个行业，则被认定为绿色信贷限制行业（实验组），Gcres=1，否则被认定为非绿色信贷限制行业（对照组），Gcres=0。我们最关心的是交互项 Policy×Gcres，其考察的是指引实施前后对绿色信贷限制行业与非绿色信贷限制行业绿色创新产生的影响。如果 β_2 显著大于0，表明指引显著促进了绿色信贷限制行业的绿色创新，反之，表明无显著促进作用。

为控制影响企业绿色创新的其他经济特征指标，参考现有文献做法（Amore and Bennedsen，2015；齐绍洲等，2018），我们引入了一系列控制变量 $X_{i,t+1}$。具体包括：机构投资者持股比例 Inst、董事长与 CEO 两职兼任 Dual、独董比例 Ind、账面市值比 MtB、现金比率 Cash、研发支出比例 Rd、资产负债率 Debt、资本支出比例 Capital、固定资产比例 Ppe、公司绩效 Roa、员工规模 Employee、公司价值 TQ 以及成立年限 LnAge。为获得更加稳健的回归结果，我们采用控制企业固定效应和时间固定效应的双重 Cluster 回归方法。另外，我们还控制了样本企业所在省的地区固定效应。

（三）统计性分析

表1汇报了主要变量的统计结果。可以看出，Total 的均值为2.283，标准差为5.885，表明绿色专利申请数量在样本企业间存在很大差异。Inva 和 Uma 的均值分别为1.063和1.144，标准差分别为3.045和3.066，同样表明绿色发明专利申请数量和绿色实用新型专利申请数量在样本企业间存在较大差异，并且大部分的绿色专利申请属于绿色实用新型专利申请。其他变量与现有文献基本一致，不再赘述。

表1   主要变量统计性分析

	N	Mean	St.Dev	min	max	p25	Median
Total	13818	2.283	5.885	0.000	31.000	0.000	0.000
Inva	13818	1.063	3.045	0.000	16.000	0.000	0.000
Uma	13818	1.144	3.066	0.000	16.000	0.000	0.000
Policy	13818	0.830	0.376	0.000	1.000	1.000	1.000
Gcres	13818	0.052	0.221	0.000	1.000	0.000	0.000

---

① 《绿色信贷实施情况关键评价指标》（银监办发〔2014〕186号）指出，根据客户面临的环境和社会风险，制定分类标准，将其分为不同的类别。A类是指，其建设、生产、经营活动有可能严重改变环境原状且产生的不良环境和社会后果不易消除的客户。B类是指，其建设、生产、经营活动将产生不良环境和社会后果但较易通过缓释措施加以消除的客户。C类是指，其建设、生产、经营活动不会产生明显不良环境和社会后果的客户。

续表

	N	Mean	St.Dev	min	max	p25	Median
Inst	13818	0.358	0.239	0.000	0.868	0.142	0.351
Dual	13818	0.275	0.446	0.000	1.000	0.000	0.000
Ind	13818	0.372	0.055	0.091	0.800	0.333	0.333
MtB	13818	0.784	0.835	0.084	5.910	0.304	0.519
Cash	13818	0.194	0.156	0.006	0.728	0.081	0.144
Rd	13818	0.019	0.017	0.000	0.091	0.006	0.016
Debt	13818	0.405	0.211	0.051	0.998	0.232	0.393
Capital	13818	0.057	0.050	0.000	0.263	0.021	0.043
Ppe	13818	0.221	0.151	0.002	0.751	0.106	0.192
Roa	13818	0.043	0.053	−0.313	0.202	0.016	0.040
Employee	13818	7.683	1.221	2.398	13.189	6.838	7.578
TQ	13818	2.542	2.136	0.169	11.923	1.105	1.925
LnAge	13818	2.647	0.421	0.000	3.912	2.398	2.708

四、实证结果及分析

（一）平行趋势假设检验

图1展示了2007—2017年不同行业绿色创新产出的平行趋势，横轴表示年份，纵轴表示样本企业当年绿色创新产出加1后的自然对数，实线为绿色信贷限制行业的平均值，虚线为非绿色信贷限制行业的平均值[1]。以2012年指引为分界线，我们可以将样本期分为指引实施前（2007—2011年）和指引实施后（2012—2017年）。可以看出，指引实施前后，绿色信贷限制行业与非绿色信贷限制行业的绿色创新数量（绿色发明专利与绿色实用新型专利之和）随时间变化趋势基本一致，但指引实施后二者绿色创新数量差距显著扩大。同样地，指引实施前后，绿色信贷限制行业的绿色发明专利和绿色实用新型专利随时间变化趋势也基本一致，但指引实施后二者差距显著扩大；指引实施前后，非绿色信贷限制行业的绿色发明专利和绿色实用新型专利随时间变化趋势也基本一致，并且二者差距基本保持不变。因此，基本满足平行趋势假设（具体参见附录）。

---

[1] 需要说明的是，根据 *World Intellectual Property Indicators* 2018，2017年专利申请量下降的原因在于国家知识产权局修改了统计专利申请数据的方法：从2017年开始，国家知识产权局统计范围仅包括已支付申请费的专利申请，在此之前，国家知识产权局统计范围涵盖接收到的所有专利申请。

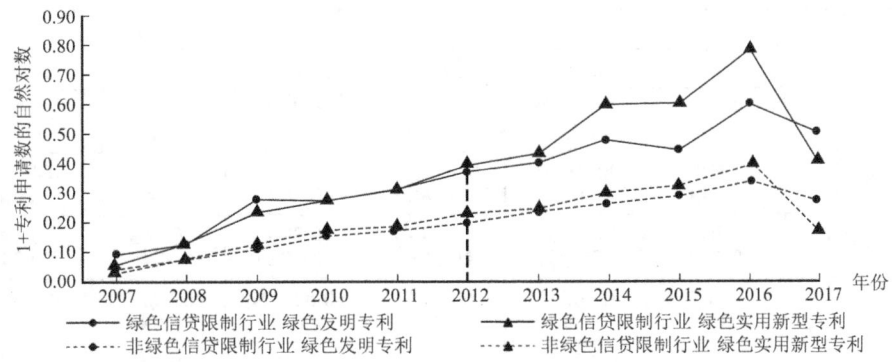

图 1 指引实施前后不同行业的绿色创新表现

（二）基准回归结果

根据模型（1），表 2 汇报了绿色信贷政策对绿色创新的回归结果。第（1）列和第（2）列汇报了绿色创新总量的回归结果，第（3）列和第（4）列汇报了绿色发明专利的回归结果，第（5）列和第（6）列汇报了绿色实用新型专利的回归结果。

表 2　　　　　　　　　　　指引与绿色创新

	（1）	（2）	（3）	（4）	（5）	（6）
	Ln*Total*	Ln*Total*	Ln*Inva*	Ln*Inva*	Ln*Uma*	Ln*Uma*
Policy	0.163*** (0.062)	0.160*** (0.062)	0.118*** (0.033)	0.117*** (0.034)	0.107** (0.053)	0.106** (0.053)
Gcres×*Policy*	0.214*** (0.070)	0.210*** (0.067)	0.094 (0.058)	0.091* (0.055)	0.219*** (0.061)	0.221*** (0.059)
Gcres	0.084 (0.083)	0.053 (0.080)	0.111 (0.069)	0.084 (0.065)	0.019 (0.066)	-0.001 (0.064)
Inst	0.058 (0.056)	0.041 (0.055)	0.058 (0.046)	0.041 (0.045)	0.021 (0.042)	0.014 (0.042)
Dual	-0.010 (0.025)	-0.006 (0.025)	0.003 (0.019)	0.008 (0.019)	-0.025 (0.018)	-0.023 (0.018)
Ind	0.655** (0.260)	0.613** (0.252)	0.599*** (0.198)	0.564*** (0.189)	0.534** (0.213)	0.513** (0.209)
MtB	-0.005 (0.040)	-0.009 (0.040)	0.004 (0.024)	0.001 (0.024)	0.011 (0.036)	0.010 (0.036)
Cash	-0.205** (0.104)	-0.239** (0.101)	-0.076 (0.060)	-0.107* (0.057)	-0.189* (0.098)	-0.208** (0.097)

续表

	（1）	（2）	（3）	（4）	（5）	（6）
	Ln*Total*	Ln*Total*	Ln*Inva*	Ln*Inva*	Ln*Uma*	Ln*Uma*
Rd	6.240*** （0.900）	5.809*** （0.924）	5.038*** （0.749）	4.689*** （0.763）	2.762*** （0.649）	2.496*** （0.666）
Debt	0.594*** （0.083）	0.598*** （0.082）	0.397*** （0.068）	0.398*** （0.067）	0.441*** （0.067）	0.446*** （0.067）
Capital	0.342 （0.300）	0.405 （0.295）	0.240 （0.205）	0.296 （0.202）	0.263 （0.247）	0.298 （0.244）
Ppe	−0.866*** （0.092）	−0.805*** （0.090）	−0.672*** （0.068）	−0.621*** （0.067）	−0.595*** （0.094）	−0.557*** （0.093）
Roa	0.223 （0.250）	0.261 （0.253）	0.071 （0.155）	0.110 （0.154）	0.281 （0.194）	0.292 （0.196）
Employee	0.192*** （0.018）	0.187*** （0.018）	0.137*** （0.014）	0.133*** （0.013）	0.130*** （0.018）	0.128*** （0.018）
TQ	−0.009 （0.009）	−0.011 （0.009）	−0.002 （0.006）	−0.005 （0.006）	−0.005 （0.007）	−0.006 （0.007）
Ln*Age*	−0.070* （0.038）	−0.057 （0.037）	−0.051* （0.029）	−0.040 （0.029）	−0.076** （0.031）	−0.073** （0.030）
企业固定效应	Yes	Yes	Yes	Yes	Yes	Yes
时间固定效应	Yes	Yes	Yes	Yes	Yes	Yes
地区固定效应	No	Yes	No	Yes	No	Yes
_cons	−1.293*** （0.189）	−1.292*** （0.186）	−1.054*** （0.122）	−1.057*** （0.122）	−0.820*** （0.174）	−0.816*** （0.172）
N	13818	13818	13818	13818	13818	13818
R^2	0.146	0.154	0.130	0.141	0.120	0.126

注：括号中为标准误。$*p<0.10$，$**p<0.05$，$***p<0.01$。下文同。

在第（1）列和第（2）列中，交乘项 *Gcres*×*Policy* 的系数均在1%的水平显著为正，引入地区固定效应后，其系数为0.210，即绿色信贷政策实施后，绿色信贷限制行业的绿色专利申请总量增加21%，表明指引显著增进了绿色信贷限制行业的绿色创新产出。*Policy* 的系数均在1%的水平下显著为正，引入地区固定效应后，*Policy* 的系数为0.160，即绿色信贷政策实施后，非绿色信贷限制行业的绿色专利申请总量平均增幅为16%。*Gcres* 的系数均不显著，引入地区固定效应后，*Gcres* 的系数为0.053，即绿色信贷限制行业与非绿色信贷限制行业的绿色专利申请总量没有显著差异。

在第（3）列和第（4）列中，交乘项 *Gcres*×*Policy* 的系数仅在引入地区固定效应后显著为正，表明绿色信贷政策实施后，绿色信贷限制行业的绿色发明专利数量增加不显著,即指引对绿色信贷限制行业绿色创新质量的提升作用有限。$Policy$ 的系数均在 1% 的水平下显著为正,引入地区固定效应后,其系数为 0.117,即绿色信贷政策实施使得非绿色信贷限制行业的绿色发明专利数量增加 11.7%,表明指引的实施显著提升了非绿色信贷限制行业的绿色创新质量。$Gcres$ 的系数均不显著,表明绿色信贷限制行业与非绿色信贷限制行业的绿色发明专利数量没有显著差异。

在第(5)列和第(6)列中,交乘项 $Gcres \times Policy$ 的系数均在 1% 的水平下显著为正,引入地区固定效应后,其系数为 0.221,即绿色信贷政策实施后,绿色信贷限制行业的绿色实用新型专利数量增加 22.1%,进一步表明指引显著增进了绿色信贷限制行业的绿色创新产出。$Policy$ 的系数均在 5% 的水平下显著为正,引入地区固定效应后,其系数为 0.106,即绿色信贷政策实施使得非绿色信贷限制行业的绿色实用新型专利数量增加 10.6%。$Gcres$ 的系数均不显著,表明绿色信贷限制行业与非绿色信贷限制行业的绿色实用新型专利数量没有显著差异。

综上,研究假设 H1 得证。实证结果表明:绿色信贷政策的实施显著促进了绿色信贷限制行业的绿色创新数量,却未能显著提升绿色信贷限制行业的绿色创新质量,即指引对绿色信贷限制行业绿色创新过程中"量"的激励充足,而对"质"的激励不足。这可能是因为,我国上市公司普遍存在环保投资额不足现象,由信贷政策刺激的环保投资对企业来说是一种"被动"行为,并且企业环保投资资金配置的主要方向是"环保设施及系统的投入与改造支出",而非绿色创新(唐国平等,2013)。

接下来,以引入地区固定效应后的回归结果为主,分析控制变量的回归结果。机构投资者持股、两职兼任均不会显著影响企业绿色创新的数量和质量。独董比例越高,绿色创新数量和质量均有显著增加。账面市值比、资本支出、企业绩效以及托宾 Q 值均不会显著影响企业绿色创新的数量和质量。现金比率、有形资产比例以及企业年龄均不利于企业绿色创新数量和质量的改善;相比之下,研发支出、资产负债率以及员工规模却产生显著促进作用。

(三)稳健性检验

第一,考虑到专利数据的左截尾特点,我们在表 3 第(1)列至第(3)列中汇报了控制企业固定效应和时间固定效应的双重 Tobit 回归结果。可以看出,交乘项 $Gcres \times Policy$ 对绿色专利的影响在 1% 的水平下显著为正,对绿色发明专利的影响不显著,对绿色实用新型专利的影响在 1% 的水平下显著为正。这与表 2 回归结果一致。

第二，根据《绿色信贷实施情况关键评价指标》，除 A 类之外，B 类的建设、生产、经营活动也会产生不良环境和社会后果。尽管 A 类和 B 类的差别在于这种问题较易通过缓释措施加以消除。但是对环境和社会风险缓释措施不足的 B 类客户依然会被列入存在重大环境和社会风险的名单。于是，根据 B 类客户所属行业（包括棉印染精加工、毛染整精加工、麻染整精加工、丝印染精加工等 25 个行业），我们扩大了绿色信贷限制行业认定范围，如果上市公司属于上述 25 个行业，那么我们也将其认定为绿色信贷限制行业。表 3 的第（4）列至第（6）列汇报了重新界定行业类型后的回归结果。可以看出，交乘项 $Gcres×Policy$ 对绿色专利的影响基本为正，对绿色发明专利的影响不显著，对绿色实用新型专利的影响在 10% 的水平下显著为正。这同样证实了表 2 的研究结论。

表 3　稳健性检验：替换回归方法和行业界定标准

	采用双重 Tobit 方法			变更行业界定标准		
	（1）	（2）	（3）	（4）	（5）	（6）
	LnTotal	LnInva	LnUma	LnTotal	LnInva	LnUma
Policy	0.526** (0.236)	0.657*** (0.198)	0.444* (0.245)	0.156** (0.069)	0.130*** (0.040)	0.094 (0.058)
Gcres×Policy	0.373*** (0.129)	0.218 (0.161)	0.499*** (0.113)	0.045 (0.039)	−0.017 (0.026)	0.063* (0.037)
Gcres	0.159 (0.228)	0.250 (0.231)	0.014 (0.195)	−0.169*** (0.037)	−0.045 (0.027)	−0.184*** (0.031)
Inst	0.176 (0.115)	0.193 (0.119)	0.139 (0.109)	0.052 (0.055)	0.048 (0.044)	0.022 (0.042)
Dual	−0.014 (0.060)	0.038 (0.063)	−0.110* (0.060)	−0.014 (0.026)	0.003 (0.019)	−0.030* (0.018)
Ind	0.762 (0.626)	1.001 (0.637)	0.752 (0.615)	0.639** (0.257)	0.580*** (0.192)	0.534** (0.214)
MtB	−0.111*** (0.041)	−0.106*** (0.041)	−0.069* (0.037)	0.013 (0.039)	0.014 (0.024)	0.030 (0.034)
Cash	−1.141*** (0.356)	−0.787*** (0.209)	−1.335*** (0.411)	−0.242** (0.101)	−0.105* (0.058)	−0.213** (0.097)
Rd	17.769*** (1.678)	18.737*** (1.627)	11.238*** (1.692)	5.011*** (0.893)	4.229*** (0.752)	1.775*** (0.614)
Debt	1.684*** (0.193)	1.666*** (0.196)	1.658*** (0.188)	0.603*** (0.082)	0.404*** (0.068)	0.447*** (0.067)
Capital	0.828 (0.768)	1.062 (0.752)	0.807 (0.923)	0.415 (0.280)	0.301 (0.194)	0.307 (0.230)
Ppe	−2.086*** (0.345)	−2.285*** (0.360)	−1.784*** (0.213)	−0.674*** (0.092)	−0.559*** (0.070)	−0.427*** (0.089)
Roa	0.841 (0.778)	0.581 (0.694)	1.259 (0.818)	0.383 (0.260)	0.174 (0.155)	0.408** (0.202)

续表

	采用双重 Tobit 方法			变更行业界定标准		
	（1）	（2）	（3）	（4）	（5）	（6）
	LnTotal	LnInva	LnUma	LnTotal	LnInva	LnUma
Employee	0.459*** (0.029)	0.463*** (0.030)	0.381*** (0.028)	0.188*** (0.018)	0.134*** (0.013)	0.128*** (0.018)
TQ	−0.070*** (0.012)	−0.048*** (0.011)	−0.062*** (0.012)	−0.010 (0.009)	−0.004 (0.006)	−0.004 (0.007)
LnAge	−0.061 (0.082)	−0.073 (0.087)	−0.159** (0.079)	−0.064* (0.037)	−0.045 (0.029)	−0.078*** (0.030)
企业固定效应	Yes	Yes	Yes	Yes	Yes	Yes
时间固定效应	Yes	Yes	Yes	Yes	Yes	Yes
地区固定效应	Yes	Yes	Yes	Yes	Yes	Yes
N	13818	13818	13818	13818	13818	13818
R^2	—	—	—	0.155	0.140	0.129

第三，考虑到创新风险较高，能够带来技术进步、产品升级的重大、实质性创新通常都需要很长时间（黎文靖、郑曼妮，2016），参考 He 和 Tian（2013）、姜军等（2017）的做法，我们选取第 $t+1$ 年、第 $t+2$ 年及第 $t+3$ 年的绿色专利申请衡量绿色创新，具体回归结果如表 4 所示。可以看出，考虑绿色创新过程的长周期性后，交乘项 Gcres×Policy 对绿色专利的影响均至少在 5% 的水平下显著为正，对绿色发明专利的影响均不显著，对绿色实用新型专利的影响均至少在 5% 的水平下显著为正。这与表 2 的回归结果基本一致。

表 4　稳健性检验：考虑绿色创新过程的长周期性

	第 t+1 年			第 t+2 年			第 t+3 年		
	（1）	（2）	（3）	（4）	（5）	（6）	（7）	（8）	（9）
	LnTotal	LnInva	LnUma	LnTotal	LnInva	LnUma	LnTotal	LnInva	LnUma
Policy	0.105* (0.060)	0.090*** (0.035)	0.056 (0.054)	0.069 (0.052)	0.064** (0.027)	0.029 (0.054)	0.044 (0.055)	0.039* (0.022)	0.010 (0.066)
Gcres×Policy	0.204*** (0.070)	0.016 (0.046)	0.239*** (0.071)	0.253*** (0.054)	0.077 (0.055)	0.239*** (0.053)	0.139** (0.059)	0.037 (0.047)	0.147** (0.070)
Gcres	0.082 (0.093)	0.166** (0.075)	0.005 (0.074)	0.029 (0.100)	0.097 (0.076)	−0.003 (0.079)	0.107 (0.106)	0.116 (0.070)	0.062 (0.088)
Inst	0.037 (0.071)	0.051 (0.060)	0.000 (0.046)	0.015 (0.069)	0.040 (0.053)	−0.020 (0.052)	0.053 (0.087)	0.080 (0.066)	−0.022 (0.071)
Dual	0.005 (0.029)	0.015 (0.021)	−0.015 (0.020)	0.011 (0.030)	0.022 (0.021)	−0.016 (0.025)	0.028 (0.038)	0.025 (0.027)	0.003 (0.031)
Ind	0.646** (0.252)	0.590*** (0.203)	0.566*** (0.210)	0.634** (0.260)	0.530*** (0.205)	0.555*** (0.227)	0.449 (0.340)	0.420* (0.242)	0.425* (0.257)
MtB	−0.001 (0.035)	0.001 (0.023)	0.017 (0.033)	0.013 (0.030)	0.006 (0.020)	0.025 (0.025)	0.014 (0.027)	0.009 (0.020)	0.017 (0.020)

续表

	第 $t+1$ 年			第 $t+2$ 年			第 $t+3$ 年		
	（1）	（2）	（3）	（4）	（5）	（6）	（7）	（8）	（9）
	Ln*Total*	Ln*Inva*	Ln*Uma*	Ln*Total*	Ln*Inva*	Ln*Uma*	Ln*Total*	Ln*Inva*	Ln*Uma*
Cash	-0.305*** (0.112)	-0.151* (0.081)	-0.240*** (0.089)	-0.147 (0.121)	-0.081 (0.084)	-0.097 (0.100)	-0.058 (0.130)	-0.026 (0.091)	-0.017 (0.091)
Rd	6.763*** (0.959)	5.323*** (0.761)	3.144*** (0.729)	6.695*** (0.951)	5.386*** (0.766)	2.827*** (0.739)	5.159*** (1.138)	4.635*** (0.830)	1.581 (0.982)
Debt	0.529*** (0.090)	0.380*** (0.067)	0.387*** (0.082)	0.599*** (0.099)	0.407*** (0.076)	0.437*** (0.074)	0.590*** (0.138)	0.398*** (0.119)	0.456*** (0.096)
Capital	0.551* (0.313)	0.424* (0.222)	0.347 (0.234)	0.738*** (0.242)	0.332** (0.164)	0.636*** (0.221)	0.730*** (0.211)	0.184 (0.159)	0.714*** (0.185)
Ppe	-0.878*** (0.112)	-0.700*** (0.078)	-0.607*** (0.102)	-0.931*** (0.160)	-0.707*** (0.098)	-0.648*** (0.136)	-1.026*** (0.224)	-0.766*** (0.139)	-0.718*** (0.184)
Roa	0.696** (0.281)	0.245 (0.179)	0.746*** (0.225)	0.784** (0.332)	0.332 (0.236)	0.673*** (0.234)	0.650* (0.371)	0.244 (0.322)	0.603** (0.235)
Employee	0.173*** (0.015)	0.132*** (0.013)	0.114*** (0.017)	0.171*** (0.018)	0.130*** (0.014)	0.112*** (0.016)	0.171*** (0.018)	0.126*** (0.014)	0.117*** (0.015)
TQ	-0.030*** (0.011)	-0.011 (0.008)	-0.026*** (0.009)	-0.020 (0.013)	-0.005 (0.008)	-0.018* (0.010)	-0.017 (0.020)	-0.007 (0.012)	-0.011 (0.016)
Ln*Age*	-0.065 (0.044)	-0.054 (0.034)	-0.075** (0.032)	-0.091* (0.048)	-0.076** (0.034)	-0.086** (0.034)	-0.115*** (0.044)	-0.091*** (0.029)	-0.096*** (0.035)
企业固定效应	Yes	Yes	Yes	Yes	Yes	Yes	Yes	Yes	Yes
时间固定效应	Yes	Yes	Yes	Yes	Yes	Yes	Yes	Yes	Yes
地区固定效应	Yes	Yes	Yes	Yes	Yes	Yes	Yes	Yes	Yes
N	11443	11443	11443	9338	9338	9338	7437	7437	7437
R^2	0.145	0.137	0.117	0.132	0.127	0.104	0.119	0.117	0.092

第四，考虑到可能存在遗漏变量问题，我们在模型（1）中引入了企业是否受到环境处罚[①]，企业注册地所在城市是否实施新修订的《环境空气质量标准》（即是否通过环境保护主管部门政府网站、环境监测机构网站、电视、广播等实时发布空气质量指标）[②]，同时控制了城市固定效应。表 5 的第（1）列至第（3）列汇报了相应的回归结果。可以看出，引入遗漏变量后，交乘项 $Gcres \times Policy$ 的系数符号、显著性与表 2 基本一致。

第五，考虑到专利申请统计标准发生变更，我们剔除 2017 年专利申请后

[①] 数据来源：CNRDS数据库。若公司在环境方面受到处罚，有则为1，没有则为0。
[②] 根据《关于实施〈环境空气质量标准〉（GB3095-2012）的通知》，分期实施新修订的《环境空气质量标准》，分期实施新标准的时间要求为：2012年，京津冀、长三角、珠三角等重点区域以及直辖市和省会城市；2013年，113个环境保护重点城市和国家环保模范城市；2015年，所有地级以上城市；2016年1月1日，全国实施新标准。据此，若企业注册地实施新标准，是则为1，否则为0。

重新进行回归。表 5 的第 4 列至第 6 列汇报了回归结果。可以看出，交乘项 Gcres×Policy 的系数符号、显著性同样与表 2 基本一致。

表 5　稳健性检验：考虑遗漏变量和绿色专利申请统计标准变更

	引入遗漏变量			剔除 2017 年样本		
	（1）	（2）	（3）	（4）	（5）	（6）
	Ln$Total$	Ln$Inva$	LnUma	Ln$Total$	Ln$Inva$	LnUma
$Policy$	0.060 （0.051）	0.042 （0.027）	0.052 （0.039）	0.181*** （0.058）	0.123*** （0.033）	0.129*** （0.047）
$Gcres \times Policy$	0.209*** （0.067）	0.091* （0.054）	0.221*** （0.060）	0.195** （0.077）	0.074 （0.059）	0.228*** （0.068）
$Gcres$	0.054 （0.083）	0.084 （0.066）	0.001 （0.066）	0.066 （0.080）	0.091 （0.064）	0.011 （0.064）
$Inst$	0.044 （0.055）	0.043 （0.045）	0.016 （0.042）	0.029 （0.059）	0.042 （0.048）	−0.001 （0.045）
$Dual$	−0.008 （0.026）	0.007 （0.019）	−0.024 （0.018）	−0.012 （0.026）	0.002 （0.019）	−0.021 （0.020）
Ind	0.610** （0.252）	0.559*** （0.189）	0.515** （0.209）	0.717*** （0.263）	0.635*** （0.196）	0.592*** （0.222）
MtB	−0.008 （0.039）	0.002 （0.023）	0.010 （0.035）	−0.027 （0.042）	−0.007 （0.025）	−0.009 （0.035）
$Cash$	−0.180* （0.094）	−0.064 （0.058）	−0.175** （0.087）	−0.271** （0.108）	−0.109* （0.061）	−0.261*** （0.097）
Rd	5.702*** （0.912）	4.599*** （0.765）	2.454*** （0.641）	5.984*** （0.989）	4.718*** （0.858）	2.843*** （0.625）
$Debt$	0.613*** （0.083）	0.409*** （0.067）	0.454*** （0.067）	0.619*** （0.084）	0.425*** （0.067）	0.446*** （0.072）
$Capital$	0.515 （0.316）	0.378* （0.227）	0.354 （0.247）	0.202 （0.242）	0.197 （0.176）	0.102 （0.197）
Ppe	−0.792*** （0.091）	−0.611*** （0.067）	−0.549*** （0.092）	−0.836*** （0.096）	−0.607*** （0.071）	−0.629*** （0.083）
Roa	0.315 （0.243）	0.154 （0.147）	0.318* （0.189）	0.276 （0.291）	0.139 （0.174）	0.265 （0.229）
$Employee$	0.183*** （0.017）	0.130*** （0.014）	0.126*** （0.017）	0.191*** （0.018）	0.129*** （0.015）	0.140*** （0.014）
TQ	−0.016** （0.008）	−0.008 （0.006）	−0.008 （0.006）	−0.005 （0.011）	−0.000 （0.007）	−0.003 （0.008）
LnAge	−0.074** （0.037）	−0.053* （0.028）	−0.081*** （0.029）	−0.042 （0.038）	−0.041 （0.030）	−0.052* （0.028）
$Disclosure$	0.136*** （0.042）	0.101*** （0.022）	0.071* （0.041）	—	—	—
是否被环境处罚	0.282 （0.198）	0.200 （0.186）	0.142*** （0.035）	—	—	—
企业固定效应	Yes	Yes	Yes	Yes	Yes	Yes

续表

	引入遗漏变量			剔除2017年样本		
	(1)	(2)	(3)	(4)	(5)	(6)
	Ln*Total*	Ln*Inva*	Ln*Uma*	Ln*Total*	Ln*Inva*	Ln*Uma*
时间固定效应	Yes	Yes	Yes	Yes	Yes	Yes
地区固定效应	Yes	Yes	Yes	—	—	—
城市固定效应	Yes	Yes	Yes	Yes	Yes	Yes
N	13818	13818	13818	11455	11455	11455
R^2	0.158	0.144	0.128	0.153	0.138	0.130

第六，考虑到雾霾"爆表"、党的十八大报告提出"要把生态文明建设放在突出地位"也发生在2012年，而这些因素可能会影响回归结果的稳健性，本文引入了三个变量以消除上述因素的影响[①]。第一个变量是上述公司注册地的污染源监管信息公开程度。该变量采用公众环境研究中心（IPE）公布的年度PITI指数衡量，IPE从2008年开始对全国重点环保城市的污染源监管信息公开程度进行综合评价，并发布年度报告，PITI指数包括监管信息、自行监测、互动回应、排放数据以及环评信息等方面[②]。第二个变量是上市公司注册地与周边国控空气监测站点的最短距离。根据《环境空气质量监测规范（试行）》，各地区必须设置环境空气质量监测点开展环境空气质量监测。本文将国控空气监测站点的经纬度与上市公司注册地的经纬度进行匹配，识别并计算出上市公司注册地与周边国控空气监测站点的最近距离。为消除地理距离的右偏分布问题，本文取最近距离加1的自然对数衡量Ln*Distance*。第三个变量是上述公司注册地的雾霾污染程度。CNRDS公布了1998—2016年的地市级PM2.5年均浓度（微克/立方米），PM2.5年均浓度的原始数据取自哥伦比亚大学社会经济数据和应用中心发布的基于卫星监测的全球PM2.5浓度平均值的栅格数据。

表6汇报了加入上述三个变量以后的回归结果。可以看出，*Policy*的系数均至少在5%的水平下显著为正，除第5列和第8列之外，*Gcres*×*Policy*的系数均为正值，并且至少在5%的水平下显著，表明指引的实施显著促进了上市公司的绿色创新产出，并且绿色信贷限制行业的绿色创新产出更高；指引的实施对绿色信贷限制行业和非绿色信贷限制企业的绿色创新质量的提高无明显差异。

---

① 感谢审稿专家提供的建设性意见。
② 数据来源：IPE每年发布的污染源监管信息公开指数（PITI）报告。

表 6　稳健性检验：考虑其他环境污染因素和宏观政策因素

	（1）	（2）	（3）	（4）	（5）	（6）	（7）	（8）	（9）
	Ln*Total*	Ln*Inva*	Ln*Uma*	Ln*Total*	Ln*Inva*	Ln*Uma*	Ln*Total*	Ln*Inva*	Ln*Uma*
Policy	0.151*** (0.053)	0.112*** (0.029)	0.102** (0.045)	0.169*** (0.064)	0.124*** (0.035)	0.110** (0.053)	0.174*** (0.056)	0.113*** (0.031)	0.120*** (0.044)
Gcres×*Policy*	0.255*** (0.067)	0.124** (0.059)	0.254*** (0.059)	0.207*** (0.066)	0.089 (0.055)	0.219*** (0.059)	0.197** (0.082)	0.073 (0.066)	0.202*** (0.072)
Gcres	0.066 (0.093)	0.092 (0.078)	0.011 (0.073)	0.052 (0.080)	0.083 (0.065)	−0.002 (0.064)	−0.090 (0.063)	−0.046 (0.042)	−0.097* (0.049)
PITI	0.005*** (0.001)	0.003*** (0.001)	0.003** (0.001)						
Ln*Distance*				−0.041*** (0.013)	−0.032*** (0.009)	−0.021** (0.010)			
PM2.5							0.001 (0.001)	0.001 (0.001)	0.001 (0.001)
Inst	0.068 (0.062)	0.071 (0.046)	0.024 (0.048)	0.029 (0.055)	0.032 (0.044)	0.007 (0.042)	0.017 (0.058)	0.035 (0.050)	−0.012 (0.042)
Dual	0.000 (0.029)	0.014 (0.021)	−0.018 (0.021)	−0.003 (0.025)	0.011 (0.019)	−0.021 (0.018)	0.005 (0.028)	0.016 (0.022)	−0.008 (0.021)
Ind	0.754*** (0.278)	0.688*** (0.202)	0.617*** (0.235)	0.600** (0.252)	0.554*** (0.189)	0.505** (0.209)	0.376 (0.233)	0.286* (0.161)	0.264 (0.194)
MtB	0.002 (0.040)	0.010 (0.025)	0.015 (0.035)	−0.012 (0.040)	−0.001 (0.024)	0.008 (0.036)	−0.068* (0.041)	−0.043* (0.024)	−0.047 (0.034)
Cash	−0.186* (0.098)	−0.076 (0.062)	−0.165* (0.086)	−0.258** (0.103)	−0.122** (0.059)	−0.218** (0.098)	−0.236** (0.112)	−0.105 (0.064)	−0.211** (0.092)
Rd	5.103*** (0.884)	4.327*** (0.764)	1.875*** (0.635)	5.779*** (0.922)	4.667*** (0.760)	2.478*** (0.665)	7.417*** (0.985)	5.510*** (0.808)	4.227*** (0.696)
Debt	0.621*** (0.094)	0.409*** (0.079)	0.476*** (0.074)	0.587*** (0.082)	0.389*** (0.068)	0.440*** (0.067)	0.661*** (0.092)	0.444*** (0.071)	0.478*** (0.075)
Capital	0.529* (0.305)	0.346 (0.218)	0.374 (0.240)	0.448 (0.291)	0.331 (0.201)	0.318 (0.241)	0.207 (0.200)	0.140 (0.162)	0.173 (0.164)
Ppe	−0.782*** (0.102)	−0.601*** (0.074)	−0.538*** (0.099)	−0.780*** (0.090)	−0.601*** (0.067)	−0.543*** (0.092)	−0.724*** (0.104)	−0.514*** (0.074)	−0.519*** (0.089)
Roa	0.175 (0.257)	0.057 (0.164)	0.236 (0.196)	0.289 (0.253)	0.132 (0.155)	0.307 (0.195)	0.239 (0.310)	0.151 (0.189)	0.205 (0.231)
Employee	0.195*** (0.018)	0.137*** (0.013)	0.134*** (0.018)	0.187*** (0.018)	0.133*** (0.013)	0.128*** (0.018)	0.152*** (0.021)	0.091*** (0.014)	0.113*** (0.016)
TQ	−0.015* (0.008)	−0.007 (0.006)	−0.008 (0.006)	−0.012 (0.009)	−0.005 (0.006)	−0.006 (0.007)	−0.007 (0.010)	−0.002 (0.006)	−0.007 (0.009)
Ln*Age*	−0.065* (0.039)	−0.048 (0.032)	−0.082*** (0.031)	−0.064* (0.037)	−0.046 (0.029)	−0.076*** (0.029)	0.054 (0.038)	0.035 (0.028)	0.038 (0.027)
企业固定效应	Yes	Yes	Yes	Yes	Yes	Yes	Yes	Yes	Yes
时间固定效应	Yes	Yes	Yes	Yes	Yes	Yes	Yes	Yes	Yes
地区固定效应	Yes	Yes	Yes	Yes	Yes	Yes	Yes	Yes	Yes

续表

	（1）	（2）	（3）	（4）	（5）	（6）	（7）	（8）	（9）
	Ln*Total*	Ln*Inva*	Ln*Uma*	Ln*Total*	Ln*Inva*	Ln*Uma*	Ln*Total*	Ln*Inva*	Ln*Uma*
N	11861	11861	11861	13816	13816	13816	9286	9286	9286
R^2	0.170	0.152	0.142	0.156	0.143	0.126	0.111	0.089	0.093

五、指引增进绿色创新的作用机理分析

根据前文研究假设，我们将从经理人代理成本和企业投资效率展开分析。

第一，为验证假设 H2a，我们构建如下模型分析绿色信贷政策对代理成本的影响：

$$Ac_{it}=\alpha_t+\alpha_i+\beta_1 Gcres_i\times Policy_t+\beta_2 Gcres_i+\beta_3 Policy_t+\gamma' x_{it-1}+\varepsilon_{i,t} \quad (2)$$

模型（2）中，被解释变量 Ac 为代理成本，分别采用总代理成本 TAc 和绿色代理成本 GAc 衡量。参考现有文献做法，我们采用管理费用率衡量总代理成本，$TAc=$ 管理费用/营业总收入，该值越大，代理问题越严重。管理费用率主要体现了因为代理行为而实际发生的成本，主要是经理人过度消费而引起的浪费（李寿喜，2007）。借鉴张琦等（2019）的做法，我们手工采集了样本企业"管理费用"科目中的绿化费、环卫费等环境治理费用，并以此测算绿色代理成本，$GAc=$ 环境治理费用/营业总收入，该值越大，绿色代理问题越严重[①]。控制变量包括第一大股东持股比例及其平方、董监高年度报酬总额的自然对数、董事长与 CEO 两职兼任、独董比例、董事会规模的自然对数、实际控制人性质、两权分离度、资产负债率、存续年限以及总资产自然对数，同时控制地区固定效应和时间固定效应。

第二，为验证假设 H2b，我们构建如下模型分析绿色信贷政策对投资效率的影响：

$$Eoi_{it}=\alpha_t+\alpha_i+\beta_1 Gcres_i\times Policy_t+\beta_2 Gcres_i+\beta_3 Policy_t+\gamma' x_{i,t-1}+\varepsilon_{i,t} \quad (3)$$

模型（3）中，被解释变量 Eoi 分别采用总投资效率 $TEoi$ 和绿色投资效率 $GEoi$ 衡量[②]。控制变量包括第一大股东持股比例及其平方、董监高年度报酬总额的自然对数、董事长与 CEO 两职兼任、独董比例、董事会规模的自然对数、实际控制人性

[①] 考虑到现有文献已经证实排污费是一种促进管理层实施环境治理的有效激励机制（李青原、肖泽华，2020），我们并未将排污费纳入绿色代理成本。由于主动披露绿化费、环卫费等环境治理费用的上市企业较少，此部分回归样本缺失过多。感谢审稿专家提供的建设性意见。

[②] 感谢审稿专家提供的建设性意见。

质、两权分离度、资产负债率、存续年限、总资产自然对数以及大股东掏空率（其他应收款净额除以总资产），同时控制地区固定效应和时间固定效应。

需要说明的是，总投资效率 $TEoi$ 和绿色投资效率 $GEoi$ 的测算参考 Richardson（2006）的做法。首先，构建如下模型估算企业预期投资和预期绿色投资：

$$Invt_{it}=\alpha_t+\alpha_i+\lambda_1 Inv_{it-1}+\lambda_2 TQ_{it-1}+\lambda_3 Debt_{it-1}+\lambda_4 Cash_{it-1}+\lambda_5 LnAge_{it-1}+\lambda_6 Lna_{it-1}+\lambda_7 Eps_{it-1}+\varepsilon_{it} \quad (4)$$

其次，依据模型（4），我们可计算出企业预期投资支出。最后，实际投资支出减去预期投资支出之差，即残差，残差绝对值越大，表明企业投资效率越低。当测算 $TEoi$ 时，Inv_{it} 表示企业新增总投资支出，等于（购建固定资产、无形资产和其他长期资产所支付的现金 - 处置固定资产、无形资产和其他长期资产而收回的现金）/年初总资产；当测算 $GEoi$ 时，Inv_{it} 表示企业新增绿色投资支出，借鉴张琦等（2019）的做法，我们手工采集了样本企业"在建工程"科目中，与环境保护直接相关的明细项，加总后获得了当年环保投资增加额，该值除以年初总资产的比值用于衡量新增绿色投资支出。模型中 Eps 表示每股收益，其他变量含义与上文一致，不再赘述。

表7汇报了模型（2）和（3）的回归结果。第（1）列和第（2）列中，交乘项 $Gcres\times Policy$ 的系数至少在5%的水平下显著为负，表明绿色信贷政策实施后，绿色信贷限制企业的总代理成本和绿色代理成本显著下降。第（3）列中，交乘项 $Gcres\times Policy$ 的系数显著为负，表明绿色信贷政策实施后，绿色信贷限制企业的总投资效率显著提升。第（4）列中，$Policy$ 的系数显著为负，交乘项 $Gcres\times Policy$ 的系数不显著为负，表明绿色信贷政策实施显著提升了全部样本企业的绿色投资效率，但是这种提升效应在实验组和控制组并无显著差异。

表7 指引与代理成本和投资效率

	（1）	（2）	（3）	（4）
	TAc	GAc	$TEoi$	$GEoi$
$Policy$	1.794*** （0.385）	0.086*** （0.020）	−0.657*** （0.183）	−0.220** （0.096）
$Gcres\times Policy$	−0.883** （0.389）	−0.259*** （0.062）	−1.379* （0.778）	−0.029 （0.136）
$Gcres$	0.742 （0.496）	0.387*** （0.062）	1.424** （0.724）	0.112 （0.125）
其他变量	Yes	Yes	Yes	Yes
N	13212	1525	11787	2660
R^2	0.165	0.057	0.039	0.068

注：为便于观察，我们将被解释变量扩大100倍。

为了证实研究假设 H2a 和 H2b，结合模型（2）和（3），我们构建如下模型：

$$Patent_{it}=\alpha_t+\alpha_i+\beta\left(\gamma Ac\right)+\gamma'x_{it-1}+\varepsilon_{i,t} \qquad (5)$$

$$Patent_{it}=\alpha_t+\alpha_i+\beta\left(\gamma Eoi\right)+\gamma'x_{it-1}+\varepsilon_{i,t} \qquad (6)$$

模型（5）中的解释变量 γAc，表示指引减少的代理成本，等于模型（2）中的 $-(\beta_1 Gcres_i \times Policy_t+\beta_3 Policy_t)$。模型（6）中的 γEoi，表示指引提升的投资效率，等于模型（3）中的 $-(\beta_1 Gcres_i \times Policy_t+\beta_3 Policy_t)$。

表 8 的 Panel A 汇报了指引增进绿色创新的代理成本机制回归结果。第（1）～（3）列，γTAc 的系数均至少在 10% 的水平下显著为负，表明指引减少的总代理成本越多，企业的绿色创新表现越积极，这既体现在绿色发明专利的申请又体现在绿色实用新型专利的申请。第（4）～（6）列，γGAc 的系数均为负值，并且第（5）列的系数在 5% 的水平显著，表明指引减少的绿色代理成本越多，企业绿色创新积极性会有一定程度的改善，其中绿色发明专利申请的改善效果最为明显。因此，结合表 7 和表 8 可以得出，假设 H2a 成立。

表 8 的 Panel B 汇报了指引增进绿色创新的投资效率机制回归结果。第（1）～（3）列，$\gamma TEoi$ 的系数均在 1% 的水平下显著为正，表明指引提升的投资效率越多，企业申请的总绿色专利、绿色发明专利以及绿色实用新型专利越多。第（4）～（6）列，$\gamma GEoi$ 的系数均至少在 10% 的水平下为正值，表明指引提升的绿色投资效率越多，企业绿色创新表现越好。因此，结合表 7 和表 8 可以得出，假设 H2b 部分成立。

表 8 指引增进绿色创新的作用机制

	（1）	（2）	（3）	（4）	（5）	（6）
	Ln*Total*	Ln*Inva*	Ln*Uma*	Ln*Total*	Ln*Inva*	Ln*Uma*
Panel A 指引增进绿色创新的代理成本机制						
γTAc	−0.072** (0.031)	−0.052*** (0.018)	−0.046* (0.026)			
γGAc				−0.583 (0.421)	−0.707** (0.292)	−0.200 (0.354)
其他变量	Yes	Yes	Yes	Yes	Yes	Yes
N	13799	13799	13799	1605	1605	1605
R^2	0.151	0.138	0.122	0.209	0.204	0.174
Panel B 指引增进绿色创新的投资效率机制						
$\gamma TEoi$	0.226*** (0.067)	0.153*** (0.041)	0.171*** (0.059)			
$\gamma GEoi$				1.173*** (0.438)	0.912*** (0.273)	0.783* (0.400)
其他变量	Yes	Yes	Yes	Yes	Yes	Yes
N	12336	12336	12336	2660	2660	2660
R^2	0.149	0.137	0.122	0.164	0.152	0.153

六、指引增进绿色创新的调节机制分析

（一）环保执法

包群等（2013）发现，只有在环保执法力度严格或是当地污染相对严重的省份，通过环保立法才能起到明显的环境改善效果。我们接下来将分析地区环保力度对绿色信贷与绿色创新关系的调节作用。具体地，我们以各省份户均排污费作为依据①，对不同地区的环境执法力度进行测算。以当年地区环保执法力度中值为标准，我们构造了环保执法、绿色信贷限制行业以及指引实施前后的交乘项。

表 9 汇报了地区环保执法的调节机制回归结果。环保执法 ×$Gcres$×$Policy$ 的系数为正值，并且第（1）列和第（3）列至少在 10% 的水平下显著。这表明，指引实施以后，地区环保执法力度的提高能够显著增加绿色信贷限制行业的绿色创新产出，但对绿色信贷限制行业绿色创新质量的提升作用不显著。于是，假设 H3a 得到证实。

表 9 　　指引增进绿色创新的调节机制：环保执法

	（1） Ln$Total$	（2） Ln$Inva$	（3） LnUma
环保执法 ×$Gcres$×$Policy$	0.315* (0.191)	0.232 (0.170)	0.315** (0.124)
环保执法 ×$Policy$	−0.015 (0.043)	−0.069*** (0.019)	0.041 (0.049)
环保执法 ×$Gcres$	0.180 (0.113)	0.135 (0.124)	0.115* (0.067)
$Gcres$×$Policy$	0.091 (0.130)	0.006 (0.122)	0.098 (0.078)
环保执法	0.049** (0.022)	0.049*** (0.014)	0.023 (0.020)
$Policy$	0.173*** (0.060)	0.150*** (0.033)	0.093* (0.051)
$Gcres$	−0.021 (0.099)	0.027 (0.094)	−0.046 (0.068)
其他变量	Yes	Yes	Yes
N	13818	13818	13818
R^2	0.158	0.144	0.131

---

① 数据来源：各省市户均排污费来源于各年《中国环境年鉴》。

（二）知识产权保护

对于知识产权保护，借鉴吴超鹏和唐菂（2016）的做法，我们采用各地区专利负责部门的专利执法情况衡量，$Property$ 等于专利未被侵权率，即 1 减去各地区知识产权局当年受理的专利侵权纠纷案件数除以该省份截至当年累计授权专利数。专利未被侵权率越大表示知识产权保护越好。以当年地方知识产权保护中值为标准，我们构造了知识产权保护、绿色信贷限制行业以及指引实施前后的交乘项。

表 10 汇报了知识产权保护的调节效果。可以看出，知识产权保护 $Gcres \times Policy$ 的系数为正值，但不显著。这表明，指引实施以后，地区知识产权保护的提高并不一定能够增加绿色信贷限制行业的绿色创新产出，提升绿色信贷限制行业绿色创新质量。假设 H3b 并未得证。

表 10　指引增进绿色创新的调节机制：知识产权保护

	(1) LnTotal	(2) LnInva	(3) LnUma
知识产权保护 ×$Gcres$×$Policy$	0.279 (0.236)	0.279 (0.249)	0.195 (0.122)
知识产权保护 ×$Policy$	0.040** (0.017)	0.026 (0.017)	0.053*** (0.017)
知识产权保护 ×$Gcres$	0.118 (0.237)	0.021 (0.241)	0.149 (0.106)
$Gcres$×$Policy$	0.002 (0.169)	−0.107 (0.157)	0.072 (0.120)
知识产权保护	0.048*** (0.018)	0.042*** (0.011)	0.015 (0.020)
$Policy$	0.128* (0.065)	0.096** (0.038)	0.064 (0.050)
$Gcres$	−0.009 (0.169)	0.079 (0.153)	−0.086 (0.104)
其他变量	Yes	Yes	Yes
N	13818	13818	13818
R^2	0.158	0.144	0.129

七、进一步讨论：指引增进绿色创新的经济效应分析

为分析指引增进绿色创新的经济后果，我们构建如下模型：

$$ES_{it+1}/TQ_{it+1} = \alpha_t + \alpha_i + \beta_1 (\gamma Patent_{it}) + \gamma' x_{it-1} + \varepsilon_{i,t} \qquad (7)$$

模型（7）中，被解释变量 ES 表示企业环境和社会绩效，采用两个指标衡量：一是企业社会责任评价，我们以润灵社会责任评级得分衡量，该指标涵盖了环境整体管理信息、污染信息、减缓及适应气候变化信息等，能够较好地体现企业环境和社会绩效；二是环保奖励，参考 Klassen 和 Mclaughlin（1996）的做法，我们采用企业是否获得环境表彰衡量环境绩效，如果企业获得了环境表彰或者其他正面评价，则取值为1，没有则取值为0，该数据来源于 CNRDS 社会责任数据库。被解释变量 TQ 表示企业财务绩效，采用企业托宾 Q 值衡量。解释变量 $\gamma Patent$，表示指引诱发的绿色创新，等于模型（1）中的（$\beta_1 Policy_t + \beta_2 Gcres_i \times Policy_t$），并分别计算了 $\gamma Total$、$\gamma Inva$ 以及 γUma。控制变量与模型（1）一致。

表11汇报了模型（7）的回归结果。Panel A 的第（1）～（3）列，$\gamma Total$、$\gamma Inva$ 以及 γUma 的系数均在1%的水平下显著为正，表明指引诱发的绿色创新显著提升了企业社会责任得分，并且绿色发明专利和绿色实用新型专利均具有这种积极作用。Panel A 的第（4）～（6）列，$\gamma Total$、$\gamma Inva$ 以及 γUma 的系数均在5%的水平下显著为正，表明指引诱发的绿色创新为企业带来了更多的环境表彰及其他正面评价，无论是绿色创新数量还是质量都具有此种效应。

Panel B 的第（1）～（3）列，$\gamma Total$、$\gamma Inva$ 以及 γUma 的系数均不显著，表明无论绿色创新数量的增加还是质量的提升均对未来一期的企业价值没有显著影响。这符合吉利和苏朦（2016）关于企业环境成本内部化行为是出于合规性目的而非经济利益驱动的结论。Panel B 的第（4）～（6）列，$\gamma Total$、$\gamma Inva$ 以及 γUma 的系数均至少在10%的水平下显著为正，表明积极的绿色创新表现显著提高了 $t+2$ 期的企业价值，并且两类绿色专利均具有显著的促进作用。这不仅证实而且扩充了黎文靖和郑曼妮（2016）的结论，他们发现发明专利显著提升了企业价值，而非发明专利申请与企业价值无显著关系。绿色实用新型专利能够提升企业价值的原因在于它能够降低企业的环境和社会风险、促进企业绿色转型，有利于赢得资本市场投资者的青睐。

表 11　　指引增进绿色创新的经济后果

	Panel A 指引与环境和社会绩效					
	社会责任评级得分			环境表彰		
	(1)	(2)	(3)	(4)	(5)	(6)
γTotal	24.989*** (5.601)			0.961** (0.450)		
γInva		43.433*** (9.104)			2.217** (1.037)	
γUma			26.370*** (7.132)			0.913** (0.427)
其他变量	Yes	Yes	Yes	Yes	Yes	Yes
N	2542	2542	2542	3259	3259	3259
R^2/pseudo R^2	0.163	0.168	0.156	0.078	0.078	0.078
	Panel B 指引与财务绩效					
	t+1 期托宾 Q 值			t+2 期托宾 Q 值		
	(1)	(2)	(3)	(4)	(5)	(6)
γTotal	2.181 (2.483)			4.082** (1.935)		
γInva		4.158 (4.124)			7.329** (3.045)	
γUma			1.938 (2.715)			3.980* (2.349)
其他变量	Yes	Yes	Yes	Yes	Yes	Yes
N	11016	11016	11016	8947	8947	8947
R^2	0.314	0.318	0.311	0.313	0.323	0.303

八、研究结论与政策建议

绿色创新是绿色发展的基础支撑和关键动力。《关于构建市场导向的绿色技术创新体系的指导意见》明确提出，到 2022 年基本建成市场导向的绿色技术创新体系。绿色金融作为资源配置的重要中介和桥接金融与生态环境的关键纽带，如何有效地服务于绿色创新是推进生态文明建设过程中面临的重要问题。我们以原银监会制定的《绿色信贷指引》的颁布为切入点，研究绿色信贷政策与绿色技术创新的关系，进一步分析内在作用机制、潜在调节机制以及可能的经济后果。研究发现，指引实施后，绿色信贷限制行业的绿色创新活动更加积极，主要表现为绿色创新总量的显著增加，但绿色创新质量提升不明显。这得益于指引既降低了代理成本又提升了投资效率。进一步研究发现，随着地区环境执法力度的加强,绿色信贷政策增进绿色创新的作用增强。最后,绿色创新能够显著提升企业环境和社会绩效与财务绩效,但是对财务绩效的改善作用具有迟滞性。

总之,作为绿色金融体系的关键组成部分,绿色信贷能够很好地促进企业绿色创新,为构建并完善市场导向的绿色技术创新体系发挥至关重要的驱动作用。为强化这种驱动作用,未来需要从以下六个方面形成合力。从绿色信贷制度来看,加强绿色信贷实施情况的监测评价,逐步提高绿色信贷相关的流动性、定价以及风险等指标在监管考核方面的比重,从制度设计上完善绿色信贷的正向激励机制和风险防范机制。从绿色技术创新制度来看,专利审查部门应尽早制定并公布绿色专利清单,既利于企业获取绿色信贷,又利于商业银行有针对性地开展绿色信贷评估;知识产权保护部门应加强对绿色技术创新的知识产权保护,提高企业绿色技术研发的积极性。从商业银行来看,一方面,建立符合绿色贷款人特点的信贷管理制度,根据企业暴露的环境和社会风险敞口,对其信贷资源进行动态调整;另一方面,加大绿色信贷创新,通过创新绿色信贷流程、产品以及服务,既要解决绿色企业在绿色信贷方面所面临的信息不对称、信贷配置低效等问题,又要提高污染企业获取信贷资源的门槛和成本。从企业自身来看,应加强公司治理,尤其绿色治理。充分调动利益相关者监督企业环保决策的积极性,既要防止经理人通过环保费用攫取私利,又要减少低效环保投资造成的资源浪费,通过抑制委托代理问题和提升投资效率增进绿色技术创新,从而实现绿色转型的目标。从环保当局来看,"只有实行最严格的制度、最严密的法治,才能为生态文明建设提供可靠保障",必须确保环保执法的及时性、有效性及权威性,加大高环境和社会风险行业的环保查处力度,同时建立企业环境信息共享平台,并将其与金融信用信息基础数据库对接,为金融机构尤其商业银行的绿色信贷决策提供环保评价依据。从绿色金融体系来看,要加快绿色债券、绿色保险以及绿色基金等方面的工具产品创新和服务效率提升,做到绿色金融体系广度和深度的协同发展,通过绿色金融体系的多元化发展和多层次建设更好地建设市场导向的绿色技术创新体系。

参考文献

[1] 包群,邵敏,杨大利.环境管制抑制了污染排放吗?[J].经济研究,2013(12).
[2] 蔡海静,汪祥耀,谭超.绿色信贷政策、企业新增银行借款与环保效应[J].会计研究,2019(3).
[3] 郭进.环境规制对绿色技术创新的影响——"波特效应"的中国证据[J].财贸经济,2019(3).
[4] 胡奕明,林文雄,李思琦,谢诗蕾.大贷款人角色:我国银行具有监督作用吗?[J].经济研究,2008(10).

[5] 吉利，苏朦．企业环境成本内部化动因：合规还是利益？——来自重污染行业上市公司的经验证据 [J]．会计研究，2016（11）．

[6] 姜军，申丹琳，江轩宇，伊志宏．债权人保护与企业创新 [J]．金融研究，2017（11）．

[7] 黎文靖，路晓燕．机构投资者关注企业的环境绩效吗？——来自我国重污染行业上市公司的经验证据 [J]．金融研究，2015（12）．

[8] 黎文靖，郑曼妮．实质性创新还是策略性创新？——宏观产业政策对微观企业创新的影响 [J]．经济研究，2016（4）．

[9] 李斌，彭星，欧阳铭珂．环境规制、绿色全要素生产率与中国工业发展方式转变——基于36个工业行业数据的实证研究 [J]．中国工业经济，2013（4）．

[10] 李培功，沈艺峰．社会规范、资本市场与环境治理：基于机构投资者视角的经验证据 [J]．世界经济，2011（6）．

[11] 李青原，肖泽华．异质性环境规制工具与企业绿色创新激励——来自上市企业绿色专利的证据 [J]．经济研究，2020（9）．

[12] 李寿喜．产权、代理成本和代理效率 [J]．经济研究，2007（1）．

[13] 刘锡良，文书洋．中国的金融机构应当承担环境责任吗？——基本事实、理论模型与实证检验 [J]．经济研究，2019（3）．

[14] 刘星河．公共压力、产权性质与企业融资行为——基于"PM2.5爆表"事件的研究 [J]．经济科学，2016（2）．

[15] 龙小宁，易巍，林志帆．知识产权保护的价值有多大？——来自中国上市公司专利数据的经验证据 [J]．金融研究，2018（8）．

[16] 陆旸．中国的绿色政策与就业：存在双重红利吗？[J]．经济研究，2011（7）．

[17] 马骏．中国绿色金融的发展与前景 [J]．经济社会体制比较，2016（6）．

[18] 潘爱玲，刘昕，邱金龙，申宇．媒体压力下的绿色并购能否促使重绿色信贷限制行业实现实质性转型．中国工业经济，2019（2）．

[19] 齐绍洲，林屾，崔静波．环境权益交易市场能否诱发绿色创新？——基于我国上市公司绿色专利数据的证据 [J]．经济研究，2018（12）．

[20] 沈红波，张广婷，阎竣．银行贷款监督、政府干预与自由现金流约束——基于中国上市公司的经验证据 [J]．中国工业经济，2013（5）．

[21] 沈洪涛，马正彪．地区经济发展压力、企业环境表现与债务融资 [J]．金融研究，2014（2）．

[22] 沈洪涛，周艳坤．环境执法监督与企业环境绩效：来自环保约谈的准自然实验证据 [J]．南开管理评论，2017（6）．

[23] 盛明泉，汪顺，张春强．''雾霾''与企业融资——来自重污染类上市公司的经验证据 [J]．经济评论，2017（5）．

[24] 史宇鹏，顾全林．知识产权保护、异质性企业与创新：来自中国制造业的证据 [J]．金融研究，2013（8）．

[25] 苏冬蔚，连莉莉．绿色信贷是否影响重绿色信贷限制行业的投融资行为？[J]．金融研究，2018（12）．

[26] 唐国平，李龙会，吴德军．环境管制、行业属性与企业环保投资 [J]．会计研究，2013（6）．

[27] 王班班，齐绍洲．市场型和命令型政策工具的节能减排技术创新效应——基于中国工业行业专利数据的实证 [J]．中国工业经济，2016（6）．

[28] 王海成，吕铁．知识产权司法保护与企业创新——基于广东省知识产权案件"三审合一"的准自然试验 [J]. 管理世界，2016（10）．

[29] 王遥，潘冬阳，彭俞超，梁希．基于 DSGE 模型的绿色信贷激励政策研究 [J]. 金融研究，2019（11）．

[30] 吴超鹏，唐菂．知识产权保护执法力度、技术创新与企业绩效——来自中国上市公司的证据 [J]. 经济研究，2016（11）．

[31] 吴红军，刘啟仁，吴世农．公司环保信息披露与融资约束 [J]. 世界经济，2017（5）．

[32] 薛爽，赵泽朋，王迪．企业排污的信息价值及其识别——基于钢铁企业空气污染的研究 [J]. 金融研究，2017（1）．

[33] 尹志锋，叶静怡，黄阳华等．知识产权保护与企业创新：传导机制及其检验 [J]. 世界经济，2013（12）．

[34] 于连超，张卫国，毕茜．环境税会倒逼企业绿色创新吗？[J]. 审计与经济研究，2019（2）．

[35] 张琦，郑瑶，孔东民．地区环境治理压力、高管经历与企业环保投资 [J]. 经济研究，2019（6）．

[36] 张兆国，张弛，曹丹婷．企业环境管理体系认证有效吗？[J]. 南开管理评论，2019（4）．

[37] Amore, M. D., Schneider, C. and Zaldokas, A., 2013, "Credit Supply and Corporate Innovation", Journal of Financial Economics, Vol.109, pp.835～855.

[38] Amore, M. D. and Bennedsen, M., 2015, "Corporate Governance and Green Innovation", Journal of Environmental Economics and Management, Vol.75, pp.54～72.

[39] Carrión-Flores, C. E., Innes, R. and Sam, A. G., 2013, "Do Voluntary Pollution Reduction Programs (VPRS) Spur or Deter Environmental Innovation", Journal of Environmental Economics and Management, Vol.66, pp.444～459.

[40] Chen, Y. S., Lai, S. B. and Wen, C. T., 2006, "The Influence of Green Innovation Performance on Corporate Advantage in Taiwan", Journal of Business Ethics, Vol.67, pp.331～339.

[41] de Haas, R. and Popov, A., 2019, "Finance and Carbon Emissions", SSRN Working Paper.

[42] del Río González, P., 2009, "The Empirical Analysis of the Determinants for Environmental Technological Change: A Research Agenda", Ecological Economics, Vol.68, pp.861～878.

[43] Diamond, D. W., 1984, "Financial Intermediation and Delegated Monitoring", Review of Economic Studies, Vol.51（3）, pp.393～414.

[44] Flammer, C., 2020, "Corporate Green Bonds", Journal of Financial Economics, forthcoming.

[45] Goetz, M., 2019, "Financing Conditions and Toxic Emissions", SAFE Working Paper.

[46] He, J. and Tian, X., 2013, "The Dark Side of Analyst Coverage: The Case of Innovation", Journal of Financial Economics, Vol.109, pp.856～878.

[47] He, L., Zhang, L., Zhong, Z., Wang, D., Wang, F., 2019, "Green Credit, Renewable Energy Investment and Green Economy Development", Journal of Cleaner Production, Vol.208, pp.363～372.

[48] Hojnik, J. and Ruzzier, M., 2016, "What Drives Eco-innovation? A Review of an Emerging Literature", Environmental Innovation and Societal Transitions, Vol.19,

pp.31～41.

[49] Huang, J. W. and Li, Y. H., 2017, "Green Innovation and Performance: The View of Organizational Capability and Social Reciprocity", Journal of Business Ethics, Vol.145, pp.309～324.

[50] Klassen, R. D. and Mclaughlin, C. P., 1996, "The Impact of Environmental Management on Firm Performance", Management Science, Vol.42, pp.1199～1214.

[51] Krueger, P., Sautner, Z. and Starks, L. T., 2020, "The Importance of Climate Risks for Institutional Investors", Review of Financial Studies, Vol.33, pp.1067～1111.

[52] Kock, C. J., Santaló, J. and Diestre, L., 2012, "Corporate Governance and the Environment: What Type of Governance Creates Greener Companies", Journal of Management Studies, Vol.49, pp.492～514.

[53] Li, Z., Liao, G., Wang, Z. and Huang, Z., 2018, "Green Loan and Subsidy for Promoting Clean Production Innovation", Journal of Cleaner Production, Vol.187, pp.421～431.

[54] Liu., C., 2018, "Are Women Greener? Corporate Gender Diversity and Environmental Violations", Journal of Corporate Finance, Vol.52, pp.118～142.

[55] Richardson, S., 2006, "Over-investment of Free Cash Flow", Review of Accounting Studies, Vol.11, pp.159～189.

[56] Sharfman, M. and Fernando, C. S., 2008, "Environmental Risk Management and the Cost of Capital", Strategic Management Journal, Vol.29, pp.569～592.

[57] Shive, S. A. and Forster, M. M., 2020, "Corporate Governance and Pollution Externalities of Public and Private Firms", Review of Financial Studies, Vol.33, pp.1296～1330.

[58] Tang, D. Y. and Zhang, Y., 2020, "Do Shareholders Benefit from Green Bonds", Journal of Corporate Finance, forthcoming.

[59] Triguero, A., Moreno-Mondéjar, L. and Davia, M. A., 2013, "Drivers of Different Types of Eco-innovation in European SMEs", Ecological Economics, Vol.92, pp.25～33.

[60] Weber, T. A. and Neuhoff, K., 2010, "Carbon Markets and Technological Innovation", Journal of Environmental Economics and Management, Vol.60, pp.115～132.

[61] Xie, R. H. Yuan, Y. J. and Huang, J. J., 2017, "Different Types of Environmental Regulations and Heterogeneous Influence on 'Green' Productivity: Evidence from China", Ecological Economics, Vol.132, pp.104～112.

[62] Zerbib, O. D., 2019, "The Effect of Pro-environmental Preferences on Bond Prices: Evidence from Green Bonds", Journal of Banking and Finance, Vol.98, pp.39～60.

附 录

采用 DID 方法需要满足的前提假设是，实验组与对照组在未受到处理前必须具有相同的变化趋势。为此，本文汇报了平行趋势检验结果，如附表 1 所示。在指引实施前，实验组与对照组的绿色创新表现基本上无显著差异，这支持了本文采用双重差分方法的平行趋势假设。同时，附表 1 显示，绿色创新总量、绿色发明专利申请量以及绿色实用新型专利申请量在指引实施当年就会显著改善。

附表 1　　指引与绿色创新：平行趋势检验

	（1）	（2）	（3）
	Ln*Total*	Ln*Inva*	Ln*Uma*
Gcres×*Policy*$^{-2}$	−0.103 (0.106)	−0.028 (0.084)	−0.103 (0.090)
Gcres×*Policy*$^{-1}$	0.013 (0.042)	0.054** (0.023)	−0.029 (0.033)
Gcres×*Policy*^{0}	0.043* (0.026)	0.069*** (0.015)	0.050*** (0.017)
Gcres×*Policy*^{1}	0.070** (0.028)	0.054*** (0.017)	0.080*** (0.021)
Gcres×*Policy*^{2}	0.283*** (0.030)	0.167*** (0.021)	0.256*** (0.021)
Gcres×*Policy*^{3}	0.410*** (0.100)	0.273*** (0.078)	0.318*** (0.105)
Inst	0.056 (0.059)	0.052 (0.047)	0.024 (0.044)
Dual	0.002 (0.026)	0.014 (0.019)	−0.018 (0.018)
Ind	0.659** (0.258)	0.597*** (0.191)	0.543** (0.213)
MtB	0.003 (0.039)	0.010 (0.024)	0.017 (0.034)
Cash	−0.311*** (0.105)	−0.160*** (0.057)	−0.255** (0.106)
Rd	6.373*** (0.978)	5.103*** (0.790)	2.866*** (0.735)
Debt	0.522*** (0.084)	0.341*** (0.067)	0.397*** (0.068)
Capital	0.429 (0.277)	0.311 (0.190)	0.314 (0.232)
Ppe	−0.853*** (0.097)	−0.656*** (0.066)	−0.588*** (0.102)

续表

	（1）	（2）	（3）
	Ln*Total*	Ln*Inva*	Ln*Uma*
Roa	0.187 （0.263）	0.052 （0.153）	0.246 （0.208）
Employee	0.186*** （0.018）	0.132*** （0.014）	0.127*** （0.017）
TQ	−0.013 （0.008）	−0.006 （0.005）	−0.007 （0.007）
Ln*Age*	−0.020 （0.040）	−0.012 （0.028）	−0.048 （0.034）
企业固定效应	Yes	Yes	Yes
时间固定效应	Yes	Yes	Yes
地区固定效应	Yes	Yes	Yes
N	13818	13818	13818
R^2	0.152	0.138	0.124

中国高新区"以升促建"政策对企业创新的激励效应

张杰[1] 毕钰[2] 金岳[3]

（1 中国人民大学中国经济改革与发展研究院；2 中国人民大学商学院；3 中国人民大学经济学院）

摘要：国家高新区作为最具中国特色的促进产业结构转型升级和自主创新能力提升的重要制度设计，具有重大研究价值。而判断中国国家高新区制度是否有效的关键依据，就在于科学验证国家高新区政策能否有效促进微观企业自主创新能力的提升。基于 2009 年"加快审批省级高新技术产业开发区升级为国家级高新技术产业开发区"政策出台的准自然实验条件，本文实证检验了中国各城市地区的国家高新区"以升促建"政策对企业创新水平的影响效应。经稳健性的检验发现，高新区升级政策对城市层面企业创新水平产生了显著的促进效应，而这种促进效应主要体现在本土企业方面以及东部地区企业方面。从高新区的政府创新扶持政策角度来看，其在一定程度上对高新区内本土企业的创新活动造成了扭曲效应，削弱了高新区升级政策对中国本土企业创新水平的正向激励作用。从高新区的溢出效应角度来看，其在一定程度上对高新区外的本土企业创新活动产生了正向促进效应。本文的一系列经验发现，对中国特色的高新区制度及其政策体系调整和改革方向，具有重要的决策参考价值。

关键词：国家级高新技术产业开发区 "以升促建"政策 激励效应 本土企业创新水平 扭曲效应 溢出效应

---

* 原载《管理世界》2021年第7期。

一、引 言

当前中国经济正全面进入高质量发展阶段，能否贯彻落实创新驱动发展战略，则是中国经济高质量发展模式有效形成的关键所在。中国各级高新技术产业开发区（以下简称"高新区"）是各级政府为了贯彻和落实中央部署的创新驱动发展战略的关键抓手，也是促进科技创新成果转化为现实生产力的重要政策创新，更是最具有中国特色的促进产业结构转型升级和自主创新能力提升的制度设计（郑江淮等，2008；方玉梅、刘凤朝，2014；孙伟增等，2018）。经过了30多年的发展，高新区对中国经济可持续增长方面的贡献有目共睹，其不仅在布局技术先导型产业、促进高新技术成果产业化等方面发挥着极为重要的载体平台功能，在提高制造业劳动生产率、增强自主创新能力等方面也起到重要的促进作用（Ngai & Pissarides，2007；Krüger，2008；袁航、朱承亮，2018）。多数文献揭示了包括经济技术开发区、高新技术产业开发区等在内的不同经济功能的中国开发区对促进本地经济增长具有诸多方面的积极影响（姜彩楼、徐康宁，2009；刘重力等，2010；Alder et al.，2016；王兵、聂欣，2016；Zheng et al.，2017；周茂等，2018；邓慧慧等，2019）。特别是那些符合当地自身比较优势的开发区政策，能够有效促进生产要素转向高效率部门，实现区域产业结构的调整，进而促进地区经济增长（李力行、申广军，2015）。为积极应对2008年全球金融危机所带来的负面影响，2009年中国科技部出台了《关于发挥国家高新技术产业开发区作用促进经济平稳较快发展的若干意见》，国家级高新区的数量开始进入了快速增长的通道，截至2019年末，中国已经拥有169家国家级高新区。判断中国国家高新区制度是否有效，关键就在于科学验证国家高新区政策是否促进了微观企业创新水平的提升。

高新区政策并不仅仅是一个空间位置上的存在，而是以开发区为载体的土地、基础设施、税收、行政审批、金融扶持、政府补贴等优惠政策的集合体系（孙伟增等，2018）。然而，由于中国各级高新区的设立和运转，在很大程度上依赖于包括土地供给、税收减免、各种政府创新扶持政策等方面的优惠措施，逐渐引发了要素投入规模不经济、自主创新能力不足等突出现象（程郁、陈雪，2013）。事实上，国内学界对高新区制度实施效果的质疑不曾间断，中国各级政府和开发区管理机构积极实施以财政资金补贴为主的创新激励政策，对中国本土企业的自主创新能力产生了较为明显的负面效应（安同良等，2009；肖兴志、王伊攀，2014；龙小宁、王俊，2015；吴一平、李鲁，2017）。这些负面效应意味着现行的国家高新区制度，作为中国最具有特色的落实创新驱动发展战略的重要载体，可能并不能真正实现和有效承载中央制定的创新驱动发展战略和建设创新型国家的重大发展目标。同时，这也意味着，中国到了需要对既有的高新区制度以及相关政策体系进行反思的紧要关头。

有鉴于此，本文以2009年《关于发挥国家高新技术产业开发区作用促进经济平稳较快发展的若干意见》这一政策文件的颁布作为准自然实验条件，通过构建双重差分模型，来重点研究省级高新区升级为国家级高新区这一重要的"以升促建"政策行为，对园区内外的微观企业创新活动所造成的影响效应，并试图探究其中的作用机制。与既有文献相比，本文的可能贡献主要体现在以下几个方面。

第一，从微观企业层面拓展和丰富了既有研究领域。本文采用来源于中国2008—2014年独特的大样本微观企业数据，验证中国高新区"以升促建"政策对园区内外微观企业创新投入所具有的复杂激励效应。事实上，要科学辨析中国既有的高新区制度设计和政策组合，对经济可持续增长、产业结构转型升级乃至自主创新能力提升可能产生的真实激励效应，消除既有文献的矛盾结论，只有深入到微观企业层面所获得的实证证据才最为可靠客观，特别是有必要从类似地区分布和所有制类型等重要方面的企业异质性角度，来探究其中的真实激励效应及其作用机制。因此，本文的实证研究弥补了该研究领域一直以来相对缺少来自微观企业层面经验证据的不足。

第二，依靠更为科学合理的估计策略得到更为可信的经验发现。既有文献普遍利用倍差法实证检验高新区对地区经济增长、产业结构变化乃至微观企业创新活动的影响效应。对此，我们所担心的问题是，这些研究所运用的倍差法估计策略均可能存在内生性特征，即表现为中央层面的决策机构（科技部火炬中心）在实施认定政策时，存在挑选相对强者或相对弱者的行为动机。一方面，越是经济发展水平较高的地区，获得国家高新区的设立机会和认定概率相对较大；另一方面，高新区的布局带有区域发展平衡主义色彩。截至2019年末，东部地区拥有国家高新区70家，中部地区44家，西部地区39家，东北地区16家。考虑到这些可能的内在动机问题，本文选择的研究时期恰好是2008年全球金融危机爆发节点。为了主动应对和化解2008年全球金融危机的风险挑战，中央决策层出台了高新区"以升促建"政策，该政策具有典型的外部冲击特征。本文利用了高新区不同升级时间点，可以更为科学系统地验证国家高新区对地区内企业创新活动的复杂作用效应，渐进式DID方法所得到的经验发现，相比既有文献应该更具可靠性。

第三，为该领域增添了极为重要的前沿经验证据。本文的核心发现是高新区"以升促建"政策对城市地级市层面企业创新水平产生了显著的促进效应，但是，我们发现这种促进效应主要体现在本土企业方面以及东部地区企业方面。高新区的政府创新扶持政策，削弱了高新区升级政策对中国本土企业创新水平的正向激励作用。而从高新区的溢出效应角度来看，其在一定程度上对高新区外的本土企业创新活动产生了正向促进效应，并未对园区内微观企业创新投入形成有效的正向激励效应。这些经验发现既验证了高新区政府创新扶持政策具有的扭曲性作用，也证实了高新区制度和政策体系存在的众多渠道外溢效应。

二、高新区对中国创新的激励效应及其内在机理分析

（一）高新区对中国创新活动可能的双重激励效应

类似高新区这样的创新产业或企业集聚区，早已在发达国家得到普遍运用，其经验也受到既有文献的重点关注。从高新区对中国经济促进效应角度来看，高新区企业自身所具有的"技术势能"有助于提升国家高新区的持续创新能力，推动发展具有前瞻性的主导优势产业、衍生其他新兴技术产业，从质量层面提升高科技产业的内生发展动力（韩永辉等，2017）。通过建设国家高新区、在区域内实现"政策试验"来探索经济改革的道路，不仅可以摆脱传统体制条条框框的束缚，而且可以促进各个地区的平衡发展，这无疑成了一个理想的制度创新路径。在对国家高新区绩效进行评价时，刘瑞明和赵仁杰（2015）研究发现国家高新区显著促进了人均GDP及地区GDP增长。《国家高新区创新能力评价报告》以总指数形式揭示国家高新区的创新发展绩效，得到高新区创新能力持续提升的结论。

然而，聚焦于中国高新区的制度设计及其政策体系，究竟能否促进企业创新能力的提升，却尚未得到一致性的结论。从支持正向激励效应的文献来看：首先，开发区政策凭借优惠措施吸引了丰富的创新资源，易于产生较强的正外部性。既能缓解园区内企业自主创新的内源融资约束，也会降低企业创新研发成本，减少创新活动不确定性，实现创新要素从低效率生产部门向高效率生产部门的转移（Baumol，1967；Ngai & Pissarides，2007）。产业政策通过信贷、税收、政府补贴和市场竞争机制提高了被鼓励行业的企业发明专利数量，促进了民营企业和中小企业的技术创新（余明桂等，2016；王永进、张国峰，2016）。其次，新入驻企业能够利用在位企业创造的知识技术外溢和市场经验信息获得较快的增长，降低了企业的生存风险（De Silva et al.，2012；Combes et al.，2012；Deltas et al.，

2014)。竞争的加剧迫使企业增加研发投入，通过技术创新来扩大比较优势。同时，开发区的税收优惠和补贴政策在吸引企业进入后，加快了企业的创新活动和技术扩散，有助于提高资源配置效率，所形成的集聚经济显著促进了企业生产率进步，改善了企业的创新效率（陆铭、向宽虎，2014；袁其刚等，2015；张国峰等，2016；李贲、吴利华，2018）。此外，拥有开发区的城市通常拥有更多的平均出口，区内企业的出口总量和出口产品种类均显著高于区外企业（吴敏、黄玖立，2012；黄玖立等，2013；陈钊、熊瑞祥，2015；沈鸿等，2017；刘经东，2018），出口所蕴含的规模经济效应，会增强企业创新投入的市场回报能力，进而激励企业增加创新投入（Aghion et al.，2019）。

从高新区对中国创新可能产生的负向激励效应角度来看，早期的定性研究较多，主要的发现是，创新支持体系的相对不完善、企业创新研发投入的动力不足、产权界定的不清晰等一系列体制机制性问题，严重制约着国家高新区的发展能力提升（Cao，2004）。郑江淮等（2008）利用江苏省沿江开发区企业的微观调研数据，发现企业进驻开发区多数是为获取"政策租"，造成企业扎堆现象而无法形成产业集聚效应。而且，当企业预期将会获得更多政府补贴和税收优惠时，可能只顾增加创新数量，并未提高创新质量，导致企业进行策略性创新而非实质性创新（黎文靖、郑曼妮，2016）。汪涛等（2011）通过对国家高新区进行政策梳理，发现高新区与经开区的相关政策内容存在一部分重叠，高新区不仅面临着资源禀赋和环境容量的发展约束，还存在着产业趋于同质化以及恶性竞争的困局。特别是过度依赖招商引资和土地扩张的发展模式，使国家高新区从2001年已经开始出现规模不经济、优惠政策激励效果边际效应递减等突出问题，极大地限制了国家高新区对地区创新能力的拉动作用（程郁、陈雪，2013）。吴一平和李鲁（2017）实证研究发现开发区的优惠政策抑制了企业创新能力，特别是对于规模较大的企业和制度环境相对较差的地区，开发区政策对企业创新能力产生了更为显著的抑制作用。

（二）中国高新区"以升促建"政策对微观企业创新活动的可能激励效应及其内在机理

首先，部分国家级高新区在设立之初，并未充分考虑到自身要素和地理区位优势、产业发展目标、技术发展水平以及产业关联度和互补性等问题，导致创新要素资源错配，使高新区难以与当地经济结构转型升级任务实现联动式发展。为此，国家在2003年启动了针对高新区的清理和整顿活动。

其次，高新区在其自身的发展过程中，逐步暴露出比较优势相对弱化、过度依靠优惠政策招商引资、注重经济规模扩张而自主创新能力不足等一系列的突出问题。特别是中西部地区的部分高新区,甚至广泛存在开发区土地资源利用效率降低、粗放型发展模式路径依赖、管理机构臃肿等突出现象(白雪洁等,2008;王勇等,2013;向宽虎、陆铭,2015;韩亚欣等,2015)。袁航和朱承亮(2018)就发现了国家高新区显著促进产业结构高度化的量,但未能促进产业结构高度化的质和产业结构合理化。更加值得关注的是,省级高新区普遍存在低水平重复建设、政府过度干预创新要素资源配置权所导致的资源配置效率低下、政府创新扶持政策寻租行为盛行等发展困局,造成园区内微观企业实施自主创新研发活动和推进产业结构转型升级的内生激励不足。针对中国高新区在发展过程中所暴露的一系列问题,在2008年全球金融危机对中国经济带来巨大外部冲击的叠加效应之下,中国出台了高新区"以升促建"政策,试图通过鼓励部分地区的省级高新区升级为国家级高新区来促进中国部分地区高新区的优化和改革。这就为我们检验中国的高新区制度设计及其政策组合究竟能否有效促进中国企业的自主创新能力,提供了一个极好的研究机会。

再次,从可能产生的正向激励效应角度来看,高新区"以升促建"必然伴随着更广范围、更大力度的政府创新扶持政策,从而对园区乃至地区内企业创新活动产生更为强烈的激励效应,促进园区乃至地区内企业创新水平的提升。高新区"以升促建"政策不仅包含政策组合优惠力度的强化,也蕴含高新区制度体系的升级和完善,特别是由于高新区管理机构行政级别的提高,较低层次的地方政府随意干预园区管理机构的行政行为乃至谋取利益行为必然得到相对显著的制约。这就有利于高新区市场公平竞争机制的完善和营商环境的提升,从而在制度环境层面形成对园区乃至地区内企业创新水平的促进效应。从可能产生的负向激励效应角度来看,中国实施的高新区"以升促建"政策必然会强化对微观企业的政策扶持力度,在中国创新政策自身仍然存在一系列机制体制障碍和内在制度性缺陷的情形下(江飞涛、李晓萍,2010),这些产业政策还可能存在较为显著的阻碍效应。中国的高新区布局一直存在典型的地区发展平衡主义色彩,由于中西部地区乃至东北地区长期存在政府过度干预微观经济的路径依赖体制特征,可能造成高新区"以升促建"政策难以促进企业创新能力的提升。

最后,中国的高新区制度设计及其政策组合,必然存在一定程度的溢出效应,通过各种渠道对园区外地区内的其他微观企业创新活动产生间接的激励效应。这些典型外溢性激励效应可能体现在以下四个方面。一是政策示范作用带来的溢出效应。国家高新区的设立目标之一,就是要通过高新区的制度环境建设和政策组合实施所内涵的制度和政策示范效应,来促进地区内整体微观企业的自主创新能力提升和产业结构的转型升级。二是技术创新知识的外溢效应。对同一个地区而言，高新区内微观企业创新水平的提升以及各种技术创新的知识诀窍，很有可能通过各种显性或隐性转移渠道，对园区外地区内的其他企业创新活动产生影响。三是市场竞争带来的激励效应。由于园区内企业和园区外企业具有在同一地区的地理邻近特征，这就不可避免地带来产业内的市场竞争效应。园区内新企业的进入以及企业创新水平的提升，均会激励园区外企业通过加大自身创新投入来应对市场竞争压力。四是公共产品的溢出效应。通过打造园区内各种创新服务平台，诸如国家实验室、工程技术中心、人才培训平台、技术转移服务平台、科技型中小企业孵化器等公共设施来促进所有企业创新水平的提升。那么，即便因为各种机制体制障碍而内涵的负面激励效应，导致中国的高新区"以升促建"政策难以对园区内微观企业创新活动产生应有的促进效应，只要能够对地区内园区外的企业创新活动产生有效的技术创新溢出效应，中国的高新区制度也可能是有效的。

三、研究设计

（一）研究方法讨论与DID估计策略

针对我们的研究主题，要准确获得中国特色的高新区制度对企业创新活动的影响效应，需要处理以下的内生性问题：一是遗漏重要变量导致的内生性问题；二是高新区政策和微观企业创新活动之间由于逆向因果关系导致的内生性问题。其中，典型的作用逻辑是，开发区内的微观企业创新能力普遍越强，就越有可能获得国家级高新区的设立和政策支持。而且，中国特色的国家级高新区主要是由省级高新区经过试点运行和取得发展效果后，部分升级为国家级高新区。这样的基本事实就启发我们，保留拥有省级高新区升级的城市企业样本，同时利用高新区升级时间点的不同作为政策冲击，是一种较为可行的估计框架。

从图1可以看到，在1995—2009年期间，中国国家级高新区的数量几乎没有较大幅度的结构性变化，由1995年的52家缓慢增长到2009年的56家。然而，在2009年之后，国家级高新区的数量却发生了结构性变化。客观事实是，2008年席卷全球的金融危机及其引发的全球性经济衰退导致了中国各项经济指标呈现出较大幅度的下滑态势，而国家级高新区的企业增长较好。为进一步发挥国家高新区对地方经济增长的带动作用，减轻金融危机对中国经济的负面冲击，科技部向国务院提交了加快省级高新区升级为国家级高新区的报告。于是，2009年《关于发挥国家高新技术产业开发区作用促进经济平稳较快发展的若干意见》便应运而生。该意见明确提出：为了"战胜金融危机"、积极采取"应对金融危机的近期措施""对有优势、有特色、符合条件的省级高新区，按照国家有关规定加快审批，升级为国家高新区"。这种政策变化在年份和地区层面的差异就构成了一项"准自然实验"，为我们提供了极好的研究契机。考虑到拥有省级高新区升级的城市和没有省级高新区升级的城市之间可能存在较大的系统性差异，为减少选择性偏误问题，也降低可能的逆向因果关系导致的内生性问题，本文构造渐进式 DID，来较为精确地考察和分析国家高新区政策对企业创新水平可能造成的影响效应。因而，这里只保留有省级高新区升级的城市企业样本，这样做的优点在于，由于处理组所受到的政策冲击时间不同，企业在受到政策冲击前作为控制组被利用，使处理组与控制组有更好的可比性。

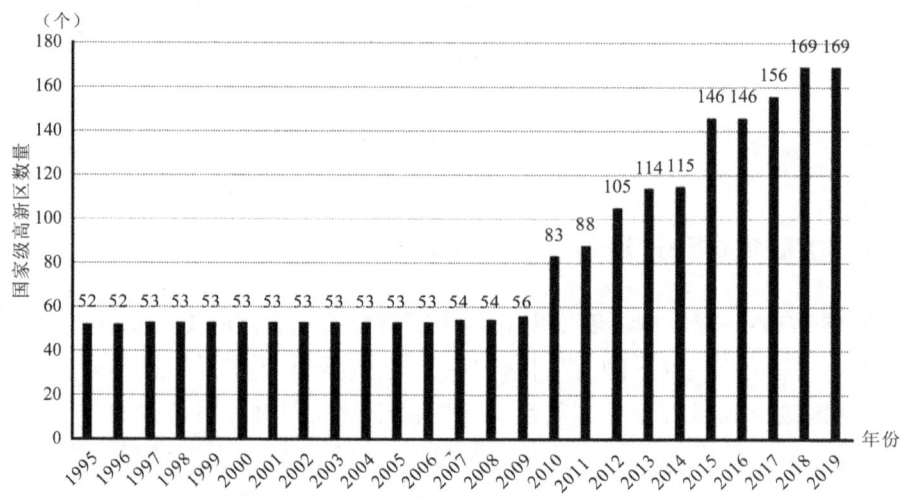

图 1 中国国家级高新技术产业开发区数量变化趋势（1995—2019 年）

（二）计量模型设定与变量定义

在充分借鉴以上讨论的基础上，为了有效识别中国情景下省级高新区升级为国家级高新区，对地区内微观企业创新投入产生的影响效应，本文具体设定如下计量回归模型：

$$Firminnovation_{ijt}=\alpha+\beta\times D_{jt}+\gamma\times X_{ijt}+\lambda C_{jt}+\mu_i+\omega_t+\varepsilon_{ijt} \tag{1}$$

在计量方程（1）式中，被解释变量 $Firminnovation_{ijt}$ 为度量企业创新水平的指标变量，下标 i、j、t 分别表示企业、城市和年份。当 j 城市在 t 年有省级高新区升级为国家级高新区，则在当年及该年之后，D_{jt} 赋值为 1，其他赋值为 0，D_{jt} 的系数 β 是本文关注的核心变量系数。X_{ijt} 表示可能影响企业创新水平的其他控制变量集合，λC_{jt} 表示城市特征变量。我们在计量方程（1）式中还纳入了企业固定效应 μ_i 和年份固定效应 ω_t，ε_{ijt} 为随机扰动项。

被解释变量是企业创新水平（$Firminnovation_{ijt}$），表示在 j 城市 i 企业在 t 年间的创新投入额，这里使用两种代理变量来加以衡量。一方面，我们使用企业当年科技活动经费总支出的对数值（$Lntotalinnovationspend_{ijt}$）来加以度量。在中国多数制造业企业仍然是处于模仿创新和创新产业化阶段的客观背景下，该变量所包含的是更大范围创新链环节的科技活动经费支出信息，更能体现中国国情下企业创新投入活动的基本特征。另一方面，我们使用企业私人性质创新投入的代理变量来加以测度，具体使用企业当年的私人性质科技活动经费支出的对数值（$Lnprivateinnovationspend_{ijt}$）来表示，剔除了政府补贴、资助、奖励的企业私人性质创新投入变量信息，在更大程度上真正代表中国情景下的企业自主创新能力。

核心解释变量是高新区升级的虚拟变量（D_{jt}）。由于高新区升级年份存在先后差异，这里需要利用高新区升级时间点的不同作为政策冲击。当 j 城市在 t 年有省级高新区升级为国家级高新区，则在当年及该年之后，D_{jt} 赋值为 1，其他赋值为 0。

针对控制变量而言，在借鉴以往文献通行做法的基础上，这里计量方程（1）式的控制变量 X_{ijt} 中具体包括：企业创新研发人员规模（$Lninnovationstaff$），使用企业当年科技活动人数的对数值来表示；企业年龄因素（$Firmage$），以企业样本期与企业注册时间的有效差距值来表示。考虑到既有文献发现企业年龄和创新活动之间的非线性关系，我们纳入了企业年龄的平方项 $Firmage\_sq$；企业出口因素（$Newproductexport\_sale$），使用企业新产品出口额与企业新产品销售额的比值来加以度量；企业面临行业市场竞争程度（$HHI\_employee$），本文使用按照二位码区分行业中各企业科技活动人员额所计算出的赫芬达尔-赫希曼指数来加以度量。创新研究领域内的奠基性文献 Aghion et al.（2005）的研究结论表明，竞争是影响企业创新活动的重要因素。从中国的现实状况来看，竞争对微观企业创新活动的影响机制可能更为复杂，一方面，竞争相对激烈行业中的微观企业，通过创新活动获取创新垄断地位来规避市场竞争的动力可能越强，另一方面，由于中国知识产权保护制度的相对滞后以及侵犯知识产权惩罚执行力度的普遍缺失，行业竞争未必能够有效激励微观企业的创新活动；企业形成国家或行业标准因素（$Industrystandard$），我们使用企业内部所形成的国家标准或行业标准的数量来加以刻画，很显然的判断逻辑是，企业能否将自身的企业标准形成外部的国家标准或行业标准，以及企业拥有的国家标准或行业标准数量，在一定程度上表明了企业是否拥有该行业的市场势力（Market power）。此外，我们还纳入了企业所有制属性的虚拟变量，按照企业注册资本划分六种企业性质：国有、集体、独立法人、私人所有、港澳台和外资企业。

在计量方程（1）式中的控制变量，我们已经控制了企业个体层面的固定效应及相应的年份固定效应，但是，仍然有可能难以控制中国城市层面随时间变化的某些经济特征。为此，本文剔除了省会城市和副省级城市这些可能的特殊样本，在计量方程（1）式中加入城市层面的一些重要特征变量 C_{jt}，以控制城市层面随时间发生变化的特征因素，具体包括：城市人均真实 GDP 水平（*Pergdp_city*）、城市土地集约利用情况（*Landuse_city*）、城市人口规模（*Lncitypopulation_city*）、城市第二产业占比（*2ndindustry_city*）和城市第三产业占比（*3rdindustry_city*）。其中，城市土地集约利用情况是由城市建设用地占市区面积比重表示，城市人口规模变量是对城市地区的当年人口规模数量（万人）取自然对数，城市第二产业占比和城市第三产业占比变量是利用城市地区的第二产业和第三产业增加值占地区 GDP 比重来表示。以上数据来源于《中国城市统计年鉴》，对部分缺失数据通过查阅各省份的相应年份统计年鉴进行了填补。

（三）样本选择与数据来源

首先，本文使用的微观企业样本时间跨度为 2008—2014 年，微观企业数据及其相关信息均来源于国家统计局编制的《全国创新调查企业数据库》。其次，高新区的相关数据来自历年《中国火炬统计年鉴》和《中国开发区审核公告目录》。根据 2006 年和 2018 年这两版《中国开发区审核公告目录》、国家科技部网站和各国家级高新区管委会网站，识别出升级的高新区，再通过百度和中国知网，对搜索结果进行核对和校正。

需要说明的是，2009 年 3 月政策出台的同时，湘潭高新区和泰州医药高新区也一同升级，这种情况不足以反映这两个园区的升级是出于上述政策出台的激励效果，因此予以剔除。总体来看，2010—2014 年间全国共有 59 家省级高新区升级为国家级高新区。在处理组的定义中，由于在同一年度内的升级月份时间不同，例如镇江市在 2014 年 10 月升级为国家级高新区，将升级月份较晚的城市也纳入当年的处理组，可能难以准确识别高新区升级政策对微观企业创新活动的激励效应（范子英等，2017），因此，2014 年下半年升级的高新区所在城市的企业不计入处理组。另外，还需要排除一种情况是，当同一个城市原本没有国家级高新区，有两个及以上的省级高新区，样本期内有的升级、有的没有升级，比如绍兴高新区 2010 年 11 月升级，而同样坐落在绍兴的新昌高新技术产业园区自 2001 年成为省级高新区以来至今未升级，这种情况也从样本中剔除。根据国家有关规定，当一个省份拥有超过3家国家级高新区时，原则上不会再批复省级高新区升级。在高新区部署过程中，1988—2009年之间，全国已陆续设立了56家国家级高新区，早期的高新区设置之初即为国家级高新区。因此，可能存在这样的情况，一些城市在政策出台之前原本就有国家级高新区，于样本期内仍有省级高新区升级。这样一来，同一城市可能存在两个及以上国家级高新区，此时政策效应可能会被高估。为了避免国家高新区的多重影响，剔除了拥有多个国家级高新区城市的企业样本。而且，不同级别的城市可能存在系统性的差异，为此也剔除了直辖市和省会城市的样本。国家高新区的建设和发展是一项长期而复杂的工程，在布局中国各城市地区的省级高新区和国家级高新区的过程中，其他经济功能区的建设也在同步交叉进行，尤其值得关注的是国家级经济技术开发区。如果在一个城市中，同时存在国家级高新区和国家级经开区，可能会对我们关心的核心变量 D 的回归系数以及显著性造成额外的估计偏差效应。为了尽可能减少核心检验结果受到类似政策的影响，我们剔除了样本期内拥有省级经开区升级为国家级经开区的城市企业样本。最后，我们通过高新区管委会所在城市行政代码信息，将拥有省级高新区升级的城市匹配到企业数据库，从而得到全部的企业样本。为消除可能的异方差和自相关，本文所有估计结果的标准误差均在省份—行业层面进行聚类调整。

四、实证检验结果与分析

（一）基准回归结果

表1展示了我们针对计量方程（1）式的估计结果。其中，模型1至模型3列示的是将 L$n$totalinnovationspend 作为被解释变量的检验结果。不同的是，模型1为基准回归估计结果，而模型2和模型3是分别为依次加入企业特征变量与城市特征变量之后的回归结果。具体从模型3的估计系数看，D 的回归系数在5%的统计水平下显著为正，这就说明，省级高新区升级政策对于城市企业的创新水平产生了显著的促进效应。模型4至模型6所列示的是将 L$n$privateinnovationspend 作为被解释变量的检验结果。同样地，模型4为基准回归估计结果，模型5和模型6是分别为依次加入企业特征变量与城市特征变量之后的回归结果。仍然可以看出，模型6中 D 的回归系数在5%的统计水平下显著为正。以上结论表明，省级高新区升级为国家级高新区，对地区内企业创新水平产生了总体层面上的显著促进效应。

表1 高新技术产业开发区升级对企业创新活动影响效应的 DID 回归结果

因变量类型	模型1	模型2	模型3	模型4	模型5	模型6
	Lntotalinnovationspend			Lnprivateinnovationspend		
D	0.0694*** (3.13)	0.0468** (2.31)	0.0508** (2.48)	0.0716*** (3.18)	0.0491** (2.39)	0.0533** (2.56)
Lninnovationstaff		0.3032*** (21.79)	0.3181*** (22.09)		0.3046*** (21.86)	0.3195*** (22.22)
Firmage		0.0590*** (6.89)	0.0595*** (6.90)		0.0592*** (6.85)	0.0604*** (6.95)
Firmage_sq		−0.0009*** (−6.70)	−0.0009*** (−6.68)		−0.0009*** (−6.61)	−0.0009*** (−6.67)
Newproductexport_sale		0.1870*** (7.13)	0.1852*** (7.06)		0.1832*** (6.90)	0.1812*** (6.83)
HHI_employee		−0.3152 (−1.10)	−0.2739 (−0.97)		−0.3240 (−1.10)	−0.2673 (−0.93)
Industrystandard		0.0024 (1.26)	0.0026 (1.29)		0.0019 (0.96)	0.0021 (1.00)
Pergdp_city			0.0092** (2.34)			0.0095** (2.30)
Landuse_city			−0.0002*** (−6.86)			−0.0001*** (−6.36)
Lnpopulation_city			−0.3746*** (−3.55)			−0.4432*** (−4.13)
2ndindustry_city			−0.0199 (−1.50)			−0.0192 (−1.46)
3rdindustry_city			−0.0204 (−1.41)			−0.0196 (−1.36)
常数项	8.0598*** (518.07)	6.5975*** (24.76)	10.8625*** (6.01)	8.0236*** (507.83)	6.7646*** (24.20)	11.3698*** (6.32)
企业固定效应	控制	控制	控制	控制	控制	控制
年份固定效应	控制	控制	控制	控制	控制	控制
样本量	83688	83688	83254	83074	83074	82666
R^2	0.8449	0.8487	0.8491	0.8294	0.8432	0.8436

注：括号内报告的为t值，***、**和*分别表示在1%、5%和10%水平上显著。

（二）稳健性检验

为了保证能够获得更为科学和更加可靠的检验结果，在此我们对前文的回归结果进行了一系列相关的稳健性检验。

1. 平行趋势检验

为了检验双重差分法的适用性，本文借鉴 Beck 等（2010）的做法进行平行趋势检验，考察高新区升级政策实施的动态效应，具体计量模型如下：

$$Firminnovation_{ijt}=\alpha+\sum_{k=t-4}^{t+4}\beta_k\times(\varphi_j\phi)+\gamma\times X_{ijt}+\lambda C_{jt}+\mu_i+\omega_t+\varepsilon_{ijt} \quad (2)$$

其中，$\varphi_j\phi$ 表示高新区升级政策和距离政策实施的相对时间虚拟变量的交互项。在本文样本 2008—2014 年期间，我们有高新区升级之前第 5 年和升级之后第 4 年的企业，k 的可能取值为 -5、-4…0…3、4，这里取 -5 为基准组。为了更加直观地展示估计结果，我们在图 2 中给出了估计系数走势，横轴表示距离升级前后的年份，纵轴是估计值的大小。可以看出，在升级政策实施后的 4 年时间里，估计系数在第 2、3、4 年里显著为正。因此，我们不能拒绝平行趋势假设成立的可能。这也意味着，高新区升级政策对企业创新水平的促进作用存在时滞效应，这种正向效应也具有一定的持续性。对于存在滞后效应的解释是，增加企业创新投入需要时间，企业创新投入的调整不是一蹴而就的。

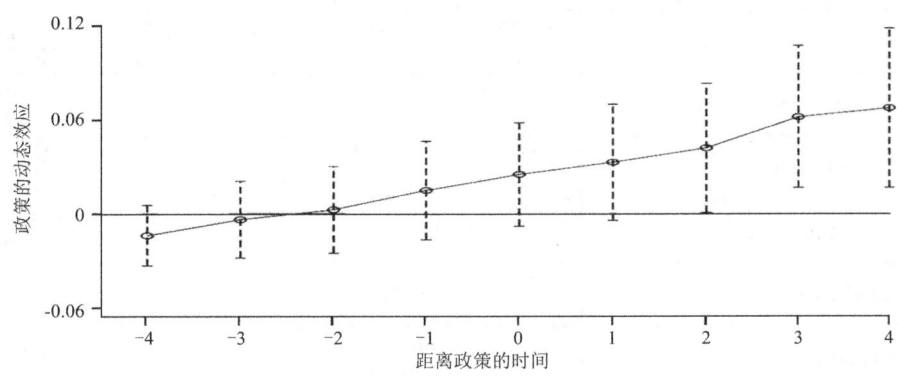

图 2 平行趋势假设检验

2. 安慰剂检验

除了高新区升级以外，一些其他政策或随机性因素也可能导致企业创新水平产生差异，最终导致前文的结论不成立。这里通过改变政策的实施时间来进行反事实检验（范子英等，2013；刘瑞明等，2015），将各城市高新区升级的年份统一提前 1 年，如果 D 的回归系数依然显著为正，则说明企业创新水平的提高可能来自其他政策变化或者随机因素。表 2 列示的是将各城市高新区升级的时间提前 1 年的情况，模型 1 至模型 3 列示的是将 Lntotalinnovationsepnd 作为被解释变量的检验结果，模型 1 为基准回归估计结果，模型 2、模型 3 分别为依次加入企业特征变量与城市特征变量之后的回归结果，结果显示假设的高新区升级时间对企业创新水平的影响并不显著。模型4至模型6所列示的是将Ln*privateinnovationspend*作为被解释变量的检验结果。结果同样表明，假设的高新区升级对企业创新水平的影响仍不显著，这就说明企业创新水平的贡献来自高新区的升级。

表2　　　　　　　　　　　反事实的检验结果

因变量类型	模型1	模型2	模型3	模型4	模型5	模型6
	Ln*totalinnovationspend*			Ln*privateinnovationspend*		
D	0.0085 (0.51)	−0.0079 (−0.49)	0.0271 (1.41)	0.0084 (0.50)	−0.0080 (−0.48)	0.0268 (1.37)
Ln*innovationstaff*		0.3037*** (21.84)	0.3186*** (22.13)		0.3051*** (21.92)	0.3200*** (22.26)
Firmage		0.0591*** (6.89)	0.0597*** (6.90)		0.0593*** (6.84)	0.0606*** (6.96)
Firmage_sq		−0.0009*** (−6.71)	−0.0009*** (−6.69)		−0.0009*** (−6.62)	−0.0009*** (−6.69)
Newproductexport_sale		0.1862*** (7.10)	0.1850*** (7.06)		0.1824*** (6.88)	0.1811*** (6.83)
HHI_employee		−0.3133 (−1.10)	−0.2748 (−0.98)		−0.3223 (−1.10)	−0.2684 (−0.93)
Industrystandard		0.0024 (1.22)	0.0026 (1.25)		0.0019 (0.92)	0.0021 (0.97)
Pergdp_city			0.0097** (2.24)			0.0099** (2.19)
Landuse_city			−0.0002*** (−6.68)			−0.0002*** (−6.17)
Ln*population_city*			−0.3909*** (−3.69)			−0.4598*** (−4.26)
2ndindustry_city			−0.0211 (−1.58)			−0.0204 (−1.55)
3rdindustry_city			−0.0222 (−1.53)			−0.0214 (−1.47)
常数项	8.1011*** (584.35)	6.6437*** (24.76)	11.1163*** (6.13)	8.0665*** (573.55)	6.8135*** (24.37)	11.6279*** (6.44)
企业固定效应	控制	控制	控制	控制	控制	控制
年份固定效应	控制	控制	控制	控制	控制	控制
样本量	83688	83688	83254	83074	83074	82666
R^2	0.8348	0.8487	0.8490	0.8293	0.8431	0.8435

注：括号内报告的为t值，***、**和*分别表示在1%、5%和10%水平上显著。

五、企业异质性层面的检验结果

（一）区分地区异质性视角的回归结果

拥有较好区位条件的国家高新区，往往具有以较低的交通成本和交易成本来获取各种创新要素资源的独特优势（Westhead & Batstone，1998）。考虑到中国不同区域企业创新水平有着较大的差异性，而且，不同地区提供各种优惠措施的能力以及政策实施力度也存在着显著的异质性。我们在表3中展示了将企业样本区分为东部地区、中部地区、西部地区和东北地区4个不同区域的估计结果。在东部地区的企业样本组中，D的回归系数均在1%的水平下显著为正，而其他地区的企业样本组中，D的回归系数均不显著。这就验证了高新区升级政策对于东部发达地区的企业创新水平产生了显著的促进效应，而并未对中部地区、西部地区和东北地区等非东部发达地区企业创新水平产生显著的促进效应。

表3　　　　　区分企业所处地区异质性的检验结果

	模型1	模型2	模型3	模型4	模型5	模型6	模型7	模型8
企业所在地区	东部地区	中部地区	西部地区	东北地区	东部地区	中部地区	西部地区	东北地区
因变量类型	Lntotalinnovationspend				Lnprivateinnovationspend			
D	0.0784*** (3.36)	0.0495 (0.87)	-0.2209 (-1.42)	-0.0837 (-0.92)	0.0851*** (3.61)	0.0241 (0.39)	-0.1878 (-1.24)	-0.0699 (-0.72)
其他控制变量	控制	控制	控制	控制	控制	控制	控制	控制
企业固定效应	控制	控制	控制	控制	控制	控制	控制	控制
年份固定效应	控制	控制	控制	控制	控制	控制	控制	控制
样本量	68343	11411	1754	1746	67994	11265	1711	1696
R^2	0.8500	0.8536	0.8331	0.8638	0.8450	0.8449	0.8346	0.8489

注：括号内报告的为t值，***、**和*分别表示在1%、5%和10%水平上显著。

造成这种差异性检验结果的可能原因是，一方面，中国东部地区拥有相对规范的营商环境和市场经济秩序，知识产权保护更加到位，企业创新的积极性也更加强烈。中西部地区和东北地区偏重建筑业、制造业、房地产业和批发零售业等，新兴产业并不多见。即便是考虑了统筹区域协调发展这一目标，高新区升级政策的创新激励效果，仍然是更多地体现在东部地区的企业。另一方面，正如邓慧慧和赵家羚（2014）研究指出，地方政府官员在类似设立高新区这样的一些重大决策上存在"同群效应"，导致中西部地区或东北地区的高新区运行面临更大的制度环境限制或高端要素集聚能力制约。因此，这里所得到的经验证据，就在一定程度上证实了既有的高新区制度设计和政策组合，在制度相对不完善地区的运用，可能存在比较突出的制度环境约束和政府治理能力阻碍。

（二）区分企业所有制类型异质性的检验结果

众多文献发现，中国情景下所有制类型是企业异质性的重要来源，国家高新区政策对于企业创新水平的影响效应，可能因企业自身的所有制类型特征而表现出显著的差异性（张杰等，2015；余明桂等，2016）。表4给出了按照本土企业和外资企业标准而划分企业所有制类型样本组的回归结果。可以看到，在模型1和模型3的回归结果中，D的回归系数并未呈现出显著性，而在模型2和模型4中D的回归系数均在1%的统计水平下显著为正。这就表明，高新区升级政策对中国本土企业创新水平产生显著的促进效应，但并未对中国境内的外资企业创新水平产生显著的促进效应。一方面，高新区"以升促建"政策的实施在总体上对中国本土企业创新水平产生了显著的促进效应，验证了高新区"以升促建"政策的有效性。由此也就说明了高新区制度设计和政策组合对中国本土企业创新能力的提升，在一定程度上达到了政策预期效果。高新区相对发达的现代物流、密集的人力资源、高效的行政服务、便捷的通信信息以及各种政府创新扶持政策等资源优势，有效地激发了本土企业的创新投入动力。另一方面，高新区"以升促建"政策对外资企业创新能力的不显著作用效应，这可能说明的事实是，进入中国的外资企业为了既享受国家高新区制度的政策优惠条件，又防止技术创新知识对中国本土企业可能产生的转移效应或溢出效应，并不会将创新研发活动置于位于中国高新区的外资企业内部，而是主要掌控在境外的母公司手中。因此，这就导致了高新区"以升促建"政策对外资企业创新投入的作用效应呈现为负且不显著的实证结果。

表4   区分企业所有制类型异质性的检验结果

	模型1	模型2	模型3	模型4
企业所有制类型	外资企业	本土企业	外资企业	本土企业
因变量类型	$Lntotalinnovationspend$		$Lnprivateinnovationspend$	
D	−0.0745 (−1.53)	0.0741*** (3.20)	−0.0683 (−1.41)	0.0738*** (3.10)
其他控制变量	控制	控制	控制	控制
企业固定效应	控制	控制	控制	控制
年份固定效应	控制	控制	控制	控制
样本量	22948	60104	22857	59607

续表

	模型1	模型2	模型3	模型4
企业所有制类型	外资企业	本土企业	外资企业	本土企业
因变量类型	Lntotalinnovationspend		Lnprivateinnovationspend	
R^2	0.8516	0.8478	0.8499	0.8405

注：括号内报告的为t值，***、**和*分别表示在1%、5%和10%水平上显著。

六、高新园区内企业有关"政策扭曲效应"的检验结果

（一）高新园区内外企业的划分方法

识别国家级高新区内外的企业分布情况并不容易，这是因为：我们观察发现，许多企业地址只提供了大致地区或者街道信息，不仅企业地址和高新区地址从呈现形式到表述内容都很不一致，而且企业地址不涉及高新区字样的现象在这个数据库中占有很高比例。再者，国家级高新区存在"一区多园"现象。主园区和分园区并存的情形既不利于企业归属高新区的统计，也产生了高新区地理边界覆盖了多个行政区域的问题。此外，随着高新区的建设发展，其地理范围也向外扩张，一些高新区地理区域还进行了不同程度的整合，我们难以捕捉国家级高新区规划面积拓展和地理位置变迁的动态变化。这时，仅使用一个固定的街道门牌号或是管委会所在地作为园区地址可能并不具有代表意义。

我们参照袁其刚等（2015）、向宽虎和陆铭（2015）、王永进和张国峰（2016）等已有文献筛选开发区企业的方法来识别位于高新区内的企业。鉴于国家级高新区地址的多样性和企业地址信息的复杂性，同时，为了尽可能获得更合理的检验结果，本文采取窄口径和宽口径两种划分标准对企业样本进行筛选。一方面，窄口径就是通过识别企业地址中是否包含高新区来甄别分布在省级或国家级的高新区内的企业，当然，这很可能带来遗漏部分高新区内企业的问题。另一方面，为了缓解窄口径划分标准方法可能带来的遗漏问题，我们又采取扩大识别企业地址中包含产业园区的信息，这可能会带来将其他开发区内的企业误认为高新区内企业的问题，从而造成高估效应。如果利用这两种划分标准所获得的企业样本，能够使计量方程（1）式中的 D 得到一致性的检验结果，就足以证明研究结果的可靠性。表5展示了高新区园区内外企业的地址划分方法的具体操作和处理结果。

表 5　高新区园区内外企业的地址划分方法

划分方法	划分方法定义	匹配企业样本数量	本研究适合样本数量
窄口径划分标准	根据企业地址中是否出现"高新""科技""科学"等关键词对样本进行筛选。	21837	6612
宽口径划分标准	根据企业地址中是否出现"高新""科技""科学""技术""创新""园区""开发区""工业园""工业区"等关键词对样本进行筛选。	152811	40220

（二）高新区升级政策对园区内企业创新影响效应的检验结果

表 6 给出了我们将分布在高新园区内的企业样本，基于区分所有制类型角度的回归结果。在以窄口径划分标准得到的企业样本组中，模型 1、2、4、5 的回归结果表明，针对位于高新园区内的全部企业、本土企业样本组，D 的回归系数不显著。而模型 3、6 表明，针对位于高新园区内的外资企业，D 的回归系数在 5% 的统计水平下显著为正。在以宽口径划分标准得到的企业样本组中，模型 1、4 仍然表明，针对位于高新园区内的全部企业样本，D 的回归系数均未呈现出任何显著作用效应。模型 2、3、5、6 表明宽口径下高新园区内的本土企业和外资企业样本组中，高新区升级政策对企业创新活动的激励效应还是存在差异性的作用效应。综上，我们得到的一致性检验结果是，高新区升级政策并未对分布在高新园区内的全部企业创新水平产生任何显著的促进效应。

表 6　高新区升级政策对高新园区内部不同所有制类型企业的回归结果

	模型 1	模型 2	模型 3	模型 4	模型 5	模型 6
企业样本类型	园区内全部企业	园区内本土企业	园区内外资企业	园区内全部企业	园区内本土企业	园区内外资企业
因变量类型	Ln$totalinnovationspend$			Ln$privateinnovationspend$		
窄口径划分标准的回归结果						
D	0.1212 (1.43)	0.0621 (0.66)	0.3820** (2.48)	0.1204 (1.25)	0.0627 (0.59)	0.3766** (2.02)
所有控制变量	控制	控制	控制	控制	控制	控制
企业固定效应	控制	控制	控制	控制	控制	控制
年份固定效应	控制	控制	控制	控制	控制	控制
样本量	5524	3076	2420	5492	3050	2414
R^2	0.8812	0.8834	0.8836	0.8665	0.8611	0.8775
宽口径划分标准的回归结果						
D	0.0407 (1.16)	0.0822* (1.90)	-0.1109 (-1.56)	0.0344 (0.95)	0.0756* (1.71)	-0.1307* (-1.86)
所有控制变量	控制	控制	控制	控制	控制	控制

续表

	模型1	模型2	模型3	模型4	模型5	模型6
企业样本类型	园区内全部企业	园区内本土企业	园区内外资企业	园区内全部企业	园区内本土企业	园区内外资企业
企业固定效应	控制	控制	控制	控制	控制	控制
年份固定效应	控制	控制	控制	控制	控制	控制
样本量	37763	25378	12343	37523	25188	12294
R^2	0.8629	0.8566	0.8749	0.8551	0.8462	0.8703

注：括号内报告的为t值，***、**和*分别表示在1%、5%和10%水平上显著。

基于这个有趣的发现，我们进一步从划分东部地区和非东部地区以及不同所有制类型的双重角度重新加以考察。表7列示的是窄口径划分标准下的回归结果，模型1显示，针对东部地区园区内的全部企业样本，D的回归系数在10%和5%的统计水平下显著为正。模型2显示，针对东部地区园区内的本土企业样本组，D的回归系数均未呈现出显著性。模型3显示，针对东部地区园区内的外资企业样本组，D的回归系数在5%的统计水平下显著为正。模型4、5、6显示，针对非东部地区园区内的企业样本，本土企业或外资企业样本组，D的回归系数均未呈现出显著性。这些结果表明在窄口径划分标准下，高新区升级政策对东部地区园区内的外资企业产生了显著的促进效应，但并未对东部或非东部地区园区内的本土企业创新水平产生显著的影响效应。

表7　窄口径划分标准下区分东部和非东部区域的高新园区内不同所有制

	模型1	模型2	模型3	模型4	模型5	模型6
企业所处地区类型	东部地区			非东部地区		
企业样本类型	园区内全部企业	园区内本土企业	园区内外资企业	园区内全部企业	园区内本土企业	园区内外资企业
	窄口径划分标准的回归结果					
因变量类型	Lntotalinnovationspend					
D	0.1828* (1.91)	0.1204 (1.12)	0.4409** (2.45)	-0.1918 (-1.02)	-0.1501 (-0.79)	0.2241 (0.36)
所有控制变量	控制	控制	控制	控制	控制	控制
企业固定效应	控制	控制	控制	控制	控制	控制
年份固定效应	控制	控制	控制	控制	控制	控制
样本量	4917	2530	2360	607	546	60
R^2	0.8815	0.8863	0.8834	0.8769	0.8690	0.9192

续表

	模型1	模型2	模型3	模型4	模型5	模型6
企业所处地区类型	东部地区			非东部地区		
企业样本类型	园区内全部企业	园区内本土企业	园区内外资企业	园区内全部企业	园区内本土企业	园区内外资企业
因变量类型	Ln*privateinnovationspend*					
D	0.2210** (2.19)	0.1608 (1.43)	0.4476** (2.01)	−0.2717 (−1.36)	−0.2425 (−1.23)	0.2499 (0.39)
所有控制变量	控制	控制	控制	控制	控制	控制
企业固定效应	控制	控制	控制	控制	控制	控制
年份固定效应	控制	控制	控制	控制	控制	控制
样本量	4892	2511	2354	600	539	60
R^2	0.8682	0.8664	0.8769	0.8541	0.8401	0.9238

注：括号内报告的为t值，***、**和*分别表示在1%、5%和10%水平上显著。

表8列示的是宽口径划分标准的回归结果。模型1显示，针对东部地区园区内的全部企业样本，D的回归系数均在5%的统计水平下显著为正。模型2显示，针对东部地区园区内的本土企业样本组，D的回归系数在1%的统计水平下显著为正。模型3显示，针对东部地区园区内的外资企业样本组，D的回归系数不显著。而模型4、5显示，针对非东部地区园区内的全部企业、本土企业样本组，D的回归系数显著为负。模型6显示，针对非东部地区园区内的外资企业样本组，D的回归系数不显著。综上，在宽口径划分标准下，高新区升级政策对东部地区园区内的本土企业创新水平产生了显著的促进效应，对非东部地区园区内的本土企业创新水平产生了显著的抑制效应。

表8　宽口径划分标准下区分东部和非东部区域的高新园区内不同所有制

	模型1	模型2	模型3	模型4	模型5	模型6
企业所处地区类型	东部地区			非东部地区		
企业样本类型	园区内全部企业	园区内本土企业	园区内外资企业	园区内全部企业	园区内本土企业	园区内外资企业
	宽口径划分标准的回归结果					
因变量类型	Ln*totalinnovationspend*					
D	0.0807** (2.17)	0.1345*** (2.83)	−0.1154 (−1.56)	−0.2626** (−2.49)	−0.2776** (−2.53)	−0.1012 (−0.54)
所有控制变量	控制	控制	控制	控制	控制	控制
企业固定效应	控制	控制	控制	控制	控制	控制
年份固定效应	控制	控制	控制	控制	控制	控制
样本量	32235	20494	11699	5528	4884	644

续表

	模型1	模型2	模型3	模型4	模型5	模型6
企业所处地区类型	东部地区			非东部地区		
企业样本类型	园区内全部企业	园区内本土企业	园区内外资企业	园区内全部企业	园区内本土企业	园区内外资企业
R^2	0.8651	0.8595	0.8739	0.8576	0.8500	0.9010
因变量类型	Ln*privateinnovationspend*					
D	0.0866** (2.30)	0.1439*** (3.04)	−0.1318 (−1.50)	−0.3676** (−3.22)	−0.3839*** (−3.15)	−0.1638 (−0.84)
所有控制变量	控制	控制	控制	控制	控制	控制
企业固定效应	控制	控制	控制	控制	控制	控制
年份固定效应	控制	控制	控制	控制	控制	控制
样本量	32088	20389	11658	5435	4799	636
R^2	0.8577	0.8503	0.8692	0.8465	0.8356	0.8974

注：括号内报告的为t值，***、**和*分别表示在1%、5%和10%水平上显著。

表7和表8的一致性回归结果表明，高新区升级政策对中国东部地区园区内的企业创新水平产生显著正向促进效应，对非东部地区园区内的外资企业创新水平并未产生任何显著作用效应。但是，差异性的检验结果是，在窄口径划分样本的情形下，高新区升级政策仅对东部地区园区内的外资企业创新水平产生显著正向促进效应。在宽口径划分样本的情形下，高新区升级政策仅对东部地区园区内的本土企业创新水平产生显著正向促进效应。类似发现是，在窄口径划分样本的情形下，高新区升级政策对非东部地区园区内的企业创新水平并未产生任何显著作用效应，而在宽口径划分样本的情形下，高新区升级政策对非东部地区园区内的本土企业创新水平产生显著抑制效应。

这些差异性的经验结果背后可能反映出的问题是，宽口径的划分标准将分布在中国地级市层面的各种其他形式的开发区企业样本均纳入其中，从而造成检验结果的差异。一方面，由于技术创新能力越强的外资企业，越是倾向于分布在中国真正有实力的高新区中，从高新区升级政策中获得的正向激励效应就越为突出；另一方面，中国的本土高新技术企业在原有的省级高新区中，由于已经充分享受了各种政府优惠政策，相对来说，高新区升级政策带来的政策激励效应并不突出，表9和表10的实证结果证明了这一逻辑。但是，那些分布在中国地级市的各种其他形式的经济开发区或产业园区的企业，就由于高新区升级政策所带来的各种溢出效应（比如市场竞争效应），进而促使企业创新水平得到了显著提升。

表9　区分东部和非东部区域的高新园区内不同所有制类型企业

	模型1	模型2	模型3	模型4	模型5	模型6
企业所处地区类型	东部地区			非东部地区		
企业样本类型	园区内全部企业	园区内本土企业	园区内外资企业	园区内全部企业	园区内本土企业	园区内外资企业
因变量类型	Lngovernmentsubsidy					
窄口径划分标准的回归结果						
D	0.4388 (1.07)	0.4394 (0.98)	1.0709 (0.99)	−1.0247 (−1.58)	−0.9393 (−1.34)	−2.3250 (−1.23)
所有控制变量	控制	控制	控制	控制	控制	控制
企业固定效应	控制	控制	控制	控制	控制	控制
年份固定效应	控制	控制	控制	控制	控制	控制
样本量	4917	2530	2360	607	546	60
R^2	0.6639	0.6630	0.6654	0.7920	0.8191	0.7334
宽口径划分标准的回归结果						
D	0.0535 (0.58)	0.0354 (0.31)	0.2244 (1.19)	−0.7419*** (−2.68)	−0.6711** (−2.36)	−1.0123* (−1.69)
所有控制变量	控制	控制	控制	控制	控制	控制
企业固定效应	控制	控制	控制	控制	控制	控制
年份固定效应	控制	控制	控制	控制	控制	控制
样本量	32235	20494	11699	5528	4884	644
R^2	0.6645	0.6835	0.6477	0.6939	0.7183	0.6495

注：括号内报告的为t值，***、**和*分别表示在1％、5％和10％水平上显著。

（三）高新园区内企业是否享受了更多的政府创新扶持政策

中国各级高新区制度的关键在于各种特殊的优惠政策，特别是在获得高新技术企业资格认定、税收优惠、资金信贷、土地优惠、人才引进以及政府创新补贴政策等方面，有着相对密集的倾斜性政策优势（Wang，2013；刘瑞明等，2015）。首先是体制机制创新，较大幅度地降低企业开办设立和正常生产经营活动中的交易费用（夏杰长、刘诚，2017；王永进、冯笑，2018）。其次是在企业税收和政府资金扶持方面的特定优惠政策。结合本文的研究主题，我们后续关注的问题是，高新区升级是否导致园区内企业享受了更多的政府创新扶持资金。为此，本文设计如下计量回归模型来加以检验：

$$Lngovernmentsubsidy_{ijt}=\alpha+\beta\times D_{jt}+\gamma\times X_{ijt}+\lambda C_{jt}+\mu_i+\omega_t+v_{ijt} \quad (3)$$

在计量方程（3）式中，被解释变量 $Lngovernmentsubsidy_{ijt}$ 为度量企业所获得的政府创新扶持资金规模的指标变量，结合上述中国各级高新区对园区内企业创新活动的所有优惠政策的归纳分析，我们具体使用企业当年获得的政府创新补贴资金＋企业当年获得高新技术企业所得税减免金额＋企业当年获得研发加计扣除金额的总金额对数值来表示。

表9列示了在宽窄不同口径下，高新区升级政策对东部和非东部区域的高新园区内的不同所有制类型企业样本的 DID 回归结果。从窄口径划分结果来看，所有模型的回归结果均未呈现出显著性。而从宽口径划分角度来看，模型1、2、3中 D 的回归系数不显著。模型4、5、6中 D 的回归系数分别在1％、5％、10％的统计水平下显著为负。这就说明高新区升级政策导致非东部地区的园区内本土企业和外资企业均获得了相对更少的政府创新扶持资金。多数非东部地区自身财政收入的相对有限性以及长期所面临的地方政府财政赤字压力，可能会促使这些非东部地区的地方政府在实施高新区升级政策过程中，不同程度地将其他产业园区内的政府扶持资金转移和集中到新设立的国家级高新区层面，进而导致宽口径划分标准下的地区内其他产业园区内企业获得的政府创新补贴资金的相对削减或弱化，从而在整体层面使得非东部地区以宽口径划分标准下的地区中各种高新区内和产业园区内企业享受的政府创新补贴资金水平，呈现出一定程度的弱化效应。

表10列示了宽窄口径下高新区升级政策对东部和非东部区域的高新园区外的不同所有制类型企业样本的 DID 回归结果。模型1、2、3中 D 的回归系数不显著。模型4、5、6中 D 的回归系数为负但并不显著。结合表9展示的回归结果，可以得到的判断是，高新区的升级政策并未使得东部地区或非东部地区的园区内的本土企业获得更多的政府创新扶持资金，也未导致东部地区或非东部地区的园区外的本土企业获得更多的政府创新扶持资金，但却导致非东部地区的园区内本土企业获得相对更少政府创新扶持资金的经验事实。结合表9中的高新区升级政策导致了非东部地区的园区内本土企业和外资企业获得了相对更少政府扶持资金数量的经验发现，这进一步证明了非东部地区中的高新区升级政策的实施，可能促使地方政府将地区内其他高新区或产业园区的政府创新扶持资金，转移和集中到新设立的国家级高新区层面，进而造成高新区升级政策只是导致了非东部地区的园区内本土企业和外资企业获得了相对更少的政府创新扶持资金的基本事实。

表 10　区分东部和非东部区域的高新园区外不同所有制类型企业

	模型1	模型2	模型3	模型4	模型5	模型6
企业所处地区类型	东部地区			非东部地区		
企业样本类型	园区外全部企业	园区外本土企业	园区外外资企业	园区外全部企业	园区外本土企业	园区外外资企业
因变量类型	Lngovernmentsubsidy					
窄口径划分标准的回归结果						
D	0.0445 (0.98)	0.0643 (1.27)	0.0539 (0.53)	−0.1586 (−1.31)	−0.1229 (−1.04)	−0.3851 (−0.86)
所有控制变量	控制	控制	控制	控制	控制	控制
企业固定效应	控制	控制	控制	控制	控制	控制
年份固定效应	控制	控制	控制	控制	控制	控制
样本量	62709	43715	18840	14217	12807	1389
R^2	0.6413	0.6653	0.6093	0.6631	0.6849	0.5831
宽口径划分标准的回归结果						
D	0.0588 (1.11)	0.0785 (1.43)	0.0669 (0.53)	−0.1584 (−1.18)	−0.1226 (−0.89)	−0.4004 (−0.81)
所有控制变量	控制	控制	控制	控制	控制	控制
企业固定效应	控制	控制	控制	控制	控制	控制
年份固定效应	控制	控制	控制	控制	控制	控制
样本量	44541	31432	13008	11176	10096	1062
R^2	0.6525	0.6825	0.6059	0.6854	0.7045	0.6134

注：括号内报告的为t值，***、**和*分别表示在1%、5%和10%水平上显著。

首先，针对高新区升级政策仅在宽口径划分标准下对中国东部地区的高新园区内本土企业产生了显著的促进效应，而在窄口径下并未对东部地区的园区内本土企业创新活动产生促进效应的经验事实，这在一定程度上印证了宽口径下的区内企业划分标准可能导致政策效果的高估效应。为什么在市场化进程相对完善的东部地区中，高新区升级政策背后所隐含的各种政府创新政策扶持资金，对东部地区的园区内本土企业创新活动没有产生显著的促进效应。在我们看来，这与中国的政府创新扶持政策中可能普遍存在的"政策扭曲效应"密切相关。在存在着大量寻租机会的转型国家中，企业能否获得政府创新补贴资金，未必是基于市场化导向的公平筛选机制，而是一种寻租行为所得到的博弈结果（Gill et al.，2007；张杰等，2011）。Khwaja 和 Mian（2005）、Claessens 等（2008）发现发展中国家的企业普遍存在通过与政府官员建立私人利益联系来获取创新要素资源。企业在谋取政府创新补贴中所产生的超额收益对企业的吸引力越大，则越有将获得的政府创新补贴资金更多地转移到寻租活动的动机，进而对政府创新补贴资金产生显著的挤出效应（Boldrin & Levine，2004）。中国情景下高新区升级政策对东部地区园区内的本土企业创新活动产生扭曲效应的机制与动因，我们将之归纳为中国高新区制度的"政策扭曲效应"特征。

其次，鉴于高新区升级政策对非东部地区中的园区内本土企业创新活动所产生抑制效应的经验事实，同时，结合高新区升级政策导致非东部地区的园区内本土企业获得更少政府创新扶持资金的经验事实。这些现象表明，中国东部地区和非东部地区的政府财政能力和制度环境差异是影响高新区升级对园区内本土企业创新活动产生激励效应的关键因素。这与高新区分布在中国不同地区中制度的差异性有着密切的内在联系：一方面，中国非东部地区的政府财政收入能力受限可能会造成高新区升级所应有的政府创新扶持政策的落实力度大打折扣，进而导致非东部地区中的园区内本土企业获得更少政府创新扶持资金的现象。另一方面，高新区升级政策对非东部地区中的园区内本土企业创新活动所产生的抑制效应，其中主要的可能机制在于，政府创新补贴资金规模的扶持力度不足无法对冲由知识产权保护制度尚不完善、金融体制改革相对滞后、创新要素资源获取交易成本过高等方面的制度性障碍所带来的负面作用，我们将之归纳为中国高新区制度的"制度附着"特征。

七、高新园区外企业层面有关"溢出效应"的检验结果

中国地方政府在提出将省级高新区升级为国家级高新区的申请过程中，尤为强调发挥高新区对周边区域经济高质量发展的辐射作用、产业结构转型升级的带动作用和企业自主创新能力提升的溢出效应。倘若园区升级对城市内高新园区外的企业创新能力具有正向溢出效应，则可推论，升级高新园区对于并未分布在高新园区内企业的创新能力，应该具有显著的正向促进效应。考虑到大多数国家级高新区都位于特定的地级城市区域中，这里使用专门识别出来的园区外企业样本作为特定的研究样本。表 11 报告了按照园区外部及本土和外资企业为划分标准的 DID 回归结果，在模型 1 和模型 4 中的区外全部企业样本组的回归结果中，D 的回归系数均显著为正，在模型 2 和模型 5 中的区外本土企业样本组的回归结果中，D 的回归系数均在 1% 的统计水平下显著为正，由此就验证了高新区"以升促建"政策，对区外本土企业创新水平具有正向溢出效应。

表 11　高新区园区外部企业样本区分所有制类型的回归结果

	模型 1	模型 2	模型 3	模型 4	模型 5	模型 6
企业样本类型	园区外全部企业	园区外本土企业	园区外外资企业	园区外全部企业	园区外本土企业	园区外外资企业
因变量类型	Lntotalinnovationspend			Lnprivateinnovationspend		
窄口径划分标准的回归结果						
D	0.0411** (1.99)	0.0656*** (2.81)	-0.0852* (-1.71)	0.0424** (2.03)	0.0637*** (2.65)	-0.0803 (-1.62)
所有控制变量	控制	控制	控制	控制	控制	控制
企业固定效应	控制	控制	控制	控制	控制	控制
年份固定效应	控制	控制	控制	控制	控制	控制
样本量	76926	56522	20229	76386	56063	20148
R^2	0.8482	0.8471	0.8513	0.8434	0.8406	0.8504
宽口径划分标准的回归结果						
D	0.0792*** (3.24)	0.0920*** (3.32)	-0.0221 (-0.37)	0.0880*** (3.53)	0.0966*** (3.38)	-0.0009 (-0.02)
所有控制变量	控制	控制	控制	控制	控制	控制
企业固定效应	控制	控制	控制	控制	控制	控制
年份固定效应	控制	控制	控制	控制	控制	控制
样本量	55717	41528	14070	55315	41173	14022
R^2	0.8573	0.8565	0.8606	0.8534	0.8507	0.8616

注：括号内报告的为t值，***、**和*分别表示在1%、5%和10%水平上显著。

按照类似逻辑，我们进一步从划分东部地区和非东部地区的角度重新进行考察，相应的 DID 回归结果列示于表 12 和表 13。表 12 列示的是窄口径划分标准下的回归结果，模型 1 的回归结果显示，针对东部地区区外全部企业样本，D 的回归系数在 1% 的统计水平下显著为正。模型 2 的回归结果显示，针对东部地区的区外本土企业，D 的回归系数同样在 1% 的统计水平下显著为正。模型 3、4、5 的回归结果显示，针对东部地区的区外外资企业、非东部地区的区外企业样本和本土企业，D 的回归系数均不显著。而模型 6 的回归结果显示，针对非东部地区的区外外资企业，D 的回归系数在 10% 或 5% 的统计水平下显著为正。以上结果表明，在窄口径划分标准下，高新区升级政策对中国东部地区的区外本土企业创新水平产生了显著的促进效应，对非东部地区的区外外资企业创新水平也产生显著的促进效应。

表 12　窄口径划分标准下区分东部和非东部区域的高新园区外

	模型1	模型2	模型3	模型4	模型5	模型6
企业所处地区类型	东部地区			非东部地区		
企业样本类型	园区外全部企业	园区外本土企业	园区外外资企业	园区外全部企业	园区外本土企业	园区外外资企业
窄口径划分标准的回归结果						
因变量类型	Lntotalinnovationspend					
D	0.0668*** (2.86)	0.1039*** (3.84)	−0.1086 (−1.01)	−0.0378 (−0.79)	−0.0649 (−1.29)	0.2088* (1.76)
所有控制变量	控制	控制	控制	控制	控制	控制
企业固定效应	控制	控制	控制	控制	控制	控制
年份固定效应	控制	控制	控制	控制	控制	控制
样本量	62709	43715	18840	14217	12807	1389
R^2	0.8489	0.8475	0.8516	0.8503	0.8495	0.8549
因变量类型	Lnprivateinnovationspend					
D	0.0726*** (3.07)	0.1088*** (3.93)	−0.1054 (−1.17)	−0.0548 (−1.10)	−0.0849 (−1.62)	0.2421** (2.12)
所有控制变量	控制	控制	控制	控制	控制	控制
企业固定效应	控制	控制	控制	控制	控制	控制
年份固定效应	控制	控制	控制	控制	控制	控制
样本量	62395	43462	18779	13991	12601	1369
R^2	0.8446	0.8417	0.8504	0.8431	0.8410	0.8607

注：括号内报告的为t值，***、**和*分别表示在1%、5%和10%水平上显著。

表13列示的是宽口径划分标准的回归结果。无论针对何种形式的因变量，模型1显示，针对东部地区区外的全部企业样本，D的回归系数均在1%的统计水平下显著为正。针对模型2中区外本土企业样本组，D的回归系数在1%的统计水平下显著为正。这就进一步验证了高新区"以升促建"政策对东部地区的区外本土企业创新水平所具有的正向溢出效应。类似地，模型3、4、5显示高新区"以升促建"政策对东部地区区外外资企业、非东部地区的区外企业样本和本土企业创新水平并未产生显著的作用效应。而模型6显示，其对在非东部地区的区外外资企业创新水平产生了显著的正向溢出效应。表13中各模型的回归结果与表12中模型1～模型6的回归结果比较一致。

表 13　宽口径划分标准下区分东部和非东部区域的高新园区外

	模型1	模型2	模型3	模型4	模型5	模型6
企业所处地区类型	东部地区			非东部地区		
企业样本类型	园区外全部企业	园区外本土企业	园区外外资企业	园区外全部企业	园区外本土企业	园区外外资企业
宽口径划分标准的回归结果						
因变量类型	Lntotalinnovationspend					
D	0.1118*** (3.96)	0.1347*** (4.12)	−0.0443 (−0.67)	−0.0040 (−0.08)	−0.0328 (−0.59)	0.2331** (2.35)
所有控制变量	控制	控制	控制	控制	控制	控制
企业固定效应	控制	控制	控制	控制	控制	控制
年份固定效应	控制	控制	控制	控制	控制	控制
样本量	44541	31432	13008	11176	10096	1062
R^2	0.8575	0.8558	0.8618	0.8618	0.8619	0.8589
因变量类型	Lnprivateinnovationspend					
D	0.1254*** (4.36)	0.1466*** (4.37)	−0.0252 (−0.38)	−0.0097 (−0.18)	−0.0435 (−0.74)	0.3038** (2.32)
所有控制变量	控制	控制	控制	控制	控制	控制
企业固定效应	控制	控制	控制	控制	控制	控制
年份固定效应	控制	控制	控制	控制	控制	控制
样本量	44313	31238	12973	11002	9935	1049
R^2	0.8545	0.8512	0.8623	0.8548	0.8531	0.8681

注：括号内报告的为 t 值，***、**和*分别表示在1%、5%和10%水平上显著。

我们对这些检验结果背后隐含高新区"以升促建"政策呈现出正向溢出效应的解释有以下四点。一是地区内逐步强化的市场竞争效应。即便高新区"以升促建"政策对园区内本土企业自身创新投入特别是私人性质创新投入，并未产生显著的正向促进效应，但是，园区内和园区外企业之间也有可能会对园区外企业创新投入产生较为显著的正向促进作用。二是地区内的创新人才流动效应。园区内企业的相关创新人才，向同一地区中的园区外企业转移和流动，从而可能会促进园区外企业创新能力提升。三是园区内外企业各种显性和隐性技术创新知识的即时（Just-in-time）和面对面（Face-to-face）交流互动效应。这也会促进园区内企业的技术创新知识向园区外企业流动，进而促进园区外企业创新能力提升。四是园区内的创新公平服务平台的外溢效应。工程技术研究中心、重点实验室等公共科技资源所产生的溢出效应也有可能促进高新园区外的本土企业创新水平提升。特别是位于非东部地区的区外的外资企业，由于具有较高工资水平，尤其会受到这些正向溢出效应的影响，吸引更多的人才资源流向这些园区外的外资企业，进而促进这些外资企业创新水平的提升。

八、重要结论与政策建议

从出台高新区升级政策的目的来看，这不仅是政府为应对全球金融危机而制定的科技措施，其深层次目的在于发挥国家级高新区对于高端制造业、高端生产性服务业的引领和辐射作用。本文的检验结果表明高新区升级政策能够显著提升所在城市地区内的本土企业创新水平，其创新激励效果更多地体现在东部地区企业和本土企业。具体来看，高新区升级政策对东部地区高新区内的本土企业创新水平并未产生显著促进效应，但是对非东部区域中的高新区内的本土企业创新水平产生了显著抑制效应。从高新区的政府创新扶持政策角度来看，高新区升级政策使得非东部地区的园区内本土企业获得了更少的政府创新扶持资金。高新区升级政策对高新园区外的本土企业创新水平产生了显著的促进效应，表明了高新区升级政策在引导高新技术产业布局的同时，在很大程度上改善了高新区外的本土企业自主创新水平，产生了较强的示范效应、辐射效应和溢出效应。

本文可能具有的政策启示是：中国到了对现有的国家高新区制度和政策体系设计进行全面反思和调整的关键时期，既要科学认识既有的高新区制度以及升级政策对中国经济高质量发展具有的重要支撑作用，更要准确地判断其中可能蕴含和产生的诸多方面负面效应。本文的经验结论并不是否定中国现行高新技术产业开发区制度设计和政策组合的重要作用，而是揭示出其中可能暴露出的重要缺陷及其未来的改革方向。中国现行的高新区制度，即便并未对园区内本土企业创新能力产生应有的促进效应，也对地区内整体企业层面创新能力产生了不可忽略的促进效应。中国实施高新区升级政策目的之一，就是利用高新区自身的各种示范效应以及溢出效应来促进地区整体层面自主创新能力的逐步提升。一方面，重点的改革方向应该落在制度环境的大幅度完善以及适当限制政府过度干预微观经济权力等方面，通过在中西部地区和东北地区切实加快推进"放管服"改革工作，营造一流的市场化、法治化、国际化营商环境，破除高新区政策"制度附着"效应的核心策略。另一方面，东部地区的国家高新区企业承担着优先落实中国经济高质量发展和建设创新型国家的重要责任，但现行高新区制度的政府创新扶持行为并未对东部地区的高新园区内本土企业产生有效促进效应。因此，全面审查高新区政策体系中违背市场公平竞争原则的创新扶持政策，消除高新区制度的政策"扭曲效应"，是下一步中国科技创新机制体制和政策组合的改革重点。

参考文献

[1] 安同良,周绍东,皮建才. R&D 补贴对中国企业自主创新的激励效应 [J]. 经济研究, 2009（10）.

[2] 白雪洁,姜凯,庞瑞芝. 中国主要国家级开发区的运行效率及提升路径选择——基于外资与土地利用视角 [J]. 中国工业经济, 2008（8）.

[3] 陈钊,熊瑞祥. 比较优势与产业政策效果——来自出口加工区准实验的证据 [J]. 管理世界, 2015（8）.

[4] 程郁,陈雪. 创新驱动的经济增长——高新区全要素生产率增长的分解 [J]. 中国软科学, 2013（11）.

[5] 邓慧慧,赵家羚. 地方政府经济决策中的"同群效应" [J]. 中国工业经济, 2014（4）.

[6] 邓慧慧,虞义华,赵家羚. 中国区位导向性政策有效吗?——来自开发区的证据 [J]. 财经研究, 2019（1）.

[7] 范子英,彭飞. "营改增"的减税效应和分工效应：基于产业互联的视角 [J]. 经济研究, 2017（2）.

[8] 范子英,田彬彬. 税收竞争、税收执法与企业避税 [J]. 经济研究, 2013（9）.

[9] 方玉梅,刘凤朝. 我国国家高新区创新能力评价研究 [J]. 大连理工大学学报（社会科学版）, 2014（4）.

[10] 韩永辉,黄亮雄,王贤彬. 产业政策推动地方产业结构升级了吗?——基于发展型地方政府的理论解释与实证检验 [J]. 经济研究, 2017（8）.

[11] 韩亚欣,吴非,李华民. 中国经济技术开发区转型升级之约束与突破——基于调研结果与现有理论之分析 [J]. 经济社会体制比较, 2015（5）.

[12] 黄玖立,吴敏,包群. 经济特区、契约制度与比较优势 [J]. 管理世界, 2013（11）.

[13] 姜彩楼,徐康宁. 区位条件、中央政策与高新区绩效的经验研究 [J]. 世界经济, 2009（5）.

[14] 江飞涛,李晓萍. 直接干预市场与限制竞争：中国产业政策的取向与根本缺陷 [J]. 中国工业经济, 2010（9）.

[15] 李贲,吴利华. 开发区设立与企业成长：异质性与机制研究 [J]. 中国工业经济, 2018（4）.

[16] 李力行,申广军. 经济开发区、地区比较优势与产业结构调整 [J]. 经济学（季刊）, 2015（3）.

[17] 黎文靖,郑曼妮. 实质性创新还是策略性创新?——宏观产业政策对微观企业创新的影响 [J]. 经济研究, 2016（4）.

[18] 刘经东. 开发区建设与企业出口行为——兼议中国开发区建设的转型升级 [J]. 世界经济与政治论坛, 2018（2）.

[19] 刘瑞明,赵仁杰. 国家高新区推动了地区经济发展吗?——基于双重差分方法的验证 [J]. 管理世界, 2015（8）.

[20] 刘重力,刘安军,邵敏. 开发区对区外母城经济增长溢出效应研究 [J]. 南开经济研究, 2010（3）.

[21] 龙小宁,王俊. 中国专利激增的动因及其质量效应 [J]. 世界经济, 2015（6）.

[22] 陆铭, 向宽虎. 破解效率与平衡的冲突——论中国的区域发展战略 [J]. 经济社会体制比较, 2014 (4).

[23] 沈鸿, 顾乃华, 陈丽娴. 开发区设立, 产业政策与企业出口——基于二元边际与地区差异视角的实证研究 [J]. 财贸研究, 2017 (12).

[24] 孙伟增, 吴建峰, 郑思齐. 区位导向性产业政策的消费带动效应——以开发区政策为例的实证研究 [J]. 中国社会科学, 2018 (12).

[25] 王兵, 聂欣. 产业集聚与环境治理: 助力还是阻力——来自开发区设立准自然实验的证据 [J]. 中国工业经济, 2016 (12).

[26] 汪涛, 李祎, 汪樟发. 国家高新区政策的历史演进及协调状况研究 [J]. 科研管理, 2011 (6).

[27] 王勇, 朱雨辰. 论开发区经济的平台性和政府的作用边界——基于双边市场理论的视角 [J]. 经济学动态, 2013 (11).

[28] 王永进, 冯笑. 行政审批制度改革与企业创新 [J]. 中国工业经济, 2018 (2).

[29] 王永进, 张国峰. 开发区生产率优势的来源: 集聚效应还是选择效应? [J]. 经济研究, 2016 (7).

[30] 吴敏, 黄玖立. "一揽子"政策优惠与地区出口——开发区与区外地区的比较 [J]. 南方经济, 2012 (7).

[31] 吴一平, 李鲁. 中国开发区政策绩效评估: 基于企业创新能力的视角 [J]. 金融研究, 2017 (6).

[32] 夏杰长, 刘诚. 行政审批改革、交易费用与中国经济增长 [J]. 管理世界, 2017 (4).

[33] 肖兴志, 王伊攀. 政府补贴与企业社会资本投资决策——来自战略性新兴产业的经验证据 [J]. 中国工业经济, 2014 (9).

[34] 向宽虎, 陆铭. 发展速度与质量的冲突——为什么开发区政策的区域分散倾向是不可持续的? [J]. 财经研究, 2015 (4).

[35] 余明桂, 范蕊, 钟慧洁. 中国产业政策与企业技术创新 [J]. 中国工业经济, 2016 (12).

[36] 袁航, 朱承亮. 国家高新区推动了中国产业结构转型升级吗 [J]. 中国工业经济, 2018 (8).

[37] 袁其刚, 刘斌, 朱学昌. 经济功能区的"生产率效应"研究 [J]. 世界经济, 2015 (5).

[38] 张国峰, 王永进, 李坤望. 开发区与企业动态成长机制——基于企业进入、退出和增长的研究 [J]. 财经研究, 2016 (12).

[39] 张杰, 周晓艳, 李勇. 要素市场扭曲抑制了中国企业 R&D[J]. 经济研究, 2011 (8).

[40] 张杰, 陈志远, 杨连星, 新夫. 中国创新补贴政策的绩效评估: 理论与证据 [J]. 经济研究, 2015 (10).

[41] 郑江淮, 高彦彦, 胡小文. 企业"扎堆"、技术升级与经济绩效——开发区集聚效应的实证分析 [J]. 经济研究, 2008 (5).

[42] 周茂, 陆毅, 杜艳, 姚星. 开发区设立与地区制造业升级 [J]. 中国工业经济, 2018 (3).

[43] Alder, S., Shao, L. and Zilibotti, F., 2016, "Economic Reforms and Industrial Policy in a Panel of Chinese Cities", *Journal of Economic Growth*, Vol.21 (4), pp.305～349.

[44] Aghion, P., Bloom, N., Blundell, R., Griffith, R., et al., 2005, "Competition and Innovation: An Inverted-U Relationship", *The Quarterly Journal of Economics*, Vol.120 (2), pp.701～728.

[45] Aghion, P., Bergeaud, A., Marc, M. L. and Melitz, J., 2019, "The Heterogeneous

Impact of Market Size on Innovation: Evidence from French Firm-Level Exports".

[46] Baumol, W. J., 1967, "Macroeconomics of Unbalanced Growth: The Anatomy of Urban Crisis", *American Economic Review*, Vol.57 (3), pp.415～426.

[47] Beck, T., Levine, R. and Levkov, A., 2010, "Big Bad Banks? The Winners and Losers from Bank Deregulation in the United States", *Journal of Finance*, Vol.65 (5), pp.1637～1667.

[48] Boldrin, M. and Levine, D. K., 2004, "Rent Seeking and Innovation", *Journal of Monetary Economics*, Vol.51 (5), pp.127～160.

[49] Cao, C., 2004, "Zhongguancun and China's High-Tech Parks in Transition: 'Growing Pains' or 'Premature Senility'", *Asian Survey*, Vol.44 (5), pp.647～668..

[50] Claessens, S., Feijen, E. and Laeven, L., 2008, "Political Connections and Preferential Access to Finance: The Role of Campaign Contributions", *Journal of Financial Economics*, Vol.88 (3), pp.554～580.

[51] Combes, P. P., Duranton, G., Gobillon, L., et al., 2012, "The Productivity Advantages of Large Cities: Distinguishing Agglomeration from Firm Selection", *Econometrica*, Vol.80(6), pp.2543～2594.

[52] De Silva, D. G. and Mccomb, R. P., 2012, "Geographic Concentration and High Tech Firm Survival", *Regional Science & Urban Economics*, Vol.42 (4), pp.691～701.

[53] Deltas, G., De Silva, D. G. and Mccomb, R. P., 2014, "Industrial Agglomeration and Spatial Persistence: Entry, Growth and Exit of Software Publishers", *SSRN Electronic Journal*.

[54] Gill, I. S., Kharas, H. J. and Bhattasali, D., 2007, "An East Asian Renaissance: Ideas for Economic Growth", World Bank Publications.

[55] Khwaja, A. I. and Mian, A., 2005, "Do Lenders Favor Politically Connected Firms? Rent Provision in an Emerging Financial Market", *The Quarterly Journal of Economics*, Vol.120 (4), pp.1371～1411.

[56] Krüger, J. J., 2008, "Productivity and Structural Change: A Review of the Literature", *Journal of Economic Surveys*, Vol.22 (3), pp.736～759.

[57] Ngai, L. R. and Pissarides, C. A., 2007, "Structural Change in a Multisector Model of Growth", *The American Economist*, Vol.97 (1), pp.429～443.

[58] Wang, J., 2013, "The Economic Impact of Special Economic Zones: Evidence from Chinese Municipalities", *Journal of Development Economics*, Vol.101 (1), pp.133～147.

[59] Westhead, P. and Batstone, S., 1998, "Independent Technology-based Firms: The Perceived Benefits of a Science Park Location", *Urban Studies*, Vol.35 (35), pp.2197～2219.

[60] Zheng, S., Sun, W., Wu, J., et al., 2017, "The Birth of Edge Cities in China: Measuring the Spillover Effects of Industrial Parks", *Journal of Urban Economics*, Vol.100, pp.80～103.

税收征管、企业避税与劳动收入份额*
——来自所得税征管范围改革的证据

杜鹏程[1] 王姝勋[2] 徐 舒[3]

(1 首都经济贸易大学经济学院；2 首都经济贸易大学金融学院；3 西南财经大学经济学院)

摘要： 维持劳动收入份额的稳定以实现发展成果由人民共享，是当前我国深化收入分配改革的内在要求和面临的重大挑战。本文基于2002年企业所得税征管范围改革这一"准自然实验"，利用断点回归分析方法，从理论逻辑和经验证据两个方面考察了税收征管对劳动收入份额的影响及其作用机制。研究发现，所得税征管范围改革提高了企业劳动收入份额3.4%~4.7%，且该影响在低税收征收强度地区的企业、高融资约束企业和竞争型企业中更为明显。机制分析的结果表明，税收征管强度提升引致的企业避税程度降低和劳动密集度增加是其提高劳动收入份额的重要途径。本文的研究结论不仅为理解我国劳动收入份额的变动机理提供了新的微观解释，同时也为完善税收征管体制建设以深化收入分配制度改革提供了决策参考。

关键词： 税收征管 企业避税 实际税率 劳动收入份额

一、引 言

劳动收入份额也称劳动收入占比，宏观层面是指国民收入分配中劳动收入占GDP的比例，微观层面是指劳动要素报酬占全部要素收入的比重。改革开放四十多年来，我国GDP以年均增长率超过9%的态势创造了"中国奇迹"，带动了我国国民收入的逐步提高。然而，在经济发展取得巨大成功的背后却隐藏着一

* 原载《管理世界》2021年第7期。

个现象：我国劳动收入份额在持续下降。根据国家统计局的数据测算显示，我国的劳动收入份额自 1996 年的 50.02% 下降至 2012 年的最低点 41.05%，这比世界其他国家低 5～10 个百分点（吕光明，2011）。虽然其在近些年有所回升，但仍在低位徘徊。已有研究表明，劳动收入份额的持续下降不仅会恶化收入分配（Piketty，2015），而且还会扭曲经济发展结构（陈宇峰等，2013）、降低社会稳定性（Daudey and García-Peñalosa，2007）。

鉴于劳动收入份额对经济发展质量具有重要影响，近年来，众多学者对劳动收入份额变动的决定因素展开了广泛的研究。早期研究主要是从经济结构（罗长远、张军，2009；白重恩、钱振杰，2010）、经济全球化（邵敏、黄玖立，2010）和所有权性质（周明海等，2010）等宏观视角进行考察。近期研究则尝试从微观企业的视角给予解释，主要包括要素技术偏向（Karabarbounis and Neiman，2013）、融资约束（罗长远、陈琳，2012）和劳资谈判（魏下海等，2013）等。虽然上述文献从不同角度对我国劳动收入份额偏低的现象进行了解释，但是关于税收对劳动收入份额的影响并未引起足够的关注。一方面，税收作为收入再分配的重要调节工具，无论是直接税还是间接税，都不可避免地参与了企业生产要素的分配过程，进而会对劳动收入份额造成影响；另一方面，即使在名义税率相同的情况下，税收征管权的不同配置会引致差异化的实际税率（范子英、田彬彬，2013），进而导致要素投入结构和要素收入份额的不同。然而，由于税收征管难以量化，现有考察税收征管权配置对企业劳动收入份额影响的研究相对缺乏，仅有的相关文献都是考察某个税种税率变动的要素收入分配效应（郭庆旺、吕冰洋，2011），其普遍面临由反向因果和遗漏变量所致的内生性问题。因此，如何干净地识别政府税收征管权配置成为考察税收收入分配效应的关键。

我国在 2002 年实施的企业所得税征管范围改革为识别政府税收权配置提供了良好契机。这一改革规定，2001 年 12 月 31 日（含）之前成立企业的所得税仍由原征管机构负责征收；2002 年 1 月 1 日（含）起新成立的所有企业，其所得税由国税局征管。由此形成了我国企业所得税二元征管体制并存的模式。基于此，本文借助此次改革这一"准自然实验"构建断点回归模型，利用中国工业企业 2002—2007 年数据，从理论逻辑和经验证据两个方面考察了所得税征管范围改革对企业劳动收入份额的影响，尝试为政府税收权配置如何影响企业生产决策行为提供基于自然实验的证据，同时也为理解税制改革的收入分配效应及其作用机制提供参考。本文研究发现，所得税征管范围改革提高了劳动收入份额达 3.4%～4.7%，且这一积极效应在低税收征收强度地区的企业、高融资约束企业和竞争型企业中更为明显。具体而言，改革引致的企业避税程度降低和劳动密集度增加是企业劳动收入份额提升的重要途径，这一改革使得新成立企业的实际税率和劳动资本占比分别相对提高了 3.8% 和 2%。此外，更换模型设定以及一系列稳健性检验的结果都证明了本文结论的可靠性。

本文的主要贡献体现在如下三个方面：第一，本文量化了税收征管强度的变化对劳动收入份额的影响，既丰富了识别企业劳动收入份额变动的影响因素，也拓展了税收权配置引致经济效应的研究视野；第二，本文构建了一个税收征管强度和实际税率决定劳动收入份额的理论模型，揭示了政府税收权配置影响企业劳动收入份额的内在机理，丰富了要素收入报酬变化机制的理论研究；第三，在大量研究关注我国劳动收入份额下降这一现象的基础上，本文进一步提供了缓解劳动收入份额下降的有效方法，证实垂直化的税收权有助于降低企业避税和缓解资本要素的过度深化，进而可以提高企业劳动收入份额。这也为通过深化税收征管改革维持劳动收入份额的稳定提供了一个新的微观实践思路。

全文剩余部分安排如下：第二部分介绍所得税征收范围改革的背景并梳理相关文献；第三部分建立理论分析框架，揭示所得税征管范围改革影响企业劳动收入份额的内在经济逻辑；第四部分介绍本文所使用的数据和计量模型；第五部分报告主要实证结果并探讨经济作用机制；第六部分为实证模型的有效性检验和实证结果的稳健性分析；第七部分为异质性分析；第八部分总结全文并提出政策建议。

二、制度背景与文献综述

（一）制度背景

中华人民共和国成立以来，我国财政管理体制历经多次改革，大致可分为三个阶段：1950—1979 年的"统收统支"体制，1980—1993 年的"分灶吃饭"体制，1994 年以后实行的"分税制"体制。

20 世纪 50 年代初期，为了应对极度困难的财政局面，中央政府对分散管理的财政管理工作进行了改革，建立起高度集中的财政体制。其特点是预算管理权集中在中央，称为"统收统支"体制。从 1953 年的"一五"计划实施开始到 1978 年改革开放前，这一时期的财政体制虽经历多变，但强调中央统一领导始终是该时期财政管理体制的主要特征。伴随改革开放战略的实施，国家为了搞活地方经济和调动地方发展积极性，对财政制度也实行放权搞活的管理体制，即所谓的"财政包干，分灶吃饭"。在这期间，1980—1984 年实行"划分收支、分级包干"的财政管理体制；1985—1987 年实行"划分税种、核定收支、分级包干"的财政管理体制；1988—1993年又实行多种包干制。财政包干体制实施后，伴随着地方财政地位的上升，制度弊端也逐渐显露。其一，中央财政收入不断下滑，中央财政收入占GDP比重从1978年的31.02%下降至12.24%[①]，导致中央宏观调控能力严重受限；其二，"分灶吃饭"也加剧了地方盲目投资行为和地方保护主义，造成了税收流失和阻碍了地区经济的均衡发展。为了适应建立社会主义市场经济体制的要求，并进一步理顺中央和地方的财政配置权关系，国务院决定于1994年起在全国范围内实施分税制改革，将收入按照税种划分为中央税、地方税和中央—地方共享税，并建立中央（国税局）和地方（地税局）两套税务征管机构。就企业所得税而言，国税局负责中央企业与外资企业的征管，而地税局负责非中央企业与外资企业的征管。

尽管"分税制"改革确立了比较科学的中央财政和地方财政收入的共享制度，理顺并规范了各级政府间的财政分配关系，但新的弊端也相继出现。以企业所得税为例，由于地方政府拥有对地税局的直接管理权，其会基于政绩考核、招商引资等目的对地税局进行干预以开展税收竞争（Xu，2011；郭杰、李涛，2009），包括通过降低税收征管力度、"先征后返"和违规认定高新技术企业资格等方式降低实际税率（Wu et al.，2013），导致税收资源流失严重。为了加强税收征管并提高税收征收效率，2002年，中央政府将原本属于地方税的企业所得税变更为中央—地方共享税，并规定中央与地方按照各50%比例分享[②]。

理论上，当所得税由地方税变为共享税时，部分之前由地税局征管的企业应转移到国税局征管。但由于1994年分税制导致中央与地方税收信息系统具有相对独立性，两个系统之间衔接比较困难，因而在实际操作中难以实施，不得不做出"一刀切"的决定。2002年1月国家税务总局发布的《关于所得税分享体制改革后税收征管范围的通知》（国税发〔2002〕8号）规定，2001年12月31日（含）之前成立的所有企业的所得税仍由原征管机构负责征收；2002年1月1日（含）起新成立的所有企业，其所得税由国税局征管；但央属企业和外资企业不受此政策的影响，始终由国税局征收。这一政策意味着，以2002年1月1日为界，两家几乎相同的企业仅仅因为成立时间上的差异，其所面临的税收征管强度和实际税率完全不同。已有研究证实，相较于老企业而言，一方面，新企业面临更为严格的税收征管环境导致其避税难度和成本都相对较高；另一方面，税收征管机构的变更也使得新企业不能享有因地方税收竞争所带来的税收优惠（谢贞发、范子英，2015）。因此，这一改革为我们识别税收征管力度变化对劳动收入份额的影

---

① 根据国家统计局数据计算所得。
② 2003年调整为中央分享60%，地方分享40%。

响提供了良好的契机。

（二）文献综述

本文研究与两类文献密切相关：一是关于政府税收权配置引致经济后果的相关研究，二是关于企业劳动收入份额决定因素的相关研究。

有关税收权配置的研究在近几年兴起，相关研究主要集中在税收逃避和企业生产绩效两个方面。（1）税收逃避。既有文献认为，分散化的财政权会降低税收征管力度、增强地区税收竞争进而导致逃税避税现象频发。Xu（2011）认为在分税制下，地方政府会通过违规的税收优惠、税收"先征后返"和减轻税务稽查力度等方式来降低地方企业的实际税负，进而吸引生产要素的流入。范子英和田彬彬（2013）指出，当存在政企合谋时，税收分成比例的下降会降低地方政府违规减税的成本，导致地方政府放松税收征管和放任企业逃避税。谢贞发和范子英（2015）以企业所得税制度改革为研究对象，发现由于地税局与地方政府利益一致，在横向竞争作用下会降低征管力度，导致实际税率走低。（2）企业绩效。由于财政权的不同配置引致差异化的征税力度和实际税率必然会影响企业绩效，因此政府税收配置权的最新研究更多将视角放在企业方面。研究发现，2002年企业所得税征收权的集中提高了企业的总体负债率（刘行等，2017）、降低了劳均增加值（李明等，2018）、抑制了创新产出（刘忠、李殷，2019）。此外，叶康涛和刘行（2011）发现，高强度的地方税收征管会提高上市公司向上盈余管理的所得税成本。李广众和贾凡胜（2019）的研究指出，财政"省直管县"改革能够激励县级政府加强税收征管，进而改善辖区内企业盈余质量。

有关企业劳动收入份额影响因素的既有研究主要集中于要素替代、融资约束和贸易开放3个方面。（1）要素替代。既有研究普遍认为，劳动要素与非劳动要素相对价格的上涨（翁杰、周礼，2010；陈登科、陈诗一，2018）和非劳动要素回报率的提升（Karabarbounis and Neiman，2013；Barkai，2020）所引致的要素替代加剧是劳动收入份额下降的重要原因。（2）融资约束。内源融资约束通过限制企业流动成本的支付能力，降低劳动要素投入和工资水平进而抑制劳动收入份额（罗长远、陈琳，2012；汪伟等，2013），而外源融资约束通过增加企业的垄断利润降低劳动收入份额（祝树金、赵玉龙，2016）。（3）贸易开放。贸易开放对企业劳动收入份额的影响具有不确定性：一方面，进口品关税的下降会降低资本品和中间品的相对价格，使得企业可以以更低的成本使用高质量、多样化的非劳动要素，进而抑制劳动收入份额（余淼杰、梁中华，2014）；另一方面，出口关税的下降提升了贸易企业的就业效应，进而提升了劳动收入份额（姜磊、张媛，

2008）。除了上述因素外，另有部分研究对企业信息化（邵文波、盛丹，2017）、劳资谈判力量（魏下海等，2013；柏培文、杨志才，2019）和市场环境（王宋涛等，2017；Autor et al.，2020）等异质性因素进行了讨论。然而，现有考察税收要素收入分配效应的研究仍然比较稀缺，仅有3篇同类文献。具体地，郭庆旺和吕冰洋（2011）研究了个人所得税和营业税对我国宏观收入分配格局的影响，发现个人所得税抑制了劳动收入份额、营业税降低了资本收入份额。申广军等（2018）发现2004年我国东北地区增值税转型改革提升了企业劳动收入份额。此外，Li等（2021）考察了名义所得税税率下降的劳动收入分配效应，发现离岸外包服务型企业的名义所得税税率下降将会降低其劳动收入份额。与他们的研究不同，本文则是基于税收权配置的视角考察企业避税行为引致实际税率的变化对劳动收入份额的影响。

综上所述，一方面，劳动收入份额影响因素的相关文献较少从特殊的制度安排进行研究，导致自变量的变化缺乏严格外生性，所得结果难免存在估计偏误；同时，在研究内容上，由于考察劳动收入份额理论决定机制的研究相对不足，导致经验机制的检验结果缺乏说服力。另一方面，既有关于政府税收权配置的微观经济效应类研究也往往将企业生产率和创新等因素作为关注的被解释变量，忽略了税收权配置的收入分配效应。本研究正是对上述两个方面的有益结合，以我国2002年企业所得税征管范围改革为外生冲击，从理论逻辑和经验证据两个方面考察了财政权配置和税收征管强度的变化对企业劳动收入份额的影响及其经济机制。

三、理论分析

为了从理论上明确所得税征收范围改革对劳动收入份额的影响，我们首先考虑改革引致的税收征管强度变化如何影响企业的实际税率和最优要素投入，进而决定劳动收入份额。具体地，我们假设企业始终在既定的要素价格下选择最优的要素投入组合，通过建立一个税收征管强度影响企业劳动收入份额的理论模型，揭示所得税征收范围改革影响劳动收入份额的内在机理，进而提出待检验的理论命题。

（一）最优要素组合与劳动收入份额

考虑典型企业 i 使用劳动要素 L 和资本要素 K 进行生产，企业的生产函数为包括资本增强型和劳动增强型两种技术的 CES 形式：

$$Y_i = [\theta(A_i K_i)^{\frac{\sigma-1}{\sigma}} + (1-\theta)(B_i L_i)^{\frac{\sigma-1}{\sigma}}]^{\frac{\sigma}{\sigma-1}} \tag{1}$$

其中，A_i 和 B_i 分别表示资本和劳动的技术水平；$\theta \in (0, 1)$ 为反映生产过程中资本和劳动两种要素的分配参数；σ 为要素间的替代弹性，$\sigma > 0$。根据《企业所得税法实施条例》的规定，企业当期发生的工资薪金可以全额抵扣（第34条），而企业当期的资本购置支出及利息应按照相应折旧办法分摊到至停止使用前的每一期进行分期抵扣（第28条、第59条）。

其中，企业为购置资产所发生的借款费用及其利息，按照直线折旧法予以扣除（第37条）。简言之，在缴纳所得税时，企业当期发生的劳动力成本准予扣除，而当期发生的资本成本及其费用只能部分扣除①。因此，我们可以记资本支出中可用于当期所得税抵扣的部分为 $\lambda \in [0, 1)$，λ 既可视为资本购置成本中各期可变抵扣的比例，也可视为利息支出中各期不变抵扣的部分。

记所得税税率为 $\tau_i \in [0, 1)$，α 为所得税征收强度。产品价格 P_i、工资率 w_i、资本租金率 r_i 均为外生给定。因此，企业税前利润为 $P_i Y_i - w_i L_i - r_i K_i$；在扣除当期全部劳动力成本和 λ 比例的资本成本后，企业的应纳所得税税额为 $T = \tau_i(\alpha) \times (P_i Y_i - w_i L_i - \lambda r_i K_i)$，故典型企业的税后利润最大化问题整理为：

$$\max_{L_i, K_i} \pi_i = [1 - \tau_i(\alpha)] \times (P_i Y_i - w_i L_i) - [1 - \lambda \tau_i(\alpha)] r_i K_i \tag{2}$$

结合式（1）、（2），可得一阶均衡条件为：

$$\frac{r_i}{w_i} = \frac{\theta[1 - \tau_i(\alpha)]}{(1-\theta)[1 - \lambda \tau_i(\alpha)]} \left(\frac{B_i}{A_i}\right)^{\frac{1-\sigma}{\sigma}} \left(\frac{L_i}{K_i}\right)^{\frac{1}{\sigma}} \tag{3}$$

式（3）揭示了在考虑所得税税率情况下，企业生产的最优要素组合应当满足"边际价格之比 = 边际产出之比"的条件。

定义劳动收入份额 $S_{i,L}$ 为劳动收入占总收入的比重，即：

$$LS_i = \frac{w_i L_i}{w_i L_i + r_i K_i} = \frac{1}{1 + (r_i/w_i)(K_i/L_i)} \tag{4}$$

将式（3）代入式（4），记劳动集约度 l_i 为劳动要素与资本要素之比。同时，所得税税率的变化必然会影响企业的要素投入决策，故劳动集约度是税率的反应函数，即 $l_i(\tau_i) = L_i(\tau_i)/K_i(\tau_i)$。由此，劳动收入份额可改写为：

$$LS_i(\alpha) = \frac{1}{1 + \dfrac{\theta[1 - \tau_i(\alpha)]}{(1-\theta)[1 - \lambda \tau_i(\alpha)]} \left(\dfrac{B_i}{A_i}\right)^{\frac{1-\sigma}{\sigma}} [l_i(\tau_i)]^{\frac{1-\sigma}{\sigma}}} \tag{5}$$

式（5）表明，均衡状态下企业的劳动收入份额直接取决于要素间的替代弹性 σ、税率 τ_i 以及劳动集约度 l_i。

---

① 感谢审稿人指出资本成本可以通过折旧抵扣这一事实。

(二)税收征管强度与劳动收入份额

式(5)直接建立了税收征管强度与劳动收入份额的关系,对其求关于征税强度 α 的偏导:

$$\frac{\partial LS_i(\alpha)}{\partial \alpha} = \frac{-(\frac{\theta}{1-\theta})(\frac{B_i}{A_i})^{\frac{1-\sigma}{\sigma}} l_i^{\frac{1-\sigma}{\sigma}} \left[\frac{\lambda-1}{[1-\lambda\tau_i(\alpha)]^2} + \frac{1-\sigma}{\sigma}(\frac{1-\tau_i}{1-\lambda\tau_i(\alpha)}) l_i^{-1} \frac{\partial l_i}{\partial \tau_i} \right]}{\left[1 + \frac{\theta[1-\tau_i(\alpha)]}{(1-\theta)\{1-\lambda\tau_i(\alpha)\}} (\frac{B_i}{A_i})^{\frac{1-\sigma}{\sigma}} (l_i)^{\frac{1-\sigma}{\sigma}} \right]^2} \times \frac{\partial \tau_i}{\partial \alpha} \quad (6)$$

式(6)表明,在要素替代弹性 σ 既定的情况下,税收征管强度 α 对劳动收入份额的影响最终由企业实际税率对于税收征管强度的反应程度($\partial \tau_i/\partial \alpha$)以及劳动集约度对于实际税率的反应程度($\partial l_i/\partial \tau_i$)共同决定。这意味着,企业实际税率 τ_i 和劳动集约度 l_i 是税收征管强度变化决定劳动收入份额的经济机制。

从要素替代弹性来看,大量针对中国的研究一致表明(魏下海等,2013;Karabarbounis and Neiman,2013)企业劳动要素和资本要素间存在替代关系,即替代弹性 $\sigma > 1$。因此,明确 $\partial \tau_i/\partial \alpha$ 与 $\partial l_i/\partial \tau_i$ 的符号是考察税收征管强度变化影响劳动收入份额的关键。一方面,基于相关研究(范子英、田彬彬,2013;李明等,2018),税收征管强度的提升可以通过降低地区税收竞争和违规税收优惠等途径缓解企业的避税现象,这表现为企业实际税率的提升。另一方面,由于企业所得税可以全额抵扣劳动力成本,而部分资本成本则被限制抵扣,因而所得税的本质是一种资本税(郭庆旺、吕冰洋,2011)。这表明,实际税率的提升相当于提高了资本与劳动力的相对价格,必然导致企业的最优要素配置组合偏向劳动力,从而使得劳动密集度提升。基于上述理论逻辑,我们提出第一个待检验的命题:

命题1:所得税征管范围改革引致的征税强度增加提高了实际税率,进而提升了企业的劳动集约度。

命题1意味着实际税率与征税强度、劳动集约度与实际税率均为正向变动关系,即 $\partial \tau_i/\partial \alpha > 0$、$\partial l_i/\partial \tau_i > 0$。由于 $\lambda < 1$、$\sigma > 1$,故在命题1成立的情况下,式(6)的结果为正,即劳动收入份额是税收征管强度 α 的增函数。由此,我们提出第二个待检验的命题:

命题2:所得税征收范围改革引致的征税强度增加提升了企业的劳动收入份额。

基于上述理论分析,我们可以推断所得税征收范围改革提高劳动收入份额的理论机制如下:首先,改革提高了征税强度、降低了企业避税,引致企业实际所得税税率上升；其次，由于所得税的本质是一种资本税，这意味着改革导致企业的资本相对价格上升、劳动集约度增加，最终提高了劳动收入份额。本文后续部分将利用相关数据对上述理论机制和研究命题进行实证检验。

四、模型与数据

（一）断点回归模型

由于在所得税征管范围改革前后成立的新老企业并没有本质上的区别，仅仅是因为成立时间的不同使得企业面临的征税强度发生了显著变化，进而导致其生产行为和生产绩效呈现差异化。因此，这一改革为本文利用断点回归设计（RD）来考察企业劳动收入份额的变动提供了识别机遇。

RD 识别策略的基本思想是个体是否受政策影响取决于连续性驱动变量（Forcing Variable）在固定临界点两侧的取值情况，即在给定驱动变量的情况下，因变量的条件分布函数在"临界点"处的不连续可归因于政策引起的结果。RD 识别策略的前提是准确地区分处理组和参照组，即明确政策实施的"临界点"。在本文中，我们将所得税征收范围改革的实施时间 2002 年 1 月作为政策实施"临界点"，并定义如下分组指示变量：

$$D_i = \begin{cases} 1, Z_i \geq 0 \\ 0, Z_i < 0 \end{cases}$$

其中，Z_i 为驱动变量，表示企业成立时间与政策实施"临界点"的月份间隔[①]；$Z_i \geq 0$ 表示企业成立时间在 2002 年 1 月（含）之后，$Z_i < 0$ 表示企业成立时间在 2002 年 1 月之前。D_i 为处理变量，表示企业是否受政策改革的影响。若企业属于改革组，则 $D_i=1$，表示企业在国税局缴纳所得税；若企业属于控制组，则 $D_i=0$，表示企业在地税局缴纳所得税。

确定政策组别后，可以通过估计断点回归方程（7）以识别所得税征管范围改革对劳动收入份额之间的影响：

$$Y_i = \alpha + \rho D_i + f(Z_i, D_i) + \gamma X_i + \varepsilon \tag{7}$$

其中，$f(Z_i, D_i)$ 为驱动变量 Z_i 和分组变量 D_i 的多项式函数形式或非参数形式。在线性函数设定下，$f(Z_i, D_i)$ 表现为 Z_i 和 D_i 的一次交互项形式；在二次函数的设定下，$f(Z_i, D_i)$ 包括 Z_i 和 D_i 的二次函数的交互项形式；X_i 为企业控制变量，包括总规模、企业性质和全要素生产率等；系数 ρ 代表所得税征收范围改革对企业

---

① 例如，若企业成立时间为2002年9月，则Zi=8；若企业开工时间为2000年9月，则Zi=-16。

劳动收入份额的影响，为本文的关注系数。由于 Imbens 和 Lemieux（2008）指出在 RD 设计中，估计系数大小与窗宽的选择密切相关，故本文首先采用 Calonico 等（2014）的方法选择最优窗宽，然后再利用邻近窗宽作稳健性检验。

（二）数据描述

本文使用的企业数据来源于中国工业企业数据库。该数据库是由国家统计局收集的所有国有企业和规模以上非国有企业的生产经营数据，其详尽记录了包括工业增加值、资本存量和雇佣人数等投入产出指标，还记录了员工工资、职工福利和营业利润等经营财务性指标，该数据库具有样本量大、代表性好等优势。参照既有文献（杨汝岱，2015），我们对数据中的相关变量进行了如下处理：首先，根据本文的研究对象，我们仅保留制造业企业样本，并对固定资产、中间产出和工业总产值等财务性变量进行了以 1998 年为基期的平减处理；其次，剔除职工人数少于 8 人、销售额低于 500 万元或总产值小于流动资产等异常值样本；然后，删除工业增加值、雇员人数和固定资产等重要变量观测值缺失的企业样本；最后，参照白重恩等（2008）的做法，将企业的劳动收入份额定义为劳动收入总额占企业增加值的比重，具体计算公式为：劳动收入份额＝（工资收入＋福利收入）/（工资收入＋福利收入＋营业利润＋固定折旧）。

考虑到企业所得税征收范围改革是自 2002 年开始实施的，且 2008 年我国实施了营业税改革，本文将样本年份限定在 2002—2007 年，最终得到有效总样本量为 80 万左右。此外，我们还构造了可能影响企业生产行为的控制变量，具体包括：总资产对数（gm），以衡量企业生产规模；流动负债比（lqrat），定义为流动资产与流动负债的差值除以总资产，以衡量企业短期偿债能力；出口密集度（expint），定义为企业出口交货值与总产值之比，以衡量企业的出口能力；全要素生产率（tfpop），利用 OP 法（Olley and Pakes, 1995）计算的 TFP，以衡量企业的生产技术水平；行业赫芬达尔－赫希曼指数（hhi_sale），以衡量企业所在市场的竞争程度。表 1 给出了本文主要变量的描述性统计。

表 1　　　　　　　　　　　　　描述性统计

变量	变量含义	均值	中位数	标准差
lbrshr	劳动收入份额	0.38	0.38	0.21
gm	总资产对数	10.13	9.94	1.15
lqrat	净流动资产占比	0.08	0.07	0.31
expint	出口密集度	0.17	0.09	0.34
tfpop	全要素生产率	3.38	3.40	1.08
hhi_sale	销售值计算的 HHI	0.02	0.01	0.03

五、实证结果

（一）基准结果

在实证检验前，本文首先展示驱动变量和结果变量在断点两侧的非线性关系。图1给出了企业劳动收入份额同驱动变量的三次方拟合结果[①]，容易看出，企业劳动收入份额在所得税征收范围改革的"零点"出现了清晰的向上跳跃现象，表明在国税局纳税企业的劳动收入份额显著高于在地税局纳税的企业，给出了改革提高劳动收入份额的初步证据。

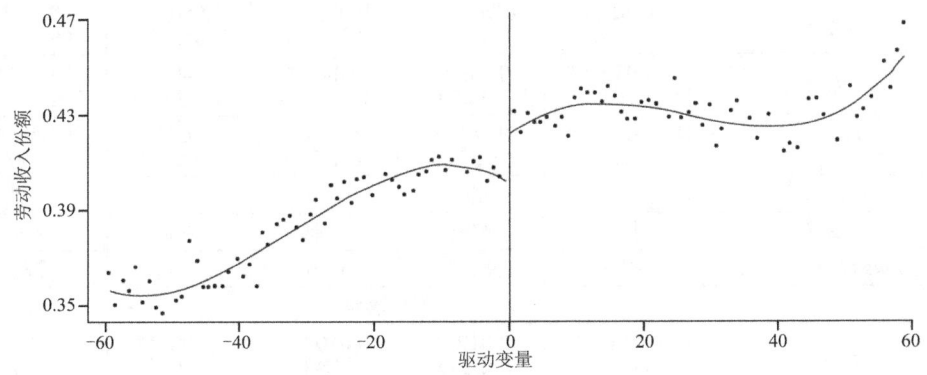

图1 所得税改革对企业劳动收入份额的影响

表2汇报了所得税征收范围改革对企业劳动收入份额影响的参数估计结果，即模型（2）的回归结果。为了降低行业不可观测因素及其随时间变化趋势对估计结果的影响，各列除控制企业特征变量以外，还控制了行业固定效应、年份固定效应以及行业×年份固定效应。

表2第（一）栏为多项式函数 $f(Z_i, D_i)$ 设定为线性函数的估计结果，在第（1）列最优窗宽设定下，分组变量 D 显示改革使得新企业的劳动收入份额显著地提高了0.013个百分点。由表1可知样本企业的劳动收入份额均值为0.38，故改革使得企业劳动收入份额的提升幅度为3.42%。第（2）（3）列为分别选取邻域窗宽 h=±5 和 h=±20 的回归结果，第（4）（5）列为更大窗宽的参数回归结果，其均与第（1）列的结果一致。

表2第（二）栏汇报了将多项式函数 $f(Z_i, D_i)$ 设定为二次函数形式的估计结果，

[①] 本文同样采用了一次、二次拟合以及局域平滑拟合的方式进行考察，断点效果依然存在。

第（1）列最优窗宽下的回归系数为0.014，与第（一）栏 $f(Z_i, D_i)$ 为线性函数设定下的结果几乎完全一致，即所得税改革使得企业劳动收入份额显著提高了3.68%。在不同的窗宽下，第（2）列至第（5）列也得到一致的估计结果。因此，表2的结果表明，所得税征收范围改革提高了企业劳动收入份额，验证了理论命题2。

表2　参数回归结果

因变量	(1) h=±10*	(2) h=±5	(3) h=±20	(4) h=±30	(5) h=±45
lbshr	（一）：$f(Z,D)$ 线性函数设定				
D	0.013*** (6.29)	0.014*** (4.47)	0.008*** (5.30)	0.010*** (7.94)	0.010*** (9.34)
gm	−0.038*** (−8.75)	−0.042*** (−5.01)	−0.027*** (−9.30)	−0.028*** (−10.65)	−0.017*** (−4.53)
lqrat	−0.016*** (−8.84)	−0.015*** (−5.63)	−0.016*** (−12.29)	−0.015*** (−13.46)	−0.012*** (−12.67)
expint	0.082*** (51.81)	0.083*** (36.94)	0.083*** (71.00)	0.086*** (85.67)	0.087*** (96.48)
tfpop	−0.039*** (−57.29)	−0.039*** (−38.59)	−0.040*** (−81.26)	−0.041*** (−97.56)	−0.041*** (−103.66)
hhi_sale	−0.055*** (−2.64)	−0.085*** (−2.71)	−0.034** (−2.24)	−0.036*** (−2.76)	−0.042*** (−3.77)
Industry FE	控制	控制	控制	控制	控制
Year FE	控制	控制	控制	控制	控制
Industry × Year FE	控制	控制	控制	控制	控制
	（二）：$f(Z,D)$ 二次函数设定				
D	0.014*** (4.31)	0.012** (2.23)	0.010*** (4.43)	0.008*** (4.04)	0.010*** (6.23)
gm	−0.038*** (−8.74)	−0.042*** (−5.01)	−0.027*** (−9.30)	−0.028*** (−10.65)	−0.017*** (−4.53)
lqrat	−0.016*** (−8.84)	−0.015*** (−5.63)	−0.016*** (−12.29)	−0.015*** (−13.44)	−0.012*** (−12.62)
expint	0.082*** (51.81)	0.083*** (36.93)	0.083*** (71.00)	0.086*** (85.65)	0.087*** (96.44)
tfpop	−0.039*** (−57.29)	−0.039*** (−38.58)	−0.040*** (−81.27)	−0.041*** (−97.56)	−0.042*** (−103.69)
hhi_sale	−0.055*** (−2.64)	−0.086*** (−2.71)	−0.034** (−2.24)	−0.036*** (−2.76)	−0.042*** (−3.76)
Industry FE	控制	控制	控制	控制	控制
Year FE	控制	控制	控制	控制	控制
Industry × Year FE	控制	控制	控制	控制	控制
样本量	186884	95023	352245	489412	642853

注：括号内为 t 统计量。*、**和***分别表示在10%、5%和1%的水平上显著。为了便于与非参数估计结果相对照，本文根据Calonico等（2014）的方法计算第（1）列的最优窗宽 h=±10*。

控制变量的回归结果与经验基本一致：企业规模（gm）对劳动收入份额的影响显著为负，表明企业的资本规模越大越倾向于买方垄断，更能弱化劳动议价能力。流动负债比（lqrat）的估计系数显著为负，表明企业短期负债水平越高，越不利于劳动收入份额的提高。出口密集度（expint）的估计系数为正，表明出口企业可能拥有更大的产能需求，进而有利于劳动要素偏向分配。技术进步（tfpop）的估计系数显著为负，表明偏向资本的技术进步导致要素分配不利于劳动方。HHI 的估计系数为负，同样表明买方性垄断市场更会弱化劳动者的议价能力，进而降低劳动收入份额。

表 3 是采用局部线性模型拟合 $f(Z_i,D_i)$ 的断点回归估计结果，即模型（2）的非参数估计结果。在最优窗宽设定下，改革使得企业劳动收入份额提升幅度达 4.74%，这与表 2 的参数回归结果几乎一致。此外，我们仍然选取了临近最优窗宽的其他窗宽进行检验，虽然影响系数大小略有降低，但系数方向并未改变。

表 3　　　　　　　　　　　非参数回归结果

窗宽	（1）h=±10*	（2）h=±5	（3）h=±20	（4）h=±30	（5）h=±45
D	0.018*** （7.47）	0.017*** （4.76）	0.012*** （6.90）	0.011*** （7.70）	0.009*** （7.52）
Firm controls	控制	控制	控制	控制	控制
Industry FE	控制	控制	控制	控制	控制
Year FE	控制	控制	控制	控制	控制
Industry × Year FE	控制	控制	控制	控制	控制
样本量	186804	94909	352198	489375	642808

注：括号内为 z 统计量。*、**和***分别表示在10%、5%和1%的水平上显著。

图 2 显示了在排除协变量的情况下，政策效应对带宽选择的依赖性结果。容易看出，虽然改变带宽对政策效应的估计值有一定影响，但估计值在最优带宽及其相邻带宽下均显著为正，这表明估计值对带宽的依赖性并不大。

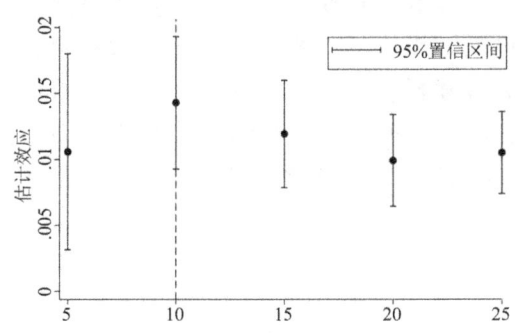

图 2　带宽选择依赖性图

（二）影响机制分析

我们需要进一步回答的问题是，所得税征管范围改革影响劳动收入份额的机制为何？从理论公式（6）可知，虽然企业在改革前后面临着相同的名义税率，但改革引致的税收征管强度变化会改变企业的实际税率，而实际税率的变化又会影响企业的最优要素投入组合和劳动集约度，进而影响企业的劳动收入份额。因此，对这两个方面经济机制进行实证检验是对理论命题1的直接验证。

表4给出了所得税征收范围改革影响企业劳动收入份额的机制检验结果。第（1）列的被解释变量为企业的实际所得税率（ETR）。借鉴田彬彬和范子英（2016）的方法，用应交所得税与利润总额的比值来衡量，实际税率越高表明企业避税的可能性越低。结果显示，在最优窗宽的设定下，改革使得新企业的实际所得税税率提高了0.008个百分点，增幅为3.8%（0.008/0.21）。第（2）列的被解释变量为劳动密集度，即劳动—资本比。不同窗宽设定下的结果均显示，改革提高了企业的劳动密集度，这与理论命题1的结论是一致的。从最优窗宽的结果来看，改革使得企业劳动密集度提高了0.4个百分点，增幅达2%（0.004/0.20）。考虑到企业劳动收入份额的定义为劳动收入占增加值的比重，表4第（3）列汇报了改革对企业对数增加值的影响结果。结果显示，新成立企业的产出效率显著低于旧企业。说明在最优窗宽设定下，改革使得新成立企业的产出效率下降幅度为1.6%（0.139/8.65）。

表4的结果表明，改革引致的高征税强度降低了企业避税的可能性、提高了其实际所得税税率。一方面，高所得税税率意味着高资本成本，这迫使企业在生产中使用更多的劳动要素替代资本要素。另一方面，高所得税税率也改变了企业最优要素组合、降低了企业的生产活力和产出效率，上述两个渠道最终导致劳动收入占比提高。进一步，我们可以结合表4和表2的结果推断税率变化对要素收入分配的边际影响。在最优窗宽下，实际所得税率每提高1个百分点，企业的劳动—资本比将相对增加0.53%（2%/3.8%），而劳动收入份额将相对提高0.97%（3.68%/3.8%）；换言之，企业劳动收入份额的水平值将增加0.07个百分点。

表 4　　　　　　　　　　　　影响机制检验

(1) ETR		(2) L/K		(3) Lnva	
h=±7*	0.008***	h=±6*	0.004***	h=±10*	-0.139***
（样本量：139612）	(3.03)	（样本量：119540）	(6.58)	（样本量：196620）	(-13.24)
h=±10	0.007***	h=±10	0.003**	h=±5	-0.134***
（样本量：196620）	(3.00)	（样本量：196620）	(6.85)	（样本量：98446）	(-8.54)
h=±15	0.005***	h=±15	0.002***	h=±15	-0.117***
（样本量：277124）	(2.55)	（样本量：277124）	(5.55)	（样本量：277124）	(-13.91)
h=±20	0.003*	h=±20	0.002***	h=±20	-0.078***
（样本量：364760）	(1.67)	（样本量：364760）	(3.78)	（样本量：364760）	(-10.87)

注：括号内为 z 统计量。各结果均控制表2中企业特征变量、行业虚拟变量、年份虚拟变量和行业×年份虚拟变量，下同。

六、有效性与稳健性

（一）有效性检验

1. 驱动变量的外生性

利用断点回归（RD）模型进行识别的关键在于驱动变量必须是外生的，个体不能通过操纵驱动变量以选择其是否受政策影响。在本文环境下，若企业在得知政策实施具体时间后选择提前注册开工以规避改革的影响，这将导致估计结果出现偏误。

我们认为，一方面，所得税征收范围改革通知颁布于 2002 年 1 月 16 日，而中国企业直到 2017 年的平均开办时间尚需 20 个工作日①，故企业调整开工时间以选择纳税主体的可能性较小。另一方面，即使我们不能完全排除企业因信息优势选择提前开工这种理论上的可能性，但这种现象是否足够普遍，以至于在政策临界点左右的企业有显著的不同，这依赖于统计检验。本文参照 Lee 和 Lemieux（2010），通过检验驱动变量密度函数的连续性来考察政策的外生性。其检验思路是，若大量企业因政策预期选择提前开工以降低政策实施的影响，那么个体企业的开工分布频率在政策实施的临界点会出现不连续的现象。图 3 给出了驱动变量的密度函数图。可以看到，驱动变量在政策实施的临界点附近是连续且平滑的，并没有出现显著的聚束现象，这初步表明并未出现大规模的企业操纵开工时间的现象。

---

① 《关于进一步压缩企业开办时间的意见》：http://www.gov.cn/zhengce/content/2018-05/17/content_5291643.htm。

在统计检验上，我们使用 Cattaneo 等（2020）提出的稳健误差修正法（Robust Bias-Correcting）检验驱动变量在断点处的连续性[①]，其检验的 T 统计量为 0.1，对应的 P 值为 0.91，支持驱动变量在断点处连续的原假设。因此，驱动变量的外生性在统计上也得到与图 3 一致的证明结论。

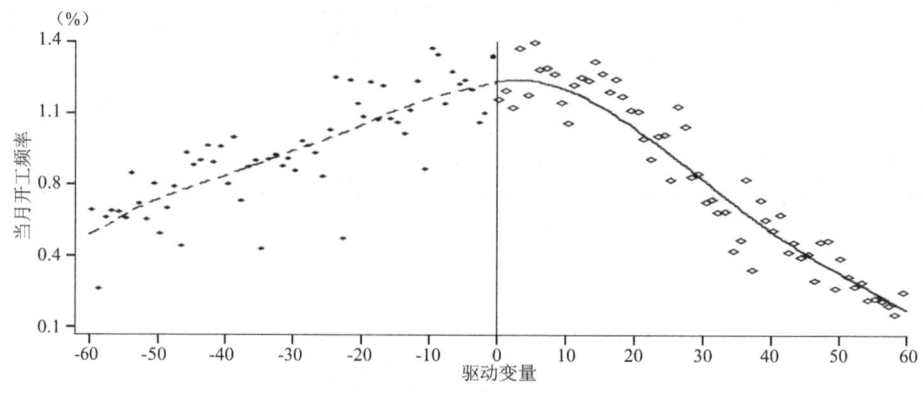

图 3 驱动变量密度图

2. 前定变量的连续性

进一步，我们对本文所用企业的控制变量进行连续性检验，以排除断点效应是由协变量的不连续所致，检验结果如表 5 所示。表 5 中的回归设定采用表 3 中的非参数检验方式，区别仅是将因变量替换为企业规模、净流动资产比、出口密集度、全要素生产率和行业集中度等企业特征变量。最优窗宽下的结果显示，企业个体特征在政策"零点"处的变化基本不显著，同时图 2 也发现政策效应对协变量的依赖性较小，这都表明本文的政策效应并非由前定变量的不连续所致。

表 5　　　　　　　　　控制变量的连续性检验

	(1) gm	(2) lqrat	(3) expint	(4) tfpop	(5) hhi_sale
h=±10*	-0.027** (-2.47)	0.017 (1.50)	-0.004 (-0.98)	-0.006 (-1.20)	-0.001 (-1.40)
Controls	控制	控制	控制	控制	控制
Industry FE	控制	控制	控制	控制	控制
Year FE	控制	控制	控制	控制	控制
Industry×Year FE	控制	控制	控制	控制	控制
样本量	186804	186804	186804	186804	186804

注：括号内为 z 统计量。控制变量为排除该列被解释变量后的表2中其他企业特征变量。

---

① Cattaneo 等（2020）认为，该估计方法较 McCrary（2008）有更小的估计偏差和更好的统计功效。

3. 虚置政策时点

为了考察断点效应是否因为季节时点或数据中的偶然因素所致，我们分别选取 2001 年 12 月、2001 年 9 月、2001 年 6 月和 2001 年 3 月作为虚假的政策实施点进行证伪检验（Falsification Test）。如果断点是有效的，那么劳动收入份额在上述虚假的政策时间点处不应存在显著变化。表 6 汇报了证伪检验非参数估计结果，需要说明的是，表 6 无法采用前文 Calonico 等（2014）的方法选择最优窗宽，因为过大的窗宽使得估计中会使用到 2002 年 1 月以后的样本，由于此时政策已经实施，假想断点右侧的部分样本就会受到政策影响，使得估计结果出现偏误。因此，我们根据非参数回归中的拇指法则（Rule of Thumb）选择证伪检验的最优窗宽。表 6 第三行汇报了最优窗宽的证伪检验结果，第四行汇报了两倍最优窗宽的证伪检验结果，以此类推。结果显示，在各窗宽的设定下，所有虚假的政策实施时间点对企业劳动收入份额均不造成显著的影响，这也充分表明本文的断点识别方法是有效的。

表 6 证伪检验

政策时间	（1）01.12	（2）01.9	（3）01.6	（4）01.3
最优窗宽	h=±1.28	h=±1.26	h=±2.01	h=±2.42
h*	−0.044 (−1.28)	0.001 (0.34)	0.003 (0.84)	0.002 (0.65)
h*×2	(.) (.)	0.005 (0.93)	0.004 (0.63)	0.001 (0.08)
h*×3	(.) (.)	(.) (.)	0.001 (0.28)	0.001 (0.19)
h*×4	(.) (.)	(.) (.)	(.) (.)	−0.001 (−0.09)
样本量	25913	85202	133950	106071

注：括号内为 z 统计量。

（二）稳健性检验

1. 安慰剂检验

前文结果表明，新企业劳动收入份额的提高是由所得税征管主体调整所导致的。换言之，若税收征管主体不变，那么新旧企业的劳动收入份额就不应存在显著差异，对这一逻辑的检验也是从另一个角度验证本文基准结论的稳健性。由于央企和外企的所得税始终是由国税局征缴，其所面临的税收征管强度和实际所得税率在改革前后是无差异的，故其劳动收入份额不应受此政策的影响。因此，我们仅使用央企和外企进行安慰剂检验，结果如表 7 所示。结果显示，在子样本最优窗宽及其邻域窗宽的设定下，所得税征收范围改革前后成立的央企和外企劳动收入份额并无明显差异，这也佐证了本文基准回归结论的有效性。

表 7　　　　安慰剂检验：央企、外企样本

窗宽	(1) h=±20*	(2) h=±10	(3) h=±15	(4) h=±25
D	0.003 (0.84)	0.006 (1.31)	0.004 (1.05)	0.005 (1.58)
Firm Controls	控制	控制	控制	控制
Industry FE	控制	控制	控制	控制
Year FE	控制	控制	控制	控制
Industry×Year FE	控制	控制	控制	控制
样本量	78745	43203	61269	105627

注：括号内为 z 统计量。

2. 剔除东北三省增值税改革样本

2004 年 7 月 1 日，增值税转型改革在东北三省的装备制造业、石油化工业和农产品制造业等六大行业进行，意味着增值税由生产型向消费型的转变。增值税虽然作为中央和地方的共享税，但其征收权属于国税局。理论上，国税局将收缴增值税的一部分划归地方政府，地方政府通过增值税的增长弥补企业所得税分成的损失，从而放松对老企业的所得税征收力度，可能导致本文的结果出现正向偏误。为此，表 8 进一步剔除了东北三省的所有企业样本[1]，利用留存样本进行回归。结果表明，剔除受增值税改革影响的样本后，所得税征管范围改革对劳动收入份额的正向影响依然稳健，且影响系数与表 2 非常接近。

表 8　　　　剔除东北三省增值税改革样本的结果

窗宽	(1) h=±10*	(2) h=±5	(3) h=±20	(4) h=±30
D	0.014*** (5.59)	0.012*** (3.08)	0.009*** (5.12)	0.009*** (6.30)
Firm Controls	控制	控制	控制	控制
Industry FE	控制	控制	控制	控制
Year FE	控制	控制	控制	控制
Industry×Year FE	控制	控制	控制	控制
样本量	183858	93473	345759	479981

---

[1] 东北三省企业样本占比为6.5%。

3. 变更测算方式

考虑到劳动收入份额的测算方法较多，而不同测算方法下的检验结果可能不同。因此，我们通过变更企业劳动收入份额的测算方法对基准模型进行稳健性检验，表9汇报了稳健性检验结果。第（1）（2）列是我们借鉴罗长远和陈琳（2012）方法，将企业劳动收入份额（$lbrshr1$）定义为销售收入扣除原材料成本和主营业务税收之后的余额中，总劳动报酬所占比重；第（3）（4）列是我们参考吕冰洋和郭庆旺（2012）的方法，将企业劳动收入份额变更为劳动者现金报酬占增加值净额的比例（$lbrshr2$），其中劳动者现金报酬为企业支付给职工的工资总额，增加值净额为增加值与增值税之差。第（5）（6）列是利用文雁兵和陆雪琴（2018）的收入法，视劳动收入份额等于工资总额占企业收入的比重（$lbrshr3$）。其中，企业收入等于工资总额、营业利润、折旧、利息与间接税之和。结果显示，无论采用何种度量方法，改革仍然对企业劳动收入份额具有正向影响，这也证明了本文结果的稳健性。

表9 变更劳动收入份额测度方式的结果

因变量	$lbrshr1$		$lbrshr2$		$lbrshr3$	
窗宽	(1) h= h*	(2) h= h*/2	(1) h= h*	(2) h= h*/2	(1) h= h*	(2) h= h*/2
D	0.007*** (3.28)	0.008** (2.45)	0.005*** (5.37)	0.003** (2.30)	0.012*** (4.89)	0.011*** (2.84)
$f(Z, D)$：二次设定	控制	控制	控制	控制	控制	控制
Firm Controls	控制	控制	控制	控制	控制	控制
Industry FE	控制	控制	控制	控制	控制	控制
Year FE	控制	控制	控制	控制	控制	控制
Industry×Year FE	控制	控制	控制	控制	控制	控制
样本量	279913	147982	217040	111747	217040	111747

注：括号内为 t 统计量。

（三）拓展分析

前文断点回归结果量化了实际税率变化对劳动收入份额的短期影响。考虑到改革后，实际税率对劳动收入份额的影响可能是持续的，因此我们进一步使用固定效应模型考察改革引致实际所得税税率的变化对劳动收入份额的长期影响，表10汇报了这一估计结果。第（1）列显示，实际所得税税率对企业劳动收入份额的长期影响依然显著为正。平均而言，实际税率每提高1个百分点，企业劳动收入份额的水平值将提高0.116个百分点。第（2）列为在第（1）列的基础上额外控制劳动密集度的回归结果,发现劳动密集度对劳动收入份额的长期平均影响依然显著为正,这也进一步验证了理论模型中劳动密集度同劳动收入份额正相关的假设。第(3)(4)列分别为在前两列的基础上进一步控制实际税率与劳动密集度的交互项以及城市×年份固定效应的回归结果,其目的是检验劳动密集度在长期是否仍是实际税率影响劳动收入份额的经济机制。结果显示,实际所得税税率与劳动密集度的交互项系数仍然显著为正,这表明即使是在长期,实际所得税税率的提升也是通过增加企业劳动密集度进一步提高了劳动收入份额。因此,表10的结果也再一次验证了本文理论分析的合理性以及基准结果的稳健性。

表 10　　　　　改革对劳动收入份额的长期平均影响

因变量：lbrshr	(1)	(2)	(3)	(4)
ETR	0.116*** (15.54)	0.081*** (9.10)	−0.059*** (−3.55)	−0.034** (−2.16)
lk		2.460*** (31.41)	2.320*** (26.62)	2.524*** (32.45)
ETR×lk			0.872*** (7.84)	0.528*** (6.84)
Firm Controls	控制	控制	控制	控制
Industry FE	控制	控制	控制	控制
Year FE	控制	控制	控制	控制
Industry×Year FE	控制	控制	控制	控制
City×Year FE				控制
样本量	545213	545213	545213	537886

注：括号内为 t 统计量。

七、异质性分析

为了进一步考察改革对不同类型企业是否具有异质性影响,我们将样本按照地区税收征收强度大小、融资约束度强弱、价格加成高低和市场集中度大小进行分组讨论。

(一) 地区征税强度

由于不同地区在改革前的税收竞争程度和税收目标存在差异,使得不同地区的企业在改革前所面临的征税强度是不同的。可以预期,改革前征税强度较高地区的企业,其避税程度原本就相对降低,因而改革对该地区企业劳动收入份额的影响程度可能较小。

我们参照 Cai 和 Liu（2009）的方法，利用企业自报利润除以推算真实利润来构造地区征税强度的指标。该指标的合理性在于，当征税强度不足时，企业避税倾向就会越高，此时低报利润的现象会更严重（吕冰洋等，2016）。推算真实利润的指标计算如下：

$$RealPrf_i = Y_i - Input_i - FC_i - Wage_i - Dep_i - Vat_i$$

其中，$RealPrf_i$ 为企业 i 的推算真实利润，Y_i 为总产值，$Input_i$ 为中间投入，FC_i 为财务费用，$Wage_i$ 为总工资，Dep_i 为当期折旧，Vat_i 为应缴增值税。个体企业面临的征税强度为：

$$Taxen_i = Repprf_i / RealPrf_i$$

其中，$Repprf_i$ 为企业的自报利润。$Taxen_i$ 的值越高，意味着自报利润与推算真实利润的差越小，即企业面临的征税强度越大。

需要说明的是，为了避免因采用企业当期面临的征税强度来构造指标所引致的内生性问题，我们使用本文样本期前 1998—2001 年各企业 $Taxen_i$ 在县级城市层面的平均值 $Taxen_{98\sim 01}$ 来衡量改革前的地区征税强度。并按照中位数将所在地区的企业划分为高、低征税强度两个组别，以考察改革对不同事前征税强度的地区企业的影响，结果如表 11 所示。我们发现虽然两组别企业的回归系数仍然为正，但无论是从影响量级还是统计显著性来看，低征税强度地区的企业都要大于高征税强度地区的企业。说明原本面临税收征收强度较大的企业其避税程度相对就低，改革对其有效所得税税率的提升程度相对较小，因而其劳动收入份额的提高程度也就相对有限。

表 11　　　　改革对事前不同征税强度地区企业的影响

（1）低征税强度地区		（2）高征税强度地区	
h=±10*	0.017***	h=±10*	0.006
（样本量：71064）	（4.18）	（样本量：70577）	（1.52）
h=±15	0.014***	h=±5	0.006*
（样本量：102449）	（4.27）	（样本量：101275）	（1.76）
h=±20	0.012***	h=±20	0.005*
（样本量：135911）	（4.13）	（样本量：133999）	（1.78）
h=±30	0.012***	h=±30	0.005**
（样本量：189962）	（4.96）	（样本量：189000）	（2.40）

注：括号内为 z 统计量。

（二）融资约束

由于不同企业使用资本的成本不同，在要素替代机制下，高资本成本企业更容易使用劳动力替代资本投入。因此，可以预期税改对高资本使用成本企业的劳动收入份额提升程度更大。考虑到 WW 指数（Whited and Wu，2006）主要用于衡量企业在资本投入上的融资约束度，其能较好地代理企业的资本使用成本，因而我们根据这一指标进行异质性检验[①]。具体地，我们首先计算了各企业在不同年份上的 WW 指数，然后将其取值正序排列并均等地划分为 3 个组别，所在组别越高的企业表明其资本使用成本和融资约束度越大。最后将该分组变量与政策断点变量相交互，表 12 第（1）列汇报了这一结果。组别变量 $grp2$ 和 $grp3$ 的系数都显著为正，且逐渐增大，表明高融资约束型企业的劳动收入份额相对较高。同时，政策断点变量同融资约束分组变量的交互项 $D \times grp$ 系数符号均显著为正，且系数值随着融资约束度的增加而提高，这表明改革对中、高融资约束度企业的劳动收入份额的提高程度要大于低融资约束度企业。值得注意的是，由于中融资约束度组别交互项 $D \times grp2$ 系数值与政策断点变量 D 的系数值大小完全一致，均为0.008，但符号方向完全相反。这表明中、低融资约束度企业的劳动收入份额受到改革的正向影响均较小，即改革更大程度上是提升了高融资约束型企业的劳动收入份额。如预期所言，在要素替代机制下，高资本使用成本企业更容易使用劳动力替代资本投入，因而其劳动收入份额的提升作用受改革影响更大更显著。

（三）价格加成

既有文献发现（魏下海等，2013），劳资谈判力量是影响企业劳动收入份额的重要因素。因为工人谈判力量越弱的企业，资本替代劳动就越容易，进而劳动收入份额受税改的影响程度就越小。De Loecker 和 Warzynski（2012）认为，价格加成率是企业市场势力的直接测度，高价格加成率企业弱化工人劳资谈判力量更大，因而我们可以利用这一指标考察税改对异质性劳资谈判强度企业的影响。在获得企业价格加成率的基础上，我们同样按照融资约束异质性的分组方法将价格加成率大小均等地划分为 3 组，再将其与政策"断点"变量相交互，回归结果见表 12 第（2）列。结果显示，组别变量的系数值均显著为负，且系数量级也逐渐增大，表明高价格加成率企业的劳动收入份额相对较低。同时政策变量与分组

[①] WW 指数的计算公式为：WW=$-0.091 \times CF + 0.021 \times TLTD - 0.044 \times LNTA + 0.102 \times ISG - 0.035 \times SG$。CF 为现金流占总资产的比值；TLTD 为长期负债与总资产之比；LNTA 为总资产对数；ISG 为行业销售产值增长率；SG 为企业销售产值增长率。

变量的交互项系数也显著为负,且影响量级也随价格加成率所在组别的提升而增加,这表明对中、低价格加成率企业的劳动收入份额的提高程度要大于高价格加成率企业。然而,中价格加成率组别交互项 $D×grp2$ 与高价格加成率组别交互项 $D×grp3$ 的系数量级均大于政策断点变量,且方向完全相反,这表明改革更大程度是提高了低价格加成企业或竞争性企业的劳动收入份额。

(四)市场集中度

Autor 等(2020)认为市场集中度对企业劳动收入份额有负向影响,原因是集中度较高的行业占据了较高的市场份额但却吸纳了较少的就业量,进而导致劳动收入占比较低。因此,可以预期,若所得税征收范围改革相当于对资本要素征税,那么行业集中度较高的企业的劳动收入份额会提高更多。基于此,我们借鉴 Autor 等(2020)的研究,用行业前十大企业的销售收入占比来衡量市场集中程度,然后将该指标均等地划分为低、中、高 3 个组别,再与政策"断点"变量相交互,结果如表 12 第(3)列所示。我们发现,交互项系数符号均显著为正,且系数值随组别变量的提高而增加,这表明改革更多的是提高了高市场集中度企业的劳动收入份额,同时这一结论也再次佐证了前文要素替代机制在改革提高企业劳动收入份额中的重要作用。

表 12 异质性结果

因变量:$lbrshr$	(1)融资约束度	(2)价格加成率	(3)市场集中度
D	−0.008*** (−5.51)	0.035*** (8.84)	0.006*** (4.18)
$f(Z, D)$:线性设定	控制	控制	控制
$f(Z, D)$:二次设定	控制	控制	控制
$grp2$	0.101*** (5.38)	−0.073*** (−8.43)	−0.015*** (−7.75)
$grp3$	0.226*** (3.56)	−0.129*** (−8.68)	−0.025*** (−4.07)
$D×grp2$	0.008*** (7.37)	−0.036*** (−8.86)	0.003** (2.49)
$D×grp3$	0.022*** (9.32)	−0.049*** (−9.53)	0.006*** (4.07)
Firm Controls	控制	控制	控制
Industry FE	控制	控制	控制
Year FE	控制	控制	控制
Industry×Year FE	控制	控制	控制
样本量	724649	738435	738435

注:括号内为 t 统计量。

八、结论和启示

近年来,在我国要素收入分配过程中出现的不利于劳动要素的现象日益成为学术界关注的焦点问题。劳动收入份额的持续走低不仅不利于社会公平的实现,还会导致内需不足进而阻碍经济结构转型和高质量发展。作为一项重要的再分配手段,税收政策对于要素收入分配的影响尚未得到充分研究,已有文献在很大程度上忽视了税收权配置的收入分配效应。本文基于2002年企业所得税征收范围改革这一"准自然实验",利用中国工业企业2002—2007年数据,从理论逻辑和经验证据两个方面考察了税收征收权的集中对企业劳动收入份额的影响。研究发现,所得税征管范围改革引致税收征管力度的增强会降低企业避税程度并提高实际税率,进而加剧企业内部的劳动和资本要素替代并最终对劳动收入份额产生正向影响。同时,这一正向效应在低税收征收强度地区的企业、高融资约束企业和竞争型企业中更为明显,多种模型设定及稳健性检验均证明了本文结论的可靠性。

本文的研究不仅从微观作用机制上提出了缓解劳动收入份额过快下降的应对措施,同时也为我国深化税制改革带来了重要的政策启示。首先,避税程度的上升将不利于劳动要素的分配,在当前大力实施结构性减税的背景下,应当尽快健全和完善税收信息管理系统,通过提高税收征管效率来有效防范与控制企业避税。其次,在当前资本技术偏向进步不断加剧的背景下,在优化企业税种征收结构、降低劳动税负的同时,适度提高资本税在税收收入中的比重,可以在一定程度上缓解要素组合配置失衡所致的劳动收入份额在短期内的过快下降。然而,需要注意的是,劳动集约度的过度提高反而会抑制产出效率的提升,通过提升自主创新和增强人力资本积累以促进劳动生产率的进步是维持劳动收入份额长期稳定增长的必经之路,最终实现"坚持劳动生产率提高的同时实现劳动收入同步增长"的目标。最后,本文发现垂直化的税收征管体制对劳动收入份额的影响在不同类别企业间差异较大。这表明税收征管权的简单集中并不能完美地改善收入分配,应当根据不同企业的特征实施差异化的税收管理政策,这也为通过完善税收制度以奠基收入分配制度改革提供了经验证据。综上,本文认为加强流动性税种的一级政府征收,不仅可以提高税收征管效率、降低地方不当竞争和企业避税,同时也有助于改善国民经济的收入分配格局,这对于深化供给侧结构性改革以促进经济转型升级具有重要的政策参考价值和借鉴意义。

参考文献

[1] 白重恩，钱振杰．劳动收入份额决定因素：来自中国省际面板数据的证据 [J]．世界经济，2010（12）．

[2] 白重恩，钱振杰，武康平．中国工业部门要素分配份额决定因素研究 [J]．经济研究，2008（8）．

[3] 柏培文，杨志才．劳动力议价能力与劳动收入占比——兼析金融危机后的影响 [J]．管理世界，2019（5）．

[4] 陈登科，陈诗一．资本劳动相对价格、替代弹性与劳动收入份额 [J]．世界经济，2018（12）．

[5] 陈宇峰，贵斌威，陈启清．技术偏向与中国劳动收入份额的再考察 [J]．经济研究，2013（6）．

[6] 范子英，田彬彬．税收竞争、税收执法与企业避税 [J]．经济研究，2013（9）．

[7] 郭杰，李涛．中国地方政府间税收竞争研究——基于中国省级面板数据的经验证据 [J]．管理世界，2009（11）．

[8] 郭庆旺，吕冰洋．论税收对要素收入分配的影响 [J]．经济研究，2011（6）．

[9] 姜磊，张媛．对外贸易对劳动分配比例的影响——基于中国省级面板数据的分析 [J]．国际贸易问题，2008（10）．

[10] 李广众，贾凡胜．政府财政激励、税收征管动机与企业盈余管理——以财政"省直管县"改革为自然实验的研究 [J]．金融研究，2019（2）．

[11] 李明，李德刚，冯强．中国减税的经济效应评估——基于所得税分享改革"准自然实验"[J]．经济研究，2018（7）．

[12] 刘行，赵健宇，叶康涛．企业避税、债务融资与债务融资来源——基于所得税征管体制改革的断点回归分析 [J]．管理世界，2017（10）．

[13] 刘忠，李殷．税收征管、企业避税与企业全要素生产率——基于2002年企业所得税分享改革的自然实验 [J]．财贸经济，2019（7）．

[14] 罗长远，陈琳．融资约束会导致劳动收入份额下降吗？——基于世界银行提供的中国企业数据的实证研究 [J]．金融研究，2012（3）．

[15] 罗长远，张军．经济发展中的劳动收入占比：基于中国产业数据的实证研究 [J]．中国社会科学，2009（4）．

[16] 吕冰洋，马光荣，毛捷．分税与税率：从政府到企业 [J]．经济研究，2016（7）．

[17] 吕光明．中国劳动收入份额的测算研究：1993-2008[J]．统计研究，2011（12）．

[18] 吕冰洋，郭庆旺．中国要素收入分配的测算 [J]．经济研究，2012（10）．

[19] 邵敏，黄玖立．外资与我国劳动收入份额——基于工业行业的经验研究 [J]．经济学（季刊），2010（4）．

[20] 申广军，王荣，张延．结构性减税与劳动收入份额——兼论增值税转型的收入分配效应 [J]．经济科学，2018（3）．

[21] 邵文波，盛丹．信息化与中国企业就业吸纳下降之谜 [J]．经济研究，2017（5）．

[22] 田彬彬，范子英．税收分成、税收努力与企业逃税——来自所得税分享改革的证据 [J]．管理世界，2016（12）．

[23] 王宋涛，朱腾腾，燕波. 制度环境、市场分割与劳动收入份额——理论分析与基于中国工业企业的实证研究 [J]. 南开经济研究，2017（3）.

[24] 汪伟，郭新强，艾春荣. 融资约束、劳动收入份额下降与中国低消费 [J]. 经济研究，2013（11）.

[25] 文雁兵，陆雪琴. 中国劳动收入份额变动的决定机制分析——市场竞争和质量的双重视角 [J]. 经济研究，2018（9）.

[26] 翁杰，周礼. 中国工业部门劳动收入份额的变动研究：1997—2008 年 [J]. 中国人口科学，2010（4）.

[27] 魏下海，董志强，黄玖立. 工会是否改善劳动收入份额？——理论分析与来自中国民营企业的经验证据 [J]. 经济研究，2013（8）.

[28] 谢贞发，范子英. 中国式分税制、中央税收征管权集中与税收竞争 [J]. 经济研究，2015（4）.

[29] 杨汝岱. 中国制造业企业全要素生产率研究 [J]. 经济研究，2015（2）.

[30] 叶康涛，刘行. 税收征管、所得税成本与盈余管理 [J]. 管理世界，2011（5）.

[31] 余淼杰，梁中华. 贸易自由化与中国劳动收入份额——基于制造业贸易企业数据的实证分析 [J]. 管理世界，2014（7）.

[32] 周明海，肖文，姚先国. 中国经济非均衡增长和国民收入分配失衡 [J]. 中国工业经济，2010（6）.

[33] 祝树金，赵玉龙. 融资约束如何影响劳动收入份额 [J]. 统计研究，2016（9）.

[34] Autor, D., Dorn, D., Katz, L. F., Patterson, C. and Van Reenen, J., 2020, "The Fall of the Labor Share and the Rise of Superstar Firms", *The Quarterly Journal of Economics*, Vol.135（2），pp.645～709.

[35] Barkai, S, 2020, "Declining Labor and Capital Shares", *The Journal of Finance*, Vol.75（5），pp.2421～2463.

[36] Cai, H. and Liu, Q., 2009, "Competition and Corporate Tax Avoidance: Evidence from Chinese Industrial Firms", *The Economic Journal*, Vol.119（537），pp.764～795.

[37] Calonico, S., Cattaneo, M. D. and Titiunik, R., 2014, "Robust Nonparametric Confidence Intervals for Regression-Discontinuity Designs", *Econometrica*, Vol.82（6），pp.2295～2326.

[38] Cattaneo, M. D., Jansson, M. and Ma, X., 2020, "Simple Local Polynomial Density Estimators", *Journal of the American Statistical Association*, Vol.15（531），pp.1449～1455.

[39] Daudey, E. and García-Peñalosa, C., 2007, "The Personal and The Factor Distributions of Income in A Cross-Section of Countries", *The Journal of Development Studies*, Vol.43（5），pp.812～829.

[40] De Loecker, J. and Warzynski, F., 2012, "Markups and Firm-Level Export Status", *American Economic Review*, Vol.102（6），pp.2437～71.

[41] Imbens, G. W. and Lemieux, T., 2008, "Regression Discontinuity Designs: A Guide to Practice", *Journal of Econometrics*, Vol.142（2），pp.615～635.

[42] Karabarbounis, L. and Neiman, B., 2013, "The Global Decline of the Labor Share", *The Quarterly Journal of Economics*, Vol.129（1），pp.61～103.

[43] Lee, D. S. and Lemieux, T., 2010, "Regression Discontinuity Designs in Economics",

Journal of Economic Literature, Vol.48（2）, pp.281～355.

[44] Li, B., Liu, C. and Sun, S. T., 2021, "Do Corporate Income Tax Cuts Decrease Labor Share？ Regression Discontinuity: Evidence from China", *Journal of Development Economics*, DOI: 10.1016/j.jdeveco.2021.102624.

[45] McCrary, J, 2008, "Manipulation of the Running Variable in the Regression Discontinuity Design: A Density Test", *Journal of Econometrics*, Vol.142（2）, pp.698～714.

[46] Olley, S. and Pakes, A., 1995, "A Limit Theorem for a Smooth Class of Semiparametric Estimators", *Journal of Econometrics*, Vol.65（1）, pp.295～332.

[47] Piketty, T., 2015, "About Capital in the Twenty-First Century", *American Economic Review*, Vol.105（5）, pp.48～53.

[48] Whited, T. M. and Wu, G., 2006, "Financial Constraints Risk", *The Review of Financial Studies*, Vol.19（2）, pp.531～559.

[49] Wu, W., Rui, O. M. and Wu, C., 2013, "Institutional Environment, Ownership and Firm Taxation", *Economics of Transition*, Vol.21（1）, pp.17～51.

[50] Xu, C., 2011, "The Fundamental Institutions of China's Reform and Development", *Journal of Ecomomic Literature*, Vol.49（4）, pp.1076～1151.

增值税的税收中性、企业投资和企业价值*
——基于"留抵退税"改革的研究

吴怡俐　吕长江　倪晨凯

（复旦大学管理学院）

摘要：畅通的返还链条是增值税发挥税收中性特点的重要前提。本文以财税〔2018〕70号文为准自然实验，研究"留抵退税"改革如何影响企业价值。研究发现，与控制组企业相比，试点企业在政策颁布期间获得0.5%～1.1%的超额回报率；同时，预期形成更高留抵税额（待抵扣增值税额更高、资本支出更高、资本支出的波动性更高）的试点企业，其在政策颁布时的市场反应更为正面，说明改革显著提升了试点企业的价值。机制分析表明，面临更好投资机会的试点企业和收到更多税费返还的试点企业在改革后增加了投资，说明试点企业的价值提升源于改革促进了企业投资机会的实现。总体而言，"留抵退税"改革降低了制度性交易成本，提升了企业价值。本文的研究结论提供了全行业放开"留抵退税"的政策效果预估，为后续的增值税税制改革提供了依据和参考。

关键词：增值税　留抵退税　企业税负　税制改革　税收中性

一、引言

为实体企业减负是党的十九大以来我国经济政策的工作重心之一。在去杠杆的大背景下，信贷紧缩显著增加了企业的融资成本，因此，减税降费成为盘活企业的重要财政举措。为推进减税降费工作，财政部和税务总局颁布《关于2018年退还部分行业增值税留抵税额有关税收政策的通知》（财税〔2018〕70号，简称70号文），要求对先进制造业、现代服务业、电网行业的期末留抵税款进行退

---

* 原载《管理世界》2021年第8期。

还。与此前的增值税改革不同,"留抵退税"改革着眼于增值税的返还链条,是对于增值税税制及其税收中性特征的重大改进,旨在降低企业成本,释放市场活力。那么,"留抵退税"改革是否达到预期效果?"留抵退税"改革如何影响企业价值和企业投资?本文试图对上述问题进行回答,并提供评估政策效果的实证证据。

增值税是我国第一大税种,在2020年全国税收收入中,国内增值税为56791亿元[①],占比37%。根据增值税暂行条例,企业的进项税额高于销项税额的部分为留抵税额,该部分结转下期继续抵扣。汇总的留抵税额规模不容小觑,根据中国经济50人论坛2018年的预估,我国增值税留抵税款已达上万亿元[②]。利用企业税务调查数据,刘怡和耿纯(2018)的估算表明,2011年企业汇总的年度留抵税款约为6003亿元,占当年国内增值税收入的25%。

高企的留抵税额会占用企业资金,提高其资本成本,进而制约企业投资。然而,此前的增值税改革始终没有解决增值税返还链条不通畅的问题。无论是全面"营改增"(财税〔2016〕36号)、增值税税率下调(财税〔2017〕37号)还是小规模纳税人认定范围的放宽(财税〔2018〕33号),均未涉及留抵税额的退还[③]。为深化增值税改革,减轻企业实际税负,财政部联合税务总局发布财税〔2018〕70号,规定对试点行业进行"留抵退税"。具体而言,符合要求的试点企业可以退还一定时期内未抵扣完的进项税额。

"留抵退税"政策颁布后,存在留抵税额的试点企业确因新政收到了税费返还,降低了资本成本,并增加了企业投资。以一拖股份(601038)为例,由于农机生产的进项和销项适用不同税率,公司长期存在留抵税额。

在改革后,一拖股份在2018年8月22日收到退还的留抵税额2.9亿元,公司估计该笔资金可以节约1300万元的年度财务费用,助力公司的投资和技术改造[④]。然而,个别案例无法体现"留抵退税"改革的系统效应。基于此,本文采用上市公司数据实证考察"留抵退税"改革对企业价值和企业投资的影响。

本文首先基于新制度经济学进行理论分析,并预期"留抵退税"改革的影响。在该理论下,制度对长期经济增长起决定性作用(North and Thomas, 1973; North, 1990),有效率的经济制度应当在交易成本最低的情况下,将生产要素

---

① 数据来源:http://www.xinhuanet.com/fortune/2021-01/28/c_1127036189.htm。
② 相关报道:《增值税改革难点:上万亿元巨额留抵税款怎退》(一财网)。
③ 此后,增值税税率进一步下调:具体可见《关于深化增值税改革有关政策的公告》(财政部、税务总局、海关总署公告2019年第39号)。
④ 数据来源:巨潮资讯网。相关报道:《"留抵退税"为河南农机装备企业发展鼓足马力》(河南日报)。

配置到最大化其价值的地方（Coase，1937）。留抵不退是政府对企业资金的占用，其构成了一种制度性交易成本，降低了资源配置效率。"留抵退税"改革则将生产要素配置权（留抵税额资金使用权）归还给企业，并因此降低制度性交易成本。我们预期改革将从以下两个途径影响企业。首先，"留抵退税"会增加试点企业的内源资金。当内源资金充裕时，企业将更少放弃净现值为正的投资（Myers and Majluf，1984）；其次，"留抵退税"会降低试点企业的融资成本。试点企业因"留抵"而获得的退税会为投资当期带来及时的现金流，降低其财务风险。反之，留抵不退会使企业的投资现金流呈现出更高的波动性。因此，我们预期"留抵退税"将促进试点企业在改革后实现其投资机会，进而提升企业价值（Miller and Modigliani，1961）。

基于上述理论分析，本文研究"留抵退税"改革对企业价值的影响。事件研究法的结果表明，试点企业在 [-1, 1] 政策公告窗口期的累计超额回报率显著高于控制组企业。在不同的累计超额回报率度量下，试点企业的累计超额回报率超过控制组企业 0.5%～1.1%。考虑到改革的价值效应被企业预期收到的留抵税款所影响，本文分析并发现待抵扣增值税额更高、资本支出更高以及资本支出的波动性更高的试点企业，在政策颁布期间获得了更高的累计超额回报率。上述发现说明"留抵退税"改革显著提升了试点企业的价值。

进一步，本文分析了"留抵退税"改革价值效应的影响机制。基于 Miller 和 Modigliani（1961）对于企业价值的分析框架，我们认为试点企业的价值提升源于投资者的如下预期：试点企业在改革后能更好地实现其投资机会。实证分析支持了这一机制。研究发现，首先，试点企业较控制组企业在改革后提升了整体投资水平；其次，基于投资动机的条件分析显示，投资机会更好的试点企业增加了更多的投资；然后，基于投资能力的条件分析显示，收到更多税费返还的试点企业增加了更多的投资。在进一步检验中，本文验证了上述分析的前提条件。本文发现，"留抵退税"改革后，试点企业较控制组企业收到更多的税费返还，其资本成本也显著下降。最后，在更换企业价值代理变量、考虑增值税税率调整的影响等检验下，本文的结论保持稳健。

本文为相关领域的学术研究和政府的财税制度设计提供了三个方面的重要贡献。第一，本文基于"留抵退税"改革的分析拓展了增值税税制的研究。现有文献分析了增值税税率变化（刘行、叶康涛，2018；Jacob et al.，2019）、增值税收分成变化（席鹏辉等，2017）、增值税转型（聂辉华等，2009）以及"营改增"（陈钊、王旸，2016；范子英、彭飞，2017）等增值税税制的几个重要方面对企业的影响。然而，"留抵退税"作为一项直接影响增值税返还链条和税收中性的制度尚未得到足够的关注。一个重要的原因是 2018 年以前我国的增值税改革尚未系统地涉及"留抵退税"这一问题,造成了研究情境的缺乏。本文通过研究"留抵退税"改革(财税〔2018〕70号)的价值效应和投资效应,为增值税税制改革研究的完备性提供了重要补充。

第二,本文为税收中性如何影响微观企业提供了经验证据。税收中性是指税收制度应尽可能减少对市场的扭曲,避免企业的超额税负。现有的关于税收中性的研究主要关注企业所得税。企业所得税的非中性会对企业的多个方面产生影响,例如造成企业之间有效税率的不公平(Altshuler and Auerbach, 1990; Cooper and Knittel, 2010)、提高企业的资本成本(Mayer, 1986; Devereux et al., 1994)和扭曲企业的投资行为(MacKie-Mason, 1990; Bethmann et al., 2018)。现有文献对于企业所得税的关注源于该税种在所研究国家的税收体系中的重要地位。不同的是,增值税是我国的第一大税种,然而现有研究尚未对增值税的税收中性给予足够的关注。本文提供了增值税税收中性影响企业价值和企业投资的经验证据,并对上述文献形成补充。

第三,本文的研究结论提供了全行业放开"留抵退税"的效果预期,为后续深化增值税税制改革提供了依据和参考。在2019年的增值税深化改革中,"留抵退税"政策的适用范围从试点行业扩大至全行业,这一改革进一步提升了增值税的税收中性[①]。本文借助2018年"留抵退税"改革这一准自然实验,分析并论证了留抵税额的退还对企业的实际影响,包括企业价值和企业投资。本文对于"留抵退税"改革的政策评估结果有助于我国进行前瞻性的财税制度设计。在一篇相关的研究中,何杨等(2019)以2018年的横截面数据推断"留抵退税"对企业Tobin's Q的影响,该推断存在内生性问题,即试点企业的投资机会(Tobin's Q)可能原本就高于控制组企业。本文则以事件研究法和双重差分法考察了"留抵退税"对企业价值和企业投资的影响,在研究设计上可以更精确地识别因果效应。在研究结论上,与何杨等(2019)不同,本文发现试点企业的价值提升源自改革促进试点企业实现其投资机会。

本文后续的结构安排如下:第二部分介绍制度背景,并基于理论分析提出研究假设;第三部分讨论本文的研究设计;第四部分实证检验"留抵退税"的价值效应和投资效应;第五部分讨论进一步检验和稳健性检验;第六部分总结全文。

[①] 2019年3月20日,财政部会同税务总局和海关总署印发《关于深化增值税改革有关政策的公告》(财政部、税务总局、海关总署公告2019年第39号),规定"试行增值税期末留抵税额退税制度"。2019年8月31日,财政部和税务总局印发《关于明确部分先进制造业增值税期末留抵退税政策的公告》(财政部、税务总局公告2019年第84号),规定"对先进制造业新增的留抵税额继续全额退还"。

二、制度背景、理论分析和假设

（一）制度背景

增值税留抵税额是指增值税当期销项税额不足抵扣当期进项税额的差额。我国增值税暂行条例规定"当期销项税额小于当期进项税额不足抵扣时，其不足部分可以结转下期继续抵扣"。

增值税留抵不退的制度设计有其历史背景。在1994年的税制改革中，出于抑制地方投资过热和提高财政筹集能力的考虑，我国实行了生产型增值税并规定留抵税额结转下期继续抵扣（楼继伟，2019）。囿于财政承受能力和市场经济发展深度的限制，该条款一直未被修订。实务中，企业形成留抵税额的原因较多。一方面，企业可能由于季节性因素、生命周期、行业特性、生产经营周期等形成非政策性的留抵税额；另一方面，企业可能由于价格管制、国家储备和税率倒挂等形成政策性的留抵税额（谭崇钧、蒋震，2013；刘怡、耿纯，2018）。目前，绝大多数国家实行超额进项退税制度，只有巴西、阿根廷和土耳其等少数国家采用增值税留抵制度（丁东生、许建国，2019）。

留抵不退与我国当前经济发展的现状是不相适应的。首先，留抵税额的日益扩大对经济体而言是巨大的隐患。宏观来看，留抵税款作为政府负债，只结转不退还的设计会加剧未来财政收支的不平衡。其次，我国经济已由高速增长阶段转向高质量发展阶段，发挥市场在资源配置中的决定性作用尤其重要。留抵税款占用企业资金，限制市场对资源的有效配置，不利于经济的长远发展。

为解决实务中留抵税额无法消化的问题，我国先后出台一系列部门规章。首先，国税发〔2004〕112号文允许"纳税人用进项留抵税额抵减增值税欠税"。此后，我国陆续允许专项退还特殊事项、特定行业、特定领域的留抵税额。具体而言，2010年，为解决部分企业出口货物因政策性原因导致的留抵税额，国税函〔2010〕1号文规定对应企业可办理退税；2011—2016年，我国陆续允许符合条件的集成电路（财税〔2011〕107号）、特定化工产品原料（财税〔2014〕17号）、飞机制造业（财税〔2016〕141号）进行留抵退税。2018年，山东省选择部分战略性新兴产业和新旧动能转换重点行业试点留抵退税。

"减税降负"大背景下，财政部联合税务总局发布财税〔2018〕70号文，规定"对符合条件的装备制造等先进制造业、研发等现代服务业和电网企业在一定时期内未抵扣完的进项税额予以退还"。2019年，增值税留抵退税进一步扩围

（财政部、税务总局、海关总署公告 2019 年第 39 号）。同时，由于分税制下留抵退税的全面推行不可避免地影响政府间的收入划分，国发〔2019〕21 号文对留抵退税的地方分担机制予以明确和完善。总结而言，我国的增值税留抵退税经历了从"具体问题具体解决"到"税制改革"的过程，财税〔2018〕70 号文标志着税制改革的转折点。附表 1 中，本文详细整理了我国"留抵退税"的政策沿革。

我们通过上述政策梳理发现，财税〔2018〕70 号文是我国首次在全国大规模试点实施"留抵退税"改革。早期试点政策覆盖面较窄，只在特定时期涉及某些行业或地区，无法让市场对长期的税制形成稳定的预期。与之不同，70 号文是对于税制的改革，其在全国 18 个大类行业和电网企业展开政策试行，便于我们通过实证考察"留抵退税"改革对企业的影响。而与后续推广政策相比（如 2019 年 39 号公告），70 号文作为首次税制改革所带来的增量效应也更为显著。因此，本文选取 70 号文作为研究情境，分析"留抵退税"改革对企业价值的影响。

（二）理论分析

从新制度经济学的角度来看，经济制度的实质是对生产要素进行配置。有效率的经济制度应当在交易成本最低的情况下，将生产要素配置到最大化其价值的地方（Coase，1937）。新发展理念要求我国经济从高速增长阶段转向高质量发展阶段，降低制度性交易成本是转变的关键动力[①]。"留抵退税"改革则是一个典型的降低制度性交易成本的税制改革。

理论上，增值税具有税收中性的特点。增值税基于商品在流通环节的增值额征税[②]，其税收中性表现为增值税在不同企业之间和不同组织结构下的边际税率相等。具体而言，企业从上游企业购买的商品中所包含的税负可以在自身销售商品时进行抵扣，无论企业如何扩大分工或延长产业链，只要流通环节的增值额相等，企业实际承担的增值税税负就相等。然而，税收中性的重要实施前提是增值税能够实现完全的抵扣和返还（平新乔等，2009），这一前提在我国的税收实践中并不成立。

实践中，留抵税额广泛存在。卢雄标等（2018）对 2011—2015 年制造业留抵税额的分析显示，增量留抵税额长期占进项税额的 5.8% 左右，说明企业面临留抵税额难以结转的问题。存在留抵税额的企业当期增值额为负，返还链条的中断导致增值税税负在企业层面沉淀。如果企业未来产生足够的销项税额，虽可用

[①] 2015 年的中央经济工作会议明确提出"降低制度性交易成本"。2018 年我国政府工作报告再次强调"破除要素市场化配置障碍，降低制度性交易成本"。

[②] 增值税的课税对象包括商品和劳务，为了简化，本文中所称商品也包括劳务。

留抵税额获得抵扣，但其损失了留抵税额的时间价值并在留抵当期面临更高的融资约束；如果企业未来无法产生足够的销项税额，留抵税额则会永久性地成为企业的成本。因此，留抵不退限制了增值税的抵扣和返还，破坏了增值税的税收中性。"留抵退税"改革则通过打通返还链条，提升了增值税税收中性。

总结而言，税收可视为政府和企业之间签订的契约（Williamson，1979，1999）。在增值税这个子契约中，留抵不退使得部分生产要素（资本）被政府占用，形成了一种制度性交易成本，改革通过退还留抵税额，降低了该制度性交易成本。

（三）研究假设

在 Miller 和 Modigliani（1961）的分析框架中，企业价值取决于现有的获利能力和未来的投资决策。因此，企业价值包括当前盈余和未来投资机会的现值。其中，未来投资机会可被视为看涨期权，该期权的价值取决于企业未来的投资活动（Myers，1977）。若企业未来面临有利的（不利的）经济状态（state of nature），企业更可能选择实现（放弃）投资机会。因此企业价值取决于企业未来投资机会的实现程度。

"留抵退税"改革将有助于试点企业实现其投资机会。已有研究表明，更为中性的所得税税制可以促进企业投资（MacKie-Mason，1990；Bethmann et al.，2018）。"留抵退税"改革通过打通增值税的返还链条，提升了增值税税制的税收中性，并将促进企业投资。与留抵结转相比，"留抵退税"改革通过退还存量留抵税款增加了试点企业的内部现金流。而且，预期的留抵退税制度下，企业的现金流波动性和财务风险降低，企业投资所面临的资本成本也得到了降低。因此，改革将促进试点企业未来投资机会的实现。理性预期下，试点企业的市场价值将得到提升。由此，本文提出假设 1。

假设 1："留抵退税"改革有助于提升试点企业的价值。

进一步地，我们考虑改革的价值效应在试点企业之间的差异性。当销项税额始终大于进项税额时，留抵退税对企业实际决策的影响有限；而当销项税额不足以抵扣进项税额时，留抵不退（留抵退税）会阻碍（促进）企业实现投资机会。因此，"留抵退税"改革对企业价值的影响程度依赖于企业形成留抵税额的预期。

理性预期下，留抵税额更高的试点企业，在改革后将获得更多的退税，改革对企业价值提升的促进作用因此会更强。由于无法直接获得企业的留抵税额信息，我们从 3 个维度推断留抵税额的差异。第一，改革前账面待抵扣增值税额更高的试点企业的留抵税额更高。第二，资本支出更高的试点企业，更可能因为投资产生的大额进项税额而形成留抵税额。第三，资本支出波动性更高的试点企业在经营期间产生大额资本性支出的概率更高，更可能形成留抵税额。基于此，我们提出本文的假设2。

假设2：当试点企业的待抵扣增值税额更高、资本支出更高以及资本支出波动性更高时，"留抵退税"改革的价值效应更强。

最后，我们讨论价值效应的影响机制——"留抵退税"改革将有助于试点企业实现其投资机会。我们预期改革通过以下两个途径促进企业投资。首先，改革会增加试点企业的内源资金。更为充裕的内部现金流使得企业更少放弃净现值为正的投资项目（Myers and Majluf，1984）。其次，改革会降低试点企业的融资成本。"留抵退税"的制度安排下，符合要求的企业在投资当期即可获得相应的退税，这会降低企业现金流的波动性和财务风险，并因此降低企业的融资成本。在改革后，内源资金的增加和融资成本的降低将使得试点企业较控制组企业更可能增加企业投资。基于此，我们提出假设3。

假设3："留抵退税"改革后，相比于控制组企业，试点企业更可能增加投资。

三、研究设计

（一）事件研究法

本文采用事件研究法检验"留抵退税"改革对企业价值的影响。在有效市场假说下，股价是企业未来现金流的折现值，因此使用事件研究法可以较为干净地识别窗口期内未预期事件带来的企业价值变化。"留抵退税"政策公布时，投资者会结合已有信息（例如财会信息中的待抵扣增值税、资本支出等）预期试点企业未来现金流的增加和资本成本的降低，并由此做出积极反应，企业价值因此上升。现有文献普遍采用事件研究法来识别税制改革对企业价值的影响，例如减税法案（Cutler，1988；Gaertner et al.，2020；Wagner et al.，2018）、股利税改革（Auerbach and Hassett，2007；Amromin et al.，2008；贾凡胜等，2016）以及简并增值税税率改革（刘行、叶康涛，2018）。

本文以财政部和税务总局发布的《关于2018年退还部分行业增值税留抵税额有关税收政策的通知》（财税〔2018〕70号）作为研究事件。为确定事件日，我们查询了税务总局的相关网页，发现网页源代码中的页面生成时间为2018年6

月 28 日①。以政策关键词进行检索，我们发现媒体对 70 号文的最早报道时间也为 6 月 28 日。因此，我们将事件日确定为 2018 年 6 月 28 日，并计算该事件日附近的股票超额收益②。

本文结合 70 号文的颁布和上市公司数据来考察"留抵退税"改革如何影响企业价值，这一实证方法有着如下的优势。第一，改革提供了一个外生冲击。由于"留抵退税"改革选择试点行业推行，避免了企业自主选择的空间，所以改革相对于企业价值而言是外生的。第二，上市公司的股价数据结合事件研究法可以较为干净地识别窗口期内"留抵退税"改革出台所引起的企业市场价值的变化。第三，改革可以精准地识别实施时间和实施对象。70 号文公布时间明确，且文件中的试点行业可以和上市公司行业分类对应匹配。

综上，借助 70 号文的政策冲击，我们可以较好地识别"留抵退税"改革与企业价值之间的因果关系。

（二）实证模型与变量定义

为检验增值税留抵退税对企业价值的影响，本文利用截面数据估计如下的实证模型：

$$CAR=\alpha_0+\alpha_1 Treat+\alpha_2 Size+\alpha_3 LEV+\alpha_4 MTB+\alpha_5 ROA+\Sigma Province+\varepsilon \quad (1)$$

其中，CAR 为不同度量方法下企业在事件日前后的累计超额收益率。我们重点关注变量 $Treat$，如果企业所属的行业是 70 号文中规定的试点行业，则 $Treat$ 为 1，否则为 0。试点行业具体可见 70 号文的附件《2018 年退还增值税期末留抵税额行业目录》，包括计算机、通信和其他电子设备制造业、电气机械和器材制造业等。根据假设 1，我们预计 $Treat$ 的估计系数显著为正，即"留抵退税"有助于试点企业价值提升。

参考 Hanlon 等（2015）、刘行和叶康涛（2018），本文在模型（1）中加入了如下的控制变量：公司规模 $Size$、资产负债率 LEV、企业市值与净资产比 MTB、总资产收益率 ROA 以及省份虚拟变量。变量定义详见附表 2。

为了验证主要结论的稳健性，我们参考刘行和叶康涛（2018）采用多种方法计算股票超额收益率，分别为：(1) 市场调整法；(2) CAPM 资产定价模型法；

---

① 相关网页链接为 http://www.chinatax.gov.cn/n810341/n810755/c3556358/content.html。此外，财税〔2018〕70 号文中落款的时间为 2018 年 6 月 27 日。

② 在巨潮资讯网，我们手工检索到 17 家上市公司公布因财税〔2018〕70 号文而收到退税的公告，其公告时间范围跨度为：2018 年 7 月 30 日至 2018 年 9 月 28 日，说明企业实际收到退税的时间点存在较大的差异。

(3) Fama 和 French（2015）的五因素模型法。我们选择了公司在事件日前一个交易日、事件日和事件日后一个交易日共 3 个交易日的累计超额收益率作为公司股票价格变化的度量。

（三）样本选择与数据来源

本文以 A 股上市公司作为初始研究样本，在分析"留抵退税"改革对企业价值的影响时，对样本的筛选过程如下：（1）剔除金融行业的样本；（2）剔除 ST 公司；（3）剔除估计窗口期不足 170 个交易日的样本；（4）剔除控制变量缺失的样本。最后，模型（1）得到的样本为 2891 家上市公司所形成的截面数据。除 Treat 变量根据 70 号文构造外，本文的其他数据均来源于 CSMAR 数据库。

（四）描述性统计

表 1 展示了本文主要变量的描述性统计结果。在全样本中，Treat 的均值为 0.609，即 60.9% 的上市公司为 70 号文中规定的试点行业的企业。分样本数据显示，实验组公司的累计超额收益率的平均值比控制组公司要高 0.6%～1.1%（取决于所用的超额收益率的度量）。

表 1 描述性统计

变量名称	观测值	全样本			实验组		控制组	
		平均值	中位数	标准差	平均值	中位数	平均值	中位数
$CAR[-1,1]^{MA}$	2891	0.012	0.011	0.033	0.016	0.014	0.005	0.005
$CAR[-1,1]^{CAPM}$	2891	0.012	0.012	0.034	0.016	0.015	0.006	0.008
$CAR[-1,1]^{FF}$	2891	0.002	0.001	0.032	0.004	0.003	-0.002	-0.001
Treat	2891	0.609	1	0.488	-	-	-	-
Size	2891	22.240	22.093	1.306	22.002	21.861	22.610	22.480
LEV	2891	0.406	0.395	0.201	0.376	0.361	0.453	0.447
MTB	2891	2.390	1.813	2.037	2.493	1.912	2.229	1.659
ROA	2891	0.046	0.041	0.050	0.048	0.045	0.041	0.036

注：变量定义详见附表2（下同）；所有连续变量都进行了上下1%的缩尾处理。

四、实证分析

（一）"留抵退税"改革的价值效应

首先，本文检验财税〔2018〕70号文的市场反应。表2的结果表明，无论采用何种方式计算累计超额收益率，以及是否在回归模型中加入控制变量，$Treat$ 的回归系数均在1%置信水平下显著为正。经济意义上，$Treat$ 的回归系数约为 0.5%～1.1%，说明"留抵退税"政策的颁布使得试点企业的股东财富平均增长了 0.5%～1.1%。参考刘行和叶康涛（2018），本文计算出试点企业2018年6月28日的流通市值总额约为135703亿元，这意味着"留抵退税"政策的出台导致试点企业的流通市值总额至少增加约679亿元（135703亿元×0.5%），说明"留抵退税"政策的出台显著提升了试点企业的市场价值。

表2　　　　　　　　　　"留抵退税"的市场反应

	(1)	(2)	(3)	(4)	(5)	(6)
	$CAR[-1,1]^{MA}$	$CAR[-1,1]^{MA}$	$CAR[-1,1]^{CAPM}$	$CAR[-1,1]^{CAPM}$	$CAR[-1,1]^{FF}$	$CAR[-1,1]^{FF}$
$Treat$	0.011*** (9.03)	0.009*** (7.09)	0.010*** (7.81)	0.008*** (6.13)	0.006*** (4.87)	0.005*** (3.64)
$Size$		-0.004*** (-7.34)		-0.005*** (-7.77)		-0.002*** (-2.97)
LEV		0.003 (0.62)		0.003 (0.58)		-0.003 (-0.65)
MTB		-0.001** (-2.25)		-0.001*** (-3.08)		0.000 (1.10)
ROA		-0.030** (-1.96)		-0.066*** (-4.36)		-0.017 (-1.13)
$Constant$	0.005*** (5.33)	0.105*** (7.93)	0.006*** (6.64)	0.116*** (8.66)	-0.002* (-1.73)	0.038*** (2.92)
省份固定效应	否	是	否	是	否	是
观测值	2891	2891	2891	2891	2891	2891
Adj-R^2	0.026	0.057	0.02	0.059	0.008	0.018

注：***、**和*分别表示系数在1%、5%和10%水平显著；括号内为t值；回归系数的标准误为稳健标准误。

（二）"留抵税额"对价值效应的影响

进一步地，我们考虑留抵税额差异如何影响改革的价值效应（假设2）。由于无法直接获取上市公司的留抵税额信息，我们分析了何种情境下企业更容易形成留抵税额，并结合实际数据构造相应的代理变量。第一，根据《增值税会计处理规定》（财会〔2016〕22号）的列示规定，我们以（其他流动资产中的留抵增值税+其他流动资产中的待抵扣进项税额-应交增值税）/期末总资产构造了企业账面的待抵扣增值税额（VAT）。第二，企业的资本支出水平越高，则对应的进项税额越高，上述企业越有可能形成留抵税额。因此，我们以资本支出（$CapExp$）来衡量企业当期可能存在的留抵税额。第三，资本支出波动性较大的企业更可能在某一年出现大额的资本性支出，也更有可能形成留抵税额。因此，我们以过去3年资本支出的波动性（$CapExpVol$）来衡量企业可能形成的留抵税额。总结而言，本文构造了三个代理变量来衡量企业在当期和未来可能形成的留抵税额。

为检验预期留抵税额更高的试点企业的市场反应是否更正面，我们将 $Treat$ 分解为两个虚拟变量 $Treat\_HighX$ 和 $Treat\_LowX$，并根据此前构造的三个代理变量（X：VAT、$CapExp$、$CapExpVol$）分别地对 $Treat$ 进行分解。当上市公司为实验组，且 X 大于实验组 X 的75%分位数时，$Treat\_HighX$ 取值为1，否则为0；当上市公司为实验组，且 X 小于等于实验组 X 的75%分位数时，$Treat\_LowX$ 取值为1，否则为0。

表3的结果表明，预期形成更高留抵税额的试点企业在政策颁布时的价值提升更高，支持了本文的假设2。表3中，$Treat\_HighVAT$、$Treat\_HighCapExp$、$Treat\_HighCapExpVol$ 的回归系数均显著为正，且分别显著大于 $Treat\_LowVAT$、$Treat\_LowCapExp$、$Treat\_LowCapExpVol$ 的系数。这说明市场对于试点企业的估值增加是基于预期的退税：在"留抵退税"政策出台时，预期收到更多退税的试点企业，如账面待抵扣增值税额更高、资本支出更高、资本支出波动性更高的试点企业，其累计超额收益率也更高。考虑到政策公告日附近试点企业并未真正收到留抵退税款，我们还进一步检验了"留抵退税"改革后收到更多退税的试点企业是否在政策公告时有更正面的市场反应。未列示的实证结果显示，改革后税费返还增加值更高的试点企业在政策公告时有更高的累计超额回报率，证实了市场的理性预期（限于篇幅，结果备索）。

表3　预期留抵税额与市场反应

Panel A：账面待抵扣增值税额 (VAT)			
	(1)	(2)	(3)
	$CAR[-1,1]^{MA}$	$CAR[-1,1]^{CAPM}$	$CAR[-1,1]^{FF}$
Treat_HighVAT	0.013*** (6.36)	0.012*** (5.70)	0.009*** (4.54)
Treat_LowVAT	0.007*** (4.65)	0.006*** (3.91)	0.003* (1.71)
F-test of equal coefficients	8.08***	7.50***	9.80***
控制变量	是	是	是
省份固定效应	是	是	是
观测值	2427	2427	2427
Adj-R^2	0.053	0.057	0.019

Panel B：资本支出 (CapExp)			
	(1)	(2)	(3)
	$CAR[-1,1]^{MA}$	$CAR[-1,1]^{CAPM}$	$CAR[-1,1]^{FF}$
Treat_HighCapExp	0.012*** (6.87)	0.011*** (6.36)	0.008*** (4.92)
Treat_LowCapExp	0.007*** (5.22)	0.006*** (4.30)	0.003* (1.94)
F-test of equal coefficients	6.29**	7.47***	9.41***
控制变量	是	是	是
省份固定效应	是	是	是
观测值	2889	2889	2889
Adj-R^2	0.058	0.06	0.02

Panel C：资本支出波动性 (CapExpVol)			
	(1)	(2)	(3)
	$CAR[-1,1]^{MA}$	$CAR[-1,1]^{CAPM}$	$CAR[-1,1]^{FF}$
Treat_HighCapExpVol	0.013*** (6.67)	0.012*** (6.06)	0.008*** (4.58)
Treat_LowCapExpVol	0.007*** (4.74)	0.006*** (3.87)	0.002 (1.63)
F-test of equal coefficients	7.70***	8.10***	9.14***
控制变量	是	是	是
省份固定效应	是	是	是
观测值	2679	2679	2679
Adj-R^2	0.055	0.060	0.021

注：***、**和*分别表示系数在1%、5%和10%水平显著；括号内为t值；回归系数的标准误为稳健标准误。

（三）影响机制："留抵退税"改革的投资效应

这一部分，本文考察"留抵退税"改革促进企业价值提升的影响机制。我们预期改革将通过促进试点企业满足投资机会来提升企业价值。为识别"留抵退税"改革的投资效应，借鉴已有研究（Roberts and Whited，2013），本文构建的双重差分模型如下：

$$Invest_{i,t}=\beta_0+\beta_1\times Treat_i\times Reform_t+\sum_{11}^{i=2}\beta_i Controls_{i,t-1}+FirmFE+YearFE+\varepsilon_{i,t} \quad (2)$$

其中，$Invest_{i,t}$ 为公司 i 在 t 年度的新增投资。参照 Zwick 和 Mahon（2017）、申广军等（2016）以及刘行等（2019）的做法，企业当年新增投资（$Invest$）等于企业固定资产的净增加额除以上期期末资本存量。同时，出于稳健性考虑，我们借鉴简泽（2011）、Brandt 等（2012）以及杨汝岱（2015）使用永续盘存法计算企业实际资本存量的思路，构建了 $Invest_{real}$ 作为企业投资的另一个代理变量。$Invest_{real}$ 等于（当期实际资本存量－上期实际资本存量）/上期实际资本存量[①]。

$Treat$ 为虚拟变量，若该上市公司所属行业为 70 号文中的"退还增值税期末留抵税额行业"或电网企业，则 $Treat$ 取值为 1，否则为 0[②]。$Reform$ 为虚拟变量，改革之后（2018 年及以后）$Reform$ 取值为 1，否则为 0。借鉴相关研究（金宇超等，2016；申广军等，2016；刘行等，2019；Jacob et al.，2019），模型（2）包含如下控制变量：公司规模 $Size$、资产负债率 LEV、资产收益率 ROA、现金持有率 $Cash$、公司年龄 Age、股权集中度 $TOP1$、销售收入增长率 $SalesGr$、独立董事比例 $Indp$、两职合一 $Dual$、董事会规模 $BoardSize$。模型（2）还包括企业和时间

[①] 此处实际资本存量的计算公式如下：Ki，t=Ki，t-1（1-δi，t）+Ii，t，其中，K表示当年资本存量，I表示当年新增投资，δ表示折旧率。对于面板数据第一期的固定资产净值，我们按照当年各地区固定资产投资价格指数（以1990年为基期，1990=1）将其折算成1990年的实际值作为企业初始资本存量；对于面板数据第一期之后的样本，我们根据相邻两年固定资产净值的差额计算出企业当年的名义投资额，并用各地区观测年度的固定资产投资价格指数将其折算为1990年的实际值，我们还根据上述价格指数将企业每年的折旧额分别折算成可比的1990年的实际折旧额。然后根据公式Ki，t=Ki，t-1（1-δi，t）+Ii，t，我们得到永续盘存法下每家企业的年度实际资本存量。

[②] 若样本期间上市公司行业分类发生变化，则以截至2018年的最近一次调整后的行业二级代码判断该上市公司是否为试点企业。需要说明的是，2019年的39号公告试行全行业的增值税期末留抵税额退税制度。尽管如此，39号公告的严格限制造成较高的退税门槛和较窄的适用范围，特别是第一个条件"纳税人连续六个月的增量留抵税额均大于零"（丁东生、许建国，2019）。该限制也体现在了后续推出的84号公告，其对于部分先进制造业放宽了退税限制，解除了上述条件。而84号公告中的部分先进制造业属于本文所研究的财税〔2018〕70号文的试点企业，这保持了试点企业和控制组企业之间的差别。

固定效应。此外，*Treat* 会被企业固定效应吸收，*Reform* 会被时间固定效应吸收，因此，模型（2）中不再单独包含 *Treat* 和 *Reform* 变量。

在分析"留抵退税"对企业投资的影响时，本文使用 2013—2019 年的上市公司数据①。对应的样本筛选过程如下：（1）剔除金融行业的样本；（2）剔除 ST 公司；（3）剔除 2013 年以后上市的样本；（4）剔除因变量和控制变量缺失的样本。最后，模型（2）得到的观测值为 13691 个，对应 2413 家上市公司。

表 4 列（1）和列（2）的结果显示，当被解释变量为新增投资时，*Treat×Reform* 的回归系数在 5% 的置信水平显著为正，说明整体而言试点企业较控制组企业在改革后增加了投资，支持本文的假设 3。

表 4 "留抵退税"与企业投资

	(1)	(2)	(3)	(4)	(5)	(6)
	$Invest$	$Invest_{real}$	$Invest$	$Invest_{real}$	$Invest$	$Invest_{real}$
$Treat \times Reform$	0.078** (2.50)	0.026** (2.22)				
$Treat\_HighQ \times Reform$			0.107** (2.33)	0.049*** (2.74)		
$Treat\_LowQ \times Reform$			0.055* (1.68)	0.014 (1.06)		
$Treat\_HighQ$			-0.206*** (-4.97)	-0.083*** (-4.21)		
$Treat\_HighTaxrefund \times Reform$					0.092** (2.02)	0.044** (2.19)
$Treat\_LowTaxrefund \times Reform$					0.047 (1.27)	0.010 (0.69)
$Treat\_HighTaxrefund$					-0.020 (-0.38)	-0.016 (-0.67)
控制变量	是	是	是	是	是	是
企业固定效应	是	是	是	是	是	是
年份固定效应	是	是	是	是	是	是
观测值	13691	13691	13141	13141	11416	11416
Adj-R^2	0.105	0.134	0.117	0.143	0.083	0.128

注：***、**和*分别表示系数在1%、5%和10%水平显著；括号内为 t 值；回归系数的标准误为稳健标准误并且在公司层面进行了聚类调整；列（3）和列（4）的样本量减少是由于 Q 的缺失值，列（5）和列（6）的样本量减少是由于 $Taxrefund$ 的缺失值。

然后，我们检验了双重差分法成立的前提。参考 Roberts 和 Whited（2013），

---

① 本文在分析价值效应时采用事件研究法，对应需要横截面数据（刘行、叶康涛，2018）；在分析投资效应时采用双重差分法，对应需要面板数据（陈钊、王旸，2016）。事件研究法和双重差分法都是文献中广泛用以评估制度变革的研究方法。

我们在模型（2）中加入了样本期间每一年度的哑变量和 Treat 的交乘项，具体可见模型（3）。模型以 2013 年作为基准年份，因此其中不包括 D2013 和 Treat 的交乘项。具体模型如下：

$$Invest_{i,t}=\beta_0+\beta_1\times Treat_i\times D2014_t+\beta_2\times Treat_i\times D2015_t+\beta_3\times Treat_i\times D2016_t+\beta_4\times Treat_i\times D2017_t$$

$$+\beta_5\times Treat_i\times D2018_t+\beta_6\times Treat_i\times D2019_t+\sum_{i=7}^{16}\beta_i Controls_{i,t-1}+FirmFE+TimeFE+\varepsilon_{i,t} \quad (3)$$

图 1 显示，改革前所有年度的哑变量和 Treat 的交乘项的回归系数都与 0 没有显著差异，说明在政策实施前试点企业和控制组企业的投资满足共同趋势假说。改革当年，试点企业相对于控制组企业显著提高了投资水平，支持了"留抵退税"促进企业投资。改革后第二年该效应的统计显著性和经济显著性均变弱。为进一步分析"留抵退税"政策在改革后对企业投资的影响，我们将实验组分成固定资产占比高和固定资产占比低的两部分，前者（后者）有更低（高）的边际投资需求。实证分析表明，固定资产占比低的试点企业在改革后两年均显著增加了其投资水平，同时，改革对上述企业的投资激励效应随时间下降。整体而言，上述结果说明试点企业改革后显著增加了投资，但其边际投资需求随时间下降（限于篇幅，结果备索）。

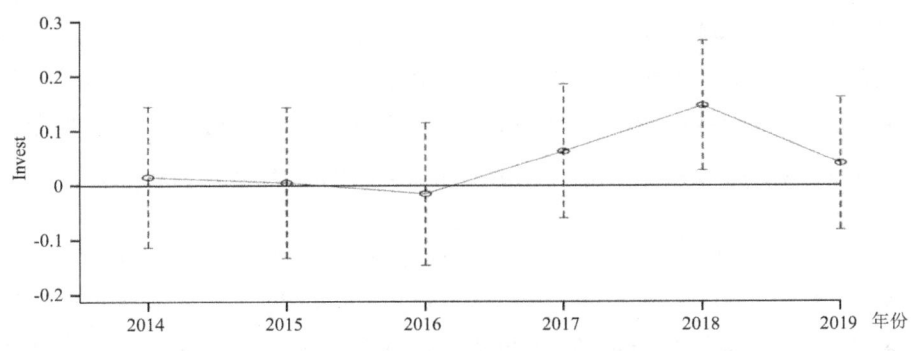

图 1 企业投资的共同趋势

我们进一步考虑企业在投资决策中动机和能力的差异。企业的实际投资应由边际投资机会决定（Tobin，1969），当投资机会越好时，企业越有动机增加投资；同时，企业的实际投资受制于投资能力，当内源资金越充裕时，企业越有能力增加投资。

我们分别从这两个角度展开论证。我们以企业面临的投资机会衡量其投资动机。具体地，我们将 Treat 变量分解为两个虚拟变量：Treat_HighQ 和 Treat_LowQ（见附表 2）。当上市公司为实验组，且其投资机会大于实验组样本观测年度投资机会的 75% 分位数时，Treat_HighQ 取值为 1，否则为 0；当上市公司为实验组，且其投资机会小于等于实验组样本观测年度投资机会的 75% 分位数时，Treat_LowQ 取值为 1，否则为 0。我们以模型（2）为基础加入了 Treat_HighQ 和 Treat_LowQ 各自与 Reform 的交乘项，用于分析改革后试点企业的投资动机对企业投资的影响。值得注意的是，模型（4）只控制了 Treat_HighQ，原因在于同时控制 Treat_LowQ 后会使得上述两个变量的和（=Treat）与企业固定效应产生完全共线性。具体模型如下：

$$Invest_{i,t}=\beta_0+\beta_1\times Treat\_HighQ_{i,t}\times Reform_t+\beta_2\times Treat\_LowQ_{i,t}\times Reform_t$$

$$+\beta_3\times Treat\_HighQ_{i,t}+\sum_{i=4}^{13}\beta_i Controls_{i,t-1}+FirmFE+YearFE+\varepsilon_{i,t} \quad (4)$$

表 4 列（3）和列（4）的结果显示，Treat_HighQ×Reform 的回归系数在 5% 的置信水平下显著为正，且其经济显著性至少为 Treat_LowQ×Reform 的回归系数的两倍（0.107/0.055；0.049/0.014），说明"留抵退税"改革后，面临更好投资机会的试点企业较控制组企业更多地增加了企业投资[①]。

为检验投资能力更高的试点企业是否增加了更多的投资，我们以企业收到的税费返还衡量其投资能力。类似地，我们将 Treat 变量分解为两个虚拟变量：Treat_HighTaxrefund 和 Treat_LowTaxrefund[②]。当上市公司为实验组，且税费返还大于实验组样本观测年度税费返还的 75% 分位数时，Treat_HighTaxrefund 取值为 1，否则为 0；当上市公司为实验组，且税费返还小于等于实验组样本观测年度税费返还的 75% 分位数时，Treat_LowTaxrefund 取值为 1，否则为 0。具体模型如下：

$$Invest_{i,t}=\beta_0+\beta_1\times Treat\_HighTaxrefund_{i,t}\times Reform_t+\beta_2\times Treat\_LowTaxrefund_{i,t}\times Reform_t$$

$$+\beta_3\times Treat\_HighTaxrefund_{i,t}+\sum_{i=4}^{13}\beta_i Controls_{i,t-1}+FirmFE+YearFE+\varepsilon_{i,t} \quad (5)$$

表 4 列（5）和列（6）中，Treat_HighTaxrefund×Reform 的回归系数在 5% 水平下显著为正，而 Treat_LowTaxrefund×Reform 的回归系数不显著，说明在改革后，获得更多税费返还的试点企业相对于控制组企业更多地增加了企业投资。总结而言，这一部分的结果进一步支持本文的假设 3 "留抵退税"改革有助于试点

[①] 由于投资机会的动态度量可能受到"留抵退税"改革的影响，我们使用改革前的投资机会重新分析了"留抵退税"改革的投资效应。未列示的实证结果显示，改革前有较好投资机会的试点企业较控制组企业显著增加了投资；而投资机会较差的试点企业则并未展现这一效应（限于篇幅，结果备索）。

[②] 我们以 17 份宣告本公司或子公司因 70 号文而收到留抵退税的上市公司公告为基础，检验税费返还增加值是否可以衡量留抵退税金额。未列示的结果显示，ΔTaxrefund 对上市公司真实收到的留抵退税额的单变量的解释力度为 70.0%，说明 ΔTaxrefund 较好地衡量了公司实际的留抵退税额（限于篇幅，结果备索）。

企业实现其投资机会。

五、进一步分析

这一部分，我们将论证前文分析所涉及的隐含假设，并进一步探究"留抵退税"带来的投资增长为何可以促进企业价值提升。同时，我们进行了一系列的稳健性检验。

（一）"留抵退税"、内源资金与融资成本

前文分析中，"留抵退税"促进试点企业实现其投资机会的假设推演隐含了如下的前提：（1）"留抵退税"增加了试点企业的内源资金；（2）"留抵退税"降低了试点企业的融资成本。这一部分，我们对上述前提进行论证。

"留抵退税"增加企业内源资金的直接体现是：若政策执行有效，试点企业在改革后将收到相应的退税。其中，留抵退税款应列示于现金流量表中的"收到的税费返还"科目；同时，试点企业的账面待抵扣增值税应下降。为识别"留抵退税"改革对内源资金的影响，本文构建的双重差分模型如下：

$$Taxrefund_{i,t}\ or\ UncreditVAT_{i,t} = \beta_0 + \beta_1 \times Treat_i \times Reform_t + \sum_{i=2}^{6} \beta_i Controls_{i,t-1} + FirmFE + YearFE + \varepsilon_{i,t} \quad (6)$$

其中，$Taxrefund_{i,t}$为公司i在t年度收到的税费返还除以年末总资产；$UncreditVAT_{i,t}$为企业的账面待抵扣增值税，等于其他流动资产中的留抵增值税、待抵扣进项税额之和减去年末应交增值税的自然对数[①]。参考现有研究（聂辉华等，2009；许伟、陈斌开，2016；申广军等，2016），我们在模型（6）中加入的控制变量如下：公司规模$Size$、资产负债率LEV、资产收益率ROA、现金持有率$Cash$、公司年龄Age。

为识别"留抵退税"改革对融资成本的影响，本文构建的双重差分模型如下：

$$DebtCost_{i,t}\ or\ COC_{i,t} = \beta_0 + \beta_1 \times Treat_i \times Reform_t + \sum_{i=2}^{11} \beta_i Controls_{i,t-1} + FirmFE + YearFE + \varepsilon_{i,t} \quad (7)$$

其中，债务融资成本（$DebtCost$）等于财务费用除以期末有息债务；权益资本成本（COC）采用$Easton$（2004）提出的PEG模型计算。参考曾颖和陆正飞

[①] 70号文规定"可退还的期末留抵税额=纳税人申请退税上期的期末留抵税额×退还比例"，由于无法获取企业内部数据计算退还比例，因此，本文所估计的企业账面留抵可退金额存在一定的噪音。

(2006)、Zou 和 Adams（2008）、王雄元和高曦（2018）的研究，模型（7）的控制变量包括公司规模 *Size*、资产负债率 *LEV*、资产收益率 *ROA*、现金持有率 *Cash*、公司年龄 *Age*、贝塔系数 *Beta*、两职合一 *Dual*、股权集中度 *TOP*1、独立董事比例 *Indp* 和产权性质 *State*。

对应的回归结果如表 5 所示。表 5 列（1）的结果显示，当被解释变量为税费返还（*Taxrefund*）时，*Treat*×*Reform* 的系数在 1% 水平显著为正，说明在"留抵退税"改革后，试点企业较控制组企业收到了更多的税费返还；表 5 列（2）的结果说明改革后试点企业的账面待抵扣增值税额下降。表 5 的列（3）和列（4）的结果表明，与改革前试点企业的资本成本的平均值相比，改革后试点企业的债务融资成本平均下降 13%（0.008/0.061），其权益资本成本平均下降 6%（0.006/0.098）。其中，0.061 和 0.098 分别为试点企业在改革前的债务融资成本和权益资本成本的平均值。综合来看，在改革后，试点企业的内源资金较控制组企业显著增加，且融资成本较控制组企业显著下降，论证了前文分析中所提出的前提假设。

表 5　　　　　"留抵退税"、内源资金与融资成本

	(1)	(2)	(3)	(4)
	Taxrefund	*UncreditVAT*	*DebtCost*	*COC*
Treat×*Reform*	0.001*** (3.32)	−0.170** (−2.25)	−0.008*** (−3.08)	−0.006*** (−2.99)
控制变量	是	是	是	是
企业固定效应	是	是	是	是
年份固定效应	是	是	是	是
观测值	11645	7845	9435	9454
Adj-R^2	0.797	0.742	0.391	0.409

注：***、**和*分别表示系数在1%、5%和10%水平显著；括号内为 t 值；回归系数的标准误为稳健标准误并且在公司层面进行了聚类调整。

（二）"留抵退税"、生产效率与企业投资

投资的增长未必带来企业价值的提升，低效的投资反而会降低企业价值（Jensen，1986；Richardson，2006）。前文中，我们认为"留抵退税"带来的投资增长可以提升企业价值。这一阐述有着如下的隐含前提：改革带来的投资增长伴随着生产效率的提升。我们对此展开论证。

我们预期，"留抵退税"改革后，生产效率提升更多的试点企业更可能增加投资。为验证上述预期，我们将 *Treat* 分解为两个虚拟变量：*Treat_HighΔTFP* 和

Treat_LowΔTFP。其中，ΔTFP 为改革后的全要素生产率相对于改革前全要素生产率的变化值①；当上市公司为实验组，且 ΔTFP 大于实验组 ΔTFP 的 75% 分位数时，Treat_HighΔTFP 取值为 1，否则为 0；当上市公司为实验组，且 ΔTFP 小于等于实验组 ΔTFP 的 75% 分位数时，Treat_LowΔTFP 取值为 1，否则为 0。

表 6 中，Treat_HighΔTFP×Reform 的回归系数在 1% 的置信水平下显著为正，并且其经济显著性至少为 Treat_LowΔTFP×Reform 的 3 倍（0.164/0.044；0.054/0.017）。上述结果说明改革后生产效率提升更多的试点企业新增了更多的投资，进一步解释了"留抵退税"投资效应为何可以促进企业价值提升②。

表 6　"留抵退税"、生产效率与企业投资

	(1)	(2)
	Invest	$Invest_{real}$
Treat_HighΔTFP×Reform	0.164*** (3.30)	0.054*** (3.00)
Treat_LowΔTFP×Reform	0.044 (1.39)	0.017 (1.32)
控制变量	是	是
企业固定效应	是	是
年份固定效应	是	是
观测值	13637	13637
Adj-R^2	0.107	0.135

注：***、**和*分别表示系数在1%、5%和10%水平显著；括号内为 t 值；回归系数的标准误为稳健标准误并且在公司层面进行了聚类调整。

（三）稳健性检验

1. 企业价值的稳健性检验

为弥补短窗口累计超额回报率作为企业价值代理变量的不足，本文使用销售收入增长率（SalesGr）和年股票收益率（Ret）作为企业价值的代理变量，并以面板数据进行双重差分检验。表 7 中，无论是以销售收入增长率还是以年股票收

---

① 全要素生产率计算方法参考此前文献（黎文靖、胡玉明，2012；Giannetti et al., 2015；赵健宇、陆正飞，2018），其中，以经过企业所在地区产品出厂价格指数调整的销售收入的自然对数、实际资本存量的自然对数、员工人数的自然对数分别衡量产出、资本投入和劳动力投入。

② 由于全要素生产率可能会受到"留抵退税"改革的影响，利用受影响后的全要素生产率进行分析可能会产生内生性问题并导致估计偏差。此处结果仅支持改革带来的投资增长伴随着生产率的提升，并不论证生产率对投资的因果效应。

益率衡量企业价值，Treat×Reform 的回归系数始终在 5% 的置信水平下显著为正，进一步支持假设 1。

表 7　企业价值的稳健性检验

	(1)	(2)
	SalesGr	Ret
Treat×Reform	0.043** (2.32)	0.027** (2.13)
控制变量	是	是
企业固定效应	是	是
年份固定效应	是	是
观测值	14872	14384
Adj-R^2	0.117	0.434

注：***、**和*分别表示系数在1%、5%和10%水平显著；括号内为 t 值；回归系数的标准误为稳健标准误并且在公司层面进行了聚类调整；控制变量包括：公司规模Size、资产负债率LEV、资产收益率ROA、现金持有率Cash、公司年龄Age、贝塔系数Beta和股权集中度TOP1。

2. 增值税税率下调的影响

在本文的样本期间（2013—2019 年），我国的增值税税率经过 3 次调整[①]，因此，本文的结论可能受到增值税税率调整的影响。在考察"留抵退税"改革对企业价值的影响时，我们发现财税〔2018〕70 号文发布的窗口期间没有增值税税率调整。因此，"留抵退税"政策窗口期的市场反应是独立于税率调整事件的。为排除增值税税率调整对"留抵退税"投资效应的影响，我们在回归模型中控制了企业的增值税实际税率（VATBurden）。参考已有文献（刘骏、刘峰，2014；刘行、叶康涛，2018），增值税实际税率等于增值税的现金流支出除以营业收入。表 8 的结果显示，控制增值税实际税率后，试点企业在改革后仍较控制组企业增加了投资；面临更好投资机会、收到更多税费返还的试点企业，投资增加得更多。上述结果论证了本文结论的稳健性。

[①] 2017年，我国简并增值税税率，取消13%档次增值税税率（财税〔2017〕37号）；2018年，我国深化增值税改革，将17%、11%税率分别调整为16%、10%（财税〔2018〕32号）；2019年，我国将16%、10%税率分别调整为13%、9%（财政部、税务总局、海关总署公告2019年第39号）。

表8　　　　　"留抵退税"与企业投资（控制增值税实际税率）

	(1)	(2)	(3)	(4)	(5)	(6)
	Invest	$Invest_{real}$	Invest	$Invest_{real}$	Invest	$Invest_{real}$
Treat×Reform	0.080** (2.45)	0.030** (2.35)				
Treat_HighQ×Reform			0.138*** (2.68)	0.055*** (2.69)		
Treat_LowQ×Reform			0.064* (1.87)	0.018 (1.30)		
Treat_HighQ			−0.188*** (−4.16)	−0.073*** (−3.32)		
Treat_HighTaxrefund×Reform					0.099** (2.04)	0.045** (2.13)
Treat_LowTaxrefund×Reform					0.062 (1.58)	0.019 (1.24)
Treat_HighTaxrefund					−0.004 (−0.08)	−0.007 (−0.29)
VATBurden	0.650 (1.21)	0.330 (1.57)	0.583 (1.04)	0.334 (1.51)	0.646 (1.01)	0.278 (1.09)
其他控制变量	是	是	是	是	是	是
企业固定效应	是	是	是	是	是	是
年份固定效应	是	是	是	是	是	是
观测值	12269	12269	11830	11830	10345	10345
Adj-R^2	0.106	0.141	0.122	0.152	0.084	0.136

注：***、**和*分别表示系数在1%、5%和10%水平显著；括号内为 t 值；回归系数的标准误为稳健标准误并且在公司层面进行了聚类调整。

3. 其他的稳健性检验

本文还进行了一系列其他的稳健性检验（限于篇幅，结果备索）。

第一，考虑到股票市场对"留抵退税"政策可能存在的提前或滞后反应，我们延长窗口期进行稳健性检验。我们分别计算了窗口期为 [−5, 5]、[−10, 10]、[−20, 20] 的累计超额收益率，并以前文中三种不同方法下的累计超额收益率分别作为因变量对模型（1）进行回归分析。未列示的结果显示，Treat 的回归系数均显著为正，说明本文的主要结论不受累计超额收益率的计算区间的影响。

第二，我们考虑了不同的模型设定对假设2进行稳健性检验。具体而言，我们更换了分析模型，并在模型（1）的基础上控制 Treat 和留抵预期代理变量的交乘项，以及该交乘项中的两个单独变量。未列示的结果显示，交乘项 Treat×VAT、Treat×CapExp、Treat×CapExpVol 的回归系数均显著为正，说明预期形成更高留抵税额的试点企业，其政策颁布时的市场反应也更正面。

第三，为排除早期试点政策的影响，我们删除可能受财税〔2011〕107号文和财税〔2016〕141号文影响的实验组，重复模型（1）的检验。未列示的结果显示，Treat 的回归系数仍显著为正。

第四，参考 Daniel 等（1997）和 Hung 等（2015），我们计算了经公司特征调整的长期持有回报和长期持有收益率作为企业价值的代理变量，未列示的结果显示，Treat 的回归系数仍显著为正。

第五，我们将回归系数的标准误在行业层面进行聚类，重复模型（1）的检验，未列示的结果显示，Treat 的回归系数仍然显著为正。

第六，由于留抵退税政策的试点企业按照行业来界定，股价的行业波动性可能会影响政策与企业价值的分析。为缓解这一顾虑，我们仅保留试点企业的子样本，在控制了行业固定效应之后，发现企业后续（以及预期）收到的留抵退税金额与其政策颁布期间的股价收益率显著正相关，进一步支持留抵退税改革显著提升了试点企业估值。

六、结论

本文研究我国 2018 年"留抵退税"改革对企业价值的影响。事件研究法的结果表明，"留抵退税"改革后，试点企业相比于控制组企业价值显著提升。横截面分析显示，预期形成更高留抵税额（待抵扣增值税额更高、资本支出更高、资本支出波动性更高）的试点企业的价值提升更为明显。机制分析表明，改革后试点企业显著增加了企业投资，且面临更好投资机会和收到更多税费返还的试点企业体现出了更强的投资增加效应。上述结果说明，"留抵退税"的价值提升源自改革使试点企业可以更好地实现投资机会。本文进一步验证了上述分析的隐含前提——"留抵退税"改革后，试点企业较控制组企业内源资金增加、融资成本降低。总体而言，本文认为，"留抵退税"改革通过提升增值税的税收中性降低了制度性交易成本，进而促进了企业投资和提升了企业价值。

本文的理论贡献主要在于系统性地考察了"留抵退税"的经济后果，并从税收中性和制度性交易成本的角度分析了"留抵退税"改革的理论基础。在实践上，本文的研究结论提供了全行业放开"留抵退税"的效果预估，为后续增值税深化改革提供了依据和参考。本文认为，全面推广"留抵退税"有助于充分发挥增值税税收中性的特点，增强我国企业的全球竞争力。需要注意的是，本文并未深入研究"留抵退税"改革对投资以外的企业决策的影响。另外，如果该政策逐步推广，政策效应可能会体现出年度异质效应以及行业扩散效应。上述不足之处也为增值税"留抵退税"下一阶段的研究指出了有意义的研究方向。

参考文献

[1] 陈钊,王旸. "营改增"是否促进了分工:来自中国上市公司的证据[J]. 管理世界,2016(3).

[2] 丁东生,许建国. 增值税留抵退税的国际借鉴[J]. 国际税收,2019(8).

[3] 范子英,彭飞. "营改增"的减税效应和分工效应:基于产业互联的视角[J]. 经济研究,2017(2).

[4] 何杨,邓粞元,朱云轩. 增值税留抵退税政策对企业价值的影响研究——基于我国上市公司的实证分析[J]. 财政研究,2019(5).

[5] 贾凡胜,吴昱,廉柯赟. 股利税差别化、现金分红与代理问题——基于财税〔2012〕85号文件的研究[J]. 南开管理评论,2016(1).

[6] 简泽. 企业间的生产率差异、资源再配置与制造业部门的生产率[J]. 管理世界,2011(5).

[7] 金宇超,靳庆鲁,宣扬. "不作为"或"急于表现":企业投资中的政治动机[J]. 经济研究,2016(10).

[8] 黎文靖,胡玉明. 国企内部薪酬差距激励了谁?[J]. 经济研究,2012(12).

[9] 刘行,叶康涛. 增值税税率对企业价值的影响:来自股票市场反应的证据[J]. 管理世界,2018(11).

[10] 刘行,叶康涛,陆正飞. 加速折旧政策与企业投资——基于"准自然实验"的经验证据[J]. 经济学(季刊),2019(1).

[11] 刘骏,刘峰. 财政集权、政府控制与企业税负——来自中国的证据[J]. 会计研究,2014(1).

[12] 刘怡,耿纯. 增值税留抵规模、分布及成本估算[J]. 税务研究,2018(3).

[13] 楼继伟. 40年重大财税改革的回顾[J]. 财政研究,2019(2).

[14] 卢雄标,童锦治,苏国灿. 制造业增值税留抵税额的分布、影响及政策建议——基于A省制造业企业调查数据的分析[J]. 税务研究,2018(11).

[15] 聂辉华,方明月,李涛. 增值税转型对企业行为和绩效的影响[J]. 管理世界,2009(5).

[16] 平新乔,梁爽,张海洋,郝朝艳,毛亮. 增值税与营业税的税负与福利效应研究[J]. 经济研究,2009(9).

[17] 申广军,陈斌开,杨汝岱. 减税能否提振中国经济?——基于中国增值税改革的实证研究[J]. 经济研究,2016(11).

[18] 谭崇钧,蒋震. 增值税改革:问题与建议[J]. 税务研究,2013(11).

[19] 王雄元,高曦. 年报风险披露与权益资本成本[J]. 金融研究,2018(1).

[20] 席鹏辉,梁若冰,谢贞发,苏国灿. 财政压力、产能过剩与供给侧改革[J]. 经济研究,2017(9).

[21] 许伟,陈斌开. 税收激励和企业投资——基于2004—2009年增值税转型的自然实验[J]. 管理世界,2016(5).

[22] 杨汝岱. 中国制造业企业全要素生产率研究[J]. 经济研究,2015(2).

[23] 曾颖,陆正飞. 信息披露质量与股权融资成本[J]. 经济研究,2006(2).

[24] 赵健宇,陆正飞. 养老保险缴费比例会影响企业生产效率吗?[J]. 经济研究,2018(10).

[25] Altshuler, R. and Auerbach, A. J., 1990, "The Significance of Tax Law Asymmetries: An Empirical Investigation", *The Quarterly Journal of Economics*, Vol.105 (1), pp.61 ~ 86.

[26] Amromin, G., Harrison, P. and Sharpe, S., 2008, "How Did the 2003 Dividend Tax Cut Affect Stock Prices?", *Financial Management*, Vol.37 (4), pp.625 ~ 646.

[27] Auerbach, A. J. and Hassett, K. A., 2007, "The 2003 Dividend Tax Cut and the Value of the Firm: An Event Study", in Auerbach, A. J., Hines, J., Slemrod, J. (Eds.), *Taxing Corporate Income in the 21st Century*, Cambridge University Press, New York, pp. 93 ~ 126.

[28] Bethmann, I., Jacob, M. and Muller, M. A., 2018, "Tax Loss Carrybacks: Investment Stimulus versus Misallocation", *The Accounting Review*, Vol.93 (4), pp.101 ~ 125.

[29] Brandt, L., Van Biesebroeck, J. and Zhang, Y., 2012, "Creative Accounting or Creative Destruction? Firm-Level Productivity Growth in Chinese Manufacturing", *Journal of Development Economics*, Vol.97 (2), pp.339 ~ 351.

[30] Coase, R. H., 1937, "The Nature of the Firm", *Economica*, Vol.4 (16), pp.386 ~ 405.

[31] Cooper, M. G. and Knittel, M. J., 2010, "The Implications of Tax Asymmetry for US Corporations", *National Tax Journal*, Vol.63 (1), pp.33 ~ 62.

[32] Cutler, D. M., 1988, "Tax Reform and the Stock Market: An Asset Price Approach", *The American Economic Review*, Vol.78 (5), pp.1107 ~ 1117.

[33] Daniel, K., Grinblatt, M., Titman, S. and Wermers, R., 1997, "Measuring Mutual Fund Performance with Characteristic-Based Benchmarks", *Journal of Finance*, Vol.52 (3), pp.1035 ~ 1058.

[34] Devereux, M. P., Keen, M. and Schiantarelli, F., 1994, "Corporation Tax Asymmetries and Investment: Evidence from UK Panel Data", *Journal of Public Economics*, Vol.53 (3), pp.395 ~ 418.

[35] Easton, P. D., 2004, "PE Ratios, PEG Ratios, and Estimating the Implied Expected Rate of Return on Equity Capital", *The Accounting Review*, Vol.79 (1), pp.73 ~ 95.

[36] Fama, E. F. and French, K. R., 2015, "A Five-Factor Asset Pricing Model", *Journal of Financial Economics*, Vol.116 (1), pp.1 ~ 22.

[37] Gaertner, F. B., Hoopes, J. L. and Williams, B. M., 2020, "Making Only America Great? Non-US Market Reactions to US Tax Reform", *Management Science*, Vol.66 (2), pp.687 ~ 697.

[38] Giannetti, M., Liao, G. and Yu, X., 2015, "The Brain Gain of Corporate Boards: Evidence from China", *The Journal of Finance*, Vol.70 (4), pp.1629 ~ 1682.

[39] Hanlon, M., Lester, R. and Verdi, R., 2015, "The Effect of Repatriation Tax Costs on US Multinational Investment", *Journal of Financial Economics*, Vol.116 (1), pp.179 ~ 196.

[40] Hung, M., Wong, T. J. and Zhang, F., 2015, "The Value of Political Ties Versus Market Credibility: Evidence from Corporate Scandals in China", *Contemporary Accounting Research*, 32 (4), pp.1641 ~ 1675.

[41] Jacob, M., Michaely, R. and Muller, M. A., 2019, "Consumption Taxes and Corporate Investment", *Review of Financial Studies*, Vol.32 (8), pp.3144 ~ 3182.

[42] Jensen, M. C., 1986, "Agency Costs of Free Cash Flow, Corporate Finance, and

Takeovers", *American Economic Review*, Vol.76（2）, pp.323～329.

[43] MacKie-Mason, J. K., 1990, "Some Nonlinear Tax Effects on Asset Values and Investment Decisions Under Uncertainty", *Journal of Public Economics*, Vol.42（3）, pp.301～327.

[44] Mayer, C., 1986, "Corporation Tax, Finance and the Cost of Capital", *The Review of Economic Studies*, Vol.53（1）, pp.93～112.

[45] Miller, M. H. and Modigliani, F., 1961, "Dividend Policy, Growth, and the Valuation of Shares", *Journal of Business*, Vol.34（4）, pp.411～433.

[46] Myers, S. C., 1977, "Determinants of Corporate Borrowing", *Journal of Financial Economics*, Vol.5（2）, pp.147～175.

[47] Myers, S. C. and Majluf, N. S., 1984, "Corporate Financing and Investment Decisions When Firms Have Information That Investors Do Not Have", *Journal of Financial Economics*, Vol.13（2）, pp.187～221.

[48] North, D. C., 1990, *Institutions, Institutional Change and Economic Performance*, Cambridge University Press.

[49] North, D. C. and Thomas, R. P., 1973, *The Rise of the Western World: A New Economic History*, Cambridge University Press.

[50] Richardson, S., 2006, "Over-Investment of Free Cash Flow", *Review of Accounting Studies*, Vol.11（2）, pp.159～189.

[51] Roberts, M. R. and Whited, T. M., 2013, "Endogeneity in Empirical Corporate Finance", *Handbook of the Economics of Finance*, Vol.2, pp.493～572.

[52] Tobin, J., 1969, "A General Equilibrium Approach to Monetary Theory", *Journal of Money, Credit and Banking*, Vol.1（1）, pp.15～29.

[53] Wagner, A. F., Zeckhauser, R. J. and Ziegler, A., 2018, "Unequal Rewards to Firms: Stock Market Responses to the Trump Election and the 2017 Corporate Tax Reform", *AEA Papers and Proceedings*, Vol.108, pp.590～596.

[54] Williamson, O. E., 1999, "Public and Private Bureaucracies: A Transaction Cost Economics Perspectives", *The Journal of Law, Economics, and Organization*, Vol.15（1）, pp.306～342.

[55] Williamson, O. E., 1979, "Transaction-Cost Economics: The Governance of Contractual Relations", *The Journal of Law and Economics*, Vol.22（2）, pp.233～261.

[56] Zou, H. and Adams, M. B., 2008, "Debt Capacity, Cost of Debt, and Corporate Insurance", *Journal of Financial and Quantitative Analysis*, Vol.43（2）, pp.433～466.

[57] Zwick, E. and Mahon, J., 2017, "Tax Policy and Heterogeneous Investment Behavior", *American Economic Review*, Vol.107（1）, pp.217～248.

附 录

附表 1　　我国"留抵退税"政策沿革

文号	与"留抵退税"相关主要内容
国务院令第 691 号	规定"当期销项税额小于当期进项税额不足抵扣时,其不足部分可以结转下期继续抵扣"。
国税发〔2004〕112 号	允许增值税一般纳税人用进项留抵税额抵减增值税欠税。
国税函〔2010〕1 号	部分企业出口货物因国税发〔2002〕11 号和国税函〔2003〕1303 号导致留抵税额无法消化,可一次性办理退税。
国发〔2011〕4 号	对国家批准的集成电路重大项目,因集中采购产生短期内难以抵扣的增值税进项税额占用资金问题,采取专项措施。
财税〔2011〕107 号	退还国家批准的集成电路重大项目企业的购进设备留抵税额。
财税〔2014〕17 号	对外购用于生产乙烯、芳烃类化工产品的石脑油、燃料油价格中消费税部分对应的增值税额,予以退还。
财税〔2016〕141 号	对纳税人从事大型客机、大型客机发动机研制项目,以及因生产销售新支线飞机而形成的增值税期末留抵税额予以退还。
财税〔2017〕17 号	享受增值税期末留抵退税政策的集成电路企业,其留抵退税额应在一税两费的计税依据中扣除。
发改地区〔2018〕67 号	山东新旧动能转换综合试验区选择部分国家重点扶持的战略性新兴产业和新旧动能转换重点行业,按程序先行先试的期末留抵退税政策。
财税〔2018〕70 号	2018 年对先进制造业、现代服务业、电网企业增值税期末留抵税额予以退还。
财税〔2018〕80 号	对实行增值税期末留抵退税的纳税人,允许其留抵退税额在一税两费的计税依据中扣除。
财政部、税务总局、海关总署公告 2019 年第 39 号	增值税留抵退税进一步扩围,试行增值税期末留抵税额退税制度。
国家税务总局公告 2019 年第 20 号	进一步明确实施留抵退税政策涉及的征管事项。
财政部、税务总局公告 2019 年第 84 号	增大部分先进制造业的留抵税额退税金额,对于符合条件的增量留抵退税额允许在计算时全额退还。
国发〔2019〕21 号	调整完善增值税留抵退税分担机制。
财预〔2019〕205 号	国发〔2019〕21 号关于留抵退税地方分担机制部分的操作说明。
财政部、税务总局公告 2020 年第 8 号	对疫情防控重点保障物资生产企业实行全额退还增值税增量留抵税额。

附表 2　　　　　　　　　　　　　　主要变量说明

变量类型	变量名称	变量定义
因变量	$CAR[-1,1]^{MA}$	经市场调整的公司在 [-1,1] 的事件窗口期的累计超额收益率。
	$CAR[-1,1]^{CAPM}$	经 CAPM 资产定价模型调整的公司在 [-1,1] 的事件窗口期的累计超额收益率。
	$CAR[-1,1]^{FF}$	经 Fama 和 French（2015）五因子模型调整的公司在 [-1,1] 的事件窗口期的累计超额收益率。
	$Invest$	企业新增投资，等于本期新增固定资产除以上期期末资本存量。其中，企业固定资产的净增加额等于（当期固定资产净值 - 上期固定资产净值 + 当期固定资产折旧额），资本存量等于固定资产净值。
	$Investreal$	采用永续盘存法计算的企业实际新增投资，等于（当期实际资本存量 - 上期实际资本存量）/ 上期实际资本存量。
自变量	$Treat$	虚拟变量，若该公司所属行业为 70 号文中的"退还增值税期末留抵税额行业"或电网企业，则 Treat 取值为 1，否则为 0；若样本期间上市公司行业分类发生变化，则以截至 2018 年的最近一次调整后的行业二级代码判断该上市公司是否为试点企业。
	$Reform$	虚拟变量，改革之后（2018 年及以后）Reform 取值为 1，否则为 0。
	$Treat\_HighVAT$	当上市公司为实验组，且待抵扣增值税额（VAT）大于实验组待抵扣增值税额 75% 分位数时，Treat_HighVAT 取值为 1，否则为 0。其中，待抵扣增值税额（VAT），等于（其他流动资产中的留抵增值税 + 其他流动资产中的待抵扣进项税额 − 应交增值税）/ 期末总资产。
	$Treat\_LowVAT$	当上市公司为实验组，且待抵扣增值税额（VAT）小于等于实验组待抵扣增值税额 75% 分位数时，Treat_LowVAT 取值为 1，否则为 0。
	$Treat\_HighCapExp$	当上市公司为实验组，且资本支出大于实验组资本支出 75% 分位数时，Treat_HighCapExp 取值为 1，否则为 0。其中，资本支出（CapExp），等于购建固定资产、无形资产和其他长期资产支付的现金除以年末总资产。
	$Treat\_LowCapExp$	当上市公司为实验组，且资本支出小于等于实验组资本支出 75% 分位数时，Treat_LowCapExp 取值为 1，否则为 0。
	$Treat\_HighCapExpVol$	当上市公司为实验组，且资本支出波动率大于实验组资本支出波动率 75% 分位数时，Treat_HighCapExpVol 取值为 1，否则为 0。其中，资本支出波动率（CapExpVol），等于过去 3 年资本支出（CapExp）的标准差。
	$Treat\_LowCapExpVol$	当上市公司为实验组，且资本支出波动率小于等于实验组资本支出波动率 75% 分位数时，Treat_LowCapExpVol 取值为 1，否则为 0。
	$Treat\_HighQ$	当上市公司为实验组，且其投资机会大于实验组样本观测年度投资机会的 75% 分位数时，Treat_HighQ 取值为 1，否则为 0。其中，投资机会（Q），等于流通股市值与负债的账面价值之和除以总资产的账面价值。
	$Treat\_LowQ$	当上市公司为实验组，且其投资机会小于等于实验组样本观测年度投资机会的 75% 分位数时，Treat_LowQ 取值为 1，否则为 0。
	$Treat\_HighTaxrefund$	当上市公司为实验组，且收到的税费返还大于实验组样本观测年度税费返还的 75% 分位数时，Treat_HighTaxrefund 取值为 1，否则为 0。其中，税费返还（Taxrefund），等于"收到的税费返还"除以年末总资产。
	$Treat\_LowTaxrefund$	当上市公司为实验组，且收到的税费返还小于等于实验组样本观测年度税费返还的 75% 分位数时，Treat_LowTaxrefund 取值为 1，否则为 0。

续表

变量类型	变量名称	变量定义
控制变量	Size	公司规模，年末总资产的自然对数。
	LEV	资产负债率，年末总负债除以年末总资产。
	MTB	企业市值与净资产的比率。
	ROA	总资产收益率，净利润除以年末总资产。
	Cash	现金持有率，货币资金除以年末总资产。
	Age	公司年龄，公司上市时间的自然对数。
	Dual	两职合一，当 CEO 兼任董事长时取 1，否则取 0。
	Top1	股权集中度，第一大股东的持股数量除以 A 股流通股数量。
	SalesGr	企业销售收入增长率。
	Indp	独立董事比例，独立董事人数除以董事会总人数。
	BoardSize	董事会规模，董事会总人数的自然对数。

精准帮扶政策的多维评估*
——基于G省B市扶贫实践的经验分析

黄薇　祝伟

（对外经济贸易大学保险学院）

摘要：通过实施精准扶贫精准脱贫基本方略，2020年我国现行标准下农村贫困人口实现了全部脱贫，新时代脱贫攻坚目标任务如期完成。巩固拓展脱贫攻坚成果将成为"后脱贫攻坚时代"的重点工作，而重中之重则是通过对帮扶政策效果的多维评估，建立防止返贫监测帮扶机制和解决相对贫困的长效机制。本文基于G省B市2015—2017年开展精准扶贫工作的实践，收集11131户贫困家庭微观追踪数据，从多维贫困的视角对帮扶政策措施的实施效果进行科学评估。研究发现，现有帮扶政策对贫困户收入和劳动能力具有显著的提升作用，但在生活质量、健康等非收入贫困维度的减贫效应存在明显的异质性。随着帮扶政策实施的深入，减贫效应在不同维度贫困上均显著体现，其中收入、劳动能力和生活质量等方面的减贫效果尤为明显，能够更有针对性地解决深度贫困问题。进一步的异质性分析显示，现有帮扶政策在非收入维度的减贫效果表现出一定的普惠性，产业扶贫、基础设施扶贫和金融帮扶政策等具体帮扶措施对贫困户收入、劳动能力和生活质量的减贫效果明显且具有针对性，但在改变健康状况的作用较弱。上述多维评估研究为"后脱贫攻坚时代"进一步优化完善帮扶政策、巩固拓展脱贫攻坚成果以实现与乡村振兴的有效衔接提供了新思路新方案。

关键词：多维贫困　帮扶政策　效果评估　扶贫实践

---

* 原载《管理世界》2021年第10期。

一、引言

党的十八大以来，党中央把脱贫攻坚作为全面建成小康社会的底线任务和标志性指标，做出一系列重大部署，采取了许多具有原创性、独特性的重大举措，组织实施了人类历史上规模最大、力度最强的脱贫攻坚战。经过 8 年持续奋斗，现行标准下的近 1 亿农村贫困群众全部脱贫，832 个贫困县和 12.8 万个贫困村全部摘帽，历史性地消除了绝对贫困和区域性整体贫困。通过实施精准扶贫精准脱贫基本方略，新时代脱贫攻坚目标任务如期完成，取得了令全世界瞩目的重大胜利。但与此同时，我国发展不平衡不充分的问题仍然突出，实现共同富裕还有很长的路要走。党的十九届五中全会审议通过《中共中央关于制定国民经济和社会发展第十四个五年规划和二〇三五年远景目标的建议》首次明确提出，要"实现巩固拓展脱贫攻坚成果同乡村振兴有效衔接"。2020 年 12 月 3 日，中共中央政治局常委会召开会议，听取脱贫攻坚总结评估汇报。会议指出，巩固拓展脱贫攻坚的任务依然艰巨，要保持帮扶政策总体稳定，严格落实"四个不摘"要求，保持现有帮扶政策、资金支持、帮扶力量总体稳定。因此，如何行之有效地巩固拓展脱贫攻坚成果，对脱贫不稳定户、边缘易致贫户以及因疫情或其他原因收入骤减或支出骤增户加强监测，提前采取针对性的帮扶措施，防止返贫和产生新的贫困，从而把脱贫攻坚期形成的体制成果、政策成果融入乡村振兴战略的体制和政策体系之中，实现与乡村振兴的有效衔接，将成为"后脱贫攻坚时代"的重点工作。

通过对扶贫实践工作中帮扶政策的效果进行系统科学评估，确保扶贫工作务实、脱贫过程扎实、脱贫结果真实，既是实现"脱真贫、真脱贫"和决战决胜脱贫攻坚的关键，也是"后脱贫攻坚时代"完成巩固拓展脱贫攻坚成果目标任务并逐步过渡为实施乡村振兴政策体系的前提。为此，已有文献从不同视角对帮扶政策的实施效果进行了实证研究：一是聚焦于相关帮扶政策的精准识别效果分析。例如，朱梦冰和李实（2017）运用 2013 年中国居民收入调查数据检验了农村低保政策的贫困瞄准效果，发现收入贫困视角的低保瞄准率很低，而多维贫困视角的瞄准率有所提高，针对贫困标准不一致而出现的"脱靶"问题，提出贫困的精准识别需要从收入贫困转向多维贫困；李棉管（2017）分析了技术手段、社会因素和文化因素对瞄准偏差的影响及对精准扶贫的启示。二是基于精准帮扶政策实施的背景考察某一类政策措施的减贫效应。例如，陈国强等（2018）从收入贫困和多维贫困两个视角研究公共转移支付的减贫效应，发现公共转移支付显著降低了贫困概率,并且减贫效应随样本陷入贫困概率提高呈倒"U"形变化;刘子宁等(2019)运用中国健康与养老追踪调查数据从收入贫困的视角发现参与医疗保险和提高医疗保险保障水平对健康状况差的群体减贫效果显著,但对健康状况好的群体减贫效果不明显;而王雨磊(2016)则分析了数字下乡在扶贫中的作用。三是分析精准帮扶政策对农户决策行为的影响。例如,尹志超等(2020)基于中国家庭金融调查数据考察精准帮扶政策对农户信贷的影响,发现精准帮扶政策显著提高了贫困户获得正规信贷的概率与规模,并且随着时间推移政策作用逐渐增强。

部分文献检验了帮扶政策在收入或消费等贫困维度上的减贫效应。例如,张全红和周强(2019)基于中国家庭追踪调查数据运用以收入贫困线为断点的断点回归方法识别政策效应,发现精准帮扶政策显著提高了贫困户家庭的纯收入和转移支付收入水平,降低了人均消费支出和外出务工比例;王立勇和许明(2019)基于中国家庭追踪调查数据,以2014年为精准帮扶政策实施年度、家庭是否接受政府补助为是否被扶贫的代理变量,检验发现精准帮扶政策提高了家庭人均纯收入,降低了贫困发生率,并且贫困发生率越严重的地区精准帮扶政策的减贫效应越突出;而沈宏亮和张佳(2019)则直接通过对山西、内蒙古和黑龙江部分地区农户进行入户调查,检验发现精准帮扶政策具有明显的收入减贫效果,并且不同类型帮扶措施的收入减贫效果有所差异;李芳华等(2020)以X县的1.2万户农户为研究对象获取2013—2018年的追踪调查数据,采取模糊断点回归方法进行因果识别,发现精准帮扶政策显著地增加了贫困户劳动供给、提高了贫困户劳动收入。然而,由于所使用数据的局限性,上述研究在评估帮扶政策的减贫效果时缺乏系统的多维观念,采用的贫困维度相对单一,主要集中于收入和消费维度,未能反映生活质量、教育、健康等非收入维度贫困上的扶贫效应;更重要的是,由于数据缺乏关于贫困的多维度信息,无法充分反映基于多维贫困识别贫困户与非贫困户的动态监测和针对性帮扶措施的实施现状,使得处置组(贫困户)和对照组(非贫困户)的划分不够精确,导致精准帮扶政策的减贫效应评估难以有效剥离精准帮扶政策实施前的旧帮扶政策以及普遍存在的经济增长效应的影响。

精准扶贫工作的关键特色在于对农户多维贫困的精准识别和帮扶。2015年颁布的《中共中央国务院关于打赢脱贫攻坚战的决定》从多维贫困的视角提出贫困人口脱贫的标准:到2020年,稳定实现农村贫困人口的"两不愁三保障":不愁吃、不愁穿,义务教育、基本医疗和住房安全有保障。基于多维贫困的精准扶贫政策试图解决过度聚焦收入贫困而忽略其他维度的贫困导致贫困瞄准率不高、扶贫不精准的问题(朱梦冰、李实,2017),以打破深度贫困人口减贫的瓶颈。首先，进行扶贫对象的精准识别，从收入、劳动能力、生活质量、教育和健康等多个维度对贫困程度进行识别；其次，对识别的贫困户进行精准帮扶，有针对性地对每一贫困户各个维度上存在的贫困问题精准施策，立足于贫困户的外部环境支持和自身脱贫能力较弱的现实，健全干部驻村和帮扶机制①。已有研究由于缺乏上述扶贫实践的详细信息，难以捕捉精准扶贫政策的关键特色。

为此，在与 G 省 B 市扶贫办深度合作的基础上，本文调研该市 2015 年年底开始实施的精准扶贫实践：2015 年之前，B 市根据收入标准对贫困村所有农户和非贫困村的贫困户实施旧帮扶政策；2015 年年底至 2016 年年初，B 市启动精准扶贫工作，将全市根据多维贫困标准精准识别的家庭作为新确定的建档立卡贫困户，对其实施精准帮扶政策。通过调研，本文明确了该市包括所有建档立卡贫困户的困难家庭②及精准扶贫实践中使用的多维贫困标准，在此基础上，本文对 2015—2017 年该市困难家庭的微观数据进行了追踪和收集，形成的面板数据不仅包含家庭收入、劳动力就业、生活质量、健康、教育等多方面的贫困信息，也包括贫困户的致贫原因、在各年获得的各类帮扶政策支持和村庄特征的详细信息。基于这一典型实践对帮扶政策措施的减贫效应进行科学的实证评估，这既有助于解决当前政策效应评估文献存在维度单一的局限，能够更加客观准确地评估和反映帮扶政策的实际作用，也为进一步优化完善帮扶政策、巩固拓展脱贫攻坚成果、建立健全防止返贫监测帮扶机制、系统地建立解决相对扶贫问题长效机制以实现与乡村振兴的有效衔接提供了新思路新方案。

本文的边际贡献在于，通过调研采用多维贫困识别和精准帮扶政策的地方扶贫工作实践，获取第一手精准扶贫工作微观调查数据，从多维贫困的视角建立更精准地识别帮扶政策减贫效应的分析框架，在利用调查数据中独特的村庄特征信息剔除原有旧帮扶政策和经济增长因素影响的基础上，更加科学地考察了精准扶贫时期多种帮扶措施的减贫效果，拓展和丰富了关于精准扶贫政策实施效果的已有研究，对创建基于中国扶贫实践的经济学贫困理论具有一定的启发意义。首先，本文从多维贫困的视角精准评估帮扶政策的实施效果。结合帮扶政策"两不

---

① 根据本文对G省B市扶贫局的调研访谈，该市的扶贫实践将中央的"两不愁三保障"扶贫要求细化为"八有一超"，八个"一票否决"，具体内容见论文第二部分；扶贫针对农户的实际情况区别对待：有劳动能力的发展产业、有外出务工意愿的培训，因残因贫的社保兜底。根据贫困户致贫原因的主项作为致贫原因，制定相应的帮扶需求，帮扶干部每季度下去一次，宣传政策落实政策，根据不同的级别，厅级、处级和科级干部的帮扶户数分别为3、2和1户。贫困村和非贫困村均有驻村工作组，20%的基础设施建设资金投入到非贫困村。

② 本文初始样本包含2015年精准识别前被认定的贫困户（即贫困村的所有农户和非贫困村的贫困户）和精准识别时部分新申请的困难农户。经过2015年底2016年初的精准识别后，初始样本被进一步甄别，包括重新建档立卡被确认的"贫困户"和未被认定为贫困的"非贫困户"。

愁三保障"的多维贫困扶贫要求,从收入贫困和非收入贫困两个层面建立贫困指标,其中将收入贫困细化为反映当前贫困程度的家庭人均纯收入指标和反映持续贫困的劳动能力贫困指标,将非收入贫困细化为包含居住条件的生活质量以及教育和健康等贫困指标,这些贫困指标的设置与文献中广泛使用的由联合国发展项目2010年提出的多维贫困度量相一致(Permanyer,2014)。本文发现,在剔除原有旧帮扶政策和经济增长因素在村级以上水平的影响后,精准帮扶措施对不同维度贫困的减贫效应存在明显的异质性:实施帮扶政策在短期内对贫困户纯收入和劳动能力等反映收入维度贫困以及健康贫困的减贫效应较为显著,但其生活质量贫困的程度反而在继续加深,未能克服该维度上贫困户持续相对贫困的趋势。从帮扶政策实施跨期后的动态监测看,随着政策实施的逐渐深入,帮扶政策的减贫效应在上述各个维度贫困上均产生显著影响,其中收入、劳动能力和生活质量等贫困维度的减贫效果尤为明显。

其次,从贫困深度比较的视角检验帮扶政策的精准效果,考察在精准识别基础上的帮扶措施对深度贫困人群的帮扶效果。本文发现,相较于贫困程度较轻的贫困户,帮扶政策对深度贫困户在劳动能力、生活质量和健康等贫困维度的改善具有显著作用,但在直接收入的改善上两者差异并不明显,这表明现有帮扶政策在有针对性地解决深度贫困问题上表现出精准性,也体现了事前精准贫困识别的作用。

再次,识别了不同维度贫困的成因及产业扶贫、基础设施扶贫、教育扶贫和金融扶贫等四类主要帮扶措施对不同贫困维度的减贫效应。基于调研数据中独特的致贫原因信息,本文描述了不同维度贫困的致贫因素,结合四类主要帮扶措施减贫效应的估计,本文发现,帮扶措施总体上具有较好的针对性:产业帮扶政策改善了贫困户由于发展能力不足导致的劳动能力贫困,基础设施帮扶政策和金融帮扶政策改善了贫困户由于基础设施不足和缺资金导致的生活质量贫困。总体来看,相关减贫措施表现出显著的经济减贫效应,但在改变教育和健康贫困方面的作用则相对较弱。

最后,从被帮扶对象所在村庄和家庭人口统计特征的视角检验帮扶政策的减贫效应是否具有普惠性。习近平总书记在2015年11月召开的中央扶贫开发工作会议中要求,(脱贫攻坚)决不能落下一个贫困地区、一个贫困群众。作为全面脱贫的内在要求,精准扶贫政策是否具有普惠性的问题值得关注。本文发现,相对于非贫困村的贫苦户,现有帮扶政策对贫困村贫困户的收入和生活质量的改善程度更高,而对教育和健康等贫困状况的改善则没有显著差异。从户主的年龄、性别、教育水平和家庭规模等个体视角的异质性分析看,具备相对优势的贫困户(户主为男性、年龄在45岁之下、教育水平更高和家庭人数更多)利用帮扶政策获得的收入增长更多,除户主具有高教育水平的贫困户获得了更多的生活质量改善,现有帮扶政策对于不同贫困户的非收入贫困的改善程度没有显著区别,非收入维度的减贫效应表现出一定的普惠性。

本文结构安排如下:第二部分回顾和总结了近年来中国扶贫实践中帮扶政策的演变;第三部分基于 G 省 B 市 2015—2017 年扶贫实践构建了一个研究设计框架;第四部分是帮扶政策效果多维评估的实证结果分析;第五部分从异质性角度进行了拓展研究;最后是结论和政策建议。

二、从收入贫困到多维贫困的帮扶政策演进

(一)瞄准收入贫困的帮扶政策

中国政府从 20 世纪 80 年代中期开始实施有针对性的减贫政策,于 1986 年成立"国务院贫困地区经济开发领导小组"(后更名为"国务院扶贫开发领导小组办公室"),统筹领导扶贫工作,各级政府依据制定的收入贫困线确定国家和省级贫困县项目,开展大规模的"从上到下"的区域性扶贫,以开发式扶贫为主要手段,致力于贫困人口的增收,主要政策包括贴息贷款、以工代赈和财政扶贫资金项目等,贫困县项目使得 1985—1992 年间贫困人口年人均收入增加 2.28%,1992—1995 年间年人均收入增加 0.91%(Park et al.,2002)。针对 90 年代初贫困人口收入增速变缓的形势,1994 年中国政府重新确定贫困县名单,实施《国家八七扶贫攻坚计划(1994—2000 年)》,政策目标是于 20 世纪末基本解决全国农村 8000 万贫困人口的温饱问题,使得绝大多数贫困户年人均纯收入达到 500 元以上(按 1990 年的不变价格)。2000 年之后进入深度扶贫阶段,以《中国农村扶贫开发纲要(2001—2010 年)》的出台为标志,开始实施农村发展扶贫项目,以贫困村为对象进行综合开发,改善村庄的生产生活条件,提高生产能力,开发式扶贫的政策形式也更为多样,包括教育培训和科技扶贫等,开发式扶贫的政策在扶贫项目的选择、设计和实施上注重当地乡村组织和农户的积极性和主体性,鼓励"自下而上"机制发挥作用。

上述帮扶政策的主要特点可以概括为以下三个方面:一是以解决贫困人口的贫困问题为政策着力点;二是贫困人口识别存在精细化趋势,从贫困县项目发展到贫困村项目,但仍聚焦在区域上,目的是让贫困区域发展更快从而间接带动贫困人口脱贫(汪三贵,2020);三是贫困项目实施从开始的"自上而下"形式过渡到"自上而下"与"自下而上"相结合(贾俊雪等,2017)。随着扶贫工作的

不断深入，只关注收入贫困和扶贫对象仍然过粗导致的贫困瞄准偏差和无法解决深度贫困的问题引起越来越多的关注。

（二）精准扶贫：基于多维贫困的帮扶政策

随着对扶贫问题认识的深化，从多维贫困的视角识别贫困人口的政策被提出，《中国农村扶贫开发纲要（2011—2020年）》明确要求到2020年，稳定实现扶贫对象不愁吃、不愁穿，保障其义务教育、基本医疗和住房。2013年11月，习近平总书记提出"精准扶贫"的思想。2014年印发的《关于创新机制扎实推进农村扶贫开发工作的意见》要求建立精准扶贫工作机制，对每个贫困村、贫困户建档立卡，要求健全干部驻村帮扶机制，确保每个贫困村都有驻村工作队（组），每个贫困户都有帮扶责任人。国务院扶贫办于2014年4月制订《建立精准扶贫工作机制实施方案》，要求对贫困户和贫困村精准识别、精准帮扶、精准管理和精准考核，实现扶贫到村到户，构建精准扶贫工作长效机制。2015年11月《中共中央国务院关于打赢脱贫攻坚战的决定》对于贫困人口的脱贫及精准帮扶的措施进行了更为系统性的安排，劳务输出脱贫、教育脱贫和医疗保险和医疗救助脱贫等安排体现出系统性帮扶的特点。

与以前的帮扶政策相比，精准帮扶政策表现出系统性的多维特征：首先是扶贫的对象不再局限于区域，而是深入瞄准贫困家庭和贫困人口，目的是直接帮助贫困家庭和人口脱贫；其次，扶贫不再局限于解决收入贫困的问题，而是要解决包括收入、生活质量、教育和健康在内的多个维度的贫困问题；最后，从制度设计来看，精准扶贫的政策不仅注重"自上而下"与"自下而上"机制发挥作用，还针对扶贫实践中出现的问题做出了新的制度安排，即健全干部驻村帮扶机制，在这一制度下驻村干部和帮扶干部作为农村扶贫工作的第三方力量被期望在贫困户识别、明确贫困户帮扶需求、贫困帮扶政策在农村和农户的落实等方面充分发挥领导、执行和监督的作用。

（三）来自G省B市的精准扶贫实践

2015年年底，G省B市按照中央和所在省的扶贫工作部署开始实施精准扶贫。第一步工作是于2015年年底至2016年年初进行精准识别，采取"一进二看三算四比五议"的方法①，对全市贫困村所有农户、非贫困村在册贫困户和新申请贫困户的农户进行入户调查。各户的贫困评分根据制定的精准识别入户评分表得出，包括家庭人均纯收入、家庭劳动力和务工情况、生活质量情况（水电、入户路和住房房屋结构、装修和人均居住面积等）、家庭成员受教育情况和健康情况等五个维度的详细贫困信息，实现建档立卡，一户一档，精准识别还引入了八个"一票否决"的情形②。

在精准识别的基础上，G省B市对建档立卡的贫困户开展了系统性的精准帮扶工作，对农户致贫原因进行多维分析，进而制定有针对性的帮扶措施。本文将该市实施的帮扶措施概括为产业扶贫、基础设施扶贫、金融扶贫、教育扶贫和健康扶贫等五类。其中，产业帮扶政策包括通过支持农户自营项目、"龙头企业＋基地＋贫困户"、"贫困村党组（带头人）＋合作社＋基地＋贫困户"等多种产业扶贫模式；基础设施扶贫包括基础设施项目、危房改造等；金融扶贫包括小额信贷和小额保险；教育扶贫如雨露计划；健康扶贫主要通过社保兜底的形式对贫困户进行健康扶贫等。由于健康扶贫的社保兜底是市级层面的政策、针对所有贫困户同时进行，健康帮扶政策缺乏变动性，无法与精准帮扶政策的总体效应分离，因此本文仅针对前四类帮扶措施的减贫效应展开分析。在精准帮扶政策的落实方面，贫困村和非贫困村均有扶贫驻村工作组，贫困村扶贫干部担任村支委第一书记以加强对扶贫工作的领导；G省B市还选拔各级党政机关公务员担任每户家庭的帮扶干部进行对口帮扶，帮扶干部至少每季度去农户家一次，为农户宣传帮扶政策并落实政策。

作为衡量扶贫工作成效的脱贫认定考核工作，B市制定了"八有一超"的脱贫标准③：有稳定收入来源且不愁吃穿、有住房保障、有基本医疗保障、有义务教育保障、有安全饮水、有路通村屯、有电用、有电视看、年人均纯收入稳定超过国家扶贫标准。需要指出的是，该市脱贫标准和贫困识别标准并不相同：脱贫标准强调可实施性，部分标准只是改善贫困程度的手段，如有义务教育保障和基本

---

① "一进"要求工作队员入户与户主和其他家庭成员交流，了解家庭包括生活质量、子女受教育、家庭成员健康情况等多个维度的信息；"二看"要求看住房、家电、农机、交通工具、水电路等生产生活措施，看农田等发展基础和状况；"三算"要求算农户收入、支出和债务情况；"四比"要求与本村农户比住房、比收入、比资产和比外出务工等情况；"五议"要求议评分是否合理、是否漏户、是否弄虚作假、是否拆户分户空挂户，家庭人口是否真实等情况。

② 具体包括住房结构和人均面积超出一定标准、在城镇拥有房地产、家庭成员有经营实体、拥有较贵重的车辆设备、家庭成员之一在机关事业单位和大型企业有相对稳定的工作、全家务工外出3年以上、家庭成员有劳动能力但无劳动意愿、不在当地实际生产生活的空挂户、为争当贫困户进行拆户、分户等情形。其中第六个一票否决针对的是贫困群体可能存在的内在发展动力不足问题。

③ 脱贫认定的双认定表需要农户和帮扶人两方签字同意。

医疗保障,并不必然减轻贫困户在教育和健康上的贫困程度[①]。

G省B市的扶贫实践过程提供了较理想的检验帮扶政策减贫效应的因果识别机会:在精准帮扶政策实施前,所有的农户均未受到政策的影响;在政策实施后,仅有精准识别认定的贫困户受到精准帮扶政策的影响。本文将基于相应的计量分析框架,对现有帮扶政策的减贫效应进行科学评估,致力于回答下述问题:扶贫实践中现有帮扶政策在短期和中长期内是否能够有效改善贫困户不同维度上的贫困程度?这种减贫效应对贫困户不同贫困维度、不同贫困深度的影响是否存在差异?贫困户所在村庄特征和个体特征差异是否会对帮扶政策的作用产生异质性影响?不同类型帮扶措施的减贫效果如何?

三、研究设计

(一)模型设定

精准帮扶政策减贫效应的识别关键在于分离其与旧帮扶政策以及经济增长的影响,已有研究由于缺乏准确的处置组(贫困户)和对照组(非贫困户)区分与控制,未能充分识别现有扶贫实践中帮扶政策的减贫效应。G省B市于2015年年底开始实施的精准扶贫实践提供了能够明确区分处置组与对照组以有效识别帮扶政策效果的机会。本文收集了精准识别使用的多维贫困信息,从而准确捕捉精准识别时点(即精准帮扶政策实施之前)贫困户和非贫困户的多维贫困状况,后续的追踪调查捕捉了精准帮扶政策实施后一年和两年的贫困户和非贫困户的多维贫困状况。如前文所指出的,由于缺乏准确的精准帮扶政策实施前后的多维贫困信息,已有研究在贫困户和非贫困户的划分上可能存在不精准的现象,从而损害了其因果识别效力,G省B市的精准扶贫实践使得本文的数据可以较好地克服上述局限性,从而能更有效地实现对帮扶政策效果的因果识别。

本文将精准识别的非贫困户作为对照组,以精准识别的贫困户作为处置组,基于2015—2017年平衡面板数据运用双重差分(Difference in Difference,DID)估计方法检验在政策实施前(2015年)后(2016和2017年)贫困户各维度贫困

[①] 该地区扶贫工实践中已经关注到上述问题,在本文作者调研过程中,相关扶贫工作人员介绍了持续性的扶贫措施,在克服健康贫困方面,当地医疗保障局为贫困户全额代缴城乡居民基本医疗保险和基本养老保险保费、大病补充医疗保险的保费,在贫困户生病后,先由基本医疗保险和大病补充医疗保险报销,未报销部分再由医疗救助进行补偿;在克服教育贫困方面,为贫困户提供教育补助;贫困户在脱贫之后会继续享受相关政策。当然,实践中也发现政策存在一些漏洞:如针对住房贫困问题,当地住建局进行了一次性的危房改造,但后续仍然可能会出现危房,此时的危房改造仍缺乏足够的政策支持。

水平的变动，以识别帮扶政策的减贫效应。上述扶贫实践产生的对照组和处置组使得我们能够较好地分离精准扶贫前的旧帮扶政策影响以及同时作用于处置组和对照组的经济增长因素的影响。本文建立如下用于 DID 估计的面板数据固定效应模型：

$$Y_{it}=\alpha_i+\beta_1 Poverty_i\times\delta_t+\beta_2\delta_t+\lambda X_{it}+\gamma Village_i\times\delta_t+\varepsilon_{x,t} \qquad (1)$$

式中被解释变量 Y_{it} 为第 i 家庭某维度上的贫困水平，包括收入维度、劳动能力维度、生活质量维度、教育维度和健康维度等 5 个方面。解释变量 $Poverty_i$ 表示第 i 家庭在 2015 年年底精准识别中是否被识别为贫困户，$Poverty_i$ =1 代表贫困户，否则为非贫困户；δ_t 代表年虚拟变量，包括两个虚拟变量：是否为 2016 年、是否为 2017 年；$Poverty_i\times\delta_t$ 为虚拟变量的交叉项，对应的待估计系数 β_1 代表本文关心的精准帮扶政策的减贫效应；控制变量 X_{it} 反映了家庭特征的影响，包括户主的年龄、性别、教育水平和家庭人数；$Village_i$ 表示第 i 家庭所在村庄，$Village_i\times\delta_t$ 控制了随时间变动的村庄效应；上述面板数据固定效应模型中不随时间变化的 $Poverty_i$ 的影响和村庄固定效应 $Village_i$ 被家庭固定效应吸收。由于精准扶贫政策实施前的旧帮扶政策均是在村和县级水平下实施的，本文通过控制 $Village_i$ 和 $Village_i\times\delta_t$ 能够较好地分离旧帮扶政策的影响，并且也控制了村级水平之上的经济增长因素对于减贫的影响。

（二）数据来源

在与 G 省 B 市扶贫办合作的基础上，本文对该市困难家庭的微观数据进行了追踪和收集，涵盖该市所有的 5 个县区下属 25 个乡镇的农户家庭，调查样本为包含 2015 年、2016 年和 2017 年 3 年观测值的 11411 个家庭，包括精准识别政策实施之前被认定为贫困村的所有农户、非贫困村中之前被认定为贫困户的农户、精准识别实施时非贫困村中部分新申请贫困户的农户。这些农户根据 2015 年年底至 2016 年年初精准识别的结果被区分为贫困户和非贫困户，随后贫困户开始享受精准帮扶政策支持。微观数据包括当年年底样本家庭五个维度的详细贫困信息：家庭人均纯收入、家庭劳动力和务工情况、生活质量情况（水电、入户路和住房房屋结构、装修和人均居民面积等）、家庭成员受教育情况和健康情况等，以及各年度是否被认定为贫困户、家庭所在村是不是贫困村、家庭户主性别、年龄、受教育水平、家庭人口数等村庄特征和个体特征信息。由于精准帮扶政策是在 2016 年年初开始实施的，因此 2015 年数据反映了精准帮扶政策实施前农户的贫困状况（其中贫困户和非贫困户信息则是根据精准识别来确定的），2016 年和 2017 年数据则分别代表精准帮扶政策实施 1 年和实施 2 年时所调查农户的状况。利用数据中独特的村庄特征信息，本文能够有效地剔除旧帮扶政策的影响以及村级水平之上的经济增长因素对于减贫的影响。需要说明的是，本文选择的 G 省 B 市是一个具有一定代表性的样本，通过对比该市 2015 年国民经济和社会发展统计公报与 2016 年《中国统计年鉴》的国民经济核算和人民生活方面的数据，我们发现该市的经济发展水平略高于全国平均水平而居民收入略低于全国平均水平[①]。

（三）变量定义、数据处理与描述性统计

1. 变量的定义

本文定义五个维度的贫困指标（Y_{it}）：收入贫困、劳动能力贫困、生活质量贫困、教育贫困和健康贫困。除收入贫困指标能够采取家庭人均纯收入度量外，其余贫困维度的指标并没有相应具有明确经济含义的绝对值变量来度量，因此本文采取相对数变量，依据该地区贫困识别的相应贫困得分标准赋予分值并进行归一化处理[②]，得到该维度的贫困得分。具体定义与度量过程如下。

（1）收入贫困指标由经过农村消费价格指数平减的家庭人均纯收入来度量，人均纯收入越高，收入贫困程度越低。本文采取这一指标度量的原因在于，调查样本中人均纯收入低于贫困线的比例较低，2015 年仅有 16.2% 的贫困户的人均纯收入低于贫困线、2016 年和 2017 年这一比例进一步下降为 9.2% 和 2.9%[③]，这一结果显示绝大多数的贫困户已在人均纯收入上脱贫，但其收入的变动仍然可能受到帮扶政策的影响，为捕捉这一事实，本文选择人均纯收入变量度量收入维度的贫困变动。

（2）劳动能力贫困得分由家庭劳动力和务工情况计算得出。根据贫困识别标

[①] 该市2015年的人均GDP为55409元，略高于全国人均GDP的49869元；该市2015年第一、二、三产业占经济总量的比重分别为18%、50%和32%，而全国2015年第一、二、三产业占经济总量的比重分别为8.9%、40.9%和50.2%，该市的第一产业产出占比高于全国平均水平。该市2015年城镇居民人均可支配收入和农村居民人均纯收入分别为27729元和9923元，均低于相应的全国城镇居民和农村居民人均可支配收入（分别为31194.83元和11421.71元）。

[②] 在稳健性检验部分，本文将未归一化的各维度贫困得分作为相应维度贫困的度量进行稳健性检验，结果显示本文的结论仍然成立。

[③] 该地区确定的人均收入贫困线分别为2900、3100和3300元，略高于同期的国家贫困线。

准，对农户的劳动力和务工情况进行赋值，加总得到劳动能力得分[①]并归一化处理：取3年中所有农户劳动能力维度得分的最大值和最小值，计算劳动能力贫困得分=1-（劳动能力得分-劳动能力得分最小值）/（劳动能力得分最大值-劳动能力得分最小值）。劳动能力贫困得分越高，代表农户的劳动能力贫困程度越高。

（3）生活质量贫困得分由住房状况、饮水、用电和入户路情况计算得出。根据贫困识别标准，对农户的住房状况、饮水、用电和入户路情况进行赋值，加总得到生活质量得分[②]并归一化处理：取3年中所有农户生活质量得分的最大值和最小值，计算生活质量贫困得分=1-（生活质量得分-生活质量得分最小值）/（生活质量得分最大值-生活质量得分最小值）。生活质量贫困得分越高，代表农户的生活质量贫困程度越高。

（4）教育贫困得分由家庭子女读书情况计算得出。根据贫困识别标准，对农户的家庭子女读书情况进行赋值，加总得到教育得分[③]并归一化处理：取3年中所有农户教育得分的最大值和最小值，计算教育贫困得分=1-（教育得分-教育得分最小值）/（教育得分最大值-教育得分最小值）。教育贫困得分越高，代表农户的教育贫困程度越高。

（5）健康贫困得分由家庭成员健康情况计算得出。根据贫困识别标准，对农户的家庭成员健康情况进行赋值，加总得到健康得分[④]并归一化处理：取3年中

[①] 劳动能力得分标准如下：劳动能力（16~60岁）占家庭成员50%（含）以上、占家庭成员20%（含）~50%、占家庭成员20%以下、无劳动能力的情形分别得分8、5、3、0；务工人员占家庭成员50%（含）以上、占家庭成员20%（含）~50%、占家庭成员20%以下、无的情形分别得分6、4、2、0；务工人员的年平均务工时间在半年至1年（含半年）、半年以下、无的情形分别得分4、2、0；全家外出务工一年以上且家中无人的得分15，全家外出务工3年以上且家中无人的得分30，子女外出务工或经商一年以上，家庭只有老人和小孩的得分10。

[②] 居住得分标准包括以下4个类别。住房情况：房屋是砖混或纯木结构（含在建）、砖木结构、土木结构、木瓦结构、危房或无房情形分别得分18、12、8、4、0；房屋简易装修、无装修分别得分2、0；人均居住面积20平方米以上（含20平方米）、13~20平方米（含13平方米）、13平方米以下、无房情形分别得分5、3、1、0。饮水情况：自来水、自打井水、自引山泉水或自用水塔等、水柜或水窖、全年缺水3个月以上（含3个月）或取水往返时间半小时以上的情形分别得分4、3、2、0。用电情况：已通电、未通电分别得分3、0。入户路情况：沥青或水泥路、砂石路、泥土路、简易人行路情形分别得分5、4、2、0。

[③] 教育得分标准如下：家庭无在校生、有幼儿教育或九年义务教育在校生、有高中（中职）教育在校生、有大专以下在校生情形分别得分8、5、2、0；家庭有2个小孩在高中就读或有1个小孩在大专以上就读的减10分。

[④] 健康得分标准如下：全家成员基本健康、有1人残障或患病（半年以上不能参加劳动）、有2人残障或患病（半年以上不能参加劳动）情形分别得分10、5、3；家庭成员中有1人患重大疾病或重度残疾的（半年以上不能参加劳动）、家庭成员中有2人患重大疾病或重度残疾的（半年以上不能参加劳动）情形分别减10分和减20分。

所有健康得分的最大值和最小值，计算健康贫困得分 =1-（健康得分 - 健康得分最小值）/（健康得分最大值 - 健康得分最小值）。健康贫困得分越高，代表农户的健康贫困程度越高。

2. 数据处理

在初始调查追踪 11411 个家庭样本的基础上，删除户主年龄 18 岁以下的样本和 1 个异常值样本后剩余 11302 个家庭。考虑 5 个维度的贫困得分存在部分观测值缺失，删除缺失值后剩余 11271 个家庭。由于 2015 年的非贫困户中有部分在 2016 年返贫，这些返贫户在 2017 年又会享受帮扶政策，为剔除其影响，本文进一步删除 2016 年的 140 个返贫户，最终得到 2015—2017 年平衡面板数据中的家庭样本数为 11131。

3. 变量的描述性统计

表 1 报告了 2015 年底精准识别政策识别出的贫困户和非贫困户在各维度上的贫困状况和人口统计特征。描述性统计结果显示，贫困户的人均收入显著低于非贫困户，贫困户在劳动能力、生活质量、教育和健康等 4 个维度上贫困得分均显著高于非贫困户。而且，从个体特征比较看，贫困户户主为男性的比例、户主的教育水平和家庭规模均低于非贫困户，贫困户户主的平均年龄则高于非贫困户的户主，可见贫困户相对于非贫困户较为弱势，这都表明了精准识别政策的有效性。此外，样本中贫困户在贫困村的比例约为 40%，表明精准识别政策识别出的贫困户有一半以上分散在非贫困村，贫困程度高的农户并未聚集于贫困村，这从一定程度上显示出精准到户的帮扶政策实施的必要性。

表 1　2015 年年底识别的贫困户与非贫困户特征的描述性统计

变量	贫困户		非贫困户		贫困户与非贫困户的均值差
	均值	标准差	均值	标准差	
人均纯收入	3032.15	20.39	3264.56	44.83	-232.41***
劳动能力贫困得分	0.7338	0.1924	0.6818	0.1789	0.0520***
生活质量贫困得分	0.2773	0.2238	0.2202	0.1628	0.0571***
教育贫困得分	0.3128	0.3807	0.2639	0.3418	0.0489***
健康贫困得分	0.1522	0.1955	0.0831	0.1382	0.0691***
户主是否为男性	0.8354	0.3708	0.8833	0.3211	-0.0479***
户主年龄	55.53	15.24	53.41	14.80	2.11***
户主教育水平	2.3451	0.7752	2.4139	0.7600	-0.0688***
家庭人数	4.3089	1.7800	4.5897	1.7103	-0.2807***
是否在贫困村	0.3957	0.0051	0.4758	0.0110	-0.0801***
样本量	9057		2074		

注：*、**、***分别表示 10%、5%、1% 显著性水平。

四、帮扶政策的减贫效应评估

（一）基本结果

表2报告了运用公式（1）的 DID 估计结果，时间虚拟变量和"是否贫困户"虚拟变量交叉项（$Poverty_i \times \delta_t$）的系数估计反映了帮扶政策的减贫效应。表中第（1）列估计结果控制了家庭的个体固定效应和时间效应，第（2）列增加了包含户主年龄、性别、教育水平和家庭人数的家庭特征控制变量，第（3）列增加了村—年固定效应的控制，以剔除在村级和县级水平实施的旧帮扶政策的影响以及经济增长因素的影响。比较（1）~（3）列，可以看出，$Poverty_i \times \delta_t$ 的系数估计值变动很小，在一定程度上表明，精准帮扶政策减贫效应的 DID 估计结果较为稳健。

表2 2015—2017 年全样本农户多维度贫困水平变动的估计结果

被解释变量	（1）	（2）	（3）	（1）	（2）	（3）
	人均纯收入			劳动能力贫困		
是否贫困户 × 是否 2016 年	200.732** (80.430)	180.384** (80.428)	178.020** (81.684)	−0.012*** (0.004)	−0.011** (0.004)	−0.011*** (0.004)
是否贫困户 × 是否 2017 年	1134.877*** (109.113)	1121.202*** (108.044)	1187.999*** (112.172)	−0.022*** (0.005)	−0.021*** (0.005)	−0.020*** (0.004)
时间（年）效应	控制	控制	控制	控制	控制	控制
家庭特征变量		控制	控制		控制	控制
村—年固定效应			控制			控制
家庭户数	11131	11058	11058	11131	11058	11058
R-squared	0.396	0.406	0.452	0.172	0.173	0.247
被解释变量	生活质量贫困			教育贫困		
是否贫困户 × 是否 2016 年	0.036*** (0.004)	0.036*** (0.004)	0.035*** (0.004)	−0.004 (0.003)	−0.004 (0.003)	−0.003 (0.003)
是否贫困户 × 是否 2017 年	−0.022*** (0.004)	−0.022*** (0.004)	−0.024*** (0.004)	−0.012** (0.006)	−0.010* (0.006)	−0.009 (0.006)
时间（年）效应	控制	控制	控制	控制	控制	控制
家庭特征变量		控制	控制		控制	控制
村—年固定效应			控制			控制
家庭户数	11131	11058	11058	11131	11058	11058
R-squared	0.073	0.074	0.165	0.003	0.011	0.049

续表

	（1）	（2）	（3）	（1）	（2）	（3）
被解释变量		健康贫困				
是否贫困户×是否2016年	-0.011***（0.002）	-0.011***（0.002）	-0.010***（0.002）			
是否贫困户×是否2017年	-0.007***（0.002）	-0.008***（0.002）	-0.005**（0.002）			
时间（年）效应	控制	控制	控制			
家庭特征变量		控制	控制			
村一年固定效应			控制			
家庭户数	11131	11058	11058			
R-squared	0.024	0.048	0.085			

注：（1）*、**、***分别表示10%、5%、1%显著性水平；（2）括号内报告的为以农户为单位的聚类标准误；数据为3年的平衡面板数据。

依据第（3）列的估计结果，从收入层面看，在收入贫困维度，帮扶政策的实施在2016年和2017年分别帮助贫困户人均纯收入显著增加178元和1188元，占当年贫困户人均纯收入均值的3.5%和19.7%，增加幅度分别占精准扶贫前（2015年）贫困户与非贫困户人均收入差距的76.6%和511.2%[1]。而且，帮扶政策对贫困户收入的增长作用在2017年明显高于2016年。上述结果表明，帮扶政策在收入贫困维度上的减贫效应显著，并且随着政策执行时间的延续，其减贫效应越发明显。类似的，在劳动能力贫困维度，帮扶政策也使得2016年和2017年贫困户的劳动能力贫困得分分别显著下降0.011和0.020，占2015年贫困户与非贫困户劳动力贫困得分差距的21.2%和38.5%[2]，显示出明显的减贫效应，且帮扶政策在2017年的减贫作用相较于2016年更加明显，也进一步凸显帮扶政策的有效性。

从非收入层面看，在生活质量贫困维度，交叉项的估计系数显示，享受帮扶政策的贫困户生活质量贫困的程度在2016年反而上升了，这一结果与已有研究和扶贫实践发现的贫困具有持续性的现象相一致：前两轮扶贫每当贫困人口减到3000万左右就减不动的瓶颈。在2017年政策的减贫效应才开始显现，贫困得分下降0.024，占2015年贫困户与非贫困户生活质量贫困差距的42.1%，与对劳动能力贫困的政策影响程度相当，这反映了生活质量贫困具有一定的延续性，帮扶政策需要在较长时间内才能发挥作用。在教育贫困维度，相对于非贫困户，贫困

---

[1] 经消费价格指数平减的2016年和2017年贫困户人均纯收入的均值分别为5144元和6018元。表1中2015年贫困户的人均纯收入平均比非贫困户低232.41元，则有178/232.41=76.6%，1188/232.41=511.2%。

[2] 表1中2015年贫困户的劳动能力贫困得分平均比非贫困户高0.052，则有0.011/0.052=21.2%，0.022/0.052=38.5%，下文其他维度的贫困得分变动的比例计算类似，不再一一列出。

户 2016 年和 2017 年的教育贫困程度均没有显著变动，这一结果主要反映了家庭中适龄（教育）子女数量的动态变化：教育贫困的统计指标得分是由家庭适龄子女的人数决定的，虽然帮扶政策通过教育补助的形式减轻了贫困户家庭的教育负担，但由于上述教育贫困得分的统计口径设计，教育贫困程度的变动不能体现教育补贴的作用。在健康贫困维度，贫困得分在 2016 年和 2017 年分别下降 0.010 和 0.005，占 2015 年贫困户与非贫困户健康贫困差距的 14.5% 和 7.2%，帮扶政策的减贫作用在政策实施后的两年内都比较明显，但改善程度相较于其他维度影响较小，这可能是由于帮扶政策主要通过提供更高保障程度的医疗保险来使得贫困户家庭获得更好的医疗服务，从而改善贫困户的健康贫困程度，这一影响机制较为间接，从而减贫效应较弱。此外，帮扶政策对贫困户健康贫困程度的改善在短期内更加明显，这与帮扶政策能够帮助家庭成员患病得到及时救治以降低其重病及伤残的可能性，进而促进健康贫困短期内即得到改善有关。

可以说，扶贫实践中现有帮扶政策的效果评估结果表现出以下特点：首先，除了教育贫困得分由于统计口径设计的原因没有显著变化，帮扶政策对其他四个不同维度的贫困均具有显著的减贫效应，体现出政策的有效性；其次，帮扶政策在不同维度贫困上的减贫效应存在差异，对贫困户在纯收入和劳动能力等收入层面上的减贫作用，在政策实施后的两年内都较为明显，而对生活质量等非收入层面的减贫影响需要较长时间才能显现，对健康贫困维度上的减贫影响相对较弱，体现出政策的异质性。这与朱梦冰和李实（2017）关于低保政策的收入贫困和多维贫困瞄准率差异的发现，以及陈国强等（2018）公共转移支付的减贫效应在收入贫困和多维贫困上存在差异的结论是一致的；最后是从动态监测看，随着帮扶政策实施时间的延续，对贫困户在收入、劳动能力和生活质量贫困维度的减贫效果更加明显，体现出政策的时滞性，这与尹志超等（2020）关于帮扶政策对农户信贷的支持作用随时间推移而增强的发现也是吻合的。

（二）帮扶政策在解决深度贫困问题的效果分析

本文进一步将贫困户样本划分为深度贫困和浅度贫困两个样本，考察帮扶政策对不同贫困程度贫困户减贫效应的差异。由于贫困的多维性，对贫困户按某一维度贫困程度高低进行划分并不科学，本文的划分思路如下：全样本贫困户包含了深度贫困和浅度贫困的所有贫困户，通过倾向得分匹配方法（PSM）从中筛选得到与非贫困户能够同质匹配的贫困户，这些能够匹配的贫困户自然仅代表了浅度贫困农户。基于这一区别，本文对匹配的贫困户和非贫困户样本再次进行双重差分估计，则匹配样本估计结果反映帮扶政策对浅度贫困户的影响，与全样本的估计结果进行比较，可以间接判断出帮扶政策对深度贫困户的减贫效果。倾向得分匹配的 logit 模型如下：

$$P(Poverty_i = 1) = \frac{\exp(Z_i)}{1 + \exp(Z_i)}$$

$$Z_i = \lambda_0 + \lambda_1 X_i + \lambda_2 Contro_i + \varepsilon_i \quad (2)$$

式中，与公式（1）相同，$Poverty_i$ 表示在 2015 年是否第 i 家庭被识别为贫困户；变量 X_i 代表五个维度的贫困得分，变量 $Contro_i$ 代表一组控制变量，包括户主性别、户主年龄、户主受教育水平、家庭规模以及家庭致贫原因和家庭所在村是不是贫困村，并控制了家庭所在乡镇的地区固定效应。

基于上述 logit 模型可以得出每个家庭的倾向得分，以非贫困户为标准，进一步运用 PSM 的近邻 1 对 1 无放回匹配方法，从贫困户样本中筛选出与非贫困户在贫困程度上没有差异的样本，从而建立匹配样本[①]。最终，本文得到的匹配样本中贫困户和非贫困户各为 2011 户，在贫困程度和个体统计特征上的描述性统计结果见表 3。从表 3 中可以看出，匹配样本中贫困户和非贫困户的差异均不显著，可见能够匹配的贫困户样本代表了浅度贫困农户，而未匹配的贫困户样本则代表了深度贫困农户。

表3　　　　　匹配样本可观测变量的均值及其差异

变量	贫困户	非贫困户	差值	变量	贫困户	非贫困户	差值
人均纯收入	3352.31	3263.20	89.11	户主是否男性	0.8867	0.8843	0.0025
劳动能力贫困	0.6788	0.6812	-0.0023	户主年龄	53.3306	53.3932	-0.0626
生活质量贫困	0.2127	0.2197	-0.0069	户主教育水平	2.4123	2.4136	-0.0013
变量	贫困户	非贫困户	差值	变量	贫困户	非贫困户	差值
教育贫困	0.2530	0.2638	-0.0107	家庭规模	4.6000	4.5956	0.0043
健康贫困	0.0812	0.0821	-0.0009	是否在贫困村	0.4604	0.4765	-0.0161

注：*、**、***分别表示10%、5%、1%显著性水平。

对匹配样本运用公式（1）进行双重差分估计，估计控制了家庭的个体固定效应、时间效应、家庭特征的影响和村—年固定效应，结果见表 4。帮扶政策除对浅度贫困户收入贫困维度和教育贫困的影响与全样本较为接近外，帮扶政策对浅度贫困户其他贫困维度的减贫作用均异于全样本：在生活质量和健康维度的贫困程度不仅没有改善，反而有所加剧，而对劳动能力贫困基本没有显著影响。上述结果表明，在劳动能力维度，帮扶政策对浅度贫困户在劳动力就业和务工方面基本没有影响；在生活质量和健康贫困维度，精准扶贫政策对浅度贫困户的贫困

---

① 具体估计方法及stata实现，参见陈强.高级计量经济学及Stata应用[M].北京：高等教育出版社，2014。

状况并没有得到改善，这一结果与已有研究和扶贫实践发现的贫困具有持续性的现象相一致。本文的结果进一步表明，在生活质量维度，短期内帮扶政策对浅度贫困户降低贫困的正面效应还无法抵消持续贫困的负面趋势，但在较长时期内这种负面影响逐渐变小（贫困得分由 2016 年下降 8.4% 减至 2017 年的 2.9%），帮扶政策的减贫作用应有所发挥；在教育维度，教育贫困的变动主要由家庭适龄（教育）子女的人数决定，虽然精准帮扶政策提供教育补贴，但并不直接影响教育贫困的统计指标，因此上述教育贫困变动的差异主要反映了不同家庭适龄子女数量动态变化的差异，而未能体现扶贫政策的影响；在健康维度，匹配样本与全样本估计结果的差异显示，深度贫困户相对于浅度贫困户获得了更多的健康贫困改善，这一结果的可能解释是：健康贫困指标度量了家庭成员的健康状况，帮扶政策在健康贫困上的减贫机制是通过提供较高保障程度的医疗保险使得贫困户成员得到更好的医疗服务，进而对其健康产生影响，在同样获得医疗保险的保障情形下，深度贫困户相对于浅度贫困户可能会利用更多的医疗服务，从而健康的受益程度较高。

表 4   2015—2017 年匹配样本农户多维度贫困水平变动的估计结果

被解释变量	人均纯收入	劳动能力贫困	生活质量贫困	教育贫困	健康贫困
是否贫困户 × 是否 2016 年	261.171** (108.364)	−0.003 (0.005)	0.084*** (0.006)	0.004 (0.005)	0.003 (0.002)
是否贫困户 × 是否 2017 年	1197.796*** (145.427)	−0.002 (0.006)	0.029*** (0.005)	0.012 (0.008)	0.010*** (0.003)
时间（年）效应	控制	控制	控制	控制	控制
家庭特征变量	控制	控制	控制	控制	控制
村—年固定效应	控制	控制	控制	控制	控制
家庭户数	4120	4120	4120	4120	4120
R-squared	0.445	0.267	0.199	0.084	0.116

注：（1）*、**、***分别表示10%、5%、1%显著性水平；（2）括号内报告的为以农户为单位的聚类标准误；数据为3年的平衡面板数据。

通过对全样本和匹配样本估计的比较结果可以发现，在精准帮扶政策帮扶下，不同贫困程度的贫困户收入改善并未表现出明显差异，但相对于浅度贫困户，深度贫困家庭在劳动能力、生活质量和健康等维度的贫困程度改善程度更高，即精准帮扶政策能够更有针对性地解决深度贫困问题，这也在一定程度上证实了通过精准帮扶政策解决深度贫困预期目标的实现，与王立勇和许明（2019）发现的贫困发生率越严重的地区精准帮扶政策的效应越大的结果具有一致性。

进一步地，本文将匹配样本中的贫困户（浅度贫困户）样本从全样本贫困户中剥离后，形成了深度贫困户样本，从而将两类不同贫困程度贫困户样本运用公式（1）进行DID估计（设置贫困程度虚拟变量，深度贫困户=1，否则为0），直接比较帮扶政策对两者在不同贫困维度上减贫效应的差异，估计控制了家庭的个体固定效应、时间效应、家庭特征的影响和村—年固定效应，结果见表5。可以看出，相对于浅度贫困户，精准帮扶政策对深度贫困户的收入改善没有显著差异，但在劳动能力、生活质量、健康等贫困维度方面均有更为显著的改善，体现了帮扶政策聚焦深度贫困的预期作用，本文的结论仍然成立。需要指出的是，相对于浅度贫困户，深度贫困户2016年和2017年的教育贫困得分比2015年下降更多，根据教育贫困变量的定义，这一结果表明深度贫困户的适龄教育子女的数量在2016年和2017年相对下降更多。

表5　不同贫困程度贫困户多维度贫困水平变动的估计结果

被解释变量	人均纯收入	劳动能力贫困	生活质量贫困	教育贫困	健康贫困
是否贫困户×是否2016年	−59.527 (87.205)	−0.011** (0.004)	−0.067*** (0.006)	−0.010*** (0.004)	−0.018*** (0.002)
是否贫困户×是否2017年	67.481 (113.565)	−0.022*** (0.005)	−0.069*** (0.005)	−0.031*** (0.006)	−0.021*** (0.003)
时间（年）效应	控制	控制	控制	控制	控制
家庭特征变量	控制	控制	控制	控制	控制
村—年固定效应	控制	控制	控制	控制	控制
家庭户数	8985	8985	8985	8985	8985
R-squared	0.473	0.251	0.172	0.056	0.094

注：（1）*、**、***分别表示10%、5%、1%显著性水平；（2）括号内报告的为以农户为单位的聚类标准误；数据为3年的平衡面板数据。

（三）稳健性检验

1. 安慰剂检验

为分析估计结果的稳健性，本文首先进行安慰剂检验。具体是在全样本中随机抽取模拟"处置组"和"对照组"，模拟处置组和对照组的样本量与实际处置组和对照组的样本量相同，运用公式（1）对模拟数据样本进行DID估计，估计控制了家庭特征变量、村固定效应和村—年固定效应。将该过程重复500次，得到500组描述帮扶政策减贫效应的系数估计值，其分布如图1，竖线表示表2中相应系数估计值的大小。图1的结果表明，表2中对各维度贫困指标运用DID估计得出的系数值在统计上的显著性是稳健的。

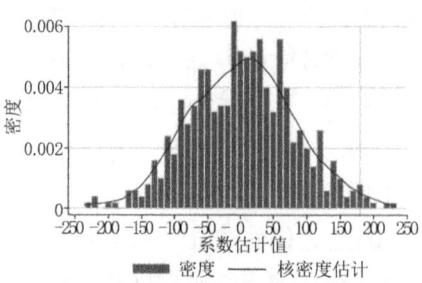
A 2016年帮扶政策增加收入效应的安慰剂检验

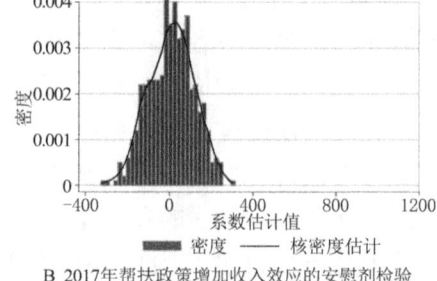
B 2017年帮扶政策增加收入效应的安慰剂检验

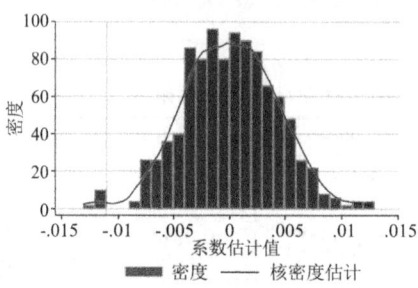
C 2016年帮扶政策降低劳动能力贫困效应的安慰剂检验

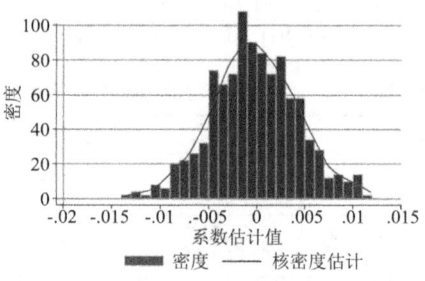
D 2017年帮扶政策降低劳动能力贫困效应的安慰剂检验

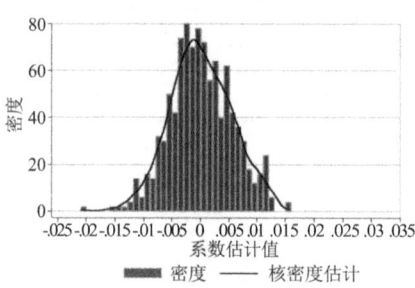
E 2016年帮扶政策降低生活质量贫困效应的安慰剂检验

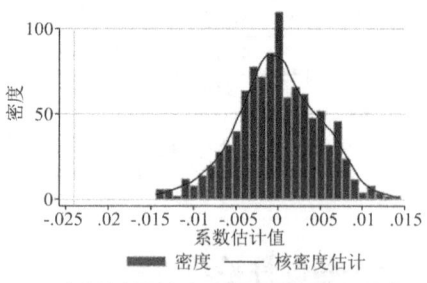
F 2017年帮扶政策降低生活质量贫困效应的安慰剂检验

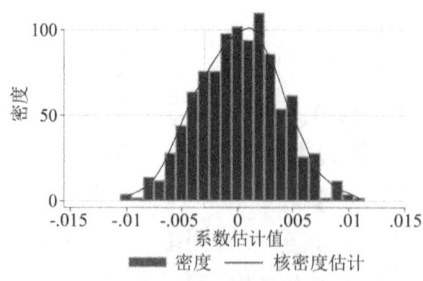
G 2016年帮扶政策降低教育贫困效应的安慰剂检验

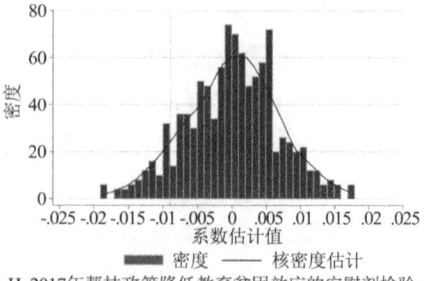
H 2017年帮扶政策降低教育贫困效应的安慰剂检验

图 1 安慰剂模拟检验（基于 500 次模拟）

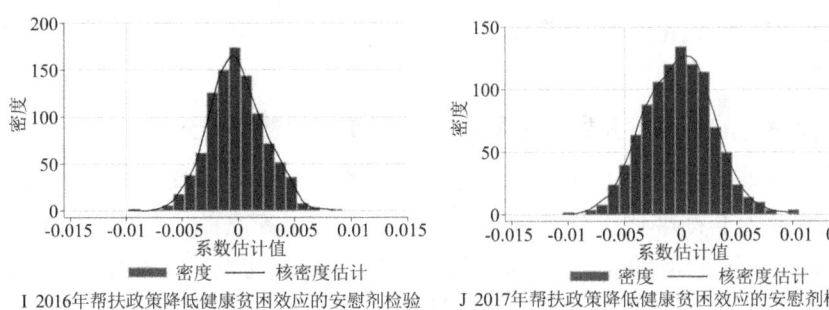

I 2016年帮扶政策降低健康贫困效应的安慰剂检验　　J 2017年帮扶政策降低健康贫困效应的安慰剂检验

续图 1 安慰剂模拟检验（基于 500 次模拟）

2. 平行趋势检验问题的讨论

双重差分策略能够识别因果效应的关键假设是处置组和对照组对象具有共同变动趋势，即如果没有被（精准帮扶政策）处置对待（treated），处置组（贫困户）在精准帮扶政策实施的前后与对照组（非贫困户）有相同的贫困变动趋势。然而，精准帮扶政策的实施就是为了解决贫困中的深度贫困问题，精准帮扶政策"改变了以往新（贫困线）标准实施后减贫人数逐年递减的趋势，打破了前两轮扶贫每当贫困人口减到 3000 万左右就减不动的瓶颈"。汪三贵（2020）总结了这一减贫瓶颈问题的背后逻辑："因为以同一个贫困标准衡量，越到后面剩余的贫困人口贫困程度越深，能力越差。能力强的人在经济发展的带动下和区域扶贫开发过程中早就脱贫了，发展能力弱的这一群人靠一般的经济增长和区域扶贫开发是带不动的。往往表现为越到后期，贫困人口减少得越慢"。上述减贫瓶颈问题表明，在没有精准帮扶政策时，贫困户在贫困改善程度上会低于非贫困户，这并不满足上述共同趋势假设，因此 DID 估计会受到选择性偏差（selection bias）的影响。

然而，如 Pesko 和 Currie（2019）、Nicholas 和 Maclean（2019）所指出的，如果选择性偏差导致的趋势变动与识别的处置效应方向相反并且处置效应占优，则上述估计结果仍然显著，且与处置效应的方向相一致并仅仅反映了处置效应的下限，即选择性偏差的存在不仅不会遮掩因果效应，反而使得估计得出的因果效应更为突出。实践中，如前所述，出现减贫瓶颈的现象表明在没有精准帮扶政策时贫困户的改善程度会低于非贫困户，而表 2 报告的以贫困户为处置组、以非贫困户为对照组进行的 DID 估计结果显示，受到精准帮扶政策扶持的贫困户的贫困改善程度显著高于非贫困户，估计结果与没有精准帮扶政策时的减贫效应方向相反，这表明精准帮扶政策的真实减贫效应应当比 DID 估计结果更为突出，表 2 的 DID 估计结果低估了真实的减贫效应。因此，即使存在选择性偏差问题，本文仍然可以使用 DID 估计方法对精准帮扶政策的减贫效应进行因果识别,并且 DID 估计结果仅代表了精准帮扶政策减贫效应的下限,这对我们评估政策的有效性没有根本影响。

3. 将标准化的各维度贫困得分替换为非标准化的贫困得分

为检验多维贫困指标方法选取对考察结果的稳健性,本文将各贫困维度的标准化得分替换为非标准化得分进行估计,估计控制了家庭的个体固定效应、时间效应、家庭特征的影响和村—年固定效应,估计结果见表 6。与表 2 和表 4 相比较,所有的系数估计结果的符号和显著性水平均非常接近,表明贫困得分的标准化变换不影响本文的基本结果。

表 6 　　以非标准化贫困指标为被解释变量的估计结果

样本	关键解释变量	被解释变量			
		劳动能力贫困	生活质量贫困	教育贫困	健康贫困
全样本	是否贫困户×是否2016年	-0.379*** (0.134)	0.797*** (0.103)	-0.051 (0.061)	-0.270*** (0.050)
	是否贫困户×是否2017年	-0.654*** (0.145)	-0.546*** (0.088)	-0.163 (0.106)	-0.141** (0.062)
匹配样本	是否贫困户×是否2016年	-0.090 (0.175)	1.941*** (0.143)	0.075 (0.081)	0.094 (0.058)
	是否贫困户×是否2017年	-0.069 (0.187)	0.659*** (0.113)	0.217 (0.137)	0.282*** (0.073)

注:(1)*、**、***分别表示10%、5%、1%显著性水平;(2)括号内报告的为以农户为单位的聚类标准误;数据为3年的平衡面板数据。表中的估计均控制了家庭的个体固定效应、时间效应、家庭特征的影响和村—年固定效应。

五、帮扶政策减贫效应的进一步分析

(一)不同维度贫困的成因及不同类型帮扶措施的减贫效应分析

本文进一步考察 G 省 B 市贫困户不同维度贫困的成因以及主要实施的产业扶贫、金融扶贫、基础设施扶贫和教育扶贫等 4 类帮扶措施的减贫效应[1]。本文的调查数据包含了贫困户的主要致贫原因的信息,在 2015 年底精准识别时识别了每一贫困户的主要致贫原因,致贫原因包括:"缺劳力"、"缺技术"、"交通条件落后"、"缺水"、"因灾"、"缺资金"、"因学致贫"、"因病致贫"、"因残致贫"、

---

[1] 如前文所述,由于健康扶贫的社保兜底是市级层面的政策、针对所有贫困户同时进行,健康帮扶措施缺乏变动性,无法与精准帮扶政策的总体效应分离,因此本文未考察健康扶贫的减贫效应。

"自身发展动力不足"和"缺土地"等，贫困户的主要致贫原因为上述致贫原因中的一种。本文将"缺劳力"和"缺技术"为主要致贫原因的农户归类为"发展能力不足致贫"，将"交通条件落后"、"缺水"、"缺土地"、"因灾"归类为"基础设施不足致贫"，将"因病致贫"和"因残致贫"归类为"因病残致贫"，根据农户的上述分类别的主要致贫原因，得出下述农户各维度贫困得分的统计描述，见表7。相比于其他贫困户，主要致贫原因为发展能力不足的贫困户有更低的收入水平和更高程度的劳动能力贫困；由于主要致贫原因是唯一的，上述主要致贫原因不是发展能力不足的贫困户则是由于其他原因致贫的，这解释了为什么其他贫困户在生活质量、教育和健康维度的贫困水平更高。基础设施不足和缺资金致贫的贫困户的生活质量贫困程度均更高，因学致贫的贫困户的教育贫困程度更高，因病残致贫的贫困户的收入更低、劳动能力贫困和健康贫困的程度更高，而因发展动力不足致贫的贫困户仅在生活质量维度上贫困水平略高，而在劳动能力、教育和健康维度的贫困水平更低，总体上在贫困户中处于更优越的位置。上述描述性统计结果显示，收入和劳动能力贫困主要由发展能力不足和家庭成员出现病残导致；生活质量贫困主要由基础设施不足和缺乏资金导致，发展动力不足也有一定影响；教育贫困和健康贫困则分别由家庭适龄（教育）子女就学和家庭成员出现病残引发的。

表7 各类主要致贫原因的贫困户多维贫困得分的描述性统计

主要致贫原因	样本量	人均纯收入	劳动能力贫困得分	生活质量贫困得分	教育贫困得分	健康贫困得分
发展能力不足致贫的贫困户	1749	2924.01	0.7702	0.2585	0.2557	0.1148
非因发展能力不足致贫的贫困户	7308	3058.03	0.7251	0.2773	0.3265	0.1611
均值差	—	-134.03***	0.0452***	-0.0233***	-0.0708***	-0.0463***
基础设施不足致贫的贫困户	232	3111.56	0.6863	0.3471	0.2586	0.0718
非因基础设施不足致贫的农户	8825	3030.07	0.7350	0.2754	0.3142	0.1543
均值差	—	81.49	-0.0488***	0.0716***	-0.0556***	-0.0825***
缺资金致贫的贫困户	1851	3081.70	0.7286	0.3646	0.2410	0.0977
非因缺资金致贫的农户	7206	3019.43	0.7351	0.2549	0.3312	0.1662
均值差	—	62.27	-0.0065	0.1097***	-0.0902***	-0.0685***
因学致贫的贫困户	1706	3346.23	0.6897	0.2275	0.7152	0.0671
非因学致贫的农户	7351	2959.26	0.7440	0.2888	0.2194	0.1720

续表

主要致贫原因	样本量	人均纯收入	劳动能力贫困得分	生活质量贫困得分	教育贫困得分	健康贫困得分
均值差	—	386.97***	-0.0543***	-0.0613***	0.4958***	-0.1049***
因病残致贫的贫困户	2959	2883.43	0.7602	0.2537	0.1779	0.2748
因病残致贫的农户	6098	3104.32	0.7210	0.2887	0.3783	0.0927
均值差	—	-220.89***	0.0393***	-0.0350***	-0.2004***	0.1820***
自身发展动力不足致贫的贫困户	560	3002.27	0.6514	0.2944	0.2381	0.0940
非自身发展动力不足致贫的农户	8497	3034.12	0.7392	0.2761	0.3177	0.1560
均值差	—	31.85	-0.0878***	0.0183*	-0.0796***	-0.0620***

针对上述不同致贫原因导致的不同维度的贫困，本文进一步考察产业扶贫、金融扶贫、基础设施扶贫和教育扶贫等四类帮扶措施减贫效应的针对性。为此建立如下帮扶措施变量：如果某一贫困户在2016年得到一次以上的某类帮扶措施，对应的2016年的该类帮扶措施变量值取为1，否则取为0；如果某一农户在2016年和2017年各得到一次以上的某类帮扶措施，对应的2017年的该类帮扶措施变量值取为2，如果2016年和2017年只得过一年的，对应的2017年的该类帮扶措施变量值取为1，否则取为0。表8报告了全样本的各类帮扶措施减贫效应的估计结果，估计结果控制了家庭的个体固定效应、时间效应、家庭特征的影响和村—年固定效应。

表 8 2015—2017年不同帮扶措施减贫效应的估计结果（全样本）

被解释变量	人均纯收入	劳动能力贫困	生活质量贫困	教育贫困	健康贫困
产业扶贫	551.716*** (72.388)	-0.026*** (0.003)	-0.003 (0.003)	-0.012*** (0.004)	0.001 (0.002)
金融扶贫	382.176*** (61.442)	0.000 (0.003)	-0.027*** (0.003)	-0.004 (0.004)	-0.005 (0.004)
基础设施扶贫	-135.394 (117.819)	-0.019*** (0.005)	-0.040*** (0.008)	-0.004 (0.007)	-0.005 (0.004)
教育扶贫	-247.406*** (76.080)	-0.007* (0.004)	0.005 (0.005)	0.102*** (0.007)	0.004 (0.003)
时间（年）效应	控制	控制	控制	控制	控制
家庭特征变量	控制	控制	控制	控制	控制
村—年固定效应	控制	控制	控制	控制	控制
家庭户数	10443	10443	10443	10443	10443
R-squared	0.460	0.249	0.165	0.072	0.086

注：(1) *、**、***分别表示10%、5%、1%显著性水平；(2) 括号内报告的为以农户为单位的聚类标准误；数据为3年的平衡面板数据。

估计结果显示，产业扶贫、金融扶贫和基础设施扶贫的减贫效应表现出明显的针对性。作为针对发展能力不足的帮扶措施，产业扶贫显著改善了收入和劳动能力贫困；作为针对缺资金的帮扶措施，金融扶贫显著改善了生活质量贫困；作为针对基础设施不足的帮扶措施，基础设施扶贫显著改善了生活质量贫困。与此同时，不同的帮扶措施在改善多维度贫困上表现出明显的"溢出效应"：金融扶贫通过提供更多的资金支持贫困户增收、显著提高了贫困户的收入；基础设施扶贫通过改善基础设施条件有助于降低贫困户进行劳动供给的成本，从而增加了劳动供给、显著改善了劳动能力贫困；教育扶贫在显著减少贫困户收入的同时略微改善劳动能力贫困，出现上述结果的一个可能原因是，教育扶贫通过解决贫困户孩子的就学问题，一方面使得辍学打工的贫困户孩子返校就读，导致短期内可能减少贫困户的收入，另一方面使得贫困户孩子的就业能力提高，并且随着家庭中就读子女年龄的增加，贫困户的劳动力占比会上升，从而出现上述的结果。

然而，上述四个类别的帮扶措施均未能显著改善贫困户的健康贫困，这也体现了进行专项健康扶贫的必要性，如前文所述，由于所调查的G省B市的健康扶贫帮扶措施是在市级层面针对所有贫困户同时开展的，本文难以区分该专项健康扶贫措施与整体精准扶贫帮扶政策的影响，这一问题只能留待于以后更深入地研究。另外，教育扶贫对于教育贫困影响的估计系数显著为正，其原因在于，根据教育贫困的统计口径，教育贫困的变动主要反映了贫困户适龄（教育）子女数量的动态变化，并不直接体现不同帮扶措施的扶贫效果，教育扶贫是为贫困户有适龄子女推出的，由于教育帮扶政策有针对性地被给予了存在教育贫困的贫困户，这解释了为什么教育扶贫针对的贫困户反而有更高的教育贫困水平。与之相一致，由于产业扶贫的贫困户对象中可能有相对更少的适龄子女数量（因发展能力不足致贫的贫困户的教育贫困水平更低），从而估计结果显示，产业扶贫针对的贫困户有更低的教育贫困水平。

为考察帮扶措施对于不同贫困程度贫困户的影响，本文运用匹配样本对4类精准帮扶措施的减贫效应进行了估计，结果见表9，估计控制了家庭的个体固定效应、时间效应、家庭特征的影响和村一年固定效应。可以看到，产业扶贫和金融扶贫减贫效应的针对性对于浅度贫困户仍然保持。然而，基础设施扶贫的针对性影响不再显著，这一原因可能源于浅度贫困户的自身条件相对较好，对基准设施条件改善的依赖不大，基础设施扶贫对其的帮助作用不甚明显。从"溢出效应"看，基础设施扶贫仍然显著改善了浅度贫困户的劳动能力贫困。然而，产业扶贫对于浅度贫困户的生活质量贫困和健康贫困有负面影响，金融扶贫对于浅度贫困户的劳动能力贫困也产生了负面影响，上述结果反映了产业扶贫和金融扶贫帮扶措施对不同致贫原因贫困户的作用存在差异：发展能力不足的浅度贫困户，其生活质量贫困和健康贫困的程度相对较低，产业扶贫措施带来其生产发展投入的提升，在资源总体有限的情况下短期内无法对其生活质量和健康状况产生直接影响；金融扶贫政策也会出现类似情况。教育扶贫对于浅度贫困户的影响与总体贫困户的影响方向相一致。这进一步表明，精准帮扶措施必须根据致贫原因实施因人制宜、因地制宜，缺乏精准性、针对性的帮扶措施未必能够有效改善贫困状况。同时，多种帮扶措施综合施策，是应对多维度贫困的应当之举，任何单一手段的帮扶措施无法解决多维度贫困状况。

比较表8和表9中各类帮扶措施对于各维度贫困影响的系数估计值，可以看出，除了基础设施扶贫影响劳动能力贫困的估计系数外，表9估计得出的不同帮扶措施减贫效应规模均小于表8中对应的估计，表明四类帮扶措施对于深度贫困户的减贫效应总体上更为明显。

表9 2015—2017年不同帮扶措施减贫效应的估计结果（匹配样本）

被解释变量	人均纯收入	劳动能力贫困	生活质量贫困	教育贫困	健康贫困
产业扶贫	540.652*** （109.373）	−0.017*** （0.005）	0.024*** （0.005）	−0.001 （0.006）	0.008*** （0.003）
金融扶贫	291.888** （127.597）	0.012** （0.005）	−0.011** （0.005）	0.001 （0.008）	−0.004 （0.003）
基础设施扶贫	−50.250 （230.836）	−0.033*** （0.009）	−0.016 （0.012）	−0.015 （0.010）	−0.001 （0.005）
教育扶贫	−452.877** （183.144）	−0.009 （0.008）	−0.009 （0.009）	0.121*** （0.016）	0.006 （0.005）
时间（年）效应	控制	控制	控制	控制	控制
家庭特征控制变量	控制	控制	控制	控制	控制
村—年固定效应	控制	控制	控制	控制	控制
家庭户数	3506	3506	3506	3506	3506
R-squared	0.461	0.265	0.168	0.120	0.126

注：（1）*、**、***分别表示10%、5%、1%显著性水平；（2）括号内报告的为以农户为单位的聚类标准误；数据为3年的平衡面板数据。

（二）村庄和个体特征视角下减贫效应的异质性分析

本文根据农户所在村是否贫困村等村庄特征以及户主性别、户主年龄、户主教育水平和家庭规模等个体特征，分别考察了帮扶政策减贫效应的异质性，估计控制了家庭的个体固定效应、时间效应、家庭特征的影响、村—年固定效应和所有的低阶项及其交叉项，关键交叉项系数的估计结果见表10。

表 10　村庄及农户特征下农户多维度贫困水平变动的估计结果

关键解释变量	被解释变量				
	人均纯收入	劳动能力贫困	生活质量贫困	教育贫困	健康贫困
是否贫困户 × 是否2016年 × 是否贫困村	1294.288*** (164.968)	0.009 (0.008)	−0.016* (0.009)	−0.007 (0.007)	0.000 (0.004)
是否贫困户 × 是否2017年 × 是否贫困村	1039.830*** (224.695)	0.016* (0.009)	−0.034*** (0.008)	−0.009 (0.012)	0.006 (0.005)
是否贫困户 × 是否2016年 × 户主是否为男性	431.974* (255.054)	0.011 (0.013)	0.004 (0.014)	−0.008 (0.011)	0.002 (0.006)
是否贫困户 × 是否2017年 × 户主是否为男性	636.507* (330.762)	0.021 (0.013)	−0.004 (0.012)	−0.000 (0.016)	−0.005 (0.007)
是否贫困户 × 是否2016年 × 户主年龄是否小于45岁（包括45岁）	498.565*** (165.200)	0.008 (0.008)	−0.001 (0.009)	0.001 (0.007)	−0.002 (0.004)
是否贫困户 × 是否2017年 × 户主年龄是否小于45岁（包括45岁）	787.242*** (227.580)	0.008 (0.009)	0.002 (0.008)	0.001 (0.012)	−0.010** (0.005)
是否贫困户 × 是否2016年 × 户主教育水平为初中及以上	270.234* (161.779)	−0.007 (0.008)	−0.017* (0.009)	0.010 (0.007)	0.004 (0.004)
是否贫困户 × 是否2017年 × 户主教育水平为初中及以上	404.941* (217.733)	−0.004 (0.009)	−0.019** (0.007)	0.011 (0.012)	−0.004 (0.005)
是否贫困户 × 是否2016年 × 家庭人数是否4人以上（不包括4人）	263.616* (158.853)	0.005 (0.008)	0.014 (0.009)	0.007 (0.007)	0.010*** (0.004)
是否贫困户 × 是否2017年 × 家庭人数是否4人以上（不包括4人）	168.383 (209.618)	0.010 (0.009)	0.006 (0.008)	0.021** (0.012)	0.007 (0.004)

注：（1）*、**、***分别表示10%、5%、1%显著性水平；（2）括号内报告的为以农户为单位的聚类标准误。数据为3年的平衡面板数据。表中的估计均控制了家庭的个体固定效应、时间效应、家庭特征的影响和村—年固定效应。

村庄特征的异质性结果显示，相对于非贫困村，在贫困村里贫困户的收入和生活质量改善的程度更高，表明帮扶政策在这两个维度上对贫困村的减贫效果更为突出；而帮扶政策对贫困村里贫困户在劳动能力贫困的改善程度上则低于非贫困村，可能的原因是：非贫困村的农户更倾向于外出打工，此时精准帮扶政策在这个维度上的激励效果更为显著。此外，在教育和健康贫困维度上，帮扶政策对贫困村与非贫困村并没有显著差别。

家庭特征的异质性结果显示，在收入维度上，家庭特征的影响表现出明显的异质性，具有相对优势的贫困户（户主为男性、户主年龄小于 45 岁、户主的教育水平为初中及以上、家庭人数更多）利用帮扶政策获得更多的收入增长。而在其他贫困维度上，除户主具有高教育水平的贫困户获得了更多的生活质量改善外，帮扶政策的影响未显示出明显差别，表明精准帮扶政策的减贫效应在非收入维度的贫困改善方面具有普惠性的一面。

六、结论

本文以 G 省 B 市 2015—2017 年开展的扶贫工作实践为契机，基于 11131 户贫困家庭微观追踪数据，从多维贫困的视角运用双重差分方法对现有帮扶政策的实施效果进行科学评估。研究发现，现有帮扶政策对贫困户收入、劳动能力、生活质量和健康 4 个不同维度的贫困均具有显著的减贫效应，实现了政策的有效性。但帮扶政策在不同贫困维度上的减贫作用表现出明显差异，对贫困户在纯收入和劳动能力等收入层面上的减贫作用，在政策实施后的两年内都较为明显，而对生活质量等非收入层面的减贫影响需要较长时间才能显现，对健康贫困维度上的减贫影响相对较弱。同时，从动态监测看，帮扶政策随着实施时间的延续，对贫困户在收入、劳动能力和生活质量贫困维度的减贫效果更加明显，体现出政策的时滞性。此外，不同贫困程度的贫困户收入改善并未表现出明显差异，但相对于浅度贫困户，深度贫困家庭在劳动能力、生活质量和健康等维度的贫困程度改善程度更高，即现有帮扶政策能够更有针对性地解决深度贫困问题。

针对不同致贫原因导致的多维贫困，产业扶贫、金融扶贫和基础设施扶贫的帮扶措施的减贫效应表现出明显的针对性。与此同时，不同的帮扶措施在多维贫困改善上还表现出明显的"溢出效应"：金融扶贫通过提供更多的资金显著提高了贫困户的收入；基础设施扶贫通过改善基础设施条件有助于降低贫困户进行劳动供给的成本，从而增加了劳动供给、显著改善了劳动能力贫困；教育扶贫略微改善劳动能力贫困。总体上，不同帮扶措施对深度贫困户的贫困改善作用更显著。

进一步地，通过村庄特征的异质性分析发现，相对于非贫困村，在贫困村里贫困户的收入和生活质量改善的程度更高，表明帮扶政策在这两个维度上对贫困村的减贫效果更为突出，而帮扶政策对贫困村里贫困户在劳动能力贫困的改善程度上则显著低于非贫困村。农户个体特征的异质性结果显示，具有相对优势的贫困户（户主为男性、户主年龄小于 45 岁、户主的教育水平为初中及以上、家庭人数更多）利用帮扶政策获得更多的收入增长；除户主具有高教育水平的贫困户获得了更多的生活质量改善外，帮扶政策对于不同家庭特征的贫困户非收入贫困的改善程度没有显著区别，表明精准帮扶政策在非收入维度的减贫效应具有普惠性的一面。

本文还发现，贫困指标设计的可实施性和事后评价之间可能存在内在的矛盾，这一问题需要引起重视。作为精准识别的重要维度，为了识别因学致贫的问题，精准扶贫实践中一个得到广泛应用的方法是，统计农户适龄（教育）子女的数量作为教育维度的贫困得分，这一教育贫困的度量方式的优点是可靠易行且较为公平，但由此产生的一个问题是，无法利用这一指标从教育贫困的维度对帮扶政策进行事后评价，因为这一指标在扶贫政策各年的变动主要反映了贫困户适龄（教育）子女数量的动态变化，并不直接体现帮扶政策的扶贫效果。实际上，G省B市在扶贫工作中，作为事后评价采取"八有一超"的标准，其中将"有义务教育保障"作为教育维度脱贫的评价标准，不同于精准识别使用的教育贫困的评价指标。

总体上，本文基于对G省B市进行的为期3年的精准扶贫实践的追踪数据，得出的研究结果显示我国近年来实施的精准帮扶政策在改善多维贫困、发挥扶贫攻坚作用方面成效突出，但其减贫效果在不同贫困维度以及不同贫困程度上均表现出明显的异质性，重要原因在于贫困具有持续性，扭转贫困趋势的帮扶政策需要因地因户施策，也进一步佐证了帮扶政策的效果评估必须从包括多维贫困在内的系统性视角进行深入研究，各地区的帮扶政策的效果评估需要结合当地扶贫实践建立多层次多视角的系统性多维评估分析框架，这为我国"后脱贫攻坚时代"巩固和拓展脱贫攻坚成果提供了一个案例性的示范研究。

本文的研究结论对于推进新时期解决我国相对贫困问题的政策设计、实现与乡村振兴的有效衔接具有良好启示。本文发现，相对于人均纯收入和劳动能力等收入层面贫困程度的显著改善，贫困户在生活质量和健康等非收入层面上的提升还有待加强。从多维贫困的视角进一步优化帮扶政策措施，完善扶贫成果巩固和拓展的考核机制，将脱贫攻坚时期已经证明行之有效的系列帮扶政策措施继续加以坚持并根据情况变化不断完善，吸收借鉴到乡村振兴战略的实施工作中，既是衔接乡村振兴的重要手段，也是全面建设社会主义现代化国家的应有之义。

参考文献

[1] 陈国强，罗楚亮，吴世艳．公共转移支付的减贫效应估计——收入贫困还是多维贫困？[J]．数量经济技术经济研究，2018（5）．
[2] 陈强．高级计量经济学及Stata应用[M]．北京：高等教育出版社，2014．
[3] 贾俊雪，秦聪，刘勇政．自上而下"与"自下而上"融合的政策设计——基于农村发展扶贫项目的经验分析[J]．中国社会科学，2017（9）．
[4] 李芳华，张阳阳，郑新业．精准扶贫政策效果评估——基于贫困人口微观追踪数据[J]．经济

研究，2020（8）．

[5] 李棉管．技术难题，政治过程与文化结果——"瞄准偏差"的三种研究视角及其对中国"精准扶贫"的启示 [J]．社会学研究，2017（1）．

[6] 刘子宁，郑伟，贾若，景鹏．医疗保险、健康异质性与精准脱贫——基于贫困脆弱性的分析 [J]．金融研究，2019（5）．

[7] 沈宏亮，张佳．精准扶贫政策对建档立卡户收入增长的影响 [J]．改革，2019（12）．

[8] 王立勇，许明．中国精准扶贫政策的减贫效应研究：来自准自然实验的经验证据 [J]．统计研究，2019（12）．

[9] 汪三贵．中国扶贫绩效与精准扶贫 [J]．政治经济学评论，2020（1）．

[10] 王雨磊．数字下乡：农村精准扶贫中的技术治理 [J]．社会学研究，2016（6）．

[11] 尹志超，郭沛瑶，张琳琬．"为有源头活水来"：精准扶贫对农户信贷的影响 [J]．管理世界，2020（2）．

[12] 张全红，周强．精准扶贫政策效果评估——收入、消费、生活改善和外出务工 [J]．统计研究，2019（10）．

[13] 朱梦冰，李实．精准扶贫重在精准识别贫困人口——农村低保政策的瞄准效果分析 [J]．中国社会科学，2017（9）．

[14] Nicholas, L. H. and Maclean, J. C., 2019, "The Effect of Medical Marijuana Laws on the Health and Labor Supply of Older Adults: Evidence from the Health and Retirement Study", *Journal of Policy Analysis and Management*, 38（2），pp.455～480.

[15] Park, A., Wang, S. and Wu, G., 2002, "Regional Poverty Targeting in China", *Journal of Public Economics*, 86（2），pp.123～153.

[16] Permanyer, I., 2014, "Assessing Individuals' Deprivation in a Multidimensional Framework", *Journal of Development Economics*, 109，pp.1～16.

[17] Pesko, M. F. and Currie, J. M., 2019, "E-cigarette Minimum Legal Sale Age Laws and Traditional Cigarette Use Among Rural Pregnant Teenagers", *Journal of Health Economics*, 66，pp.71～90.

农村人居环境整治效果评估*
——基于全国7省农户面板数据的实证研究

李冬青[1,2]　侯玲玲[1]　闵　师[3]　黄季焜[1]

（1 北京大学现代农学院；2 中国农业科学院农业经济与发展研究所；3 华中农业大学经济管理学院）

摘要：总结农村人居环境三年整治行动治理经验、分析治理政策作用机理、评估整治行动实施效果，有助于新一轮"提升五年行动"的顺利落实。在理论分析环境政策工具激励农户参与人居环境治理的基础上，本文利用全国7省1450余农户面板数据，从户厕使用、生活垃圾处理和生活污水处理三方面系统描述了我国农村人居环境的发展趋势和现状，并采用工具变量—固定效应模型定量评估了农村人居环境整治的实施效果及作用机制。结果表明，综合使用给农户发放补贴、政府直接投入公共环境设施和建立公共设施管护制度（如收费制度）等政策工具，有效地提升了农户的卫生厕所使用、生活垃圾集中处理和生活污水集中处理等人居环境指标，是改善农村人居环境的重要推力。尽管整治行动初见成效，但仍存在人居环境地区不均衡、发展不充分等问题。针对这些现实问题，本文提出了建立健全人居环境治理长效机制的具体建议。

关键词：改厕项目　垃圾治理　污水治理　整治效果　政策工具

一、引　言

农村人居环境治理是全面实施乡村振兴战略的重要任务，也是推进农村基础设施建设和城乡基本公共服务均等化的重要环节。基本公共服务均等化是缩小城乡差距、实现城乡融合的重要目标，但由于我国的基础设施投入和基本公共服务供给总量有限（郭小聪、代凯，2013），导致投向农村地区的公共资源优先用于

---

* 原载《管理世界》2021年第10期。

与生产生活密切相关的道路设施、灌溉设施和饮水设施（罗仁福等，2011），而卫生厕所、垃圾治理和污水治理等人居环境基础设施和服务的供给不足。虽然近年来对人居环境设施的投入有所增加，农村人居环境也在不断改善（马军旗、乐章，2020；王宾、于法稳，2021），但由于长期的治理失位，农村人居环境整体上仍处于较低水平（罗万纯，2014；于法稳，2021），是社会经济发展的突出短板。

为加强农村人居环境治理，满足农村居民对美好环境日益增长的需求，中央出台了一系列支持政策。早在2010年，中央一号文件就提出要"搞好垃圾、污水处理，改善农村人居环境"。党的十八大以来，农村人居环境治理力度加强。2014年，国务院办公厅发布《关于改善农村人居环境的指导意见》，指出"以村庄环境整治为重点，全面提升农村人居环境质量"。2018年，在乡村振兴背景下，《农村人居环境整治三年行动方案》发布，明确了"开展厕所粪污治理、推进农村生活垃圾治理、梯次推进农村生活污水治理"三大重点任务。三年整治行动收官之际，厘清农村人居环境现状、总结整治行动实施经验，不仅有助于解决人居环境整治过程中存在的问题，落实2021年中央一号文件提出的"实施农村人居环境整治提升五年行动"，也有利于政策制定者建立健全农村人居环境长效治理机制。

农村居民是农村人居环境整治的受益主体，其参与程度决定人居环境治理的成效。已有研究表明收入水平和环境认知等个体因素，以及交通条件和社会监督等社会经济因素主要影响着农户改善人居环境的意愿（唐林等，2019b；唐洪松，2020）。然而，随着农民收入增加、环境意识提升和农村社会经济发展，农户自发的人居环境改善行动依然动力不足（卞素萍，2020）。在此背景下，分析人居环境治理政策工具（如补贴、投资和收费）在农户参与人居环境治理中起到的作用具有学术与现实意义，是本文研究重点。

为了全面系统的考察农村人居环境及整治效果，本文以具有代表性和时效性的全国7省1450余户农户调研的面板数据①为基础，从户厕使用、生活垃圾处理和生活污水处理三方面系统描述我国农村人居环境的现状及其发展趋势，并采用工具变量—固定效应模型对改厕项目、垃圾治理和污水治理的实施效果进行分析，重点关注农户补贴、直接投资公共环境设施和收费制度3种政策干预措施对农户参与人居环境整治的作用效果。

本文的贡献主要体现在以下三个方面。第一，利用大规模农户调查数据，从人居环境方面来描述农村基础设施建设和公共服务均等化现状，有助于全面考察

---

① 在代表性方面，7个样本省份不仅从空间分布上覆盖东北（辽宁）、华北（河北）、华东（浙江）、华中（湖北）、华南（广东）、西南（四川）和西北（陕西）七大区域，还覆盖不同经济发展水平的地区，如经济较发达的浙江和广东、经济水平欠发达的陕西和四川。在时效性方面，采用2019年底的跟踪调研数据，可以反映最新的农村人居环境情况。

农村基础设施建设和公共服务均等化进程。第二，从农村居民的实际参与情况和满意程度两方面对农村人居环境整治的实施效果进行评估，并进一步研究影响人居环境整治效果的政策机制、分析不同地区整治效果的异质性。与仅单一关注农民参与意愿或满意度的研究相比，本文较为全面和系统的研究结论更具有政策参考价值。第三，本文也是首次从农村人居环境视角，理论并实证分析环境政策工具对个体参与的影响，丰富了评估环境治理政策效果的研究。

本文其他章节安排如下：第二部分是文献综述；第三部分阐述理论分析框架，分析政府环境干预措施的作用机制；第四部分介绍数据来源，并对相关变量进行界定；第五部分分别从农户和村庄层面对农村人居环境治理现状及变化趋势进行描述性统计分析；第六部分为人居环境整治效果评估的实证模型及结果分析；第七部分为研究结论及政策建议。

二、文献综述

农村居民享有的基本公共服务水平远低于城市居民（郭小聪、代凯，2013），推进农村基础设施和基本公共服务建设是城乡全面融合的重要组成部分（谭明方、陈薇，2020），也是缩小城乡差距的重要举措。一直以来，学术界普遍认同道路促进农村发展和农民就业（邓蒙芝等，2011；Asher and Pual，2020）、灌溉提升农业生产率（汪小勤、姜涛，2009）、饮水关乎农村居民健康（Mangyo，2008），在实际中用于农村的公共资源也集中投向道路、灌溉和饮水设施。相对地，对人居环境的基础性地位重视不够，用于农村人居环境治理的公共资源不足，城乡之间的人居环境差距依然很大。以污水治理为例，2019年城市和县城的污水处理率均在93%以上，而农村地区的污水处理率不足33%[①]。落后的农村人居环境不仅影响农村居民的健康（Hammer and Spears，2016；姜琳等，2019），也影响农村居民的满足感和幸福感。为补足农村人居环境短板，近年来公共资源开始向人居环境治理倾斜，政府部门对人居环境治理的投入力度加大，2019年和2020年中央财政每年投入100多亿元资金用于农村人居环境整治，重点支持"厕所革命"和中西部地区的人居环境基础设施建设[②]。

随着政府部门对人居环境治理的关注提升，不少学者对农村人居环境发展状

[①] 数据来源于住房和城乡建设部发布的《2019中国城乡建设统计年鉴》，网址链接如下：http://www.mohurd.gov.cn/xytj/index.html。

[②] 数据来源于中国政府网，网址链接如下：http://www.gov.cn/xinwen/201907/12/content_5408551.htm；新华网，网址链接如下：http://www.xinhuanet.com/2020-07/24/c_1126283046.htm。

况及农户参与人居环境治理进行探讨，相关研究为政策制定和人居环境整治实践提供了决策依据。在农村人居环境发展状况方面，已有文献的研究结果表明，农村人居环境整体上不断改善，厕所卫生程度、垃圾和污水的处理方式均有所改观，但这种改善是低水平的提升，人居环境不充分、不平衡发展依然是农村基础设施建设和公共服务均等化面临的突出问题（罗万纯，2014；王爱琴等，2016；王永生等，2019；马军旗、乐章，2020；王宾、于法稳，2021）。然而，在上述试图梳理农村人居环境现状的研究中，利用统计数据的研究无法刻画作为受益主体—农户的实际参与情况，利用农户调查数据的研究受限于研究设计、数据收集时间或研究区域，不足以反映全国农村人居环境的现状。

在农户参与人居环境治理方面，多数研究主要分析了影响农户参与意愿的个体因素和社会经济因素。例如，有关农村垃圾治理的研究发现，农户参与治理垃圾的意愿不仅受收入水平、教育程度（王金霞等，2011）、在村时间（唐林等，2019a）和环境认知（唐洪松，2020）等个体因素的影响，同时也受垃圾回收价格水平（闵师等，2011）、交通条件（Liu and Huang，2014）、社会监督（唐林等，2019b）、制度信任（何可等，2015）和环境关心（贾亚娟、赵敏娟，2019）等社会经济因素的影响。另外，有关户厕改造的研究也表明，收入水平、健康知识、环境卫生态度和个人卫生行为等个体因素对农户改厕支付意愿有影响（苗艳青等，2012）。分析农户参与意愿的影响因素有助于预测政策是否会促进或阻碍农户参与人居环境治理，但参与意愿与农户的实际参与行为终不相同，而现有研究很少从农户实际行为来分析激发农户参与人居环境治理措施的效果。

激发农户参与人居环境治理、解决农村人居环境整治问题的前提是对人居环境物品属性进行清晰的界定（李伯华等，2011）。农村人居环境设施包括公共环境设施（如公共垃圾收集设施）和私人环境设施（如农户自家厕所），而多数情况下，私人环境设施的良好运转也受配套公共设施和管护服务的制约，例如农户自家厕所的良好运行离不开配套的公共排污管道和维修服务。因而，农村人居环境治理更多是要解决公共环境基础设施的有效供给问题。

建立人居环境公共基础设施供给机制，已有文献强调了政府干预的主导地位。一方面，农村人居环境作为衡量农民生活质量的重要指标（孙慧波、赵霞，2018），是"最公平的公共产品、最普惠的民生福祉"。各级政府要向"有效"和"有为"政府转变，就要把资源更多投入到基础设施和公共服务领域（朱光磊、于丹，2008）。尤其是在"农业农村优先发展"的时代背景下，政府部门主导人居环境治理是政府转型的内在需求，是国家治理的重要组成部分（刘鹏、崔彩贤，2020）。另一方面，农村人居环境治理的市场机制不完善，需要政府的积极引导。不仅公共环境设施的供给本身就存在市场失灵（沈满洪、谢慧明、

2009），需要政府的直接投资或间接补贴；私人环境设施的供给也因技术滞后而无法满足农户的实际需求（郭佳佳、张红宇，2020），需要政府的激励。至于政府干预人居环境治理的效果如何，很少有文献进行全面系统的分析和评估。闵师等（2019）利用云南西双版纳州的数据对农村人居环境整治措施的实施效果进行了实证分析，其研究结果表明，农村公共设施供给和整治项目开展显著促进了农户参与卫生厕所改造、减少了生活污水和固体垃圾随处排放。但其研究区域有局限，难以反映全国人居环境整治的整体实施效果。

基于上述已有人居环境研究的缺口，本文接下来在构建理论分析框架的基础上，利用具有代表性和时效性的全国农户调研数据，对农村人居环境现状进行梳理，并对人居环境整治行动的实施效果进行实证评估，一方面从农户的主体视角准确及时地刻画农村人居环境的基本面，弥补现有研究的不足；另一方面通过分析总结人居环境治理政策经验，对选择政策工具治理农村其他环境问题（如农业面源污染）有参考意义。

三、理论分析框架

政府干预农村人居环境治理的政策工具有多种，本文重点关注"给农户现金或实物补贴、直接投资公共环境设施和环境设施管护制度"3种，分析这些政策干预措施对受益主体——农户的参与度和满意度的影响。参考 Cropper 和 Oates（1992）分析环境政策工具的理论框架，农户的效用 U 由人居环境水平 E 和财富水平 W 决定，即 $U=U(E, W)$，$\partial U/\partial E>0$，$\partial U/\partial W>0$。农户若维持原有人居环境状态，其人居环境水平为 E_0，财富水平为 W_0，效用水平为 $U_0=U(E_0, W_0)$。农户可以通过私人投资 w 使人居环境水平提升 e，即 $e=f(w)$ 且 $\partial e/\partial w>0$；此时人居环境水平变成 $E_1=E_0+e$，财富水平变为 $W_1=W_0-w$，效用水平为 $U_1=U(E_1, W_1)=U(E_0+e, W_0-w)$。农户改善人居环境与否取决于从中获得的正效用能否抵消财富减少带来的负效用，即 $\Delta U=U_1-U_0$ 是否大于 0。根据上述条件，假设存在一个最低投资水平 $\overline{w}$ 和对应的效用 $\overline{U}_1$，使得 $\Delta U=\overline{U}_1-U_0=0$；且当 $w>\overline{w}$ 时，$\Delta U>0$。也就是说农户会选择改善人居环境的条件如下：

$$\frac{\partial U}{\partial E} \cdot e = \frac{\partial U}{\partial E} \cdot f(w) > \frac{\partial U}{\partial W} \cdot w$$

改善人居环境不仅需要投资私人环境设施，也需要投资公共环境设施。随着收入水平提高和环境意识增强，农户投资私人环境设施意愿增强（苗艳青等，2012；唐洪松，2020）；但由于投资公共环境设施具有外部性，且公共环境设施是人居环境治理的关键部分,"搭便车"仍是农户更好的选择。也就是说,当没有政府干预时,农户自发地将投资水平提高到 w 的概率 P 较小,即 $Pr\{w>\overline{w}\}=\theta\to0$。而当政府采取以下政策干预措施时:

(1) 给农户现金或实物补贴。s 表示政府部门给农户建造私人环境设施提供的现金或实物补贴(如改厕补贴),此时,$e_s=f(w+s)$,那么有:

$$\frac{\partial U}{\partial E}\cdot e_s = \frac{\partial U}{\partial E}\cdot f(w+s) > \frac{\partial U}{\partial E}\cdot f(w)$$

如果政府补贴项目有效,那么政府补贴 s 替代了部分或全部的私人投资 w,总投资水平($w+s$)达到 $\overline{w}$ 的概率提升,即 $Pr\{(w+s)>\overline{w}\}>\theta$,农户更有可能选择改善人居环境。

(2) 直接投资公共环境设施。与给农户补贴起到作用类似,如果政府直接投资有效,那么政府直接投资(g)替代了部分或全部的私人投资 w,总投资水平($w+g$)达到 $\overline{w}$ 的概率提升,即 $Pr\{(w+g)>\overline{w}\}>\theta$,农户在此基础上更有可能参与人居环境治理。

(3) 环境设施管护制度。目前最主要的管护制度是公共环境设施使用收费制度,假设村庄有 n 个农户,每个农户使用公共环境设施付费 p,$e_p=f(w+g+np)$,$n\geq 2$,那么有:

$$\frac{\partial U}{\partial E}\cdot e_p = \frac{\partial U}{\partial E}\cdot f(w+g+np) > \frac{\partial U}{\partial E}\cdot f(w+g+p) > \frac{\partial U}{\partial E}\cdot f(w+p)$$

在公共部门投资(g)公共环境设施后,收取使用费用于设施的日常管护,可以带来持续的环境改善,同时最低投资水平也从 $\overline{w}$ 增加到 $\overline{w}+p$。当 p 较小时,少量付费可以给农户带来正外部性 $(n-1)p$,此时 $Pr\{(w+g+np)>(\overline{w}+p)\}$ 可能大于 $Pr\{(w+g)>\overline{w}\}$,也就是说建立管护制度更可能促进农户参与人居环境整治。

综上所述,我们提出如下研究假说。

H1:对私人环境设施进行现金或实物补贴可以激励农户参与人居环境整治。

H2:政府直接投资公共环境设施可能促使农户参与人居环境整治。

H3:环境设施管护制度(如使用收费制度)可能促进农户参与人居环境整治。

H4:政府干预可以促进农户参与人居环境整治,并提升农户对人居环境的满意程度。

四、数据来源与变量说明

本文所用数据来自北京大学新农村发展研究院"中国农业与农村发展追踪调查"数据库。该数据库旨在深入追踪了解我国农业农村发展状况,为国内外学者和研究机构开展实证研究提供数据支持,为决策部门制定农业和农村发展政策提供参考依据。数据库覆盖辽宁、河北、陕西、四川、湖北、浙江、广东、江西八省,本文采用除江西省以外的七省数据[①]。该数据库采用分层随机抽样法抽取样本农户。首先,将每个省的所有县按人均工业产值从高到低分五等分,从每等分中随机抽取1个样本县。其次,将每个县的所有乡镇按照人均工业总产值分成2~3组,从每组中随机抽取1个样本乡镇。而后,在样本乡镇随机抽取1~2个样本村,并在样本村随机抽取10或20个样本农户。根据上述抽样方法,在7省共抽取125个村的1500个样本农户。2018年底对农村人居环境进行首次调研,并于2019年底进行追踪访问,共追访到125个村的1451户,各省的抽样及追访样本数量见文后附录附表1。

为厘清农村人居环境现状及人居环境整治措施的实施效果,本文基于上述数据库分别构建了农户和村庄层面的面板数据,主要变量及其说明见文后附录附表2。农户层面主要包括户厕使用、生活垃圾处理、生活污水处理和主观满意度四个部分。第一,户厕使用部分的数据不仅包括农户所使用的厕所类型,还包括厕所粪污处理情况。厕所类型包括冲水厕所、卫生旱厕(封闭式的旱厕,有小型粪污处理设备,可以控气味、防污染)和普通旱厕(敞开式的旱厕,不能控气味、防污染),我们将冲水厕所和卫生旱厕定义为"卫生厕所"。厕所粪污处理包括清洁化处理和资源化利用两个维度,其中,清洁化处理指农户利用自家化粪池或清洁员入户收集或排到公共污水池,与直接排放到外界环境相对;资源化利用指农户将厕所粪污发酵还田或直接还田,其中发酵还田是较为清洁的利用方式。第二,生活垃圾处理部分主要是农户垃圾处理方式,具体包括扔到公共垃圾桶或垃圾房、随意丢弃和焚烧填埋三种方式,我们将利用公共垃圾桶或垃圾房定义为"垃圾集中处理"。第三,生活污水处理部分主要是农户所采取的污水处理方式,具体包括利用公共污水设施集中处理、利用自家污水设备处理和直接排到公共区域。此外,我们还关注了农户是否回收利用部分生活垃圾或生活污水。第四,主观满意度部分主要是农户对环境设施的满意程度,具体包括对自家厕所施工质

---

① 由于江西省的抽样规则和其他7个省份不同,加之江西省数据可得性受限,本文在分析中排除了江西省。

量、便捷程度、卫生条件和使用成本的满意度,以及对公共垃圾收集设施和公共污水设施的满意度。

村庄层面主要包括改厕项目、垃圾治理和污水治理三个方面整治行动的开展情况。除了反映是否开展改厕项目、垃圾治理和污水治理的指标外,本文还关注具体的整治措施。改厕项目包括"无补贴无配套、无补贴有配套、有补贴无配套和有补贴有配套"四种措施。垃圾治理的具体措施包括公共垃圾设施清理频次和是否收取垃圾处理费两个指标。污水治理的具体措施包括污水设施是否完备和是否收取污水排放费两个指标。

五、农村人居环境现状及满意度

(一)农村人居环境现状及发展趋势

近年来,尽管在户厕使用、生活垃圾处理和生活污水处理三个方面得到较大改善,但一些地区仍需进一步加强。第一,户厕类型趋向卫生化,厕所粪污处理方式趋向清洁化。从户厕类型看,使用卫生厕所(包括冲水厕所和卫生旱厕)的农户比例逐年增加,使用普通旱厕的农户比例逐年下降,目前多数农户已经采用卫生厕所(图1)。2015—2019年,使用卫生厕所的农户比例从61%增加到75%;相对地,使用普通旱厕的农户比例从39%下降到25%。在户厕类型卫生化的过程中,农户更倾向于采用冲水厕所。2015—2019年,使用冲水厕所的农户比例从53%增加到65%,使用卫生旱厕的农户比例维持在10%左右。

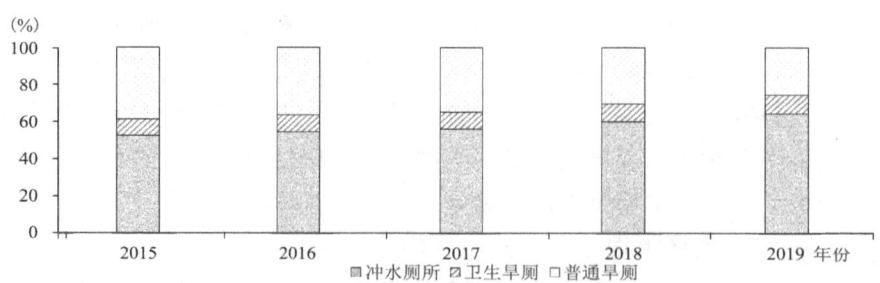

图1 2015—2019年各种户厕类型占比及其变化

注:卫生厕所=冲水厕所+卫生旱厕。
数据来源:北京大学新农村发展研究院"中国农业与农村发展追踪调查"数据库。

从厕所粪污处理看,粪污清洁化处理的农户比例有所增加,但粪污清洁化的进程滞后于厕所类型卫生化（图2a）。2015—2019年，清洁化处理粪污的农户比例从53%增加到67%。在厕所粪污处理趋向清洁化的过程中，农户主要使用自家化粪池，而对公共设施和公共服务的利用率不高。2015—2019年，使用自家化粪池对厕所粪污进行清洁化处理的比例从46%增加到58%；排到公共污水池和清洁员入户收集的比例虽略有增加，但仍不足10%，这在某种程度反映了公共排污设施和服务不够健全。此外，与清洁化处理的增势不同，粪污资源化利用的农户比例基本不变，但利用方式向更为清洁的发酵方式转变（图2b）。2015—2019年，粪污资源化利用（即还田）的农户比例从62%略减至60%；其中，直接还田的比例从23%减少到15%，发酵还田的比例从39%增加到44%。

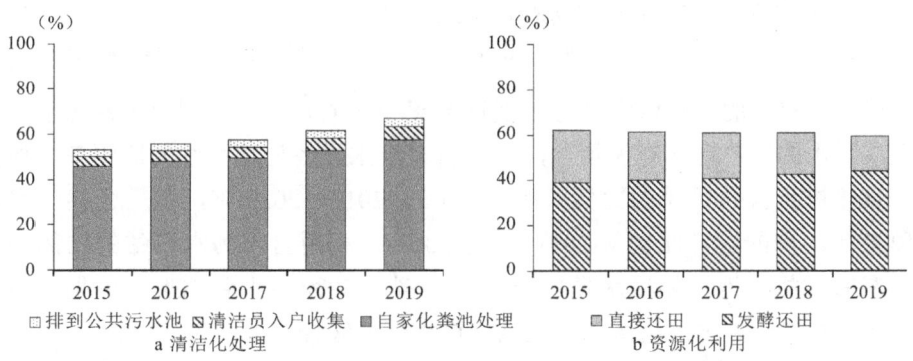

图2 2015—2019年农户厕所粪污处理

注：粪污清洁化处理包括利用自家化粪池、排到公共污水池、清洁员入户收集，粪污资源化利用包括发酵还田和直接还田。

数据来源：北京大学新农村发展研究院"中国农业与农村发展追踪调查"数据库。

第二，农户的生活垃圾处理方式快速向集中化转变，具体表现为利用垃圾桶或垃圾房等公共设施集中处理生活垃圾的农户比例大幅增加，详见图3a。2019年集中处理生活垃圾的农户比例为87%，比2015年（53%）增加了34个百分点。相对地，2019年随意丢弃和焚烧填埋的比例为12%和1%，分别比2015年减少了26个和8个百分点。伴随着生活垃圾处理的集中化，农户层面对垃圾的回收利用却略有消减（图3b）。2019年回收利用生活垃圾的农户比例为14%，比2015年（15%）和2018年（16%）略有下降。

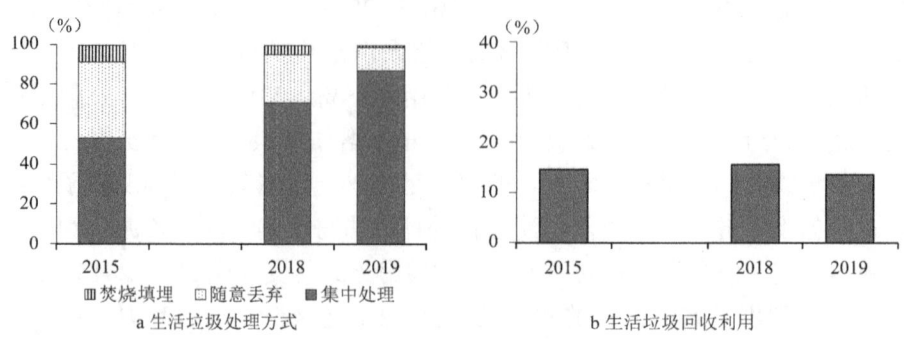

图 3 2015 年、2018 年和 2019 年农户生活垃圾处理

注：集中处理指农户利用公共垃圾收集设施处理生活垃圾。
数据来源：北京大学新农村发展研究院"中国农业与农村发展追踪调查"数据库。

第三，农户的生活污水处理呈现逐渐集中化的趋势，即利用公共污水设施处理生活污水的农户比例有所增加，利用自家污水设备处理污水的比例基本保持不变，直接排到公共区域的比例减少（图 4）。2015—2019 年，利用公共污水设施处理生活污水的农户比例从 28% 增加到 36%；利用自家污水设备的比例稳定在 25% 左右；相对地，将污水直接排放的比例从 49% 减少到 40%。可见，虽然生活污水的集中化处理逐渐增加，但这一进程依然缓慢。

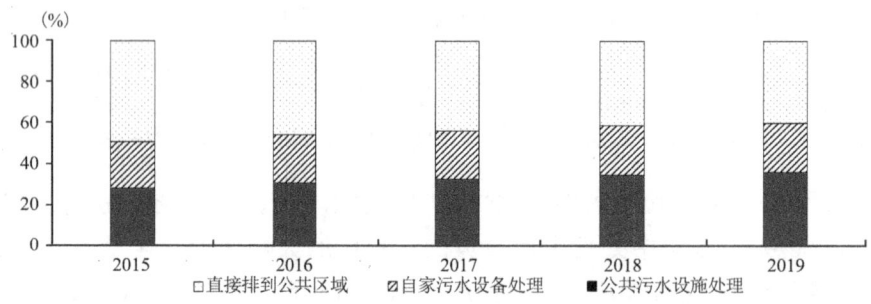

图 4 2015—2019 年农户生活污水处理方式

数据来源：北京大学新农村发展研究院"中国农业与农村发展追踪调查"数据库。

第四，多数农户对目前的人居环境设施表示满意，但仍有部分农户期待更完善的环境设施。如图 5 所示，无论对公共垃圾收集设施还是公共污水设施，均有 85% 的农户表示满意（或非常满意）。而对自家厕所，整体表示满意（或非常满意）的农户比例约占 70%；具体来说，农户对厕所便捷程度的满意度最高，其次是对厕所卫生条件的满意度,对厕所使用成本和施工质量的满意度较低。

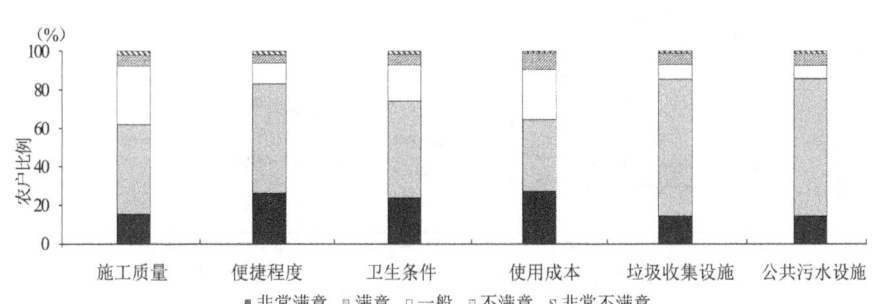

图 5　农户对人居环境设施的满意度评价

数据来源:北京大学新农村发展研究院"中国农业与农村发展追踪调查"数据库。

第五,尽管我国农村人居环境整体向好,但各地区发展较为不均衡(数据详见文后附录附表3)。2019年,从户厕使用看,在浙江和广东两省,使用卫生厕所农户比例接近100%,粪污清洁化的农户比例也达到90%以上;在辽宁省,使用卫生厕所的农户比例不足40%,粪污清洁化的农户比例略高于30%。从垃圾处理方式看,在浙江和湖北两省,集中处理生活垃圾的农户比例接近100%,在河北和辽宁省,集中处理生活垃圾的农户比例仅占80%。从污水处理方式看,仅有浙江省集中处理生活污水的农户比例达到75%,其他省份均在40%以下,尤其是河北、四川和辽宁三省,集中处理生活污水的农户比例不到25%。

(二)农村人居环境整治的实施情况

为改善农村人居环境,各地在村庄层面陆续开展了以改厕项目、垃圾治理和污水治理为主要内容的人居环境整治,尤其是在3年整治行动开始实施后,农村人居环境整治行动加快(图6)。第一,改厕项目的覆盖范围逐年增加,尤其是在2018年和2019年快速增加。2015—2019年,开展过改厕项目的村庄比例从31%增加到82%,累计增加51个百分点;其中,2018年和2019年累计增加37个百分点。第二,以配备公共垃圾收集设施为主要措施的村庄垃圾治理的覆盖范围大幅增加。至2019年,93%的村庄已经开展垃圾治理,比2015年增加43个百分点。第三,以修建公共污水设施为主要措施的污水治理的覆盖范围也在增加。2015—2019年,开展污水治理的村庄比例从22%增加到50%,累计增加28个百分点。

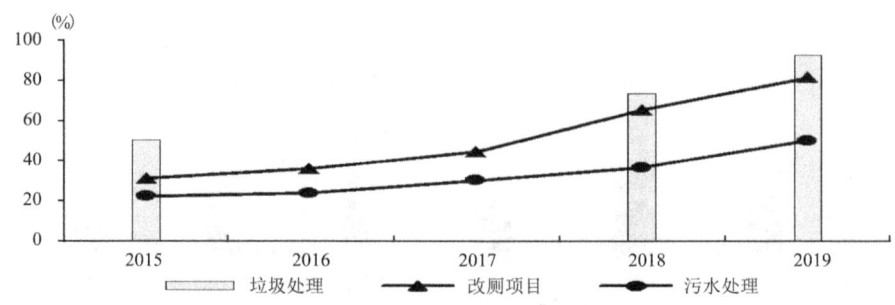

图 6 2015—2019 年开展人居环境整治的村庄占比

数据来源：北京大学新农村发展研究院"中国农业与农村发展追踪调查"数据库。

在开展人居环境整治过程中，不同村庄采取的措施有所不同（数据详见文后附录附表 4）。从改厕项目的具体措施看，2019 年，采取无补贴无配套、无补贴有配套、有补贴无配套和有补贴有配套 4 种改厕措施的村庄分别占比 8%、13%、38% 和 22%（数据详见文后附录附表 4）。

从垃圾治理的具体措施看，公共垃圾收集设施的清洁服务水平也在不断提升，2019 年 40% 的村庄能做到每天清理一次垃圾，49% 的村庄 2～7 天清理一次垃圾，分别比 2015 年增加 11 个百分点和 33 个百分点。同时，对农户收取垃圾处理费的村庄比例也有所增加，但收费金额基本不变。2019 年有 30% 的村庄向农户收费，比 2015 年高 19 个百分点，而每户每年的缴费金额稳定在 70 元。

从污水治理的具体措施看，虽然目前已有 50% 的村庄修建了公共污水设施，但农村污水治理仍不容乐观。一方面，村庄的公共污水设施不尽完善；2019 年仅有 26% 的村庄设施比较完备，同时建有排污设施和净污设施。另一方面，实施污水排放收费的村庄比例较低，2019 年不足 10% 的村庄收取污水排放费。

六、农村人居环境整治效果实证分析

（一）实证模型设定

1. 基本回归模型

本文从农户行为改变和满意度两个方面实证分析村庄改厕项目、垃圾治理和污水治理的实施效果。由于农户行为改变的数据为面板数据，且被解释变量为二值离散变量，因此采用 Logit 固定效应模型分析各整治措施对农户行为的影响。

具体模型设定如下：

$$\log\left[\frac{P(Y_{ijt}=1\mid T_{jt})}{1-P(Y_{ijt}=1\mid T_{jt})}\right]=T_{jt}\cdot\beta+\lambda_j+\mu_t+\varepsilon_{ijt} \quad (1)$$

其中，i 代表农户，j 代表村庄，t 代表年份。Y 表示农户参与人居环境治理的行为，包括户厕使用、生活垃圾处理和生活污水处理3个方面。T 是关键解释变量，表示村层面人居环境整治措施。具体而言，在评估改厕项目效果时，Y 表示农户是否使用卫生厕所，是否清洁化处理厕所粪污，是否资源化利用粪污，是否将粪污发酵利用；T 为村庄是否开展过改厕项目。在评估垃圾治理效果时，Y 表示农户是否集中处理生活垃圾，是否回收利用垃圾；T 为村庄是否开展过垃圾治理。在评估污水治理效果时，Y 表示农户是否集中处理生活污水，是否回收利用污水；T 为村庄是否开展过污水治理。以上变量均为二值变量，1＝是，0＝否。λ_j 表示村层面的固定效应，控制了不可观测的不随时间变化的因素，如村庄卫生文化习俗、地形条件等。μ_t 表示时间固定效应，控制了不可观测的随时间变化的因素，如乡村振兴背景下的其他政策、大众媒体对人居环境治理的宣传等。ε_{ijt} 为随机干扰项。β 是我们关注的估计系数，反映人居环境整治效果，可进一步计算得到人居环境整治对农户行为的边际效应。

固定效应模型1可以差分掉不随时间变化的不可观测因素的影响，并在这些不可观测变量与关键解释变量相关的情况下得到无偏估计量，但模型1仍然无法解决不可观测的随时间变化的遗漏变量所造成的内生性问题。为此，我们构建工具变量来解决上述问题可能造成的估计偏误。借鉴杨子砚和文峰（2020）使用的"留一法"，我们选取将县级区域中除村庄 j 之外本县开展过人居环境整治的村庄数量作为"该村庄是否开展过人居环境整治"的工具变量。从实践情况看，该工具变量同时满足与关键解释变量相关但与模型误差项无关两个条件。一方面，由于人居环境整治在同一县域内具有同一性，区别在于不同村庄开展时间有所不同，因此本县其他村庄的开展情况与村庄 j 是否开展过人居环境整治具有相关性。另一方面，其他村庄是否开展人居环境整治与村庄 j 的农户人居环境状况无关，进而与模型中可能的遗漏变量无关。

此外，如果村庄是否决定开展人居环境整治是由开展前的农户人居环境行为决定，那么模型1中我们所关注的系数反映的是村庄人居环境整治和农户人居环境行为之间的相关关系，而非因果关系。为检验反向因果关系是否存在，即村庄开展人居环境整治是否依赖于开展前的农户人居环境行为，我们构建如下模型：

$$\log\left\{\frac{P[(T_{jt}-T_{jt-1})=1]}{1-P[(T_{jt}-T_{jt-1})=1]}\right\}=Y_{ijt-1}\cdot\varphi+\lambda_j+\mu_t+\varepsilon_{ijt} \quad (2)$$

式中各个变量与模型1的含义一致，$(T_{jt}-T_{jt-1})=1$ 表示村庄 j 在年份 t 开始开展人居环境整治。φ 是我们关注的系数，如果 φ 不显著，表示村庄开展人居环境整治的决定与上一期的农户人居环境行为无关；如果 φ 显著，表示村庄开展人居环境整治的决定内生于农户的人居环境行为，以上的估计结果是有偏的。模型2估计结果显示（详细内容参见《管理世界》网络发行版附录附表5）：农户在 $t-1$ 期所采用的厕所类型及粪污的处理方式均与 t 期是否开展改厕项目无关，农户在 $t-1$ 期的生活垃圾处理方式与 t 期是否开展垃圾治理无关，农户在 $t-1$ 期的生活污水处理方式与 t 期是否开展污水治理无关。表明村庄实施人居环境整治外生于农户的人居环境行为。

在分析农户满意度时，由于满意度为截面数据，我们设定如下模型：

$$S_{ij}=\beta_s T_j+\beta_x X_{ij}+\varepsilon_{ijt} \tag{3}$$

其中，S 表示农户的满意度，为1-5 的连续变量；T_j 表示对应的村层面在2019年的人居环境整治措施。具体地，当 S 是农户对自家厕所的施工质量、便捷程度、卫生条件和使用成本的满意度时，T 为村庄是否开展过改厕项目；当 S 是农户对公共垃圾收集设施的满意度时，T 为村庄是否开展过垃圾治理；当 S 是农户对公共污水设施的满意度时，T 为村庄是否开展过污水治理。β_s 即为村庄层面开展人居环境整治对农户满意度的边际效应。X_{ij} 为农户层面的控制变量，包括2018年的家庭人数、长期（一年内大于6个月）外出务工成员比例、男性成员比例和人均收入（描述统计见《管理世界》网络发行版附录附表6）。类似地，为解决遗漏解释变量导致的估计偏误问题，我们采用与模型1类似的工具变量法。

2. 机制分析模型

在模型1的基础上，我们进一步关注村庄人居环境整治效果产生的机制，即不同的政府干预措施（包括现金或实物补贴、政府直接投资公共设施和公共设施使用收费制度）对整治行动效果的影响。为此，设立如下模型：

$$\log\left[\frac{P(Y_{ijt}=1\mid T_{jt})}{1-P(Y_{ijt}=1\mid T_{jt})}\right]=T'_{jt}\beta+\lambda_j+\mu_t+\varepsilon_{ijt} \tag{4}$$

当分析现金或实物补贴的实施效果时，Y 表示农户是否使用卫生厕所和是否清洁化处理厕所粪污，T'_{jt} 为一组表示现金或实物补贴的虚拟变量，分别为无补贴无配套、无补贴有配套、有补贴无配套、有补贴有配套，基准组为无改厕项目。当分析政府直接投资公共设施时，我们不仅关注投资的有无，还关注投资的公共设施或服务是否完备。具体地，分析公共垃圾清理服务时，Y 表示是否集中处理生活垃圾，T'_{jt} 为一组表示提供公共垃圾清理服务的虚拟变量，分别为公共垃圾清理频次为7天以上/次、2~7天/次和1天/次，基准组为无垃圾治理；

分析公共污水设施"完备"供给时，Y 表示是否集中处理生活污水，T'_{jt} 为一组表示公共污水设施完备与否的虚拟变量，分别为仅有净污设施、净污和排污设施兼有，基准组为无污水治理。当分析使用付费时，Y 分别表示是否集中处理生活垃圾和是否集中处理生活污水，T'_{jt} 分别表示是否收取垃圾处理费和是否收取污水排放费，基准组为无垃圾治理或污水治理。

（二）基本回归结果

首先，从农户参与度上看，研究结果表明，村庄开展农村人居环境整治能够激发农户参与改善生活环境。具体地，改厕项目不仅显著推动了卫生厕所的普及，促使农户使用卫生厕所的可能性增加12.3%[表1，列（1）]；也推动了厕所粪污的清洁化处理，促使农户清洁化处理厕所粪污的可能性增加11.5%[表1，列（2）]。通过配置公共垃圾收集设施的垃圾治理行动使得农户集中处理垃圾的可能性显著增加31.1%[表1，列（3）]，这意味着农户随意倾倒或焚烧填埋垃圾的可能性显著下降，由此减轻了生活垃圾对环境的污染。通过修建公共污水设施的污水治理行动使得农户集中处理污水的可能性显著增加16.5%[表1，列（4）]，由此减少了生活污水乱排乱倒现象的发生。

表1　村庄人居环境整治对农户参与度的边际效应

变量	使用卫生厕所	清洁化处理粪污	集中处理垃圾	集中处理污水
	(1)	(2)	(3)	(4)
	Logit	IV-2SLS[1]	IV-2SLS	IV-2SLS
改厕项目	0.123*** (0.027)	0.115*** (0.028)		
垃圾治理			0.311*** (0.050)	
污水治理				0.165*** (0.051)
弱工具变量检验 (K-P Wald F)[2]	721.66	721.66	146.79	109.65
内生性检验 (Chi-squared)[3]	0.38	3.05*	14.83***	3.15*
村庄固定效应	是	是	是	是
年份固定效应	是	是	是	是
观测值	5960	7225	4206	7255

注：标准误聚类在村庄层面，***$p<0.01$，**$p<0.05$，*$p<0.1$。(1) 所选的工具变量（IV）是县层面开展人居环境整治的村庄个数，例如，在评估改厕项目的效果时，其对应的IV是村庄所在县开展改厕项目的村庄个数；(2) 弱工具变量检验结果大于10%的标准值16.38，表明所用的IV与遗漏变量无关；(3) 内生性检验表明回归方程（2）~（4）不能拒绝"人居环境整治措施是内生的假设"，使用IV得到的估计量是一致的，故（2）~（4）汇报IV估计结果。

其次，从农户满意度上看，研究结果表明，开展人居环境整治提升了农户对私人和公共环境设施的满意度，换句话说，农村人居环境整治在一定程度上得到了农村居民的认可。在改厕项目上，农户对自家厕所施工质量和卫生条件的满意度都有不同程度提升[表2列（1）～（3）]，但对改厕后水电费上升导致的厕所使用成本上升有所不满[表2列（4）]，在垃圾和污水治理方面，农户对公共垃圾设施和污水设施的满意度有所提升[表2列（5）～（6）]，这主要因为农户得以使用公共环境设施来集中生活垃圾和生活污水，改善了村庄人居环境。

尽管人居环境整治项目提升了农户参与人居环境改善和农户满意度，但在对废水废弃物资源化利用方面的影响有进有退。具体而言，开展改厕项目对农户是否资源化利用粪污没有显著的影响，但使得农户对粪污发酵利用的可能性显著增加9.1%，也就是直接还田的比例显著下降。开展垃圾治理减少了农户层面对生活垃圾的回收利用，可能原因是农户利用公共设施处理生活垃圾更为便捷，相对地回收利用不仅费时费力，所得的经济效益也不高。此外，开展污水治理对回收利用污水的农户数量变化没有产生显著的影响。实证结果的详细内容参见文后附录附表7。

表2　村庄人居环境整治对农户满意度的边际效应（IV-2SLS[1]）

变量	农户满意度					
	自家厕所施工质量	自家厕所便捷程度	自家厕所卫生条件	自家厕所使用成本	村庄垃圾收集设施	村庄污水设施
	(1)	(2)	(3)	(4)	(5)	(6)
改厕项目	0.705*** (0.172)	0.158 (0.140)	0.633*** (0.189)	-0.729*** (0.242)		
垃圾治理					0.358*** (0.129)	
污水治理						0.314*** (0.089)
控制变量	是	是	是	是	是	是
弱工具变量检验 (K-P Wald F)[2]	50.95	50.95	50.95	50.95	509.12	408.36
内生性检验 (Chi-squared)[3]	11.60***	3.46*	8.25***	11.83***	13.91***	5.41**
观测值	1445	1445	1445	1445	1448	1445

注：标准误聚类在村庄层面，***$p<0.01$，**$p<0.05$，*$p<0.1$。（1）所选的工具变量（IV）是县层面开展人居环境整治的村庄个数，例如，在评估改厕项目的效果时，其对应的IV是村庄所在县开展改厕项目的村庄个数；（2）弱工具变量检验结果大于10%的标准值16.38，表明所用的IV与遗漏变量无关；（3）内生性检验表明回归方程（1）～（6）不能拒绝"人居环境整治措施是内生的假设"，使用IV得到的估计量是一致的，故（1）～（6）汇报IV估计结果。

（三）机制分析结果

上述分析完成了对假说1的验证，即村庄开展人居环境整治不仅激发了农户参与人居环境的改善行动，也提升了农户对人居环境的满意度。本部分对假说2～4进行实证检验，对改厕项目、垃圾治理和污水治理中的具体整治措施进行深入分析（回归结果详见文后附录附表8），有助于总结目前人居环境治理中存在的问题及可借鉴的经验。

在现金或实物补贴方面，给农户发放改厕补贴降低了农户改造或新建卫生厕所的成本，增加了农户改善自家厕所的需求；村庄配套公共排污管道有助于农户更便利地使用自家卫生厕所，可以强化补贴的效果。实证结果显示（图7），与没有改厕项目相比，"无补贴无配套"的宣传措施和仅修建配套设施的"无补贴有配套"的措施均未产生显著效果；而"有补贴无配套"的措施会促使农户使用卫生厕所和清洁化处理粪污的可能性分别高13%和10%；在有现金或实物补贴的基础上提供配套设施，形成"有补贴有配套"的改厕模式，会使农户使用卫生厕所和清洁化处理粪污的可能性再增加8个百分点和4个百分点[①]。

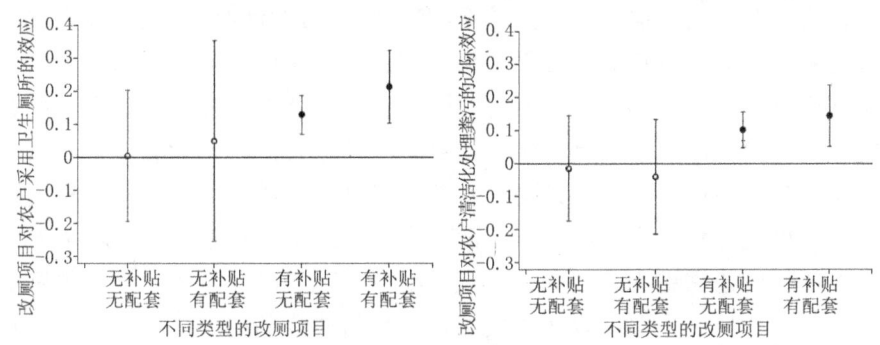

图7 补贴对改厕项目实施效果的影响

注：图中实心点表示回归结果在10%显著性水平上显著，空心点表示回归结果在10%显著性水平上不显著。纵坐标表示人居环境整治措施对农户行为的边际效应。图8、图9、图10与图7一致。

在政府直接投资公共设施方面，公共环境设施的有效供给是人居环境整治产生效果的前提。具体的，提供及时有效的公共垃圾收集设施清理服务和完备的公共污水设施会促使农户更愿意采用集中方式处理生活垃圾和生活污水。实证

---

① "有补贴有配套"的改厕模式使得农户使用卫生厕所的可能性提升21%，比"有补贴无配套"模式的13%高8个百分点，见文后附录附表8，列（1），下文类似分析的计算方法与此一致。

结果显示，与没有公共垃圾设施相比，当有设施但清理不及时（清理频次大于7天/次）时，提供公共设施并不能改变农户处理生活垃圾的方式。只有当清理及时（清理频次小于7天/次）时，村庄的垃圾治理才能产生显著的效果（图8a）。与没有污水治理项目相比，提供不完善的公共污水设施（仅有净污设施）不会改变农户排放污水的行为，只有完善的公共污水设施（既有净污又有排污设施）才会促使农户集中处理污水（图8b）。具体而言，既有净污又有排污设施的污水治理使得农户集中处理污水的可能性显著提高12%。

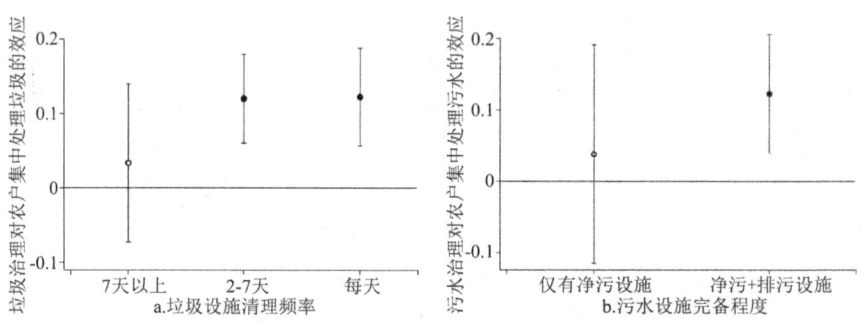

图8 公共环境设施的有效供给对污水和垃圾治理效果的影响

在使用收费制度方面，对生活垃圾和生活污水进行收费可以加强人居环境整治的实施效果，促使农户更愿意采用集中方式处理生活垃圾和生活污水。实证结果显示（图9），与配备公共垃圾收集设施但不收取垃圾处理费相比，收费使得农户集中处理垃圾的可能性高7个百分点；与修建公共污水设施但不收取污水排放费相比，收费使得农户集中处理污水的可能性提高约6个百分点。根据理论分析框架，这可能有两方面原因：一方面，收费有助于补充管护公共环境设施的资金，进而使村庄建立更为有效的公共设施维护管理机制，为农户提供更好的环境设施管护服务。另一方面，收费激发农户"我付费我利用"的心理，由于收费具有强制性，使得农户认为使用公共环境设施是理所应当的。

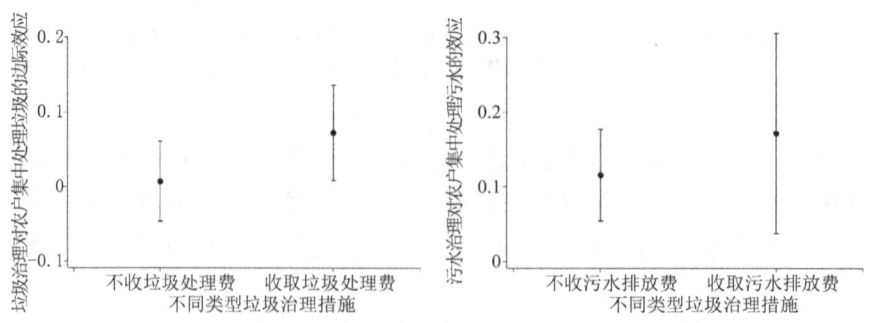

图9 收费对垃圾和污水治理实施效果的影响

（四）地区异质性

研究人居环境整治的地区差异，有助于因地制宜地提升人居环境治理效果。采用模型1对分省份样本分别进行回归分析，研究发现不同类型的人居环境整治效果在不同地区间存在较大差异。第一，改厕项目在河北、湖北、四川、陕西的实施效果较为明显，而在浙江、广东和辽宁实施效果不明显（图10a）。浙江和广东两省改厕项目实施效果不明显，主要原因在于，这两省人居环境整治开始时间较早。浙江省从2003年就开始推动"千村示范、万村整治"工程，广东省从2014年开始"新农村连片示范建设工程"。在我们调研开始时已取得显著的成效，因此边际效果不明显。辽宁省主要受限于气候（东北地区冬季寒冷导致室外冲水厕所无法使用）和技术等制约条件，导致改厕项目实施效果不明显。

第二，垃圾治理在所有省份均取得了显著成效，但成效大小有所不同（图10b）。湖北、河北、辽宁和广东四省在垃圾治理方面取得的效果较大，浙江、陕西和四川三省取得的效果较小。对于浙江省，与改厕项目类似，在2015年集中处理生活垃圾的农户比例已高达87%，之后的治理属于锦上添花。对于陕西和四川两省，其垃圾治理效果较小的一个可能原因是公共垃圾收集设施的数量供给不足，影响农户使用公共设施处理废弃物的便捷度。2019年，陕西和四川每个公共垃圾收集设施分别服务12户和25户农户，而七省平均值为5户①。

第三，污水治理仅在浙江和广东省取得了显著治理成效，其他省份污水治理效果不明显（图10c）。污水治理是农村人居环境治理中的难点，修建污水处理管网设施需要大量资金投入。一方面，这反映经济较为发达省份的农户对人居环境需求较高；另一方面，也反映了经济较为发达的地方政府有经济实力对修建污水处理设施进行资金补充。

七、结论与政策建议

在构建农村人居环境治理政策实施效果理论模型的基础上，本文使用全国7

---

① 本段所引数据来自于北京大学新农村发展研究院"中国农业与农村发展追踪调查"数据库。具体的，2015年7省集中处理生活垃圾的农户比例分别是：河北34%、辽宁51%、浙江87%、湖北39%、广东45%、四川62%、陕西55%。2019年7省每个公共垃圾设施服务的农户数量分别是：河北8户、辽宁7户、浙江1.7户、湖北2.6户、广东7户、四川25户、陕西12户。

省农户调研构建的面板数据,从户厕使用、垃圾处理和污水处理三方面描述了农村人居环境现状及其发展趋势,并实证评估了农村人居环境整治措施的实施效果及其产生机制。主要结论如下。

近年来,农村人居环境取得较大改善。具体表现为:卫生厕所使用率快速增加,生活垃圾集中化处理快速普及,生活污水集中化处理有所提升。至2019年底,已有75%的农户使用卫生厕所,87%的农户利用公共垃圾设施集中处理生活垃圾,约40%的农户利用公共污水设施集中处理生活污水[①]。人居环境整治行动是农村人居环境改善的重要推动力量。近年来,农村人居环境整治力度持续加强:至2019年底,开展过改厕项目、垃圾治理和污水治理的村庄比例分别达到82%、93%和50%。实证分析表明,这些村庄层面的整治措施有效激励了农户参与人居环境治理,并得到了农村居民的普遍认可。进一步研究发现,给农户现金或实物补贴、直接投资公共环境设施和建立环境设施管护制度等治理政策工具是人居环境整治取得显著成效的关键所在。具体而言:发放改厕补贴有效地激励农户参与改厕项目,并且铺设配套公共排污管道有助于强化补贴的效果;提供公共垃圾收集设施及其清洁服务、修建完备的公共污水设施分别是激励农户集中处理生活垃圾和生活污水的前提条件,并且建立设施使用收费制度有助于强化垃圾和污水的治理效果。

然而,在农村人居环境整体改观、整治行动总体奏效的局面之下,也存在区域间治理不均衡、部分人居环境领域的治理不充分等现实问题。农村人居环境治理的模式选择与乡村区位、地理气候条件和人口经济构成等息息相关。面对村庄复杂多样的自然和社会经济条件,需要中央和省级政府部门因地制宜地使用不同的环境政策工具,发挥基层政府部门的能动性,制订适合县级区域的整治方案,持续提升农村人居环境治理的广度和深度。

对于目前人居环境治理仍然薄弱的区域,如经济发展落后地区、自然条件受限地区,结合其他地区的治理经验和适宜的技术模式,综合利用补贴和直接投资等政策措施激励农户参与,加快提升人居环境整治的覆盖广度。对于目前治理滞后的人居环境领域(如生活污水治理),一方面需要充分考虑村庄的有效需求,例如修建、运营公共污水设施需要大量资金投入,对"空心村"等有效需求不足的村庄进行投资可能降低资金使用效率,可以在有条件的地方对"空心村"重新安置规划、就近合并,满足更多农户的需求。另一方面需要创新治理技术模式,例如在人口分散、地势平坦、远离城镇等不适合修建排污管网的村庄,可以推广局域污水管网设施或户用污水处理设施。

---

① 数据来自北京大学新农村发展研究院"中国农业与农村发展追踪调查"数据库。

对已有治理基础的地区和人居环境领域，需要建立健全人居环境"整治—管理—维护"的机制，全面提升人居环境治理的质量和深度。一是探索多样、稳定的筹资机制，拓展农村人居环境管护资金来源。目前人居环境整治资金主要依靠财政支付，调研显示：改厕项目、垃圾治理和污水治理所需的资金，85%的份额要依靠中央或地方财政拨付，仅有15%的份额是靠村民筹集或企业投资[①]。建立公共设施使用收费、探索村庄集体经济收益用于人居治理等制度，有助于补充人居环境治理资金、稳定人居环境管护资金投入。二是进一步地完善公共环境设施，优化公共环境服务，建立市场化的公共设施管护制度。例如，政府部门可以通过招标方式引入环卫公司等市场主体参与农村环境设施维护和清洁服务供给，利用绿色金融等政策手段激励种植企业、合作社和家庭农场等市场主体参与废水废弃物资源化利用。三是发挥人居环境治理在乡村振兴中的作用，让基础设施完善和环境提升产生切实的效益。通过农村人居环境治理，如垃圾清洁共同行动，增进村民对村庄公共事务的参与、提升村庄凝聚力，为后续的产业落地和产业发展打下群众基础和生态基础。

总之，农村人居环境整治是发展乡村产业（尤其是乡村旅游产业）、吸引人才回归乡村安居乐业、推动城乡基础设施和公共服务均等化的基础性工程。农村人居环境治理是一个渐进的过程，在集中整治取得阶段性成效后，需要由"建设人居"向"经营人居"转变。强化、优化人居环境治理政策工具组合，激发村庄和农户的内生动力，激励市场主体参与人居环境的"治管护"，建立健全人居环境治理长效机制，因地制宜，久久为功。

参考文献

[1] 卞素萍．美丽乡村建设背景下农村人居环境整治现状及创新研究——基于江浙地区的美丽乡村建设实践 [J]．南京工业大学学报（社会科学版），2020（6）．

[2] 邓蒙芝，罗仁福，张林秀．道路基础设施建设与农村劳动力非农就业——基于5省2000个农户的调查 [J]．农业技术经济，2011（2）．

[3] 郭佳佳，张红宇．新时代农村人居环境建设要求及对策研究 [J]．农村经济与科技，2020（23）．

[4] 郭小聪，代凯．国内近五年基本公共服务均等化研究：综述与评估 [J]．中国人民大学学报，2013（1）．

[5] 何可，张俊飚，张露，吴雪莲．人际信任、制度信任与农民环境治理参与意愿——以农业废弃物资源化为例 [J]．管理世界，2015（5）．

[6] 贾亚娟，赵敏娟．环境关心和制度信任对农户参与农村生活垃圾治理意愿的影响 [J]．资源科学，2019（8）．

[7] 姜琳，曹乾，王茹，兰盈利．家庭卫生对居民健康的影响 [J]．中国公共卫生，2019（10）．

---

① 数据来自北京大学新农村发展研究院"中国农业与农村发展追踪调查"数据库。

[8] 李伯华，窦银娣，刘沛林．欠发达地区农户人居环境建设的支付意愿及影响因素分析——以红安县个案为例 [J]．农业经济问题，2011（4）．

[9] 刘鹏，崔彩贤．新时代农村人居环境治理法治保障研究 [J]．西北农林科技大学学报（社会科学版），2020（5）．

[10] 罗仁福，张林秀，赵启然，黄季焜．从农村公共基础设施变迁看未来农村公共投资方向 [J]．中国软科学，2011（9）．

[11] 罗万纯．中国农村生活环境公共服务供给效果及其影响因素——基于农户视角 [J]．中国农村经济，2014（11）．

[12] 马军旗，乐章．乡村人居环境质量评价及其影响因素——基于 2016 年中国劳动力动态调查村居数据 [J]．湖南农业大学学报（社会科学版），2020（4）．

[13] 苗艳青，杨振波，周和宇．农村居民环境卫生改善支付意愿及影响因素研究——以改厕为例 [J]．管理世界，2012（9）．

[14] 闵师，白军飞，王金霞，仇焕广，李玉敏．价格激励对我国农村生活固体垃圾回收的效应分析．农业环境与发展，2011（6）．

[15] 闵师，王晓兵，侯玲玲，黄季焜．农户参与人居环境整治的影响因素——基于西南山区的调查数据 [J]．中国农村观察，2019（4）．

[16] 沈满洪，谢慧明．公共物品问题及其解决思路——公共物品理论文献综述 [J]．浙江大学学报（人文社会科学版），2009（6）．

[17] 孙慧波，赵霞．农村人居环境系统优化路径研究——基于结构方程模型的实证分析 [J]．北京航空航天大学学报（社会科学版），2018（3）．

[18] 谭明方，陈薇．城乡之间如何实现全面融合发展 [J]．国家治理，2020（36）．

[19] 唐洪松．农村人居环境整治中居民垃圾分类行为研究——基于四川省的调查数据 [J]．西南大学学报（自然科学版），2020（11）．

[20] 唐林，罗小锋，黄炎忠，余威震．劳动力流动抑制了农户参与村域环境治理吗？——基于湖北省的调查数据 [J]．中国农村经济，2019 年 a 第 9）．

[21] 唐林，罗小锋，张俊飚．社会监督、群体认同与农户生活垃圾集中处理行为——基于面子观念的中介和调节作用 [J]．中国农村观察，2019 年 b 第 2）．

[22] 王爱琴，高秋风，史耀疆，刘承芳，张林秀．农村生活垃圾管理服务现状及相关因素研究——基于 5 省 101 个村的实证分析 [J]．农业经济问题，2016（4）．

[23] 王宾，于法稳．"十四五"时期推进农村人居环境整治提升的战略任务 [J]．改革，2021（3）．

[24] 王金霞，李玉敏，黄开兴，陈煌．农村生活固体垃圾的处理现状及影响因素 [J]．中国人口·资源与环境，2011（6）．

[25] 汪小勤，姜涛．基于农业公共投资视角的中国农业技术效率分析 [J]．中国农村经济，2009（5）．

[26] 王永生，刘彦随，龙花楼．我国农村厕所改造的区域特征及路径探析 [J]．农业资源与环境学报，2019（5）．

[27] 杨子砚，文峰．从务工到创业——农地流转与农村劳动力转移形式升级 [J]．管理世界，2020（7）．

[28] 于法稳."十四五"时期农村生态环境治理：困境与对策 [J]．中国特色社会主义研究，2021（1）．

[29] 朱光磊，于丹．建设服务型政府是转变政府职能的新阶段——对中国政府转变职能过程的回顾与展望 [J]. 政治学研究，2008（6）.

[30] Asher S. and Paul N., 2020, "Rural Roads and Local Economic Development", *American Economic Review*, 110（3），pp.797～823.

[31] Cropper, M. L. and Oates, W. E., 1992, "Environmental Economics: A Survey", *Journal of Economic Literatur*, 30, pp.675～740.

[32] Hammer, J. and Spears, D., 2016, "Village Sanitation and Child Health: Effects and External Validity in a Randomized Field Experiment in Rural India", *Journal of Health Economics*, 48, pp.135～148.

[33] Liu, Y. and Huang, J., 2014, "Rural Domestic Waste Disposal: An Empirical Analysis in Five Provinces of China", *China Agricultural Economic Review*, 6（4），pp.558～573.

[34] Mangyo, E., 2008, "The Effect of Water Accessibility on Child Health in China", *Journal of Health Economics*, 27（5），pp.343～1356.

附 录

附表 1　　各省的样本数量

省份	样本县	样本乡镇	样本村	样本户	追访户数
河北	5	10	10	200	198
辽宁	5	15	15	300	261
浙江	5	10	20	200	200
湖北	5	10	20	200	199
广东	5	10	20	200	196
四川	5	10	20	200	199
陕西	5	10	20	200	198
合计	35	75	125	1500	1451

附表 2　　农村人居环境主要变量及其说明

模块			变量	变量说明
农户层面	户厕使用		户厕类型	是否使用卫生厕所	卫生厕所与普通厕所相对，包括冲水厕所和卫生旱厕
		粪污处理	是否清洁化处理粪污	清洁化处理指利用自家化粪池、清洁员入户收集、排到公共污水池；非清洁化处理指不利用化粪池、污水池或清洁服务，直接将粪污排到外界环境
			是否资源化利用粪污	粪污资源化利用指农户将厕所粪污发酵还田或直接还田；非资源化是指农户对粪污不加利用
			是否将粪污发酵利用	粪污发酵利用指农户将厕所粪污发酵还田，比直接还田更为清洁
	垃圾处理		生活垃圾主要处理方式	是否集中处理垃圾	集中处理与随意丢弃或焚烧填埋相对，指农户利用公共垃圾桶或垃圾房处理垃圾
		垃圾再利用	是否回收利用垃圾	回收利用垃圾指农户将部分生活垃圾回收利用，例如出售部分垃圾或将部分厨余垃圾喂养牲畜等
	污水处理		生活污水主要处理方式	是否集中处理污水	集中处理与利用自家污水设备、直接排到公共区域相对，指农户利用公共污水设施处理生活污水
		污水再利用	是否回收利用污水	回收利用污水指农户将部分生活污水再利用，例如喂养牲畜、浇灌植物等
	满意度		对环境设施的评价	对自家设施以及公共设施的满意度	分别询问农户对自家厕所施工质量、便捷程度、卫生条件和使用成本的满意度，以及对公共垃圾收集设施和公共污水设施的满意度（1=非常不满意，2=不满意，3=一般，4=满意，5=非常满意）

续表

模块			变量	变量说明
村庄层面	人居环境整治及其具体措施	整治指标	是否开展过改厕项目	指本村是否有农户参与厕所改造项目
			是否开展过垃圾治理	指本村是否为农户配备公共垃圾收集设施，如垃圾桶或垃圾房等
			是否开展过污水治理	指本村是否修建公共污水设施，包括排污设施（排污管道/沟渠）和净污设施（污水净化池）
		具体措施	改厕措施	根据是否有改厕补贴和配套设施，分为"无补贴无配套、无补贴有配套、有补贴无配套、有补贴有配套"四类措施。其中改厕补贴指给参与项目的农户提供现金或实物补贴，配套设施指修建配套的公共排污管道
			垃圾治理：垃圾设施的清理频次和是否收取垃圾处理费	垃圾设施的清理频次指每几天清理一次公共垃圾；是否收取垃圾处理费指农户使用公共垃圾收集设施是否需要缴费
			污水治理：污水设施是否完备和是否收取污水排放费	污水设施完备指同时具有排污设施和净污设施；是否收取污水排放费指农户使用公共污水设施是否需要缴费

注：在农户层面，户厕使用和污水处理数据是2015—2019年的面板数据，垃圾处理数据是2015年、2018年和2019年的面板数据，满意度数据是2019年的截面数据；村庄层面的数据年份与之对应。

附表3　　2019年样本省份农村人居环境指标描述

人居环境指标	卫生厕所	粪污清洁化处理	生活垃圾集中处理	生活污水集中处理
	农户占比（%）			
河北	58.1	63.6	80.3	22.7
辽宁	37.6	31.0	76.4	24.9
浙江	98.5	90.5	100.0	74.5
湖北	87.9	68.8	97.5	36.7
广东	98.5	92.3	82.3	39.0
四川	83.4	77.4	88.4	24.4
陕西	70.8	56.4	88.2	32.8
平均	76.4	68.6	87.6	36.4

附表4　　村庄人居环境整治具体措施

指标	2019年		2015年	
	样本村庄个数	占比（%）	样本村庄个数	占比（%）
A. 村庄改厕项目具体开展情况				
开展改厕项目村庄占比	102	81.6	39	31.2
其中：无补贴无配套	10	8.0	10	8
无补贴有配套	16	12.8	4	3.2
有补贴无配套	48	38.4	19	45.2
有补贴有配套	28	22.4	6	4.8
B. 村庄垃圾治理具体开展情况				
开展垃圾治理	116	92.8	63	50.4
其中1：每天清理一次垃圾	49	40.5	35	28.9
2～7天清理一次垃圾	59	48.8	19	15.7
大于7天清理一次垃圾	4	3.3	5	4.1
其中2：收取垃圾处理费	37	29.6	14	11.2
每户每年缴费金额（元）	74.1		71.6	
C. 村庄污水治理具体开展情况				
开展污水治理	63	50.4	28	22.4
其中1：设施完备	32	25.6	15	12
其中2：收取污水排放费	10	8.0	8	6.4

附表5　　反向因果检验（Odd）

变量	是否开展改厕项目			是否开展垃圾治理		是否开展污水治理
	(1)	(2)	(3)	(4)	(5)	(6)
采用卫生厕所 -lg1	0.892 (0.109)					
粪污清洁化处理 -lg1		0.874 (0.095)				
粪污资源化处理 -lg1			1.038 (0.122)			
生活垃圾随意丢弃 -lg1				1.153 (0.158)		
生活垃圾回收利用 -lg1					0.213 (0.157)	
生活污水直接排放到公共区域 -lg1						1.074 (0.115)
村庄固定效应	是	是	是	是	是	是
年份固定效应	是	是	是	是	是	是
Observations	2840	2840	2840	1406	1451	3072

注：***$p<0.01$，**$p<0.05$，*$p<0.1$。

附表 6　满意度分析控制变量的描述统计

变量名称	样本数	平均值	标准差	最小值	最大值
家庭人数（人）	1451	3.99	1.87	1	12
家庭长期（一年内大于6个月）外出务工成员比例（%）	1451	35.85	28.08	0	100
家庭男性成员比例（%）	1451	53.50	16.28	0	100
家庭人均收入（元）	1451	15585.88	50414.45	40	1500000

附表 7　村庄人居环境整治对资源化利用的效果

变量	资源化利用粪污（1=是，0=否）(1)	粪污发酵利用（1=是，0=否）(2)	垃圾回收利用（1=是，0=否）(3)	污水回收利用（1=是，0=否）(4)
A. Logit 边际效应				
改厕项目	−0.021 (0.030)	0.048* (0.027)		
垃圾治理			−0.075* (0.044)	
污水治理				−0.113 (0.092)
LR chi2	4.22	14.03**	5.34	2.94
村庄固定效应	是	是	是	是
年份固定效应	是	是	是	是
观测值	6385	6400	3756	5965
B. IV-2SLS[1]				
改厕项目	0.019 (0.019)	0.091*** (0.026)		
垃圾治理			−0.049 (0.038)	
污水治理				−0.010 (0.017)
弱工具变量检验 (K-P Wald F)[2]	721.66	721.66	226.64	109.65
内生性检验 (Chi-squared)[3]	5.19**	8.93***	0.22	0.94
村庄固定效应	是	是	是	是
年份固定效应	是	是	是	是
观测值	7225	7225	4353	7255

注：标准误聚类在村庄层面，***$p<0.01$，**$p<0.05$，*$p<0.1$。（1）所选的工具变量（IV）是县层面开展人居环境整治的村庄个数，例如，在评估改厕项目的效果时，其对应的IV是村庄所在县开展改厕项目的村庄个数；（2）弱工具变量检验结果大于10%的标准值16.38，表明所用的IV与遗漏变量无关；（3）内生性检验表明回归方程（1）~（2）不能拒绝"人居环境整治措施是内生的假设"，使用IV得到的估计量是一致的，故（1）~（2）汇报IV估计结果。

附表 8　村庄人居环境整治效果机制分析回归结果（边际效应）

变量	使用卫生厕所	清洁化处理粪污	集中处理垃圾	集中处理污水	集中处理垃圾	集中处理污水
	(1)	(2)	(3)	(4)	(5)	(6)
A. 现金或实物补贴						
无补贴无配套	0.005 (0.102)	−0.016 (0.082)				
无补贴有配套	0.050 (0.155)	−0.041 (0.088)				
有补贴无配套	0.129*** (0.030)	0.102*** (0.028)				
有补贴有配套	0.214*** (0.056)	0.144*** (0.047)				
B. 公共环境设施有效供给						
大于 7 天清理一次垃圾			0.034 (0.054)			
2～7 天清理一次垃圾			0.121*** (0.030)			
每天清理一次垃圾			0.123*** (0.033)			
仅有净污设施				0.038 (0.078)		
排污设施完备（净污＋排污设施）				0.122*** (0.042)		
C. 收费管护制度						
不收垃圾处理费					0.107*** (0.027)	
收取垃圾处理费					0.172*** (0.033)	
不收污水排放费						0.116*** (0.031)
收取污水排放费						0.172** (0.068)
Observations	5960	6940	3830	5774	3933	6675

注：A、B、C 部分的回归结果分别对应正文中的图7、图8和图9；***$p<0.01$，**$p<0.05$，*$p<0.1$。

税收征管数字化升级与企业关联交易治理*

刘慧龙　张玲玲　谢婧

（对外经济贸易大学国际商学院）

摘要： 本文以我国分批实施金税三期这一准自然实验为研究场景，基于2009—2019年我国A股非金融类上市公司数据，运用双重差分法研究了税收征管数字化升级对关联交易的影响。研究发现：金税三期减少了关联交易，当企业所处地区法治化水平较高、股权制衡度较低及最终控制人两权分离度较低时，金税三期对关联交易的影响更加明显；进一步研究还发现，金税三期可以同时减少企业作为买方和卖方的关联交易；其对境内关联交易的影响要大于境外关联交易，对商品类关联交易的影响要大于劳务类关联交易。本文的证据表明税收征管数字化升级可以提升税务机关对关联交易的治理能力；大数据技术在关联交易治理中可以发挥重要作用，对不同类型的关联交易可能会有不同的影响。本文增进了我们对企业关联交易行为的认识，为相关政府部门运用大数据技术治理关联交易提供了证据支持；对评估和预测税收征管数字化升级的经济后果也具有参考价值。

关键词： 金税三期　税收征管　数字化　大数据技术　关联交易

一、引　言

企业与关联方之间的交易（简称"关联交易"）因常被用于资源侵占、税收规避和利润操纵等，可能对投资者利益和资本市场的有效运行产生重大不利影响，是金融市场监管机构、税收征管部门、新闻媒体和投资者都非常关注的重要现象。我国上市企业股权一般较为集中，处于金字塔结构企业集团的现象非常普遍（刘慧龙，2017），更易滋生关联交易问题，这意味着规范和治理关联交易在

---

* 原载《管理世界》2022年第6期。

我国具有更重要的价值①。我国对规范和治理关联交易向来极其重视，例如：财政部发布的第一个具体会计准则便是《关联方关系及其交易的披露》；证监会审核企业IPO、再融资及日常监管过程中，关联交易长期是其关注的重点问题②；2009年1月，国家税务总局为处理关联交易中的避税问题，制定了《特别纳税调整实施办法（试行）》，2017年3月又颁布了《特别纳税调查调整及相互协商程序管理办法》③。尽管规范和治理企业关联交易非常重要，但欲有效地对其规范和治理并非易事。关联交易透明度低、交易复杂（Hwang et al., 2013），使得监管者和税收主管部门难以及时获取充分信息和高效分析相关信息，以判断和识别关联交易中的问题，进而难以及时地做出应对。

大数据技术通过提升金融市场监管部门和税收征管部门的信息获取和分析处理能力，理论上可以帮助他们更有效地发现关联交易中的问题，从而可能在规范和治理关联交易中发挥重要作用。运用大数据技术以加强对关联交易的治理，已成为金融市场监管机构和税收征管部门积极探索的重要方向。例如，2020年7月，银保监会关联交易监管系统正式上线，试图通过数字化赋能，加强对银行和保险企业关联交易的管控；税务主管部门持续对税收征管系统进行数字化升级，以防范和发现企业通过不公平的关联交易进行避税。不过，大数据技术在关联交易治理中的实际效果如何，并非是显而易见的，仍是一项需要实证检验的重要课题。理由是：首先，相比通过较为隐蔽的关联交易，通过操纵会计科目、会计政策进行避税可能更易被大数据技术所发现，因为发现企业是否有通过操纵会计科目、会计政策来避税的行为，主要关注会计指标是否异常，而发现关联交易中的问题，不仅需要分析相关的会计指标是否异常，还需要结合大量非会计信息（如交易条款等）的分析来判断。这可能迫使企业更多地利用关联交易去实现相关目的，即运用大数据技术进行监管未必能减少关联交易；其次，"发现"关联交易中的问题只是"治理"关联交易的必要条件，而非充分条件，当法治水平较低时，关联交易中的问题即便被发现，也未必会得到及时、有效的处理，这会降低关联交易中的问题被发现所产生的威慑力；再次，若是企业内部制衡机制较为

---

① 《证券时报》2002年10月24日曾以"规范关联交易意义深远"为题发表了一篇评论文章。

② 在2010年，证监会甚至还开展了"解决同业竞争减少关联交易"的专项活动，为此专门下发了《关于开展解决同业竞争、减少关联交易，进一步提高上市公司独立性工作的通知》，要求各证监局、交易所要"查准、查深、查细"，摸排和整顿辖区内上市公司的关联交易情况。《上海证券报》2010年10月25日第2版报道，证监会要求保荐机构在申报再融资材料过程中，重点关注关联交易等问题。2011年3月，上证所发布《上市公司关联交易实施指引》，以期进一步规范沪市公司关联交易行为及其披露。

③ 国家税务总局在更早的年份还专门颁布了多个专门针对关联交易中的税务问题的文件，如：《国家税务总局关于关联企业间业务往来税务管理规程（试行）》（国税发〔1998〕59号）和《国家税务总局关于关联企业间业务往来预约定价实施规则》（国税发〔2004〕118号）等。

有效，关联交易中的问题本就较少，使得外部监管者和税收征管部门即便利用了大数据技术，被发现的关联交易的问题数量可能也增加不了多少；最后，大数据技术虽会增加非公平关联交易的风险，但是，当从关联交易中可获取的边际"私利"较高时，最终控制人还是会有较强意愿冒险，继续通过关联交易牟取私利，使得大数据技术用于关联交易治理的实际效果大打折扣。

本文拟以金税三期在我国分批实施这一准自然实验为场景，研究税收征管数字化升级对关联交易的影响，以期在一定程度上检验大数据技术能否在关联交易治理中发挥重要作用。相较金税一期和金税二期，金税三期本质上是一次税收征管数字化升级，且其是分批在各地实施的，使得我们可以更好地处理计量中的内生性问题，从而能更加有效地识别税收征管数字化升级对关联交易的影响，因此，它为揭示大数据技术在关联交易治理中的作用提供了不可多得的机会。值得一提的是，研究税收征管数字化升级对关联交易的影响，不只在认识和治理关联交易行为方面具有重要价值，对于评估和预测税收征管数字化升级的经济后果而言，同样是一项具有重要价值的研究课题。这是因为，税收征管数字化升级绝非一劳永逸的事情，随着数字技术的发展，它必然会是一个持续不断的过程。鉴此，我们需要持续关注税收征管数字化升级对税收征管效率、企业行为、市场秩序和经济发展可能产生的影响。关联交易是一种与税收征管、交易秩序、投资者保护与资本市场发展等密切相关的重要企业行为，因此，研究税收征管数字化升级对关联交易的影响，是评估和预测税收征管数字化升级影响税收征管效率、企业行为、市场秩序和经济发展的重要视角。

本文利用2009—2019年间24224个A股非金融类上市公司的年度观测值，通过运用多时点双重差分法进行统计分析后发现：金税三期的实施减少了企业关联交易，其减少的金额约为样本企业关联交易均值的14%，显示其对关联交易产生了重要影响。为提高本文基本结论的可信度，我们实施了系列稳健性测试，包括：平行趋势假设检验、安慰剂检验、排除减税降费政策和行业层面政策变化的影响、删除2016年及以后年度的样本、将事件年度滞后一年、改用平衡面板数据和改变被解释变量的衡量方法进行检验等。稳健性测试结果没有改变本文的基本结论。本文还从企业所处地区的法治化水平、股权制衡度和最终控制人两权分离度3个方面进行了异质性分析，结果显示，因不符合独立交易原则的关联交易在法治水平较高的条件下可得到更有效的处理，较低的股权制衡度难以制约大股东利用关联交易侵占企业资源或操纵企业利润，以及因两权分离度较低使得最终控制人在利用关联交易转移企业资源过程中获取的边际私利较少，从而最终控制人更容易因被发现和被处罚风险的增加而减少关联交易，当企业所处地区法治化水平较高、股权制衡度较低、两权分离度较低时，金税三期对关联交易的影响会更加明显。上述结果意味着，税收征管数字化升级可以在企业关联交易治理中发挥重要的作用；当企业所处地区法治化水平较高、股权制衡度较低、两权分离度较低时，税收征管数字化升级在企业关联交易治理中可发挥更大作用。此外，我们还进一步考察了金税三期对不同类别关联交易的影响，以更好地揭示税收征管数字化升级在企业关联交易治理中的作用。结果发现，金税三期同时减少了企业作为买方和作为卖方的关联交易，对境内关联交易的影响要强于对境外关联交易的影响，对商品类关联交易的影响要强于对劳务类关联交易的影响。

本文的贡献主要体现在以下几个方面：其一，本文从税收征管数字化升级对关联交易的影响这一新的视角，丰富了关联交易方面的研究。尽管已有文献对关联交易问题给予了很多的关注，但它们更多地旨在揭示关联交易作为资源侵占（余明桂、夏新平，2004；曹丰等，2021；Berkman et al.，2009；Cheung et al.，2009；Jiang et al.，2010；Peng et al.，2011；Jiang et al.，2015；Lo et al.，2010b；Kang et al.，2014）、盈余管理（高雷、宋顺林，2008；Jian and Wong，2010；Peng et al.，2011；Hwang et al.，2013；Kohlbeck and Mayhew，2017）、税收规避（黄蓉等，2013；Shevlin et al.，2012）、缓解融资约束和财务困境（王琨等，2014；Jia et al.，2013）等目的的手段，以及关联交易对盈余质量（洪剑峭、方军雄，2005；佟岩、王化成，2007；佟岩、程小可，2007；郑国坚，2009）、企业价值（邵毅平、虞凤凤，2012；Zhu and Zhu，2012；Wong et al.，2015；Wang et al.，2019）、薪酬激励（潘红波、余明桂，2014；Wang and Xiao，2011）、资本配置效率（潘红波、余明桂，2014）和审计费用（Habib et al.，2015）等的影响；虽有一些文献探讨了内部治理机制（陈晓、王坤，2005；洪剑峭、薛皓，2008；魏明海等，2013；Lo et al.，2010a；Yeh et al.，2012；Hope et al.，2019；Li，2021），以及强制披露规则（Hope and Lu，2020）和放松卖空管制（Jiang et al.，2021）等外部治理机制在关联交易治理中的作用，但数字化技术在关联交易治理中的作用这一重要问题却被现有文献所忽视，本文一定程度上弥补了现有文献的缺陷。

其二，本文从关联交易这一新的视角，丰富了税收征管数字化升级经济后果方面的研究。近两年来，税收征管数字化升级的经济后果越来越被学术界所重视。现有文献利用我国金税工程（主要是金税三期）的实施为研究场景，从税收规避（樊勇、李昊楠，2020；李艳等，2020；张克中等，2020；Fan et al.，2020；Li et al.，2020；Xiao and Shao，2020）、盈余质量（孙雪娇等，2021；朱凯等，2021；Zhao，2021）、投资效率（Wu，2021）、融资约束（蔡昌等，2021）和审计费用（郑建明、孙诗璐，2021）等角度研究了税收征管数字化升级的经济后果，但尚无文献从关联交易这一角度研究税收征管数字化升级的经济后果。考虑到关联交易是税收规避、盈余管理和资源侵占的重要手段，对投资、融资约束和审计风险等也会产生重要影响,本文将有助于深化我们关于税收征管数字化升级是如何影响税收规避、盈余质量、投资效率、融资约束和审计费用等经济后果的理解。

其三,金融市场监管者和税务机关可从本文的研究发现中获得诸多政策启示。本文的证据表明:使用大数据技术来规范和治理关联交易是一个正确且重要的方向,直接为银保监会上线关联交易监管系统提供了证据支持,同时也为税务机关持续推动税收征管数字化升级提供了支持;为了更好地发挥大数据技术在关联交易治理中的作用,有必要持续提高法治化水平。

下文结构安排如下:第二部分阐述制度背景和发展研究假说;第三部分介绍研究设计;第四部分报告并分析回归结果;最后一部分是结论。

二、制度背景与研究假说

(一)制度背景

利用信息技术提高税收征管能力,是我国推进税收征管体系现代化建设的重要思路。金税工程是中国税收管理信息系统工程(CTAIS)的总称。从1994年至今,金税工程历经了四个建设阶段:金税一期、金税二期、金税三期和即将实施的金税四期。

金税一期自1994年开始建设,旨在加强增值税管理。金税一期建设的主要成果是建成了增值税防伪税控系统,实现了利用计算机网络技术对增值税发票进行交叉稽核。可是,增值税专用发票信息需要由税务人员手工录入,错误率高,导致实际效果与预期相差较大(许善达,2009),导致金税一期于1996年底停止运行。金税一期建设的主要经验教训是:利用信息技术加强税收征管,必须保证信息的真实性,且涵盖的范围不能太窄,这样会不利于交叉稽核。

通过吸取金税一期建设的经验教训,国家税务总局对金税工程总体设计方案进行了重构,并于1998年启动了金税二期工程。金税二期主要由增值税防伪税控开票子系统、防伪税控认证子系统、增值税稽核子系统和发票协查信息管理子系统这四大模块组成。金税二期从2001年7月1日起开始在全国全面铺开运行。金税二期在一定程度上解决了金税一期面临的信息保真和交叉稽核等问题,提升了增值税征管效率(Fan et al.,2020)。但是,金税二期和金税一期一样,依然存在数字化程度较低、涵盖税种和数据来源单一等问题,这难以适应经济发展和税收体系的变化给税收征管带来的挑战。

2002年8月5日，中办和国办联合下发了《国家信息化领导小组关于我国电子政务建设指导意见》，将金税工程纳入我国电子政务建设的"十二金"工程，拉开了金税三期工程建设的序幕。按照设想，金税三期工程要实现如下建设目标：(1) 搭建网络硬件和基础软件统一的技术平台，以统一全国税收征管数据的标准和口径，从而优化涉税信息的搜集和处理；(2) 在上述技术平台上实现数据信息在国家税务总局和省局集中处理，以实现全国征管数据大集中；(3) 覆盖所有税种、覆盖所有工作环节、覆盖各级税务机关并与相关政府部门的信息管理系统联网，以打破各部门、各层级、各环节之间的限制，消除业务办理间的障碍；(4) 要具备征收管理、行政管理、决策支持和外部信息四类系统，以规范业务流程、提高纳税服务效率、改善税务决策。这就是所谓的"一个平台""两级处理""三个覆盖""四类系统"①。相比于金税一期和二期，金税三期以大数据和云计算技术为依托，在数据收集、共享、处理和应用等方面均有巨大突破，是我国税收征管系统一次重大的数字化升级。

金税三期自2013年起在全国各地区分批实施，图1概括了各地区实施金税三期的年度。2013年，重庆、山西、山东（除青岛外）率先上线金税三期系统；随后河南、内蒙古、广东（除深圳外）在2014年也开始试点上线运行；2015年，金税三期系统在河北、宁夏、贵州、云南、广西、湖南、青海、海南、西藏、甘肃、安徽、新疆、四川和吉林上线运行；至2016年，除港澳台以外的全国其他地区均上线运行了金税三期系统。

尽管金税三期已大量运用大数据技术，在很大程度上实现了税收征管的数字化，但是，我国并没有停下对税收征管系统持续进行数字化升级的脚步。2021年1月，国家税务总局发布金税四期决策指挥端相关系统采购成果的公告，推进金税四期建设的部署工作②。2021年9月，国家税务总局明确提出以发票电子化改革为突破，启动金税四期，推动从"以票管税"向"以数治税"的转变③。也就是说，金税四期将在金税三期的基础上进一步进行数字化升级，致力于打造智慧税务系统。

金税工程的发展历程表明，我国税收征管系统历经了多次数字化升级，并将在未来继续推进数字化升级，因此，研究税收征管数字化升级在关联交易治理

---

① 参见《一张图告诉你"金三"是什么？》，http://www.chinatax.gov.cn/n810351/n2038842/c2235109/content.html。

② 参见《国家税务总局金税四期决策指挥端之指挥台及配套功能项目成交结果公告》，http://www.chinatax.gov.cn/chinatax/n810214/n810641/n2985871/n2986170/c101663/c5160715/content.html。

③ 王军：《深化金砖税收合作共拓金色发展之路——在金砖国家税务局长会议上的发言》，http://www.chinatax.gov.cn/chinatax/n810219/n810724/c5169150/content.html。

中的作用，不只是一种临时性的政策评估，而是具有持续性的理论价值和政策价值。同时，考虑到各期金税工程实施的特点和数据的可获得性，从因果识别的要求来看，金税三期无疑给研究税收征管数字化升级在关联交易治理中的作用提供了一个独特的研究场景。

（二）假说发展

税务机关在处理关联交易中的税收问题时，往往会调查和评估企业是否遵循了独立交易原则。例如，经合组织在《OECD 税收协定范本》第九条规定："若两个企业之间的商业或财务关系不同于独立企业之间的关系，则本应由其中一个企业取得，但由于此关系未能取得的利润，应计入该企业利润据以征税"；我国企业所得税法第四十一条规定："企业与其关联方之间的业务往来，不符合独立交易原则而减少企业或者其关联方应纳税收入或者所得额的，税务机关有权按照合理方法调整"；我国《特别纳税调查调整及相互协商程序管理办法》第十六条规定："税务机关应当在可比性分析的基础上，选择合理的转让定价方法，对企业关联交易进行分析评估。转让定价方法包括可比非受控价格法、再销售价格法、成本加成法、交易净利润法、利润分割法及其他符合独立交易原则的方法"。

所谓独立交易原则，根据我国企业所得税法实施条例第一百一十条规定，是指"没有关联关系的交易各方，按照公平成交价格和营业常规进行业务往来遵循的原则"。关联交易的双方虽然在法律形式上是平等的，但由于股权控制链关系的存在，事实上很难平等（彭晓洁，2005），这将导致关联交易往往会违背税务机关所要求的独立交易原则。大量的研究发现，大股东会利用关联交易来侵占公司资源（余明桂、夏新平，2004；Cheung et al.，2009；Kang et al.，2014），或借助关联交易来帮助上市企业进行盈余管理（高雷、宋顺林，2008；Hwang et al.，2013；Kohlbeck and Mayhew，2017）。不难理解，不管关联交易是用来帮助大股东侵占公司资源，还是大股东用来帮助公司进行盈余管理，这些关联交易若不违背独立交易原则，其目的难以实现。以这些目的所实施的关联交易尚且如此，更不用说很多关联交易本就以税收规避为目的（黄蓉等，2013；Lo et al.，2010b；Shevlin et al.，2012），我们就更容易理解它们会违背独立交易原则了。

税务机关一旦查实关联交易违背了独立交易原则，将会要求企业补缴税款并加收利息；若是企业在接受调查过程中不配合，或被发现有其他违法行为，税务机关可能还会依法对企业及相关人员进行处罚，包括罚款、收缴和停止向其发售发票、冻结银行账户等，构成犯罪的，还会被追究刑事责任。并且，税务机关的查处事实还将为利益相关者因关联交易致使企业利益受损而向关联方索赔提供了证据。公司法第二十一条规定:"公司的控股股东、实际控制人、董事、监事、高级管理人员不得利用其关联关系损害公司利益。违反前款规定,给公司造成损失的,应当承担赔偿责任。"关联方在企业是有利益份额的,即便不考虑关联方自身被处罚或被索赔的可能,因关联交易未能遵循独立交易原则致使企业要补缴税款并被加收利息,或遭受其他处罚,关联方依然会承担一部分风险。因此,违背独立交易原则的关联交易给关联交易双方均会带来一定的风险,而这一风险在很大程度上取决于这种关联交易被税务机关发现的概率。

可是,税务机关要想查实企业关联交易是否违背了独立交易原则并非易事。这是因为:首先,独立交易原则非常抽象,何种状态才算符合独立交易原则不好判断;其次,关联交易的透明度较低、交易条款和内容往往可以设计得非常复杂(Hwang et al., 2013);最后,税收征管人员对关联交易双方、相关行业及宏观环境往往并不是很熟悉。以转让定价管理为例,国家税务总局颁布的《特别纳税调整实施办法(试行)》和《特别纳税调查调整及相互协商程序管理办法》均要求税务机关选择可比非受控价格法、再销售价格法、成本加成法、交易净利润法、利润分割法及其他符合独立交易原则的方法对关联交易进行可比性分析。税务机关在进行可比性分析时,一般需要考虑5个方面的因素,包括:(1)交易资产或者劳务特性;(2)交易各方执行的功能、承担的风险和使用的资产;(3)合同条款,须关注企业执行合同的能力与行为,以及关联方之间签署合同条款的可信度;(4)经济环境;(5)经营策略。若没有足够的信息,税收征管人员选择上述任何一种符合独立交易原则的方法进行可比性分析都会存在困难,并且,即便能够取得足够的信息,若是缺乏有效的数据处理和分析工具,也会费时费力,易犯错误。可见,若不掌握足够的信息和拥有先进的数据处理和分析工具,税务机关调查企业关联交易是否违背独立交易原则的效率将会很低。

税收征管系统的数字化升级既可帮助税务机关获取更多的信息,又可给他们提供更有效的数据处理和分析工具,从而可以提高税务机关调查企业关联交易是否违背独立交易原则的效率,使得违背独立交易原则的关联交易被发现的概率和速度均会提高。以金税三期为例,根据上文制度背景中的介绍,相比金税二期,它的"一个平台""两级处理""三个覆盖""四类系统"无疑能给税务机关提供更丰富的数据,且因运用了一定的大数据技术,数据处理和分析能力也大大提高。大量文献认为,信息技术可以帮助税务机关发现企业避税行为(樊勇、李昊楠,2020;李艳等,2020;张克中等,2020;Gordon and Li, 2009;Casaburi and Troiano, 2016;Fan et al., 2020;Li et al., 2020;Xiao and Shao, 2020)。江苏省启东市国税局两名工作人员于 2016 年 11 月在《中国税务报》提供了一个实例[①]，证实大数据技术可以帮助税务机关发现关联交易违背独立交易原则的问题。在该实例中，税务机关通过大数据分析，发现一家日资独资企业的关联销售价格明显偏离行业平均水平，且收入和成本严重倒置。发现疑问之后，税务机关对涉事企业进行了调查并最终确认了其关联交易违背了独立交易原则；在对相关问题进行纳税调整后，税务机关要求涉事企业补缴所得税 129 万元，并加收 4 万元的利息。综合以上分析，税收征管数字化升级会提高关联交易双方的税务风险，从而减少关联交易。因此，本文提出如下研究假说。

H1：税收征管数字化升级能够减少关联交易。

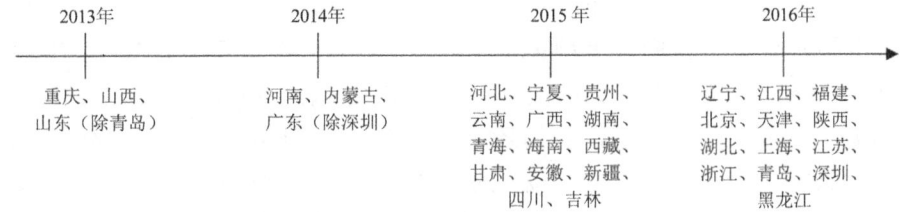

图 1　各地实施金税三期工程的年度

三、研究设计

（一）回归模型

由于金税三期是分批实施的，这一特点为我们采用多时点双重差分法（staggered difference-in-differences）检验假说提供了方便。我们构建的回归模型如下[②]：

$$RPT_{i,j,t}=\beta_0+\beta_1 GTP_{j,t}+\sum \gamma_k Controls_{i,j,t}+\varphi_t+\sigma_i+\varepsilon \tag{1}$$

其中，RPT 表示企业关联交易规模，下标 i、j 和 t 分别表示企业、省份和年

---

① 参见周欣欣、彭燕巍（2016）。
② 经典 DID 模型包含 Treat、Post 和 Treat×Post。在本文模型（1）中，年度固定效应吸收了体现事件前后窗口期间变量 Post 的效应，企业固定效应吸收了表示企业是否处于处理组的变量 Treat 的效应，就本文的研究话题而言，GTP 的取值方式，恰好等于经典 DID 中的交互项 Treat×Post。可见，本文模型（1）属于经典 DID 模型的变体，依然是 DID 模型。

份。郑国坚（2009）认为，从交易频率和重要性来看，商品和劳务交易是关联交易的主要形式。因此，借鉴郑国坚（2009）、魏明海等（2013）、Brockman 等（2019）等的做法，本文使用"公司与关联方之间的商品交易类、提供或接受劳务关联交易金额之和除以年末总资产"来衡量关联交易规模。GTP 为本文的核心解释变量，用来捕捉税收征管数字化升级对关联交易的影响，其值乃根据各地实施金税三期工程的时间来确定。具体地，当所在地区（j）在第 t 年实施了金税三期工程，则该地区所对应观测值的 GTP 在第 t 年及以后年份取值为 1，否则为 0。由于青岛市与深圳市实施金税三期的时间与其各自所属省份不一致，故这两个城市的样本企业相应也单独确定 GTP 值。Controls 表示控制变量。φ_t 和 σ_i 分别表示年度固定效应和企业固定效应。

关于控制变量，我们参考相关文献的做法（洪剑峭、薛皓，2008；Hope and Lu，2020；Jiang et al.，2021），设置了控制变量 Balance、Size、ROA、SOE、Inde、Big4、Age，除此以外，我们还进一步控制了 Legal、Sepe、Sprofit、Lloss、Ctrlchg、Bsize、GDP、Taxrev 和 Indstruc。根据下文回归结果中所列示的顺序，其含义如下：（1）Legal 衡量了地区法治化水平，其值为王小鲁等（2017）和王小鲁等（2019）编制的市场化指数中的"中介组织发育和法律得分"，对于样本期间该指数数据缺失的年份，我们参照盛天翔和范从来（2020）的做法，按照平均增长率进行估算。地区法治环境是外部市场发展的重要基础，对公司违规行为也可能产生重要影响，因此我们增加了该控制变量；（2）Balance 为股权制衡度指标，用来反映其他股东对第一大股东的制衡能力，其值为第二大股东至第十大股东持股比例合计与第一大股东持股比例的比值；（3）Sepe 表示最终控制人的控制权与现金流权的分离度，其值为控制人的控制权与现金流权的差值。最终控制人的两权分离度与大股东代理问题密切相关，可能影响大股东运用关联交易转移公司资源或进行盈余管理的动机，因此，我们增加了该控制变量；（4）Size 代表企业规模，使用企业当期期末总资产的自然对数来衡量；（5）ROA 为总资产收益率，其值等于净利润除以上期与当期总资产的平均数；（6）Sprofit 衡量企业是否处于微利状态，如果企业 ROA 的取值大于 0 且小于 0.02，则该变量取值为 1，否则为 0；（7）Lloss 衡量了企业上年是否出现了亏损，如果企业上年度的净利润小于 0，则该变量取值为 1，否则为 0；（8）SOE 用来反映企业的产权性质，如果企业最终控制人的产权属性为国有产权，该变量取值为 1，否则为 0；（9）Ctrlchg 衡量了最终控制人在当年是否发生过变更，如果企业最终控制人发生过变更，该变量取值为 1，否则为 0。最终控制人的变更会影响关联方的范围，从而可能影响关联交易，因而我们补充了这一控制变量；（10）Bsize 代表着董事会规模，其值为董事会人数的自然对数；（11）Inde 衡量了董事会的独立性，取值为独立董事人数与董事会总人数的比值；（12）*Big*4 用来标记企业是否由国际四大会计师事务所审计，如果企业由国际四大会计师事务所审计，该变量取值为 1，否则为 0；（13）*Age* 衡量了企业上市年龄，取值为企业已上市年数加 1 并取自然对数；（14）*GDP* 为企业所在地区人均国内生产总值；（15）*Taxrev* 衡量了地区财政收入结构，其值等于各省税收收入占其一般预算收入之比；（16）*Industruc* 用于衡量地区产业结构，其值为各省第三产业与第二产业产值之比。金税三期工程分批实施可能与地区经济发展水平、地方财政收入结构和地区产业结构相关，而位于经济发展水平、财政收入结构、产业结构不同地区的企业，其关联交易行为可能存在差异，因而我们补充了这几个控制变量。

表 1	样本选择过程
初始样本：2009—2019 年 A 股非金融类上市公司年度观测值	29812
剔除：各地区政策实施当年及以后上市的公司对应的观测值	（3378）
变量存在缺失问题的观测值	（2210）
最终样本	24224

（二）样本选择与数据描述

本文的样本选择过程如表 1 所示。本文的初始样本为 2009—2019 年中国 A 股非金融类上市公司的年度观测值。以 2009—2019 年作为样本期间，是因为最早一批实施金税三期工程的地区是自 2013 年开始实施的，最晚一批是自 2016 年开始实施的，这样在最早一批实施前有 4 年的窗口期，最晚一批实施当年及以后也有 4 年的窗口期，保持一定的对称性，同时保证事件窗口具有合理的长度。表 1 报告了本文的样本筛选过程。本文的初始样本一共有 29812 个观测值。双重差分模型要求样本企业在事件前后均应有观测值，因此，我们剔除了各地区政策实施当年及以后上市的企业对应的观测值，这些观测值有 3378 个。接下来，我们还剔除了变量存在缺失值问题的 2210 个观测值。最终，我们得到了 24224 个观测值作为本文的测试样本。

为了减少极端值对回归结果的干扰，考虑不同行业变量极端值的差异性，我们对所有变量按照行业进行了上下 1% 的缩尾处理。本文所使用的数据，除各地金税三期工程实施时间由手工收集整理，以及异质性分析中用来衡量地区法治化水平的"中介组织发育和法律得分"数据来自王小鲁等（2017）和王小鲁等（2019）以外，其他数据均来自国泰安数据库。表 2 报告了主要变量的描述性统计。

表 2　　主要变量的描述性统计

变量名称	均值	标准差	最小值	中位数	最大值
RPT	0.057	0.181	0.000	0.005	5.328
GTP	0.480	0.500	0.000	0.000	1.000
$Legal$	9.967	5.467	0.000	9.180	24.330
$Balance$	0.861	0.751	0.011	0.657	5.607
$Sepe$	0.059	0.081	0.000	0.001	0.492
$Size$	22.137	1.353	14.942	21.997	28.405
ROA	0.034	0.076	−2.283	0.035	0.669
$Sprofit$	0.228	0.419	0.000	0.000	1.000
$Lloss$	0.107	0.309	0.000	0.000	1.000
SOE	0.425	0.494	0.000	0.000	1.000
$Ctrlchg$	0.117	0.322	0.000	0.000	1.000
$Bsize$	2.141	0.198	1.589	1.946	2.197
$Inde$	0.374	0.054	0.250	0.333	0.667
$Big4$	0.057	0.231	0.000	0.000	1.000
Age	2.271	0.713	0.000	2.398	3.332
GDP	11.159	0.720	9.463	11.120	13.135
$Taxrev$	0.791	0.085	0.575	0.794	0.960
$Indstruc$	1.343	0.899	0.500	1.058	5.169

四、回归结果

（一）基准回归结果

表 3 报告了本文的基准回归结果。第（1）栏回归过程中的自变量只包含 GTP、年度固定效应和公司固定效应，第（2）栏在第（1）栏的基础上进一步加入了其他控制变量。GTP 的回归系数在第（1）栏和第（2）栏中均为 −0.008，且均在 1% 水平下显著小于 0，显示金税三期的实施减少了企业关联交易，从经济显著性来看，其减少的金额相当于样本企业关联交易均值的 14%（0.008/0.057）。这说明，税收征管数字化升级可在企业关联交易治理中发挥重要作用。

表 3　　基准回归结果

	(1)		(2)	
	回归系数	t 值	回归系数	t 值
GTP	−0.008***	−2.80	−0.008***	−2.92
Legal			−0.001	−1.14
Balance			−0.003	−0.84
Sepe			0.081**	2.41
Size			−0.015***	−3.51
ROA			0.053**	2.46
Sprofit			−0.005**	−2.27
Lloss			−0.007***	−4.02
SOE			0.031***	3.33
Ctrlchg			−0.001	−0.35
Bsize			0.018*	1.84
Inde			0.007	0.33
Big4			0.016*	1.79
Age			0.020***	4.06
GDP			−0.004	−0.28
Taxrev			−0.005	−0.14
Indstruc			−0.002	−0.31
Constant	0.061***	45.30	0.346*	1.78
年度固定效应	已控制	已控制		
公司固定效应	已控制	已控制		
样本量	24224	24224		
调整 R^2	0.801	0.804		

注：***、**、*分别表示在1%、5%和10%水平上显著；回归系数标准误差在省级层面经过聚类调整。

（二）稳健性测试

1. 平行趋势假设检验

双重差分法的有效性依赖于其是否能够满足平行趋势假设（Parallel trend assumption）。就本文而言，平行趋势假设成立意味着，如果没有实施金税三期工程，处理组和控制组的关联交易规模在时间趋势上是平行的。为了测试本文的双重差分模型是否满足平行趋势假设，我们以各地在金税三期实施前一年的样本作为基准组，构建了八个虚拟变量：Before4、Before3、Before2、Current、After1、

$After2$、$After3$ 和 $After4$，用其替换 GTP 纳入回归模型。其中：当样本处于金税三期实施前第四年及以前的年度，则 $Before4$ 取值为 1，否则 $Before4$ 取值为 0；当样本处于金税三期实施前第三年，则 $Before3$ 取值为 1，否则 $Before3$ 取值为 0；当样本处于金税三期实施前第二年，则 $Before2$ 取值为 1，否则 $Before2$ 取值为 0；当样本处于金税三期实施当年，则 $Current$ 取值为 1，否则 $Current$ 取值为 0；当样本处于金税三期实施后第一年，则 $After1$ 取值为 1，否则 $After1$ 取值为 0；当样本处于金税三期实施后第二年，则 $After2$ 取值为 1，否则 $After2$ 取值为 0；当样本处于金税三期实施后第三年，则 $After3$ 取值为 1，否则 $After3$ 取值为 0；当样本处于金税三期实施后第四年及以后的年度，则 $After4$ 取值为 1，否则 $After4$ 取值为 0。根据平行趋势假设，我们预期 $Before4$、$Before3$ 和 $Before2$ 的回归系数应当不显著异于 0。

表 4 报告了平行趋势假设检验的回归结果；图 2 和图 3 是平行趋势检验图，分别对应第（1）栏和第（2）栏回归结果，置信区间设定在 95% 水平。不难看出，$Before4$、$Before3$ 和 $Before2$ 的回归系数均不显著异于 0，符合平行趋势假设的预期；并且，$Current$、$After1$、$After2$、$After3$ 和 $After4$ 的回归系数均显著小于 0，显示处理组和控制组的关联交易规模在金税三期实施前的平行趋势突然被打破，有力地表明本文的基准回归结果并非是处理组和控制组的关联交易规模在时间趋势上的差异所造成的。

表 4 平行趋势假设检验

	(1)		(2)	
	回归系数	t 值	回归系数	t 值
$Before4$	0.008	0.95	0.009	1.12
$Before3$	0.008	1.36	0.009	1.51
$Before2$	0.002	0.64	0.002	0.68
$Current$	−0.009***	−2.70	−0.010***	−2.96
$After1$	−0.016***	−2.90	−0.017***	−3.34
$After2$	−0.020**	−2.55	−0.022***	−2.92
$After3$	−0.021**	−2.04	−0.024**	−2.48
$After4$	−0.028**	−2.12	−0.032***	−2.59
$Legal$			−0.001	−1.28
$Balance$			−0.003	−0.84

续表

	(1)		(2)	
	回归系数	t 值	回归系数	t 值

Sepe			0.083**	2.46
Size			−0.015***	−3.51
ROA			0.053**	2.44
Sprofit			−0.005**	−2.25
Lloss			−0.006***	−3.99
SOE			0.031***	3.31
Ctrlchg			−0.001	−0.31
Bsize			0.018*	1.84
Inde			0.007	0.33
Big4			0.016*	1.77
Age			0.020***	3.96
GDP			−0.002	−0.17
Taxrev			−0.006	−0.16
Indstruc			−0.003	−0.48
Constant	0.063***	30.72	0.334*	1.79
年度固定效应	已控制	已控制		
公司固定效应	已控制	已控制		
样本量	24224	24224		
调整 R^2	0.801	0.804		

注：***、**、*分别表示在1%、5%和10%水平上显著；回归系数标准误差在省级层面经过聚类调整。

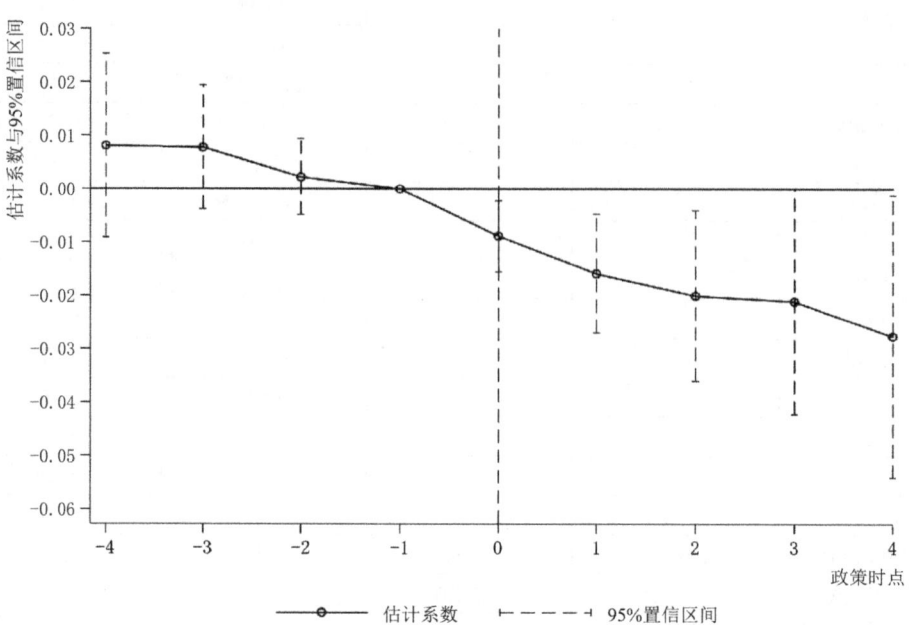

图 2 未加入除固定效应之外的其他控制变量

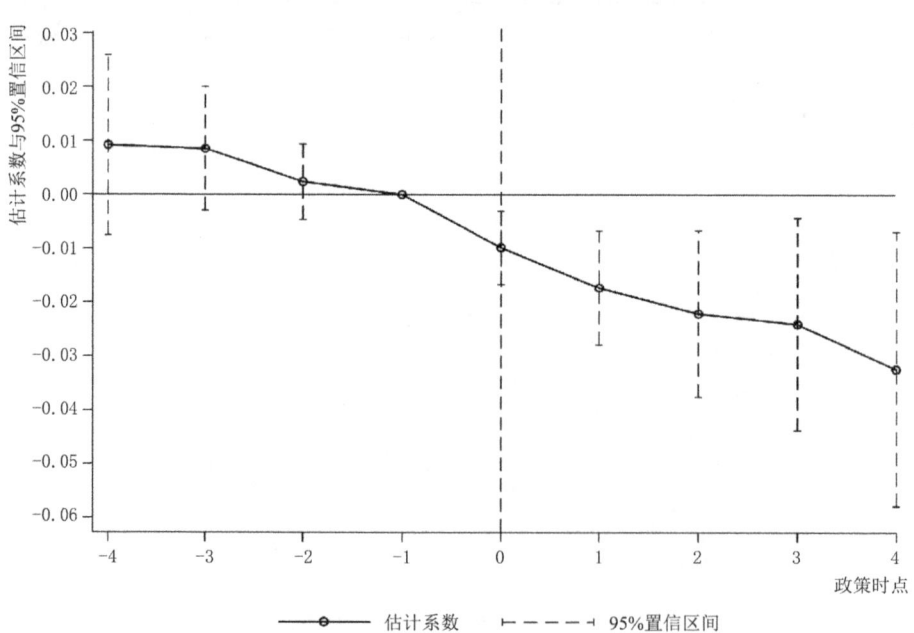

图 3 加入了其他控制变量

2. 安慰剂检验

平行趋势检验虽然在一定程度上说明本文的基准回归结果并非源于处理组和控制组的关联交易规模在时间趋势上的差异，但是，遗漏变量问题可能会对本文的基准结果产生一定的影响。为了测试遗漏变量问题对本文基准结果的影响程度，借鉴 Li 等（2016）以及 Cornaggia 和 Li（2019）的做法，本文采用了随机置换方法进行安慰剂检验。具体做法如下：为各地区随机生成金税三期工程实施时间，并根据这些随机生成的事件时间给 GTP 赋值，然后将按此方法所赋予的 GTP 的值置换原来基于真实事件所设定的 GTP 的值，重新运行回归模型（1）。为了避免随机生成金税三期工程实施时间过程中的偶然性因素的干扰，增强安慰剂检验的有效性，本文进行了 500 次独立随机生成金税三期工程实施时间过程。在这种安慰剂检验思路下，如果本文的基准结果是所遗漏的变量造成的结果，这种安慰剂检验所得到的 GTP 的回归系数不应该会聚集在 0 附近，而会与本文的结果类似地显著异于 0，反之说明遗漏变量问题对本文基准结果的影响不大。

表 5 和图 4 展示了安慰剂检验的结果。其中，表 5 报告了随机实验回归系数分布的描述性统计量，图 4 横轴为这些随机实验的回归系数。可以发现，在各地区金税三期工程时间是随机生成的条件下，GTP 的回归系数聚集在 0 附近（表 5 的结果显示其均值和中位数均接近于 0），显示构造的随机事件并不会对关联交易产生显著影响，而在真实事件下 GTP 的回归系数为 -0.008（见表 3），完全处于随机实验回归系数分布之外。这种结果可以说明我们的基准回归结果并非本文没能控制的其他因素所导致的结果（Li et al.，2016），而是金税三期工程所产生的效应。总之，安慰剂检验结果进一步表明本文核心结论的可靠性。

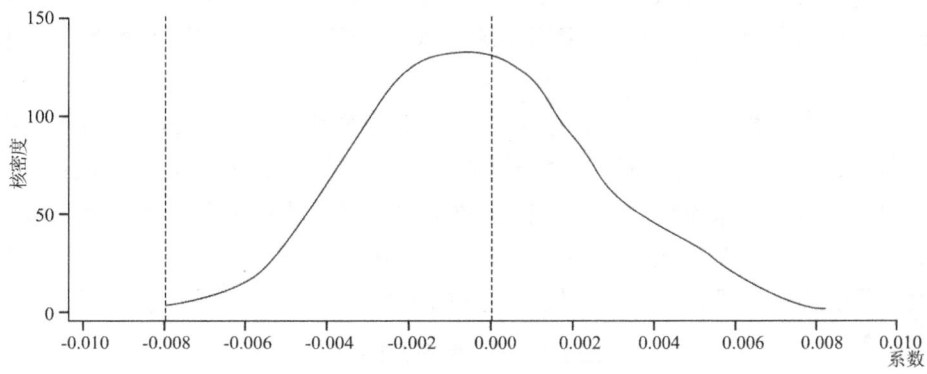

图 4 随机置换安慰剂检验

表 5　　随机置换下 GTP 回归系数分布的描述性统计

	均值	5% 分位数	25% 分位数	中位数	75% 分位数	95% 分位数	标准差
GTP 回归系数	-0.000	-0.005	-0.002	-0.000	0.002	0.005	0.003
t 值	-0.110	-1.828	-0.855	-0.130	0.547	1.914	1.133

除了使用上述随机置换策略进行安慰剂检验之外，我们还采用了另一种策略进行安慰剂检验，以增强本文结论的可信度。其基本思路是：选取一种不受政策实施影响或影响可以忽略不计的变量替换原来的被解释变量。既然相关政策不太可能影响该变量，那么，在使用该变量作为因变量时，我们不应该观察到"政策效应"，反之，若使用这种变量也能够观察到所谓的"政策效应"，则说明前文报告的结果可能只是"虚假的政策效应"。具体地，我们使用"关联担保金额与年末总资产之比"代替"公司与关联方之间的商品交易类、提供或接受劳务关联交易金额之和除以年末总资产"，重新执行相关回归过程。我们认为，税收征管数字化升级对关联担保可能不会产生明显的影响。原因在于：首先，数字化税收征管技术的优势在于处理那些单次交易金额较小、发生频率较高从而人工监管成本较高的交易，而担保交易单次金额往往很大，税收征管人员很容易关注到；其次，担保的税务问题非常简单，即便没有先进的数字化税收征管技术，税收征管部门也容易判断其是否存在税收违规问题；最后，担保可能引发的财务责任很大，且由于担保的税务问题非常简单，企业难以在关联担保中进行税收规避，因此，企业通过关联担保实施税收规避的动机会是极弱的，从而税收征管数字化升级不太可能会影响关联担保交易。基于上述讨论，若是使用"关联担保金额与年末总资产之比"代替"公司与关联方之间的商品交易类、提供或接受劳务关联交易金额之和除以年末总资产"，我们预期反映政策效应的变量 GTP 的回归系数不显著异于 0。

表 6 报告了相关回归结果。结果显示，在两次回归过程中，GTP 的回归系数均不显著异于 0，与预期相符。这一结果进一步增强了本文基准回归结果的可信度。同时，这一结果也说明，税收征管数字化升级并非对所有关联交易都可以产生治理效应，只有对那些税务问题较多、数字化技术容易在监管过程中可以发挥较大作用的关联交易，才会产生较为明显的影响。

表 6　　使用关联担保做安慰剂检验

	(1)		(2)	
	回归系数	t 值	回归系数	t 值
GTP	0.007	1.00	0.002	0.32

续表

	(1)		(2)	
	回归系数	t 值	回归系数	t 值
Legal			0.001	0.36
Balance			−0.014**	−2.39
Sepe			−0.022	−0.33
Size			0.027***	3.38
ROA			−0.654***	−2.86
Sprofit			0.002	0.59
Lloss			0.032***	4.77
SOE			−0.024	−1.08
Ctrlchg			−0.003	−0.64
Bsize			−0.004	−0.16
Inde			0.033	0.53
Big4			−0.013	−0.83
Age			0.003	0.24
GDP			−0.082***	−3.27
Taxrev			0.067	1.18
Indstruc			−0.018*	−1.84
Constant	0.176***	52.62	0.500*	1.83
年度固定效应	已控制		已控制	
公司固定效应	已控制		已控制	
样本量	24224		24224	
调整 R^2	0.480		0.504	

注：***、**、*分别表示在1%、5%和10%水平上显著；回归系数标准误差在省级层面经过聚类调整。

3. 排除减税降费政策和行业层面政策变化的影响

尽管多时点双重差分模型可以在一定程度上缓解其他政策所产生的混合效应问题，但本文所发现的现象依然有可能是同期其他政策影响的结果。例如，在本文样本期间内，国家实施了大规模的减税降费政策，而减税降费政策可能会削弱关联交易在税收规避中的价值，从而减少关联交易，即本文所发现的现象也可能是同期实施的减税降费政策造成的；此外，国家经常会调整一些行业政策，这些政策也可能会影响企业关联交易动机。为此，我们借鉴张克中等（2020）的做法来缓解上述问题对本文结论可能带来的不利影响。具体地，我们在模型中进一步控制了企业实际税负（*ETR*）（其值等于支付的各项税费与收到的税费返还之差除以营业收入)。张克中等(2020)指出,减税政策的效果会在企业实际税负上得到反应,控制企业实际税负能在一定程度上剥离减税政策的效应。此外,我们还在模型中进一步控制了行业固定效应与年度固定效应的交互项,以剔除行业层面随时间变化的特征(包括行业层面的政策变化)造成的影响。

表 7 报告了相关回归结果。其中:第(1)栏只是增加了 ETR 作为控制变量,第(2)栏不仅增加了 ETR 作为控制变量,还加入了行业固定效应与年度固定效应的交互项。由于 ETR 存在缺失值,本表所用到的样本数量相较基准回归有所减少。结果显示:GTP 的回归系数在第(1)栏和第(2)栏中分别是 -0.009 和 -0.008,并分别在 1% 和 5% 水平下显著。上述结果与基准回归结果是一致的,说明本文的基准回归结果并不是减税降费政策和行业层面的政策变化造成的。

表 7 排除减税降费政策和行业层面政策变化的影响

	(1)		(2)	
	回归系数	t 值	回归系数	t 值
GTP	-0.009***	-3.22	-0.008**	-2.50
$Legal$	-0.001	-0.70	-0.001	-1.54
$Balance$	-0.002	-0.58	-0.002	-0.50
$Sepe$	0.093***	2.75	0.089***	2.61
$Size$	-0.013***	-4.53	-0.014***	-4.56
ROA	0.044**	2.01	0.040**	2.17
$Sprofit$	-0.004**	-2.15	-0.005**	-2.41
$Lloss$	-0.007***	-3.33	-0.007***	-3.10
SOE	0.027***	2.94	0.027***	3.07
$Ctrlchg$	0.001	0.26	0.000	0.18
$Bsize$	0.022**	2.15	0.023**	2.23
$Inde$	0.027	1.17	0.023	0.93
$Big4$	0.023**	2.40	0.021**	2.18
Age	0.021***	4.32	0.021***	3.45
GDP	-0.005	-0.34	-0.010	-0.54
$Taxrev$	0.005	0.13	0.001	0.02
$Indstruc$	-0.000	-0.02	0.000	0.02
ETR	-0.040***	-3.41	-0.038***	-3.58
$Constant$	0.286	1.50	0.359*	1.65
年度固定效应	已控制		未控制	
行业固定效应 × 年度固定效应	未控制		已控制	
公司固定效应	已控制		已控制	

续表

	(1)		(2)	
	回归系数	t 值	回归系数	t 值
样本量	21677		21677	
调整 R^2	0.813		0.818	

注：***、**、*分别表示在1%、5%和10%水平上显著；回归系数标准误差在省级层面经过聚类调整。

4. 删除 2016 年及以后年度的样本

根据制度背景部分的论述可知，2016 年以后全国所有地区均已实施了金税三期。本文的样本期间涵盖了 2016 年及以后的年度，这一做法可能带来的问题是：2016 年起国家出台的某些政策，可能系统性地影响了关联交易，而自 2016 年起，所有样本企业 GTP 的值均为 1，若是 2016 年起其他政策的效应主导了回归结果，即便金税三期对关联交易并没有产生任何影响，也可使得我们观察到 GTP 的回归系数显著小于 0。

为了缓解这一问题，我们将 2016 年及以后年度的样本全部删除，重新执行了相关回归过程。表 8 报告了相关回归结果。结果显示，在第（1）栏和第（2）栏回归结果中，GTP 的回归系数分别为 -0.010 和 -0.011，均在 1% 水平下显著小于 0。这些结果与基准回归结果依然是一致的，没有改变本文的核心结论，说明基准回归结果中展示的"政策效应"，并非 2016 年及以后年度实施的政策所造成的。

表 8　　　　　　　　删除 2016 年及以后年度的样本

	(1)		(2)	
	回归系数	t 值	回归系数	t 值
GTP	−0.010***	−2.98	−0.011***	−3.20
Legal			−0.002	−1.38
Balance			−0.003	−0.66
Sepe			0.112***	2.86
Size			−0.009**	−2.22
ROA			0.052	1.36
Sprofit			−0.004	−1.43
Lloss			−0.001	−0.42
SOE			0.047***	3.42
Ctrlchg			0.002	0.78
Bsize			0.016*	1.70

续表

	(1)		(2)	
	回归系数	t 值	回归系数	t 值
Inde			0.025	0.90
*Big*4			0.025	1.63
Age			0.020***	4.01
GDP			−0.030	−0.97
Taxrev			0.069*	1.78
Indstruc			−0.007	−0.58
Constant	0.063***	176.11	0.431	1.17
年度固定效应	已控制		已控制	
公司固定效应	已控制		已控制	
样本量	14165		14165	
调整 R^2	0.841		0.842	

注：***、**、*分别表示在1%、5%和10%水平上显著；回归系数标准误差在省级层面经过聚类调整。

5. 将事件年度滞后一年

在实务层面，金税三期上线与并库使用之间会存在一定的时滞，也就是说，根据上线年份所定义的事件年度未必是实际开始发挥作用的年度。为了缓解这一问题可能带来的影响，我们将事件年度滞后一年，即将金税三期上线的下一年作为事件年度，重新定义 *GTP* 变量，然后执行相关的回归过程。表 9 报告了相关回归结果。两次回归过程中，*GTP* 的回归系数均为 −0.006，且均在 1% 水平下显著小于 0，这与基准回归结果是一致的。可见，金税三期上线与并库使用之间的时滞问题并不会影响本文核心结论的可靠性。

表 9　　　　　　　　　　将事件年度滞后一年

	(1)		(2)	
	回归系数	t 值	回归系数	t 值
GTP	−0.006***	−2.78	−0.006***	−3.01
Legal			−0.001	−1.01
Balance			−0.003	−0.83
Sepe			0.082**	2.42
Size			−0.015***	−3.52
ROA			0.053**	2.48
Sprofit			−0.005**	−2.27
Lloss			−0.007***	−4.01

续表

	(1)		(2)	
	回归系数	t 值	回归系数	t 值
SOE			0.031***	3.33
Ctrlchg			−0.001	−0.33
Bsize			0.018*	1.82
Inde			0.007	0.34
Big4			0.016*	1.78
Age			0.020***	4.03
GDP			−0.004	−0.27
Taxrev			−0.002	−0.06
Indstruc			−0.002	−0.37
Constant	0.060***	68.46	0.341*	1.75
年度固定效应	已控制		已控制	
公司固定效应	已控制		已控制	
样本量	24224		24224	
调整 R^2	0.801		0.804	

注：***、**、*分别表示在1%、5%和10%水平上显著；回归系数标准误差在省级层面经过聚类调整。

6. 使用平衡面板数据

在样本筛选过程中，我们为了保证每家公司在样本期间内同时有政策实施前后的观测值，虽已剔除了各地区政策实施当年及以后上市的公司相应观测值，但是，还是保留了部分年份新上市企业的样本。由于新上市企业与样本期间之前上市的企业在关联交易规模上可能存在系统性差异，而它们在不同地区的数量是不同的，且相对同一地区在样本期间之前上市的企业而言，其在事件前的观测数量又是较少的，这可能会影响统计结果。

为了缓解这一问题，本文使用平衡面板数据进行了稳健性检验，涉及的企业为1218个，所使用的总观测值数量为13398个。表10报告了相关回归结果。无论是在第（1）栏还是在第（2）栏，GTP 的回归系数均在 1% 水平下显著小于 0，从统计上来看与表3的对应结果是类似的，不会改变本文基本结论。从经济显著上来看，由于 GTP 的回归系数在表3第（2）栏中为 -0.008，而在表10第（2）栏中为 -0.013，意味着在平衡面板数据下观测到的金税三期工程实施对关联交易的负向影响要比基准回归过程下更大一些。这说明，在样本中包含了一部分逐年新上市的企业样本，不仅不会高估，还可能低估了金税三期工程对关联交易的影响。

表 10　　　　　　　　　　　平衡面板数据

	(1)		(2)	
	回归系数	t 值	回归系数	t 值
GTP	−0.013***	−3.10	−0.013***	−3.04
Legal			−0.002	−1.57
Balance			−0.001	−0.24
Sepe			0.109**	2.13
Size			−0.021***	−3.21
ROA			0.070*	1.86
Sprofit			−0.005*	−1.78
Lloss			−0.009***	−3.50
SOE			0.047***	3.85
Ctrlchg			−0.001	−0.29
Bsize			0.016	1.08
Inde			−0.003	−0.10
Big4			0.017	1.08
Age			0.029**	2.03
GDP			−0.005	−0.28
Taxrev			0.041	0.80
Indstruc			−0.001	−0.15
Constant	0.086***	48.06	0.446*	1.71
年度固定效应	已控制		已控制	
公司固定效应	已控制		已控制	
样本量	13398		13398	
调整 R^2	0.808		0.812	

注：***、**、*分别表示在1%、5%和10%水平上显著；回归系数标准误差在省级层面经过聚类调整。

7. 改变被解释变量的衡量方法

虽然商品交易类和劳务交易类是交易频繁、交易总额较大的两类关联交易，但是，这两类关联交易金额之和不能代表所有可能会受税收征管数字化升级影响的关联交易总额。为缓解上述问题，我们将另一种交易较为频繁、交易总额较大且可能会受税收征管数字化升级影响的关联交易类别——"资产交易类"，也纳入进来，构造一个新的指标——"商品、劳务和资产类关联交易金额之和除以年末总资产"，重新执行相关回归过程。值得一提的是，该指标虽能在一定程度上缓解原指标的不足，但也会引入计量噪音。原因在于，资产交易类所包含的关联交易非常复杂，有些交易金额未必适合与商品、劳务类交易的金额直接相加。例如，资产使用和资产托管等交易的金额，代表的可能是相关资产的价值，不应与商品、劳务类交易金额直接相加。可是，数据库所提供的数据不足以让我们将可以与商品、劳务类交易金额直接相加的资产交易类关联交易金额准确地分离出来，所以我们只在稳健性测试，而不在基准回归中使用该指标。

表 11 报告了相关的回归结果。结果显示，GTP 的回归系数在第（1）栏和第（2）栏中均为 -0.007，并分别在 5% 和 1% 水平下显著。可见，使用"商品、劳务和资产类关联交易金额之和 / 年末总资产"来衡量关联交易，不会改变本文的核心结论。

表 11　改变被解释变量的度量方法

	(1)		(2)	
	回归系数	t 值	回归系数	t 值
GTP	−0.007**	−2.50	−0.007***	−2.63
Legal			−0.001	−1.07
Balance			−0.002	−0.64
Sepe			0.089**	2.41
Size			−0.018***	−4.13
ROA			0.061***	2.69
Sprofit			−0.006***	−2.63
Lloss			−0.002	−0.92
SOE			0.028***	2.66
Ctrlchg			0.001	0.23
Bsize			0.018*	1.68
Inde			−0.009	−0.35
Big4			0.019*	1.93
Age			0.023***	4.49
GDP			−0.010	−0.68
Taxrev			0.000	0.01
Indstruc			−0.004	−0.65
Constant	0.066***	48.46	0.481**	2.32
年度固定效应	已控制		已控制	
公司固定效应	已控制		已控制	
样本量	24224		24224	
调整 R^2	0.777		0.781	

注：***、**、*分别表示在1%、5%和10%水平上显著；回归系数标准误差在省级层面经过聚类调整。

（三）异质性分析

为深化关于税收征管数字化升级在企业关联交易治理中作用的认识，下面本文将从公司所处地区法治化水平、股权制衡度和最终控制人两权分离度三个角度进行异质性分析。之所以选择这三个角度，是考虑到：数字化升级虽然能够提升税收征管人员"发现"关联交易中涉税问题的能力，但会在多大程度上增加企业税务风险，依赖于被发现的问题会如何被处置，而这与企业所处地区法治环境密切相关；数字化升级能帮助税收征管人员发现多少关联交易中的涉税问题，在很大程度上取决于企业内部制衡机制阻止不公平关联交易发生的能力，而股东之间的制衡关系显然是与关联交易密切相关的内部制衡机制，因为重大关联交易往往需经作为股东代理人的董事投票表决，甚至需要经过股东大会的批准；税收征管数字化升级所增加的税务风险在多大程度上能够阻止关联交易的发生，会在很大程度上取决于企业最终控制人能从关联交易中获取的"边际私利"，而两权分离度对最终控制人能从关联交易中谋取的"边际私利"有重要影响。

1. 地区法治化水平

关联交易引起的税务风险是税务违规行为被发现的概率和被依法处置概率的联合函数。被发现的税务违规行为如果不能及时依法被处置，则税务违规行为即便被发现，也未必会给企业带来多少税务风险，企业将不会那么担心关联交易的涉税问题被发现，进而继续开展相关的关联交易；相反地，若是被发现的税务违规行为能及时依法被处置，则一旦税务违规行为被发现，企业将会被要求补缴税款、被罚款等，意味着关联交易的成本增加了，从而企业会减少相关的关联交易。可见，税收征管数字化升级虽然能够增加税务违规行为被发现的概率，但其会如何影响企业关联交易，在很大程度上取决于税务违规行为被依法处置的概率。税务违规行为被依法处置的概率与地区法治化水平直接相关。地区法治化水平越高，税务违规行为被依法处置的概率将会越高。刘慧龙和吴联生（2014）的研究表明，地区法治化水平越高，企业避税程度越低，可以支持这一论断。基于上述分析我们可以推测：税收征管数字化升级对企业关联交易的负向影响在地区法治化水平较高的地区会更加明显。

为了检验上述推测，本文以同年度样本范围内地区法治化水平变量 Legal 的中位数为界，将样本分为"所处地区治化水平较低组"和"所处地区法治化水平较高组"，然后运用回归模型（1）分别对两组子样本进行回归。表 12 报告了相关回归结果。结果显示，在所处地区法治化水平较低组的回归结果中，GTP 的回归系数不显著异于0；在所处地区法治化水平较高组的回归结果中，GTP 的回归系数为 -0.010，且在 1% 水平下显著小于 0；组间系数差异检验结果显示 GTP 的回归系数在两组间存在显著差异（p 值为 0.010）。以上结果表明，当企业所处地区法治化水平较高时，金税三期工程实施对企业关联交易的负向影响更加明显，支持了我们的推测。这意味着，地区法治化水平较低会妨碍税收征管数字化升级在关联交易治理中的积极作用，要想更好地发挥数字化技术在关联交易治理中的作用，还需要提高法治化水平。

表 12　　异质性分析：地区法治化水平

	(1) 地区法治化水平较低		(2) 地区法治化水平较高	
	回归系数	t 值	回归系数	t 值
GTP	-0.003	-0.89	-0.010***	-3.55
$Balance$	-0.007	-1.37	0.004	1.34
$Sepe$	0.074	1.43	0.092**	2.14
$Size$	-0.018**	-2.42	-0.012***	-5.26
ROA	0.084***	2.63	0.014	0.59
$Sprofit$	-0.011***	-3.12	0.000	0.10
$Lloss$	-0.006**	-2.42	-0.005***	-2.87
SOE	0.035***	2.81	0.026*	1.68
$Ctrlchg$	0.001	0.17	-0.003**	-2.31
$Bsize$	0.027*	1.71	0.010	0.83
$Inde$	0.018	0.57	-0.007	-0.26
$Big4$	0.028	1.47	0.007	1.55
Age	0.020**	2.20	0.016***	2.85
GDP	-0.016	-0.75	0.001	0.04
$Taxrev$	0.022	0.50	0.036	0.76
$Indstruc$	-0.031**	-2.36	0.007	1.53
$Constant$	0.538**	1.99	0.200	0.71
年度固定效应	已控制		已控制	
公司固定效应	已控制		已控制	
样本量	11501		12723	
调整 R^2	0.777		0.832	
系数差异（p 值）	0.010			

注：***、**、*分别表示在1%、5%和10%水平上显著；回归系数标准误差在省级层面经过聚类调整。

2. 股权制衡度

在关联交易治理过程中,对于像税收征管这种外部治理机制而言,企业内部治理机制可以起到"过滤器"的作用。外部治理机制处理的,只是企业内部治理机制未能解决的关联交易问题。就本文所涉及的问题而言,税收征管数字化升级能够帮助税收征管机构发现多少关联交易中的涉税问题,取决于企业内部治理机制已在多大程度上阻止了不正当的关联交易。若是企业内部治理机制已经阻止了不正当的关联交易,则税收征管数字化升级在帮助税收征管机构发现关联交易中的涉税问题上自然发挥不了多大作用,反之,其作用将较为明显。股东之间的相互制衡在关联交易治理中是一种极其关键的企业内部治理机制。这是因为,为了防止关联交易损害其他股东利益,对于重要的关联交易事项,须经作为股东代理人的董事表决,甚至需要提交股东大会表决,在表决过程中,关联董事或股东往往需要回避[①]。可能会损害其他股东利益的关联交易因为定价不公平或存在财务舞弊问题,往往会涉及税务违规,若是其他股东能够对最终控制人或控股股东具有较强的制衡能力,则相关的关联交易会被阻止。陈晓和王琨(2005)以及洪剑峭和薛皓(2008)均发现,其他股东对大股东的股权制衡度越高,企业关联交易规模越小。基于上述分析,我们可以推测:税收征管数字化升级对企业关联交易的负向影响在其他股东对大股东的股权制衡度较低的企业中会更加明显。

为检验上述推测,本文使用第二大股东至第十大股东持股比例之和与第一大股东持股比例的比值来衡量股权制衡度,并进行分组检验。由于不同行业企业关联交易的性质存在较大差异,相同的该比值对不同行业企业关联交易的制约能力会存在差异,为避免简单地依赖该比值的高低来衡量其他股东在关联交易中对大股东的制约能力可能存在的问题,我们逐年分行业以样本企业该比值的中位数为界[②],将样本分为"低股权制衡度组"和"高股权制衡度组",然后运用回归模型(1)分别对两组子样本进行回归。表13报告了相关回归结果。结果显示,在低股权制衡度组的回归结果中,GTP的回归系数为-0.011,且在5%水平下显著小于0,而在高股权制衡度组的回归结果中,GTP的回归系数不显著异于0,组间系数差异检验结果显示,GTP的回归系数在两组间存在显著差异(p值为0.008)。上述结果表明,当其他股东对大股东的制衡能力较低时,金税三期工程实施对企

---

① 我国公司法第124条规定:"上市公司董事与董事会会议决议事项所涉及的企业有关联关系的,不得对该项决议行使表决权,也不得代理其他董事行使表决权。该董事会会议由过半数的无关联关系董事出席即可举行,董事会会议所作决议须经无关联关系董事过半数通过。出席董事会的无关联关系董事人数不足三人的,应将该事项提交上市公司股东大会审议。"

② 值得一提的是,根据全样本范围内该比值的中位数进行分组回归,也不会改变本文的结论。限于篇幅,本文没有报告。

业关联交易的负向影响更加明显，支持了我们的推测。

表13　　　　　　　　　异质性分析：股权制衡度

	(1) 低股权制衡度		(2) 高股权制衡度	
	回归系数	t值	回归系数	t值
GTP	-0.011**	-2.38	-0.003	-0.55
Legal	-0.000	-0.10	-0.001	-1.14
Sepe	0.078*	1.77	0.034	0.69
Size	-0.019***	-3.95	-0.015**	-2.17
ROA	0.077**	2.30	0.034	1.32
Sprofit	-0.005*	-1.79	-0.005*	-1.74
Lloss	-0.005	-1.35	-0.005	-1.62
SOE	0.022	1.25	0.034***	4.09
Ctrlchg	0.001	0.31	-0.002	-0.64
Bsize	0.011	0.82	0.008	0.63
Inde	0.041	1.28	-0.043	-1.39
Big4	0.009	0.88	0.016**	1.97
Age	0.021**	2.14	0.015**	2.57
GDP	0.001	0.06	-0.002	-0.11
Taxrev	0.040	0.83	-0.069	-1.52
Indstruc	-0.001	-0.17	-0.003	-0.46
Constant	0.355*	1.75	0.428*	1.79
年度固定效应	已控制		已控制	
公司固定效应	已控制		已控制	
样本量	11990		12234	
调整 R^2	0.812		0.842	
系数差异（p值）	0.008			

注：***、**、*分别表示在1%、5%和10%水平上显著；回归系数标准误差在省级层面经过聚类调整。

3. 两权分离度

最终控制人在关联交易中能够获取的边际私利会在很大程度决定其是否愿意承担税收征管数字化升级所增加的风险。给定税收征管数字化升级给相同的关联交易带来的税务风险相同这一条件，最终控制人从关联交易中能获取的边际私利越大，其会有更强意愿去冒被税务机关发现并查处的风险。这意味着，当最终控制人能从关联交易中获取的边际私利较大时，税收征管数字化升级对关联交易的负向影响会较弱。最终控制人控制权与现金流权间的分离度直接决定了其在关联交易中能获取的边际私利。两权分离度越大，意味着给定控制权比例，现金流权比例越低，最终控制人通过关联交易转移的资源中属于自己的部分（等于现金流权比例）会越小，且其因现金流权而承担的税务机关向公司补征的税款和罚款的比例也较低。因此，两权分离度越大，最终控制人在关联交易中能够获取的边际私利会越大。根据以上分析，我们可以推测：税收征管数字化升级对企业关联交易的负向影响在最终控制人两权分离度较低的企业中会更加明显。

为检验上述推测，本文使用最终控制人的控制权与现金流权的差值来衡量两权分离度，并进行分组检验。由于不同行业企业关联交易的性质存在较大差异，相同的两权分离度从不同行业的关联交易中获取的"边际私利"是不同的，因此，简单地以该两权分离度指标来体现最终控制人因在关联交易中获取的"边际私利"不同而会对金税三期工程作出不同的反应，可能会存在一定的问题。为了缓解这一问题，我们逐年分行业以样本企业最终控制人两权分离度的中位数为界①，将样本划分为"两权分离度较低组"和"两权分离度较高组"，然后运用回归模型（1）分别对两组子样本进行回归。表14报告了相关回归结果。结果显示，在两权分离度较低组的回归结果中，GTP 的回归系数为 -0.012，在 1% 的水平下显著小于 0，而在两权分离度较高组的回归结果中，GTP 的回归系数不显著异于 0，组间系数差异检验结果显示两组间 GTP 的回归系数在 1% 水平下存在显著差异（p 值为 0.000）。上述结果表明，当两权分离度较低时，金税三期工程实施对企业关联交易的负向影响更加明显，支持了我们的推测。考虑到我国上市公司处于金字塔企业集团的现象较为普遍，而金字塔结构的一个重要特点就是会提高最终控制人的两权分离度，根据上述结果，监管部门应关注较高的两权分离度对大数据技术在关联交易治理中的作用可能产生的负面影响。

表14 异质性分析：两权分离度

	(1) 低两权分离度		(2) 高两权分离度	
	回归系数	t 值	回归系数	t 值
GTP	−0.012***	−3.08	−0.003	−0.77
$Legal$	−0.002***	−3.19	0.000	0.17
$Balance$	−0.002	−0.39	−0.004	−0.99
$Size$	−0.007*	−1.85	−0.019***	−4.88
ROA	0.064**	2.30	0.038	1.46
$Sprofit$	−0.003	−0.77	−0.004*	−1.78
$Lloss$	−0.006*	−1.77	−0.006**	−2.08

① 值得一提的是，根据全样本范围内该比值的中位数进行分组回归，也不会改变本文的结论。限于篇幅，本文没有报告。

续表

	(1) 低两权分离度		(2) 高两权分离度	
	回归系数	t 值	回归系数	t 值
SOE	0.034**	2.08	0.036***	2.61
Ctrlchg	−0.001	−0.28	−0.001	−0.42
Bsize	0.018	0.99	0.011	0.97
Inde	0.028	0.81	−0.049*	−1.68
Big4	0.011	1.01	0.013	0.80
Age	0.018***	2.94	0.019***	3.57
GDP	−0.007	−0.54	−0.001	−0.06
Taxrev	−0.011	−0.26	0.033	0.54
Indstruc	−0.000	−0.08	−0.001	−0.09
Constant	0.208	1.04	0.410	1.64
年度固定效应	已控制		已控制	
公司固定效应	已控制		已控制	
样本量	12857		11367	
调整 R^2	0.815		0.834	
系数差异（p 值）	0.000			

注：***、**、*分别表示在1%、5%和10%水平上显著；回归系数标准误差在省级层面经过聚类调整。

（四）进一步研究

1. 区分关联交易的方向

关联交易包括买和卖两个不同的方向。前文的证据虽然有力地表明税收征管数字化升级会减少关联交易，但尚未说明，对于不同方向的关联交易（公司为买方还是卖方），税收征管数字化升级是否都能产生影响。因此，区分关联交易的方向做进一步检验，有助于我们更加深入地评估税收征管数字化升级对关联交易的影响。值得一提的是，我们很难从理论上严谨地推测税收征管数字化升级对不同方向关联交易的影响差异，因此，本节只是一种探索性分析。

表 15 报告了相关的回归结果。在第（1）栏回归结果中，当公司作为买方时，*GTP* 的回归系数为 −0.005，在 1% 水平下显著；在第（2）栏回归结果中，当公司作为卖方时，*GTP* 的回归系数为 −0.003，在 10% 水平下显著。此外，回归系数差异比较检验结果显示，*GTP* 的回归系数在两次回归结果中在 10% 水平下不存在显著差异。这说明，不管是公司作为买方的关联交易，还是公司作为卖方的关联交

易,税收征管数字化升级均能对其发挥影响,且其影响程度不存在明显差异。

表 15　　区分关联交易的方向

	(1) 公司为买方		(2) 公司为卖方	
	回归系数	t 值	回归系数	t 值
GTP	−0.005***	−3.99	−0.003*	−1.88
Legal	−0.000	−1.03	−0.000	−0.59
Balance	−0.001	−0.27	−0.001	−0.83
Sepe	0.059***	3.93	0.030	1.09
Size	−0.006***	−3.98	−0.007**	−2.30
ROA	0.014	1.36	0.032**	2.48
Sprofit	−0.002	−0.99	−0.003***	−2.67
Lloss	−0.003**	−2.58	−0.003**	−2.14
SOE	0.009**	2.23	0.020***	3.76
Ctrlchg	0.001	1.01	−0.002	−1.52
Bsize	0.009	1.31	0.009**	2.42
Inde	0.007	0.54	0.004	0.25
Big4	0.012	1.41	−0.001	−0.07
Age	0.014***	3.68	0.006**	2.04
GDP	−0.009	−1.12	0.003	0.32
Taxrev	0.029	1.19	−0.036*	−1.88
Indstruc	0.002	0.62	−0.006	−0.99
Constant	0.179*	1.77	0.157	1.25
年度固定效应	已控制		已控制	
公司固定效应	已控制		已控制	
样本量	24224		24224	
调整 R^2	0.764		0.747	
系数差异(p 值)	0.136			

注:***、**、*分别表示在1%、5%和10%水平上显著;回归系数标准误差在省级层面经过聚类调整。

2. 区分境内和境外关联交易

本文所使用的关联交易指标既包含境内的关联交易,又包含境外的关联交易。税收征管数字化升级对境内关联交易和境外关联交易的影响可能是不同的。在查处关联交易中的避税问题时,税收征管部门可能需要其他地区相关部门或者机构的配合;在境内,这种问题会相对容易处理。这会使得税收征管数字化升级对境内关联交易的治理会更加有效。

为检验上述推测，我们根据数据库所提供的相关信息，将"商品交易类"和"劳务交易类"中与境外（含港澳台）关联方发生的交易手工整理了出来，据此，将基准回归结果中所使用的关联交易指标拆分为两个指标：（1）IRPT，衡量境内关联交易，其值等于"境内商品和劳务类关联交易金额之和除以年末总资产"；（2）ORPT，衡量境外关联交易，其值等于"境外商品和劳务类关联交易金额之和除以年末总资产"。接下来，我们分别以其作为被解释变量，重新进行回归。表16报告了相关回归结果。结果显示：在关于境内关联交易的回归结果中，GTP的回归系数为-0.008，在1%水平下显著；在关于境外关联交易的回归结果中，GTP的回归系数不显著异于0；两次回归结果中GTP的回归系数在1%水平下存在显著差异。这些结果说明，相比境外关联交易，境内关联交易受税收征管数字化升级的影响更加明显。这一结果与我们的预期是一致的。值得一提的是，GTP的回归系数在关于境外关联交易的回归结果中不显著异于0，与假说发展部分那个用于说明大数据技术可以帮助税收征管人员发现境外关联交易中避税问题的实例，并不矛盾。原因在于，大数据技术可以帮助税收征管人员发现境外关联交易中避税问题，不代表其一定能够减少境外关联交易，公司可能会在境内关联交易和境外关联交易之间进行权衡；既然数字化税收征管技术更容易监控境内关联交易，部分公司可能会通过维持甚至增加境外关联交易来实现特定的税收规避目标，而回归结果只是体现了样本范围内的平均处理效应，这样一来，即便有些公司因税收征管数字化升级减少了境外关联交易，从平均处理效应来看，GTP的回归系数在关于境外关联交易的回归结果中依然可能是不异于0的。对于这种现象，我们只能解读为没有证据显示税收征管数字化升级减少了境外关联交易，而不能解读为税收征管数字化升级不能减少境外关联交易。

表16 区分境内和境外关联交易

	(1) 境内关联交易 (IRPT)		(2) 境外关联交易 (ORPT)	
	回归系数	t 值	回归系数	t 值
GTP	-0.008***	-3.28	0.000	0.36
Legal	-0.001	-1.05	-0.000	-0.43
Balance	-0.003	-0.93	0.000	0.49
Sepe	0.075**	2.31	0.003	0.98
Size	-0.015***	-3.46	0.000	1.32
ROA	0.054**	2.51	-0.002	-1.62
Sprofit	-0.005**	-2.04	-0.000*	-1.68
Lloss	-0.007***	-4.15	0.000	0.05
SOE	0.031***	3.42	0.000	0.01
Ctrlchg	-0.001	-0.42	0.000	0.09

续表

	(1) 境内关联交易 (*IRPT*)		(2) 境外关联交易 (*ORPT*)	
	回归系数	t 值	回归系数	t 值
Bsize	0.016	1.60	0.001	1.39
Inde	0.007	0.33	0.000	0.03
Big4	0.016*	1.90	−0.001	−0.82
Age	0.020***	4.22	−0.000	−0.36
GDP	−0.007	−0.54	0.002*	1.79
Taxrev	−0.008	−0.21	0.002	0.73
Indstruc	−0.002	−0.34	0.000	0.28
Constant	0.383**	2.02	−0.031**	−1.96
年度固定效应	已控制		已控制	
公司固定效应	已控制		已控制	
样本量	24224		24224	
调整 R^2	0.802		0.885	
系数差异（*p* 值）	0.000			

注：***、**、*分别表示在1%、5%和10%水平上显著；回归系数标准误差在省级层面经过聚类调整。

3. 区分商品交易和劳务交易

本文基准回归所使用的关联交易变量包含了两类关联交易：商品交易类和劳务交易类。税收征管数字化升级对于商品类交易和劳务类交易的影响很有可能是不同的。商品是有形的，且往往是按特定规格标准化处理的，数字化技术容易在海量交易中找到相同或类似的商品及其交易，然后将关联交易定价与符合独立交易原则的相同或类似商品的交易定价进行比较，帮助税收征管人员判断关联交易定价是否异常。然而，劳务是无形的，且又包含脑力劳动和体力劳动，难以使用某种特定的规格对其进行标准化，每次交易中的劳务可能都是独特的，因此，即便有海量交易数据，数字化技术也不容易通过将关联交易中的劳务交易与其他符合独立交易原则的劳务交易进行比较而判断劳务类关联交易的定价是否异常。基于上述分析，我们预期税收征管数字化升级对商品类关联交易的影响要强于对劳务类关联交易的影响。

为检验上述预期，我们将基准回归中的关联交易指标拆分为两个指标：*GRPT*（商品类关联交易金额/年末总资产）和 *LRPT*（接受和提供劳务关联交易金额/年末总资产），分别进行回归。表17报告了相关回归结果。结果显示：在商品交易回归结果中，*GTP* 的回归系数为 −0.008，在 1% 水平下显著；在劳务交易回归结果中，*GTP* 的回归系数符号虽然为负，但不显著异于 0；两次回归结果中 *GTP*

的回归系数在 1% 水平下存在显著差异。这些结果意味着：税收征管数字化升级对商品类关联交易的影响要显著强于对劳务类关联交易的影响，具体地，它能够显著减少商品交易类关联交易，但没有证据可以表明其对劳务类关联交易产生显著影响。

表 17　　　　　　　　　　区分商品交易和劳务交易

	(1) 商品交易 (GRPT)		(2) 劳务交易 (LRPT)	
	回归系数	t 值	回归系数	t 值
GTP	−0.008***	−3.80	−0.001	−0.84
Legal	−0.001	−1.39	0.000	1.12
Balance	−0.001	−0.25	−0.001**	−2.39
Sepe	0.090**	2.55	−0.006	−0.93
Size	−0.014***	−3.41	0.000	0.14
ROA	0.037**	1.97	0.010***	2.69
Sprofit	−0.004**	−1.97	−0.001**	−2.22
Lloss	−0.005***	−3.20	−0.000	−0.96
SOE	0.027***	3.01	0.004**	2.35
Ctrlchg	−0.002	−0.96	0.001	1.37
Bsize	0.014	1.59	0.002	0.72
Inde	0.000	0.00	0.002	0.33
Big4	0.023**	2.28	−0.006	−0.97
Age	0.020***	3.91	−0.001	−1.01
GDP	−0.007	−0.64	0.000	0.12
Taxrev	−0.009	−0.28	0.004	0.44
Indstruc	−0.005	−0.84	0.003**	2.03
Constant	0.376**	2.33	−0.008	−0.25
年度固定效应	已控制	已控制		
公司固定效应	已控制	已控制		
样本量	24224	24224		
调整 R^2	0.803	0.585		
系数差异（p 值）	0.001			

注：***、**、*分别表示在1%、5%和10%水平上显著；回归系数标准误差在省级层面经过聚类调整。

五、结　论

规范和治理关联交易是金融市场监管者、税务机关和投资者等都极其关注的问题，在我国尤其重要。但是，关联交易因其交易透明度低、复杂性高，规范和治理的难度不小。近年来，随着大数据技术的快速发展，金融市场监管机构和税收主管部门积极探索运用大数据技术来规范和治理关联交易，但其效果如何，需要进行实证检验。已有文献虽然对关联交易问题开展了大量的研究，但更多地关注于关联交易如何被用作寻租的手段及其可能产生的经济后果方面，关于关联交易治理方面的研究相对较少，少数几篇相关文献也多关注于企业内部治理机制，对于外部治理机制也只是关注到强制披露规则和放松卖空管制等，忽视了在关联交易治理中可能产生重要影响、同时也是企业外部治理主体如金融市场监管机构和税收主管部门积极探索的一种治理工具：大数据技术。

金税工程是国家信息化建设的重点工程之一，我国对其进行了持续不断的数字化升级。本文利用金税三期工程在我国分批实施这一准自然实验提供的独特研究机会，对税收征管数字化升级在关联交易治理中的作用，进行了实证检验。本文研究发现，税收征管数字化升级能够显著减少关联交易。具体而言，金税三期工程减少了相当于样本企业均值约 14% 的关联交易。不过，金税三期工程也并非在所有情形下都能对关联交易产生如此大的影响。我们的证据显示，相对而言，在所处地区法治化水平较高、股权制衡度较低和最终控制人两权分离度较低的企业中，金税三期对关联交易的负向影响会更大一些。本文还发现，金税三期既可以减少企业作为买方的关联交易，也可以减少企业作为卖方的关联交易；相比境外的关联交易，境内的关联交易更容易受到金税三期的影响；相比劳务类关联交易，商品类关联交易更容易受到金税三期的影响。

本文的研究发现具有重要的政策含义。其一，本文的证据表明，大数据技术可以在关联交易治理中发挥重要的作用，这为金融市场监管部门探索使用大数据技术来治理企业关联交易和国家持续推进税收征管数字化升级以实现国家税收治理现代化战略提供了证据支持。例如，银保监会于 2020 年上线了关联交易监管系统，税务系统正推动实施金税四期工程，本文可以为这些重要的监管实践提供证据支持。其二，本文研究发现对于不同类型关联交易的治理，大数据技术在其中能够发挥的作用可能是不同的，监管机构要留意大数据技术难以发挥作用的关联交易类别。例如，大数据技术对于境内关联交易、商品类关联交易的治理效果要分别强于对境外关联交易和劳务类关联交易的治理效果。其三，本文的证据表明，提高法治化水平，是更好地发挥大数据技术在关联交易治理中的作用的重要条件，要想更好地发挥大数据技术在关联交易治理中的作用，我们还应持续提高法治化水平。其四，本文的证据还可以说明，在我国利用大数据技术来规范和治理关联交易具有更加重要的价值，因为我国企业"一股独大"的问题较为普遍，而在股权制衡度较低的企业中，大数据技术在关联交易治理中发挥的作用更加明显。其五，本文的经验证据可以为税务机关评估税收征管数字化升级在提升税收征管能力方面的效果提供参考。

本文对未来研究也具有一定的启示意义。一方面，数字化监管技术发展对公司治理的影响应引起学术界的关注。近年来，监管层越来越多地使用大数据对资本市场实施监管，本文的经验证据在一定程度上表明，数字化监管技术的发展对公司治理产生重大影响，本文只是从税收征管数字化升级在关联交易治理中的作用这一角度进行了一点尝试，并提供了一些重要发现，后续研究可以从其他视角开展更多、更系统的研究。另一方面，本文的结果显示外部法治环境和内部治理机制可能对税收征管数字化升级与公司行为之间的关系产生重要影响，因此，后续研究在进一步考察税收征管数字化升级对公司行为的影响时，应当关注法治环境和内部治理机制在其中的调节作用。

本文也存在一定的局限性：一是由于关联交易类别过于复杂，性质不同的关联交易，其金额有时无法直接相加，使得我们无法将各种可能会受到金税三期影响的关联交易金额汇总成一个更加综合的关联交易指标，导致本文并没有全面评估金税三期对关联交易的影响；二是由于企业与关联方未必处于同一省份，而本文是以上市公司所在地是否实施了金税三期来判断企业是否受到了金税三期的影响。虽然从计量角度来看，这种策略没有给本文的因果识别带来什么不利影响，但可能会导致低估金税三期对关联交易的影响。原因在于，未实施金税三期地区的上市公司的关联方可能处于实施了金税三期的地区，即我们假定没有受到金税三期影响的企业，其实也可能受到了金税三期的影响，尽管其受到的影响会小于实施了金税三期的地区的企业，在这种情况下，运用双重差分法估计实验组和控制组之间因金税三期实施所产生的关联交易规模差异就会低于其金税三期实施实际产生的影响。

参考文献

[1] 蔡昌，林高怡，王卉乔．税收征管与企业融资约束——基于金税三期的政策效应分析 [J]．会计研究，2021（5）．

[2] 曹丰，易佳慧，胡明生．问询函监管能激发公司利益相关者的治理吗？[J]．财务研究，2021（1）．

[3] 陈晓，王琨．关联交易，公司治理与国有股改革——来自我国资本市场的实证证据[J]．经济研究，2005（4）．

[4] 樊勇，李昊楠．税收征管，纳税遵从与税收优惠——对金税三期工程的政策效应评估[J]．财贸经济，2020（5）．

[5] 高雷，宋顺林．关联交易，线下项目与盈余管理——来自中国上市公司的经验证据[J]．中国会计评论，2008（1）．

[6] 洪剑峭，方军雄．关联交易和会计盈余的价值相关性[J]．中国会计评论，2005（1）．

[7] 洪剑峭，薛皓．股权制衡对关联交易和关联销售的持续性影响[J]．南开管理评论，2008（1）．

[8] 黄蓉，易阳，宋顺林．税率差异、关联交易与企业价值[J]．会计研究，2013（8）．

[9] 李艳，杨婉昕，陈斌开．税收征管、税负水平与税负公平[J]．中国工业经济，2020（11）．

[10] 刘慧龙．控制链长度与公司高管薪酬契约[J]．管理世界，2017（3）．

[11] 刘慧龙，吴联生．制度环境、所有权性质与企业实际税率[J]．管理世界，2014（4）．

[12] 潘红波，余明桂．集团内关联交易、高管薪酬激励与资本配置效率[J]．会计研究，2014（10）．

[13] 彭晓洁．信息不对称与非公平关联交易的透视[J]．会计研究，2005（8）．

[14] 邵毅平，虞凤凤．内部资本市场、关联交易与公司价值研究——基于我国上市公司的实证分析[J]．中国工业经济，2012（4）．

[15] 盛天翔，范从来．金融科技、最优银行业市场结构与小微企业信贷供给[J]．金融研究，2020（6）．

[16] 孙雪娇，翟淑萍，于苏．大数据税收征管如何影响企业盈余管理？——基于"金税三期"准自然实验的证据[J]．会计研究，2021（1）．

[17] 佟岩，程小可．关联交易利益流向与中国上市公司盈余质量[J]．管理世界，2007（11）．

[18] 佟岩，王化成．关联交易、控制权收益与盈余质量[J]．会计研究，2007（4）．

[19] 王琨，陈胜蓝，李晓雪．集团关联担保与公司融资约束[J]．金融研究，2014（9）．

[20] 王小鲁，樊纲，胡李鹏．中国分省份市场化指数报告（2018），社会科学文献出版社，2019．

[21] 王小鲁，樊纲，余静文．中国分省份市场化指数报告（2016），社会科学文献出版社，2017．

[22] 魏明海，黄琼宇，程敏英．家族企业关联大股东的治理角色——基于关联交易的视角[J]．管理世界，2013（3）．

[23] 许善达．中国税务信息化回顾与展望[J]．电子政务，2009（10）．

[24] 余明桂，夏新平．控股股东、代理问题与关联交易：对中国上市公司的实证研究[J]．南开管理评论，2004（6）．

[25] 张克中，欧阳洁，李文健．缘何"减税难降负"：信息技术、征税能力与企业逃税[J]．经济研究，2020（3）．

[26] 郑国坚．基于效率观和掏空观的关联交易与盈余质量关系研究[J]．会计研究，2009（10）．

[27] 郑建明，孙诗璐．税收征管与审计费用——来自"金税三期"的准自然实验证据[J]．审计研究，2021（4）．

[28] 周欣欣，彭燕巍．大数据为关联交易调整补短板[J]．中国税务报，2016（第B04版）．

[29] 朱凯，潘舒芯，胡梦梦. 智能化监管与企业盈余管理选择——基于金税三期的自然实验[J]. 财经研究，2021（10）.

[30] Berkman, H., Cole, R. A. and Fu, L. J., 2009, "Expropriation through Loan Guarantees to Related Parties: Evidence from China", *Journal of Banking and Finance*, vol.33（1）, pp.141～156.

[31] Brockman, P., Firth, M., He, X. J., Mao, X. Y. and Rui, O., 2019, "Relationship-Based Resource Allocations: Evidence from the Use of 'Guanxi' during SEOs", *Journal of Financial and Quantitative Analysis*, vol.54（3）, pp.1193～1230.

[32] Casaburi, L. and Troiano, U., 2016, "Ghost-House Busters: The Electoral Response to a Large Anti-Tax Evasion Program", *Quarterly Journal of Economics*, vol.131（1）, pp.273～314.

[33] Cheung, Y. L., Qi, Y. H., Rau, P. R. and Stouraitis, A., 2009, "Buy High, Sell Low: How Listed Firms Price Transfers in Related Party Transactions", *Journal of Banking and Finance*, vol.33（5）, pp.914～924.

[34] Cornaggia, J. and Li, J. Y., 2019, "The Value of Access to Finance: Evidence from M&As", *Journal of Financial Economics*, vol.131（1）, pp.232～250.

[35] Fan, H. C., Liu, Y., Qiu, L. D. and Zhao, X. X., 2020, "Export to Elude", *Journal of International Economics*, vol.127, 103366.

[36] Gordon, R. and Li, W., 2009, "Tax Structures in Developing Countries: Many Puzzles and a Possible Explanation", *Journal of Public Economics*, vol.93（7/8）, pp.855～866.

[37] Habib, A., Jiang, H. Y. and Zhou, D. H., 2015, "Related Party Transactions and Audit Fees: Evidence from China", *Journal of International Accounting Research*, vol.14（1）, pp.1～25.

[38] Hope, O. K. and Lu, H. H., 2020, "Economic Consequences of Corporate Governance Disclosure: Evidence from the 2006 SEC Regulation on Related-Party Transactions", *The Accounting Review*, vol.95（4）, pp.263～290.

[39] Hope, O. K., Lu, H. H. and Saiy, S., 2019, "Director Compensation and Related Party Transactions", *Review of Accounting Studies*, vol.24（4）, pp.1392～1426.

[40] Hwang, N. C. R., Chiou, J. R. and Wang, Y. C., 2013, "Effect of Disclosure Regulation on Earnings Management through Related-Party Transactions: Evidence from Taiwanese Firms Operating in China", *Journal of Accounting and Public Policy*, vol.32（4）, pp.292～313.

[41] Jia, N., Shi, J. and Wang, Y. X., 2013, "Coinsurance within Business Groups: Evidence from Related Party Transactions in an Emerging Market", *Management Science*, vol.59（10）, pp.2295～2313.

[42] Jian, M. and Wong, T. J., 2010, "Propping through Related Party Transactions", *Review of Accounting Studies*, vol.15（1）, pp.70～105.

[43] Jiang, G. H., Lee, C. M. C. and Yue, H., 2010, "Tunneling through Intercorporate Loans: The China Experience", *Journal of Financial Economics*, vol.98（1）, pp.1～20.

[44] Jiang, G. H., Rao, P. G. and Yue, H., 2015, "Tunneling through Non-Operational Fund

Occupancy: An Investigation Based on Officially Identified Activities", *Journal of Corporate Finance*, vol.32, pp.295～311.

[45] Jiang, H. Y., Tian, G. and Zhou, D. H., 2021, "The Influence of the Deregulation of Short-Selling on Related-Party Transactions: Evidence from China", *Journal of Business Finance and Accounting*, vol.48 (5/6), pp.1022～1056.

[46] Kang, M., Lee, H. Y., Lee, M. G. and Park, J. C., 2014, "The Association between Related-Party Transactions and Control-ownership Wedge: Evidence from Korea", *Pacific-Basin Finance Journal*, vol.29 (1), pp.272～296.

[47] Kohlbeck, M. and Mayhew, B. W., 2017, "Are Related Party Transactions Red Flags?", *Contemporary Accounting Research*, vol.34 (2), pp.900～928.

[48] Li, J. J., Wang, X. and Wu, Y. P., 2020, "Can Government Improve Tax Compliance by Adopting Advanced Information Technology? Evidence from the Golden Tax Project Ⅲ in China", *Economic Modelling*, vol.93, pp.384～397.

[49] Li, N., 2021, "Do Majority-of-Minority Shareholder Voting Rights Reduce Expropriation? Evidence from Related Party Transactions", *Journal of Accounting Research*, vol.59 (4), pp.1385～1423.

[50] Li, P., Lu, Y. and Wang, J., 2016, "Does Flattening Government Improve Economic Performance? Evidence from China", *Journal of Development Economics*, vol.123, pp.18～37.

[51] Lo, A. W. Y., Wong, R. M. K. and Firth, M., 2010a, "Can Corporate Governance Deter Management from Manipulating Earnings? Evidence from Related-Party Sales Transactions in China", *Journal of Corporate Finance*, vol.16 (2), pp.225～235.

[52] Lo, A. W. Y., Wong, R. M. K. and Firth, M., 2010b, "Tax, Financial Reporting, and Tunneling Incentives for Income Shifting: An Empirical Analysis of the Transfer Pricing Behavior of Chinese-Listed Companies", *Journal of the American Taxation Association*, vol.32 (2), pp.1～26.

[53] Peng, W. N. Q., Wei, K. C. J. and Yang, Z. S., 2011, "Tunneling or Propping: Evidence from Connected Transactions in China", *Journal of Corporate Finance*, vol.17 (2), pp.306～325.

[54] Shevlin, T., Tang, T. Y. H. and Wilson, R. J., 2012, "Domestic Income Shifting by Chinese Listed Firms", *Journal of the American Taxation Association*, vol.34 (1), pp.1～29.

[55] Wang, H. D., Cho, C. C. and Lin, C. J., 2019, "Related Party Transactions, Business Relatedness, and Firm Performance", *Journal of Business Research*, vol.101, pp.411～425.

[56] Wang, K. and Xiao, X., 2011, "Controlling Shareholders' Tunneling and Executive Compensation: Evidence from China", *Journal of Accounting and Public Policy*, vol.30 (1), pp.89～110.

[57] Wong, R. M. K., Kim, J. B. and Lo, A. W. Y., 2015, "Are Related-Party Sales Value-Adding or Value-Destroying? Evidence from China", *Journal of International Financial Management and Accounting*, vol.26 (1), pp.1～38.

[58] Wu, F., 2021, "Tax Enforcement and Firm Investment Efficiency: Evidence from Staggered

Implementation of Tax Administration Information System", SSRN Working Paper, ID.3869665.

[59] Xiao, C. and Shao, Y. C., 2020, "Information System and Corporate Income Tax Enforcement: Evidence from China", *Journal of Accounting and Public Policy*, vol.39 (6), 106772.

[60] Yeh, Y. H., Shu, P. G. and Su, Y. H., 2012, "Related-Party Transactions and Corporate Governance: The Evidence from the Taiwan Stock Market", *Pacific-Basin Finance Journal*, vol.20 (5), pp.755~776.

[61] Zhao, L., 2021, "The Effect of Tax Authority Enforcement on Earnings Informativeness", *European Accounting Review*, Forthcoming, DOI: 10.1080/09638180.2021.1947337.

[62] Zhu, Y. J. and Zhu, X. N., 2012, "Impact of the Share Structure Reform on the Role of Operating Related Party Transactions in China", *Emerging Markets Finance and Trade*, vol.48 (6), pp.73~94.

两保合一对医疗费用的影响*
——基于单一支付者制度的视角

赖毅[1]　李玲[1]　陈秋霖[2,3]

（1 北京大学国家发展研究院；2 中国社科院当代中国研究所；3 中国社科院大学应用经济学院）

摘要： 本文利用2009—2015年全国公立医院财务报表数据，通过新农合与城居保合并发生的时间先后，来识别保险合并对医疗费用的影响。两保合一时，新农合与城居保的基金池合并，医保经办机构统一合并成为地级市层面的单一管理者。本文发现两保合一使医保买方市场势力增强，赫芬达尔指数上升，进而医院收入下降3.6%，次均医疗费用下降2.9%，总诊疗量无显著变化，医院收入下降主要是次均药品费用下降带来的。若改革前地级市的赫芬达尔指数越小，则其买方市场势力增幅越大，控费效应越明显。而且对于市场份额更大的医院，两保合一的控费效应更小，这代表医保与医院的相对市场势力共同影响医疗费用。但本文也发现控费效果是短期的，而且病人自付费用占比提高，说明医院诱导了自费费用。

关键词： 医保整合　单一支付者制度　市场势力　供方费用控制

一、引　言

改革与发展医疗保障制度是增进民生福祉、维护社会和谐稳定的重要制度安排。党和政府历来高度重视医疗保障制度改革。21世纪以来，中国医疗保障制度改革成绩斐然：第一阶段是三大社会医疗保险的建立与扩张，第二阶段是报销待遇的提高与保险整合，第三阶段是国家医疗保障局成立，发挥战略性购买作

---
* 原载《管理世界》2022年第7期。

用，推进药品带量采购与医保支付方式等改革。为了进一步深化医疗保障制度改革，就需要系统总结过去改革的经验。然而，中国现有的研究缺乏实证研究讨论保险整合对总体医疗费用的影响。同时，医疗保险合并与医疗服务价格的关系也是卫生经济学理论中的核心问题之一，处于争论的焦点。部分文献发现，医疗保险之间的合并会使医保的市场势力增加，这可能迫使医疗服务提供方降低医疗服务价格，控制医疗费用增长（Dafny et al.，2012；Moriya et al.，2010；Yip et al.，2017）。而另一部分文献有不同的发现，比如 Ho 和 Lee（2017）认为医疗保险合并可能提高医疗服务费用。保险合并对医疗费用到底有什么影响？机制是什么？中国的新农合与城居保合并提供了新的证据。

自 1999 年城镇职工医疗保险（城职保）建立，到 2011 年底城镇居民医疗保险（城居保）在全部地级市推行，中国建立了全面覆盖的医疗保障体系，以三大基本医保为支柱，参保人数超过了 13 亿人（陈竺，2013；雷晓燕、傅虹桥，2018）。与此同时，图 1 显示，医疗总费用的增速两倍于 GDP 增速，而随着中国老龄化程度加深，医疗费用将会加速上升（封进等，2015；陈东升，2020）。中国医疗保险体系的改革重点由医保扩张变为整合碎片化的医疗保障制度，控制医疗卫生费用过快增长。2016 年 1 月国务院出台《关于整合城乡居民基本医疗保险制度的意见》（简称意见），要求各省尽快出台计划，合并城镇居民医疗保险与新型农村合作医疗保险。而在 2016 年以前，已经有广东、浙江、山东、新疆等省份进行了自发整合（李忠等，2017）。

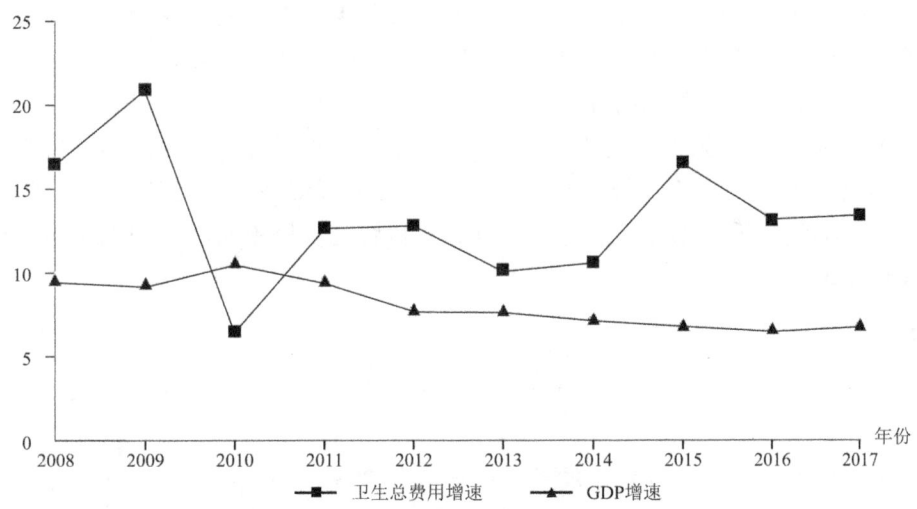

图 1 中国卫生总费用增速

数据来源：中国卫生健康统计年鉴、国家统计局。

为了探究保险合并对医疗费用的影响，本文利用2009—2015年的全国综合性公立医院财务数据，研究自发实施两保合一的地级市的医院收入变化。假如从供给、需求两方面定性分析，两保合一到底是增加还是降低医疗费用，是难以确定的。从需求方看，两保整合后，农村居民也开始采用更大范围的医保药品目录（如城镇居民保险），这提高了农村居民的医疗保障范围。两保合并也会提升医保统筹层次与抗风险能力，这可能提高医保报销率，最终使农村居民能享受到更高水平的医保待遇。这无疑会提高医疗需求、增加医疗费用。但从供给方看，将两保整合后，医保经办部门将成为医保单一管理者，这很可能带来更强的监管与议价能力，医院过度开药等行为的成本提高，所以供方会通过降低药品费用等途径来降低医疗费用。因此需要定量研究两保合一对费用的影响，本文采用双重差分法来进行因果识别。结果显示，两保合一后医院收入下降3.6%[exp(−0.037)−1]，且收入的下降是次均药品费用下降导致的。在渠道分析部分，本文发现两保合并后地级市层面赫芬达尔指数平均上升35%，且改革前赫芬达尔指数越低，则两保合一带来的指数增长幅度越高，进而医院收入下降幅度越高。同时，市场份额越大的医院，受到两保合一的影响越小，这符合医保议价能力假说。但这并不能排除控费效果主要来自部门管理差异的可能性。通过进一步研究，本文发现，改革前新农合占比高的城市相对于低的城市，控费效果无显著差异。这在一定程度上可以说明，费用下降主要是由医保议价能力提高带来的，而不是由不同部门对医保基金的管理效率差异带来的。回归结果还发现，两保整合后，医院的医保外收入占比显著增加2.8个百分点。这说明两保合一后，形成的医保单一管理者有更强的议价能力，能降低药品费用。这虽能抑制费用过快增长，但也可能会导致医院诱导患者使用自费项目的问题。

本文接下来将按照如下方式组织，第二节回顾相关文献，第三节介绍政策背景并提出可验证的假说，第四节介绍数据以及识别策略，第五节展示基本结果，第六节作机制分析，第七节进行异质性、稳健性与安慰剂检验，第八节给出结论与政策建议。

二、文献回顾

医疗保险合并与医疗费用的关系是学界长期关注的话题之一，无论是对于商业保险制度为主的国家（美国），还是对于实行社会医疗保险制度的国家（如主要的东亚国家以及加拿大）。这两类医疗保险制度各对应一支文献讨论合并与费用的关系，本文与这两支文献最为相关。在社会保险领域，大量的文献讨论单一支付者制度（single payer）的影响，尤其是深入讨论了单一支付者制度对快速增长的卫生费用的控制能力。单一支付者制度一般指的是区域内仅有一个组织（通常是政府）进行医保筹资，将全人群的健康风险整合在一个风险池中，并且是区域内医疗服务的唯一购买者（Hsiao et al.，2017；Hussey and Anderson，2003）。最接近单一支付者的国家是加拿大与韩国，美国则属于最典型的多支付者制度，其他国家大多是这两种制度的混合，比如德国与日本。现在有大量针对发达国家与地区的研究，研究发现加拿大、韩国的单一支付者制度同时做到了公平、医疗费用控制以及医保的全面覆盖（Deber，2003；Kwon，2010；Lu and Hsiao，2003；Soonman，2014；Yip et al.，2017）。理论上，单一支付者形成了买方垄断，通过"All-or-none"的垄断议价，在获取更低的医疗服务价格的同时，保证医疗服务的正常供给（Herndon，2002）。Hussey 和 Anderson（2003）发现在单一支付者制度下，政府利用买方垄断地位与服务提供者谈判，确定较低的总额预算与统一费率，同时通过全国统一的成本收益评价体系限制浪费性的药品与低效新技术的准入。Hsiao 等（2017）分析了统一的医疗信息系统给医保带来的信息垄断优势，Yip 等（2017）则探讨了其总额控制与协商谈判制度，分析了参与协商的市场主体，介绍了医保总额公式中可谈判与不可谈判的部分。从 Hsiao 等（2017）的划分看，中国在两保合并后，依然存在城职保与城乡居民医保，离单一支付者还有不小的差距，但由于在某个行政地域内的所有医院的买家只有唯一的医保部门（2018 年之前是人社部门，现在是新成立的医疗保障部门），有着统一的医保支付方式，所以中国单一管理者的医保制度较接近于单一支付者制度，在合并后医保部门有着更为强大的议价以及监管能力。

对实行商业保险制度的美国来说，医疗保险合并则是极具争议的事情，因为垄断的商保倾向于提高消费者的保费。部分实证研究发现保险合并能降低医疗服务价格，支持保险合并（MeLnick et al.，2011；Moriya et al.，2010；Roberts et al.，2017）。而另一部分学者则发现合并后的保险虽然能降低医疗服务价格，但也会利用垄断市场势力提升保费，欺压患者（Dafny，2010；Dafny et al.，2012）。Dafny 等（2012）将 1999 年美国两大全国性医疗保险公司的合并作为准自然实验，发现保险合并后虽然医生收入增速下降，但保费增速显著上升。更多时候，研究者需要讨论保险合并时不同效应相互抵消的过程（Ho and Lee，2017；Trish and Herring，2015）。在中国，医保由政府经办，但无论是商保还是政府的经办机构，控费的激励是类似的，而且两者均发挥了第三方购买的功能，所以商保合并的研究方法对我国有借鉴意义。

同时，本文与中国医疗卫生制度改革的研究相关，尤其是与两保合一、医疗供方费用控制的研究相关。之前主流文献关注医保扩张对患者服务利用与健康的影响,肯定了医保覆盖的积极作用(Cheng et al.,2015;黄薇,2019;Lei and Lin,2009;潘杰等,2013),但对中国城居保与新农合发生大规模整合的实证研究还不够完善。Huang 和 Wu(2020)利用两保合一政策在不同城市的实施时间差异进行识别,发现农村居民的医疗服务利用率上升,但对农村居民健康的提升有限。高秋明和杜创(2019)探讨省直管县如何影响两保合一的政策选择。国内对医疗供方费用控制的文献也在快速增长(Chan and Zeng,2018;杜创,2017;Fu et al.,2017;Fu et al.,2018)。但缺乏文献深入探究两保合一对供方的控费效应,本文发现医疗保险整合也能降低医疗费用。

综上,本文主要做了以下三方面贡献:第一,之前对单一支付者制度的研究均为理论与案例分析,而非严谨的实证。本文利用中国各地医保整合时间的不同,识别社会医疗保险合并对医疗费用的影响,讨论了费用控制的机制,弥补单一支付者文献在实证上的不足。第二,由于目前中国有大量自费患者,并且绝大部分地区的医保统筹层次最高只到地级市层面,所以度量各地级市的医保买方市场势力非常重要,但国内缺乏相应的实证研究。本文借鉴美国医保集中度的衡量方法,度量了中国地级市层面医保集中度,讨论了医保集中度与医疗费用的关系。第三,从数据与方法的角度出发,本文利用全国公立医院财务数据,构建城市、时间层面的双重差分法来识别两保合并对医生行为的影响,能较好地弥补数据局限、缓解以往文献中的内生性问题。

三、政策背景与研究假设

(一)三大医疗保险

城镇职工医疗保险制度(城职保)、新型农村合作医疗制度(新农合)、城镇居民基本医疗保险制度(城居保)分别服务于职工、农村居民、无城职保的城镇居民,图2展示了三大医保参保人数的增长,在2013年后,社会医疗保险基本完成了全面覆盖。本文研究的两保合一是指新农合与城居保的合并。三大保险有着不同的筹资结构、报销比例、报销目录范围与管理部门(Yip et al.,2012)。未合并前,新农合由卫生与计划生育委员会(卫生计生委)管辖,城职保与城居保则由人力资源和社会保障部(人社部)管辖,两个保险采用不同的信息系统。

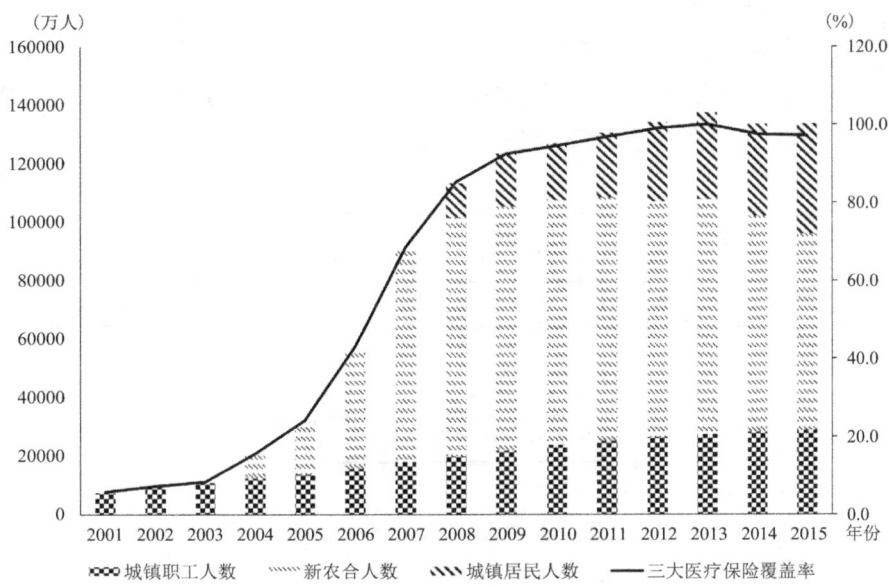

图 2 我国三大医疗保险的扩张

数据来源：中国卫生统计年鉴，中国卫生和计划生育统计年鉴。

（二）自发式整合与强制整合

两保合一分为两个阶段，第一阶段是 2016 年以前各地自发进行的两保整合，第二阶段是 2016 年之后中央推动的保险整合，本文研究前一个阶段。

第一阶段的两保合一，统一了保险经办部门，建立了统一的医保信息系统，建立起了覆盖城乡的居民医保。在这个基础上，新农合与城居保统一使用扩大后的医保目录，原来新农合与城居保的医保定点机构都统一成为了城乡居民医疗保险的定点机构，两个保险的资金池合二为一。所以第一个阶段合并的地级市都基本完成了"四统一"。在第二阶段的两保合一里，《意见》要求"六统一"：覆盖范围、医保目录、定点管理、基金管理、筹资政策、保障待遇的六统一，建立统筹城乡、公平可及的城乡医保制度。所以，2016 年后的两保合一不仅完成了之前两保合一的四统一，即覆盖范围、医保目录、定点管理、基金管理，同时也统一了城乡居民筹资缴费水平，以及医保待遇水平。

由于只有 2015 年及以前的公立医院财务数据，本文将重点讨论两保自发整合的这一过程。根据各地级市关于两保整合的文件，两保整合的流程、时间都相对比较单一，如图 3 所示。首先是各市出台建立城乡居民保险的具体标准以及时间表，然后进行一系列整合，最后在年初（大部分地区是 1 月 1 日）城乡居民医疗保险开始运行，采用新的医保结算信息系统，新农合与城居保完成合并。在新的城乡保险开始运行前，城居保与新农合的报销与结算规定不变（李忠等，2017）。一般，从开始整合到完成整合，用时为 1 年。

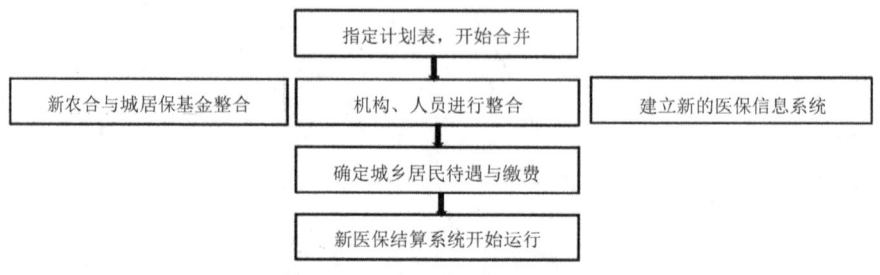

图 3　新农合与城居保合并流程

（三）医保机构的控费行为与医保整合

医保机构在规范医疗机构行为、维护医保基金安全上发挥了关键的作用。我国医保机构包括了医保经办机构与医保行政部门，分别对医疗机构行使医保协议管理职能与行政管理职能，前者是医疗服务购买者，后者则是行政管理者（王宗凡，2011a；郑功成，2011）。医保协议管理指的是医保经办机构通过日常支付与月末年末的指标管理来影响医院，是第三方购买行为（谢文媛、巢健茜，2011）。首先，经办机构要和各个医疗机构签订协议，商议并确定医保预算总额、支付方式与考核办法。然后，医保经办机构每月给医院预拨付金额，剩下一定比例（比如 30%）的医保基金作为质量保证金，用于对医院进行月度、年度考核。最后，根据协议确定的考核办法与医院的表现来决定年末剩余金额的支付情况。协议管理的关键是经办机构与医疗机构进行平等的谈判协商，确定双方都能接受的医疗服务购买条款，发挥主动购买作用为患者争取优惠。在没有定价权与招采权的情况下，经办机构主要的谈判内容是确定医疗服务的支付方式与标准（王宗凡，2011a）。

与协议管理相对应，医保行政管理则是指医保行政部门使用监督与政策制定行为来影响医院，包括对骗保等违法违规行为的查处，也包括对医保定点医疗机构的审批，还包括报销政策的制定等。比较复杂的是，医保经办机构由于承担了部分医保行政部门的职责，因此也拥有一定行政管理权力，可以通过强制性的管理举措来控制费用（王宗凡，2011a）：比如，经办机构有时利用行政手段干预协议的制定与履行，此时经办机构与医院并非平等的市场主体。在早期，医保覆盖率较低且制度分散，没有强大的购买议价能力与信息优势时，医保经办机构就不得不经常采用行政管理来控制费用。在数据样本期间，医保行政管理与经办职责范围并不清晰。刘军强等（2015）通过对医保经办机构人员访谈，将现实中的医保控费工具箱分为6种：基金安全红线、监察、违约处罚、指标管理、付费方式改革、三方谈判。前2种工具一般是行政手段，后4种则更多是经济手段。

两保合一整合了医保经办机构，进而改变医保协议管理与行政管理行为，表1是根据文献与中国现实归纳的合并前后主要变化。一方面，从需方看，在两保合一后农村居民的待遇水平提升，其医疗需求与费用也会上升（Huang and Wu，2020）。另一方面，从对供方的协议管理行为看，整合医保将会增加医保对医院的控费能力。第一是基于医保基金规模的议价能力。医保基金是医疗机构赖以生存与发展的收入来源，在合并后，单一的医保经办机构基金支出占医院收入的比例有极大的上升。因此，医保的团购议价能力也得以提高，医保对医院的制约作用越大，越能推动支付方式改革，并获得更有利的医保协议（陈金甫，2010；王宗凡，2011b）。而且，医保基金统筹层次提升后，各县的医保预算统一在市级经办机构手中，这也有助于提高市级医保经办机构对市级医院的议价能力。第二是信息系统，多经办机构导致多个信息系统，形成信息孤岛。不同经办机构连接的定点医院、药店不同，让医保在定价、支付、监管方面缺乏全面有效的信息。经办机构在医疗服务协议谈判时也需要数据的支持，有全面的数据能增强医保谈判的主导性与说服力（胡大洋，2012）。合并后，信息系统整合并完善，医保获得了更强的信息垄断优势（Hsiao et al.，2017；解锡海等，2019）。第三，两保合一使得医疗服务协议统一，既增强了协议对医院的约束力，也能提高协议管理效率。第四，单一管理者可以有效约束医院在不同保险基金间进行成本转移的行为（McGuire and Pauly，1991）。由此，本文认为两保合一将经办机构整合，提高了医保的市场势力，更有效率，更有利于医保对医院的谈判议价与协议管理。

表1　　　　　　　　　　医保合并前后的主要变化

制度	合并前	合并后
医保待遇	农村居民待遇较低	农村居民待遇提高
行政部门与经办机构	区域内两个管理者	区域内单一管理者
单一经办机构的医保支出占医院收入比例	占比低 难以发挥团购议价作用	占比高 更易于发挥团购议价作用
新农合基金统筹层次	县区级统筹	市级统筹
医保信息系统	分隔的信息系统	统一的信息系统
新农合基金管理权	卫生部门	人社部门

两保合一除了影响需求和医保议价能力以外，也会影响医保行政管理行为。这其中最主要的争论是新农合基金管理权由卫生部门移交给了人社部门，是否会带来更高的管理控费效率？两部门在控费手段与控费动机上都有一定差异，这可能带来医疗费用的改变。具体而言，卫生部门作为举办与监管公立医院的部门，有强烈的动机发展公立医院，同时可以通过很多行政手段影响医院：公立医疗机构的人事调动（姚宇，2014），公立医院的行政考核与评级（赵绍阳、臧文斌，2020），财政补助与设备管制等。因此专家对于部门管理效率一直有不同的观点，到现在依然没有定论。应亚珍（2011）认为卫生部门有专业优势和更多的行政手段，更能发挥整合医疗的作用，管理医疗保险更有效率。郑功成（2011）认为新农合由人社部门管理后，医院有可能不再积极控制医疗费用。而王宗凡（2015）则认为人社部门有更强的医保经办管理能力，更能发挥医保团购优势与谈判作用。

由于患者需求、协议管理与行政管理行为都发生了改变，且全国各地有较大的差异，因此在理论上很难预测两保合一对医疗服务价格与数量的影响，这有待于实证分析。基于以上的分析，本文需要讨论两保合一带来的需求上升效应更高，还是供方费用控制效应更高。而费用控制效应是来自医保议价能力的提高，还是来自卫生与人社部门的基金管理差异。

接下来，本文将给出主要的研究假设。首先，两保合并能让医保对供方的控费能力上升，驱使医疗费用下降。但 Huang 和 Wu（2020）发现两保合一后，由于农村居民的报销比例与报销目录均有提升，其医疗服务使用量与医疗费用均上升。所以，两保合一对总体医疗费用的最终影响取决于供方控费效应与需方费用引致效应的相对大小。所以我们给出假设1。

假说1：在供方控费效应超过需求上升时，两保合一最终能降低医院收入。

若两保合一会通过改变医保与医院的相对议价能力来影响医院，那么，从买方市场势力看，各个地级市医保市场集中度的水平值以及变化幅度都不同，假如两保合一会通过提升医保议价能力来控制医院费用，本文应该发现医保市场集中度越高的城市，其医院收入更低。从卖方市场势力看，有垄断地位的大医院受两保合一的影响应该较低。所以我们给出假设2。

假说2：如果两保合一提高了医保议价能力，进而控制了医疗费用，则医院的垄断程度越高，受两保合一的控费效应越小；同时，地级市层面医保市场集中度越高，医院收入越低。

两保合一很有可能通过部门管理差异产生控费效应。但由于绝大部分地区都是由人社部门整合医保经办机构，我们无法识别人社部门控费效率是否更高。但我们可以讨论两保合一的控费效应是来自部门管理差异还是医保议价能力。我们将费用变化分解成3种效应，医保议价控费、部门差异控费与农村居民需求上升。其中，医保议价控费会同时降低城职保基金、城居保基金，与合并后的新农合基金的医疗费用。但部门差异控费只能降低合并后的新农合的费用。需求上升也只能影响农村居民费用。

如果假设1成立，供方控费效应超过了需求上升，需要讨论到底是医保议价还是部门差异带来了控费效果。可以假设医保议价的控费效应不存在或者很微弱，费用下降是部门差异带来的。并且假设人社部门的管理效率高于卫生部门。那么人社部门管理新农合后，新农合基金管理效率提升，其费用控制效果超过了农村居民需求上升，导致新农合医疗费用下降。此时改革前新农合占比越高的地区或医院，受到的影响越大，费用下降程度也应该越大。所以本文给出假设3。

假说3：如果两保合一控费效应主要来自部门管理差异，则改革前新农合占比高的地区会有更高的控费效应。

四、数据与识别策略

本文从政府网站与北大法宝上搜集了各地两保整合的时间，并通过朱恒鹏（2017）以及查找对应的新闻进行补充，最后进行核对。一共搜集到296个地级行政区的两保整合完成时间（也就是城乡居民保险制度正式运行的开始时间）。其中西藏与内蒙古绝大部分城市的政策实施时间缺失，大部分地级市在17年开始合并医疗保险。

（一）综合性公立医院数据

本文使用2009—2015年全国公立医院年度财务统计报表数据，数据来自国家卫生计生委。数据记录了每年全国公立医院在年末的财务状况，包括各项收入支出指标、各项资产与债务指标、以及医疗服务使用情况指标，是当前全国层面关于中国公立医院运行情况最为详尽的数据。数据包含卫生计生部门举办的所有医院与部分政府其他部门举办的医院，在2015年是8699家医院。在回归分析中，本文去掉了专科医院、民族医院与中医院（代码为A210），仅仅保留了综合性医院（代码为A100）。专科医院与民族医院的部分变量有缺失，所以去掉。而中医院的运行，在财政补偿机制方面与综合性医院有较大差别，本文为简化讨论，去掉了中医院样本。加入中医院样本、专科医院与民族医院样本后，不影响最终的分析结果。

（二）解释变量与被解释变量

宏观数据来自中国城市统计年鉴以及人口普查数据，选择的地级市人口经济变量包括常住人口数量、人均财政支出、第一产业 GDP 占比、2010 年 65 岁以上老年人占比、2000 年 65 岁以上老年人占比、职工占比、人均医生数量。

我们选取五类医院的财务指标，分为医院收入、医院各类医保收入、次均费用、服务量、医院运行指标。对于第一类代表医院收入的指标，我们分为 4 项，总收入，包含药品在内的医疗收入、财政补助收入、纯药品收入；第二类是医疗收入的医保来源，分为新农合、城职保、城居保、城乡居民医疗保险、以及其他医疗保险。但该变量是从 2011 年开始记录的。第三类指标是次均费用，第四类指标是医疗服务量，第五类指标是医院运行指标。所有代表金额的变量都被标准化为 2009 年物价水平。除了第五类控费指标外，本文均采用变量对数值的形式。数据的统计描述在表 2 中。

表 2　　　　　　　　　　统计性描述

变量	（1）样本量	（2）均值	（3）标准差	（4）最小值	（5）最大值
收入指标（万元）					
总收入	26766	20000	39000	53	690000
财政补贴收入	26766	1500	3400	0	110000
医疗收入	26766	19000	36000	14	560000
药品收入	26766	7900	15000	0	270000
住院收入	26766	10000	14000	44	56000
费用指标（元）					
住院次均费用	26766	4843	5817	92	75000
住院次均药品费用	26766	2015	2414	20	30000
住院次均服务费用	26766	1471	1911	5.2	24000
住院次均检查费用	26766	824	1016	0	12000
医保外收入占比	16337	0.55	0.27	0	1
住院时长	26766	9.06	3.013	4	17.9
药占比	26766	43.5	10.8	0	100
资产指标（万元）					
在建工程	26766	10663	23382	0	91000
设备购置负债	26766	330	49	0	3200
总职工数	26766	571	514	37	2033
总医务人员人数	26766	449	414	21	1630

续表

变量	（1）样本量	（2）均值	（3）标准差	（4）最小值	（5）最大值
服务量指标（人次）					
总诊疗量	26766	330000	350000	10000	1500000
门急诊数量	26766	310000	340000	8500	1400000
出院人数	26766	17000	14000	220	57000
赫芬达尔指数					
HHI1	18691	884	562	123	3120
HHI2	18691	1100	686	212	3350
宏观控制变量					
总人口（万）	23082	690	1263	19.5	2415
人均财政收入	23082	3767	5118	133.9	77000
第一产业占 GDP 比重	23082	12.6	7.9	0.03	51.8
职工人口占比	23082	24.3	23.4	5.1	88.2
每万人医生数量	23082	20.5	10.8	4.4	98.3
2010 年 65 岁以上老年人占比	23082	9.3	1.8	0.03	0.19
2000 年 65 岁以上老年人占比	23082	6.8	1.6	0.01	0.14

（三）识别策略：双重差分法

为缓解内生性问题，本文利用各地两保合一政策实施的先后来构造双重倍差（第一重差异是政策实施年份，第二重差异是政策实施城市）。我们定义城市在实施改革前为控制组，在实施改革后为处理组，具体公式如下。

$$log(Y_{ict}) = \varphi + \alpha_i + \delta_t + D_{ct} \times \rho + other\_reform_{it} \times \omega + \beta X_{ct} + \mu_{ict} \quad (1)$$

Y_{ict} 代表被解释变量，包括医院 i 的各项收入、支出、次均费用水平、服务量的对数值；D_{ct} 代表 c 市在 t 年是否发生改革，改革后定义为 1，未改革则定义为 0；φ 为截距项；α_i 为医院固定效应，控制医院层面不随时间变化的因素；δ_t 为年份固定效应，控制时间层面不随医院变化而改变的因素；$other\_reform_{it}$ 是由两个虚拟变量组成的，分别代表医院 i 在 t 年是否已经受到县级医院取消药品加成政策的影响、是否已经受到公立医院改革国家联系试点城市政策的影响，前者数据来自 Fu 等（2018），后者来自网上公开的政策文件。这两个政策是最容易带来药品费用下降的医改政策，控制该变量可以让我们尽可能排除其他政策的影响。我们控制了一些地级市层面宏观变量 X_{ct}，回归的标准差 μ_{ict} 聚类到地级市层面；我们关心的系数是 ρ，代表两保合一对医疗费用的影响。

使用双重差分法（DID）进行因果识别面临的最大挑战是平行趋势假设不成立。具体来说，晚合并的城市应该是更早合并城市的反事实对照组，假如没有发生改革，它们应该有着同样的医疗费用增长趋势。如果处理组与对照组的医疗费用增长趋势不同，则估计的系数是有偏的。比如，如果医疗费用过高的地方受到更大的改革阻力，难以推行医保合并，这就会使控费效果被高估。但这种可能性不是很高。Huang 和 Kim（2020）通过回归发现自发式的两保合一政策更多是省政府由上而下驱动的，具有一定的强制性。因为合并新农合和城居保不仅涉及城乡利益的调整，也涉及部门利益调整，所以推进该政策需要巨大的政治推动力。一般的情况是省政府印发指导文件，大部分市级政府在一两年内完成合并，比如广东、浙江、山东，因而两保合一的实施不是由医疗费用决定的。

同时，通过地级市层面宏观数据的回归，本文尝试发现改革时间先后的决定因素，通过控制这些代表社会人口与经济结构的先决变量，来控制不可观测到的处理组与对照组差异。哪些因素会决定改革的实施时间？因为两保合一政策是地方政府自发推行的，所以只能依靠可观测到的宏观数据进行推断。根据回归，我们发现人均 GDP 对两保合一的试点先后无影响，这符合数据现象，因为经济强省广东与浙江整合较早，而经济弱省新疆也整合较早；第一产业占 GDP 比重越低，越可能改革，这一定程度上反映了农村人口占比越高的地方，新农合话语权越大，越不可能被合并到人社部门；人均财政收入越高，越可能改革；常住人口数量越大越可能改革；职工占比越高越可能改革等；2010 年 65 岁以上老年人占比越高，越早改革。通过以上分析，我们将在以后的回归中加入以上城市层面的宏观控制变量 X_{ct}，包括常住人口数量、人均财政支出、第一产业 GDP 占比、职工占比、人均医生数量（因为使用固定效应模型，2010 年 65 岁以上老年人占比、2000 年 65 岁以上老年人占比被忽略）。最后，本文将检验平行趋势假设，同时使用安慰剂检验排除前趋势的影响。

五、主要实证结果

（一）两保合一对医院收入、医疗服务量、次均住院费用的影响

本文以（1）式模型设定的结果进行讨论。由表 3 Panel A 可以看出，两保合一使医院总收入下降 3.6%（exp（-0.037）-1），影响最大的是医疗总收入与药品总收入，分别下降 3.8%（exp（-0.039）-1）、6.8%（exp（-0.070）-1）。考虑到药品总收入占医院总收入的比例为 43%，我们可以推测医院总收入与医疗收入的

下降基本是由药品收入下降导致的。这可能是因为医保整合后，医保部门对医院的控费效果更好，也可能是因为医保在招标采购的过程中对药商的压价权提高。而本文认为药品收入下降的主要渠道是医保对医院的控制。因为药品集中招采制度的限制，全国在2010年后药品招采的主体都限制为省级卫生部门。虽然部分地级市医保部门开展了第三方药品价格谈判，但在2015年以前，市级层面的招采与二次议价是违规的，全国范围内地级市医保主导的第三方药品采购谈判与二次议价不是普遍现象。财政补贴收入并没有受到两保合一的显著影响，原因可能是医院补偿机制并没有显著改变。

由表3 Panel B可以知道，次均住院费用出现显著下降2.9%[exp(−0.029)−1]，而这是由次均住院药品费用显著下降6.7%[exp(−0.069)−1]导致的。这是因为药品一般是医保经管部门主要监控的收入类别。次均住院医疗服务费用与次均住院检查化验费用无显著变化。

由表3 Panel C可知，总诊疗人次、出院人次、门急诊人次并没有显著变化，医疗服务量未有显著变化。综上，次均住院费用下降2.9%，而医院总收入下降3.6%，这两个下降幅度非常接近，医疗服务量无显著变化，这说明总收入的下降主要是次均药品费用下降导致的。

表3显示，两保合一有着较好的控费效应，且不影响正常的服务量，这和国际医保整合文献结果相似。在这里，实证结果已经印证了假设1，两保合一使得医疗费用下降了，供方费用控制超过需求的上升，这与Meng等（2015）预测一致。因此虽然农村居民费用上升，但城镇居民的医疗费用却可能被控制住。Huang和Wu（2020）发现医保合并提高了农村居民的医疗服务利用与费用，但两保合并对城镇居民的医疗费用影响系数为负，虽然不显著，但这有可能是因为该回归样本量较小的关系。本文利用全国公立医院的数据发现总体医疗费用是下降的，应该是城镇居民的费用下降超过了农村居民的费用上升，供方控费效应超过了需求增加效应。

表3　两保合一对医院收入、次均费用与服务量的影响

	（1）	（2）	（3）	（4）
Panel A：对各项收入的影响				
因变量	总收入	财政收入	医疗收入	药品收入
两保合一	−0.037*** (0.012)	0.040 (0.049)	−0.039*** (0.013)	−0.070*** (0.020)
R-squared	0.985	0.762	0.983	0.977

续表

	（1）	（2）	（3）	（4）
Panel B：对次均住院费用的影响				
因变量	次均总费用	次均药费	次均服务费	次均检查费
两保合一	−0.029* (0.016)	−0.069** (0.029)	0.008 (0.017)	−0.020 (0.023)
R-squared	0.896	0.861	0.829	0.864
Panel C：对诊疗量的影响				
因变量	总诊疗人次	门急诊人次	出院人次	
两保合一	0.008 (0.015)	−0.008 (0.017)	−0.022 (0.015)	
R-squared	0.962	0.949	0.968	
样本量	23082	23082	23082	23082

注：该表汇报了根据式（1）估计得到的两保合并对医院收入、费用与服务量的影响。这里控制了地级市层面随时间变化的变量，包括总人口、人均财政收入、第一产业占GDP比重、职工人口占比、每万人医生数量。控制了县级医院取消药品加成政策，公立医院改革国家联系试点城市政策。控制了医院固定效应和年份固定效应。标准误聚类到地级市层面。下同。*** $p<0.01$，** $p<0.05$，* $p<0.1$。

接下来我们看两保合一是否影响到3个重要的医院运行指标。表4第（1）列说明次均住院天数并没有显著的变化。表4第（2）列显示，药占比显著下降了1.44个百分点，药占比均值才43.5个百分点，这说明药占比下降了3.3%。以上证据在一定程度上说明了医保成功地控制了药品费用增长，这个结果与地方经验也相符。郑功成（2014）研究了天津市两保合一带来的影响，他发现天津市两保整合后建立起覆盖全市的信息系统，对全市1820余家医保定点机构、35000名医保医师的就医诊疗行为进行远程在线实时监控，实现了"无盲区"实时监控和检查。医保的这种垄断信息优势对医生的行为产生很大的影响，结果2012年医保统筹基金支出增幅同比下降16个百分点。最后，表4第（3）列说明，医保外收入占比提高了0.028，其均值才0.55，说明医保外收入占比提高了5.1个百分点，存在诱导自费的情况。虽然医院已经不能在新农合与城镇职工居民保险之间进行成本转移了，但医院仍然可以在医保患者与自费患者之间成本转移。

表4 　　　　　　　　两保合并对医院运行指标的影响

	（1）	（2）	（3）
因变量	住院时长	药占比	自费收入比
两保合一	−0.014 (0.009)	−1.439** (0.529)	0.028*** (0.010)
样本量	23082	23082	23082
R-squared	0.797	0.811	0.433

注：设定与式（1）的基准回归相同，标准误聚类到地级市层面。*** $p<0.01$，** $p<0.05$，* $p<0.1$。

(二)两保合一的动态影响

$$\log(Y_{ict})=\varphi+\alpha_i+\delta_t+\sum_{k=-3}^{k=3} D_{c0+k}\times\gamma_k+other\_reform_{it}\times\omega+\beta X_{ct}+\mu_{ict} \quad (2)$$

为了考察两保合一的动态效应，本文仿照 Jacobson 等（1993）、Li 等（2016）采用事件分析法（event study）。事件分析法的核心模型设定是加入代表政策实施的 k 期提前项 $D_{c0+k}, k>0$（Leads）与 k 期滞后项 $D_{c0+k}, k<0$（Lags），代表了 k 期虚拟变量与是否被处理的交互。这里假设整合开始时间为改革当期，虚拟变量 D_{c0+k} 代表了城市 c 开始两保合并的前后三期，$k=-3, -2, -1, 0, 1, 2, 3$。其中，D_{c0} 代表开始改革的当年，如果在改革当年，D_{c0} 为 1，否则为 0。回归中把 $k=-3$ 设定为基准期，$\gamma_{-3}=0$，所以在回归中省略 D_{c-3}。在政策评估中，事件分析法可以达到两个方面的目的：第一，进行平行趋势检验，排除内生性政策；第二，研究政策的动态效应。通过加入滞后项，政策可以在实施的前 k 期产生影响，如果政策是内生的，政策滞后项 D_{c0+k} 的系数就会显著。通过加入提前项，可以研究政策影响的动态效应，评估政策是否有长期影响。

需要说明的是，两保合一从开始到完成合并，需要经过一年。表 3～表 4 的分析里，我们设两保整合完成后，新信息与结算系统开始运行时，$D_{ct}=1$，假如两保合一开始后，但未整合完，$D_{ct}=0$。而在动态效应的分析里，我们做了以下设定：我们假设新农合与城居保开始整合时，$D_{c0}=1$。两保整合完成时，$D_{c1}=1$，城乡居民医保信息与结算系统开始运行。假如 D_{c0} 的系数显著为负，那么说明合并过程中的人员机构整合降低了费用，这可能是管理部门变化导致的控费效应；假如 D_{c0} 的系数不显著，D_{c1} 的系数显著为负，那控费效应就是医保议价能力的提高带来的。

首先，表 5 第（1）（2）（3）列里，改革开始前两年的系数都不显著，所以本文并未发现平行趋势不一致的问题，满足了双重差分法重要的假设。

其次，根据表 5 第（1）（2）列结果，D_{c0} 系数不显著，开始改革当年没有显著影响。而改革后两年的系数是显著的，这说明两保合并的控费效应是在新信息系统上线后，基金合并后管理能力或议价能力的提高带来的，而不是机构人员合并带来的。罗传勇（2018）发现某市在合并的当年，为防止失去管理权的部门突击花钱，政府会严格管理医保基金的报销，甚至会暂时冻结一部分报销项目，导致合并过程中医疗费用短暂下降。D_{c0} 系数不显著，基本可以排除改革当年冻结基金带来医疗费用下降这个渠道。

表 5　　　　　　　　　两保合一的动态效应

	（1）总收入	（2）医疗收入	（3）药品收入
前两期	0.003 (0.008)	0.002 (0.010)	0.008 (0.011)
前一期	-0.007 (0.012)	-0.008 (0.013)	0.000 (0.016)
改革当期（D_{c0}）	-0.026 (0.016)	-0.021 (0.020)	-0.031 (0.025)
后一期（D_{c1}）	-0.048*** (0.017)	-0.045** (0.021)	-0.063** (0.025)
后二期	-0.046** (0.020)	-0.050** (0.024)	-0.079** (0.032)
后三期	-0.028 (0.020)	-0.027 (0.022)	-0.046* (0.028)
R-squared	0.985	0.983	0.977
样本量	23082	23082	23049

注：回归方程为式（2），控制变量与固定效应与基准回归相同。标准误聚类到地级市层面。*** p＜0.01，** p＜0.05，* p＜0.1。

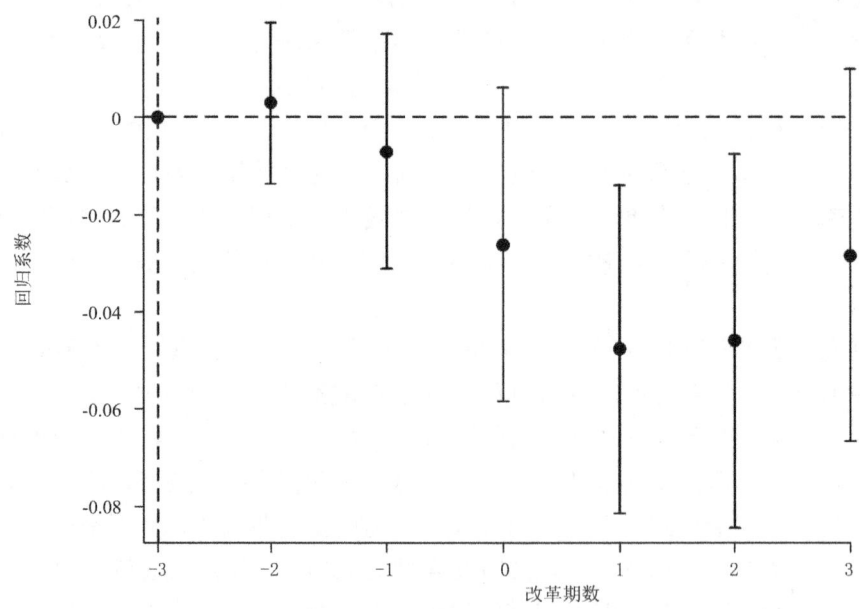

图 4　医院总收入的动态效应图

注：该图为由式（2）估计的系数图。第0期代表两保合一开始，第1期表示两保合并完成，新结算系统开始运行。

最后，图4直观地展示了表5的结果，改革效应仅持续了两期，未发现长期效应。该结果与文献一致，Dafny等（2012）也发现保险合并的效应只持续了4期，并未一直维持。可能存在需方与供方等多种因素导致改革效应不持久：从需方看，合并地区的报销水平可能持续上升，导致需求不断增加，抵消控费作用。一些城市在合并后进一步提高了待遇水平，比如成都在两保合并的一年后将多档的待遇水平统一为最高待遇水平；从供方看，由于医疗行业极端的信息不对称性与治疗效果的不确定性，医院可能会不断学习策略性行为来抵消控费效果（Arrow，1964）。

六、机制分析

以上结果显示，两保合一能够降低医疗费用。根据研究假设，需方渠道、医保议价渠道与部门管理差异渠道都可能会影响医疗费用，不同渠道可以带来完全不同的政策启示，因此本文在此部分讨论两保合一控费效果的主要来源。

（一）控费的影响超过了需求提高的影响

虽然Huang和Wu（2020）发现了两保合一使农村居民医疗需求上升。但在多档制地区，医保待遇依然分为高待遇高缴费与低待遇低缴费两档，由居民自由选择高档还是低档，理论上可能存在需方选择问题。如果在多档制地区，城镇居民选择由高档待遇转到低档待遇，此时城镇居民部分的医疗费用也可能会下降。这时需方因素对医疗费用的影响方向是不确定的，自由选择带来的费用下降效果可能会与供方费用控制相混淆。为了排除这种复杂的机制，本文在机制分析部分将做分样本回归，看一档制地区医疗费用的变化。一档制地区一般农民的医疗水平会提高，城镇居民的医保待遇水平不变或提高，需方在两保合并后一定会对医疗服务有更高需求。我们选择样本期间合并后采取待遇一档制的城市，同时将未合并的城市作为控制组，按照式（1）进行回归，结果在表6 Panel A中。结果显示一档制地区改革后医院医疗总收入也下降，这说明在一档制地区，供方的负向影响超过了需方的正向影响，此时费用下降肯定是供方行为导致的。需注意的是Panel B的结果，这里使用的是样本期间未合并的城市与合并后采取待遇多档制的城市组成的样本。我们发现医疗费用出现下降，但下降幅度小于一档制地区。但按照预测，多档制更能限制医疗需求释放。这可能是多档制与其他变化的因素相关导致的，比如山东省一半以上城市使用多档制，但该省在两保整合时大幅提升了待遇水平。

表 6　　两保合并对一档制与多档制地区的影响

因变量	（1）	（2）	（3）
	总收入	医疗收入	药品收入
Panel A：待遇一档制			
两保合一	-0.047** (0.020)	-0.056** (0.020)	-0.074** (0.027)
样本量	17832	17832	17809
Panel B：待遇多档制			
两保合一	-0.033** (0.015)	-0.031* (0.017)	-0.071** (0.028)
样本量	20864	20864	20831

注：设定与式（1）的基准回归相同。标准误聚类到地级市层面。*** p<0.01，** p<0.05，* p<0.1。

（二）医院的市场势力与控费效应

为验证研究假设 2，本部分讨论两保合一对市场垄断程度不同的医院的异质性影响。在医保与医院讨价还价的过程中，医院的垄断地位也应该影响医疗费用水平。举例说，若当地只有一家医院，整个医疗服务市场则属于卖方市场，医保部门没有其他选择（outside option），难以通过议价来控费。所以按照医保议价渠道推论，医院在本地医疗服务市场的垄断程度越高，两保合一的控费效果就越小。

为验证该推论，我们构造两个变量：第一是改革前医院市场份额 $hospital\_share_i$，代表医院垄断程度。第二是医院市场份额与两保合一的交互项 $D_{ct} \times hospital\_share_i$。$hospital\_share_i$ 是医院总收入占该地级市所有医院总收入的份额，份额越大，代表医院的垄断势力越大。因为样本选取的是综合性医院，所以平均市场份额达到了 4.8%。通过将改革前医院市场份额与两保合一的交互项（$D_{ct} \times hospital\_share_i$）代入式（1），得到式（3），我们可以估计医院垄断程度对两保合一控费效应的影响大小（ρ_2）。

$$\log(Y_{ict}) = \varphi + \alpha_i + \delta_t + D_{ct} \times \rho_1 + D_{ct} \times hospital\_share_i \times \rho_2 + other\_reform_{it} \times \omega + \beta X_{ct} + \mu_{ict} \quad (3)$$

从表 7 可以发现结果符合预期，交互项的系数为正，且在医疗收入与药品收入回归中显著（医院总收入的回归系数 t 值 1.61，接近显著），所以医院的市场份额越大，其受到两保合一控费的影响越小，符合假设 2，两保合一会通过医保议价能力来控制费用。同时，医疗收入的交互项系数约为 0.35，与医院平均市场份额 4.8% 相乘，为 1.7%，相对于 -5.3% 的医院收入下降系数，医院市场势力能有效对抗医保市场势力的增长。但需要注意的是，虽然该回归结果可以在一定程度上说明医保议价能力渠道存在，并不能排除其他渠道，比如部门控费差异渠道。

表7　　　　　　　　　两保合并对不同市场势力医院的影响

因变量	（1） 总收入	（2） 医疗收入	（3） 药品收入
两保合一	−0.049*** （0.017）	−0.053*** （0.017）	−0.081*** （0.024）
两保合一 ×医院份额	0.351 （0.217）	0.354** （0.165）	0.305* （0.181）
医院份额均值	0.048	0.048	0.048
样本量	23082	23082	23051
R-squared	0.986	0.984	0.977

注：回归方程为式（3），控制变量与固定效应与基准回归相同。标准误聚类到地级市层面。*** $p<0.01$，** $p<0.05$，* $p<0.1$。

（三）医保赫芬达尔指数、两保合一与费用控制

按照研究假说2的预测，医保市场集中度越高，医疗费用越低，这部分将验证该假说。首先，这部分使用赫芬达尔指数来度量全国地级市层面医保市场集中度。然后，这部分通过讨论两保合一在原有市场结构不同地区的异质性影响，给医保议价机制提供较直观的证据。最后，在文后附录1部分，我们采用工具变量的方法来估计赫芬达尔指数与医疗费用的因果关系。

社会医疗保险在我国医疗保障体系中占据主导地位，2018年，全国基本医疗保险的参保率维持在95%以上，全国基本医保基金（含生育保险）总支出为20854亿元，占当年GDP比重约为2.1%，是当前医疗服务的最大购买方。本文在政策背景部分介绍了医保的服务购买者属性，说明了医保基金量与基金占比对医保的议价能力有很大的影响。这里，本文将进一步利用赫芬达尔指数来度量各地医保的市场势力。做这个讨论是必要的，因为目前缺乏对中国医保部门买方市场势力的研究。一方面，经过两保合一与国家医保局建立，医保局已经成为社会医疗保险的单一管理者。另一方面，由于实际报销水平依然较低，自付金额占医疗总费用的比例在样本范围内约为50%①，从这个数据看，医保的市场势力相对较弱，所以需要对医保的市场势力进行度量。

本文采用赫芬达尔指数来代表该地级市医保的议价能力。在医疗领域，美国、德国与荷兰等国都利用该指数来度量医院或医疗保险的市场势力（Gaynor

---

① 根据2018年全国基本医疗保障事业发展统计公报，2018年职工医保基金支付实际住院费用的71.8%，城乡居民医疗保险基金支付实际住院费用的56.1%，而门诊实际报销水平则更低。

and Town，2011；Dafny et al.，2012）。将赫芬达尔指数应用于本文有两个优点。第一，该指数的核心是捕捉市场的集中程度，是连续型的变量，可以用来区分行政控费效应与医保议价效应。两保合一是 0-1 变量，中间可能包含很多观测不到的因素。而两保合一使不同城市赫芬达尔指数的增加程度是不同的，增幅越大，医保议价能力增加越快。第二，该指数度量的是市场结构，与不同保险管理模式不相关。举例而言，在地级市 A 新农合基金支出所占份额为 20%，城职保与城居保所占份额为 80%，而在地级市 B，新农合份额为 80%，城职保与城居保份额为 20%，两个城市的赫芬达尔指数在改革前都是 6800，在合并后都是 10000，医保集中度的增幅都是 3200，即市场势力变化程度都是相同的。如果不同部门之间的医保管理模式有差异，虽然赫芬达尔指数的水平值及变化程度是相同的，但地级市 A 与 B 的费用控制效率上依然会呈现出差异。因此，赫芬达尔指数仅衡量整体市场结构，这种特性能让我们尝试区分部门差异渠道与医保议价能力渠道。

这里介绍赫芬达尔指数的计算过程。首先，公立医院财务数据从 2011 年开始记录每个医院的医保收入，并记录医保收入来源。其次公立医院财务数据包含了全口径的卫生部门举办医院与大部分部属医院，所以本文有机会通过对所有医院进行加总，来计算地级市层面公立医院市场上的医保市场结构。由于目前社会医保普遍采取市级统筹，所以我们以地级市为单位来计算公立医院市场上的医保赫芬达尔指数[①]。医保收入来源分为城职保、城居保、城乡居民医疗保险、新农合以及其他医疗保险。赫芬达尔指数的计算方式如下：首先将各个医疗保险支出占地级市总医疗收入的比重标记如下：城职保 S_{UEBMI}、新农合 S_{NCMS}、城居保 S_{URBMI}、城乡居民保险 $S_{Integrate}$、其他保险 S_{Other}。根据比重平方的加总乘以 10000 来得到赫芬达尔指数 HHI1。自付医疗收入可以看作来自许多病人的收入，而单个病人占地级市总医疗收入的比重非常低，平方后可忽略不计。因此通过式 4.1 我们得到 HHI1。由于两保合一后医保部门成为单一管理者，为防止赫芬达尔指数 HHI1 低估医保部门买方垄断势力，所以可以将城职保、城居保、城乡居民医疗保险当作一个保险，其市场份额为 S_{RenShe}，重新计算 HHI2，显然 HHI2 > HHI1，所以真实 HHI 将介于 HHI1 和 HHI2 之间。

$$HHI1 = 10000 \times (S_{UEBMI}^2 + S_{URBMI}^2 + S_{Integrate}^2 + S_{NCMS}^2 + S_{Other}^2) \quad (4.1)$$

$$HHI2 = 10000 \times (S_{RenShe}^2 + S_{NCMS}^2 + S_{Other}^2) \quad (4.2)$$

经过计算，我们得到了 HHI 的分布与变化趋势。在两种设定下，HHI 均不高，处于低垄断水平，我们选择 HHI 的上界 HHI2 进行讨论分析。图 5 为对 HHI2 分

[①] 数据处理过程中排除了十几个异常观测值，经检测，这些异常观测值存在变量的缺失，导致 HHI 的计算过大与过小。

布的描述，图中有包括 4 个直辖市以及 200 多个地级市的 HHI，部分地级市医保收入来源变量缺失，所以删去。一般认为 HHI 大于 1800 的市场为高度寡占市场，有较高的垄断程度。图 5 显示，无论是 2011 年还是 2015 年，HHI2 大于 1800 的地级市占比一直较低，2011 年只有 7% 的地级市，2015 年有 22% 的地级市。但比较 2011 年与 2015 年 HHI2 的分布，本文发现 5 年间医保市场集中度程度有较大的提高，分布逐渐上移。以 HHI=1000 为竞争型与垄断型市场的分界线，2011 年 74% 的地级市属于竞争性市场，2015 年只有 31% 的地级市属于竞争性市场。除了 HHI 的整体变化趋势外，一个关键的问题是两保合一对赫芬达尔指数的影响。为测度其影响，我们采用式（5）进行回归，结果显示两保合一后，HHI2 上升了 35%（详见文后附录 1 附表 1a）。

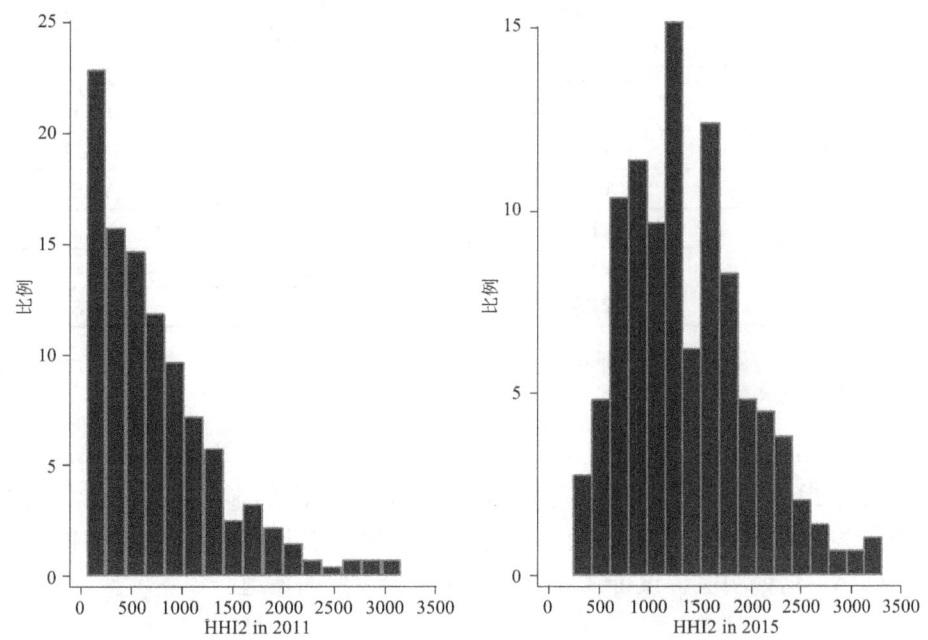

图 5 全国地级市层面赫芬达尔指数 2011 年与 2015 年分布

$$\text{Ln}HHI_{ct}=\varphi+\alpha_i+\delta_t+\tau D_{ct}+\beta X_{ct}+other\_reform_{it}\times\omega+\mu_{ict} \quad (5)$$

平均而言，两保合一使得 HHI2 上升 35%。从异质性角度看，改革前医保集中度越低的地区，其医保集中度的增幅就越大。如果医保议价能力的机制成立，那么改革前医保集中度越低，控费效应就应该越强。这里将讨论两保合一在改革前市场结构不同地区的异质性作用，并通过分样本回归进行估计，以此验证机制。对样本期间发生改革的城市，我们计算了改革前一年的 HHI2，以均值为界限,分为改革前高集中度地区与低集中度地区,进行分样本回归,其中未合并城市作为对照组。首先,我们发现在改革前高集中度地区,两保合一使得HHI2增加14%;改革前低集中度地区,两保合一使得HHI2增加57%。更进一步,表8显示,改革前的市场集中度越低,其两保合一的控费效应越大,这符合医保议价能力机制的预期。

表8　两保合并对不同市场结构的异质性影响

因变量	（1）总收入	（2）医疗收入	（3）药品收入
Panel A：改革前的市场集中度高于均值			
两保合一	-0.030** (0.015)	-0.025 (0.016)	-0.065** (0.029)
样本量	21060	21060	21060
Panel B：改革前的市场集中度低于均值			
两保合一	-0.049*** (0.018)	-0.060*** (0.019)	-0.086*** (0.026)
样本量	18652	18652	18652
控制变量	YES	YES	YES
控制其他政策	YES	YES	YES
医院固定效应	YES	YES	YES
年份固定效应	YES	YES	YES

注：回归方程为式（1）的基准设定。标准误聚类到地级市层面。*** $p<0.01$,** $p<0.05$,* $p<0.1$。

在文后附录1中,我们借鉴Dafny等（2012）的工具变量构造方法,估计了赫芬达尔指数（代表医保买方垄断势力）对医疗费用的影响,得到控费系数大小。我们发现两保合一对赫芬达尔指数的提升幅度乘以赫芬达尔指数的控费系数等于-3.2%,这说明医保议价能力渠道可能是最主要的渠道。

（四）部门管理差异带来的控费效应

在这里我们检验研究假设3。由于各部门的控费方式与控费动机都难以搜集量化,因此难以直接讨论部门管理差异的控费渠道。但本文可以假设部门控费差异机制与医保议价控费机制都存在。此时,这两者控费效果的叠加超过了农村居民需求上升,导致医疗费用下降。接着,本文将部门控费差异渠道分成两种可能的情况进行讨论：即在新农合由卫生部门移交给人社部门后,人社部门平均控费效果更差,或是人社部门平均控费效果更好。

首先,在人社部门平均控费效果更差时,两保合一的控费效应均来自医保议价渠道，我们估计的医保议价控费效应是低估值。然后，在人社部门平均控费效果更好时，情况更为复杂。按之前的分析，部门管理差异渠道不会改变城居保与城职保的控费效果，但会提高新农合的控费效果，仅影响农村居民费用。而医保议价渠道则同时提高了城职保基金、原城居保基金，与合并进来的新农合基金的控费效果。需求上升也只能影响农村居民费用。如果我们假设医保议价的控费渠道不存在，本文识别的控费效果是部门差异带来的，那么该控费效应超过需求上升效应，此时农村居民的医疗费用下降，进而带来总医疗费用下降。因此，改革前新农合占比越高，医疗费用下降越大。

本文新增了新农合占比异质性的讨论[①]。我们用三个指标代表改革前新农合基金占比 NCMS。第一个指标是医院层面的，即改革前一年新农合占该院医疗收入比重 $NCMS_i$。第二个指标是地级市层面的，改革前一年新农合占当地总医疗收入比重 $NCMS_{c,1}$。第三个指标是 2008 年末农业户籍人口占户籍总人口的比重，前两个指标是由公立医院数据计算所得 $NCMS_{c,2}$[②]。接着，本文在式（1）中加入两保合一与改革前新农合占比的交互项 $D_{ct} \times NCMS$，得到式（6）。最后结果展示在表 9 中，回归发现，在 3 种新农合占比衡量指标下，两保合一系数都显著为负，但交互项系数基本不显著，交互项甚至有正显著存在。这代表改革前新农合收入占比高的地区相对于占比低的地区，其费用下降程度没有显著差异。

表 9　　　　　　　　不同新农合收入占比医院的异质性影响

	（1）	（2）	（3）
	总收入	医疗收入	药品收入
Panel A：改革前医院层面新农合收入占医疗收入比重			
两保合一	−0.052*** （0.016）	−0.058*** （0.019）	−0.086*** （0.026）
两保合一 ×NCMS1	0.045 （0.051）	0.067 （0.063）	0.003 （0.086）
样本量	18868	18868	18868
Panel B：改革前地级市层面新农合收入占医疗收入比重			
两保合一	−0.067*** （0.023）	−0.080*** （0.022）	−0.118*** （0.032）

---

① 此处作者感谢审稿人对新农合异质性讨论与机制讨论的相关建议。
② 由于医保收入指标是从 2011 年开始记录的，这样导致在 2011 年及以前两保合并的城市，城市层面改革前新农合占比是缺失的，损失了一部分样本。同时该医保收入指标在部分医院是缺失或者异常的，因此医院层面改革前新农合占比的样本量进一步减少。为了避免样本损失带来有偏的结果，本文从 Wind 数据库搜集了 2008 年地级市层面年末户籍人口与非农户籍人口指标，计算出农业户籍人口占比，作为改革前新农合基金占比的代理指标。

续表

	（1）	（2）	（3）
	总收入	医疗收入	药品收入
两保合一×NCMS2	0.145 (0.117)	0.214* (0.116)	0.191 (0.191)
样本量	20662	20662	20662
Panel C: 2008 年农业户籍人口占比			
两保合一	-0.082** (0.040)	-0.086** (0.043)	-0.067 (0.052)
两保合一×NCMS3	0.073 (0.066)	0.072 (0.072)	-0.011 (0.086)
样本量	22481	22481	22481

注：回归方程为式（6），控制变量与固定效应与基准回归相同。标准误聚类到地级市层面。*** p<0.01，** p<0.05，* p<0.1。

$$log(Y_{ict}) = \varphi + \alpha_i + \delta_t + D_{ct} \times \rho_1 + D_{ct} \times NCMS \times \rho_2 + other\_reform_{it} \times \omega + \beta X_{ct} + \mu_{ict} \quad (6)$$

如果控费效应主要是部门管理差异渠道带来的，那么回归中交互项系数应该显著为负，但实际回归发现交互项系数不显著或正显著。这说明了部门差异的控费效应不会大于农村居民需求上升效应，本文识别出来的控费效果是来自医保议价能力的提高。因此，该实证结果虽然不能排除人社部门控费效率更高的可能性，但也说明了部门控费差异的控费效应最多与需求上升效应相互抵消。我们识别出来的两保合一控费效应是医保议价能力所带来，证伪了假设3。且由于农村居民需求上升效应的存在，医保议价的控费效应可能被低估了。

七、政策异质性与稳健性检验

（一）政策异质性分析

2016年以前的自发式两保合一政策的异质性较大。虽然都建立起了单一的医保经办机构，完成了覆盖范围、医保基金、药品目录、定点机构的统一，但在城乡保险筹资与待遇水平下、基金管理、整合流程上均有一定差别。其中，最重要的制度差异有两个，第一是城乡居民医保基金的统筹管理模式，分为县级统收统支，市级建立县区间的调剂金，市级统收统支。该制度代表了县区级与市级医保经办机构需要承担的财务责任。第二是待遇分档制度，包括一档制（统一待遇水平）与多档制（合并后依然存在高待遇高缴费与低待遇低缴费的分档制度）。了解两保合一制度差异带来的异质效应，对当前做实市级统筹乃至未来的三保合一有重要意义。

为同时探讨两类配套政策对控费效应的影响，本文将采用 Garthwaite 等（2019）研究平价医疗法案政策异质性的方法，方法具体介绍在文后附录 2 中。我们关心的因变量是两保合一对各地级市医疗费用的影响系数。我们关心的自变量是待遇多档制，基金统筹管理模式[①]：分档制取值 1、2、3，代表了分的待遇档数。基金统筹管理模式取值 0 与 1，其中 0 代表市级统收统支，而 1 代表市级建立县区间的调剂金模式，该数据来自高秋明和杜创（2019）。可猜想，已经合并的城市，采用待遇分档的城市医疗需求上升的可能慢一些，回归系数应该为负；同时，因为市级统收统支而言会诱导县区经办机构的道德风险，所以市级调剂金制度有助于控制费用，变量基金统筹管理模式的系数应当也为负数。

最终的发现如表 10 所示。多档制对控费系数的影响不显著，虽然系数方向为负。主要原因是样本量不足，回归里只有 39 个观测值，因为分档制和基金统筹管理模式变量有缺失。还需要进一步地研究讨论分档制度的作用。而基金统筹管理模式与费用变化系数显著负相关，这说明市级调剂金制度相对市级统收统支而言，控费效应较大，相差 8%~10%。在未来，三保合一或者医保省级统筹改革时，为保证基金安全可以考虑市级调剂金制度，本文发现调剂金制度能有效控制保险合并时的需求释放。值得注意的是，由于变量缺失问题，样本数量较小，以上结论的稳健性有待检验。

表 10　　　　　分档制与基金统筹模式对费用变化的影响

因变量	（1）	（2）
	两保合并费用变化系数	
多档制	-0.024 （0.024）	-0.018 （0.027）
基金统筹管理模式	-0.079* （0.042）	-0.098* （0.048）
2009 年宏观控制变量	NO	YES
省份固定效应	YES	YES
改革年份固定效应	YES	YES
样本量	39	39
R-squared	0.199	0.084

注：多档制为该地待遇级别有几档，分为 1、2、3；基金统筹模式取值 0、1，0 代表市级统收统支，1 代表市级调剂金或县级统筹。2009 年地级市层面的宏观控制变量与主回归一致。标准误聚类到省级层面。*** $p<0.01$，** $p<0.05$，* $p<0.1$。

[①] 该制度具体含义是：市级统收统支时，市级经办机构拥有医保待遇决定权与基金管理权，县区经办机构不用为费用超支而负责。而在市级调剂金制度下，市级经办机构从各县各区大约抽取 0~20% 的资金用来补足超支的县区。在调剂金比例较低的情况下，调剂金可能填补不了超支，此时县区医保经办机构依然需要为资金超支承担部分责任。如果实施县区统收统支，相当于调剂金比例为 0，县区级医保经办机构负担所有责任。

（二）安慰剂检验与稳健性检验

除了取消药品加成政策与公立医院改革国家试点城市政策以外，本文需要排除其他医改政策的影响。比如门诊统筹政策的试点、大病医保的实施、鼓励社会办医产生的对公立医院的行政限制。本文仿照 Fu 等（2018），通过一些不太可能受两保合一影响的指标，排除其他政策的可能。在同样的模型设定下，表 11 显示两保合一对职工数量、在建工程、购买设备负债都无影响，而保险扩张则会影响到这些指标（陈秋霖等，2016），鼓励社会办医产生的对公立医院的行政限制也会直接限制床位数与新设备数量的增长。假如两保合一政策和以上政策混杂在一起，职工数量、设备购置与在建工程都应该受两保合一影响，所以这说明两保合一的效果不太可能是这些政策带来的。除此以外，医保总额控制也是样本期间发生的一项重要政策，这项政策可能增加医保拒付欠款。但第 5 列显示两保合一对医保拒付欠款的系数不显著，这一定程度上可以缓解相应的疑虑[①]。

表 11　安慰剂检验：两保合一对医院资产与职工人数的影响

因变量	（1）在建工程	（2）设备购置负债	（3）总职工数	（4）医务人员数	（5）医保拒付欠款
两保合一	0.277 （0.214）	−0.309 （0.342）	0.011 （0.015）	−0.015 （0.023）	−0.006 （0.218）
样本量	23082	23082	23082	23082	23082
R-squared	0.461	0.467	0.965	0.874	0.510

注：该表汇报了根据式（1）估计得到的两保合并对医院资产等变量的影响。设定与基准回归设定相同。*** $p<0.01$，** $p<0.05$，* $p<0.1$。

除此以外，本文将各地两保合一政策提前 3 年，生成虚拟的两保合并政策，进行安慰剂检验，发现虚拟政策无显著的影响，回归结果在文后附录 2 的附表 2。最后本文使用了置换检验（permutation test），以排除基准回归结果是由偶然因素导致的可能性，结果在文后附录 2 的附图 1 中。

（三）稳健性检验

本文基准回归模型可能有隐患：X_{ct} 随时间变化而变化，这些变量可能受到合并的影响，导致系数估计有偏。因此，我们采用两种不同的回归设定，第一种是

[①] 这里采用 "确认无法收回的医保欠费" 作为医保拒付欠款的代理变量，进行安慰剂检验，以此提供佐证性的证据。

仿照 Gentzkow（2006）以及 Li 等（2016）的做法，第二种是不控制宏观经济变量，这两种方法的详细介绍在文后附录二中。回归结果在表 12 中，我们发现这两种设定下的结果与基准结果一致。

表 12　　　　　　　　　　稳健性检验

因变量	（1）	（2）	（3）
	总收入	医疗收入	药品收入
Panel A：控制宏观变量基年水平与时间多次项的交互			
两保合一	-0.021* （0.013）	-0.022* （0.013）	-0.052** （0.020）
控制变量 $f(t) \times X_{c09}$	YES	YES	YES
样本量	23279	23279	23279
Panel B：仅控制医院与年份固定效应			
两保合一	-0.034*** （0.012）	-0.038*** （0.014）	-0.071*** （0.021）
控制宏观变量	NO	NO	NO
样本量	26250	26250	26250

注：Panel A 与 B 均控制了医院固定效应与年份固定效应。*** $p<0.01$，** $p<0.05$，* $p<0.1$。

八、结论与政策建议

本文发现在 2015 年以前的两保合一使公立综合性医院收入降低，这主要是次均药品费用下降带来的，而医疗服务量无显著变化。这说明医保单一管理者有利于提高医保的议价与监管能力，能更有效地控制药品费用的不合理增长。假如将本文结论推而广之，城职保与城乡居民保险合一在理论上是可行的，单一支付者制度在一定程度上可以通过抑制过度医疗来抵消居民正当医疗需求引致的费用增长，进而合理控制医疗费用增长。在地级市财政压力大时，可以增加过渡手段来控制短期费用增长，比如市级调剂金模式。

但本文也发现两保合并使病人的自付比例上升，居民的负担提高。为此，可能的解决办法应该是提高医保报销水平，使医保部门（当前的医保局）成为真正意义上的单一支付者，避免医院在医保与自费病人中做成本转移。同时，本文发现两保合一的控费效应是短期的，医院很快会适应新的控费制度，采取策略性行为。所以还需要有其他系统改革，使得居民、医疗服务提供方与医保三者的利益一致，激励相容，避免医生将改革带来的收入损失转嫁给患者。

最后，本文发现医疗保险的市场集中度增加有利于增加对医院的议价能力，降低医疗费用。从2009年中共中央、国务院《关于深化医药卫生体制改革的意见》中提到的"积极探索建立医疗保险经办机构与医疗机构、药品供应商的谈判机制"，到2020年《关于深化医疗保障制度改革的意见》里面所提的"健全医疗保障经办机构与医疗机构之间协商谈判机制，促进医疗机构集体协商，科学制定总额预算"，医保议价能力扮演着越来越重要的角色，目前已经开始凸显威力。国家医保局推动了常态化的国家层面药品与耗材带量采购，通过买方市场势力，极大地降低了药品与耗材费用。而未来，各地市的医保还需要控制本地医院的过度诊疗行为，各地医保与本地医院的议价行为也将成为重要的研究议题。本文发现，市场份额高的医院受两保合一的影响更小，医疗供给方的市场势力对医疗服务价格有很大的影响。所以在目前地级市层面医保属于低垄断水平的情况下，医保局需要进一步提高医保的集中度，同时主动参与医联体支付方式改革，发挥战略性购买的作用，以应对老龄化慢病化与未来医院市场势力的提高[①]。

参考文献

[1] 陈竺. 中国新型农村合作医疗发展报告 [M]. 北京：人民卫生出版社，2013.

[2] 陈秋霖，傅虹桥，李玲. 医疗保险的全局效应：来自中国全民医保的证据 [J]. 劳动经济研究，2016（6）.

[3] 陈东升. 长寿时代的理论与对策 [J]. 管理世界，2020（4）.

[4] 陈金甫. 以基金资源配置医疗资源——医保基金三论之资源篇 [J]. 中国医疗保险，2010（7）.

[5] 杜创. 动态激励与最优医保支付方式 [J]. 经济研究，2017（11）.

[6] 封进，余央央，楼平易. 医疗需求与中国医疗费用增长——基于城乡老年医疗支出差异的视角 [J]. 中国社会科学，2015（3）.

[7] 高秋明，杜创. 财政省直管县体制与基本公共服务均等化——以居民医保整合为例 [J]. 经济学季刊，2019（4）.

[8] 黄薇. 保险政策与中国式减贫：经验、困局与路径优化 [J]. 管理世界，2019（1）.

[9] 胡大洋. 医保谈判买方主导的优势及利用分析 [J]. 中国医疗保险，2012（11）.

[10] 刘军强，刘凯，曾益. 医疗费用持续增长机制——基于历史数据和田野资料的分析 [J]. 中国社会科学，2015（8）.

[11] 李忠，李伯阳，吴悦，杨坚，南京辉，张亮. 我国各省"两保合一"政策分析 [J]. 中国卫生经济，2017（6）.

[12] 雷晓燕，傅虹桥. 改革在路上：中国医疗保障体系建设的回顾与展望 [J]. 经济资料译丛，2018（2）.

[13] 罗传勇. "两保合一"政策对医疗费用影响研究，硕士学位论文，2018.

---

① 医联体政策正在全国广泛推行：国务院办公厅《国务院办公厅关于推进医疗联合体建设和发展的指导意见》，2017年4月.

[14] 潘杰，雷晓燕，刘国恩．医疗保险促进健康吗？——基于中国城镇居民基本医疗保险的实证分析 [J]．经济研究，2013（4）．

[15] 王宗凡．医疗保险谈判机制"释义"[J]．中国社会保障，2011（4）．

[16] 王宗凡．医保谈判机制的制约因素及政策建议——医疗保险谈判机制探析之四 [J]．中国社会保障，2011（7）．

[17] 王宗凡．完善医疗保障制度与管理 [M]，北京：言实出版社，2015．

[18] 谢文媛，巢健茜．关于医保经办机构与定点医疗机构之间建立谈判机制的探讨 [J]．中国医院管理，2011（10）．

[19] 解锡海，付秀梅，李茜．城乡居民医疗保险整合效果浅析——以北京市顺义区为例 [J]．中国医疗保险，2019（3）．

[20] 姚宇．控费机制与我国公立医院的运行逻辑 [J]．中国社会科学，2014（12）．

[21] 应亚珍．医疗保险谁管有优势？[J]．中国卫生，2011（7）．

[22] 郑功成．城乡医保整合态势分析与思考 [J]．中国医疗保险，2014（2）．

[23] 郑功成．中国社会保障改革与发展战略——医疗保障卷 [J]．人民出版社，2011．

[24] 赵绍阳，臧文斌．多任务视角下质量监测对公立医院医疗服务质量的影响 [J]．经济评论，2020（6）．

[25] 朱恒鹏．中国城乡居民基本医疗保险制度整合研究 [J]．中国社会科学出版社，2017．

[26] Arrow，K. J．，1963，"Uncertainty and the Welfare Economics of Medical Care"，*American Economic Review*，vol.53（12），pp.941～973．

[27] Cheng，L. G．，Liu，H．，Zhang，Y．，Shen，K. and Zeng，Y．，2015，"The Impact of Health Insurance on Health Outcomes and Spending of The Elderly：Evidence from China's New Cooperative Medical Scheme"，*Health Economics*，vol.24（6），pp.672～691．

[28] Chan，M. K. and Zeng，G. H．，2018，"Unintended Consequences of Supply-side Cost Control？ Evidence from China's New Cooperative Medical Scheme"，*Journal of Health Economics*，vol.61（9），pp.27～46．

[29] Deber，R. B．，2003，"Health Care Reform：Lessons from Canada"，*American Journal of Public Health*，vol.93（1），pp.20～24．

[30] Dafny，L. S．，2010，"Are Health Insurance Markets Competitive？"，*American Economic Review*，vol.100（4），pp.1399～1431．

[31] Dafny，L．，Duggan，M. and Ramanarayanan，S．，2012，"Paying a Premium on Your Premium？ Consolidation in the US Health Insurance Industry"，*American Economic Review*，vol.102（2），pp.1161～1185．

[32] Fu，H．，Li，L．，Li，M．，Yang，C. Y. and Hsiao，W．，2017，"An Evaluation of Systemic Reforms of Public Hospitals：The Sanming Model in China"，*Health Policy and Planning*，vol.32（8），pp.1135～1146

[33] Fu，H．，Li，L. and Yip，W．，2018，"Intended and Unintended Impacts of Price Changes for Drugs and Medical Services：Evidence from China"，*Social Science and Medicine*，vol.211（8），pp.114～122．

[34] Gentzkow，M．，2006，"Television and Voter Turnout"，*Quarterly Journal of Economics*，vol.121（3），pp.931～972．

[35] Garthwaite, C., John, A. G., Tal, G., Zeynal, K., Victoria, R. M. and Matthew, J. N., 2019, "All Medicaid Expansions Are Not Created Equal: The Geography and Targeting of the Affordable Care Act", NBER Working Paper, No.26289.

[36] Gaynor, M., Town, R. J., 2011, "Competition in Health Care Markets", *Handbook of Health Economics*, vol.2, pp.499～637.

[37] Herndon, J. B., 2002, "Health Insurer Monopsony Power: The All-or-none Model", *Journal of Health Economics*, vol.21（2）, pp.197～206.

[38] Hussey, P. and Anderson, G. F., 2003, "A Comparison of single- and Multi-payer Health Insurance Systems and Options for Reform", *Health Policy*, vol.66（3）, pp.215～228.

[39] Ho, K. and Lee, R. S., 2017, "Insurer Competition in Health Care Markets", *Econometrica*, vol.85（2）, pp.379～417.

[40] Hsiao, W. C., Cheng, S. H. and Yip, W., 2017, "What Can be Achieved with a Single-payer Nhi System: The Case of Taiwan", *Social Science and Medicine*, vol.233（7）, pp.265～271.

[41] Huang, X. and Kim, S., 2020, "When Top-down Meets Bottom-up: Local Adoption of Social Policy Reform in China", *Governance*, vol.33（2）, pp.343～364.

[42] Huang, X. and Wu, B., 2020, "Impact of Urban-rural Health Insurance Integration on Health Care: Evidence from rural China", *China Economic Review*, vol.64（12）, No.101543.

[43] Jacobson, L. S., Lalonde, R. J. and Sullivan, D. G., 1993, "Earnings Losses of Displaced Workers", *American Economic Review*, vol.83（4）, pp.685～709.

[44] Kwon, S., 2010, "Healthcare Financing Reform and the New Single Payer System in the Republic of Korea: Social Solidarity or Efficiency？", *International Social Security Review*, vol.56（1）, pp.75～94.

[45] Lu, J. F. and Hsiao, W, C., 2003, "Does Universal Health Insurance Make Health Care Unaffordable？ Lessons From Taiwan", *Health Affair*, vol.22（3）, pp.77～88.

[46] Lei, X. Y. and Lin, W. J., 2009, "The New Cooperative Medical Scheme in rural China: Does More Coverage Mean More Service and Better Health？", *Health Economics*, vol.18（S2）, pp.25～46.

[47] Li, P., Lu, Y. and Wang, J., 2016, "Does Flattening Government Improve Economic Performance？", *Journal of Development Economics*, vol.123（11）, pp.18～37.

[48] Mcguire, T. G. and Pauly, M. V., 1991, "Physician Response to Fee Changes with Multiple Payers", *Journal of Health Economics*, vol.10（4）, pp.385～410.

[49] Moriya, A. S., Vogt, W. B. and Gaynor, M., 2010, "Hospital Prices and Market Structure in the Hospital and Insurance Industries", *Health Economics Policy & Law*, vol.5（4）, pp.459～479.

[50] MeLnick, G. A., Shen, Y. C. and Wu, V. Y., 2011, "The Increased Concentration of Health Plan Markets Can Benefit Consumers Through Lower Hospital Prices", *Health Affairs*, vol.30（9）, pp.1728～1733.

[51] Meng, Q., Fang, H., Liu, X., Yuan, B. B. and Xu, J., 2015, "Consolidating the Social Health Insurance Schemes in China: Towards an Equitable and Efficient Health System", *The

Lancet, vol.386（10002）, pp.1484～1492.

[52] Roberts, E. T., Chernew, M. E. and Mcwilliams, J. M., 2017, "Market Share Matters: Evidence Of Insurer And Provider Bargaining Over Prices", *Health Affairs*, vol.36（1）, pp.141～148.

[53] Soonman, K., 2014, "Thirty Years of National Health Insurance in South Korea: Lessons for Achieving Universal Health Care Coverage", *Health Policy Planning*, vol.24（1）, pp.63～71.

[54] Trish, E. E. and Herring, B. J., 2015, "How do Health Insurer Market Concentration and Bargaining Power with Hospitals Affect Health Insurance Premiums？", *Journal of Health Economics*, vol.42（7）, pp.104～114.

[55] Yip, W. C., Hsiao, W. C., Chen, W., Hu, S., Ma, J. and Maynard, A., 2012, "Early Appraisal of China's Huge and Complex Health-care Reforms", *The Lancet*, vol.379（9818）, pp.833～842.

[56] Yip, W. C., Lee, Y. C., Tsai, S. L. and Chen, B., 2017, "Managing Health Expenditure Inflation under a Single-payer System: Taiwan's National Health Insurance", *Social Science & Medicine*, vol.233（7）, pp.272～280.

附录1：赫芬达尔指数与医疗费用的关系

下面将探究赫芬达尔指数（代表医保买方垄断势力）对医疗费用的影响，估计其系数大小。这有助于更直接地说明，医保议价能力提高可以使医疗费用降低。从数据描述直观看，部分发达城市的赫芬达尔指数较高，同时医院总收入也较高。从相关关系看，附表1b 第（1）（3）列结果显示，赫芬达尔指数与医疗费用的 OLS 结果不显著，这与 Dafny 等（2012）的 OLS 结果类似，这可能是由于遗漏变量的存在。比如城市医保体系越发达，其医保占比越高，使得 HHI 较高，与此同时医院收入也高。因此我们需要采取工具变量法解决内生性问题。

借鉴 Dafny 等（2012）的工具变量构造方法，本文使用赫芬达尔指数预期提高程度与是否改革的交互项 $LnSim\Delta HHI_c \times Post_t$，作为赫芬达尔指数的工具变量。如式（A1.1），该工具变量的思想是假设两个保险在合并后，市场份额都不变，新保险市场份额等于合并前各保险市场份额的和 $(S_{RenShe,-1}+S_{NCMS,-1})$，此时保险合并带来的赫芬达尔指数增加值等于 $Sim\Delta HHI_c$。预测增加值再乘以是否改革 $Post_t$，得到工具变量 $LnSim\Delta HHI_c \times Post_t$。直观上看，该工具变量仅通过两保合一带来的医保议价能力提高来影响医疗费用，不会受到需求渠道与部门管理差异渠道的影响，满足排他性假设。

$$Sim\Delta HHI_c=(S_{RenShe,-1}+S_{NCMS,-1})^2-S_{RenShe,-1}^2-S_{NCMS,-1}^2 \quad (A1.1)$$

$$LnSim\Delta HHI_c=Log(2\times S_{RenShe,-1}\times S_{NCMS,-1}) \quad (A1.2)$$

附表 1a　　两保合一的影响与工具变量一阶段结果

	（1）	（2）
回归名称	两保合一对 $Lnhhi2$ 的回归	工具变量一阶段
因变量	$Lnhhi2$	$Lnhhi2$
两保合一	0.354*** （0.020）	
$Ln(Sim\Delta HHI2)$		0.052*** （0.003）
控制宏观变量与其他政策	YES	YES
医院、年份固定效应	YES	YES
样本量	16339	13842

附表1b　　工具变量二阶段结果：赫芬达尔指数对医疗费用的影响

因变量	（1）	（2）	（3）	（4）
	总收入		药品收入	
	OLS	IV	OLS	IV
Ln$hhi2$	−0.004 (0.006)	−0.093*** (0.025)	0.005 (0.007)	−0.167*** (0.033)
宏观变量与其他政策	YES	YES	YES	YES
医院、年份固定效应	YES	YES	YES	YES
F统计量	NA	232	NA	232
样本量	16339	13842	16339	13858

注：表格的括号中展示了稳健性标准误。*** $p<0.01$，** $p<0.05$，* $p<0.1$。

工具变量回归一阶段与二阶段方程分别为（A2.1）与（A2.2）。从附表1a第（2）列发现，工具变量与赫芬达尔指数非常相关，附表1b中Cragg-Donald wald F统计量为232，远大于10，故不存在弱工具变量的问题。

$$\text{Ln}HHI_{ct}=\varphi+\alpha_i+\delta_t+\theta_1\times \text{Ln}Sim\Delta HHI_c*Post_t+other\_reform_{it}\times\omega_1+\beta_1 X_{ct}+\varepsilon_{ict} \quad (A2.1)$$

$$\log(Y_{ict})=\varphi+\alpha_i+\delta_t+\theta_2\times \text{Ln}HHI_{ct}+other\_reform_{it}\times\omega_2+\beta_2 X_{ct}+\epsilon_{ict} \quad (A2.2)$$

工具变量回归结果在附表1b（2）（4）列，结果显示，赫芬达尔指数提高1%，总收入下降0.09%，药品收入下降0.17%，这代表医保市场集中度提高能降低医疗费用。这也验证了假说2，两保合一会通过提高医保议价能力来降低医疗费用。而且从数值上说，两保合一使得赫芬达尔指数上升35%，因此医保议价能力上升带来的医院收入下降程度为0.35×0.09，等于3.2%，与表3中两保合一的控费效果3.6%接近。故医保议价能力渠道不仅存在，还可能是最主要的渠道。

附录2：异质性、安慰剂与稳健性

1.1 政策异质性说明

本文采用Garthwaite等（2019）研究平价医疗法案政策异质性的方法。做法分为两步：第一步，修改式（1），用各城市的虚拟变量与两保合一虚拟变量的交互项$\sum_c D_{ct}$作为自变量，具体回归为式（A3）。这样能识别出样本期间内合并城市的各自费用变化效应大小，最终得到55个城市的费用变化系数γ_c（尚未合并城市的费用变化系数为空值），这代表两保合一对该市医疗费用的影响；第二步，将这55个城市的费用变化系数作为因变量，与待遇分档制、基金统筹管理模式以及改革前宏观控制变量进行截面的回归，见式（A4），最终得到配套政策对γ_c

的影响。费用变化系数 γ_c 平均值是 -0.027，符合之前的估计；值得注意的是山东大部分城市的费用变化系数都是正数，代表改革后医疗费用上升。这个现象的原因在于山东省极大提高了待遇水平，包括推广大病医疗保险，可以在式（A4）通过控制省份固定效应以避免其影响。因为两保合并一般带有省级特点，所以控制了省份固定效应。同时，改革时间不同，政策也有较大差异，所以都控制了改革年份固定效应。

$$\log Y_{ict} = \varphi + \alpha_i + \delta_t + \sum_c D_{ct} \times \gamma_c + other\_reform_{it} \times \omega + \beta_1 X_{ct} + \mu_{ict} \quad (A3)$$

$$\gamma_c = \varphi + \alpha_p + \delta_t + \theta_1 \times FenDang + \theta_2 \times TongChou + \beta_2 X_{c,09} + \epsilon_c \quad (A4)$$

1.2 安慰剂检验

假设两保合并发生在实际合并时间的 3 年前，看虚拟的两保合并政策对医院收入等指标的影响是否依然显著，假如不显著则一定程度上可以排除前趋势与遗漏变量等影响。我们将式（1）中两保合并换成虚拟的两保合并政策，附表 2 显示的是对应结果。可知总收入、医疗收入与药品收入的系数不显著，这一定程度上可以说明本文结果不是由不可观测的内生因素导致的。与动态效应图的结果相似，安慰剂检验再一次说明医疗总费用的下降不是由于前趋势或者其他伴随的政策。

附表 2　安慰剂检验：将两保合并提前 3 年的回归结果

因变量	（1）总收入	（2）医疗收入	（3）药品收入
两保合一	-0.006 (0.011)	-0.008 (0.011)	-0.005 (0.013)
样本量	23082	23082	23082
R-squared	0.985	0.983	0.977

注：宏观控制变量与固定效应与基准回归相同。标准误聚类到地级市层面。*** $p<0.01$，** $p<0.05$，* $p<0.1$。

本文所识别出的控费效果有可能是偶然因素导致的，或者基准回归设定可能遗漏了城市间随着时间变化的不可观测因素，导致本文产生错误的估计。为排除这些可能性，本文使用了置换检验（permutation test），把各市保险整合的时间进行随机分配，得到随机的、虚拟的整合时间，代入式（1）中进行回归。如果式（1）没有问题，所得的系数应该为 0，反之，则会得到显著不为 0 的系数。本文将合并时间随机抽取 500 次，得到了系数的分布，即附图 1。从图中可以发现，在 500 次随机抽取中，仅有 1.2% 的概率（p-value）会得出系数绝对值比基准回归结果大的情况。因此检验结果在一定程度上可以说明基准回归结果不是由不可观测的因素或偶然因素导致的。

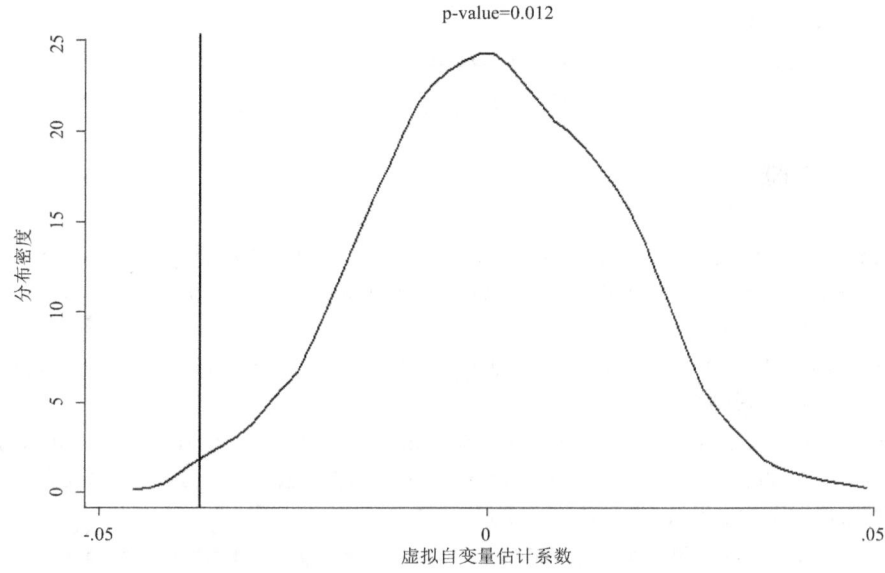

附图 1 置换检验结果

注：本图描绘了置换检验500次估计系数的分布。垂直的红色实线代表基准回归系数（表3Panel A列1）。

1.3 稳健性检验说明

需要说明的是，基准回归存在潜在的问题，可能导致估计系数有偏。首先，X_{ct} 随时间变化而变化，这些变量在合并后年份里可能受到合并的影响，影响估计系数。其次，虽然老龄化程度也是两保合一的决定因素，但因为使用固定效应模型，2010 年 65 岁以上老年人占比、2000 年 65 岁以上老年人占比被忽略，可能会导致遗漏变量。

为了解决以上问题，检验不同的回归方程设定对结果的影响，本文修改回归方程，分别如式（A5）（A6）。式（A5）按照 Gentzkow（2006）以及 Li 等（2016）的做法，将随时间变化的 X_{ct} 改为 $f(t) \times X_{c,09}$，即基准年份的地级城市宏观变量与时间趋势的 5 次项的交互，作为控制变量。这样，由于 $X_{c,09}$ 在两保合并前就决定了，所以是外生的控制变量。$X_{c,09}$ 乘上 $f(t)$，时间趋势的 5 次项，这拟合了宏观变量变化的时间趋势。同时，在式（A5）的设定下，老龄化因素不会因为使用固定效应模型而被忽略，所以能有效解决选择性偏误问题。回归结果如表 12 的 Panel A，发现系数绝对值虽然略有减少，但依然负显著，两保合并降低总医疗费用的关系依然成立。最后，为了排除回归是因为控制了内生的宏观变量导致的，本文去掉所有宏观变量，如式（A6）所示，回归结果如表 12 的 Panel B，回归系数大小与显著性不变。

$$\log(Y_{ict}) = \varphi + \alpha_i + \delta_t + D_{ct} \times \rho + f(t) \times X_{c\,09} + \mu_{ict} \quad (A5)$$

$$\log(Y_{ict}) = \varphi + \alpha_i + \delta_t + D_{ct} \times \rho + \mu_{ict} \quad (A6)$$

参考文献

[1] Dafny, L., Duggan, M. and Ramanarayanan, S., 2012, "Paying a Premium on Your Premium？Consolidation in the US Health Insurance Industry", American Economic Review, vol.102（2），pp.1161～1185.

[2] Gentzkow, M., 2006, "Television and Voter Turnout", Quarterly Journal of Economics, vol.121（3），pp.931～972.

[3] Garthwaite, C., John, A. G., Tal, G., Zeynal, K., Victoria, R. M. and Matthew, J. N., 2019, "All Medicaid Expansions Are Not Created Equal: The Geography and Targeting of the Affordable Care Act", NBER Working Paper, No.26289.

[4] Li, P., Lu, Y. and Wang, J., 2016, "Does Flattening Government Improve Economic Performance？", Journal of Development Economics, vol.123, pp.18～37.

社会监督与企业社保缴费[*]
——来自社会保险监督试点的证据

赵仁杰[1] 唐珏[2] 张家凯[3] 冯晨[4]

(1 西北大学经济管理学院;2 上海财经大学公共经济与管理学院;3 纽约城市大学经济系;4 西安交通大学经济与金融学院)

摘要:职工社会保险长期存在企业缴费遵从度不高且企业间缴费差异较大的问题,这不仅限制了进一步下调法定缴费率的空间,也影响基金收入安全并造成制度运行的不公平。本文基于全国税收调查数据和社会保险基金社会监督试点政策,研究发现:社会监督能有效提升企业社保实际缴费率和参保率,且中央试点的政策效应要大于地方试点。异质性分析表明社会监督主要提高了由税务部门征收以及民营、小型微型企业的社保缴费合规性,对非民营企业和大中型企业的影响较小。进一步研究发现社会监督能够改善政府对企业社保缴费信息的获取能力和约束地方弹性征管行为,提高参保企业实际缴费基数和促进未参保企业参保。本文研究表明,即使在税务部门全责征收社保的情况下,构建有效的外部监督机制仍有助于规范企业社保缴费行为。这为提升社保基金收入安全和进一步下调法定缴费率提供了政策空间,也为从社会监督体系建设角度提高政府治理能力提供了政策启示。

关键词:社会监督 实际缴费率 社会保险参保率

一、引言

随着人口老龄化加速以及各项社会保险待遇水平持续提高,中国社会保险基金的收支平衡压力越来越大。提高社保基金收入的可持续性主要存在两种途径,一种是提高法定缴费率,另一种是做实缴费基数和提高覆盖率。在法定缴费

---

[*] 原载《管理世界》2022年第7期。

率上，中国对企业征收的社会保险法定费率在全世界处于较高水平，降低法定缴费率是近年来的改革方向，也是向企业减税降费的内在要求。但与此同时，中国企业社会保险的参保覆盖面和缴费遵从度却存在较大提升空间（唐珏、封进，2019）。根据《中国社会保险发展年度报告 2015》数据显示，2015 年企业养老保险缴费人数占职工的比例仅为 80.3%。在缴费基数上，第三方机构"51 社保"披露的 2018 年《中国企业社保白皮书》显示，社保缴费基数完全合规的企业仅为 27%。2021 年《政府工作报告》指出"在'十四五'时期将基本养老保险参保率提高到 95%"，提升企业参保率和实际缴费水平是人口老龄化背景下确保社保基金可持续性的关键。

企业参保率和实际缴费率偏低，一方面，不利于在人口老龄化加速的背景下筹集社会保险基金收入，威胁着国家社会保障体系的资金安全，增大公共财政支持社保基金的资金负担。另一方面，部分企业未参保或者参保后实际缴费率偏低，导致企业间社保负担存在差异，不利于营造公平的市场竞争环境。除此之外，企业的参保和缴费行为直接影响着职工的社会保障福利，低参保率和实际缴费率不足会直接导致职工福利受损，不利于职工间享受公平的社会保障待遇。因此，在确保社保基金收入安全和向企业减税降费的双重要求下，提高企业社保参保率和实际缴费率，不仅能够为进一步下调法定缴费率提供政策空间，同时还有助于消除企业社保缴费差异对公平市场竞争环境和职工社会保障福利的不利影响。

长期以来，中国企业社保缴费都采取自行申报的方式[①]。由于企业数量众多，社保征收机构对企业社保缴费的信息识别、缴费审查等存在较大困难。同时，在社会保险的属地化管理体制下，地方政府为了经济发展在社保征管上展开"逐底竞争"（彭浩然等，2018），导致企业社保逃费问题普遍存在。因此，提高企业参保率和实际缴费水平，一方面，要改善征收机构对企业社保缴费信息的获取和审查水平，解决自主申报制度下的信息不对称和征收能力问题；另一方面，要通过引入第三方监督，约束地方政府的弹性征管行为，促使其按照法定费率足额征收社会保险，解决社保属地化体制下的征收激励问题。

围绕这两大方面，近年来我国不断完善社会保险征收制度，其中在社保基金征管中引入社会监督就是一项典型的改革措施。《中华人民共和国社会保险法》第八十条对社会保险基金实施社会监督做出了法律规定。2012 年 12 月 18 日，人力资源和社会保障部发布《关于开展社会保险基金社会监督试点的意见》，在中央层面明确了实行社会保险基金社会监督试点的实施方案、具体内容等，随后人

---

① 参见《中华人民共和国社会保险法》。

社部在 2013 年、2014 年分两批在全国共确立了 36 个试点城市，部分省份也自发确立了试点地区。这次社会监督试点对社会保险社会监督的组织机构建设及其主要内容（社会保险监督委员会、社会监督员、专家库）和社会监督制度建设（举报制度、听证制度、信息披露制度）等进行了详细规定，为社会监督的落实提供了运行载体和制度支撑。这是我国在社会保险基金管理领域第一次全面引入社会监督，为研究社会监督对企业社保缴费合规性的影响提供了宝贵机会，但迄今为止还未有文献对社会监督促进企业社保缴费行为的政策效应作出详细分析。

事实上，社会监督作为一种外部力量，它对规范企业纳税合规性的积极作用已经被税收学的文献所证实。社会监督能够有效帮助政府识别纳税人的涉税交易，社会公众的参与和举报能提供更多信息帮助提高税收执法水平（Kumler et al.，2013），来自外部的监督审查和信息反馈有助于规范纳税人行为（Hallsworth et al.，2017），社会监督和外部信息对改善企业纳税遵从度的影响也越来越得到重视（Pomeranz，2015；田彬彬等，2021）。并且，社会监督能够有效制约政企合谋，规范政府行为，促进政府规制政策的执行落实（Roberts，2004）。作为一种带有税收性质的强制性收费，社会监督对规范企业纳税行为的积极作用也会体现在企业的社保缴费上。一方面，社会监督和公众举报有助于帮助征管部门获取关于企业社保逃费的信息（Bailey and Turner，2001），提高征管机构的征收能力。另一方面，社会监督能够约束地方政府的弹性征管行为，促使地方政府有效落实国家的社保征管政策。因此，研究社会监督对企业社保缴费的影响，不仅能够拓展企业社保逃费影响因素的相关文献，还有助于通过完善社会监督体系提高企业社保缴费遵从度和社保基金收入，并为在税收征管等其他领域推进社会监督改革提供研究支撑。

与既有文献相比，本文可能的边际贡献和创新之处体现在以下三点。第一，本文详细评估了社会监督对规范中国企业社保缴费行为的影响，拓展了现有关于中国企业社保缴费影响因素的相关研究，也说明了提高社保征管透明化对规范企业缴费行为的重要意义。第二，公众参与和第三方信息对规范企业纳税行为的影响近年来不断得到重视（Pomeranz，2015；Kleven et al.，2016），本文为这支文献提供了来自中国的经验证据，并且发现即使在税务部门征收社会保险后，社会监督仍有助于改善企业缴费合规性。第三，现有关于社会监督影响政府治理的研究大多聚焦于公众的微观行为，本文则分析了社会监督的组织机构和配套制度建设对发挥监督效应的影响，为进一步在各领域完善社会监督体系和发挥公众监督力量提供了政策抓手。

本文的第二部分是文献述评和制度背景；第三部分是数据、变量与研究设计；第四部分是基本回归结果及稳健性检验；第五部分是异质性分析与机制讨论；第六部分是结论与政策启示。

二、文献述评与制度背景

（一）文献述评

1. 企业社保逃费成因

企业社保缴费不实的问题在我国一直存在，现有文献对企业缴费行为的影响因素进行了大量研究。首先，法定缴费率过高被认为是导致企业社保逃费的重要制度性原因。中国养老保险法定缴费比例处于较高水平，给企业带来了较重的财务负担（郑秉文，2019；沈永建等，2020），过高的法定缴费率也导致企业的社保遵从度下降（Nyland et al.，2011；封进，2013；赵静等，2016；杨翠迎等，2018），降低法定缴费率有助于提升企业实际缴费水平（宋弘等，2021）。除此之外，由于地方政府掌握着社会保险的征管权限，地方政府的征管激励会直接影响企业社保缴费。在财政分权背景下，地方政府倾向于利用或者牺牲社会保障政策构筑区位优势以吸引投资，导致企业实际缴费率不足（彭宅文，2011；鲁於等，2019）。彭浩然等（2018）研究发现由于加强对企业的社保征管会阻碍FDI流入，地方政府的养老保险征缴存在"逐底竞争"现象。

中国社会保险基金长期存在二元征收体制，征收主体差异也会对企业社保缴费产生直接作用（刘军强，2011）。鲁全（2011）比较了2001—2003年各省份社保欠费率的情况，发现社保由税务部门征收的省份其欠费率要高于由社保部门征收的省份，张雷（2010）同样利用省级数据发现社保由税务部门征收并未提高缴费率。郑春荣和王聪（2014）基于省级面板数据，认为从行政成本的角度来看，地税跨部门征收社会保险费具有规模效应和协同效应。针对税务部门征收并未提高社保缴费率的研究结论，唐珏和封进（2019）指出了这些文献在数据和实证策略上存在的不足，并利用双重差分方法和中国工业企业数据发现征收机构由社保部门变更为税务部门会使企业实际缴费率上升约3%，参保概率提高约5个百分点。

综上所述，既有研究为理解企业社保缴费不实的成因和应对措施提供了有益帮助，但分析对象主要是地方政府和社保征管机构，对社会监督等第三方参与的关注不足。并且，上述文献所研究的核心变量（例如分权制度、征收体制改革）只影响到了地方政府征管激励或者征收能力的某一方面，而社会监督作为一种外部约束，不仅有助于改善地方政府社保征管激励，还有助于帮助提升征收机构的征管能力，对于规范企业缴费行为具有重要作用，需要在实证层面对其效应展开科学评估。

2. 社会监督与企业行为

社会监督与公众参与对规范政府和企业行为的积极作用已经被大量文献所证实，第三方参与也是提升公共治理水平的关键手段。一些发展中国家由于政府征税能力不足，税收检查的代理成本较高，利用好外部信息和第三方报告对于提高征税效率具有重要意义（Kopczuk and Slemrod，2006；Pomeranz，2015；Kleven et al.，2016）。Kumler 等（2013）基于墨西哥养老金改革中将养老金福利与雇主所报告的职工工资捆绑在一起的政策，发现给予员工激励和披露雇主缴费信息能够显著提高雇主报告工资的准确性，员工的监督举报提高了雇主缴纳薪资税的合规性。Masclet 等（2019）基于一项允许纳税人向税务局举报逃税者的随机实验，研究发现对逃税者的举报能够有效提高逃税者的纳税申报收入。社会监督与举报制度是各国税务机关遏制偷税漏税的有力工具，2007—2016 年间举报人提供的信息帮助美国国税局获得了 34 亿美元的税收收入[①]。具体到企业社保缴费上，Bailey 和 Turner（2001）分析了企业社保逃费的原因，并指出雇员向社会保障执法办公室举报雇主的逃费行为能够有效提升企业缴费水平。

社会监督规范企业行为的另外一种途径是减少政府与企业的合谋，促使地方政府落实对企业的规制和收费政策。现有文献发现企业逃税的一个重要原因是政企合谋下地方政府刻意放松税收征管（Khan et al.，2016；范子英、田彬彬，2016），而社会公众的监督举报则使得税务局不得不加强税收检查（Hallsworth et al.，2017）。在环境污染治理中，政企合谋导致对污染企业的环境规制不足和污染排放增加（聂辉华、张雨潇，2015），而第三方监督对抑制环境治理中的政企合谋发挥着重要作用（刘朝、赵志华，2017），公众的诉求会显著提高地方政府对环境治理的关注度（郑思齐等，2013），减少对企业违规行为的纵容（Trucco，2017）。

可见，社会监督一方面能够通过提供额外信息等途径帮助政府识别企业的违规问题，提高政府治理能力，减少企业逃税、污染等违规行为。另一方面，社会监督本身还会形成对地方政府行为的有效约束，矫正地方政府与企业的合谋。就本文所考察的企业社保缴费问题而言，社会监督是否同样能够对规范企业社保缴费行为产生积极影响？其政策效应和实现机制亟待识别。

[①] 《国税局举报计划2016财年国会年度报告》：https://www.irs.gov/pub/whistleblower/fy16_wo_annual_report_final.pdf。

（二）社会保险社会监督试点政策

在中华人民共和国成立后的很长一段时间内，我国城镇职工养老保险资金都来源于企业或政府，职工个人无须缴费（郑秉文等，2010）。但为适应市场经济改革和减轻企业负担，从20世纪90年代初开始，我国开始全面探索和实施由单位和个人共同负担、社会统筹账户和个人账户相结合的职工养老保险模式[①]。由于各地实施的政策差异较大，国务院于1997年颁发《关于建立统一的企业职工基本养老保险制度的决定》，对统筹账户和个人账户的制度做了进一步规定，要求企业缴费率不超过工资总额的20%，个人缴费率不低于4%，并逐步提高至8%。其中，职工本人工资总额的11%划入到个人账户中，剩余部分则划入统筹账户中。此后，为扩大统筹账户以确保离退休人员养老金按时足额发放，2005年国务院又出台《国务院关于完善企业职工基本养老保险制度的决定》（后文称决定）对制度做了进一步调整，规定从2006年起单位缴费不再划入个人账户中，仅本人缴费部分进入个人账户。

由于个人账户划入比例缩小，使得职工短期利益"受损"，对职工参加基本养老保险的积极性造成了不利影响。所以2005年的决定对养老保险的领取办法也做了相应调整，将职工退休时的养老保险待遇同个人缴费时间长短和数额多少相挂钩，以提高职工参保的积极性。具体政策是："基本养老金由基础养老金和个人账户养老金组成。退休时的基础养老金月标准以当地上年度在岗职工月平均工资和本人指数化月缴费工资的平均值为基数，缴费每满1年发给1%。"自2006年起，职工养老保险缴费时间每增加1年，基本养老金会增加1%，并且实际缴费基数越大，退休后所能领取的基本养老金也会越多。

可见，企业是否缴纳养老保险及其实际缴费基数与职工未来退休时的养老保险待遇息息相关，职工有很强的动机监督企业的社保缴费行为。因此，引入社会监督制度，通过公众参与利用好第三方信息成为近年来提高社保缴费管理的重要改革方向。2010年通过的《中华人民共和国社会保险法》第八十条对构建社会保险基金的社会监督制度进行了法律规定，奠定了社会保险社会监督的法律基础。2012年12月18日人力资源和社会保障部发布《关于开展社会保险基金社会监督试点的意见》（后文称意见），明确了社会保险社会监督的主要任务、监督对

[①] 1993年中共中央印发《关于建立社会主义市场经济体制若干问题的决定》，提出要完善企业养老保险制度，城镇职工养老保险金由单位和个人共同负担，并实施社会统筹账户和个人账户相结合的模式。国务院1995年颁发《关于深化企业职工养老保险制度改革的通知》，进一步明确，到20世纪末，要基本建成适应社会主义市场体制要求的社会统筹和个人账户相结合的养老保险体系。

象和内容、监督主体、监督途径和方式、监督意见反馈和处理机制,在总体上搭建起社会保险基金社会监督的制度框架。2013 年 3 月人社部确定吉林、福建、河南、广东、贵州、新疆 6 个省的 17 个市第一批开展社会保险基金社会监督试点,2014 年 5 月人社部将试点范围进一步扩大到吉林、江苏、浙江、江西、湖北、湖南、重庆 7 省的 19 个市,并鼓励各非试点地区自主进行社会监督试点①。从社会监督试点城市的分布来看,人社部选择的两批试点城市都同时涉及了东部、中部、西部和东北四大区域,在同一省份内部试点城市选择上,也体现了对不同经济发展地区的兼顾,这说明实现对不同社会经济发展水平的兼顾是试点地区选择的一个重要特征,也表明对本文所要研究的每个微观企业的社保缴费行为而言,社会保险监督试点地区的选择具有较好的外生性。

除人社部确定的试点地区外,各省份在意见指导下,还自发进行了社会保险基金社会监督试点,我们借鉴高雪莲(2016)的研究,根据各地市开展社会监督试点的具体政策文件,搜集整理了各地市自主开展政策试点的情况,在本文的样本范围内共有 46 个地级市(盟)自发实行了社会保险监督试点。需要说明的是,在人社部和各省自发试点的地区中,还存在 22 个县(区)级试点,为了避免县(区)试点对估计结果的影响,我们在后文的实证分析中将县(区)试点的样本剔除。采取这一做法的原因是,一方面,绝大多数的试点是在地级市层面,本文宏观层面的变量设定在地市层面,剔除区县试点样本可以避免变量层级不匹配问题;另一方面,区县层面的社会经济变量以及养老保险法定缴费率等指标缺失严重,将试点地区的范围设定在县(区)层面会造成较大的样本损失。

社会保险基金社会监督体系的具体内容如图 1 所示,主要分为社会监督组织机构建设和社会监督制度建设两大方面。社会监督组织机构建设是确保社会监督运行的实际载体,其中主要包括社会保险监督委员会、社会监督员、专家库三项内容。高雪莲(2016)利用人力资源和社会保障部的专项调查数据发现,截至 2015 年底,57 个开展了社会监督员试点工作的地区共有社会监督员 1000 名,数量最多的是湖南娄底市,社会监督员人数达到 120 人,社会监督组织机构建设在试点地区取得显著成效。社会监督制度是社会监督实现的路径和手段,主要包括举报奖励制度、信息披露制度和听证制度,举报奖励制度是获取第三方监督信息的核心制度,能够确保社会公众的意见传递到监管部门,各地形成了网络、微信、微博、政府网站举报栏目、举报投诉专线等多种举报形

---

① 第一批试点城市名单参见http://www.mohrss.gov.cn/shbxjjjds/SHBXJDSzhengcewenjian/201303/t20130320_91631.html。第二批试点城市名单参见http://www.mohrss.gov.cn/gkml/xxgk_qt/201406/t20140606_131581.html。

式①，截至2015年各试点地区共收到举报问题4921个，共有50个试点地区对举报者进行了奖励（高雪莲，2016），奖励举报和信息披露等社会监督制度在现实中得到了较好的执行。对于各地区社会监督试点政策具体执行情况的详细介绍参见附录附表1。

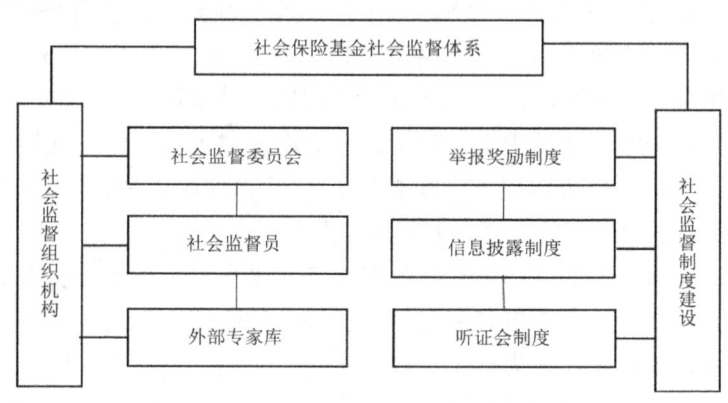

图1 社会保险基金社会监督体系

三、数据、变量与研究设计

（一）数据来源与变量选择

1. 被解释变量

本文的被解释变量是企业社保缴费水平，分别用企业社会保险实际缴费率、是否参保两个变量度量。社会保险实际缴费率度量了参保企业的实际缴费水平，若企业以低于法定缴费率或者缴费基数缴纳社保，则体现为实际缴费率较低。若企业未缴纳社保费，则可以观察到企业未参保。企业的社会保险缴费数据来源于2008—2015年"全国税收调查数据"。该数据由财政部和税务总局按照分层随机抽样方法选取企业填报（高培勇、毛捷，2013），与现有关于企业社保缴费研究中普遍使用的中国工业企业数据库、上市公司数据库相比，"全国税收调查数据"囊括了国民经济所有行业，也包含大量中小微企业，为详细分析社会监督对不同企业社会保险缴费率的异质性影响提供了数据支撑。除此之外，由于员工工资和社会保险缴费可以在企业所得税前扣除，社保缴费所依

---

① 具体参见《眉山市社会保险基金监督举报暨奖励暂行办法》《关于印发荆州市社会保险基金监督举报奖励办法（试行）的通知》《马鞍山市社会保险基金监督举报奖励办法》等政府文件。

据的员工工资信息会对企业所得税纳税申报产生直接影响，而全国税收调查数据关于企业纳税信息调查的完整性和真实性较高，有助于确保企业社会保险缴费信息的完整性和真实性。借鉴 Liu 和 Mao（2019）的做法，本文对数据进行了相应处理，首先，按照企业纳税人识别号将其匹配为面板数据。然后，剔除因变量数值缺失或者关键变量存在明显错误的样本，并对除企业年龄、职工人数之外的所有变量进行了 1% 的缩尾处理。最后，根据企业所在地的行政区划代码，将地市层面的变量匹配到企业上，形成了 2008—2015 年的面板数据集。在计算企业社会保险实际缴费率时，由于社保缴费以上一年工资为基准，本文采用本年社保缴费额 / 上一年职工工资总额度量企业社保缴费水平，回归中最终使用的是 2009—2015 年的数据。

2. 核心解释变量

本文的核心解释变量是社会保险基金社会监督制度，在基准回归中，我们先不区分试点政策是由人社部确定还是地方自发试点，如果城市实施了社会保险社会监督试点，则在当年及以后年份赋值为 1，反之则为 0。在后续的稳健性检验中，我们根据政策试点的发起方和政策试点的内容差异等对变量进一步赋值，具体的变量设定方式和实证策略在后文中有详细交代。

3. 控制变量

除了本文要研究的社会监督制度外，企业的财务杠杆、企业年龄和企业规模（鲁於等，2019；赵静等，2016；沈永建等，2020）以及薪酬与工资水平等（唐珏、封进，2019）也会对社会保险缴费产生影响，因此本文还控制了企业的资产负债率、企业年龄、资产规模的对数值和人均工资水平。同时，我们还控制了地区层面的 60 岁以上人口占比、人均 GDP、第二产业占比、财政收支缺口、职工基本养老保险法定缴费率等变量。其中，地市层面的宏观数据来源于历年《中国城市统计年鉴》及各直辖市统计年鉴，城市层面的养老保险法定缴费率指标来源于"劳动法宝网"和各省市政府的官方网站，城市 60 岁以上人口数据来自《中国民政统计年鉴》，各变量的含义及描述性统计结果如表 1 所示。

表 1　主要变量含义及描述性统计

变量名称	变量说明	均值	标准差	最大值	最小值
社保缴费水平	当年社保缴费总额/上年职工薪酬总额	0.1288	0.1648	0.3758	0.0000
社保实际缴费率	实际缴费率＝Ln（100×缴费水平+1）	1.7983	1.4363	4.2515	0.0000
是否参保	社保缴费大于0取值为1，否则取值为0	0.7323	0.4427	1.0000	0.0000
社会监督试点	实行社会监督赋值为1，否则赋值为0	0.1095	0.2701	1.0000	0.0000
资产负债率	年末总负债/年末总资产	0.5345	0.3237	2.9841	0.0005
企业规模	企业年末总资产取对数（千元）	9.2418	2.8492	15.4578	0.0018
职工平均工资	职工平均工资取对数（千元）	3.8976	1.8965	8.9555	0.0224
城市老龄人口占比	60岁以上户籍人口数/人口总数	0.1285	0.0598	0.2414	0.0817
城市预算收支缺口	（预算收入－预算支出）/预算收入	-0.6512	0.2417	1.0145	-3.1474
城市人均GDP	人均GDP取对数（元）	10.5408	0.5622	12.8547	0.0574
城市产业结构	第二产业占比（%）	51.0504	8.4324	90.1500	10.5865
养老保险法定缴费率	城市养老保险法定缴费率	0.1889	0.0283	0.2800	0.0800

（二）计量模型与研究设计

本文利用 2008—2015 年的全国税收调查数据和双重差分方法，研究社会监督对企业社会保险缴费行为的影响。由于各试点城市实施社会监督政策的时间不同，本文通过构建以下双向固定效应模型来检验社会监督的政策效应。

$$sbf_{cit}=\beta_0+\beta_1 Supervision_{ct}+\alpha \times Contorl+\delta_i+\mu_t+\varepsilon_{cit} \qquad (1)$$

在公式（1）中，被解释变量为第 c 个城市第 i 个企业在第 t 年的社保实际缴费率或者是否参保。变量 $Supervision_{ct}$ 表示城市 c 在第 t 年是否实行了社会监督改革试点，是取值为 1，否则为 0，该变量包含了社会保险的社会监督试点政策在城市和年份两个维度的差异，β_1 的系数度量了社会监督试点的政策效应。Control 代表企业和城市层面影响社会保险缴费的其他因素。μ 和 δ 分别表示年份和企业的固定效应，通过同时控制企业和年份的固定效应，可以实现基于公式（1）的双重差分估计。如果社会监督有助于抑制企业社会保险逃费，提高企业社保实际缴费率和参保水平，那么 β_1 的系数应该显著为正。

利用双重差分方法的一个重要前提是在社会监督政策实施之前处理组和控制

组企业的社保缴费行为并不存在显著差异,借鉴现有文献采用事件研究法进行平行趋势检验的做法,构建计量模型(2)进行平行趋势检验。其中,k 表示实施社会监督政策的第 k 年,社会监督试点开始于 2013 年,本文样本区间为 2008—2015 年,在这里令 k=-5,-2,…2。在采用公式(2)进行平行趋势和动态效应识别时,需要设定基期作为比较对象。借鉴 Liu 和 Mao(2019)的做法,我们将社会监督试点的前一年作为基期。此时,β_k 的系数就体现了在社会监督试点的第 k 年社会监督对企业社保缴费的影响。

$$sbf_{cit}=\beta_0+\sum_{k=-5,k\neq-1}^{k=2}\beta_k Supervision_{ct}^k+\alpha\times Control+\delta_i+\mu_t+\varepsilon_{cit} \quad (2)$$

四、基本结果及稳健性检验

(一)基本实证结果

企业社保逃费主要存在两种情形:一种是未按规定足额缴纳,表现为实际缴费率低;另一种是直接拒缴,表现为未参保。本文分别采用企业社保实际缴费率和是否参保作为因变量来度量企业社保缴费合规性。表 2 是基于公式(1)的估计结果,第(1)~(2)列是社会监督对企业社保实际缴费率的影响,可以发现社会监督能够显著提高企业社保实际缴费率,改善企业缴费水平,第(2)列的估计系数为 0.0426,且在 1% 的水平下显著为正,这说明与控制组相比,平均而言社会监督促使企业社保实际缴费率提高了($e^{0.0426}$-1)=4.35%。第(3)~(4)列是将是否参保作为因变量的估计结果,结果表明社会监督试点会显著提高企业社会保险参保率,以第(4)列为例,开展社会保险监督试点后企业社保参保率会提高 3.27 个百分点。可见,实施社会监督在总体上能够提升企业社会保险实际缴费率和参保概率,社会监督有助于改善企业社保缴费合规性。

表 2 社会监督与企业社保缴费

	(1)	(2)	(3)	(4)
	社保实际缴费率		社保参保率	
社会监督	0.0347*** (0.0129)	0.0426*** (0.0119)	0.0254*** (0.0044)	0.0327*** (0.0041)
资产负债率		0.0283*** (0.0085)		0.0118*** (0.0025)
企业规模		0.1101*** (0.0044)		0.0201*** (0.0012)

续表

	(1)	(2)	(3)	(4)
	社保实际缴费率		社保参保率	
员工平均工资		0.0513*** (0.0012)		0.0077*** (0.0003)
城市老龄人口占比		0.3025*** (0.0761)		0.0390* (0.0231)
城市预算收支缺口		-0.0275*** (0.0063)		-0.0099*** (0.0019)
城市人均GDP		-0.0169*** (0.0038)		-0.0047*** (0.0012)
第二产业占比		0.0120*** (0.0009)		0.0060*** (0.0003)
养老保险法定缴费率		-0.6207*** (0.1253)		-0.2642*** (0.0442)
企业固定效应	YES	YES	YES	YES
年份固定效应	YES	YES	YES	YES
N	860588	735988	860588	735988
R^2	0.6726	0.6760	0.7248	0.7297

注：括号内为城市层面的聚类稳健标准误，*、**和***分别表示10%、5%和1%的显著性水平。以下结果如无特殊说明均同该表。

在社会保险社会监督试点过程中，存在中央试点和地方试点两种形式，现有关于政策试点的少数文献在定性层面讨论了中央推进的自上而下试点和地方自发试点可能存在的效果差异（刘伟，2015）。与地方试点相比，中央确定的试点城市被要求"各试点省（区）人力资源社会保障厅每季度上报一次试点工作情况"，对试点进行及时的评估反馈，形成对地方政策执行的有力约束。但是，中央在确定试点地区时也可能存在信息不对称，在试点政策的设计、效果评估等方面与地方实际情况不匹配（姜子莹、封凯栋，2020），可能会弱化政策执行效果。地方试点虽然能够使试点政策贴合地方实际，但缺乏来自上级政府的监督约束，政策执行的弹性空间较大，地方可能存在为迎合中央的假试点行为，导致地方自发试点政策无法产生实际效果。在表3中我们检验两类社会保险监督试点是否会对企业社保缴费产生差异化影响。第（1）~（2）列是对社保实际缴费率的影响，在第（1）列的回归中剔除了地方试点样本，在第（2）列的回归中剔除了中央试点地区的样本。第（3）~（4）列是将企业是否参保作为因变量的估计结果，回归策略与第（1）~（2）列一致。可以发现，与从未开展社会监督试点的控制组相比，无论是中央试点，还是地方试点，在社会保险基金管理中引入社会监督均能够显著提升企业社保实际缴费率和参保率。在回归系数大小和显著性上，中央试点政策的效应要大于地方试点，这说明由中央推动的社会监督制度更能够提高企业社保缴费水平，在扩大试点范围的同时继续加强中央对地方社保监督政策执行和实施效果的评估，有助于更好发挥社会监督对规范企业社保缴费的积极作用。

表3　　　　　　　　　中央试点与地方试点的政策差异

	(1)	(2)	(3)	(4)
	社保实际缴费率		是否参保	
中央试点	0.0478*** (0.0169)		0.0389*** (0.0062)	
地方试点		0.0348** (0.0136)		0.0220*** (0.0040)
控制变量	YES	YES	YES	YES
企业固定效应	YES	YES	YES	YES
年份固定效应	YES	YES	YES	YES
N	711904	702029	711904	702029
R^2	0.6779	0.6776	0.7326	0.7333

（二）稳健性检验

1. 平行趋势假设

采用双重差分方法的基本前提是在政策实施前处理组与控制组企业社保缴费并不存在显著差异，本文基于公式（2）检验表2的回归是否符合平行趋势假设。图2中上图是对企业社保实际缴费率的检验结果，可以发现在社会监督试点之前处理组与控制组企业社保实际缴费率的变动并不存在显著差异，表2第（2）列的估计结果符合平行趋势假设。下图是将是否参保作为因变量的平行趋势检验结果，在社会监督政策试点之前处理组与控制组企业社保参保率并不存在显著差异，符合平行趋势假设。图2的估计结果还表明，随着社会监督试点政策的实施，社会监督对企业社保实际缴费率和参保率的正向影响会逐渐显现。

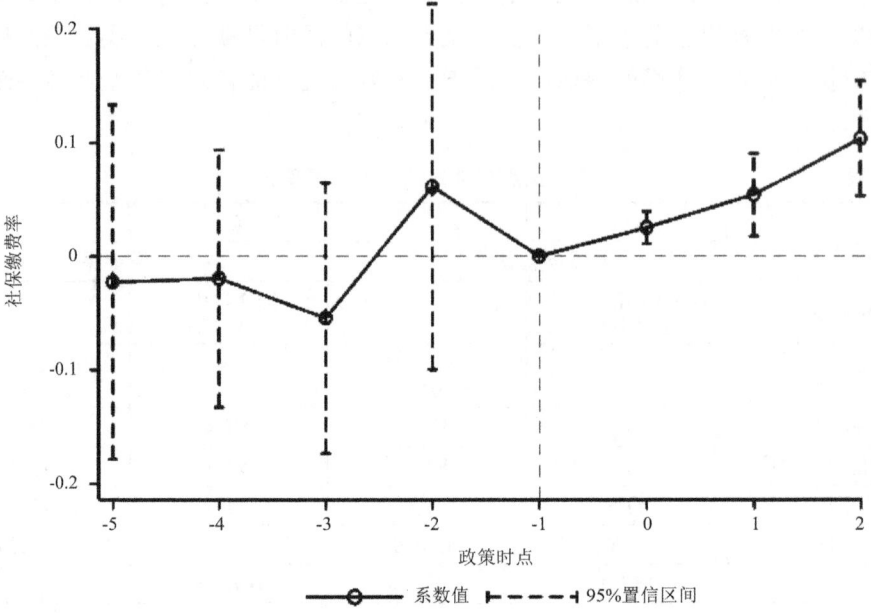

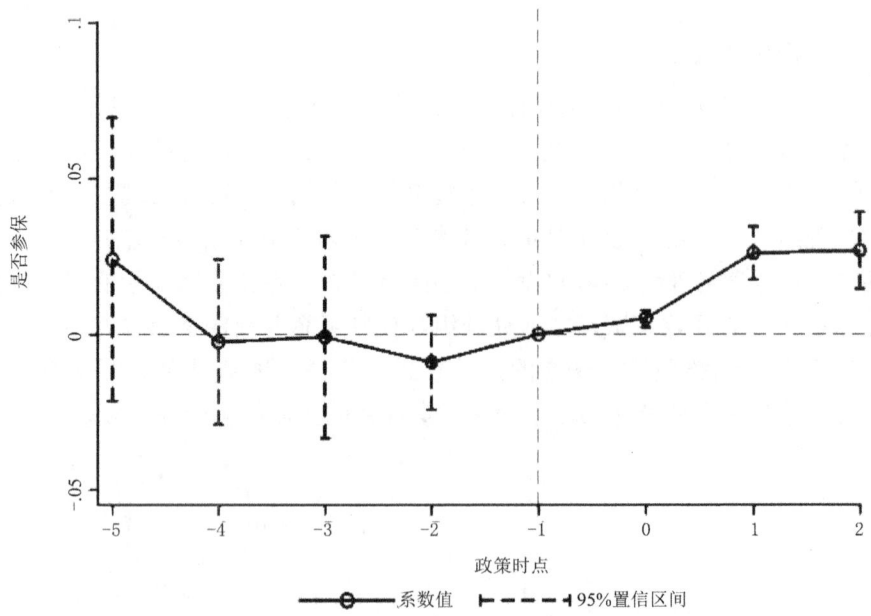

图 2 平行趋势与动态效应检验图

数据来源：作者通过公式（2）的回归系数结果绘制而成。

2. 排除其他因素的影响

本文主要考察在城市层面的社会保险监督试点对企业社保缴费合规性的影响，为了排除城市所在省份社保征管机构改革等因素对估计结果的影响，在表4的第（1）～（2）列中控制了省份—年份联合固定效应，排除企业所在不同省份随着年份变化无法观测因素的影响。考虑到不同行业的劳动密集度和社保缴费等存在差异，表4还控制了企业所在二位行业的年份固定效应，第（1）～（2）列中社会监督的估计系数仍显著为正。现有研究发现社会保险缴费压力的变化会对企业进入退出产生重要影响（唐珏、封进，2020），退出市场和新进入市场的企业其缴费行为可能与存续企业存在较大差异，为了避免在政策实施前后企业进入退出行为对估计结果造成的影响，第（3）～（4）列采用连续存续企业的平衡面板数据进行稳健性检验，结果表明社会监督政策提高试点地区企业社保缴费率和参保率的结论仍然成立。

表4　　稳健性检验：排除其他因素影响

	(1)	(2)	(3)	(4)
	社保缴费率	是否参保	社保缴费率	是否参保
社会监督	0.1141*** (0.0133)	0.0423** (0.0179)	0.0550*** (0.0180)	0.0188*** (0.0068)
控制变量	YES	YES	YES	YES
企业固定效应	YES	YES	YES	YES
年份固定效应	NO	NO	YES	YES
省份—年份固定效应	YES	YES	NO	NO
行业—年份固定效应	YES	YES	NO	NO
N	587919	587919	134848	134848
R^2	0.6996	0.7399	0.5703	0.5861

3. 政策内生性讨论

本文实证分析面临的另外一个威胁是社会监督政策试点的非随机性问题。为了在实证层面检验城市被纳入社会监督试点是否会受到其社会经济发展水平、社保压力以及企业社保缴费情况等因素的直接影响，借鉴现有文献（Cavalcanti et al.，2019；刘瑞明、赵仁杰，2020）的做法，在表5中将城市是否实施试点作为被解释变量，在各地区开始实施试点之前将该变量赋值为0，实施试点当年赋值为1，剔除政策试点一年后的处理组样本，然后在城市层面进行回归。第（1）～（2）列中加入可能影响社会保险监督试点选择的滞后一期地区社会经济变量以及每个城市每一年所有企业社保参保率和实际缴费率的均值的滞后一期变量。考虑到社会经济因素对政策试点选择的影响可能是基于一定时期内的变量特征，而不仅仅体现为滞后一期变量的作用，第（3）~（4）列中加入了基期（2009年）社会经济变量和企业平均缴费水平的时间趋势项。可以发现，政策实施前的社会经济变量和企业社保平均缴费水平未对是否实施社会监督试点产生显著影响。

表 5　　地区社会经济特征对政策试点的直接影响

	(1)	(2)	(3)	(4)
	是否实施社会监督			
	滞后一期自变量		2009 年自变量 × Year Trend	
城市老龄人口占比	-0.1250 (0.1503)	-0.1215 (0.1455)	-0.0283 (0.0549)	-0.0372 (0.0531)
城市预算收支缺口	-0.0060 (0.1263)	-0.0056 (0.1255)	-0.0932 (0.1595)	-0.0600 (0.1772)
城市人均 GDP	-0.0358 (0.0828)	-0.0377 (0.0809)	0.0088 (0.0055)	0.0090 (0.0055)
城市第二产业占比	-0.0013 (0.0015)	-0.0013 (0.0015)	-0.0002 (0.0003)	-0.0003 (0.0003)
城市养老保险法定缴费率	0.1332 (0.0911)	0.1330 (0.0909)	-0.0053 (0.0418)	-0.0064 (0.0400)
城市中企业社保参保率均值		-0.0001 (0.0006)		-0.0004 (0.0006)
城市中企业社保实际缴费率均值		-0.0021 (0.0156)		0.0035 (0.0044)
城市固定效应	YES	YES	YES	YES
年份固定效应	YES	YES	YES	YES
N	1974	1974	2274	2274
R^2	0.2975	0.2972	0.2718	0.2724

其次，借鉴现有文献排除政策试点内生性影响的做法（Li et al.，2016；刘瑞明、赵仁杰，2020），将可能影响试点城市选择的人口老龄化水平、人均 GDP、政府预算收支缺口、养老保险法定缴费率、第二产业占比等变量作为政策选择标准，在表 6 第（1）~（2）列的回归中引入这些变量基期值（2009 年）与年份三次多项式的交互项，以假定影响试点政策选择的因素对因变量的影响遵循特定的时间趋势，结果显示社会监督的估计系数仍然显著为正。

进一步地，假设城市面临的社会保险支出压力会影响到社会监督试点政策的选择，那么，在那些实施社会保险基金省级统筹的地区，地级市政府并不直接承担本地社保基金的支出责任（朱恒鹏等，2020；赵仁杰、范子英，2020），社会保险收支情况也就不会对政策试点的选择产生直接影响。此时，如果社会保险监督政策仍然具有显著效应，那说明本文所得出的政策效应较少受到试点地区社保收支压力等因素的影响，是相对外生的社会监督政策效应。第（3）~（4）列是在养老保险省级统筹样本中的估计结果,可以发现社会保险监督政策仍然对提高试点城市中企业的社保缴费水平和参保率具有显著的正向作用,说明社会保险监督的政策效应较少受到政策试点地区社保收支压力的影响。最后,为了检验基本结论是不是随机发生的结果,我们还通过随机生成1000个处理组的随机抽样回归方法检验其他非政策因素对估计结果的影响,具体内容参见附录2的附图1和附图2。

表6 控制改革标准的时间趋势和社保收支压力的影响

	(1)	(2)	(3)	(4)
	社保缴费率	是否参保	社保缴费率	是否参保
社会监督	0.0457*** (0.0139)	0.0558*** (0.0036)	0.0355** (0.0153)	0.0480*** (0.0037)
改革标准×T	YES	YES	YES	YES
改革标准×T2	YES	YES	YES	YES
改革标准×T3	YES	YES	YES	YES
企业固定效应	YES	YES	YES	YES
省份—年份固定效应	YES	YES	YES	YES
行业—年份固定效应	YES	YES	YES	YES
N	587919	587919	444104	444104
R^2	0.6990	0.7405	0.7023	0.7452

五、异质性分析与机制检验

(一)异质性分析

1. 征管机构与社会监督效果

社保征管机构的征收和执行能力会直接影响社会监督政策效应的发挥,因此我们首先从社保征管机构角度进行异质性分析,社会保险征管机构信息来源于现有文献(唐珏、封进,2019)。相比于社保经办机构,税务部门在社保征收的信息和征收能力上都具有更大优势,税务部门征收会强化社保征管并提升企业缴费率(唐珏、封进,2019;赵仁杰、范子英,2020),更有助于社会监督的执行和落实。表7第(1)~(4)列的结果表明对社保由地税局征管的企业而言,社会监督政策会显著提高其社保缴费率和参保率,但不会对隶属于社保征收机构管理的企业产生显著影响。在税务部门征收社会保险的地区,还存在税务部门全责征收和代为征收两种模式(刘军强,2011),相比于代征,税务部门全责征收更容易使得社会监督中发现的企业逃费问题得到解决。因此，在第（5）～（8）列中按照各省份社会保险改由税务部门征收的政策文件，如果社会保险的缴费登记、审核、征收、清欠等环节均由税务部门负责，将其界定为税务部门全责征收。相应地，如果税务部门征收社会保险时，企业的缴费登记信息和基础数据需要由社保经办机构提供，将其界定为税务部门代征，结果显示社会监督在税务局全责征收的地区更能发挥效果。表7的结果表明，在税务部门征收社会保险的制度下，社会监督所提供的信息能更好地得到回应和落实，最终提升企业社保缴费合规性。也说明即使社会保险划转税务部门征收之后，完善社会保险的社会监督制度仍然具有重要意义。

表7 征管机构与社会监督的异质性效果

	(1)	(2)	(3)	(4)	(5)	(6)	(7)	(8)
	社保缴费率		是否参保		社保缴费率		是否参保	
	地税	社保	地税	社保	全责	代征	全责	代征
社会监督	0.0736*** (0.0147)	0.0199 (0.0199)	0.0177*** (0.0051)	0.0877* (0.0471)	0.0805*** (0.0105)	0.0079 (0.0191)	0.0261*** (0.0043)	0.0028 (0.0293)
控制变量	YES	YES	YES	YES	YES	YES	YES	YES
企业固定效应	YES	YES	YES	YES	YES	YES	YES	YES
年份固定效应	YES	YES	YES	YES	YES	YES	YES	YES
N	499958	236030	499958	236030	160339	326105	160339	326105
R^2	0.6817	0.6678	0.7494	0.6979	0.6130	0.7048	0.6612	0.7708

2. 企业规模和所有制异质性

现有关于企业社保缴费的研究强调了不同规模的企业缴费行为存在明显差异，相比于小企业，大企业面临的财务关注和监管更多，社保逃费的风险更大，缴费合规性更强（彭雪梅等，2015；赵静等，2016；唐珏、封进，2019），相应地，小企业的社保逃费问题更加严重（Nielsen and Smyth，2008；赵仁杰、范子英，2020）。表8第（1）～（4）列的估计结果表明，社会监督主要提高了小型、微型企业的社保实际缴费率和参保率，对大中型企业缴费率和参保率并无明显作用。除了企业规模差异外，不同所有制性质的企业对社会保险缴费政策的遵从程度有明显不同，相比于内资和民营企业，国有企业和外资企业养老保险的参保率和实际缴费率更高（马双等，2014；唐珏、封进，2019），国有、外资企业的社保缴费合规性更强（许志涛、丁少群，2014）。因此，社会监督对私营企业和非私营企业社会保险缴费行为的影响也会存在明显差异。第（5）～（8）列显示社会监督更有助提升民营企业的社保缴费率和参保率，对非民营企业社保缴费行为的影响较小，进一步从所有制的角度说明对于社保缴费合规性较低的企业，社会监督政策更能够发挥其积极效果。

表8 企业规模和所有制异质性

	(1)	(2)	(3)	(4)	(5)	(6)	(7)	(8)
	社保缴费率		是否参保		社保缴费率		是否参保	
	小型微型	大型中型	小型微型	大型中型	民营	非民营	民营	非民营
社会监督	0.0462*** (0.0135)	0.0568 (0.0474)	0.0454*** (0.0046)	0.0018 (0.0047)	0.0612*** (0.0140)	0.0312* (0.0186)	0.0550*** (0.0047)	-0.0052 (0.0037)
控制变量	YES	YES	YES	YES	YES	YES	YES	YES
企业固定效应	YES	YES	YES	YES	YES	YES	YES	YES
年份固定效应	YES	YES	YES	YES	YES	YES	YES	YES
N	593603	108845	593603	108845	568994	156852	568994	156852
R^2	0.6949	0.5977	0.7492	0.5786	0.6918	0.5820	0.7402	0.5873

（二）作用机制检验

政府对企业社保缴费信息的获取能力是影响企业社保逃费的重要因素，现有研究表明第三方力量的参与能够有效降低政府获取企业逃费和逃税信息的成本（Kumler et al.，2013；Kleven et al.，2016；田彬彬等，2021），这是社会监督提升企业社保缴费合规性的重要机制。然而，政府治理中的公众参与和社会监督需要依赖于一定的组织制度和实施渠道，通过设立专门化的社会监督信息受理机构和制定有助于激发公众监督积极性的政策是发挥社会监督信息获取效应的关键保障。因此，试点城市在社会监督政策落实上的差异可以用来反映各地的信息获取能力。我们根据各地市的政策试点内容确定其是否建立社会监督机构和社会监督制度。以社会监督机构建设为例，若社会监督机构建设试点中包含两项及以上内容，则认定该城市建立了社会监督机构，赋值为1，仅试点1项或者未推出任何具体试点内容，则赋值为0，对于社会监督制度的赋值也按照同样的方法，从而构造是否建立社会监督机构、是否建立监督制度的虚拟变量。表9第（1）~（2）列是以同时建立社会监督机构与监督制度的城市作为处理组的估计结果，第（3）~（4）列的处理组是建立监督机构但未进行监督制度建设的样本，第（5）~（6）列的处理组是建立社会监督制度但未设立社会监督机构的样本。表9的结果显示同时建立社会监督机构和监督制度对企业社保实际缴费率和参保率的正向影响最大，这表明社会监督对企业社保缴费合规性的影响依赖于对社会监督政策的落实情况，社会监督机构建设有助于促进社会监督信息的受理和反馈，而社会监督的制度激励能够促使社会公众更大程度上参与到对企业社保缴费的监督中，社会监督政策落实得越好，越有助于提升主管部门信息获取能力，促进企业缴费水平提升。

表9　　　　　　　　　　作用机制Ⅰ：促进信息获取

	(1)	(2)	(3)	(4)	(5)	(6)
	社保缴费率	是否参保	社保缴费率	是否参保	社保缴费率	是否参保
监督机构×监督制度	0.1894*** (0.0055)	0.1231*** (0.0014)				
监督机构			0.0266* (0.0150)	0.0405*** (0.0061)		
监督制度					0.0213 (0.0224)	0.0906*** (0.0056)
控制变量	YES	YES	YES	YES	YES	YES
企业固定效应	YES	YES	YES	YES	YES	YES
年份固定效应	YES	YES	YES	YES	YES	YES
N	735988	735988	706599	706599	690521	690521
R^2	0.6772	0.7350	0.6782	0.7334	0.6807	0.7327

地方政府出于经济竞争等原因对企业社保缴费实行弹性征管是导致企业社保缴费不足的重要原因（Nyland et al., 2011；彭浩然等，2018）。考虑到弹性征管会直接影响到地方社保收支压力，当本级政府需要承担的社保收支责任越低时，越可能降低社保缴费征管来吸引企业投资，因此本级政府的社保收支责任变化可以用于度量其弹性征管动机。现有研究（朱恒鹏等，2020；赵仁杰、范子英，2020）表明，在社保省级统筹后地级市政府不再直接承担本地的社保收支责任，会降低对企业社保缴费的征管，导致企业缴费率和社保基金收入下降。表10第（1）~（2）列中社会监督与养老保险省级统筹的交互项显著为正，这说明与非省级统筹地区相比，社会监督试点能够显著降低省级统筹改革后地市政府的社保弹性征管，提升企业缴费合规性。地方政府对社保基金实施的弹性征管还与其面临的社保收支压力直接相关，在那些收支盈余较多的地区，社保的法定缴费率和实际征管强度往往更低。由于缺乏城市层面社保收支压力指标，借鉴唐珏和封进（2019）的做法，将基金收支比＝各省养老保险基金收入/养老保险基金支出作为地区社保收支压力的度量指标，该变量数值越大表明地方社保基金收支压力越小。第（3）列中基金收支比的估计系数显著为负，这说明地区社保收支压力越小企业实际缴费率越低。第（3）~（4）列中社会监督与基金收支比的交互项显著为正，这说明在社保收支压力越小、政府越可能放松社保征管的地区，社会

监督的正向效应越明显，进一步表明约束地方政府的弹性征管是社会监督促使企业合规缴费的重要机制。

表10　　　　　　　　　作用机制Ⅱ：降低弹性征管

	(1)	(2)	(3)	(4)
	社保缴费率	是否参保	社保缴费率	是否参保
社会监督	0.0369** (0.0165)	0.0586*** (0.0072)	0.0354* (0.0195)	0.0322*** (0.0100)
省级统筹	−0.0224* (0.0130)	−0.0472*** (0.0038)		
社会监督×省级统筹	0.0452** (0.0204)	0.0383*** (0.0079)		
基金收支比			−0.0108*** (0.0037)	0.0017 (0.0012)
社会监督×基金收支比			0.0865*** (0.0109)	0.0329*** (0.0029)
控制变量	YES	YES	YES	YES
企业固定效应	YES	YES	YES	YES
年份固定效应	YES	YES	YES	YES
N	735988	735988	735988	735988
R^2	0.6764	0.7300	0.6781	0.7312

（三）进一步讨论

降低缴费基数是企业实施社会保险逃费的一个重要途径（赵静等，2016），也是导致企业实际缴费率下降的关键原因，在表11中我们尝试从规范缴费基数的角度检验社会监督提升企业社保缴费合规性的实现机制。《中华人民共和国社会保险法》对社保缴费基数设定了上下限，上限是上一年本地在岗职工月平均工资的300%，下限是本地在岗职工月平均工资的60%，低于本地在岗职工月平均工资60%的企业按照本地在岗职工月平均工资的60%作为缴费基数。企业实际缴纳的社保费与按照最低基数缴纳的社保费之间的差距就能反映企业缴费基数合规性。首先，根据企业所在地级市上一年城镇在岗职工的月平均工资[①]计算出企业所在地养老保险的最低缴费基数，然后按照城市基本养老保险法定缴费率将最低缴费基数乘以缴费比例，得出企业所在城市每个职工基本养老保险的最低缴费数。假定参保企业均按照最低缴费数为职工缴纳养老保险，用企业职工人数×养老保险最低缴费数得到企业按照最低缴费基数缴纳的养老保险费。最后，计算基本养老保险实际缴费率差距=（基本养老保险缴费额−按最低缴费基数缴纳的

---

① 在岗职工月平均工资=在岗职工年工资/12个月。

养老保险费）/上一年职工工资总额。养老保险实际缴费率差距越大说明企业的养老保险缴纳基数越高，表明企业低报缴费基数的程度越轻。第（1）列是全样本的估计结果，社会监督试点的估计系数显著为正。第（2）和（3）列是分所有制的回归结果，可以发现社会监督对提高企业社保缴费基数的正向影响主要体现在民营企业上，对非民营企业并无显著作用，第（4）～（5）列表明社会监督主要提高了小型、微型企业社保实际缴费基数，对大中型企业并不存在明显影响，这一结果与前文异质性分析的结论基本一致。表11的估计结果表明社会监督有助于约束企业低报社保缴费基数的行为，促进企业实际缴费率提升。进一步地，考虑到社会监督对提高企业社保实际缴费率的影响，既有可能是因为已参保企业实际缴费水平提高，也有可能是通过更多企业参保来实现的，因此本文还从集约边际和广延边际角度讨论了社会监督提高企业社保缴费率的实现机制，具体参见附录3附表2。

表11   社会监督对实际缴费基数的影响

	(1)	(2)	(3)	(4)	(5)
	（基本养老保险实际缴费额－最低基数缴费额）/上一年职工工资总额				
社会监督	0.0220*** (0.0017)	0.0354*** (0.0020)	-0.0009 (0.0022)	0.0321*** (0.0021)	-0.0013 (0.0028)
控制变量	YES	YES	YES	YES	YES
样本范围	全样本	民营企业	非民营企业	小型、微型	大型、中型
企业固定效应	YES	YES	YES	YES	YES
年份固定效应	YES	YES	YES	YES	YES
N	275915	190056	81441	200118	58935
R^2	0.6536	0.6581	0.6506	0.6691	0.6781

六、结论与政策启示

当前中国社会保障基金面临着日益严峻的财务压力，特别是在降低法定缴费率以后，提高企业社保缴费合规性对于保障社会保险金收入安全至关重要。2021年2月26日，中共中央政治局就完善覆盖全民的社会保障体系进行第二十八次集体学习时，习近平总书记进一步强调要健全覆盖全民、统筹城乡、公平统一、可持续的多层次社会保障体系，落实各级政府和用人单位、个人的社会保障义务责任。尽管近年来国家不断完善社会保险征缴的法规制度，并通过征收机构改革等措施促进社保基金征管和收入安全，但企业社保缴费不实的问题仍然大量存在，加快推进有助于改善企业实际缴费率和社保覆盖面的制度建设，是当前社保基金管理改革的关键任务。不仅对于确保社会保险基金可持续性具有重要意义，同时还有助于解决不同企业之间的缴费不公平和缩小职工之间社会保险待遇差距。

本文抓住近年来实施的社会保险基金社会监督试点制度，研究了社会监督对改善企业社保缴费合规性的影响及其作用机制。本文的主要结论显示，社会监督试点能够有效提升企业社保实际缴费率和参保率，并且中央确定的试点地区要比地方自发试点地区的效应更加明显，社会监督政策的执行情况越好，对企业缴费合规性的影响越大。进一步地分析表明，社会监督效应的发挥受到征管机构的影响，与社保经办机构相比，社会监督会显著提高税务部门征收的企业缴费合规性，与税务代征相比，社会监督会显著提高税务全责征收地区的企业缴费率。异质性的分析表明，社会监督对不同企业社保缴费行为的影响具有明显差异，主要提高了私营企业、小型微型企业的社保缴费率和参保率。最后，机制分析结果显示，社会监督能够提高政府对企业缴费信息的获取能力，约束地方弹性征管行为，提高企业社保缴费的实际基数，促进参保企业的实际缴费率上升，带动未参保企业参保和提高缴费水平。

社会监督是提升政府治理能力和规范企业行为的重要手段，本文以社会保险基金领域的社会监督试点为研究契机，证明了加强社会监督对提高企业社保缴费合规性的积极影响，为进一步通过完善社会监督制度破解企业社保缴费不实难题提供了研究支撑。本文的研究表明，在治理企业社保逃费问题中，需要更加重视外部监督和第三方信息的作用，同步推进社会监督的组织机构建设和配套制度建设，完善社会监督的常态化运行机制。同时，本文的研究表明，社会保险征收机构独立性越强，社会监督的效应越明显，这表明在社会保险划转税务部门征收之后，强化社会监督对于提升企业社保缴费合规性仍然具有重要意义。

本文的研究对于我国进一步提升在企业逃税、环境污染等其他领域的治理水平同样具有一定的借鉴意义。尽管近年来社会监督在国家治理中的作用日益受到重视，但就社会监督的具体组织机构和配套制度建设来看还存在明显不足，社会监督全面详细的常态化制度体系还未建立起来，这些制度短板制约着社会监督效应的发挥。因此，本文关于社会保险社会监督试点政策的分析，有助于为在其他领域加快社会监督体系建设提供借鉴，通过不断拓宽公众参与的具体渠道，夯实社会监督的运行载体，确保外部监督意见的及时反馈和受理，真正发挥好社会监督对提升政府治理水平和规范个体行为的积极作用。

参考文献

[1] 范子英，田彬彬．政企合谋与企业逃税：来自国税局长异地交流的证据 [J]．经济学（季刊），2016（4）．

[2] 封进．中国城镇职工社会保险制度的参与激励 [J]．经济研究，2013（7）．

[3] 高培勇，毛捷．间接税税收优惠的规模、结构和效益：来自全国税收调查的经验证据 [J]．中国工业经济，2013（12）．

[4] 高雪莲．试点地区社会保险基金社会监督现状研究，北京中医药大学硕士学位论文，2016年．

[5] 姜子莹，封凯栋．政府知识与创新政策效果——基于中国中央项目和地方项目的比较研究，学习与探索，2020（2）．

[6] 刘朝，赵志华．第三方监管能否提高中国环境规制效率？——基于政企合谋视角 [J]．经济管理，2017（7）．

[7] 刘军强．资源、激励与部门利益：中国社会保险征缴体制的纵贯研究（1999-2008）[J]．中国社会科学，2011（3）．

[8] 刘瑞明，赵仁杰．政府支持、制度变革与学术期刊进步——来自中国"名刊工程"的经验证据 [J]．经济学（季刊），2020（2）．

[9] 刘伟．政策试点：发生机制与内在逻辑——基于我国公共部门绩效管理政策的案例研究 [J]．中国行政管理，2015（5）．

[10] 刘学良．中国养老保险的收支缺口和可持续性研究 [J]．中国工业经济，2014（9）．

[11] 鲁全．中国养老保险费征收体制研究 [J]．山东社会科学，2011（7）．

[12] 鲁於，冀云阳，杨翠迎．企业社会保险为何存在缴费不实——基于财政分权视角的解释 [J]．财贸经济，2019（9）．

[13] 马双，孟宪芮，甘犁．养老保险企业缴费对员工工资、就业的影响分析 [J]．经济学（季刊），2014（3）．

[14] 聂辉华，张雨潇．分权，集权与政企合谋 [J]．世界经济，2015（6）．

[15] 彭浩然，岳经纶，李晨烽．中国地方政府养老保险征缴是否存在逐底竞争？[J]．管理世界，2018（2）．

[16] 彭雪梅，刘阳，林辉．征收机构是否会影响社会保险费的征收效果？——基于社保经办和地方税务征收效果的实证研究 [J]．管理世界，2015（6）．

[17] 彭宅文．分权、地方政府竞争与中国社会保障制度改革 [J]．公共行政评论，2011（1）．

[18] 沈永建，梁方志，蒋德权，王亮亮．社会保险征缴机构转换改革、企业养老支出与企业价值 [J]．中国工业经济，2020（2）．

[19] 宋弘，封进，杨婉彧．社保缴费率下降对企业社保缴费与劳动力雇佣的影响 [J]．经济研究，2021（1）．

[20] 田彬彬，杨健鹏，汪丹，叶菁菁．第三方信息获取与税收征管效率：来自有奖发票推行的证据 [J]．世界经济，2021（9）．

[21] 唐珏，封进．社会保险征收体制改革与社会保险基金收入——基于企业缴费行为的研究 [J]．经济学（季刊），2019（3）．

[22] 唐珏，封进．社保缴费负担、企业退出进入与地区经济增长——基于社保征收体制改革的证据 [J]．经济学动态，2020（6）．

[23] 许志涛，丁少群．各地区不同所有制企业社会保险缴费能力比较研究 [J]．保险研究，2014（4）．

[24] 杨翠迎，汪润泉，沈亦骏．法定费率与征缴水平：中国城镇职工社会保险缴费背离性分析 [J]．公共行政评论，2018（11）．

[25] 张雷．社会保险费征收体制的效率比较分析 [J]．社会保障研究，2010（1）．

[26] 赵静，毛捷，张磊．社会保险缴费率、参保概率与缴费水平——对职工和企业逃避费行为的经验研究 [J]．经济学（季刊），2016（1）．

[27] 郑秉文．社会保险缴费与竞争中性偏离——对征收体制改革过渡期政策的思考 [J]．中国人口科学，2019（4）．

[28] 郑秉文，于环，高庆波．新中国60年社会保障制度回顾 [J]．当代中国史研究，2010（2）．

[29] 郑春荣，王聪．我国社会保险费的征管机构选择——基于地税部门行政成本的视角 [J]．财经研究，2014（7）．

[30] 郑思齐，万广华，孙伟增，罗党论．公众诉求与城市环境治理 [J]．管理世界，2013（6）．

[31] 朱恒鹏，岳阳，林振翮．统筹层次提高如何影响社保基金收支——委托—代理视角下的经验证据 [J]．经济研究，2020（11）．

[32] 赵仁杰，范子英．养老金统筹改革、征管激励与企业缴费率 [J]．中国工业经济，2020（9）．

[33] Bailey, C. and Turner, J., 2001, "Strategies to Reduce Contribution Evasion in Social Security Financing", *World Development*, vol.29（2），pp.385～393.

[34] Cavalcanti, T., Mata, D. D. and Toscan, F., 2019, "Winning the Oil Lottery: The Impact of Natural Resource Extraction on Growth", *Journal of Economic Growth*, vol.24, pp.79～115.

[35] Hallsworth, M., List, J. A., Metcalfe, R. D. and Vlaev, I., 2017, "The Behavioralist As Tax Collector: Using Naturalfield Experiments to Enhance Tax Compliance", *Journal of Public Economics*, vol.148, pp.14～31.

[36] Khan, A., Asim, I. and Olken, B. A., 2016, "Tax Farming Redux: Experimental Evidence on Performance Pay for Tax Collectors", *Quarterly Journal of Economics*, vol.131（1），pp.219～271.

[37] Kleven, H. J., Kreiner, C. T. and Saez, E., 2016, "Why Can Modern Governments Tax So Much？ An Agency Model of Firms As Fiscal Intermediaries", *Economica*, vol.83（330），pp.219～246.

[38] Kopczuk, W. and Slemrod, J., 2006, "Putting Firms into Optimal Tax Theory", *American Economic Review*, vol.96（2），pp.130～134.

[39] Kumler, T., Verhoogen, E. and Frías, J., 2013, "Enlisting Employees in Improving Payroll-Tax Compliance: Evidence from Mexico", NBER Working Paper, No.19385.

[40] Li, P., Lu, Y. and Wang, J., 2016, "Does Flattening Government Improve Economic Performance？ Evidence from China", *Journal of Development Economics*, vol.123, pp.18～37.

[41] Liu, Y. Z. and Mao, J., 2019, "How do Tax Incentives Affects Investment and Productivity？ Firm-level Evidence from China", *American Economic Journal: Economic Policy*, vol.11（3），

pp.231～269.

[42] Masclet, D., Montmarquette, C. and Viennot-Briot, N., 2019, "Can Whistle Blower Programs Reduce Tax Evasion? Experimental Evidence", *Journal of Behavioral and Experimental Economics*, vol.83, pp.1～15.

[43] Nielsen, I. and Smyth, R., 2008, "Who Bears the Burden of Employer Compliance with Social Security Contributions? Evidence from Chinese Firm Level Data", *China Economic Review*, vol.19 (2), pp.230～244.

[44] Nyland, C., Thomoson, S. B. and Zhu, C. J., 2011, "Employer Attitudes Towards Social Insurance Compliance in Shanghai, China", *International Social Security Review*, vol.64 (4), pp.73～98.

[45] Pomeranz, D., 2015, "No Taxation without Information: Deterrence and Self-Enforcement in the Value Added Tax", *American Economic Review*, vol.105 (8), pp.2539～2569

[46] Roberts, N., 2004, "Public Deliberation in an Age of Direct Citizen Participation", *American Review of Public Administration*, vol.34, pp.315～353.

[47] Trucco, L., 2017, "Broken Cities: The Effect of Government Responsiveness on Citizens' Participation", Harvard University Working Paper.

附录1

尽管社会保险基金社会监督体系包含上述多方面内容，但无论是人社部确定的试点城市，还是各省自发试点地区，各地在政策试点的内容存在一定差异。这种差异为我们检验社会监督政策落实和对企业社保缴费信息获取的作用机制提供了机会，也为理解政策试点在实际运行中的执行差异提供了重要视角。因此，根据人社部发布的两批政策试点文件和自发试点地区的试点文件以及高雪莲（2016）的研究，我们整理了各项试点内容历年的试点城市数量，具体如附表1所示。可以发现，作为社会监督基本组织机构的监委会在大多数试点城市得到了执行，社会监督员的试点覆盖率也相对较高。在社会监督制度上，作为基础制度的奖励举报制度和信息披露制度在各试点城市得到了广泛执行，表明社会监督制度在现实中得到了比较好的贯彻落实。

附表1　社会监督各项试点内容的试点情况

政策试点内容	2013年试点城市数	2014年试点城市数	2015年试点城市数	试点内容覆盖率
社会监督委员会	14	24	18	72%
社会监督员	14	25	16	69%
专家库	10	4	6	26%
举报奖励制度	16	28	20	82%
信息披露制度	15	26	18	76%
听证会制度	10	4	5	24%

附录2

我们通过随机生成1000个处理组的随机抽样回归方法检验政策非随机性以及其他非政策因素对估计结果的影响。具体来说，借鉴反事实检验的思想，我们按照真实的"社会保险监督试点"在每年的实施情况，同比例随机生成1000个处理组，重复进行1000次回归，利用这1000个假想的处理组来识别政策效应。在附图1和附图2中，我们分别利用随机生成的1000个假想处理组进行1000次回归，将每次回归的t值统计出来，做出1000次回归中"随机的社会保险监督试点"系数对应的t值的核密度图，与正文表2第（2）列和第（4）列中真实的社会保险监督试点的回归系数t值作比较（竖线）。可以发现，在我们生成的1000次"随机的社会保险监督试点"处理组的回归结果中，只有极少数回归的t值大于表4中真实的社会保险监督试点回归系数的t值，也就是说，与基准回归相比，在我们随机生成的政策冲击下，很少会对被解释变量产生显著正向作用。这一结果表明，前文得出的"社会保险监督"的政策效果并非随机出现的，基本结论是稳健的。

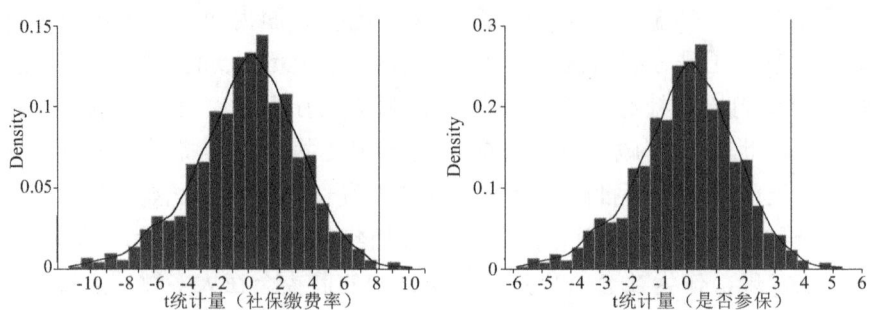

附图1 社会监督对社保缴费率的1000次回归t值　　附图2 社会监督对是否参保的1000次回归t值

附录3

社会监督会显著提高企业社保实际缴费率，既有可能是因为已参保企业实际缴费水平提高，也有可能是通过更多企业参保来实现的。唐珏和封进（2019）关于社保征管机构改革的研究发现，征管机构改革对企业社保实际缴费率的正向影响主要是通过那些原本没有参保的企业参保驱动的，他们将这一机制称为广延边际。借鉴他们的做法，在附表2中我们使用连续存在的平衡面板数据作为样本，第（1）列中以社会监督试点前已经参保的企业作为分析对象，结果发现社会监督有助于提高已参保企业的实际缴费率，是存量参保企业缴费合规性提升，体现为集约边际（intensive margin）。在第（2）~（3）列，我们以社会监督试点前未参保企业作为分析样本，估计结果显示社会监督会同时提高政策试点前未参保企业的实际缴费率和参保率，是增量参保企业缴费合规性提升，体现为广延边际（extensive margin）。附表2的估计结果表明，不同于社保征管机构等管理制度改革，强化社会监督对提升企业社保缴费合规性的作用是全方位的，不仅会促使更多企业参保和新参保企业缴费率提升，对已参保企业的实际缴费率提升也具有驱动效应。因此，要全面规范企业社保缴费，在探索社保征管制度改革的同时，需要大力推进社会保险的社会监督工作，发挥好社会监督的作用。

附表2　　集约边际与广延边际

	政策前已参保	政策前未参保	
	(1)	(2)	(3)
	社保实际缴费率	社保实际缴费率	是否参保
社会监督	0.0396** (0.0178)	0.1572*** (0.0109)	0.1246*** (0.0028)
资产负债率	0.0164 (0.0192)	0.0167 (0.0198)	0.0181*** (0.0056)
企业规模	0.1077*** (0.0097)	0.1032*** (0.0101)	0.0104*** (0.0027)
员工平均工资	0.0406*** (0.0024)	0.0412*** (0.0025)	0.0072*** (0.0007)
城市老龄人口占比	0.2200 (0.1508)	0.2172 (0.1550)	0.0081 (0.0464)
城市预算收支缺口	−0.0647*** (0.0132)	−0.0549*** (0.0132)	−0.0168*** (0.0041)
城市人均GDP	−0.0061 (0.0080)	−0.0069 (0.0081)	0.0013 (0.0025)
第二产业占比	0.0095*** (0.0017)	0.0080*** (0.0017)	0.0050*** (0.0007)
养老保险法定缴费率	−1.1849*** (0.3364)	−1.1509*** (0.3353)	−0.4282*** (0.1234)
样本范围	平衡面板	平衡面板	平衡面板
企业固定效应	YES	YES	YES
年份固定效应	YES	YES	YES
N	134402	127859	127859
R^2	0.5701	0.5790	0.6012

注：括号内为城市层面的聚类稳健标准误，*、** 和***分别表示10%、5%和1%的显著性水平。